역사적 파시즘 체제의 인종주의와 젠더 정치
Racism and Gender Politics in Historical Fascist Regimes

젠더사로 보는 전시 동원 체제
Gender-Historical Study of the Wartime Mobilization System

권 명 아

역사적 파시즘 체제의 인종주의와 젠더 정치 — 젠더사로 보는 전시 동원 체제
Racism and Gender Politics in Historical Fascist Regimes :
Gender-Historical Study of the Wartime Mobilization System

지은이 권명아	도서분류 1. 제국주의와 식민성 연구 2. 파시즘 연구
펴낸이 조정환 신은주	3. 젠더 정치와 젠더사 4. 인종주의 연구 5. 문화정치학
편집 김정연	6. 역사사회학 7. 정동 연구
디자인 조문영	카테고리 카이로스총서 119 Potentia
홍보 김하은	값 30,000원
프리뷰 김미정	펴낸곳 도서출판 갈무리 1994. 3. 3. 등록
종이 타라유통	제17-0161호 서울 마포구 동교로18길 9-13 2층 T. 02-325-1485
인쇄·제본 영신사	F. 070-4275-0674 www.galmuri.co.kr galmuri94@gmail.com
라미네이팅 금성산업	ⓒ 권명아, 2025

초판 인쇄
2025년 11월 25일

초판 발행
2025년 11월 28일

ISBN
978-89-6195-407-5 93900

일러두기

1. 본문 한문 표기 방식에 대하여 : 책의 특성상 역사 자료 인용이 많기에 한문 표기가 많을 수밖에 없고, 자료의 표기 방식(한주국종체[漢主國從體]와 순한글 표기, 또 한문의 사용 정도와 사용 방식)은 각 자료의 특성을 이해하는 데 중요하다. 2004년 판본에서는 이러한 언어적 혼종성과 다층성을 감각할 수 있도록 글을 서술했고 표기도 원본 자료를 그대로 살렸다. 하지만 개정 증보판에서는 표기 방식을 바꿀 수밖에 없었다. 2005년판에서는 전시동원체제 자료를 원문 그대로 인용하였는데 대부분 한문이 주되고 한글을 병행하는 한주국종체 그대로 표기했다. 최근에는 한주국종체로 출판되는 책이 거의 없고 한문 표기를 대부분 출판물에서 하지 않다 보니, 독자들이 텍스트를 읽는 것 자체가 어려울 수 있다는 출판사의 조언에 따라 표기는 한글로 바꾸고 한자를 첨자 형식으로 표기했다.
따라서 몇 가지 원칙에 따라 한자 독해의 어려움을 보완하면서 역사 자료의 언어적 복합성을 살리고자 했다. 먼저 역사 자료를 인용할 때 원문에 한주국종체로 표기된 경우 한자 표기를 한글로 바꾸는 대신 첨자로 한자를 병기했다. 즉 역사 자료 표기에서 첨자로 한자가 병기된 경우는 원래 한주국종체로 표기된 것이다. 첨자로 한자를 표기해서 원문의 복합성을 그대로 두기 위해서이다. 원 역사 자료에서 한주국종체가 아닌 일어 표기를 현대 한국어로 번역할 때도 일어 원문 한자를 첨자로 표기했다.

2. 대만, 타이완 표기에 대하여 : 역사 자료에서는 원 표기를 살려서 '대만'(臺灣)으로 표기하고, 현대 자료에서는 현대 한국어 표기인 타이완으로 표기했다.

3. 인용문 맞춤법에 대하여 : 인용문의 맞춤법은 원문 표기를 존중하기 위해 교정하지 않았다.

4. 고유명사 원어 표기에 대하여 : 각주에 원어가 제시되어 있는 경우 본문에서는 생략하였으며, 각주에 원어가 없는 경우에는 본문에서 처음 등장할 때 한 번만 병기하였다.

5. 부호 사용에 대하여 : 단행본과 정기간행물의 제목에는 겹낫표(『』), 논문 및 기사 제목에는 홑낫표(「」), 단체명·영화 제목·노래 제목에는 홑화살괄호(〈〉)를 사용하였다.

차 례

개정증보판 서문 8

1부 파시즘, 제국의 판타지, 젠더 정치 — 논쟁과 논점들

1장 역사상을 둘러싼 투쟁 — 젠더사의 시각과 파시즘 이론 22
   1. 일제 말기, 파시즘, 젠더 정치와 인종차별주의 비판을 둘러싼 논란들 22
   2. 파시즘의 정치학과 젠더 — 1930년대 이후 논의의 역사적 전개 26
   3. 한국사 연구 방법론에 대한 문제제기 — 젠더사의 시각과 질문 45

2장 파시즘 경험과 유산을 둘러싼 논쟁 비판 57
   1. '일상'은 동의의 공간인가 57
   2. 사회의 준내전 체제화 — 일제 말기와 해방 후의 연속성 71
   3. 파시즘의 유산과 '골칫덩어리들' — 난센스의 의미 75
   4. '살아남아야 한다'는 것의 의미 — 파시즘의 마지노선, 자본주의와 근대적 규율화 96
   5. 대중은 누구인가 — 주체 개념의 한계와 파시즘적 주체화의 문제 98

3장 이론적 실천과 소비의 경계
    — '문학 속의 파시즘' 연구와 대중독재론의 문제 100
   1. 임지현은 누구와 싸우는가 — 탈신화화와 이론의 경계 100
   2. 이론의 소비와 알리바이들 103
     (1) 이론의 소비와 제도화 103
     (2) 돌림병, 유행병, 제도화된 주체들의 자기방어 기제들 106
   3. 제도화된 민중주의의 담론적 무능력과 자기 정당화 112
   4. 다문화주의, 차이의 정치학과 차이의 마케팅의 경계에서 115
   5. 탈신화화의 모호함과 제도화의 명확함 119

2부 제국의 판타지와 젠더 정치 — 역사적 파시즘 체제의 경험과 유산

1장 총후부인, 신여성, 그리고 스파이
— 황민화와 여성 정체성 집단 간의 위계적 차이화의 과정 122
1. 한국 사회의 젠더 정치의 기원을 고찰하기 위해 122
2. 전선과 가정, 그리고 '국민'의 안과 밖 124
3. 총력전 체제와 모성 이데올로기 134
4. 가족국가주의의 확대와 정치 단위로서의 가정의 구성 142
5. 총후부인과 스파이 — 무능력자와 '정치적 주체' 사이의 균열 146

2장 여자 스파이단의 신화와 '좋은 일본인 되기' — 인종주의와 젠더 공포 154
1. '좋은 일본인 되기'의 엔진으로서의 스파이 담론 154
2. 여자 스파이단의 신화 — '대동아'의 신체와 여성 157
3. 국민방첩과 스파이 담론 — 잠재된 적과 현실의 가상화 164
4. 스파이 담론과 '좋은 일본인 되기' — 가상의 현실화 170
5. 좋은 일본인 되기 — 좋은 일본인으로 죽거나 나쁜 일본인으로 죽거나 180

3장 황민화와 여성 정체성 집단 간의 지역적·계급적 차이화의 역사
— 엘리트 여성과 비엘리트 여성의 파시즘 체제 경험의 차이 183
1. 파시즘 체제와 문학, 여성, 국가 183
2. 파시즘적 주체화와 젠더 정치 — 조직, 교육, 경험과 여성 정체성 189
3. 식민지 경험과 여성 정체성 209

3부 모던보이 비판과 애국 청년의 구성   전위와 퇴폐 분자 사이에서

1장 입신출세와 '일본인 되기' 사이의 간극과 딜레마 220
1. 청년 담론의 역사화와 파시즘적 주체화의 문제 220
2. 입신출세와 '일본인 되기' 사이에서 222
3. 청년이 되는 것과 '일본인'이 되는 것
— 선택과 신분, 황민화 기획과 자발성의 문제 230

2장 남성 정체성 집단 간의 적대적 위계화
— 모던보이 비판과 '애국 청년'의 구성 234
1. 혁신의 이념과 전위로서의 청년 234
2. 청년의 정체성과 모던보이 비판 241

3장 참가의 환상은 측정 가능한가 263
    1. 전시 동원 체제와 언어 공간의 재편 263
        (1) 국책의 이념과 언어 공간의 현실 사이의 간극 263
        (2) 언어 공간의 재편 — 연설 공간, 문자 미디어, 라디오 269
    2. 균열로서의 내선일체와 '언어' 275
    3. 전시 동원 체제와 미디어의 독본화 — 입신출세주의와 '대중'의 황민화 286
    4. 전시 독본 미디어와 언어 공간 292
    5. '참가의 환상'은 측정 가능한가? 299

4부 남방 종족지와 제국의 판타지
    — 경쟁, 살아남기라는 '도덕'으로 남겨진 파시즘의 유산

1장 '네이티브'의 위치와 대역본의 세계
    — 제국들의 사이에서, 식민지들의 사이에서 304
    1. 영일 대역본을 보는 조선인 학생의 내면에서 일어나는 일 304
    2. 재현의 권력, 재현의 정치 309
    3. "깜둥이 나의 여인아" — 인종주의의 시학화와 제국의 판타지 313
    4. 확장되는 영토, 포섭·배제되는 주민들
        — 남방의 자원과 원주민, 그리고 '화교 경제' 327
    5. 남방 관심의 개관 — 관심의 복합성, 제국의 판타지에서 일상적 이해관계까지 332
    6. '땅의 아들'로서의 '원주민'과 피식민 주체성의 문제 333

2장 '남방', 중국, 화교와의 경쟁, 식민지 '사이'의 경쟁이 남긴 것 338
    1. 대동아공영의 이념과 가족국가주의 — 인종과 젠더, 그리고 민족 338
    2. 신생 식민지의 출현과 피식민 주체의 불안
        — 제국의 시선과 식민지의 시선 사이에서 346
        (1) 대동아 기획과 아시아의 위치 변화 346
        (2) '전선'과 '시장'으로서의 남방과 개척자로서의 조선 351
        (3) 식민지 토인으로서의 남방과 문명 기획자로서의 조선 359
    3. 피식민 주체의 불안과 인종 공포 371

3장 남방 종족지와 제국의 판타지 — 다시 '최소한의 도덕'을 위하여 373
    1. 재현의 스펙터클, 관객과 연기자 — 파시즘과 '최소한의 도덕' 373
    2. 잉여로서의 남방 담론과 과잉된 응답의 역설 381
    3. 남방이 주는 실감의 두 차원 387

4. 남방 선전의 특성과 식민 지로서의 종족지 398
5. 남방 종족지와 제국의 판타지 409
6. 독일 파시즘의 유태인과 일본 파시즘의 남방 원주민
— 기술적·행정적 조치의 대상으로 변용된 적군과 증오 없는 전쟁 417

5부 중국적인 것의 정동화와 조선적인 것의 인종화
— 전시 동원 체제 연구와 전파매개적 신체 연구

1장 중국 정동과 전파매개적 신체 연구 422
1. 중국적인 것과 정동 422
2. 전시 동원 체제와 중국적인 것의 변화 425
3. 전파매개적 신체와 중국적인 것 429

2장 조선적인 것의 중국 지향성과 중국의 정동화
— 배일적 태도와 폐풍의 통제 432
1. 감정과 정서의 체계로서의 조선적인 것과 중국 지향성 432
2. 배일적 태도와 중국적인 것 436

3장 조선의 기운과 공기로서의 중국
— 분발심 없는 종족집단과 중국적인 것의 전파매개성 440
1. 전시 동원 체제의 인종주의와 조선의 소중화 의식 440
2. 실체성을 상실한 전파매개물로서의 중국과 그 파생물로서의 조선 448
3. 하위지각적 힘 혹은 잠재성으로서의 중국적인 것 449

4장 역사적 파시즘 체제와 젠더·이펙트 연구의 과제들
— 정동 연구를 통한 정보 이론, 인종 과학 연구를 위하여 454
1. 중국 정동과 '반중 정서' 454
2. 소수자 연구의 국가 감상주의 프로젝트 비판과 중국 정동 연구 459

참고문헌 465
찾아보기 492

:: 개정증보판 서문[1]

한국에서 일제 강점기, 일제 말기, 암흑기 등으로 표현되는 시기는 세계사적으로 보면 역사적 파시즘 체제였다. 전 세계가 파시즘 3국 동맹이었던 독일, 이탈리아, 일본과 반파시즘 연합국으로 나뉘어져 파시즘과 반파시즘이 세계 체제를 구축하고 재구축하는 근간이 되었던 시대이다. 1차 세계대전에서 시작하여 2차 세계대전에 이르는 이 시대를 파시즘 연구에서는 역사적 파시즘Historical Fascism 시대로 규정한다. 이 책은 일본의 식민 지배를 통해 역사적 파시즘 체제를 경험했던 식민지 조선을 연구 대상으로 하여 제국 일본의 식민주의와 파시즘이 교차하는 과정을 인종주의와 젠더 정치의 차원에서 조명한다. 역사수정주의가 이전에 비해 세력을 얻은 오늘날 일본의 식민 지배에 대해서 한국의 '과도한 민족주의'를 강조하거나 일본의 식민 지배를 통한 경제적 성장과 여러 집단이 취득한 경제적 이해를 강조하는 연구들이 어느 때보다도 활발한 시대다. 사실 역사수정주의는 한국의 민족주의를 비판하지만, 실질적으로 제국 일본과 식민지 조선 사이의 관계에서 연구의 중점을 제국 일본으로 이동하고 그간 조선의 식민성에 대한 논의를 가치 절하한다는 점에서 역설적으로 일본과 한국이라는 두 축만을 역사의 축에 세우는 역할을 한다. 일본의 식민 지배는 전쟁 및 침략과 맞물려 있었고, 조선을 점령한 이후에도 식민지 획득을 위한 침략 전쟁은 끝없이 이어져 중단된 적이 없다. 일본의 식민 지배에서나 조선의 식민지 경험에서나 제국과 식민지의 관계는 일본과 조선이라는 두 축만을 중심으로 구

---

[1] 이 개정증보판 서문은 2005년 출간된 책세상판의 「프롤로그」 일부를 수정 보완한 것이다. 2005년판의 「프롤로그」는 이번 개정증보판에 수록하지 않았다.

축되지 않았다. 러시아와 소련은 물론이고 중국과의 관계는 대륙의 중국인, 조선의 중국인(화교), 타이완의 중국인 등으로 여러 형태로 변용되면서 조선과 일본의 관계를 규정했다. 일본 제국이 적국의 목록을 'ABCD'로 명료하게 만들면서 미국, 영국, 중국, 네덜란드는 선명한 적대의 선으로 재규정된다. 한편, 일본 제국의 새로운 점령지가 늘어나면서 오래된 식민지인 조선과 '형제 식민지'였던 타이완, 신생 점령지인 남방의 필리핀, 싱가포르, 홍콩, 인도네시아 등 여러 국가가 조선을 에워싼다. 적어도 조선의 협력 집단에는 그렇게 감지되었다. 후방의 여성들을 통제하는 방첩 정책에서 중국 여성이 위험한 여자 스파이로 지목되었다면, 스파이에 물들기 쉬운 조선 여성은 유한부인有閑夫人들로 규정된다. 중국과의 전쟁이 전면화되면서 일본 제국의 시선에서 조선은 내선일체로 거듭나야 할 식민지였으나 한편으로는 여전히 그리고 영원히, 작은 중국(소중화)이라는 자기의식을 벗어나지 못하는 중국의 하위 파트너이거나 중국의 아류로 여겨지기도 했다. 그런 점에서 제국주의와 식민주의는 일본과 조선이라는 두 개의 대립항만으로 환원될 수 없는 적들과 점령지, 식민지들로 규정된 여러 지역과 국가를 매개로 작동했다. 당연히 일본 제국의 식민 통치 역시 일본과 조선 사이의 민족적 혹은 인종적 관계와 지배 관계뿐 아니라 이질적인 행위자들 사이의 인종적, 젠더적, 계급적, 지역적, 연령적 교차와 매개를 통해서 구축되었다. 또한 일본은 독일, 이달리아와 파시즘 3국 동맹을 구축하면서 파시즘의 기반이 되었던 인종주의와 성차별주의를, 그리고 이질적 집단들을 적대적으로 재배치하는 강제적인 정체성 정치를 강화했다.

독일의 나치즘에 대한 열광을 연구한 많은 이들이 밝혀낸 바와 같이 파시즘은 계급적·인종적·지역적·성적으로 다른 집단들의, 각 집단이 현재 갖고 있는 지위와 권력에 대한 막연하고도 실제적인 불안감에서 비롯되었다. 가장 상층부에서 하층부까지 모두가 지위 박탈에 대해 불안해하고, 무엇에 대해서도 만족하지 않으며, 아무리 채워도 채워지지 않는 허기진 욕망에 발버둥치는, 사회가 없는 무사회적 고립감, 그것이 독일에서 파시즘을 탄생시킨 토양이었고, 1930년대의 조선과 일본에서도 이와 유사한 양상을 발견할 수 있다. 그리고 더 중요한 것은 1990년대 이후의 한국 사회에서도 이러한 파시즘의 유산이 재활성화되었다. 특히 1990년대 이후 지식인 사회가 급격하게 제도화되면서 지식인의 권력화가 급속도로 진행되었다. 공허한 실천의 수사학들이 이론적 실천의 자리를 급속하게 대체했다. 더욱 중요한 것은 이러한 상황에서 지식인들이 급속히 변화했다는 점이다. 어차피 제도 속에서 안주하던 지식인들에 대해서는 새삼 말할 필요도 없다.

한국에서 파시즘은 집단주의의 일환으로만 논의되는 경향이 과도하다. 그러나 파시즘에서 더욱 중요한 것은 집단주의적 경향보다는 경쟁 체제, 증오심, 박탈된 자의 원한 같은 자본주의 체제의 특정한 면모와 더 관련이 깊다. 일제 말기에 국한해서 보더라도 파시즘 체제에 합류하게 되는 내적 요인들은 매우 복잡하고 이질적이지만, 그 기저에 흐르는 것은 경쟁에서 살아남고, 남을 딛고 위로 올라서려는 욕망의 문제이기도 했다. 결국 파시즘 체제에서 이탈하거나, 저항하거나, 동조하지 않는 것은 욕망의 문제와 경쟁의 논리, 제도화의 그물을 어떻게 벗어날 수 있는지의 문제와 긴밀하게 연관되었다.

예컨대 파시즘을 특정 사회에서 집단주의(이는 주로 대중주의에 대한 강조로도 이어진다)가 강화되는 현상으로 간주하는 경향은 1990년대 파시즘 논쟁에서도 두드러졌다. 1990년대에서 2000년대 초반, 월드컵 열풍이나 광우병 소 수입 금지 광화문 촛불 시위 이후 대중이 파시즘으로 기울어지고 있다는 우려가 제기되었다. 특히 1990년대 이래 인터넷을 기반으로 하는 집단 공격은 새로운 파시즘 현상으로 대두되었다. 물론 '다중'의 자발적 집단화는 파시즘의 중요한 특질이다. 그러나 문제는 자발적 집단화가 사회의 지배적 경향이 되는 내적 요인이 무엇인가 하는 점이다. 한국 사회의 파시즘화나 파시즘 유산의 복고적 부활은 자발적 집단화의 사례보다는 IMF 이후의 현상들에서 더욱 뚜렷하게 확인된다.

IMF 이후 한국 사회의 특정한 징후들은 파시즘이 출현한 역사적 국면과 교차점을 지닌다. 세계화로 인해 자본의 힘이 예외 없이 모든 영역을 장악했고, 대안적 이념으로 여겨졌던 사회주의는 '붕괴'하고 경제적 위기는 급격히 심화했다. 시장은 넓어졌다지만, 오히려 한국의 활동 공간은 협소해졌다.[2] 세계화는 몰락과 재생의 신화를 상이한 방식으로 강화했다. IMF 이후 택시 운전사의 대낮 질주에서 '막가파'식 범죄에 이르기까지 불특정 대상을 겨냥한 증오 범죄가 급증했다. 증오 범죄라는 새로운 유형의 범죄가 출현한 시대는 파시즘의 증오 정치를 다시금 환기했다.

　1990년대 파시즘 논쟁은 민주주의, 대중, 근대성 등 여러 논점을 두고 이뤄졌고 이는 한국 사회의 성격과 관련한 주요한 논쟁이었다. 이른바 87년 체제 이후 정부의 통치 방식을 파시즘이라고 비판하는 논의가 등장하기도 했고, 무엇보다 페미니즘 정치, 대중성, 근대 공론장 논의를 다시 도입하여 새로운 형태의 '군중심리'로 페미니즘을 비판하는 흐름도 강해졌다.[3] 또한 2014년 전후로 한국 사회에서 '혐오' 논의가 부상했고 이후 파시즘과 증오 정치에 대한 논의는 주로 대중성, 자발성, 온라인 및 신자유주의 키워드와 결합해서 이뤄졌다. 2014년 이후 진행된 혐오 논의는 1990년대 진행된 파시즘 연구와 논쟁을 거의 참조하지 않으면서 신자유주의 문제라는 일반론으로 흘렀다. 헤이트 스피치 연구는 대부분 지역에서 역사적 파시즘 연구를 역사적·이론적 원천으로 삼아 이어졌고, 이는 첫 번째 자유주의 시대의 경험과 신자유주의 시대 경험을 비교하는 방향으로 역사적이면서도 당대적인 논의로, 또 해당 지역의 역사적 특이성에 기반한 증오 정치 연구로 확장되었다. 그러나 한국에서는 헤이트 스피치 논의가 주로 대중 미디어를 기반으로 하는 혐오 논의로 수렴되어서 이론적 정교화가 진행되지 못했다.

---

2. 이에 대해서는 권명아, 『무한히 정치적인 외로움 — 한국 사회의 정동을 묻다』(갈무리, 2012)에서 자세하게 다루었다.
3. 이에 대해서는 권명아, 「비교 역사적 연구를 통해 본 정동 연구의 사회정치적 의제 — '여자떼' 공포와 다스려질 수 없는 자들의 힘」, 『여성문학연구』 39 (2016) 참조. 이 논문의 문제의식은 필자의 단행본 『여자떼 공포, 젠더어펙트 — 부대낌과 상호작용의 정치』(갈무리, 2019)에서 더 다양한 사례를 바탕으로 이어졌다.

증오의 수위가 높아지는 현상이 일부 박탈된 집단에만 국한되지 않고 모든 집단에 편재하게 되는 것은 파시즘화의 뚜렷한 징후이다. 파시즘이 모순적 이데올로기가 공존하는 장(場)이라고 평가되는 것은 이 때문이다. 역사적 파시즘 체제를 살펴보면 표면적으로는 집단주의의 광기가 사회를 지배하지만 그 집단이란 적대와 분열에 의해 사회구성원을 각각의 게토에 배치하는 증오 정치의 산물이다. 모두가 막다른 골목에 처해 있다는 고립감, 미래에 대한 불안감, 막막함에 사로잡혀 있는 상황이 집단주의로 채색된 파시즘 사회의 '내면'이다. 파시즘 체제는 표면적으로는 집단주의의 광기, 집단화되어 있는 다중으로 드러난다. 사실상 그 '집단'들이란 개개의 인간들을 해소할 수 없는 '분열'과 적대감에 유폐시키는 시스템의 산물이다. 파시즘 체제하에서 양산되는 집단적 광기는 폐쇄된 영역에 갇힌 인간들이 느끼는 고립감의 총합이다. 고립감과 집단화는 사회를 만인의 만인에 대한 투쟁의 논리로 이끌 수 있는 내적 동력이다. 사람들은 타인들과의 연대감을 상실하고, 지속 가능한 공존의 터전들이 파괴되어 개인의 내면에는 고립감, 불안감이 자리 잡는다. 파시즘화의 가장 큰 징후는 이처럼 연대 가능성의 파괴와 개개인의 고립화다. 이러한 고립과 연대 가능성의 파괴가 사회를 증오로 가득 차게 만든다. 만인의 만인에 대한 투쟁의 광기가 휘몰아치는 파시즘 체제하의 인간의 내면은 불행 의식으로 찢겨 있다. 역사적 파시즘 체제를 연구하면서 역사 속 인간들에 대해 내가 역사적 심판을 내리기에 앞서 연민을 느끼는 것은 이 때문이다. 이러한 고립감은 아마도 '모든 집의 문이 자기 등 뒤에서 닫히는 것 같은 그런 느낌'이라 할 것이다. 세계로부터 받은 고립감은 개개인을 자기 파괴, 자기 방기, 혹은 '다른 방식의 구원'의 길로 인도한다. 물론 특정한 사회에서 파시즘적 징후가 강화된다고 해서 사회가 언제나 역사적 파시즘 체제가 보여주는 바와 같은 정치 체제의 파시즘화로 귀결되는 것은 아니다. 그런 점에서 파시즘 연구는 정치 체제로서의 파시즘, 경향으로서의 파시즘, 운동으로서의 파시즘 등을 구별해서 고찰해 왔다.

명민한 연구자인 레이 초$^{Rey\ Chow}$가 세계화 이후의 지식인들의 초상을 비판적으로 분석하면서 특권층인 지식인들이 스스로를 하위 주체(서발턴^{subaltern})화함으로써 권력을 획득하고 알리바이를 구축하는 징후를 지적하고 있듯이 최근 한국 사회에서도 지식인들이 스스로를 서발턴화하는 경향이 팽배하다. 이런 경향은 역사적 파시즘 체제하에서 모든 이들이 자신의 객관적인 사회적 위치와 무관하게 자신이 '핍박받은 자', '결핍된 자', '박해받은 자'라는 불행 의식에 사로잡혔던 것을 생각해 보면 위험하다. 이처럼 지식인이 스스로를 서발턴화하는 현상은 2000년대 이후 이어진 민족주의와 파시즘 논의에서도 재차 확인된다.

『역사적 파시즘 체제의 인종주의와 젠더 정치 ― 젠더사로 보는 전시 동원 체제』에서 논하는 파시즘과 젠더 정치 연구는 필자의 한국전쟁 경험에 대한 연구와 밀접한 관련을 맺고 있기도 하다. 일제 말기의 전시 동원 체제를 통해 구축된 역사적 파시즘의 경험은 한국전쟁, 박정희 체제를 관통하며 지속되거나 변형된다. 특히 양차 세계대전, 한국전쟁, 냉전과 독재를 거치며 역사적 파시즘 체제의 유산은 이어지고 변형되는데 역사적으로 각 경험의 차이가 있지만 그 안에 공통되는 특징은 총체적 파괴의 경험과 사회적 적대의 강화이다. 총체적 파괴와 사회적 적대의 경험을 연구할 때 한국전쟁의 경험 연구는 각별한 중요성을 지닌다. 한국전쟁의 경험은 매우 특이하지만, 그 기저에 놓인 것은 삶과 존재의 모든 기반이 사라지는 총체적 파괴의 경험이다. 전쟁을 경험한 많은 이들에게 총체적 파괴의 경험은 존재론적 위협 앞에서 자기 안전을 도모하는 자기 보존의 몸부림을 강화하고 정당화한다. 총체적 파괴의 경험, 존재론적 위협, 자기 보존적 행위의 정당화 과정은 여러 경로를 통해 이루어져서 단순화해서는 안 된다. 물론 한국전쟁 경험과 2차 세계대전 경험(한국에서는 '만주사변'에서 '아시아 태평양 전쟁'으로 이어지는 경험) 사이에는 이질적인 부분이 많다. 특히 한국전쟁이 전체주의적 전쟁(일상과 전장 사이의 구별이 사라지고, 군인과 민간인 사이의 구별이 사라지는 의미에서) 총력전의 경험이었다면, 2차 세계대전은 '후방'으로서의 경험이었다. 그러나 2차 세계대전 때도 전쟁이 정점에 이른 시기에는 전방과 후방 사이의 경계가 점차 쇠퇴했다. 또한 전후방 경계가 사라지는 것은 적과 동지 사이의 구별을 모호하게 하면서 전쟁을 외부에서 내부로 향하게 한다. 이는 한국전쟁의 경우에도 명확하게 나타나는 현상이다.

두 전쟁에서 나타나는 또 다른 공통점은 전쟁의 외부와 내부 사이의 경계가 유동한다는 점이다. 국가, 혹은 사회 바깥을 향한 적대의 화살이 다시 내부로 향하면서 사회 내부의 적대 구조를 강화하는 특징을 보여준다. 이러한 점은 특히 한국전쟁 경험에서 더욱 첨예하게 나타난다. 전시 동원 체제가 진행되는 과정은 식민지 조선 사회 내부를 촘촘한 적대 관계로 재구성하고 위로부터 부과된 정체성 정치를 일상화하면서 사회를 준내전 체제로 변형하는 일이기도 했다. 전쟁은 일본 제국의 적을 향해서만이 아니라, 실질적으로는 조선인들 내부에서 수행되어야만 했다. 일제 말기의 전시 동원 체제와 한국전쟁을 거치면서 한국 사회에는 특정한 통치 체제가 구축되었다고 보인다. 이 통치 체제는 외부와 내부 사이의 경계를 강화함으로써 인종주의적 반감을 토대로 내셔널리즘 정체성을 강화하는 방식이었다. 또 이러한 통치 체제는 외부와 내부의 경계를 끝없이 이전시킴으로써 사회 내부를 적대적으로 분할하였다. 젠더와 세대, 계급과 인종, 지역과 연령에 따라 촘촘하게 구획된 강제적인 정체성 수행은 이러한 적대를 현실화하는 가장 중요한 방법이었다. 이러한 강제적인 정체성 수행의 일상화를 통해 전시 동원 체제에서 식민지 조선 사회는 외부를 향한 전시 체제로 변형되었을 뿐 아니라, 식민지 조선 사회 내부 그 자체가 준전시 체제로 재구성되었다. 적대는 '안과 바깥' 모두를 향해 고조되었다. 물론 이러한 면모가 한국전쟁 발발의 내적 요인이라고 오해되어서는 안 된다. 이 문제는 최근 논란이 되는 파시즘 체제나 폭력에 대한 대중의 '지지', '동의' 문제와 관련해서도 중요하다. 사회 내부를 촘촘하게 분할하여 적대적으로 재배치해서 위로부터 부과된 강제적인 정체성 역할을 수행하도록 하는 과정은 이른바 강제와 자발 사이의 경계를 모호하게 만드는 것이기도 했다. 일종의 강제된 자발성이자, 개별 주체의 일상적 수행 자체가 자율이나 자발의 개념으로 설명할 수 없는 포획된 상태로 변형된다는 뜻이다. 파시즘 연구는 이처럼 근대적인 주체의 특성이 파시즘 정치를 통해 전유되고 변형되는 특유의 기제를 비판적으로 검토하는 데서 출발했다. 역사수정주의의 전가의 보도가 된 '자발성'이란 그런 점에서 이론에 근거한 개념이라고 보기도 어렵고, 역사적 사실성 차원에서도 타당성을 갖지 못한다. 뒤에서도 살펴보겠으나 파시즘을 증오 정치라고 하는 것은 이른바 증오라고 하는 개인 내면의 자율과 자발성의 영역이 어떻게 통치와 군사작전의 방법으로 포획되고 전유되는가를 가장 잘 보여주기 때문이다. 이는 초기 파시즘 연구가 매혹fascination과 같은 감정 양태를 중요하게 고찰한 이유이기도 하다. 최근 전 세계적으로 새로운 학문적 의제로 등장한 어펙트affect 연구4는 여러 이론의 역사를 원천으로 하는데 파시즘 연구에서 축적된 권력 비판으로서의 감정 연구 또한 중요한 이론적 바탕으로 꼽힌다.

또한 페미니즘과 비판적 인종주의 이론은 근대 주체의 자율성이라는 개념과 이에 근거를 둔 이론이 현실적으로나 이론적으로 문제적이라는 점을 오래 비판해 왔다. 전시 동원 체제를 자발성이라는 차원에서 정당화하는 역사수정주의는 그런 점에서 민족주의를 부정하기 때문에 문제인 것만이 아니라, 지식 생산에서 인종주의와 성차별주의를 자발성과 자율적 주체라는 이름으로 정당화한다는 점에서 문제적이다.

이 책은 이러한 파시즘 연구의 '역사'를 배경으로 하면서, 동시에 한국사 연구에서의 파시즘이라는 문제 틀과 관련된 논쟁적 지점들을 가로지르면서 진행될 것이다. 이 책에서는 만주사변에서 아시아 태평양 전쟁에 이

---

4. 최근 어펙트 연구의 흐름에 대해서는 알리 라라 엮음,『정동 연구 지도제작』, 권명아·이지행·권두현·윤조원·정다연 옮김·해제 (갈무리, 2025)를 참고하라. 여기서는 어펙트를 정동이라고 번역하는데, 젠더 연구 기반 정동 연구로서의 젠더어펙트 연구를 지칭할 때는 어펙트로 번역한다.

르는 일제 말기(1930년~1945년)의 역사적 특성을 파시즘과 젠더 정치, 비판적 인종주의의 관점에서 고찰하고자 한다.

이 책은 일본 제국의 식민 통치를 역사적 파시즘 체제, 인종주의, 젠더 정치의 차원에서 규명하며, 전시 동원 체제를 파시즘 연구와 젠더사의 관점에서 고찰한다. 이 책은 2005년 출간한 『역사적 파시즘 ― 제국의 판타지와 젠더 정치』의 개정증보판이다. 2000년대 초반까지도 일제 강점기 전시 동원 체제를 비판적 인종주의 연구와 젠더 연구로 규명하는 일이 너무 낯설고 이질적으로 받아들여져서, '누구를 향해, 어떤 맥락으로 이야기를 전달할 것인가?' 고민이 많았다. 당대 선행 연구를 낱낱이 살피고 비판하면서 논의를 진행하는 방식을 취한 건 본인의 연구가 독보적이라는 점을 강조하기 위해서가 아니라, 논의를 이어갈 대화 상대와 연구사적 맥락을 스스로 만들어야 하는 연구 환경의 영향이었다고 하겠다. 개정판을 위해 전체 서술을 수정 보완하면서, 이제는 조금 더 풍부한 지적 맥락 속에서 논의를 전개할 수 있는 상황이 되었다는 것을 실감했다. 그간 전시 동원 체제 연구도 새로운 지평을 구축했지만, 책의 각 부에 별도로 참고문헌을 보완하기보다 5부를 새로 추가하여 연구사와 연구 방법, 이후 연구 전망을 상세하게 논의하였다. 5부에서는 비판적 인종주의, 퀴어 연구, 젠더 연구 방법과 어펙트 연구, 정보 이론과 정보사, 기술 과학 연구를 결합한 새로운 연구 방법에 대해서 정리하고 연구 방향을 제시했다.

2부 3장 역시 새로 추가했다. 2부 3장은 전시 동원 체제의 언어 상황과 자료적 현황에 대한 논의로 전시 동원 체제의 신속한 정보 순환 회로를 위해 사용된 독본류를 살펴보았다. 일본의 패전 직전까지 다양한 용도로 사용되었던 순한글 독본류를 통해서 식민지 정보와 언어 공간에 대한 전시 통제와 재구성의 역학을 살펴보았다. 식민지에 대한 고등 교육과 의무 교육 시행을 극도로 최소화한 일본 제국의 식민 지배 정책은 전시 동원 체제 총동원에 가장 큰 걸림돌이 되었다. 순한글 독본으로 상징되는 전시 동원 체제 정보 순환과 통제의 딜레마는 일본 제국주의가 결국은 자기 스스로가 만든 식민주의에 발목을 잡히는 흥미로운 역사적 국면을 보여주기도 한다. 일제시기 조선의 언어 공간은 매우 다층적이고 복합적이었고, 단일한 지면에서도 여러 형태의 조선어가 사용되었다. 한문을 주되게 사용하고 한글을 보조적으로 사용하는 문체인 한주국종체漢主國從體는 당시 지식 생산의 주된 기반이었고, 소설이나 시는 순한글을 사용하는 경우가 많았는데, 이는 한문 독해에 익숙하지 않은 당시 광범위한 독서 대중을 문학의 독자로 상정했기 때문이다. 따라서 같은 지면에서도 사용되는 조선어의 형태는 다양했다. 전시 동원 체제에 이르면 이러한 조선어 공간의 특성은 매우 복잡한 기능과 역할을 수행하게 된다. 특히 전시 동원 체제의 여러 형태의 자료들을 해석할 때 사용하는 언어 표기에 따라 각 자료가 겨냥하는 독자 집단을 추정할 수 있기에 일어는 물론이고 조선어의 표기 형태는 매우 중요하다.

2005년에 출간했던 『역사적 파시즘』의 3부 3장은 당시 대표적인 국책 영화이자 전쟁 협력 영화였던 〈지원병〉에 대한 분석으로 마무리했었다. 논란의 여지가 없는 전쟁 협력 영화인 〈지원병〉을 보면서 영화 속 조선인들의 무표정하고, 도무지 어떤 감정인지 파악하기 힘든 무감정한 얼굴들이 계속 해석되지 않는 무언가로 남고, 마음에 걸렸었다. 2부 2장의 마지막 부분에서도 논의한 것처럼 "주인공의 무관심, 무능력, 무주체성은 지원병이 되는 것, 혁신 청년으로 기듭나는 것이 일본인이 되려는 자발적 열의도, 처세를 위한 약삭빠른 선택도 아닌, 일종의 막다른 골목에서의 선택인 것처럼 해석될 여지가 있다. 또 이러한 면모는 주인공뿐 아니라 영화 전반에 걸쳐서 드러난다. 주인공과 주변 인물들은 활력 넘치는 '일본 국민'이라기보다는 퇴락한 시대의 퇴락한 인물들처럼 보인다. 지원병으로 출정하는 주인공을 격려하며 배웅하는 어머니의 클로즈업된 얼굴은 감격에 사로잡힌 얼굴이 아니라 너무도 비애에 찬 표정이다. 또 연인을 배웅하는 여자 주인공은 〈애국부인회〉 휘장을 한복 위에 두르고 일장기를 손에 들고 있지만 그것에 걸맞은 열기도 성원도 없다. 애인이 떠난 열차를 하염없이 바라보는

여자 주인공의 뒷모습은 막막하고 고적하고 애처롭다."⁵

열렬한 협력 영화에서조차 기이한 방식으로 감각되는 무관심, 무능력, 무주체성은 비애나 고적함, 애처로움 등 다양한 감정의 어휘로 해석되기도 하지만 그 어떤 감정의 어휘로도 환원되지 않는 무엇이다. 개정판을 출간하게 된 2025년 현재에서 되돌아보니 그간의 연구 여정은 이른바 저항이나 협력이라는 어떤 행위자성으로도 설명되기 어려운 이 무언가에 몰두해 온 긴 여정이기도 했다. 따라서 개정판에는 2005년판의 〈지원병〉에 대한 해석에 이어서 20년 가까이 지나 세상에 내놓게 된 젠더·어펙트 연구 결과를 보완하여 수정했다. 영화 〈반도의 봄〉을 사례로 추가하면서 이른바 탈정동disaffected에 대한 연구 방법론과 그 연구사적 의미를 소개한 연구의 일부를 개정증보판에 첨가했다.⁶

『역사적 파시즘 체제의 인종주의와 젠더 정치』에서는 인종주의와 젠더 정치의 얽힘에 집중하면서 역사적 체제로서의 파시즘 증오 정치의 특성을 명확하게 규명하였다. 증오 정치에 대한 논의도 2005년보다 현재에는 논의 지평이 확산되었지만, 이는 단지 연구가 활성화되었다는 의미보다 전 지구적으로 파시즘이 확산한 현실과 관련이 깊다. 파시즘과 증오 정치는 동어반복이라 할 정도이고 증오와 같은 감정, 정서 나아가 정동을 실제적인 정치 수단으로 동원한 대표적 사례가 파시즘이다. 정동이 우파 혹은 파시즘에 의해 전유되는 것에 저항하는 이론적 실천의 하나로 정동 연구가 등장했다는 점도 중요하다. 파시즘의 젠더 정치에 대한 연구에서 시작하여 젠더·어펙트 연구를 경유하면서 역사적 파시즘, 증오 정치, 인종주의와 젠더 정치와 관련한 논의를 지속해 왔지만, 그 논의를 이 책에 다 반영하지는

---

5. 이 책 252~253쪽.
6. 권명아, 「젠더·어펙트 연구 방법론과 역사성 — 역사적 파시즘 연구에서 원격통제 권력 비판까지」, 『코기토』 100 (2023년 6월). 이 논문 중 영화 〈반도의 봄〉에 관한 부분을 이 책에 수록했다. 이 외에도 탈정동 연구의 의미에 대해서는 다음 논문에서도 자세하게 논했다. 권명아, 「보편적 어펙트 연구 비판과 젠더·어펙트 연구 — 방법론과 지적 원천에 대한 논쟁을 중심으로」, 『사이間SAI』 33 (2022) 참고.

않았다.7 마찬가지로 그간 축적된 전시 동원 체제에 대한 연구 성과도 충분히 반영하지는 못했고, 5부에서 선행 연구에 대한 연구사 검토와 후속 논의를 통해서 보완하였다.

무엇보다 이 연구는 전시 동원 체제에 대한 새로운 문제의식과 열정이 팽배하던 시대, 그 열정과 서로 다른 사유의 가닥들이 부대끼며 파열했던 팽팽한 긴장과 갈등의 산물이기도 하다. 처음 이 책이 출간되었을 때는 젠더, 젠더사라는 개념이나 비판적 인종주의 연구를 학자들도 생소하게 여겼다. 『역사적 파시즘 체제의 인종주의와 젠더 정치』를 내놓는 오늘날 전 지구적으로 증오 정치의 확산이 심각한 시대가 되었지만 한편으로는 파시즘, 증오 정치, 젠더 정치, 비판적 인종주의, 퀴어 연구 그리고 어펙트 연구에 이르기까지 이 책에서 다루는 연구 주제에 대한 논의 지형은 크게 변했고 한국에서의 논의와 인식도 크게 변화했다. 이 변화된 지형 속에서 『역사적 파시즘 체제의 인종주의와 젠더 정치』가 새로운 방식으로 논의되고 다양한 해석의 지평들과 독자들과 만나 새로운 문맥 속에 놓여 이전과는 또 다른 이야기를 주고받을 수 있지 않을까 조심스럽게 기대를 품어본다.

『역사적 파시즘 체제의 인종주의와 젠더 정치』를 출간하게 된 것은 전

---

7. 이에 대한 자세한 논의는 증오 정치에 대한 비교역사 연구를 담은 여러 편의 논문에서 다룬 바 있다. 권명아, 「『오징어 게임』 어펙트, 마주침의 윤리와 연결성의 에톨로지」, 『석당논총』 82 (2022), 「성폭력 부정주의의 정동적 힘과 대안적 정동 생성의 '쓰기'」, 『여성문학연구』 52호 (2021) : 230~262 ; 「K적인 것의 기원과 K차별 ― 차별 대응 제도와 교육, 사회통념 개념의 변화를 중심으로」, 『석당논총』 80 (2021) ; 「젠더·어펙트 연구에서 연결성의 문제 ― 데이터 제국의 도래와 '인문'의 미래」, 『석당논총』 77 (2020) ; 「불태워지는 건 여성만이 아니다」, 「옷을 갈아입은 성차별 ― '젠더갈등' 프레임과 이대남 현상을 비판한다」, 『백래시대응을 위한 긴급토론 학술대회 발표집』 (젠더어펙트 연구소, 2021) ; 「이준석이 82년생 김지영을 공격하는 이유 ― 이대남 현상은 실재하는가 ③」, 『프레시안』, 2021년 5월 31일, http://www.pressian.com/pages/articles/2021053114572955815 ; 「인국공 사태의 교훈이 반페미니즘인가 ― 이대남 현상은 실재하는가 ④」, 『프레시안』, 2021년 6월 3일, http://www.pressian.com/pages/articles/2021060313295937365 ; 「한국과 일본에서의 반헤이트 스피치 운동과 이론에 대한 비교 고찰 ― 차별의 역사적 구조와 표현의 자유에 대한 논의를 중심으로」, 『여성문학연구』 45 (2018) ; 「수치스런 몸의 역사 ― 보이지 않는 역사적 원천과 풍속」, 『민족문학사연구』 66 (2018) ; 「신냉전 질서의 도래와 혐오발화/증오 정치 비교역사 연구」, 『역사문제연구』 20, no. 1 (2016) 참고.

적으로 갈무리 출판사의 제안 덕분이다. 아프콤 총서를 비롯하여 갈무리와 출간 작업을 계속해온 지 십 년이 넘었다. 출판사와의 협업을 지속적으로 이어갈 수 있었던 것은 연구자로서 너무나 큰 행운이었다고 생각한다. 연구자로서 책을 내기 시작한 초반에 책세상 출판사의 기획자와 편집자분들과의 협업을 하게 된 것 또한 글 쓰는 사람으로서 큰 행운이었다. 이후 많은 작업을 갈무리의 기획자와 편집자분들과의 협업으로 이어오고 있다. 연구자나 글 쓰는 사람으로서 성장해온 지난 시간, 출판시장이나 기획자, 편집자들의 상황은 크게 나빠졌다. 학술장도 위기이지만 출판의 위기는 비교가 안 된다. 특히 학술 출판 상황은 더욱 심각하다. 이런 상황에서도 번역, 저술과 관련한 기획을 미리 논의하고 또 절판된 저작을 새로 출간하도록 기획해 주는 갈무리와 같은 출판사와 협업을 이어갈 수 있다는 건 연구자로서 비교할 수 없는 든든한 버팀목이 되었다.『역사적 파시즘 체제의 인종주의와 젠더 정치』출간 이후에도 젠더·어펙트 연구 번역서를 갈무리와 협업하여 출간해 나갈 예정이다. 갈무리 출판사의 모든 분들에게 감사드리는 바이다. 또한『역사적 파시즘』출판과 이후 책세상에서의 저작 출판 때 함께해 주셨던, 현재 마농지 출판사 대표이신 김미정 선생님께서 개정 증보판을 위해 책세상 출판사와의 논의를 도와주시고 격려해 주셨다. 번거로운 일을 도와주시고 격려해 주신 김미정 대표님께 감사 인사를 전하고 책세상 출판사에도 감사를 전한다.

2025년 11월
권명아

1부
파시즘, 제국의 판타지, 젠더 정치

논쟁과 논점들

1장 역사상을 둘러싼 투쟁 — 젠더사의 시각과 파시즘 이론

2장 파시즘 경험과 유산을 둘러싼 논쟁 비판

3장 이론적 실천과 소비의 경제 — '문학 속의 파시즘' 요구와 대중독재론의 문제

1장

역사상을 둘러싼 투쟁

젠더사의 시각과 파시즘 이론

1. 일제 말기, 파시즘, 젠더 정치와 인종차별주의 비판을 둘러싼 논란들

    연구와 대중적인 역사 인식에서 일제 말기를 파시즘과 관련하여 생각하는 일은 여전히 낯설게 느껴진다. 한편, 1990년대 이후 '미시 파시즘'이나 '일상 속의 파시즘'에 대한 논의가 확산하여 파시즘은 익숙한 용어로 자리 잡았다. 그러나 역사적으로 '일제 말기'를 파시즘과 연결해서 생각하는 건 여전히 낯설다. 파시즘 체제라는 용어는 일본, 독일, 이탈리아의 '파시즘 3국 동맹 체제'를 지칭하는 개념이었다. 이 책의 제목인 역사적 파시즘 체제란 파시즘 3국 동맹(일본, 독일, 이탈리아)과 반파시즘 연합국이 맞서고 세계대전까지 이른 특정한 세계 체제를 지칭하는 개념이다. 즉 1차 세계대전에서 2차 세계대전 사이 세계 체제가 파시즘과 반파시즘으로 나뉘었고 세계 체제가 파시즘을 중심으로 재구축되었기에 이 시기를 역사적 파시즘 체제라고 부른다.

    그렇지만 한국에서는 역사적 파시즘 체제를 '일제 말기'라는 패러다임으로 다루는 현상이 일반적이다. 특히 한국에서는 일본의 식민 통치하에 있던 식민지 조선에 관해 파시즘 연구의 관점을 도입하는 것이 적절하지

않다는 인식이 지배적이다. 이는 파시즘 연구를 대중의 자발성에 관한 연구로 이해하고 파시즘 연구가 식민지 조선에서 피식민자의 자발성을 강조하는 편향적 연구가 될 수 있다는 우려이다. 앞서도 살펴보았듯 대중의 자발성을 탐구하는 방식은 파시즘 연구의 한 경향일 뿐이다. 파시즘 연구는 연구 주제, 방법론도 다양하다. 한국에서 파시즘 연구를 대중의 자발성을 강조하여 제국주의에 대한 피식민자의 자발적 협력을 강조하는 이론으로 오해하는 것은 1990년대 파시즘 연구와 관련한 복잡한 지형의 산물이기도 하다.

일제 말기를 파시즘의 관점에서 보는 시각에 대한 의문들은 파시즘이라는 개념에 대한 고전적인 질문의 연장선상에서 나오는 의문이라고 볼 수 있다. 한국에서는 파시즘이라는 용어가 과잉 사용되는 데 비해 파시즘 연구와 비판적 파시즘 이론에 대해서는 학계에서도 무지한 편이다. 1990년대 이후에는 전 세계적으로 비판적 파시즘 연구가 새롭게 등장했다. 새롭게 구축된 파시즘 연구의 흐름은 포스트모더니즘의 문제 틀을 비판하면서 파시즘 연구의 딜레마를 인지하고 새로운 방식으로 문제를 제기한다.[1]

1990년대 후반 이래 비판적 파시즘 연구는 파시즘과 근대성에 관해 새로운 논의를 제기했다. 파시즘을 근대성의 예외적 국면으로 보던 오래된 해석 방식을 넘어서서 최근 연구는 파시즘을 근대성의 한 측면으로 보는 것이 공통점이다. 1990년대 파시즘과 근대성의 관계를 새롭게 소명한 대표적 연구는 앤드루 휴잇의 『파시스트 모더니즘 — 미학, 정치학과 아방가르드』이다. 앤드루 휴잇은 파시즘과 근대성이 반동과 진보라는 단일한 시간 개념으로 환원되지 않는다는 점을 강조하면서 이런 형태의 근대 인식이 파

---

1. 포스트모더니즘의 모더니티 비판에 대한 근본적인 문제제기와 파시즘 연구의 새로운 틀에 대해서는 Andrew Hewitt, *Fascist Modernism : Aesthetics, Politics, and the Avant-Garde* (Stanford University Press, 1993) 참조. 여기서 휴잇은 파시즘 정치의 특성을 분석하기 위한 범주로서 발터 벤야민의 '정치의 심미화'와 '미학의 정치화'의 문제에 집중하고 있다. 이를 통해 휴잇의 분석 틀은 '객관적인 사회적 비공시성들'이라는 견지에서 파시즘을 다룬 벤야민, 블로흐, 뷔르거의 논지를 비판적으로 계승하고 있다.

시즘을 근대성으로부터의 반동이라는 일면적 시각으로 바라보게 만든다고 비판한다. 특히 휴잇은 포스트모더니즘 논의가 파시즘의 패배를 기정사실로 인식하고 모더니즘에 대한 이해를 단순화하여 둘 사이의 상관성을 해명할 수 없게 만들었다고 지적한다. 이러한 비판을 토대로 휴잇은 "파시즘을 모더니즘과 동일시하거나 양자를 근본적으로 구별하려는 시도는 양자를 과도하게 단순화한다"는 비판에서 논의를 시작한다. 문제는 "모더니스트들이 파시즘 안에서 자기들을 위한 집, 또는 보금자리를 만든 전략"을 드러내는 것이라고 주장한다.[2]

　파시즘 연구에서는 파시즘을 단일한 하나의 형태로 환원하지 않는다. 파시즘 연구는 이론적으로나 역사적으로 파시즘이 다양한 형태로 구성된다는 점에 주목한다. 예를 들어 원형적 파시즘과 본래적original 파시즘, 파시즘의 후예들과 변형태들을 차별화하고 각각의 특성을 변별적으로 고찰하는 것은 파시즘의 역사를 살펴보는 일이며 근대 체제 속에 면면히 흐르는 파시즘적 경향성을 추적하는 일이다. 파시즘의 형태는 근대사가 전개되는 역사적 차이 혹은 종별성specificity만큼이나 다양하다. 즉 이론적으로나 역사적으로나 다양한 파시즘 체제가 존재했고, 공유되고 동질화될 수 있는 유사점보다 오히려 동질화되지 않고 단일한 형태로 환원되지 않는 차이들이 더 많이 발견된다. 그런 점에서 독일이나 이탈리아와 같은 본래적 형태의 파시즘과 일본 파시즘의 동질성의 정도를 가늠하여 1935년에서 1945년까지의 일본 체제를 파시즘 체제라고 할 수 있는가 없는가를 묻는 것은 우문에 불과하다.

　파시즘과 근대성의 이러한 복합적 맥락을 염두에 둘 때, 역사적·정치적으로 다양한 형태의 근대 체제 가운데 파시즘과의 밀착 관계나 파시즘과의 관련성 여부에서 면죄부를 부여받을 수 있는 체제는 없다고 해도 과언이

---

2. 이 외에도 파시즘 해석과 관련된 문제에 대해서는 Roger Griffin, *The Nature of Fascism* (Routledge, 1993) ; Walter Laqueuer, ed., *Fascism : A Reader's Guide* (University of California Press, 1976) 참조.

아니다. 물론 이러한 시각이 근대 체제를 파시즘과 동일시하는 일반론과 구별되어야 한다는 점은 명백하다. 따라서 질문은 '특정 체제를 파시즘으로 볼 수 있는가'가 아니라 특정한 역사적 체제에 있어서 파시즘적 경향성의 존재 양태, 다른 이데올로기와 정치 체제, 신념 체계와 길항·갈등·공존 관계에 대한 질문이다. 왜 어떤 체제는 파시즘적 경향성을 지니면서도 다른 형태로 전환하는가, 왜 어떤 체제에서는 특정한 국면에서 파시즘적 경향이 지배적 경향으로 자리 잡는가, 궁극에 있어서 파시즘적 경향성이 지배화되는 데 중요한 역할을 하는 여타의 이데올로기와 정치 체제에는 어떠한 것들이 있는가 등의 질문이 제기될 때 파시즘과 근대 체제에 대한 의문은 규명될 수 있을 것이다. 역사적 파시즘 체제의 경험과 일제 말기 한국 사회에 대한 논의도 이러한 문제 틀에 대한 공론화를 통해 생산적 대화를 전개할 수 있다.

파시즘적 경향성과 밀접한 관련을 맺는 이데올로기는 내셔널리즘이다. 파시즘 연구는 대체로 내셔널리즘 연구와 문제 틀을 공유한다. 그런 점에서 일제 말기를 둘러싼 내셔널리즘, 울트라내셔널리즘 ultra-nationalism, 파시즘의 길항관계에 대한 오래된 질문들은 파시즘과 근대 체제의 관련에 대한 새로운 문제 틀 속에서 효과적으로 다루어질 수 있다.

한편, 정치 체제의 성격과 이데올로기적 특성이라는 측면에서 일제 말기를 파시즘이라고 규정할 수 있는가 하는 문제와 별도로 이 시기 일본과 독일 파시즘의 체제적·이데올로기적 상호 참조 관계를 규명하는 일은 매우 중요하다. 실제로 이 시기 일본의 체제 혁신의 이데올로기였던 '일본 정신'은 독일의 파시즘 체제와 이데올로기를 참조하여 구성되었다. 상호 참조 형태에 대한 고찰은 역사적 형태로서의 파시즘의 세계사적 동시대성과 비동질성을 규명하는 데 반드시 필요한 작업이다. 1차 세계대전 이후부터 2차 세계대전까지의 세계 체제를 파시즘 블록과 반파시즘 블록 간의 상호적 관계라는 차원에서 보면 역사적 파시즘 체제라고 규정할 수 있다.

이런 맥락에서 이 책은 1931년 '만주사변'을 전후로 한 침략 전쟁의 가속화와 세계대전을 거쳐 일본의 패전에 이르는 시기를 역사적 파시즘 체제라는 차원에서 접근하고 고찰한다. 역사적 파시즘 체제의 경험과 유산을 살피는 것은 당시 조선과 일본 제국의 관계에 한정될 수 없다. 이 책에서 다루는 대동아공영권의 이념이나 남방 담론, 청년 담론, 총후銃後 부인 담론도 이데올로기적 기반, 조직 구성, 주체화 과정에서 독일의 파시즘 정치학에 대한 지속적인 참조가 이루어지고 있음을 확인할 수 있다. 대동아공영권의 구상은 오래된 유럽의 지도를 새롭게 바꾸려 했던 나치스 독일의 전략과 이념을 염두에 두고 만들어진, 일본 정신과 독일 나치즘의 상호 참조의 결과물이다. 청년과 총후부인의 정체성은 실질적으로 나치스 조직과 파시즘적 주체화의 이데올로기 및 조직 형태, 선전 방식 등을 고스란히 참조했다. 일제 말기의 일본의 '혁신'은 이러한 파시즘의 상호 참조와 영향, 변주의 맥락에서 해석될 필요가 있다.

2. 파시즘의 정치학과 젠더[3] ― 1930년대 이후 논의의 역사적 전개

파시즘 이데올로기가 젠더 기반 폭력 및 성차별과 밀접한 관련이 있다는 점은 당대의 반파시즘 인민전선에 입각한 비판적 맑스주의자들의 반파시즘 이론에도 담겨있었다. 1935년 코민테른 7차 대회의 결정으로 독일과 이탈리아, 일본의 침략 전쟁의 전면화에 대항하는 반파시즘 전선이 결성되

---

3. 이에 대한 자세한 논의는 권명아, 「수난사 이야기로 다시 만들어진 민족 이야기」, 「여성 수난사 이야기와 파시즘의 젠더 정치학」, 김철·신형기 외, 『문학 속의 파시즘』(삼인, 2001)에서 이미 다룬 바 있다. 거기에서 나는 파시즘 정치학과 한국의 파시즘 정치의 상관성, 그리고 이와 관련된 재현 체제의 문제를 논하면서 파시즘 정치학의 젠더 정치를 선명하게 보여주는 담론들을 "여성 수난사 이야기"라 명명한 바 있다. 이는 단지 특정한 서사 구조를 분석하는 문제가 아니고 파시즘 정치학에서 비롯된 특정한 내러티브(민족 내러티브에서 역사 기술, 자기 서사에 이르는)를 규정하는 문제다. 그 글들에서는 특히 한국 전쟁의 경험과 '신생 민주주의 국가 건설'의 문제를 중심으로 전쟁 경험과 파시즘 정치의 문제를 탐구했다. 이 책은 그 연구의 연장으로서 식민지 시기 총력전의 경험과 파시즘 정치의 상관관계를 규명하고자 하는 작업의 일환이다.

었다. 반파시즘 인민전선은 사회주의 그룹을 중심으로 한 전 세계의 반파시즘 전선을 구축하는 것이었다. 조선에서도 반파시즘 인민전선 및 코민테른 7차 대회의 결정 사항은 사회주의 그룹에 일정한 영향을 끼쳤다. 이 부분은 조선의 사회주의 운동의 경향과 성격을 규명하는 데 중요한 논점이기도 하다.[4] 사르트르Jean-Paul Sartre, 아도르노Theodor W. Adorno, 라이히Wilhelm Reich 등의 반파시즘 작업은 파시즘이 남성적 판타지와 남성적 동지애를 토대로 하고 있다는 점에 집중되었다. 이러한 초창기의 문제제기에서 파시즘 이데올로기에 내포된 젠더 폭력과 젠더화된 이념 체계에 대한 비판은 주로 남성적 가치에 대한 옹호, 전사 카스트 제도에 내포된 남성적 욕망과 여성적 가치의 배제에 초점이 맞춰졌다. 이러한 문제제기는 비판적 이론가들에 의해서만 이루어진 것이 아니다. 1930년대 유럽에서 다양한 이데올로기 기제를 통해 이뤄진 반파시즘 선전은 파시즘 이데올로기의 남성 중심성(호모섹슈얼리티 이미지를 차용한)을 겨냥했다. 최근 연구자들도 지적하다시피 1930년대 반파시즘 이론과 실천의 경향성은 당대의 파시즘에 대한 유럽의 인식 역시 젠더화된 상징체계 속에서 이루어졌다는 점을 보여준다. 예를 들어 반파시즘 전선을 위한 유럽의 '선전'(라디오, 포스터, 영화 등을 통해 이루어진)이 주로 파시즘을 성애화된 재현eroticized representation의 양태로 이미지화함으로써 역설적으로 비파시즘(혹은 반파시즘) 작가들에게서도 파시즘은 주로 성애화된 재현의 양상으로 드러나게 된다. 이는 역설적인 방식으로 파시즘을 젠더화된 재현 체계로 의미화하는 것이다.[5]

초창기 파시즘 연구와 비판 작업에서 대두된 남성적 욕망과 파시즘의 상관성 연구는 파시즘 연구에서 '욕망' 문제를 중요한 의제agenda로 부각했다. 이는 현재까지도 파시즘 연구의 중요한 흐름 중 하나다. 그런 점에서

---

4. 이에 대한 논의로는 이애숙, 「일제 말기 반파시즘 인민전선론 — 경성콤그룹을 중심으로」, 『한국사연구』 126 (2004) 참조.
5. 이에 대해서는 Laura Catherine Frost, *Fascism and Fantasy in Twentieth Century Literature* (Columbia University Press, 1998) 참조.

남성적 판타지와 남성적 욕망을 중심으로 한 파시즘의 젠더 정치에 대한 연구는 1930년대의 인식론적 한계에도 불구하고 욕망의 문제와 파시즘의 상관성이라는 중요한 화두를 여전히 제기하고 있다. 오늘날까지도 '욕망'의 문제는 파시즘 연구에서 미완의 영역이다. 그러나 최근의 파시즘 연구자들이 지적하는 것처럼, 욕망 이론에 중점을 둔 파시즘 연구는 근원적인 딜레마를 안고 있다. 파시즘의 남성적 욕망과 남성적 판타지에 대한 비판은 파시즘 이데올로기를 남성적 욕망의 문제에 국한함으로써 파시즘 이데올로기를 추동하는 젠더 정치의 복잡성을 단순화한다. 이런 이유로 초창기 연구들이 파시즘 이데올로기의 남성 중심성과 남성적 판타지에 집중했다면, 최근 연구들은 파시즘 이데올로기의 젠더 정치의 복합적 측면에 주목한다. 예컨대 파시즘과 모성 이데올로기, 여성 동원과 여성의 정치 세력화, 마이너리티였던 여성들이 세력화 과정에서 갖게 되는 파시즘에 대한 매혹에 이르기까지 파시즘의 젠더 정치는 남성적 욕망과 환상이라는 단일한 구조로 환원되지 않는다.

앞서 살펴본 바와 같이 파시즘 이데올로기의 남성 중심성과 남성적 판타지에 대한 탐구는 욕망 이론(정신분석학과 프로이트 맑스주의의 문제틀에 입각한)이 직면한 딜레마를 고스란히 반복한다. 그러나 딜레마는 단지 파시즘 연구에 국한된 것이 아니라 욕망 이론이 현재 직면하고 있는 한계와 관련된다. 프랑스 파시즘 연구자인 데이비드 캐럴은 파시즘의 남성적 판타지나 남성 중심성에 대한 고전적 연구들을 검토하면서 이런 논의들이 진정한 욕망이 무엇인가 혹은 욕망의 규범이 무엇인가의 문제로 환원될 위험을 갖고 있다고 비판하기도 했다.[6]

남성성과 파시즘에 초점을 둔 초창기 파시즘 연구로는 클라우스 테벨라이트의 『남성적 판타지』가 대표적이다.[7] 『남성적 판타지』는 파시즘의 젠

---

6. David Carroll, *French Literary Fascism : Nationalism, Anti-semitism, and the Ideology of Culture* (Princeton University Press, 1994), 158.

7. Klaus Theweleit, *Male Fantasies* (University Of Minnesota Press, 1987).

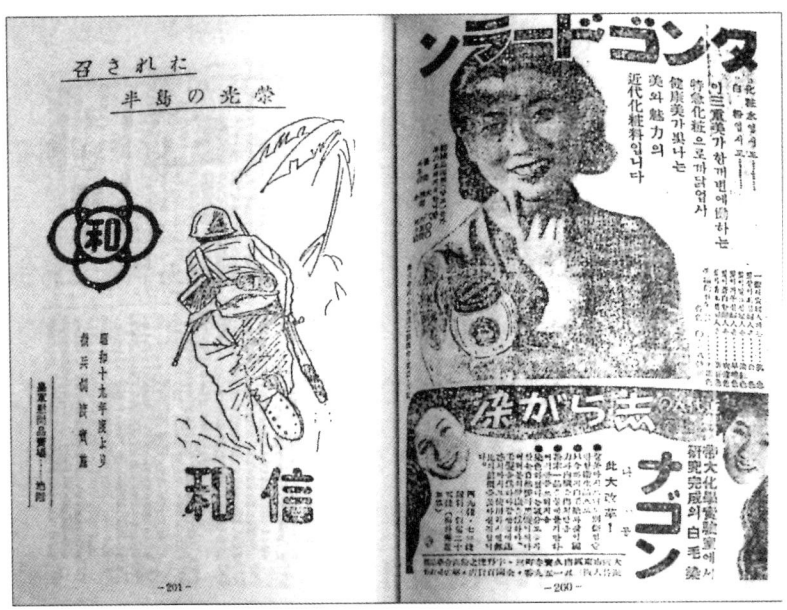

황민화는 성별, 정체성 집단별, 계급별, 교육 수준별로 상이하게 작용했다. 또 이러한 상이한 작용은 단지 일본인과 조선인 사이에서만 나타난 것이 아니라 조선인들 내부에서도 정체성 투쟁을 가속화했다. 화신상사의 태평양 전승 기념 광고. "싸우는 남성, 아름다운 여성,"『춘추』, 1942년 7월.

더화된 이데올로기를 주로 남성의 욕망에 집중해 분석했다는 점에서 한계가 있지만, 파시즘의 남성성을 분석한 고전적 저작이자 중요한 연구 성과이다.『남성적 판타지』는 정신분석학적 관점에서 파시즘 성치 이데올로기를 분석하면서 남성적인 것과 파시즘의 상관성과 여성적 욕망, 비파시즘 혹은 반파시즘의 유사성이라는 논쟁적 이슈를 제시했다. 그러나 데이비드 캐럴은 최근 연구에서『남성적 판타지』가 "정치학과 정신분석학 양자를 혼란스럽게 뒤섞어 파시즘을 다루거나, 쾌락 원칙을 신비화하고 죽음 충동을 프로이트적으로 단순화했다"고 비판하기도 했다.8 또 남성적 판타지와 파시즘 이데올로기의 근원적 동일성에 대한 날카로운 분석에도 불구하고 파

---

8. 같은 책 참조.

시즘과 여성성의 연관에 대한 논의를 어렵게 만드는 한계를 지녔다는 비판이 제기되기도 했다. 파시즘의 젠더화된 이데올로기에서 이른바 여성적 가치나 여성성을 재구축하고 배치하는 방식은 중층적이고 때로는 모순적이다. 실제적 차원에서 파시즘과 여성 집단의 연관도 계급, 지역, 연령 등에 따라 복합적이다. 파시즘과 여성 집단의 관련성에 관한 연구 경향은 뒤에서 살펴보고, 여기서는 남성적 판타지와 파시즘 이데올로기의 상관성에 대한 이슈와 문제점을 먼저 고찰하고자 한다.

유럽의 정신사적 흐름과 집단 무의식, 욕망의 구조에 대한 분석을 통해 파시즘의 남성적 판타지를 연구하는 흐름은 파시즘 연구의 중요한 한 갈래를 형성해 왔다. 이러한 연구에 따르면, 20세기 초 유럽에 오래된 유럽의 붕괴에 대한 공포가 만연하면서 합리적인 것과 전통적인 것, 자유주의나 부르주아 정치학과 같이 오래된 가치를 나약하고 '여성적인 것'으로 인식하고 혐오하는 분위기가 강해졌다. 동시에 오래된 유럽의 가치를 여성적인 것으로 혐오하면서 반대로 원시적 활력과 강한 남성성을 열망하는 분위기가 팽배했다. 이와 같은 집단 무의식은 전쟁에 대한 유럽 사회의 열광이나, 파시즘 체제의 출현과 밀접하게 관련된다. 요컨대 파시즘과 남성적 판타지의 관련성은 파시즘 정치학을 구성하는 이데올로기적 측면에 관한 연구와 파시즘이라는 특정한 정치 체제와 운동을 산출하고 그것이 대중 장악력을 확보하게 되는 심층 심리와 집단 무의식을 탐구하는 데 주요한 논거를 제시했다. 파시즘의 남성적 판타지에 관한 연구는 정치적 이슈나 정치 행위뿐 아니라 정치 외적인 영역으로 확대되고 정치 영역 자체를 재생산하는 상징체계들(종교, 문화, 습관의 변화, 사회의 규율화와 교육 등) 속에서 재생산되는 파시즘적 욕망을 고찰하는 중요한 분석틀로 기능했다.

물론 젠더 연구가 진전함에 따라 젠더 정치의 문제는 남성적 판타지나 남성적 억압 체제 등의 범주를 넘어 근대 체제 자체의 제반 시스템과 이를 지탱하고 구성하는 범주들을 젠더화engendering 하는 방향으로 전환되었다. 또한 근대 체제의 남성 중심성과 여성과 여성적인 것에 대한 배제라는 젠더 연구의 고전적 의제에서 젠더화된 주체화의 역사적 과정에 대한 탐구라는 보다 확대된 영역으로 전환되었다. 따라서 파시즘의 젠더 정치에 관한 연구 역시 이러한 확대된 문제의식에 기반할 필요가 있다. 그러나 파시즘의 남성적 판타지에 관한 고전적 연구는 여전히 파시즘을 이해하는 데 중요한 논점을 제공한다. 아래에서는 이에 대해 살펴보고자 한다.

파시즘 이데올로기의 중요한 층위로 논의되는 남성적 판타지는 여성에 관한 이데올로기가 아니라 파시즘 정치학의 필연적 산물이자 동력으로 여겨졌다. 파시즘은 파시즘 이데올로기의 제창자들에게 인간에 대한 관념이자 민족적·정치적·경제적·사회적 삶 전체에 대한 관념이었다. 부르주아 사회의 정치 사회 구조 및 도덕적 가치 체계에 대한 총체적인 거부와 붕괴에 대한 공포에서 동력을 얻어 생성되는 파시즘 체제는 '붕괴된'(실제로 붕괴된 것이 아니라 붕괴되었다고 간주된다는 의미) 사회를 전체적으로 재조직화하는 재건과 혁신의 이데올로기를 중요한 기반으로 하여 실행된다. 인간 혁명, 전체 혁명, 정신 혁명, 도덕 혁명, 영혼 혁명으로 자신을 지칭한 파시즘은 인간과 사회를 말 그대로 총체적으로 뜯어고치고 다시 조립하는 것을 목표로 한다. 이러한 해부와 재조립의 과정은 모든 측면에서 경계를 재설정하고 인간과 사회에 대한 모든 관념, 이상, '본질'을 재정립함으로써 이루어진다. 인간과 사회, 국가와 이들의 관계에 대한 재정의는 인간적인 것, 사회적인 것, 국가적인 것, 자연적인 것, 현재적인 것과 미래적인 것, 민족적인 것 등 모든 것의 경계를 새롭게 강제적으로 재설정하려는 정치적 기획을 동반한다. 따라서 파시즘 이데올로기의 기반이 되는 남성적 판타지는 엄밀한 의미에서 모든 경계를 재구축하는 과정에 작동하는 이데올로기이자 효과다. 이 과정은 파시즘이 근대 체제의 주요 범주와 정체성의 정치학을 '혁신적'으로 전유하는 과정이다. 여기서 문제가 되는 것은 '전체화'에 대한 파시즘의 요구가 단지 추상적인 의미의 '억압적 동일화'나 부분적인 조직화가 부재한 일방적인 '전체화'로 오도되어서는 안 된다는 점이다. 파시즘적 전체화는 필연적으로 부분들의 재조직화를 통해서만 이루어진다. 역으로 부분들의 재조직화는 전체화에 의해 추동된다. 즉 파시즘적 전체화는 앞서 살펴본 바와 같이 사회 각 부문뿐 아니라 인간적인 것과 자연적인 것 등 모든 부분에 대한 개념의 재정립과 재조직화를 필연적으로 요구한다. 즉 파시즘적 전체화는 삶의 모든 영역에 대한 '새로운, 강제적인 분화'에 의해서만 가능하다. 따라서 파시즘의 정치학을 단지 동일성의 정치학으로 환원하는 것은 과도한 단순화이다.

이런 점에서 파시즘은 혁신과 부정을 통한 자기 정립을 기반으로 하는 근대 메커니즘의 극단을 보여준다. 그러나 이 혁신과 부정이 그 자체로 반동적인 것만은 아니다. 파시즘은 역사상 처음 등장했을 때 자칭 혁명적인 방식으로 이전 시대를 부정하면서 자신을 새롭게 재정립했다. 따라서 파시즘을 근대의 퇴행이나 단순한 반동적 현상으로 평가하는 시각은 문제가 있다. 이 점에 대해 앤드루 휴잇은 파시즘 운동을 모더니티와의 관련성 속에서 이해하기 위해서는 모더니티나 근대화를 시간과 관련짓지 않은 채 생각할 필요가 있다고 주장한다. 즉 모더니티를 혁신의 전통으로 인식하는 전통적 문화 모델에 입각하면 혁신의 전통은 자기 부정을 통한 자기 긍정의 과정이 계속되는 것으로 이해된다. 이때 진보는 앞서 지나간 것에 관한 부정으로 인식되지만 그럼에도 이 반복되는 부정의 몸짓은 앞서 지나간 것과 새로운 것 사이의 상관관계를 여실히 드러낸다. 부정은 더 이상 역사적 연속을 따르지 않는다. 부정은 그 자체가 구조적 원리이고 각 개별 부분들의 자율성에 기초한 모더니티의 구조적 가능성이다. 따라서 진보과 반동을 모더니티의 자기완성으로부터 가까워지거나 멀어지는 운동으로 바라봐서는 안 된다. 휴잇은 자본주의를 그 자신의 경제적 모순으로부터뿐만 아니라 자기표현의 불가능성으로부터, 역사적 자폐성 속으로의 불가피한 붕괴로부터 구출해 주는 것이 제국주의라고 평가한다. 즉 자본주의의 극단적 부정과 혁신의 결과가 제국주의라는 것이다. 마찬가지로 파시즘은 근대의 반동이 아니라, 근대성 그 자체의 극단적 부정과 혁신의 결과이다.[9]

파시즘에서 '혁신'이라는 사상은 양차 대전 사이의 세계 체제 변화와 밀접한 관련이 있다. 또한 '혁신'이라는 사상은 유럽 파시즘과 일본 파시즘이 공유하는 중요한 특성이다. 이제 유럽 파시즘이 혁신의 이름으로 증오의 정치학을 정당화하는 역사적 맥락을 간략히 살펴보자. 서유럽에서 양차 대전 사이에 출현한 파시즘 운동은 서구의 몰락, 특히 근대 서구의 몰락에 대한 위기감과 불안, 근대 부르주아 사회에 대한 반감과 혁신에 대한 충동에서 연료를 공급받았다. 이는 유럽을 전쟁에 대한 열광으로 몰아갔던 20세기 초반의 상황과 밀접하게 관련되었다. 해럴드 지겔은 모더니즘 시대에 발생한 전쟁은 구세계가 몰락할 것이라는 널리 퍼져 있는 두려움과 새로운 '포스트 부르주아' 사회의 형성에 대한 희망의 문맥 안에서 조망되어야 한다고 말한다.[10] 1918년에 구질서는 정치적인 의미에서 사라졌다. 좌우익의 공격을 견뎌낼 수 없는 허약한 19세기 유럽의 대제국들은 붕괴했다. 구제국적 질서의 붕괴는 또한 19세기에 존재한 부르주아 사회의 붕괴와 조우했다. 예술가들과 지식인들이 혐오하고 의문시한, 혁명가들이 반대하고 공격한 전통적인 부르주아 질서는 1920년대와 1930년대에 살아남을 가능성이 희박했다. 좌익과 우익, 전체주의 진영 모두 이를 확신했다. 1차 세계대전에 대한 광적인 열정은 유럽이 지금까지의 상태에서 벗어나지 못할 것이라는 예상에서 비롯되었다. 탈출구가 없다는 위기의식의 표현인 폐소공포증 Claustrophobia은 영토 확장의 열망으로 이어졌다. 낡은 서구 사회가 붕괴한다는 공포와 위기감은 필시적으로 변화를 통한 해방을 요구했다.

세계는 파국을 맞았으며, 이러한 파국에 대한 증오와 혁신의 충동은 모든 것을 완전히 총체적으로 변화시켜야 한다는 '혁명적 변화'에 대한 요구로 이어졌다. 파국에 대한 증오는 현재의 상태로는 변화 불가능하다는 인식에서 비롯되었다. 이러한 증오와 위기의식이 유럽의 경우 '전쟁'에 대한 열광과 파시즘 체제를 '혁명적 대안'으로 받아들이게 되는 중요한 동력이

---

9. Hewitt, *Fascist Modernism* 참조.
10. Harold B. Segel, *Body Ascendant : Modernism and the Physical Imperative* (The Johns Hopkins University Press, 1998).

었다. 이는 운동으로서의 파시즘에서도 마찬가지다. 한편 일본 파시즘의 경우 중국을 몰락하는 세력으로, 증오 정치의 대상으로 설정하면서 오래된 아시아의 몰락에 대한 위기의식과 서구에 대한 증오를 통해 자신을 '혁신'의 담지자로 설정한다. 이러한 몰락과 위기에 대한 공포를 강화하고 자신을 혁신의 주체로 설정하는 방식은 일본의 아시아주의와 대동아공영론이 유럽 파시즘과 공통된 이데올로기적 기반을 갖고 있음을 보여주는 대표적 사례다. 이에 관해서는 뒤에서 다시 살펴보도록 하겠다.

물론 파시즘 이데올로기는 하나의 단일한 원리로 일반화되지 않는다. 파시즘 이데올로기는 일정한 공통적 요소를 내포하지만, 공통적 요소를 통합synthesis하는 방식에서 차이를 보인다. 파시즘은 다른 이데올로기적 기반에도 불구하고 '공포와 위기의 정치학'이라는 공통점을 보여준다. 증오의 운동인 파시즘은 부르주아 사회의 정치·사회 구조와 도덕적 가치 체계에 대한 총체적 거부와 붕괴의 힘에서 동력을 끌어냈다. 파시즘의 이데올로기는 자유주의적 부르주아 문명과 합리주의, 개인주의에 대항하여 '포괄적인 대안'을 구성했다. 무솔리니Benito Mussolini를 비롯한 서구 파시스트들은 19세기의 유물론적 실증주의에 대한 반작용으로 '삶을 바라보는 종교적이고 이상적인 방법'으로써 이를 대체했다. 서구의 경우 파시즘 운동과 체제는 19세기적인 부르주아 전통과의 단절과 혁신을 특징으로 한다. 그러나 파시즘 운동의 공통점으로 줄곧 지목되는 것은 사회적 혼란에 대한 파시즘의 '처방'이다. 파시즘은 "부르주아의 유물론인 경제적 자유주의와 그 짝패인 맑시즘이라는 노동 계급의 유물론 양자" 모두와 이들 이념에 내재한 자연권, 개인주의, 물질, 이성의 세계를 거부했다. 이른바 무질서anarchy의 위험에 노출된 세계에 대해 반란을 일으켰다. 이러한 이데올로기적 토대 위에서 무솔리니가 "우리는 세계의 새로운 원리를 상징한다. 우리는 민주주의, 금권 정치, 프리메이슨의 세계, 1789년에 싹튼 근본 원리를 여전히 따르는 세계에 대한 참으로 무조건적이고 분명한 반대antithesis를 상징한다"라고 주장했다.[11]

파시즘의 남성적 판타지는 단지 여성에 대한 이데올로기가 아니라 파시즘 정치학 이데올로기의 기반을 이룬다. 파시즘의 젠더 정치에 대한 연구는 단지 여성에 대한 정치학을 규명하는 데 국한되지 않는다. 오히려 젠더 연구는 다양한 영역에 걸쳐 드러나는 파시즘 정치의 젠더 분리, 젠더화된 표상들을 통해 파시즘의 억압적이고 폭력적인 이데올로기의 기저를 분석해 내는 데 중요한 근거를 제공한다. 예컨대 파시즘의 남성적 판타지에 대한 고전적 연구에서 츠벨라이트는 파시즘 전위 조직원들이 보여주는 남성적 판타지가 파시즘 이데올로기의 기저와 어떻게 관련되는지를 명확하게 밝히고 있다.

츠벨라이트는 여성에 대한 학살과 테러를 서슴지 않았던 독일 나치의 전위 조직 〈자유군단〉Freikorps에 대한 분석에서 〈자유군단〉 남성들에게 여성에 대한 증오, 특히 여성의 신체와 섹슈얼리티에 대한 증오가 공통적으로 존재함을 발견한다. 이 남성 전사들의 여성에 대한 증오는 일종의 용해dissolution(무너짐, 몰락, 붕괴, 데카당스decadence, 상실, 훼손 등의 다양한 용어로 확산되는)에 대한 공포, 즉 그것에 침투됨으로써 자신이 소멸될 수 있다는 점에 대한 공포로 나타난다. 즉 이들의 남성적 판타지에서 여성의 육체는 자신들을 삼켜버릴 수 있는 구멍이자 오물 구덩이였다.

이 〈자유군단〉의 남성들에게 여성은 세 가지 종류로 존재한다. 첫째는 '부재하는 여성'으로, 이는 후빙에 남겨진 아내나 약혼녀들이다. 둘째는 일반적으로 〈자유군단〉 남자들의 내밀한 일기 속에 있는 익명의 기록되지 않은 존재들이다. 이들은 상상 속에 등장하는 여성들, 전선에서는 '하얀 간호사'로 나타나는 여성들로서 순정한 상류 계급의 독일 여성이다. 마지막은 이 남성들의 계급적 적대자인 '레드 우먼'이다. 이 남성 전사들은 레드 우먼들을 성난 군중들 속에서나 혹은 일대일의 전투 속에서 대면하게 된다. 이

---

11. Zeev Sternhell, "Fascist Ideology", in *Fascism, A Reader's Guide: Analyses, Interpretation, Bibliography*, ed. Walter Laqueuer (University of California Press, 1976).

들 중 가장 최상의 범주가 부재하는 여성이라면, 두 번째의 '상상 속에 등장하는' 여성들은 결코 실체로서 현전하지 않는다. 그녀들은 구별 불가능하고 익명적이며 육체가 없다. 그들은 오직 부드럽고 하얀 깨끗함일 뿐이다. 따라서 이들의 남성적 판타지 속에서 그녀들은 이미 죽은 것이다. 마지막의 레드 우먼은 매우 치명적이다. 그녀는 정열적이고 성적으로 호전적이다. 이들 남성 전사들의 환상 속에서 그녀는 항상 '매춘부'다. 그녀는 〈자유군단〉의 남성들이 도심의 거리를 힘차게 가로지를 때 그들을 향해 모욕적인 언사를 내뱉는다. 게다가 레드 우먼은 실제로, 혹은 적어도 남성 전사들의 환상 속에서 무장한 모습으로 나타난다. 그녀는 치마 밑에 총을 갖고 있거나 〈자유군단〉의 남자들을 어두운 매복로로 이끈다. 즉 그녀의 섹슈얼리티 자체는 치명적인 위험을 표현한다. 따라서 〈자유군단〉 남자들이 그녀를 죽일 때 그들에게 이 살해는 자기방어로 인식된다. 그녀가 '핏덩이'가 됨으로써, 즉 그녀가 부재함으로써 세계는 안전하고 다시 남성적이 된다.[12]

〈자유군단〉 남성 전사들의 환상이 강간범들의 도착적 심리나 사디스트적인 심리와 동일한 것으로 환원되어서는 안 된다. 〈자유군단〉 남성들의 여성에 대한 공포는 근원적으로 공산주의 및 혁명적 노동자 계급에 대한 증오와 접합된 것이었다. 이 과정에서 중요한 것은 '용해에 대한 공포'다. 공산주의(여성에 대한 공포와 결부되는 공산주의는 레닌이나 스탈린의 공산주의가 아니라 로자 룩셈부르크 Rosa Luxemburg의 공산주의다)는 레드 우먼의 극도로 잠재적이고 공포스러운 섹슈얼리티, 또는 라이히가 표현한 바와 같이 '문란한 뒤섞임', 즉 오래된 장벽들을 무너뜨리는 거칠고 무질서한 힘이었다. 〈자유군단〉의 남성들은 새로운 점령자로서의 노동자 계급이 성城을 강탈하고 점령자들(노동자 계급)이 포식하고 무차별적으로 강간한다고 말한다. 그들은 레드 우먼이 (이른바 전통이라는 이름으로 강조되는) '신성한 봉건주의적 질서'와 민족주의적 자존심을 신성 모독하는 수백

---

12. Theweleit, *Male Fantasies* 참조.

가지 방식을 두려움에 떨면서 상세하게 열거한다. 〈자유군단〉 남성들에게 '레즈'Reds 13는 개별적인 여성과 마찬가지로 자신들을 삼켜 버리려는 익명의 힘이다. 이 힘은 홍수(범람)나 조류, 파도 속에 밀려오는 위협들로 기술된다. 남성은 반드시 자신을 강직하게 유지해야 한다. 그렇지 않으면 이 불결한 바다로 빨려들고 만다. 축축하고 관능적인 것은 저주받고 억압된다. 그리고 이러한 상징체계의 일환으로서 모든 '이국적인 것'은 절멸되어야 한다.14

파시스트들의 정치학에서 나약한 '현실'에 대한 거부와 강한 사회에 대한 갈망은 여성적인 것(나약한 것)과 남성적인 것(강한 것)의 '강렬한' 이분법을 기조로 하고 있다. 여기서 논하는 젠더 정치gender politics란 단지 성적 구별의 사회적·문화적 의미를 지정하는 것을 의미하지는 않는다. 젠더 정치의 함의를 이해하기 위해서는 먼저 젠더 중립성에 대한 비판과 젠더화 engendering라는 문제를 이해해야 한다. 젠더화란 통상적으로 보편적 가치라고 간주되던 것들이 실제로 어떻게 젠더 분리에 의해 그 의미가 구성되는지를 비판적으로 고찰하는 과정을 의미한다. 일례로, 자유, 평등, 사회 등의 이념은 통상적으로 보편적 가치라고 이해된다. 그러나 이러한 개념이 형성된 역사와 개념들에 의해 만들어진 정치 구조를 분석하면서 페미니스트들은 이 개념들이 보편적인(그런 의미에서 젠더 중립적이고 초역사적인) 규정이 아니라, 젠더 분리에 기초한 역사적 개념이라는 점을 비판적으로 분석해 냈다. 위의 예를 통해 젠더화와 젠더 정치의 문제를 좀 더 논해 보자.

〈자유군단〉의 남성들은 독일 민족의 자유와 해방, 독일 민족 전통의 부활 등의 가치를 중요한 신념으로 제기했다. 표면적으로 볼 때, 이러한 가치들은 어떠한 젠더 분리도 내포하고 있지 않은 것처럼 보인다. 이것은 이들이 주장하는 가치가 어떠한 계급적·인종적 분리도 내포하지 않은 것처

---

13. 서구에서 '레즈'(Reds)는 한국에서 사용되는 빨갱이라는 말의 의미와도 겹쳐진다. 즉 레즈는 공산주의자의 집단을 상징한다. 이른바 '적화'라는 의미로도 자주 사용된다.
14. Theweleit, *Male Fantasies* 참조.

럼 보이는 것과 마찬가지다. 그러나 이들이 지지하는 가치 기반을 살펴보면 독일 민족, 자유, 해방, 전통의 개념들은 젠더 분리, 계급적·인종적 차이에 기반하고 있다는 것을 알 수 있다. 일차적으로 이러한 '보편적'이고 젠더 중립적인 외양을 지닌 가치들이 내포한 젠더 분리(동시에 계급적·인종적 분리 등)를 고찰하는 과정이 젠더화다. 또 젠더화는 단지 성적 차이의 기제를 밝히는 데 국한되는 것이 아니고, 성적 차이와 결합된 계급적·인종적 차이(더욱 세분화된 차이화의 기제들이 종종 내포된다)를 분석해 내는 것이다. 또한 이러한 차이화의 과정에서 성적 차이가 항상 지배적인 요인이 되는 것은 아니며, 모든 차이화의 과정에서 젠더 분리가 주요한 '모순'으로 자리 잡는 것만도 아니다.

젠더화는 그런 점에서 한 사회에서의 남성과 여성 사이의 문제에 국한되지 않는다. 오히려 사회 전체를 구조화하는 인식, 가치관, 신념, 표상, 상징 체제, 의식과 무의식 전반을 가로지르는 영역에서 이루어지는 문제다. 그런 점에서 젠더 정치는, 이렇게 인간의 의식과 무의식 전반을 젠더화된 체계로 구성하고 재구성하는, 혹은 이러한 젠더화된 체제를 생산하고 재생산하는 기제 전반을 고찰하는 포괄적인 영역을 가로지르는 것이다.

앞의 사례를 통해 젠더화와 젠더 정치의 문제를 좀 더 살펴보자. 〈자유군단〉의 전사들은 강직하고 스스로를 규율화해야 한다는 강한 신념을 갖고 있었다. 이들의 의식을 고찰한 결과 그들에게 단련과 규율은 남성성과 동일한 것으로 간주된다. 이 반대편에 놓인 것이 여성적인 것인데 이들에게 여성적인 것은 방만하고, 질서가 없고, 혼돈스러운 것과 동일시된다. 이러한 과정은 특정한 가치를 성적으로 차별화된 의미로 규정하는 것이다. 즉 이들의 정체성은 젠더화된 가치 구조로 구성되어 있다. 즉 질서-남성성·무질서-여성성이라는 젠더 분리에 의해서 이들의 의식 구조, 정체성, 사회 인식이 구성된다(물론 이 과정은 인과론적이거나 목적론적인 것이 아니다). 특정한 가치에 대한 인식과 평가에서 작용하는 이러한 젠더 분리는 한 사회의 가치관, 인간관, 사회관, 혹은 자기 정체성에 대한 신념에서 특정 정체성에 대한 배타적 이해에 이르기까지 전체적으로 관여한다. 이들이 질서를 남성성으로, 무질서를 여성성으로 규정하는 것은 특별한 개인적·집단적 세계관의 산물이기도 하지만, 이전부터 물려받은 젠더 분리적 가치 체계와도 결부된다. 즉 여성성을 혼돈스럽고 무질서한 것으로 오랫동안 규정해온 의식의 산물이기도 한 것이다.

그러나 젠더 정치는 역사적 특성을 고려해야만 그 특성이 규명될 수 있다. 즉 질서를 남성성으로 무질서를 여성성이라고 규정하는 젠더 분리적 의식이 추상적인 의미에서는 태양을 낮과 빛으로 비유하며 남성성으로, 달을 어둠으로 비유하며 여성성으로 배치하는 젠더 분리적인 상징과 의미화의 역사와도 관련된다. 태양과 달의 상징을 따라서 젠더 분리적 의미들이 더욱 확산, 전유, 변화되는 것은 근대 이전부터 지속되어온 것, 그런 점에서 탈역사적인 것이다. 그러나 위의 예에서 〈자유군단〉 전사들의 젠더 분리적 의식은 질서, 남성성, 규율화된 사회, 부르주아 사회의 타락, 공산주의의 위협이라는 구체적이고 역사적인 의미와 결합되어 있다는 것을 알 수 있다. 즉 이들이 무질서=여성성으로 간주하는 것은 단지 추상적 의미나 오래된 메타포의 귀결만이 아니고, 더욱 본질적으로는 공산주의와 외래 세력의 위협이라는 1930년대 독일 사회의 특정 집단의 종별적 의식에 의해 구성된 것이다. 그런 점에서 젠더 정치는 특정 가치, 이념을 젠더 분리적으로 규정하는 메커니즘을 분석하는 일이며, 이를 통해 단지 남성과 여성 사이의 구별이 아니라, 이러한 가치에 대한 젠더 분리적 의식을 산출하는 배타적인 기제들을 밝혀내는 것이다. 파시스트들이 여성적인 것을 증오하는 데는 여러 가지 원인이 있다. 이는 파시스트 남성들의 심리 구조뿐 아니라 파시즘이 태동하게 되는 역사적 상황과도 밀접한 관련을 맺는다. 근대의 젠더화된 정치학은 이 점에 대해서 책임을 면하기 힘들다. 여성적인 것에 대한 파시즘의 혐오는 이전에는 남성적이었던 것이 여성화된 것에 대한 반발과 관련된다. 이는 흔히 문화, 사회, 국가의 여성화에 대한 우려로 표현된다. 몰락과 위기의식을 과도하게 강조하는 파시즘의 정치학과 다중과 엘리트 지식인들의 매혹은 필연적으로 "이전의 강하고 역동적인 세계(남성적인 세계)가 지금은 나약해지고 여성화되고 있다"는 강한 위기의식으로 드러난다.

여기서 파시즘의 반페미니즘적 요소는 단지 여성적인 것에 대한 공포와 결부되는 것이 아니라 남성적인 것의 여성화 그리고 여성적인 것의 남성화라고 일컬어지는 젠더 경계의 문란한 뒤섞임gender confusion에 대한 공포와도 관련된다는 것을 알 수 있다. 흥미로운 것은 민족주의와 혈통주의, 정화에 대한 강박관념(이에서 비롯되는 사회위생학 등) 등의 파시즘적 요소는 그 자체로 강조되기보다는 항상 현 사회가 이미 심각하게 감염되고 무너졌다는 위기의식과 이 사회를 혁신할 수 있는 내적인 동력은 이 사회 속에 더 이상 존재하지 않는다는 공포감에 의해 추동되었다는 점이다. 따라서 파시즘 정치학은 가족, 사회, 국가의 경계가 무너졌다는 위기 의식을 반복하고, 이런 위기 의식을 통해 내부의 적을 설정한다. 이렇게 위기의식과 적대화를 반복하면서 증오를 통한 통치가 정당화된다. 이는 파시즘의 유기체적 사회 인식과도 밀접한 관련이 있다.

파시즘의 유기체적 사회 인식은 '무너지고 있는 사회'를 '모든 게 각자의 자리에 안정되게 놓여 있는 사회'로 재건할 것을 주장한다. 파시즘 정치학의 논리에서는 현재 상태가 모든 경계가 흐려진 무정부주의적 상태라면 모든 것이 안정되게 놓인 사회를 건설하기 위해서는 근본적인radical '혁명'이 필요하다. 그러나 이 '근본적 혁명'은 반전통적이고 현재와의 결별을 주장하지만 볼셰비즘적 혁명과는 다르다. 파시즘은 공산주의에 대한 만연한 공포에 힘입었다. 자본주의 사회와 부르주아 사회의 속물성에 대한 반발에 힘입어 '모든 게 제자리에 놓인 사회'를 위한 폭력적 혁명의 노선을 취할 수 있었다. 이는 일본 파시즘을 선명하게 보여주는 이데올로기인 직분론職分論에서도 확인된다. 혁명과 안정에 대한 욕망이 역설적으로 결합한 이러한 파시즘 정치학은 이질적인 것, 뒤섞임, 용해되는 것, 경계가 무너지는 것에 대한 극단적 거부감에서 비롯되는 사회적 경계(사회적·민족적·국가적 경계)의 강압적 재설정에 대한 요구의 표현이었다.

따라서 파시즘의 정치학은 부패한 자본주의와 근대의 정화를 사회의 모든 부문에 걸쳐 요구한다. 파시즘의 정치학은 성별 이분법(남성적인 것과 여성적인 것의 구분)의 자유주의적 완화를 비판한다. 파시스트들에 의하면 자유주의는 "모든 날을 생일처럼, 인생을 긴 파티로 만들었다. 자유주의는 강건함으로부터 부드러움으로의 후퇴이며, 남성성으로부터 여성성으로의 후퇴다."15 이는 파시즘 정치학의 전형을 보여준다. 파시즘의 판타지는 사회 정화의 의지로 표명된다. "외설과 포르노그래피를 종식시키자! 책임 있는 사회를 통해 자유방임적인 사회를 대체하자!"라는 1970년대 영국 극우파 정당의 구호는 20세기 초반의 파시즘적 정치학에 근원을 두고 있다. 파시즘의 정치학에서 관용성은 국가적 쇠퇴의 징후로 여겨졌다. 파시즘의 유기체적 사회 인식은 끝없이 사회의 내부와 외부를 구별했다. 외부 침투를 사회 몰락의 징후로 간주했다. 이로부터 인종 청소에서 인종 말살에 이르는 파시즘의 민족주의적·인종주의적·반페미니즘적 정치학이 비롯되었다.

그런 점에서 파시즘의 정치학이 거의 공통적으로 이른바 전통적인 가족의 가치의 수호를 주장하는 것은 우연이 아니다. 이들에게 전통적인 가족은 남자는 남자로서, 여자는 여자로서 존재할 수 있는 가장 이상적인 집단의 모델이다. 따라서 그들에게 이질적인 것의 뒤섞임, 이질성과 오염으로부터 정화된 이성적인 국가란 바로 이러한 전통적 가족의 모델 위에서 성립된다. 역으로 파시즘의 정치학에서 '가족'은 언제나 몰락에 직면해 있고, 가족을 재구축하는 것만이 지금껏 한 번도 이루지 못한 '근본적 혁명'의 꿈을 실현하는 기반이다.

그런데 전통적 가족에 대한 강조는 여러 가지 서로 다른 이념적 근거들로부터 도출된다. 즉 파시즘의 젠더 정치에서 가족적 가치에 대한 강조는

---

15. Francis Parker Yockey, *Spearhead* 205 (BUF, November 1985) ; Martin Durham, *Women and Fascism* (Routledge, 1998)에서 재인용. BUF는 British Union of Fascists(영국 파시스트 연맹)의 약어이며, *Spearhead*는 BUF의 기관지다.

서로 양립하기 힘들어 보이는 파시즘의 이념적 기반들을 한데로 모으는 구심점이다. 먼저 가족적 가치에 대한 강조는 앞서 살펴본 관용적 사회, 수용성, 성적 뒤섞임에 대한 사회적 공포와 거부감을 초래한다(이는 자유주의와 개인주의에 대한 거부와 관련된다). 또한, 이는 한편으로는 반봉건적인 외양을 지닌다. 파시즘의 정치학은 한편으로는 가부장적인 여성 이데올로기를 강화한다. 그러나 다른 한편 이른바 구시대적인 방식과 다른 '혁신적인' 남녀 관계의 윤리를 정립하는 기반으로 오래된 가족의 이념을 제기한다. 새로운 모델은 '오래된 가족 모델'이 아니라, 가족의 '사랑'에 의해 성립된다. 이 사랑은 결코 자유주의적인 의미가 아니다. 관용적인 사회를 대체할 새로운 모델, 사회를 강건함으로 이끌 '책임감'과 질서의 다른 이름이다.[16]

파시즘의 젠더 정치학은 당대를 위기와 몰락, 쇠퇴의 시기로 인식하고, 감각하는 인식론과 감정 구조, 표상, 의미화 체계 전반에 작동한다. 또 이는 '현재적인 것' 속에서 변화의 가능성을 찾을 수 없다는 궁지에 몰린 듯한 집단적인 감각과 관련이 깊다. 파시즘의 심리학은 끊임없이 내부의 적을 생산함으로써 몰락의 공포를 상승시킨다. 파시즘의 심리학은 언제나 뒤섞이는 것에 대한 공포와 순결주의, 혼혈적·잡종적인 것에 대한 공포와 혈통주의, '무정부주의적 상태'에 대한 불안과 질서에 대한 강박에서 만들어지고, 또 이를 자극한다.

파시즘의 젠더 정치 연구의 한 축에는 파시즘과 여성 집단의 관계에 대한 논의들이 자리 잡는다. '여성은 나치의 공범자인가 희생자인가'라는 의

---

16. 가족 관계에 대한 강조가 '사랑'을 통한 새로운 모럴의 확립으로 이어지는 과정은 다음과 같은 진술에서 잘 드러난다. "포르노그래피는 가족의 이념에 대한 배신이며, 남자들이 아내를 배신하는 첫 단계가 될 것이다. 왜냐하면 정신적인 간음은 육체적인 간음으로 이어질 것이기 때문이다." *National Front News* 109 (1988). *National Front News*는 영국의 극우파 기관지다. Durham, *Women and Fascism* 참고. 가족의 사랑에 대한 강조는 책임감, 관계의 질서에 대한 요구이며, 이는 필연적으로 사회적 구획의 재설정을 위한 '사회 정화'의 의지로 이어진다. 이에 대해서는 권명아, 『가족 이야기는 어떻게 만들어지는가』, 책세상, 2000 참조.

제는 이러한 연구 경향에서 매우 중요한 논란을 초래한다. 실제로 파시즘 체제에 여성이 매혹되고 자발적으로 참여한 사실은 많은 논란거리를 제공했다. 이러한 연구는 주로 파시즘 이데올로기와 당대 남성 엘리트 지식인의 연관성에 집중한 연구에서 진일보했다. 파시즘과 여성 집단의 관계에 대한 논의는 단지 여성에게 국한된 문제라기보다 파시즘과 소수 집단minority의 관계에 대한 문제의 연장선상에 있다. 즉 파시즘과 여성 집단의 관계에 대한 질문은 주로 '약자의 정치학'을 표방한 파시즘 이데올로기의 특성을 이해하는 일과 맞닿아 있다. 휴잇을 비롯한 비판 이론 계열의 파시즘 이론은 주로 당대의 남성 엘리트 지식인의 사상적·문화적 입장과 파시즘의 관계에 주목하여 지식인과 파시즘의 관계에 대한 상당한 통찰력을 보여준다. 그러나 이러한 연구들은 소수 집단과 파시즘 정치학의 관계에 대해 상대적으로 제한된 관심만을 보여준다. 또한, 초창기 파시즘 연구들에서 소수 집단과 파시즘 이데올로기의 관계는 파시즘의 대중 정치나 대중 장악의 기제에 집중되었다.[17] 소수 집단의 문제는 대중과 같은 근대적 주체 범주나 중간 계급, 노동자 집단과 같은 맑스주의적인 계급 범주로 포괄적으로 해소되었다. 그러나 주지하다시피 이질적인 소수집단들의 문제는 이러한 근대적 주체 개념으로 환원되어 규명되지 않는다. 그런 점에서 비판 이론에 입각한 연구들은 계급 개념으로 환원되지 않는 다양한 소수 집단의 정체성과 파시즘 이데올로기의 관계에 대한 관심을 근본적으로 제한했다.

그러므로 파시즘 이데올로기와 소수 집단에 대한 연구는 기존의 근대적 주체 개념을 비판하는 새로운 주체성의 정치학이라는 문제 틀에 입각한 연구들에서 주로 제기될 수밖에 없다. 젠더적 관점의 파시즘 연구는 기존의 계급 이론과 주체에 대한 근대적 개념을 비판하면서 새로운 방식의 주

---

17. 이러한 연구의 초기적 형태로는 Ellis Freeman, *Conquering the Man in the Street* (The Vanguard Press, 1940)를 들 수 있다. 데틀레프 포이케르트의 『나치 시대의 일상사』(김학이 옮김, 개마고원, 2003)는 파시즘에 자발적으로 참여한 여러 집단들의 동기에 대해 주목하고 있다. 그러나 이 책 역시 중간 계급이라는 맑스주의적 범주를 통해 소수 집단과 파시즘 이데올로기의 관계를 분석하고 있다.

체성 이론을 모색했다. 파시즘 연구도 젠더 연구에서 중요한 작업으로 자리 잡았다.

파시즘과 소수 집단의 관계에 대한 이론적 작업에 따르면 파시즘 체제가 단지 억압적 동원과 강제적 요구를 통해 사회적 약자에게 호소한 것만은 아니다. 오히려 파시즘이 약자의 손상된 지위를 적극적으로 이용했다는 점과 관련되었다. 물론 문제제기는 초창기 파시즘 이론에서부터 이루어졌다. 대중 장악에 대한 분석이나 선전 선동의 기술과 대중문화의 관련성[18], 노동자, 농민 집단과 파시즘 이데올로기의 문제는 초창기부터 파시즘 이론의 주요 관심사였다. 파시즘 이론은 계급 문제와 인종 문제에 대한 관심에서 성 정체성의 문제에 이르기까지 다양한 방식으로 전개되었다. 따라서 파시즘 연구에서 계급, 인종, 성 정체성의 문제는 여전히 중요한 화두로 남았다. 그러나 이러한 주체 위치subject position들이 접합되는 지점이 향후 파시즘 연구에서 중요하게 다루어질 필요가 있다. 파시즘과 성 정체성에 대한 연구 역시 단지 남성과 여성이라는 성별 분할의 문제에만 초점을 맞추는 방식을 넘어서야 할 필요가 있다.[19] 현재까지 파시즘 이론에서 젠더 연구는 파시즘의 남성적 판타지를 비판하는 데 국한되어 있던 제한된 시각을 넘어서 파시즘의 젠더적 양가성(파시즘과 여성성, 파시즘과 남성성의 관계가 단선적으로 결합되지 않는다는 점에서)을 밝히고, 파시즘의 성별 분할에서 여성 집단의 특유한 역할과 정체성, 파시즘 이데올로기에 대한 매혹이

---

18. 물론 이러한 문제제기 방식의 가장 고전적이면서도 급진적인 이론은 발터 벤야민의 이론이다. 벤야민은 파시즘에서 대중과 지도자의 관계를 영화 매체와 관객의 관계 속에서 재구성하여 비판했다. 여기서 파시즘 이데올로기의 스펙터클한 성격과 권력의 '극장', 대중의 관극(觀劇)적 특성(공연 예술에서 관객이 상호작용하거나 감응, 정동하는 방식에 나타나는 고유한 특성)이라는 문제가 제기된다. 앤드루 휴잇의 작업은 이러한 벤야민의 문제를 현재적 지점에서 재구성한 것이다.
19. 파시즘과 성별 분할에 대한 연구는 남성적 판타지에 대한 연구와는 또 다른 방식으로 파시즘과 여성의 문제를 다루고 있다. 대표적인 것은 Durham, *Women and Fascism* ; Victoria de Grazia, *How Fascism Ruled Women : Italy, 1922-1945* (University of California Press, 1992) 등이다.

라는 문제에 집중하고 있다.

　그러나 파시즘 이데올로기의 젠더 정치 연구는 이른바 파시즘적 주체화라 부르는 주체 구성의 방식에 집중할 필요가 있다. 파시즘 이데올로기에 대한 연구에서도 밝혀진 바와 같이 파시즘 체제는 다양한 방식으로 특정 집단의 정체성을 조직하고 배제하고 혁신했다. 파시즘 체제는 주체 구성의 정치학을 통해 다양한 집단의 자발적 동의와 협력을 이끌어낸 것이 사실이다. 이러한 과정은 기존의 특정한 정체성 자질을 전유하면서도 파시즘적 인간형이라 할 만한 새로운 정체성을 만들어내는 과정이었다. 또 이 파시즘적 인간형이라는 구호는 모든 사회 구성원들에게 동일한 정체성을 요구하는 방식이자 개별화되고 분산적인 특정한 정체성 자질을 만들어내는 과정이었다. 그런 점에서 파시즘 연구에서 젠더 이론은 파시즘적 인간형이 구성한 젠더 함의를 밝힐 뿐 아니라 파시즘적 인간형을 구성하는 것이 어떻게 젠더, 인종, 섹슈얼리티, 계급, 민족을 가로지르고 접합하면서 새로운 정체성 자질을 구성하게 되는지도 밝히는 작업이 되어야 할 것이다.

3. 한국사 연구 방법론에 대한 문제제기 — 젠더사의 시각과 질문

　민족주의 비판 담론이 급격하게 제기되면서 특히 한국사 연구 방법론에서 민족주의와 실증주의적 역사 연구 방법론에 대한 비판이 강력하게 대두되었다. 그러나 현재 역사 연구 방법론에 대한 논의는 민족주의 대 반민족주의라는 지나치게 단순화된 구도로 고정되었다. 파시즘 이론이나 젠더사의 방법론 등 대안적인 역사 연구 방법론은 민족주의 비판이나, 포스트모더니즘적 역사 이론으로 단순하게 환원된다. 이 절과 다음 장에서는 이러한 대안적 역사 연구 방법론이 제기하는 문제를 검토하면서 한국의 학계에서 이러한 대안적 이론이 소통되는 방식을 비판적으로 고찰할 것이다.

　'민족'이 본래적이고 본질적인 구성물이 아니라 특정한 역사의 구성물이라는 점은 '상식'이 되었다. 특정한 정체성은 본래적이거나 본질적인 것이 아니라 구성적이며, 역사적이고, 따라서 정체성의 자질과 특성도 탈역사적인 보편적 자질로 환원되지 않는다. 이러한 논리가 상식 수준이 된 현재 시점에서도 주체 구성의 역사와 역사적 장(場)의 다양한 길항관계를 규명하는 것이 가능할 것인가에 대해서는 논란이 분분하다. 다시 말해, 주체 구성의 역사와 역사적 장의 복합적 층위를 규명하는 문제는 현재의 주체성 이론이 여전히 온전하게 해명하지 못한 미완의 영역 중 하나다.

앞서 살펴본 바와 같이 1930년대 후반에서 일본의 패전까지 시기의 특징을 과연 어떻게 규정할 것인가 하는 문제는 여전히 논란이 되고 있다. 독일, 이탈리아, 일본을 주축으로 파시즘 세력의 연대가 구축되지만, 1922년에서 1944년 사이의 이탈리아를 '파시스트' 시대로, 1933년에서 1945년 사이의 독일을 '나치' 시대로 규정하는 것과 같은 시대 규정이 일본에 대해서는 명확하게 합의되어 있지 않다. 이 시기 일본의 정치사적 특성에 대해서는 '울트라내셔널리스트, 파시스트, 전체주의, 군국주의, 일본주의' 등의 규정이 복합적으로 적용된다.

이 시기는 한국사 연구에서도 친일과 '민족적 저항'의 역학관계를 규정하는 중요한 지점이다. 특히 1937년 이후의 이른바 전시 동원 체제 시기 연구는 현재의 세계 체제와 한국 사회를 이해하는 데도 중요한 역사적 준거점이다. 전시 동원 체제 연구를 위한 연구의 주제, 방법론은 상당히 방대하여 이 책에 모두 담지는 못했다. 다만 남은 연구 과제를 5부에서 자세하게 제시했다. 전시 동원 체제의 파시즘 통제는 역사적으로 정보 전쟁을 둘러싼 대부분의 패러다임을 구축했다. 그런 점에서 전시 동원 체제 연구는 정보 이론의 역사로 연구될 필요가 있다. 특히 정보를 통제하고 장악하기 위한 사상 통제와 풍속 통제는 이러한 정보 이론 연구의 중요한 역사적 원천으로 재해석되어야 한다. 사상 통제도 유사하긴 하지만 명확하게 풍속 통제는 잠재성에 대한 통치와 조정을 위한 테크놀로지 개발과 밀접한 관련을 맺는다. 그런 점에서 전시 동원 체제의 정보 통제 방식에 대한 연구는 잠재성에 관한 인종과학 형성사와 젠더화된 기술사 연구로 재정립할 필요가 있

한쪽에는 '전시 동원'과 관련한 다양한 구호들이 뒤섞여 있고 다른 쪽에는 전쟁과 무관한 풍경이 그려 있는 잡지 『신세기』의 속지 그림은 당대의 삶의 경험에 대한 표상으로 읽을 수 있다. 전시 동원 체제의 역사적 경험은 둘 중 어느 하나의 이미지로만 그려질 수 없는 혼성적이고 다층적인 것이다. 『신세기』, 1939년 9월.

다. 또 이는 사상과 기운, 감정과 풍습의 전염, 감염, 전파에 대한 정교한 통치 테크놀로지를 구축하였고 그런 점에서 이른바 전파 매개적 신체에 대한 앎의 구조의 역사에 대한 연구로 확대될 필요가 있다. 먼저 관련한 연구 방법의 쟁점에 대해서 살펴보자.

이미 전시 동원 체제와 일제시기 자체를 친일과 민족적 저항이라는 이분법적 구도로 논의하는 것의 한계에 대해서는 다양한 비판이 진행되었다. 윤해동의 연구는 대표적이다. 그는 "제국주의의 식민지 지배는 수탈과 저항이라는 단순 도식에 의해서는 설명할 수 없는 부분이 너무나 많"으며 따라서 "민족주의라는 프리즘이나 근대화라는 프리즘만으로는 걸러지지 않는, 식민 지배기 대부분을 관통해 왔던 광범위한 회색지대를 이해하기 위하여 우리는 새로운 프리즘을 사용할 필요가 있다"라고 논했다. 윤해동은 민족·반민족과 근대라는 프리즘을 대신하여, "개인과 '사회의 분화'라는 잣대를 가지고 제국주의 통치에 대한 저항 행위를 평가한다면 친일과 저항(배일)이라는 대응 방식은 상당한 문제를 드러내게 될 것이다"라고 전망했다.[20] 그러나 윤해동의 연구 방법과 이를 이어받은 연구 작업은 개인과 사회라는 근대적 이분법을 다시 호출하는 한계를 보인다. 이질적이고 복합적인 집단들의 문제를 '회색지대'라는 모호한 비유어로 규정한다는 점에서도 근본적인 한계를 지닌다. 이 점에 대해서는 다음 장에서 살펴볼 것이다.

민족이라는 단일한 정체성에 의해 역사를 기술하는 것에 대해서는 여러 지점에서 비판이 제기되었다. 이런 비판은 단지 민족주의의 이데올로기를 비판하는 데 중점을 두고 있는 것만은 아니다. 오히려 민족 중심의 역사 기술을 비판하는 작업은 근대의 역사 기술, 혹은 담론 체계들이 특정한 주체를 신성하고 보편적인 것으로 구성하는 과정을 비판적으로 해체하고 재구축해야 함을 공통적으로 지적하고 있다. 이때 근대 주체의 자기 기술 과정(역사 기술 역시 이러한 자기 기술 과정 중 하나이다)은 주체와 관련한 범주들의 배치를 자명한 것으로 배치하는 과정이기도 하다. 민족, 국가, 인종 등의 범주부터 이른바 성별 정체성(남성, 여성의 구별), 미성년, 지식인, 민중, 개인의 범주 등에 이르기까지 주체를 규정하는 범주들은 '보편적'이거나 자명하지 않다. 예컨대 민중 범주는 근대 주체로서의 부르주아 지식인이 자기를 기술하는 과정에서 자기 계급과 다른 정체성을 지닌 타자를 무차별적으로 통합·배제하는 담론 내에서 구성된다. 지식인과 대중, 혹은 민중이라는 구별적 정체성의 기획을 통해 이른바 계몽의 기획은 착수되고 '보편화'된다.[21] 조앤 W. 스콧도 지적하고 있듯이 개인이라는 범주는 근대

---

20. 윤해동,「식민지 인식의 회색지대 ― 일제하 공공성과 규율 권력」,『식민지의 회색지대 ― 한국의 근대성과 식민주의 비판』(역사비평사, 2003), 25~27.
21. '민중'의 신화와 이를 통한 근대적 주체성의 기획의 억압적 특성에 대한 비판은 Michael Hardt and Antonio Negri, *Empire* (Harvard University Press, 2000) [안토니오 네그리·마이클 하트,『제국』, 윤수종 옮김 (이학사, 2001)] 참조. 이들은 근대적인 민중 범주를 해체하고 '다중'(multitude)의 범주를 제시함으로써 근대적 주체화의 기획에 내재된 배제의 정치

기획의 역사적 산물이다. 개인이라는 특정한 정체성이 이상적인 근대성의 규정으로 등장한 것은 근대 기획의 담지자인 부르주아 지식인들의 자기 이해와 밀접한 관련을 맺는다.22 그런 점에서 민족과 근대성을 중심으로 한 역사 기술의 문제를 비판하면서 개인과 사회의 분화라는 대안적 규정을 제시한 윤해동의 논지는 민족이라는 범주를 역사화하면서 개인과 사회라는 범주를 다시 특권화하는 모순된 방식이라 할 수 있다. 물론 윤해동의 논지에서 보다 중요한 지점은 공공성의 문제이지만 개인과 사회의 분화라는 대안적 규정과 공공성의 관계에 대한 윤해동의 관점은 아직은 모호하다.

근대 기획은 이처럼 억압과 배제의 산물인 특정 유형의 주체성 기획을 보편적이고 '평등'한 것으로 신화화함으로써 완수된다. 페미니즘 이론과 실천은 이러한 보편화와 탈역사화에 대해 급진적으로 문제를 제기했다. 특히 역사 연구에 있어서 페미니즘 연구는 여성사라는 제한된 영역의 연구 방법을 비판하면서 젠더사의 틀로 전환했다.23

젠더사 연구의 중요한 지점은 경험의 역사화와 차이화differentiation의 역사적 기제에 대한 분석이다. '민족'이라는 단일한 정체성을 중심으로 한 역사 기술은 민족의 생성, 발전, 수난과 복원이라는 식으로 민족을 진화·발전의 과정으로 상정하며, 민족적 정체성이 구성되는 차이화의 기제를 은폐

획을 넘어서고자 시도한다. 그러나 여기서 다중이란 명확하게 개념화하고 정형화할 수 없는, 복합적이고 때로는 모순적인 주체 위치에 놓인 존재들을 포괄적으로 규정하는 비규정적 개념으로, 일종의 모순어법의 산물이다. 여기서 다중이라는 범주는 페미니즘 기획의 산물인 하위 주체(subaltern)와 코뮤니즘의 주체성의 기획을 결합하고자 하는 시도에서 비롯한다.

22. 이에 대해서는 Joan W. Scott, "Experience," in *Feminists Theorize the Political*, eds. Judith Butler and Joan W. Scott (Routledge, 1992) 참조.

23. 그러나 한국에서 페미니즘 연구는 이러한 새로운 방법론을 모색하지 못하고 있다. 한국에서 페미니즘 연구는 주로 여성사 연구라는 제한된 영역에 함몰되어 '여성'이라는 주체성을 보편화하고 일반화하며 동시에 신성화하는 역설을 보여준다. 이러한 방식의 여성사 연구는 민족이라는 주체를 신성화하고 역사를 민족의 생성과 발전의 과정으로 탐구하는 것과 마찬가지로 여성적 정체성의 형성, 발전, 전개라는 동일한 도식을 반복하고 있다. 이는 젠더화된 근대적 주체성의 기획을 반복하는 것이다. 이에 대해서는 권명아, 『맞장뜨는 여자들』(소명출판사, 2001) 참조.

한다. 그러나 이러한 방식의 역사 기술에 대한 비판으로서 제기된 여성사의 기획 역시 남성적 근대 기획에 의해 억압된 여성적 정체성을 발견하고 재구축하면서 결국 여성 주체를 신성화하게 되는 동일한 기획(이른바 반동일화의 기획)에 함몰된다. 이러한 점에서 젠더사 연구는 여성, 민족 등의 범주가 탈역사적인 보편 범주로서 기능하는 것이 아니라는 문제제기와 함께 역사 연구 방법에 있어서 이러한 범주를 토대로 한 연구의 한계를 근본적으로 비판하는 것이다. 즉 근대 기획에 내포된 억압과 배제의 정치학을 역사적으로 탐구한다는 것은 계급, 인종, 젠더, 생산관계, 정체성, 경험, 문화, 개인 등의 범주들이 어떻게 역사적으로 특권적인 지위를 갖게 되었는가라는 질문을 통해, 이러한 범주들 속에서 과거를 연구한다는 것이 역사가에게 무엇을 의미하는가라는 근본적인 문제를 제기하는 것이다.

일례로 일제 말기의 조선 내 정체성 정치(황민화, 중국과의 전쟁에서 비롯된 중국에 대한 탈신화화, 남방에 대한 인종주의적 편견의 가속화와 이를 둘러싼 조선의 지위에 대한 불안감 등)의 지각 변동의 구조는 민족주의적 역사학이나, '입장의 중립성'을 표방하는 실증주의, 혹은 여성사라는 제한적 관점을 통해서가 아니라 젠더 정치의 포괄적인 맥락에서 구체화될 수 있다.

조선 내에서도 총력전 체제가 구성되면서 제국의 안과 밖을 둘러싼 통합과 배제의 담론은 극대화된다. 통합과 배제의 방식은 전선을 중심으로 한 서구 제국주의(미국, 영국, 프랑스로 대표된)와 아시아 제국(대동아)의 구별과 대립선, 아시아 내부(대동아공영권)에서는 일본을 정점으로 하는 위계화, '일본' 내부에서는 천황을 정점으로 하는 위계화를 구축한다. 특히 조선의 위계화는 한편으로는 일본-조선-신생 식민지라는 위계화된 분리와 통합의 선과, 다른 한편으로는 천황-청년-총후부인-소국민이라는 식의 내부적 위계화를 구축한다. '청년'이 최전선에 서 있는 '정예'를 의미한다면 총후부인은 '후방'으로서의 의미다. 소국민은 '제2세대' 국민으로서 '육성될' 존재로서 위계화된다. 이러한 내부적 위계화는 가부장 '일본 제국'

최신 유행 패션으로 꾸민 여성과 폭격이 공존하는 것이 전시 동원 체제하의 경험이다. 『신세기』, 1939년 8월.

의 '보호'와 규율하에 놓인 '제국의 신민'들을 차등적으로 위계화하는 방식이다. 이 과정에서 '국민'은 전선의 안, 가정의 안, 대동아의 안에 놓인 특정한 정체성의 이름으로 구성되었다. 또 전선과 가정과 대동아의 바깥에 놓인 존재들은 비국민으로서 배제되었다.

그런 점에서 전시 동원 체제의 황민화 과정은 조선 민족으로서의 자기 정체성을 부정하고 '일본 국민'으로 자리바꿈하는 단선적 과정만은 아니었다. 물론 일제의 지배 정책은 조선 민족이 자기 정체성을 부정하게끔 만드는 다층적인 억압 장치들을 강요했다. 그러나 동시에 '황민화', 혹은 '일본 국민'으로의 주체 위치의 이동은 인종화되고 젠더화된 시선을 통해 아시아 속에서 자기 위치를 재정립하고 '조선' 내부의 특정한 정체성을 부정함으로써 '청년'으로, '총후부인'으로 자기 위치를 재정립하는 과정이기도 했다. 따라서 황민화 과정에서 주체 구성의 정치학은 민족적인 것과 반민족적인 대립선만을 구축하지 않는다. 여기에는 미개한 아시아와 문명화된 조선과 일본이라는 대립선과 타락한 근대적 엘리트 지식인과 쇄신된 파시즘적 청년 엘리트, '방탕하고 사치를 일삼는' 신여성적 정체성과 '동양적'인 부인으로서의 정체성이라는 대립선이 확고하게 구축되었다. 다른 한편으로 이러한 대립선을 통해 '황민화'의 과정은 구체적이고 특정한 자기 정체성에 대한 감각과 의식을 각인시켰다. 또한, 전시 동원 체제의 젠더 정치는 '일본 국민'의 이름으로 이루어졌지만 단지 민족적 정체성과 관련되는 문제만은 아니다. 이 시기의 황민화와 동원의 이념은 생활, 여가, 근대 문명에 대한 관념 등 민족적 정체성의 문제로 환원되지 않는 복합적인 지점을 포괄했다. 일제 잔재 청산을 기치로 내건 해방 이후에도 총동원 체제의 젠더 정치가 국민 만들기라는 구호하에 손쉽게 호출될 수 있는 요인이다. 따라서 식민지 경험이 현재 '우리'에게 미친 영향을 되돌아본다는 것은 민족적 정체성을 둘러싼 문제만이 아니라 이러한 국민의 이름으로, 총동원의 이름으로 행해진 구체적인 젠더 정치의 내용을 다시금 평가하는 것이라 할 수 있다.

전시 동원 체제하의 총력전의 경험은 일본 국민화라는 단일한 경험만을 내포하지는 않는다. 일본 국민화의 구호를 내걸고 수행된 총력전의 경험은 아시아와 서구, 문명과 야만, 국민과 비국민, 가족적인 것과 비가족적인 것, 가부장, 청년, 부인, 아동 등에 대한 특정한 이념과 정체성 자질을 재규정하고 각인시켰다. 총동원 체제의 역사적 경험은 해방 이후에도 집요하게 작동된 광범위한 담론과 인식, 감정 구조와 집단 무의식을 통해 재생산된다. 총력전의 경험은 특정한 정체성 자질에 대한 집단적 경험뿐만 아니라 자유, 책임, 사랑 등에 대한 이념 체계도 교정했다. 따라서 전시 동원 체제하의 총력전 경험에 대한 연구는 특정한 역사적 국면에서 형성된 경험의 역사를 규명하는 작업이기도 하다. 이런 맥락에서 젠더사의 방법으로 전시 동원 체제를 연구한다는 것은 경험을 역사화한다는 의미이기도 하다. 이는 필연적으로 정체성 연구의 새로운 시각을 제시한다.

실상 전시 동원 체제 총력전의 경험을 통해 민족, 인종, 서구, 가족, 자유주의, 사랑 등과 관련된 특정 개념들은 역사적 맥락에 따라 변별적인 의미로 규정되었다. 예컨대 이 시기에 형성된 여성에 대한 관념은 파시즘 정치학과 밀접한 관련을 맺고 있지만, 해방 이후의 국가주의에 의해 전유되어 동양적 여성상으로 재구성되고 전통으로 기념되기도 했다. 젠더 연구는 이러한 기억과 경험의 역사화를 통해 현재 우리를 구성하는 시스템의 이데올로기적 근원을 파헤치는 작업이다. 또한 총력전의 경험은 '미개한 동남아시아'에 대해 우월한 '조선'이라는 자기 표상을 구성했다. 총력전의 경험은 식민지 조선인이 일본 국민으로서의 정체성을 강제적으로 습득해야만 했던 경험만이 아니고 역사적으로 규정된 특정한 준거들 속에서 자기 표상을 구성한 경험이기도 했다. 그런 점에서 이 책의 근본적인 질문은 총력전의 경험을 통해 '조선'이라는 영토 속의 주민들이 각기 어떤 주체 위치를 강제적이든, 자발적이든 경험하고 구성하게 되었으며, 이것이 현재의 자기 표상(민족, 여성, 가부장 등에서 개별 주체의 자기 표상에 이르는)과 어떤 관련을 맺는가 하는 것이다.

젠더사 연구에서 이러한 질문에 대답하는 한 방식이 주체의 출현을 담론적 사건으로 분석하는 시각이다. 조앤 W. 스콧의 경우 젠더사 혹은 차이의 정치학에서 주체의 출현에 대한 분석은 주체를 담론적 체계 내의 충돌과 그들 상호 간의 모순 속에서 구성된 것, 즉 담론적 사건으로 다룰 필요가 있다고 주장한다. 이를 통해 조앤 W. 스콧은 경험은 주체의 역사이고 언어는 역사가 작동하는 장소라는 결론에 이른다.[24] 젠더사는 과거를 연구함에 있어서 주체성이 역사적으로 구성되고, 그 행위자성이 생성되지 못하거나 생성되는 맥락, 또 인종과 섹슈얼리티, 젠더의 복합적 교차, 젠더 정치학이 경험을 조직하고 해석하는 방식, 그리고 권력 투쟁적이며 복합적이고 충돌하는 요구들의 장 속에서 정체성이 구성되는 방식을 탐구한다.

1937년을 전후로 한 전시 동원 체제의 확립과 대동아공영권 기획으로의 포섭이 식민지 조선 내에서 단지 반민족적 정체성, 즉 '황민'으로서의 정

---

24. Scott, "Experience" 참조.

체성을 단일하게 구성하는 것은 아니다. 물론 이 시기 저항의 지점이 구체적으로 어디서부터 도출되는가 하는 문제는 진전된 연구를 통해서 논의되어야 한다. 그러나 이른바 일제 협력층이나 전시 동원 체제에 포섭된 집단 내에서도 주체 위치는 이질적이고 다양하며 때로는 충돌하는 갈등적 요구들을 통해 구성된다. 그런 점에서 젠더사의 방법론을 통해 전시 동원 체제를 고찰하는 것, 또는 전시 동원 체제의 젠더 정치를 연구하는 것은 '친일', '황민화'라는 단일한 주체 구성의 메커니즘으로 규정되지 않는 이 시기의 다층적이고 복합적인 주체 위치의 구성 과정을 고찰하는 것이며, 이러한 고찰을 통해 식민지 경험에서 어떤 정체성이 학습되는가에 대한 다른 각도의 논의 구조를 형성할 수 있다.

황민화의 기획이 조선적인 것의 일본화라는 기획뿐 아니라 청년, 총후부인, 소국민과 같은 파시즘적인 주체화의 기획과 갈등적인 방식으로 진행된다는 점이 이 책의 중요한 논점이다. 이때 황민화라는 울트라 내셔널리즘의 기획과 파시즘적 주체화의 기획은 양립 가능하면서도 갈등적이다.[25] 전시 동원 체제를 통해 구성된 파시즘적 주체성과 학습은 해방 이후 '신생 국민국가'[26] 형성과 '민족중흥'의 역사적 사명이라는 또 다른 기획 아래 새롭게 전유되고 호출된다. 그런 점에서 전시 동원 체제하의 주체 구성의 갈등적 장에 대한 탐구는 해방 이후의 파시즘화에 대한 이해와 식민지 경험에 대한 역사적 사유를 위해 중요한 논점을 제공한다고 본다.

일제 말기의 식민주의와 파시즘, 젠더사 문제 틀과 관련된 이러한 논점을 염두에 두면서 이제 일제 말기의 젠더 정치를 파시즘과의 관련성 속에

---

25. 파시즘의 역사적 특성과 파시즘적 주체화 기획에 대해서는 여러 글을 통해 밝힌 바 있다. 이에 대해서는 권명아, 「모성 신화의 기원, 그 파시즘적 형식에 관하여」, 『현대문학연구』 13 (1998); 김철 외, 『문학 속의 파시즘』; 권명아, 「여성 수난사 이야기의 역사적 층위」, 『상허학보』 10 (2003) 참조.
26. '신생 국민국가'라는 것은 한국 전쟁 이후 한국 사회의 극우, 보수 이데올로그들이 즐겨 사용한 용어다. 이는 한국을 서구와는 다른 민족국가 정체성을 지닌 사회로 규정하기 위해 사용된다. 신생 국민국가라는 용어는 한국식 민주주의라는 신조어의 이데올로기적 기반이 된다. 이에 대해서는 권명아, 「수난사 이야기로 다시 만들어진 민족 이야기」 참조.

소국민은 근대적인 아동 개념을 비판적으로 전유한다. 아동은 성인의 전 단계가 아니라, 작은 국민으로 재설정된다. 소국민 교육은 바람직한 일본 국민을 양성하는 것을 목표로 하며, 운동회, 체련회, 라디오 체조 등을 통한 신체 훈련을 기조로 했다. 이는 군사훈련의 축소판이기도 했다. 소국민에 대한 정신 교육은 노래, 소국민 신문 등 다양한 매체를 통해 이뤄졌다. 위 왼쪽:「체육미를 키우기 위한 가을 체련회, 창경 초등학교」,『보도』, 1942년 9월. 위, 오른쪽:「체력 훈련을 위한 계곡에서의 체련회」,『보도』, 1942년 8월. 가운데:「라디오 체조 지상 강좌」,『신시대』, 1941년 2월. 아래:「소국민 애국가」,『아희생활』, 1941년 4월.

서 고찰할 것이다. 이러한 작업의 하나로 남방 담론에서 나타나는 아시아의 구도 변화와 그 속에서 이루어지는 피식민 주체로서의 조선의 자기 위치의 변화 과정을 살펴보고자 한다. 또 황민화 담론의 일종이지만 실제로는 황민화 담론으로 완전히 환원되지 않는 청년, 총후부인, 소국민 담론을 중심으로 제국 내부의 주체 위치의 재배치 과정과 파시즘적 주체화의 상호 관계를 고찰할 것이다. 이 과정에서 주로 식민주의, 파시즘, 젠더와 인종주의 상관성을 고찰하게 될 것이다. 젠더 정치에 대한 고찰은 민족, 인종, 젠더의 상호관계를 함축했다. 이는 일제 말기의 일본 식민주의가 근본적으로 민족, 인종, 젠더의 문제와 밀접하게 관련되어 있기 때문이다.

2장

파시즘 경험과 유산을 둘러싼 논쟁 비판

어쨌든 그는 아우슈비츠를 자기 자신의 삶에서 파악하려고 했어요. 그가 살아가는 일상생활에서 말이에요. 그는 파괴적인 힘과 살아남아야 한다는 압박감 그리고 자기 자신에 대해 기계적으로 순응하도록 조절했어요. 그는 조절한다는 말을 사랑했죠. 마치 의사가 독약의 효능을 입증하기 위하여 자신의 독약을 조절하여 짓는다는 것처럼 말이에요.
― 임레 케르테스, 『청산』

이제 싸워서 이길 거라고는 생각조차 하지 않는다. 오키나와 민족은 자존의 대계를 세우는 것이다! 살아남는 거다! 살아남는 거다! 어떤 일이 있더라도 살아남을 때까지 고민을 계속하는 거다! 민족이 멸망해서야 되겠는가! 자존하자!
― 도미야마 이치로의 『전장의 기억』에 나오는 오키나와인 요시하마의 일기

1. '일상'은 동의의 공간인가

한국에서의 파시즘의 시대 경험을 규명하고 파시즘의 유산을 논하는 데 있어 억압과 동의, 일상과 정치의 문제는 가장 논쟁적인 지점이다. 이에 대한 논쟁은 주로 박정희 체제에 대한 평가에 집중되어 있다. 논의의 쟁점은 식민지의 기억과 박정희 체제의 유산을 둘러싼 양분화된 방식으로 진행된다.[1] 또한 이 문제는 역사적 파시즘 체제의 경험과 생활양식에 있어서 파

시즘 경험의 의미, 유산 등의 문제를 포괄하는 것이다. 일상사 연구자 알프 뤼트케는 파시즘 경험과 생활양식에 관한 문제를 고찰하는 것은 사람들이 사용하고 조정하고 변형하는 활동의 형식과 방식, 그리고 들판, 공장, 사무실, 병원, 학교, 병영 등 곳곳에서 이뤄지는 생존을 위한 고투의 방식에 초점을 맞추는 것이라고 규정했다.²

임지현, 조희연을 중심으로 한 박정희 체제와 파시즘의 유산에 관한 논의는 기존의 한국사 연구가 지녔던 편향성을 지적함과 동시에 그동안 문제시되지 않았던 역사 인식(학문적 차원뿐 아니라 '한국인'들에게 내면화된 역사의식을 포괄하는)에서의 문제점들을 집중적으로 제기했다. "권력의 통제가 미치지 않았던 일상의 영역, 강압 통치로만 환원될 수 없는 체제 동의의 측면, 그리고 근거를 이루는 식민지 시기나 파시즘 시기 대중의 일상의 '긍정'적 경험, 식민지 시기 혹은 파시즘 시기에 대한 대중의 태도의 복합성, 한 개인의 인식의 복합적인 측면들을 적절하게 분석"³하는 역사 연구

---

1. 파시즘의 유산과 일상, 억압과 동의의 문제와 기억의 정치에 관한 논쟁의 주요 서지는 다음과 같다.
   일상사적 문제의식에 대해서는 다음을 참고하라. 안병직, 「과거 청산과 역사 서술 — 독일과 한국의 비교」, 『역사학보』 177 (2003). 이에 대한 반론으로는 박찬승, 「'친일과 청산' 논쟁 — 안병직 교수를 비판함」, 『한겨레신문』, 2002년 8월 31일 ; 이진모, 「'과거 청산' 독일과 맞비교는 위험」, 『한겨레신문』, 2002년 9월 14일.
   억압과 동의, 파시즘 체제의 유산과 한국 역사를 둘러싼 기억의 정치, 시대상에 관한 논쟁으로는 다음과 같은 것이 대표적이다. 임지현·김용우 엮음, 『대중독재 — 강제와 동의 사이에서』(책세상, 2004) ; 임지현, 『적대적 공범자들』(휴머니스트, 2005) ; 임지현·이상록, 「대중독재와 '포스트파시즘'」, 『역사비평』 68 (2004) ; 조희연, 「박정희 시대의 강압과 동의 — 지배, 전통, 강압과 동의의 관계를 다시 생각한다」, 『역사비평』 67 (2004) ; 이병천, 「임지현 교수의 '대중독재론'을 비판한다 — 기억의 정치 결여, 대중은 무엇을 박탈당했는가」, 『교수신문』, 2005년 3월 30일 ; 박태균, 「'역사비평'의 임지현-조희연 논쟁에 부쳐 — 대중독재와 외세의 관계 중요, 실증 없이 주장만 대립」, 『교수신문』, 2005년 3월 22일 ; 임지현, 「대중독재와 기억의 정치학 — 조희연, 박태균, 이병천의 비판에 답한다」, 『교수신문』, 2005년 4월 26일 ; 조희연, 「탈구조적 비평으로는 복잡한 현실 해명 못해」, 『교수신문』, 2005년 5월 7일.
2. 여기서 생활양식이란 맑스가 규정한 생활양식 개념을 따르는 것이다. 생활양식, 문화론과 일상사의 관계에 대해서는 알프 뤼트케, 「"붉은 열정"이 어디 있었던가? — 노동자들의 경험과 독일 파시즘」, 알프 뤼트케 외, 『일상사란 무엇인가』, 이동기 외 옮김 (청년사, 2002) 참조.

태도, 방법론, 자료에 관한 문제(새로운 자료의 활용이나 자료 해석 문제 등) 등에 관한 차원으로 활발하게 논의가 진전되었다.

안병직은 일상과 파시즘의 문제와 관련하여 일상사의 패러다임이 과거 청산과 '친일 문제' 규명에 있어 새로운 논의 지점을 밝힌다는 논지를 펼친 바 있다. 그러나 안병직의 논의는 다양한 회색지대를 고찰해야 한다는 타당한 문제 제기에도 불구하고 "일상=회색지대=작은 친일의 공간"이라는 기본 등식을 강조함으로써 논의의 영역을 오히려 축소했다. 나치 시대의 일상사에 대한 기존 논의 가운데 유독 광범위한 대중의 동의 기제만을 강조하는 것도 일면적인 관점이다. 포이케르트Detlev Peukert의 연구에서도 나치 시대의 일상이 동의의 공간으로 온전히 환수되지 않는다는 점은 명확하게 규명되었다.

파시즘의 시대 경험에 관한 연구는 독일의 나치 시대의 경험과 일제 말기 식민지 파시즘의 경험에 대한 비교를 통해 구체적인 비교사적 주제들을 도출하는 데 초점을 맞추어야 한다. 안병직의 경우 독일과 한국의 비교는 주로 일상과 동의의 측면에서 이루어지고 있다. 안병직은 독일의 나치 체제하에서 일상이란 광범위한 탈정치적 공간이며 동의의 공간이라고 말한다.4 물론 파시즘에 대한 매혹은 파시즘 연구의 중요한 주제 중 하나이며, 이런 점에서 중요한 문제제기다. 매혹fascination은 정동과 밀접한 관련이 있나. 따라서 이는 모든 개별적 행위를 주체의 자기 의식적 차원에 국한해서 논하는 방법과 기본적으로 구별된다. 욕망과 정동과 매혹의 문제는 파시즘을 '메타포'로 만들기 위해서가 아니라 의식적 차원에 대한 규명으로 해결되지 않는 복합성을 고찰하기 위해서 중요하게 대두되었다. 그러나 한국

---

3. 조희연, 「박정희 시대의 강압과 동의」 참조.
4. 안병직은 나치 시대 대중들의 삶에 대해 "정치는 더 이상 그들의 관심거리가 아니었으며, 그들의 관심과 활동은 직장, 가족, 여가 생활에 국한되었다. … 각종 정책과 선전 활동을 통해 국민들의 일상적 욕구를 만족시키고자 했던 나치의 시도에 대해 대다수 국민들은 이른바 '유보적 수용'의 형태로 반응했다"라고 평한다. 안병직, 「과거 청산과 역사 서술」, 228.

사와 관련한 파시즘 논쟁에서 이 주제는 거의 다뤄지지 못했다. 또한 나치즘과 문화, 일상, 라이프스타일의 변화는 나치즘 연구의 주요 주제다. 특히 기존의 파시즘 연구는 문화, 일상, 라이프스타일에서 나치즘의 정치학이 관통하거나 어긋나는 방식 등도 중요 주제로 다루어 왔다.

초기 파시즘 연구의 대표자라 할 벤야민Walter Benjamin의 「기술 복제 시대의 예술작품」5과 같은 연구는 이러한 주제를 다룬 대표적인 경우다. 벤야민은 파시즘과 대중의 관계를 근대적 재현 기제와 대중의 관계라는 차원에서 다루었다. 근대 체제에서 의회라는 재현/대표 기구와 국민의 관계는, 파시즘 지도자와 대중, 영화와 관객이라는 관계와 (불균등한 방식으로) 상응한다. 벤야민은 재현/대표성의 패러다임을 통해 정치의 심미화와 미학의 정치화라는 역사적 파시즘 체제하의 정치와 문화의 관계를 규명하는 중요한 의제를 제출했다. 앞서 논한 휴잇은 벤야민의 문제의식을 계승하면서 권력의 스펙터클이라는 차원에서 파시즘과 대중, 문화와 정치, 근대적 재현/대표성의 기제와 파시즘의 재현의 정치 사이의 상관성을 규명하였다. 파시즘 연구의 이러한 궤적에 비춰 보자면 한국 학계의 파시즘 연구를 둘러싼 논쟁들은 다소 한정된 의제에 집중되었다. 한국사 연구 영역에서 파시즘 연구의 역사가 단순화되는 데에는 이유가 있다. 첫째, 파시즘 연구의 논의 지형에 대한 관심이 부족하고, 역사를 이론적으로 규명하기보다 '실증적' 입증에 치우쳐 있는 점도 무시할 수 없다. 둘째, 1990년대 파시즘 논쟁, 특히 '한국 사회 파시즘 논쟁'의 경우 논쟁에 참여한 논자들이 파시즘을 말하지만, 논의의 초점은 파시즘에 있다기보다 제도화된 역사학 내부의 담론 투쟁이나 학파 간 차이에 집중되었던 점도 논의를 넓히지 못한 주된 요인이기도 하다.

독일의 경우 나치 체제에 의한 일상의 재조직화는 '대안적' 문화를 창출하는 것, 여가 생활의 새로운 패러다임을 만들어내는 것과 관련된다.6 동

---

5. 발터 벤야민, 『기술적 복제시대의 예술작품』, 심철민 옮김 (도서출판b, 2017).

시에 나치 체제는 이전까지 독자적인 사생활로 간주되던 영역마저 간섭하고 침투함으로써 일상을 갈등적인 방식으로 '정치화'한다. 이러한 측면이 파시즘 경험과 관련하여 일제 말기 조선 사회의 경우와 비교될 필요가 있다. 즉 일상의 정치화 문제와 대안적인 일상 문화의 창출이라는 문제가 조선의 경우 어떠한 패러다임으로 구축되었는가가 규명될 필요가 있다. 뒤에서 자세히 살펴보겠지만, 조선의 경우 일상에 대한 정치적 개입의 강도와 성격에 분명한 변화가 있었다. 그러나 그 변화가 독일처럼 대안적 일상 문화 프로그램을 실현하는 방향이 아닌 '개선'이라는 식민주의적 통제로 나타난 것은 지대한 차이점이다. 일제 말기 조선인들의 여가 공간은 '술, 담배, 마작, (국책) 영화상영관' 정도에 국한된다. 따라서 일상의 공간이 문화적으로 재배치된 나치 체제와 비교했을 때 조선의 문화 정치의 기제는 수준과 방식에서 많은 차이를 보인다.

파시즘의 유산과 일상을 둘러싼 논의는 역사 연구 전반을 관통할 만큼 매우 포괄적인 문제를 내포한다. 그러나 '한국 사회 파시즘 논쟁'은 파시즘의 시대 경험과 유산에 있어서 '억압과 동의의 기제'를 어떻게 판단할 것인가, '지배 엘리트와 대중'의 파시즘 경험의 복합성은 과연 무엇인가, 파시즘 시대에 일상적인 삶을 영위한다는 것이 과연 어떤 의미를 지니는가, 독일의 파시즘 경험과 한국의 파시즘 경험에 대한 비교를 통해 무엇을 얻을 수 있는가 등 질문들에 한정되어 있다.

파시즘 유산에 관한 연구는 좁은 의미의 '과거 청산' 문제만이 아니라 기억의 정치 전반에 관한 논의를 포함한다. 파시즘 경험과 유산에 관해 상반된 입장을 전개하는 논자들 모두가 '억압과 동의', '지배 엘리트와 대중', '일상과 정치'라는 이원화된 질문 방식에 강박되어 있다. 문제제기와 반론이 생산적 대화에 이르지 못하는 이유는 여러 가지가 있지만, 근본적으로

---

6. 파시즘 연구의 진전을 통해 이러한 경향이 단지 독일에 국한된 것이 아니라 양차 대전 이후 유럽의 전반적인 모습이었다는 점이 규명된 바 있다. Segel, *Body Ascendant* 참조.

는 논자들이 파시즘의 경험을 고민하기 위한 패러다임의 전환에 이르지 못하고 있다는 점이 문제다. 패러다임의 전환이라는 것이 단지 민족주의 사관 비판이나 다양한 연구 방법을 시도해 보는 것으로 한정될 수는 없다. 문제는 질문의 방식 자체를 바꾸는 것이다. 기존의 연구 방법을 규정한 범주들 자체를 발본적으로 비판한다. 이는 궁극적으로는 "역사학이란 무엇인가, 역사란 무엇인가, 역사 연구자의 입장은 역사 기술에서 어떤 의미를 지니는가" 등의 '역사'를 둘러싼 근원적인 담론 투쟁에 이를 수밖에 없다. 2025년 비상계엄 국면을 지나면서 한국사회에 다시 파시즘 논의가 강하게 부상했다. 역사적 파시즘과 포스트 파시즘에 대한 여러 논의가 전 세계적으로 진행되었지만, 한국에서는 주로 극우화에 방점이 맞춰져 있다.[7]

또한 근대적 학문 방법론의 기본 범주와 인식론적 토대에 대한 비판은 파시즘 연구를 비롯한 대안적 연구에서 지속되었다. 억압과 동의라는 식의 이원화된 분석틀에 대한 비판적 문제제기도 근대성 비판의 이론들을 통해 체계적으로 진행되었다. 특히 근대적 학문 방법론의 기본 범주와 인식론적 토대에 대한 비판을 가장 첨예하게 제기하고 있는 것은 젠더 이론의 영역이다. 젠더 이론을 통해서 국가, 모더니티, 자유, 개인성 등의 근대적 범주들은 보편적 가치라는 신화를 더 이상 유지할 수 없게 되었다. 이에 근거한 학문 연구 역시 중립적이거나 보편적이라는 신화를 유지할 수 없었다. 일례로 근대의 계약론적 관계가 자유, 평등, 개인의 해방이라는 의미로 보편화되었지만 실제로는 개인의 자유로운 동의를 내세움으로써 시민적 복종을 정당화한다는 비판이 젠더 이론을 통해 지속적으로 제기된 바 있다. 젠더 이론과 서발턴 이론은 주체에 대한 새로운 이론인 동시에 사회에 대한 새로운 상을 구성할 필요성을 제기하는 이론이다. 또한 파시즘 연구에서 중요한 것은 역사상, 사회상, 주체의 문제를 어떻게 볼 것인가 하는 점

---

7. 필자는 2025년 비상계엄 전후 국면을 극우화보다는 파시즘의 증오 정치와 정착민 식민주의라는 규정으로 해석할 필요가 있다는 논지를 제시한 바 있다. 권명아, 「증오정치와 정착민 식민주의에 맞서는 정치적 행위자성에 대하여」, 『황해문화』 127 (2025).

이다. 그러나 한국에서 파시즘 혹은 전시 동원 체제의 자발적 동의와 억압적 지배에 관한 논의들은 이와 같은 이론이 진행된 역사적 궤적을 참조하지 않고 이루어진 경우가 많고, 단편적인 사실을 '실증 자료'라고 제시하면서, 이론적 사유의 진전을 가로막기도 했다.

젠더 이론의 경우 근대의 사회적 관계와 그것에 의해 구성되는 근대적 주체의 문제에 대해 지속적으로 문제를 제기하고 있는데, 한국 사회에서는 젠더 이론이 제기하는 문제들이 충분히 공유되지 못하고, 단순히 '여성 문제'라는 차원으로 통속화되고 있다. 예를 들어 캐럴 페이트먼Carole Pateman의 연구는 근대적 사회 이론과 주체 구성에 대한 젠더 연구의 비판을 잘 보여준다. 근대적 계약론을 비판하는 페이트먼의 주요 논점 중 하나는 "계약론자들이 예속을 없애려 하기는커녕 근대적인 시민 복종을 정당화했다"는 것이다. 물론 "계약론이 자유라는 이름으로 예속을 정당화하는 유일한 이론적 전략은 아니지만 그런 결론에 도달하는 출발점이 특별하다는 점에서 주목할 만하다." 아주 오래 사회계약론은 근대의 시민성, 민주주의의 사상적, 제도적 기초로 간주되었다. 사회계약론에 따르면 개인들은 자유롭고 평등하게 태어났고, 힘과 강제력은 더 이상 정치적 권리로 해석될 수 없었다. 그러나 캐럴 페이트먼에 따르면 계약론의 이야기에서 본성상 자유롭고 평등한 개인들은 반드시 다른 사람에 의해 지배되는 것에 동의해야만 한다. 사회계약론의 이야기에서 시민적 지배와 복종은 반드시 자발성을 통해서 이뤄져야 한다. 즉 사회적 계약, 자유롭고 평등한 개인들의 관계들은 오직 자유로운 동의를 통해서 성립될 수 있다. 사회계약론의 이야기에서 자연 상태와 시민 사회는 강박적으로 분리되어야만 했고, 자연 상태에 대한 강압적 지배와 시민 사회의 계약적·자발적 관계를 분리함으로써 이른바 근대적인 개인, 가족, 사회, 계약은 이루어진다. 가족과 시민 사회를 젠더적으로 분리하고, 남성 젠더화된 시민사회가 여성 젠더화된 자연상태를 강압적으로 지배할 수 있게 된 것은 이러한 사회계약의 자발성의 신화에 의해서다.[8] 이런 맥락에서 전시 동원 체제의 동원이 자발적인가 강제적인가에 대한 규명은 단지 수탈과 저항, 혹은 제국적 협력이냐 식민지 근대성이냐 와 같은 차원에 국한될 수 없는 것이다. 자발성의 이름으로 지배와 종속을 정당화하는 근대적 기제와 관련된 문제는 사회주의, 페미니즘, 젠더 이론, 서발턴 이론9, 푸코로 대표되는 다양한 생명정치에 대한 비판에서 지속적으로 다루어졌다. 이러한 이론적 시도들을 통해 다중의 행위 유형은 억압과 동의라는 이원화된 규정으로 판단되지 않는다.

또한 '협력'의 문제는 단지 '과거 청산'이나 식민지 기억에 국한된 문제가 아니고, 국가, 사회, 준거 집단과 공동체에 대한 '충성'allegiance의 문제와 관련되며 이는 파시즘 체제만이 아니라 모더니티 전체를 관통하는 문제다. 그런 점에서 '협력'의 문제는 근대적인 '권력'론에 대한 근본적인 고민과 결부되었다.10 파시즘 연구가 진전되면서 파시즘과 모더니티의 문제가 주요한 이슈가 되는 것은 이러한 맥락에서다. 파시즘의 시대 경험은 독일뿐만 아니라, 가깝게는 타이완과 동남아시아 지역의 역사적 경험과의 비교를 통해 특질이 검토되어야 한다.

한국의 경우 역사적 파시즘 체제의 경험과 일상, 억압과 동의의 문제를 규명하는 것은 비교사적 관점과 일제하와 해방 이후를 연속성의 관점에

---

8. 캐럴 페이트만, 『남과 여, 은폐된 성적 계약』, 이충훈·유영근 옮김 (이후, 2001) 참조.
9. 서발턴 이론은 인도의 맑스주의자인 라나지트 구하를 중심으로 시작된 연구 방법이다. '서발턴'은 본래 안토니오 그람시의 범주로서, 구하가 이 범주를 차용하여 "남아시아 사회의 종속이라는 일반적 특징에 대한 하나의 이름"으로 재정의하면서 광범위하게 사용되었다 구하가 재규정한 서발턴 개념은 엘리트와 인민(people)의 차이 혹은 엘리트 헤게모니에 통합되지 않는 인민을 지시하기 위해 설정된 것이다. 서발턴 연구는 어떤 지점에서는 젠더 이론과 갈등을 일으키지만, 갈등적 논쟁을 통해 식민성, 젠더, 차이의 정치학과 자본주의 비판이라는 문제를 공유하고 있다. 한국에서도 서발턴 연구를 역사 연구의 이론적 기반으로 삼은 연구 집단을 볼 수 있다. 대표적으로 트랜스토리아 동인을 들 수 있다. 이들의 연구는 무크지 『TRANSTORIA트랜스토리아』를 통해 진행되었지만 『TRANSTORIA트랜스토리아』는 종간되었다. 트랜스토리아의 핵심 멤버인 김택현은 서발턴 연구를 체계적으로 소개하고 한국사 연구와 접목하려는 시도를 하는 대표적인 연구자다. 이에 대해서는 김택현, 『서발턴과 역사학 비판』(박종철출판사, 2003) 참조.
10. David Joel Steinberg, *Philippine Collaboration in World War II* (The University of Michigan Press, 1967) 참조. 협력에 관해서는 이 외에도 Alice Kaplan, *The Collaboration* (The University of Chicago Press, 2000) 참조.

서 고찰하는 역사 연구 방법론상의 전환을 통해서만 진전된 논의를 이끌어 낼 수 있다. 박정희 체제로 상징되는 해방 이후 파시즘 체제의 재생산은 일제 말기의 파시즘의 유산과 밀접한 관련이 있다. 파시즘의 경험과 유산에 대해서는 주로 박정희 체제를 중심으로 논의가 이루어지고 있다. 하지만 일제 말기 파시즘의 경험과 유산은 해방기와 한국 전쟁의 경험과 연관해서 더욱 면밀하게 고찰될 필요가 있다. 일제 말기와 한국 전쟁 경험의 관계는 일제시기와 해방 이후를 연속의 패러다임으로 고찰할 때 비로소 시야에 들어올 것이다. 일본의 경우 '총력전' 체제에 대한 논의들이 '전전戰前과 전후戰後'의 연속성을 고찰하는 중요한 문제제기가 되었다. 하지만 한국에서 총력전 체제에 대한 논의는 이러한 측면보다 일제 말기의 경험에 대한 평가, 식민지 경험의 특수성론이라는 굴절된 시야로만 진행되었다. 또 일제 말기 전시 체제에서의 사회적 적대의 내재화는 일종의 '준내전 체제'의 기틀을 닦았다는 점과 해방기의 내부 갈등이나 한국 전쟁의 경험과의 연속성 차원에서 면밀한 연구를 요한다. 여기에서 주의할 점은, 일제 말기의 '준내전 체제'가 이후 한국 전쟁의 직접적 기원이 되었다고 진단하는 것이 아니라는 점이다. 오히려 이 시기에 구성된 '준내전 체제'가 한국 전쟁의 경험에서 두드러지게 나타나는 '증오'와 원한의 역사와 어떤 연관을 갖고 있는지가 연구의 초점이 되어야 한다. 그리고 이러한 적대적 갈등의 강화는 황민화가 '선택적 동화'의 방식으로 관철되고 있다는 점과도 밀접한 관련이 있다. 그런 점에서 이 문제는 식민성의 문제와 연결된다. 이 점은 타이완의 식민지 경험과의 비교를 통해서 연구될 필요가 있다.[11]

억압과 저항, 동의의 내면화와 일상이라는 문제를 적절하게 살펴보기 위해서는 단순한 '이분법'적 관점을 넘어 다양성, 복합성의 규명이 필요하다. 연구자들도 이 점에 동의한다. 그러나 이 다양성과 복합성이 여전히 '회

---

11. 대만의 경우 이러한 선택적 동화는 대만인과 중국인, 여러 선주민 그룹 사이에 인종 갈등을 심화시켰다. 이에 대해서는 Leo Ching, *Becoming "Japanese": Colonial Taiwan and the Politics of Identity Formation* (University of California Press, 2001) 참조.

색지대'라는 비유적 용어로 표현되고 있는 사실에서 확인할 수 있는 것처럼, 의미와 가치 평가에 대해서는 아직 이론적으로 규명 작업이 진전되지 못한 실정이다. 다양성과 복합성의 역사적이고 실제적인 의미를 규명하기 위해서는 당대의 역사적 갈등 구조들과 인간들이 부딪치는 결단, 고민, 저항, 거부의 지점들이 과연 무엇이었는지를 해명해야만 한다.

이 문제는 일제 말기에 대한 유형화된 역사상을 문제시하는 작업과 병행되어야 한다. 이는 단지 일제 말기가 '일방적 억압의 시대였는가, 아니면 광범위한 동의의 공간이 존재했는가'라는 식의 질문 구도로 환원되지 않는다. 일제 말기의 통제 정책에 대한 광범위한 연구가 진행되었음에도 통제 원리에 대한 이론적 분석은 진전되지 못했다. 통제 체제에 대한 연구들은 정책 일변도의 연구로 진행되어 이 시대의 역사상을 정책 자료가 그려낸 역사상으로 환원했다. 정책 중심의 연구에서 정책과 현실, 정책과 실천, 정책과 일반 사람들의 삶, 혹은 정책 입안자와 말단 실행자 사이의 정책에 대한 이해의 차이나, 실행된 정책의 구체성의 정도 차이에 대해서는 논의가 이루어지지 못한 형편이다. 특히 정책 중심의 연구는 당대의 현실을 정책으로 환원함으로써 통제 일변도의 사회라는 특정한 역사상을 구성하였다. 또한 통제의 원리도 일사불란하고 체계적인 계획의 형태를 띤 정책의 구도를 일방적으로 수용함으로써 당대 사회를 일사불란하고 체계적인 통제 사회로 그려냈다.

물론 일제 말기의 구체적인 다중의 실제 삶을 속속들이 알아내는 것은 현실적으로 매우 어려운 일이다. 그러나 통제 원리가 작동하는 방식에 국한해서 보더라도, 정책의 외관이나 표면적 지침 등이 수미일관하고, 내적인 일관성을 지닌 것처럼 보일지라도 정책들 사이의, 내부의 모순과 갈등이 발견된다. 무엇보다 중요한 것은 통제가 일방적이고 수미일관하게 '위로부터 아래로의' 경로를 지니고 있지 않다는 점과 통제 정책이 각각의 구성 부분 사이에, 정책 실행을 위한 세부적 지침들과 전체 이념 사이에 상호 유기적으로 연결된 통일성을 지니고 실행되지 않는다는 점이다. 이러한 성격을 나는 통제 원리의 분산적 통일성이라고 규정하였다. 통제의 원리가 하나의 통일된 완결성을 지니는 것이 아니라 자체 모순적이거나 상호 갈등적인 형태로 나타난다. 통합(황민화와 같은)을 지향하는 정책이 통합의 원리가 아니라 분산의 원리에 의해 추동되는 모순적 성격을 보인다. 이는 전시 동원 체제하에서 사회적 적대가 강화되는 요인을 밝혀내는 데 있어서 매우 중요한 지점이다. 표명된 정책의 차원에서 볼 때 전시 동원 체제는 분열과 적대를 용납하지 않고 통합과 단결이 가장 중요한 목표였다. 그러나 황민화 과정을 보더라도 황민화는 조선인들 내부를 분열시킴으로써 달성되는 기획이었다. 또 이러한 내적 갈등과 적대의 강화는 조선인들 내부에서만이 아니라 일본의 여러 다른 식민지들과 조선의 관계에서도 드러난다. 대동아공영이라는 논리하에 식민지인들이 제국의 신민으로서 거듭날 것이 강조되는 시점에 오히려 식민지들 사이의 갈등과 경쟁은 더욱 격렬해졌다. 즉 '내부'의 갈등을 강화함으로써 내부의 자발적인 경쟁과 적대 구조를 극대화하고, 이런 적대를 통해 '사회 통합'이 강제적으로 수행되는 방식, 이것이 일제 말기 전시 동원 체제 통제 원리의 중요한 특징이다. 물론 이러한 측면이 총독부나 제국 등 통제 수행 주체의 의도나 정책의 목표라고 할 수 없다. 이런 점은 이른바 파시즘 정치의 내적 역설이라는 차원에서 고찰해야 한다. 이 특징은 일제 말기 파시즘 체제가 어떻게 '국민화'라는 통합의 논리, 결사항전, 대동단결의 기치하에 사회 내부의 적대를 강화하는지, 적대의 강화와 사회적 통합이라는 이율배반적 기획이 파시즘 체제에서 어떻게 공존 가능한지를 보여주는 중요한 지점이다.

전시 동원 체제의 통제 원리상의 갈등적 분산성은 사회적 적대를 강화하는 역할을 한다. 동시에 통제 공간 내부에서도 동일화되지 않는 이질적 균열과 긴장의 공간을 만들었다. 일제 말기 파시즘적 통제 체제는, 이론상으로나 정책상으로는 사회 전체에 대한 위계화된 조밀한 통제망을 구성하고자 했지만, 통제 원리 바로 그 자체의 성격상 분산적이고 내적으로 갈등적인 통제 원리가 되었다. 통제 원리와 작동 방식이 분산적이고 갈등적이었다는 나의 논지는 통제의 정도가 취약했다는 것을 의미하는 것이 아니다. 예를 들면 박정희 체제에 대한 논쟁에서 조희연은 임지현이나 안병직이 정권에 대한 광범위한 대중의 동의를 강조하는 것을 비판하면서 박정희 체제의 통제 기반이 매우 취약했으며, 따라서 동의의 기반 역시 취약했다고 주장한다. 그러나 통제가 일관성을 갖지 못했다는 점이 통제 자체가 취약했다는 것을 의미하지는 않는다. 적어도 일제 말기의 파시즘 체제를 염두에 두고 볼 때 통제의 모순성이 취약성을 의미하는 것은 아니다. 오히려 이러한 모순성이 통제 시대를 살았던 다중들에게 미치는 모순적이고 갈등적인 효과를 분석하는 것이 더욱 중요하다. 이러한 분산성과 내적 모순성은 사회적 적대를 무한하게 확장하고자 하는 파시즘적 통제 정책의 모순적 결과였다. 이와 같은 통제 정책의 모순적이고 갈등적인 작동 방식은 통제 공간 내부에 통제 원리를 내면화하면서도 원리에 완전히 동일화되지 못하는 모순적 구조를 만든다. 그러나 이러한 모순은 한편으로는 동일화되지 않는 틈새를 만들지만, 동시에 동일화되어야 한다는 강박관념(자발성의 기제)을 생산하는 이중적 효과를 지닌다.

또한 파시즘 시기 일상의 문제는 단지 일상사가 제기하는 '작은 사람들의 공간'을 의미하지 않는다. 전시 동원 체제를 통해 파시즘을 경험한 조선에서 일상은 통제 원리가 작동하면서 균열되는 복잡한 공간이었다. 파시즘적 통제는 모든 개개인의 일상적이고 개인적이고 실존적인 선택을 '정치적'인 문제로 만들었다. 이렇게 일상이 정치적인 간섭과 통제의 공간으로 변화하는 과정은 사회가 파시즘화되는 경향을 가늠하는 중요한 척도가 된다. 통상적으로 근대 체제하에서 일상은 가정, 학교, 사회화 등을 통해 규율화되는 영역이었다. 물론 일상 공간 내에서도 경찰과 같은 억압적 국가 기구의 규제가 작용한다. 그러나 일상은 이데올로기적 국가 기구의 역할[12]

---

12. 잘 알려져 있다시피 루이 알튀세르는 그람시의 헤게모니 이론을 발전시켜서 국가론을 새롭게 정립하면서 국가 권력과 국가 기구 사이의 구별뿐 아니라 국가 기구에 속하지만 그것과 구별되는 이데올로기적 국가 기구의 의미를 분리해서 규정하였다. 이는 그람시가 지

이 더욱 지배적인dominant 영역이다. 그러나 파시즘 체제하에서 일상은 억압적 국가 기구의 개입이 더욱 전면화된다는 차이를 분명하게 보여준다. 또한 파시즘화가 가속화될수록 일상에 대한 억압적 국가 기구의 개입의 강도는 더욱 높아진다. 이데올로기적 기구들의 개입이 지배적이던 이전 시기의 일상은 이제 억압적 국가 기구의 통제와 간섭이 지배적인 일상이 되었다. 이는 근대 체제 일반의 특성과 구별되는 파시즘 체제의 특성이다.

파시즘 체제하에서 통제의 방식과 개개인들의 행위 방식을 고찰하기 위한 여러 논점들을 염두에 둘 때 '골칫덩어리'들의 행위 양태는 파시즘의 시대 경험과 일상의 문제를 규명할 수 있는 중요한 논점 중 하나다. 이들의 행위 양태는 저항을 집단적이고 의식적이고 조직화된 투쟁에 국한하여 논의한 기존의 연구에서는 의미 없는 행동 양태나 소극적이고 개인적인 거부감의 표현 정도로 간주된다. 일제 말기 골칫덩어리들의 주요한 행동 방식은 노동자들의 경우 직장에서의 이탈과 잦은 이직, 이리저리 옮겨 다니기, 지각, 출근 거부 등의 형태로 나타난다. 이 시기 골칫덩어리의 대표 집단 중 하나인 '불량 학생'들은 주로 땡땡이치기, 교외선 타고 놀러 다니기, 술 마시기, 마작 클럽에 드나들기, (학교에서 권장하지 않는) 영화 보러 다니기 등의 행동 방식을 보인다. 이러한 불량 학생들의 행동 방식에 대해서는 체제적인 통제가 이루어졌지만, 결코 근절되지 않았다.

그러나 이들의 행위 양태는 그 자체만으로 가치 판단을 할 수 없는 측면이 있다. 행위 양태의 가치와 의미는 당대의 파시즘적 통제 원리가 일상

배(직접적 물리적 억압)의 기능과 헤게모니, 지도(동의, 이데올로기적 통제)의 기능을 대조하여 구별한 것을 구체화한 것이다. 알튀세르는 그람시의 구별을 수용하면서 기존 맑스주의 이론이 국가 기구로 정의한 정부, 행정 기관, 군대, 경찰, 법정, 감옥 등을 억압적 국가 기구로 규정하고, 종교, 교육, 가족, 법, 정치, 노동조합, 커뮤니케이션, 문화 등을 이데올로기적 국가 기구로 규정하였다. 일제하 파시즘 체제는 일상에 대한 관여가 지도의 방식에서 억압적 지배의 방식으로 전환되는 지점을 분명하게 보여준다. 그런 의미에서 파시즘 체제하 일상은 이전과 달리 억압적 국가 기구의 개입이 전면화된다는 차별성을 지닌다. 루이 알튀세르, 『이데올로기와 이데올로기적 국가장치 — 아미엥에서의 주장』, 김동수 옮김 (솔, 1991).

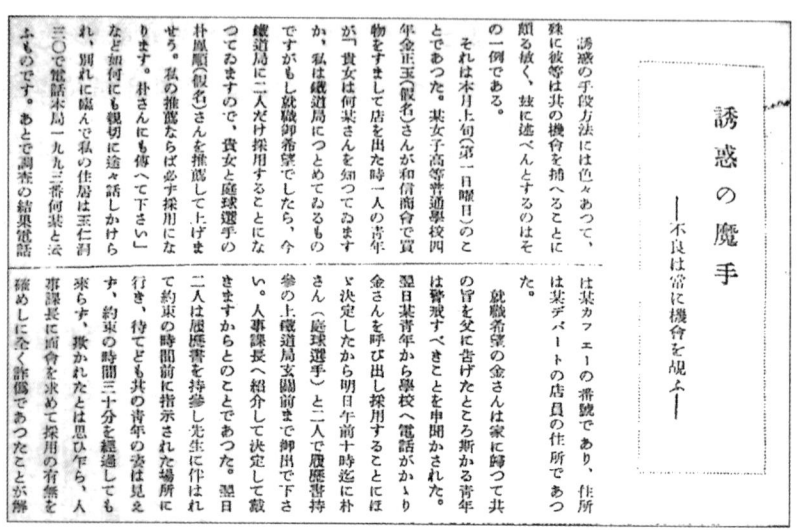

불량함의 의미를 규정해 놓은 글.「유혹의 마수—불량은 항상 기회를 노린다」,『보도월보』, 1934년 3월.

에 작용하는 방식, 혹은 당대의 체제를 내면화한 이들의 행위 양태와 비교를 통해서 판단할 수 있다. 당대의 통제 체제가 권장하고 조선인들 내부에서 지배화된 삶의 방식은 안정되고, 지속적이며, 경쟁 원리를 내면화하면서 인생을 설계하는 것이었다. 따라서 '일류' 학생층들은 제국 대학 입학을 목표로 입시에 전념했고, 계급적·경제적으로 하층의 청년들은 직장과 강습소를 오가면서 일과 일어 공부, 목검 훈련과 후배 교육에 열심이었다. 이처럼 경쟁 원리를 자발적으로 체득하고 지위의 상승을 위해 노력하는 삶이 일제 말기에 파시즘 통제 원리가 개개인의 내면에 자리 잡는 가장 지배적인 방식이었다. 그런 점에서 불성실과 비아냥거림, 난센스로 일관하는 불량 학생들의 일상은 지배적인 삶의 방식에서 가장 멀리 이탈해 있는 것이기도 했다. 물론 그들의 이러한 일탈적 행위 양식이 체제에 대한 목적의식적인 저항을 내포한 것은 아니었다. 파시즘 체제를 무너뜨리는 데 결정적인 기여를 한 것도 아니다. 중요한 것은 이러한 행위 양식이 위로부터 아래까지 수미일관한 통제를 지향했던 파시즘적 통제에 걸림돌로, 내적인 저지

선으로 작용했다. 그리고 이러한 행위 유형은 분산적이면서 곳곳에 편재되어 있어서(이러한 행위 유형은 일제 말기에 만연해 있었다) 일관된 통제가 불가능했다. 그런 점에서 이러한 골칫덩어리들의 난센스적 이탈의 방식은, 기존의 저항 개념으로 환원되지 않지만 과소평가할 수 없는, 파시즘 통제 체제의 중요한 저지선이기도 했다.

2. 사회의 준내전 체제화 — 일제 말기와 해방 후의 연속성

전시 동원 체제는 조선 사회를 이전 시기와는 다른 방식으로 강제적으로 재구획했다. 여기서 중요한 것은 이러한 억압적 시스템의 구성 원리가 전시 동원 체제 이전과 이후 사이에 분명한 차별성을 보인다는 점이다. 전시 동원 체제의 통제가 억압적이고 폭력적이라고 해서 통제가 체계적이고 내적으로 유기적으로 구축되었다는 의미는 아니다. 특히나 연구에 있어서는 연구 대상으로서 통제 체제를 나름으로 체계화해야 하기 때문에 모순과 불일치로 구축된 통제 방식에 사후적인 일관성과 체계를 구축하게 된다. 또 통제가 모순되고 일관성이 없는 것이야말로 파시즘 정치의 가장 큰 특징이다. 또한 모순과 비일관성이 폭력의 강도가 낮다는 것을 의미하지도 않는다. 물론 전시 동원 체제는 조선 사회를 이전과는 다른 방식으로, 특히 사회적 적대를 강화하기 위한 다양한 통제 원리를 수립하여 강제적으로 새 편했다. 전시 동원 체제의 통제 시스템은 젠더화된 분리와 인종적 분리, 각 집단 사이의 서로 다른 이해관계와 욕망이 서로 갈등하는 장이었다.[13] 파시

---

[13]. 일제 말기 전시 동원 체제의 파시즘적 성격에 대한 나의 그간의 작업은 한국 전쟁의 경험과 박정희 체제로 이어지는 독재 체제에서의 파시즘의 유산, 그리고 전시 동원 체제의 유산에 관한 기존 연구 작업의 연장선상에 있다. 한국 전쟁의 경험과 파시즘의 유산에 대해서는 다음과 같은 작업을 통해 규명한 바 있다. 권명아, 「모성 신화의 기원, 그 파시즘적 형식에 관하여」;『가족 이야기는 어떻게 만들어지는가』;「한국 전쟁과 주체성의 서사 연구」(연세대학교 대학원 국문학과 박사학위 논문, 2002);「여성 수난사 이야기의 역사적 층위」등. 박정희 체제에서 나타나는 식민지 기억과 한국 전쟁 경험에 대한 파시즘적 전유에 대한 나의 견해는『문학 속의 파시즘』에 수록된「수난사 이야기로 다시 만들어진 민족 이

즘 지배 체제의 내부 역시 갈등 성격이 단일하지 않았다. 제국과 총독부, 혹은 지배 엘리트들 사이에도 서로 다른 갈등 지점이 존재했다.14 일례로 남방 경영을 둘러싸고 일본과 조선 총독부, 조선의 관료들, 이해관계가 직결된 기업가들 사이에는 첨예한 갈등이 존재했다. 조선의 담론 공간에서 폭발하는 남방에 대한 관심은 총독부조차 감당하기 버거울 정도로 과잉된 열기를 형성했다. 이러한 면모는 파시즘 체제와 이른바 '대중' 사이에 반사상反射像15이나 지배/저항 관계로만 환원되지 않는 이질적이고 복합적인 갈등과 욕망의 경계선이 존재한다는 것을 의미한다. 예를 들어 임지현은 기존의 역사학을 비판하면서 '대중 독재' 개념을 제시했는데, 여기서 대중과 지배 집단 사이의 반사상 관계, 제국과 피식민 국가 사이의 반사상 관계가 중요한 해석 개념으로 제시되었다. 대중 독재 개념은 먼저 대중이라는 개념 자체가 이미 오래된 근대 개념을 반복하고 있기에, 개념으로서의 한계를 갖는다. 나아가 대중과 지배 집단의 관계 설정 역시 '대중', '지배 집단'이라는 두 개념 설정 자체의 한계를 반복한다. 따라서 파시즘 연구에서 이런 식의 대중론은 반드시 벗어날 필요가 있다. 이는 다중과 같은 새로운 개념 제시 단계를 넘어서, 특정 인구를 대중이나 집단으로 표적화하는 정치 자체를 연구하는 방향으로 나아가고 있다. 또 정동 연구는 기존의 이와 같은 주체(대중이나 개인과 같은), '자발성'의 문제를 전혀 다른 방향으로 고찰하는 방법론의 근본적 변화를 제시한 바 있다. 이에 대해서는 마지막 장에서 다시 한번 살펴보고자 한다.

전시 동원 체제의 파시즘 이데올로기는 조선인들 내부에 새로운 경계

야기」,「여성 수난사 이야기와 파시즘의 젠더 정치학」을 참조하라. 또 단행본으로는 『식민지 이후를 사유하다 ─ 탈식민화와 재식민화의 경계』(책세상, 2009)를 참조.
14. 총독부와 일본 제국, 총독들 사이의 입장 차이 및 갈등에 대해서는 다음을 참조하라. 방기중,「1930년대 조선 농공병진정책과 경제통제」,『동방학지』120 (2003).
15. 대중과 지배 집단 사이의 반사상 관계, 제국과 피식민 국가 사이의 반사상 관계는 대중독재론의 핵심적 논지다. 이에 대해서는 임지현·김용우 엮음, 『대중독재』를 참조하라. 대중독재론의 문제제기의 의미와 한계에 대해서는 이 책의 1부 3장에서 다룬다.

선을 그려냈다. 경계선의 재배치 과정이 단지 위로부터 부과되는 것만은 아니었다. 이는 식민주의적 파시즘의 논리를 '적대적' 그룹에 대한 경쟁, 배제, 살아남기의 논리로 내면화하는 파시즘의 체제 구성 원리와 밀접한 관련이 있다. 조지 모스가 지적한 바와 같이 파시즘 체제는 '적대관계'를 일상화하고 강화하는 것을 특징으로 한다.[16] 그러나 파시즘 체제의 특성은 해당 지역의 구체적인 역사적 상황과 접목되면서 차별화된다.

식민 지배와 전시 동원 체제를 통해 파시즘을 경험한 조선의 경우 통제 체제의 변화와 맞물려 독특한 파시즘 체제를 형성한다. 만주국과 남방이라는 '일본 제국 내의 새로운 영토' 수립은 제국 내부에서의 경쟁을 통한 지위 상승과 안정된 위치(제2인자)를 차지하고자 하는 열망을 강화했다. 이것이 단지 위로부터 부과된 정책의 결과나 제국에 대한 일방적인 동경의 결과는 아니었다. 여기에는 새로운 지역(만주국과 남방)에 비해 경쟁력이 떨어지고, 기존의 포섭된 지역과의 경쟁에서도 우위를 잡지 못한(남방 거점으로서의 대만과 비교할 때) 조선의 위치에 대한 불안감도 반영되어 있다. 당대의 식민 정책에 열렬한 환호를 보내는 논리에도 열망과 불안은 복잡하게 얽혀 있다. 인종주의적 적대감 역시 경쟁 논리와 밀접하게 결부되어 파시즘 체제의 특수성을 강화했다. 조선의 경우 '중국인'을 둘러싼 갈등적이고 히스테리컬한 적대적 경쟁심은 갈수록 격화되었다. 여기서 중국인은 단일하지 않아서 본토 중국, 대만, 화교로 이어지는 연쇄 고리로 분열하거나 증식한다. 본토 중국 역시 공산당의 중국, 국민당의 중국, 아편 전쟁의 중국 등 기이한 방식으로 분열하고 증식하는 형태를 보인다. 이렇게 번식하고 분열하는 중국의 표상과 의미 연쇄, 혹은 정동적 변용은 '지나'에 대한 공포를 더욱 강화할 수 있었고, 역으로 이런 정동적 변용이 공포의 결과로 가속화되기도 했다. 조선의 협력 집단에게 만주, 조선, 남방 모두에서 우위

---

16. George L. Mosse, *The Fascist Revolution : Toward A General Theory of Fascism* (Howard Fertig, 1999) 참조.

를 잡기 위해서는 화교 경제와의 경쟁이 급선무였다. 또 만주와 남방에서 일본에 이은 2인자의 위치를 차지하고자 하는 열망/불안의 기제는 '만주 계통'과 남방인을 열등한 종족으로 치부하는 인종주의적 우월감을 낳았다. 즉 이처럼 '중국', 만주국, 남방과 경쟁하면서 제국 내에서 2인자를 차지하려는 경쟁심에는 식민지로서의 조선의 위치에 대한 불안감이 내재되어 있었다. 불안감과 선망은 근본적으로 '제국의 경제'에서의 경제적 이해관계(국책의 수혜를 받을 수 있는 지위와 계급에 따라 위계화된)를 둘러싼 내적 갈등을 유발했다.

특히 전시 동원 체제의 통제 원리가 폭력적으로 변화할수록 사회적 적대감을 강화하는 다양한 정책이 실시되었다. 예컨대 1941년을 전후한 국민방첩은 스파이에 대한 경계를 강조함으로써 사회적 적대감을 일상화하고 내면화하는 기제를 다양하게 구축했다. 특히 모든 법제를 초과하는 국방보안법의 시행은 스파이에 대한 경계 강화는 물론 생활과 정치, 사적 영역과 정치적 영역, 개인의 삶의 공간과 공적 공간 사이의 경계를 허물어뜨리는 파시즘의 전형을 보여준다. 요컨대 전시 동원 체제의 통제가 가속화될수록 시스템의 논리는 적대 체제를 강화한다. 또 이를 위해 적대감과, 경쟁심, 경계심을 내면화하는 정동 정치가 정책의 중심에 자리 잡는다. 파시즘 체제의 폭력적 구성 원리와 이를 내면화한 적대감, 경쟁 심리, 제국 선망, 인종주의의 기제의 관계를 억압과 동의라는 이분법적 구도로 나누는 것은 실제 당대의 모습과 거리가 있다. 이러한 구조를 저항과 수탈로 이분화하거나 그에 대한 반대급부로서 억압과 자발적 동의의 내면화라는 반사상적 구조로 나누는 것은 표면적인 논리로 파시즘 체제의 폭력성을 단순화한다는 점에서 양쪽 모두 문제가 있다. 또한 황민화 정책에 내포된 젠더 정치와 인종주의는 조선의 협력 집단에게 남방에 대한 열기를 불러일으키기도 했고, 탈출구가 없는 조선에 막연한 기회처럼 다가오기도 했다. 이 기회 역시 조선인 내부의 계급적 차이에 따라 구체적 의미는 너무나 달랐다. 또 이른바 '조선의 청년 집단'을 향해 황민화를 조선의 기성 집단에 대한 도전으로 선전했던 논리에 의해 황민화는 때로 지위 상승이나 기성 질서에 대한 도전으로 받아들여지기도 했다. 이런 과정에서 파시즘은 피식민자에게 내적인 경쟁 논리로서 전도되지만, 이 또한 단일한 욕망이나 정동으로 편성되지 않았다. 오히려 적대와 경쟁, 선망과 불안, 기대와 불가능성에 대한 전망이 복합적으로 공존할 수밖에 없었던 식민지 조선의 상황에서 이런 인종화되고 젠더화된 황민화의 파시즘 정치에 포획된 공간 내부는 이질적이고 복합적인 욕망과 갈등의 장으로 편성되었다. 그러나 또 이러한 포획은 그 내부에 이질적 욕망과 상이한 이해관계, 또 파시즘 지배에 대한 반응과 이해의 차이에 따라 충돌하고 모순되는 어떤 틈새를 만들어내기도 했다. 이 틈새는 행위자 개개인의 의지적이거나 의식적 수행성으로 구축된 것이 아니라, 체제의 모순과 불합리에 의해 구축된 것이다. 이 틈새의 의미를 전시 동원 체제에 등장하는 어떤 행위자성의 특이성과 관련해서 살펴보자.

3. 파시즘의 유산과 '골칫덩어리들' — 난센스의 의미

다음에서 논하고자 하는 몇 가지 사례는 극히 일부분의 틈새 공간을 보여준다. 통제 체제에 대한 저항이나 집단적 거부로 보기 힘든 태도들은 개인적 거부감, 비켜 서기, 움츠러들기, 조롱하기, 일탈적 태도, 무해한 유머 등 다양한 형식으로 드러난다. 이러한 행위 양태를 당시 통제 문서에서는 "골칫덩어리"라고 표현하기도 했다. 골칫덩어리란 특별한 의미나 의도를 갖고 붙여진 이름이 아니며 특정한 분류 항목도 아니다. 오히려 그렇게 이름 붙이기 어려운 행위 양태나 분류하기 어려운 양상을 통틀어서 골칫덩어리라고 표현했다. 이러한 골칫덩어리들의 행위 유형을 파시즘 통제와 일상 간의 관계와 관련지어 고찰할 때 먼저 다음 두 가지 지점에 대해 먼저 살펴볼 필요가 있다. 첫째, 이런 난센스적 일탈 행위가 검열과 통제가 극대화된 전시 동원 체제 담론 공간에 상당한 정도 등장했다는 점은 흥미롭다. 그러나 오히려 이런 행위는 당대에 조선인들이 전시 동원 체제의 통제를 어떻게 일상의 문제로 경험하고 있는지를 매우 인상적으로 보여준다. 물론 골 칫덩어리들의 일탈 행위는 경제 통제와 물자 부족에 대한 불만의 표현이기도 했다. 그러나 난센스적 일탈에서 중요하게 살펴보아야 할 문제는 정치적인 것과 일상적인 것, '국책'의 추상적 구호와 생활의 구체성이 분리되지 않는 방식으로 경험되고 기술된다는 점이다. 둘째, 독일의 경우 나치는 부르주아 문화(취미, 오락, 문화, 라이프스타일까지)와 구별되는 나치적 문화를 만들기 위해 여러 가지 방안을 기획하고 실현했다. 독일의 '대중'이 정치와 무관한 일상에 침잠할 수 있었던 현실적 기반은 이러한 점과 무관하지 않다. 조선의 경우도 학교, 청년단, 강습소 등을 통해 검도, 신체 훈련 등이 광범위하게 시행되었다. 국책 영화 제작과 상영 및 국민 연극 등의 공연도 활발하게 진행되었다. 이것이 당시 사람들의 일상, 여가, 라이프스타일에 어떤 영향을 미쳤는가 하는 문제는 진전된 연구를 통해 규명되어야 한다. 그러나 전시 동원 체제의 조선에서는 일상, 여가, 라이프스타일의 변화가 불만인 게 아니라, 그런 공간 자체가 없다는 점, 즉 문화적 열악함 자체가 큰 불만과 문제로 대두했다. 개개인들이 하루하루의 삶에서 최소한으로 누릴 수 있는 것까지 규제하려는 통제 체제에 대한 패러디와 조롱은 체제에 대한 일종의 거부감의 표현이기도 했다.

전시 동원 체제에 이르면 조선에서는 여가와 취미의 공간이 파시즘 통제를 통해서 극단적으로 축소되고, 그 결과 '술, 담배, 마작'으로 상징되는 최소한의 식도락 문화 외에는 남지 않게 되었다. 그나마 존재하던 기존의 문화 공간조차 사라져 문화의 황폐화와 협소화가 피부로 느껴질 정도였다. 물론 이러한 느낌 역시 개별 집단에 따라서 이전 시대에 어떤 문화를 향유했는지가 다르고 상실감의 대상과 성격도 판이했다. 부르주아 엘리트들이 유럽과 미국의 영화를 볼 수 없는 것을 안타까워했다면 학생층은 멋낼 수 있는 신체적 조건조차 허락되지 않는 것을, '댄디보이들'은 후줄근한 '스파' 양복감으로 옷을 해 입어야 하는 것을 안타까워했으니 그 느낌은 각 집단의 계급적 차이만큼이나 판이하다. 일제시기 남성 정체성 그룹들은 단

『보도월보』 1934년 2월호에는 「소화 9년 4월 중 사고표」라는 제목으로 '보도 대상'이 되는 학생 행동의 목록을 제시해 두었다. 항목은 "교외로 놀러 가기, 학교에서 권장하지 않는 영화 보기, 카페 드나들기, 복장 불량, 행동 불량, 마작 클럽 드나들기" 등으로 제시되어 있다. '보도'란 일본어로 교화의 의미로, 당대 풍속 통제의 하나였던 생활 지도를 뜻한다. '보도'는 다양한 형태의 교화, 정화를 포함했고 학생 보도는 해방 후 '학생생활지도'의 형태로 이어졌다.

일하게 표상되지 않았다. 모던보이란 모던걸과 상응하는, 근대 문물과 지식을 수용한 새로운 남성 정체성 그룹 일반을 지칭하는 개념이었다면, 댄디보이란 주로 복장, 스타일, 취향 등을 중심으로 규정되는 그룹이었다. 즉 신사복과 에나멜 구두 차림으로 다방에 다니면서 '서구' 음악을 즐겨 듣던 집단을 지칭한다. 전시 동원 체제에서 남성에 대한 파시즘적 정체성 재편은 주로 이와 같은 '모던보이'와 '댄디보이'로 표상되는 집단을 공격과 적대의 대상으로 표적화하면서 전개되었다. 따라서 일상 공간을 둘러싼 파시즘적 통제와 개인 간에 일어나는 갈등, 타협, 불만의 역학관계는 이러한 지점들을 총체적으로 고찰하여 고찰할 때 해석의 구체성을 지니게 된다.

전시 동원 체제에서 '저항'과는 다른 '이탈'의 역학과 정치적 함의에 대해서는 노동자들의 행위자성을 중심으로 한 연구가 상당히 진행되었다. 특히 노동자층의 이탈 공간과 의미를 규명한 이상의와 변은진의 작업은 대표적이다.[17] 이상의가 밝히고 있듯이 당시 노동자들의 광범위한 도주, 이탈, 이직은 총독부의 노무 관리 정책에 큰 어려움을 가져왔다. 노동자층의 이탈은 전시 동원 체제하에서 상당히 만연했다. 1942년 1월 평균 노동자의 이탈 비율은 "월평균 이동률을 한 해 단위로 단순 환산할 때 일 년간 노동자 대부분이 이탈한다는 결론이 나올 정도"였다. 노동자들의 도주, 이탈, 무단 결근은 전시 동원 체제의 노동력 통제에 가장 큰 걸림돌이 되었다. 총독부는 이탈 노동자들에 대해, "계절노동자, 즉 춘추의 호계절에 이동 배회하는 방랑벽이 있는 자와 농한기를 이용하여 일시 취직하는 잡역공들 때문으로, 그들은 국가의 관념과 시국 산업의 이념을 이해하지 않고 물질적인 만족만을 추구하는 자들"이라고 보았다. 비조직화된 개인적 이탈의 방식은 총독부에 골칫덩어리들의 문제로 간주되었다. 골칫덩어리들을 안정적이고 지속적이고 체계적으로 노동 현장에 정착시키는 것이 가장 시급한 과제로 제시되었다.[18] 5부에서도 살펴보겠으나 이러한 조선 노동자들의 이탈 행위는 노동력이 절대적으로 필요한 전시 동원 체제에서 갈수록 심각한 문제로 인식되었다. 당대에는 조선 노동자의 골칫덩어리 행태를 '조선의 나쁜 근성'으로 비난하는 논의가 넘쳐났고, 이 조선 민중의 나태함을 계몽하는 게 전

---

17. 일제 말기의 이러한 "이탈"의 존재 방식을 다룬 논문으로 대표적인 것은 "노동자층의 이탈 현상의 만연"이 지닌 "저항적" 의미를 규명한 이상의의 논문이다. 이상의, 「1930~40년대 일제익 조선인 노동력 동원 체제 연구」 (연세대학교 대학원 사학과 박사학위 논문, 2002). 이 외에도 저항과 수탈, 통제와 조직화된 저항에 중심을 둔 연구와 구별되는 분산적 저항과 대응의 방식을 규명한 연구로는 변은진, 「일제 침략 전쟁기 조선인 '강제동원' 노동자의 저항과 성격 ― 일본 내 '도주' 비밀 결사 운동을 중심으로」, 『아세아연구』 108 (2002).
이상의와 변은진의 문제제기는 공히 조직된 저항과는 다른 방식의 이탈 공간의 가능성에 대해 많은 시사점을 준다. 실제적으로 두 논문은 당시 비조직적이고 개인적인 방식의 이탈 공간들이 얼마나 만연했는가를 살펴볼 수 있는 단초들을 제공하고 있다. 그럼에도 불구하고 논문 구성상 이러한 비조직적이고 개인적인 방식의 이탈 공간들이 지니는 역사적 의미와 파시즘 체제에서 지니는 특별한 의미에 대해서는 그다지 논의가 되고 있지 못하다. 또 논문 체제상 이러한 개인적이고 비조직적인 이탈의 의미가 집단적이고 의식화된 저항에 비해 부차적으로 기술되고 있다는 아쉬움이 있다. 이는 기존의 역사 연구 방법과의 갈등적 조율의 경향을 보여주는 것이기도 하다.
18. 이상의, 「1930~40년대 일제의 조선인 노동력 동원 체제 연구」, 256.

시하 조선 청년의 주요 임무로 제시되기도 했다. 또 조선 노동자의 이탈 행태로 인해 중국 노동자를 대거 동원할 계획을 세우기도 했다.

노동자들의 이탈은 파시즘의 시대 경험 양상에서 집단적이고 조직화된 의식적 저항을 중시하는 기존 연구 방법론에서 중요한 행위 유형으로 논의되지 못했다. 또한 계급적 특성상 조직화의 가능성이 높았던 노동자층과 다른 다양한 집단들에서 이러한 비조직화된 일상적이고 분산적인 이탈의 공간이 어떻게 편재해 있는가를 규명하는 것은 여전히 중요한 연구 작업이다. 이러한 분산적 이탈의 행동은 '골칫덩어리'들의 영역으로 이들의 행위 방식은 통제 체제를 결정적으로 무너뜨릴 수 있는 것은 아니었지만, 오히려 통제 체제의 일사불란한 관철을 막는 중요한 저지선이었다고 생각한다. 게다가 이러한 골칫덩어리들의 행위 방식은 분산적이면서 편재한(만연한) 것이다. 그런 점에서 골칫덩어리들의 행위 양식과 이탈의 공간은 일사불란한 통제의 원리에 틈새를 내는 방어선이었다.[19] 일례로 조선인들의 정책에 대한 무관심은 총독부의 골칫거리였다. 50퍼센트를 넘는 조선인들이 총독부의 정치에 대해 '관심 없음'으로 일관했고, 이 '무관심층'의 존재는 통제의 원리를 사회의 말단까지 관철하는 데 큰 걸림돌로 작용했다. 물론 독일의 경우 대중의 무관심이 유대인 학살과 같은 폭력을 가능하게 만든 동력이었다는 점에서 이러한 무관심이 지닌 의미에 대해서는 좀 더 면밀한 규명이 필요할 것이나. 최근 연구에서는 이러한 무관심에 대해 다양한 논의가 진행되고 있다. 특히 정동 연구에서 '무관심'과 관련한 중요 연구가 진행되었다. 나이토 치즈코는 일본 제국의 검열 체제가 만든 "사각지대"가 제국 특유의 "애국적 무관심"이라는 모순적 정동을 구축했다고 비판한 바 있다.[20] 반면 젠더 연구 기반 정동 연구자인 신 야오는 무관심을 탈정동으로

---

19. 조선인들의 정치적 무관심에 대한 총독부의 대응에 대해서는 최유리, 『일제 말기 식민지 지배 정책 연구』(국학자료원, 1997) 참조.
20. 内藤千珠子, 『愛国的無関心 ―「見えない他者」と物語の暴力』(新曜社, 2015) [나이토 치즈코, 『애국적 무관심 ― '보이지 않는 타자'와 이야기의 폭력』, 이지현·권두현 옮김 (갈무

재규정하여 당대의 지배적인 감정의 생명정치에서 이탈하려는 소수자의 존재론적 책략으로 논하였다.[21] 이런 무관심이 전시 동원 체제 조선에서 지니는 정치적 의미는 3부에서 국책 선전 영화 〈지원병〉과 〈반도의 봄〉을 대상으로 구체적으로 살펴보고, 이러한 이론적 동향과 역사적 파시즘 연구 방법론의 변화에 대해서도 살펴볼 것이다. 따라서 여기서는 몇 가지 사례를 통해 연구 작업을 위한 전제들을 밝히는 것에 국한하고자 한다.

〈예문 1〉

저금애사貯金哀史

×월 ×일

이달부터 저금을 시작하기로 한다. 한달에 십원씩十圓式으로 연 백이십원年百二十圓이다.

×월 ×일

이달은 십원十圓이 짐 부족不足 외투外套를 전당典當했다. 금년今年 겨울 같아서는 외투外套가 불필요하다.

×월 ×일

오원밖에 남지 않았다. K에게 꾸어서 했다.

×월 ×일

이전二錢이 남았다. 아아 이 무슨 행운幸運읽가. 길에서 십원十圓을 얻었다.

×월 ×일

최후의 오분간五分間이다. 여기서 의지意志가 꺾여서는 않된다. 사진기寫眞機를 팔었다.

×월 ×일

팔 것도 없고 꿀대도 없어졌다. 최후最後의 수단手段으로 보험금保險金이 있을

리, 근간)].

21. Xine Yao, *Disaffected : The Cultural Politics of Unfeeling in Nineteenth-century America* (Duke University Press, 2021).

뿐이다.

×월 ×일

드디어 때는 왔다. 자살自殺하야 보험금保險金을 저금貯金에 돌리자. 내 비록 너머졌다 할지라도 초지初志를 철관徹貫 했으니 웃지 결사決事가 아니랴.22

〈예문 2〉

의지박약거사일기意志薄弱居士日記

이월 일일(토)二月 一日(土)

오늘부터 단연금연斷然禁煙하다. 파이프도 담배갑도 개굴창 속에 던저버리다.

이월 삼일(월)二月 三日(月)

애완용愛玩用으로 도기제陶器製 파이프를 샀다. 절대 애완용絶對 愛玩用이다.

이월 사일(화)二月 四日(火)

애완용愛玩用파이프로도 담배가 피워진다는 것을 발견發見하다. 발견發見을 위하여서는 한번쯤 금禁을 깨트리는 것도 부득이不得己한 일일게다.

이월 팔일(토)二月 八日(土)

오늘부터 나는 참으로 갱생更生했다. 니코징은 인류人類의 적敵이다.

이월 구일(일)二月 九日(日)

예수 가라사대 「너의 적敵을 사랑하라」 했다. 아! 나 또한 나의 적敵을 사랑하자.23

〈예문 3〉

오분간 만담 — 실없는 친구

...

---

22. 「도원경」, 『조광』 1941년 2월, 188~199.
23. 같은 글, 188.

A : 여보게 자네 말조심하게.

B : 정말이지 난 염려되어서 허는 소릴세. 그 자네가 그렇게 무지하게 처먹구 저렇게 꼭 돼지같이 살이 쪘으니. 그 식구대로 또박또박 타오는 배급쌀을 가지곤 누군든지 하나 희생해야 될 게 아닌가.

A : 예끼, 이 실없는 친구같으니. 사실 우리들은 물건을 애껴써야겠네. 종이 한장 실 한오래기라두.

B : 아암, 그야 이를 말인가. 자원애호資源愛護, 물자절약物資節約.

A : 쉬잇! (입에 손을 대고)

B : 왜 그러나!

A : 말도 절약節約!

B : 귀에도 벽이 있다!

A : 뭐!

B : 아니 참. 벽壁에도 귀가 있다. 스파이를 경계하라.

A : 스파이를 경계하자!

B : 그리고 가만가만 다니고⋯.

A : 말 조심하고⋯.

B : 앉을 때 주의하고.

A : 어디를 가나 주위周圍를 살피고.

B : 비 올 때 우산없이 나가지 말구.

A : 거기까지 뭐⋯.

B : 「스파」를 주의하라!

A : 스파이를 경계하라.

B : 「스파」를 애껴라!

A : 여보게 자네 지금 무슨 얘기하구 있나?

B : 나? 스파 얘기.

A : 뭐? 어은孃? 스파이말야, 스파이. 즉 간첩間諜 말야.

B : 아따 스파나 스파이나.

82 1부 파시즘, 제국의 판타지, 젠더 정치

A : 예끼 이 실없는 친구같으니.24

위의 세 글은 각각 저축 장려, 금주 금연(생활 개선), 스파이 경계라는 일제 말기 신체제의 중요한 통제 규칙들을 패러디한 것이다. 농담과 유머의 형식을 띠고 있는 글들은 통제 체제에 대한 직접적인 비판을 거의 찾아 볼 수 없는 담론 통제의 공간에서 특이한 양상을 보이는 사례라 하겠다. 『조광』과 같은 대중적인 잡지들 역시 1938년 이후 철저한 통제를 받았다는 것은 새삼 강조할 필요가 없다. 통제가 강화된 신체제 이후, 특히 1941년에서 1942년 사이에 『조광』에서 미묘한 변화가 감지된다. 「도원경」과 같이 작고 눈에 띄지 않는 틈새에 새로운 코너를 만들어서 익명으로 쓰는 기사, 만담, 풍자 꼭지들이 곳곳에 등장하는 데, 이는 매우 흥미로운 사례다. 「도원경」을 비롯해 「요문철답」門問凸答, 「자투리」, 「오분간 만담―소식통」, 「무풍권」無風圈, 「원투쓰리」 같은 틈새 꼭지들이 그것이다. 이 꼭지들은 기사 사이사이의 작은 공간에 끼어 있거나 분량이 많은 경우에도 한 페이지씩 나뉘어 다른 기사들 사이에 실려 있어서 주의 깊게 보지 않으면 지나치기 쉽다. 제목도 다소 저급해 보여서 독자나, '검열관'의 큰 주의를 끌지 않는다. 일상적 유머나 풍자, 농담과 같은 담론 형식을 통해 신체제 이념을 패러디하거나 조롱하는 방식도 다양하게 나타난다. 그나마 이런 틈새 공간조차 1943년 이후에는 사라져 버린다. 짧은 기간이지만 이러한 틈새 공간은 담론 통제의 중요 대상이던 『조광』과 같은 매체에서도 당대 전시 동원 정책에 대한 조롱, 풍자, 패러디 공간의 역할을 담당했다. 이러한 틈새 공간의 전략과 의미망이 무엇인지를 살피는 것은 파시즘의 시대 경험을 이해하는 데 매우 중요하다.

이러한 틈새 공간의 담론은 당대의 통제 원리와 이념(물자 절약, 금주 금연, 풍기 단속, 개조, 스파이 경계 등)을 난센스로 조롱하고 풍자하고 패

---

24. 백산, 「오분간만담―실없는 친구」, 『조광』, 1941년 2월, 198.

2장 파시즘 경험과 유산을 둘러싼 논쟁 비판

러디했다. 난센스라는 형식의 특성상 이러한 담론에서 통제의 원리와 이념에 대한 전면적 비판을 보여주는 것은 아니며, 주로 생활, 라이프스타일과 관련된 문제로서 통제 이념과 원리에 대한 개인적 거부감, 심정적 반발심이 표현되었다. 물론 이러한 태도는 통상적으로 개인적 저항, 일탈적 조롱 등의 의미로(때로는 풍자의 의미로) 평가될 수 있다. 난센스는 주로 라이프스타일이나 삶의 질, 생활 방식과 관련된 불만 표출과 관련된다. 술을 못 먹게 하는 것에 대한 불만, 금연과 개조에 대한 불만은 기존의 라이프스타일에 대한 간섭으로 불평거리가 된다. 또 스파이 단속과 경계는 '스파'에 대한 불만과 경험으로 환치된다(스파이와 스파의 관계는 뒤에서 고찰할 것이다). 이탈 노동자와 불량 학생, 난센스와 유머란에 드러난 불특정한 주체가 전시 동원 체제에 대해 토로하는 불만은 다양하고 서로 다르다. 그러나 이 불만에 공통으로 드러나는 것은 술과 담배에 대한 규제였다. 전시 동원 체제에서 술과 담배 규제에 대한 불평이 팽배한 것은 술과 담배가 '유일한 오락', '여가의 최후의 보루'였고, 이는 최소한의 문화 향유조차 불가능해진 조선의 현실에 대한 불만을 함축한 것이다. 즉 취향이나 오락거리, 라이프스타일에 대한 규제는 개개인에게 쉬고 버틸 수 있는 최후의 여지조차 빼앗기는 피부로 느끼는 박탈감으로 다가왔다. 박탈감과 거부감은 짜증, 비아냥거림 등의 감정으로 드러난다. 물론 짜증과 비아냥거리기와 투덜대기는 집단적이고 의식화된 저항과는 분명히 다르지만, 그렇다고 해서 소극적이고 개인적인 반응에 불과한 것도 아니다. 비아냥거림과 짜증의 표현은 파시즘 체제가 개개인의 최후의 영역까지 침범해 들어오는 것에 대한 정동적 반응이다. 그런 점에서 불평불만과 짜증의 감각은 파시즘의 시대 경험에서 파시즘 통제에 대한 가장 미세한 정동 반응이라는 차원에서 살펴볼 필요가 있다.

일상적 거부감이 표현되는 이런 미세 정동적 반응에 대한 연구는 강력한 통제와 절멸에 대항하는 투쟁이라는 일제 말기를 이미지화하는 특정한 역사 인식에 균열을 일으킨다. 일상적 거부감이나 개인적 일탈의 다양한 양식들은 파시즘의 유산을 고민하는 데 매우 중요하다. 잘 알려져 있다시피 파시즘 정치학의 중요한 특질 중 하나는 일상, 사적 영역을 정치적으로(파시즘적으로) 전유하는 것이었다. 앞서 제시한 난센스의 담론이 익숙하게 보이는 것은 주로 1970년대 말에서 1980년대 초에 확산된 풍자와 패러디, 조롱과 야유의 문법과 닮았기 때문이다. 즉 통제 원리를 일상적 삶의 문제로서, 난센스의 방식으로 우회하여 거부하는 태도는 일상과 사적인 영역으로 파시즘이 침투해 들어가는 것에 대한 미세 정동적 반응 양식이기도 한 것이다. 반응 양식의 다양한 패러다임은 파시즘의 시대 경험을 이해하는 데 관건이다.

물론 이러한 난센스, 유머, 우회적 거부, 소극적 불만 표출의 태도들이 일정한 의식적 행위인가, 아니면 개개인이 놓여 있는 자신의 사회적 맥락과 일상의 경험이 지시하는 대로의 즉흥적이고 단순한 반응인가는 개별적 비교를 통해서만 판단할 수 있다. 그러나 파시즘에 대한 비순응적 행위들은 주로 사적인 공간에서 이루어졌다는 포이케르트의 연구를 환기해 보면, 전시 동원 체제의 조선에서 이러한 난센스와 우회적 거부의 방식은 파시즘에 대한 비순응적 행위의 사례로 해석될 만하다. 즉 포이케르트는 "그 어떤 체제도 규범을 위반하는 행위를 모두 처벌할 수는 없는 법이다. 그랬다가는 체제 자체가 멈추어 버리게 될 것이기 때문이다. 요컨대 모든 체제에는 경찰이 간섭하는 무턱 아래에 놓인 영역이 있기 마련이고 비순응적 태도의 대부분은 바로 그러한 영역(보통 매우 사적인 공간)에 자리 잡고 있었다." 이러한 일상 공간 안에서 이루어지는 행위는 통상적으로는 비정치적인 행위다. 앞의 예문에서 술을 마실까 말까, 저금을 할 것인지 말 것인지, 금연을 할 것인가 말 것인가 하는 고민은 근대 체제에는 통상적으로는 사적인 결심과 선택의 영역이듯이 말이다. 또는 이러한 행동들은 사적인 영역에 머무는 한 최소한 용인된다. 그러나 포이케르트가 나치즘의 시대 경험을 통해서 밝힌 바와 같이 나치 체제가 바로 그 영역에까지 강압적 국가 권력을 침투시키고, 이른바 교화를 통해 간섭함으로써, 독일 사회에서 이 영역에서의 행위들의 객관적 의미가 변화하게 되었다. 즉 사소한 개인적 행위가 파시즘 통제에 의해 지대한 정치적 행위로 변화되었다. 위의 예문에서 전에는 개인적 결단의 차원이었던 것, 혹은 개인의 취향이나 라이프스타일의 문제였던 것이 정치적인 문제로 변화되는 것처럼 말이다. 포이케르트는 나치 체제에 대한 일상 영역에서의 반응을 비순응-거부-항의-저항으로 구별했다. 포이케르트는 나치 체제가 사적 영역에 간섭하고 침투함으로써 역설적으로 사람들이 비순응적 태도에서 시작해서 거부를 거쳐 저항으로 나아가도록 몰아가는 경향이 있었다고 진단한다. 물론 이러한 사람들의 태도 변화가 나치 체제를 붕괴시킨 결정적인 요인은 아니다. 나치 체제의 붕괴는 2차 세계대전의 성패로 결정된 것이지만, 적어도 이러한 사람들의 반응 양태의 변화는 나치 체제가 자신의 의도와 정책 원리를 일관되게 작동시키지 못하도록 했고 일정한 타협, 교정, 보완을 불가피하게 만들었다.[25] 이러한 점은 일본의 파시즘 체제가 조선에서 작동하던 방식과 관련지어 비교사적으로 검토해 보아야 할 문제다.

이러한 난센스와 틈새 공간은 기존의 '정치적이고 조직화된' 투쟁과 저항의 담론과는 구별된다. 그러나 난센스 속에 일상과 정치가 어떻게 결합되는가를 고찰함으로써 당대에서 이러한 난센스의 공간이 지닌 의미를 규명할 수도 있다. 앞의 예문 1「저금애사」貯金哀史는 생활 개선에 충실하는 것이 곧 자살이라고 풍자한다. 당대의 중요한 생활 개선 항목이던 저축 장려는 계획적 삶, 성실, 국가의 미래를 위해 개인의 미래를 '저축'하는 것이라는 의미를 지닌다. 예문에서 생활 개선은 전당, 물건 내다 팔기, 돈 빌리기, 그리고 궁극에는 자살로 귀결된다. 즉 생활의 개선은 곧 생활의 소멸, 정확하게는 자기의 소멸을 의미한다. 이러한 난센스의 의미 규칙은 생활 개선에 대해 '생활은 없다', 혹은 생활을 소멸시키는 것이 곧 생활 개선을 의미한다는 풍자를 담고 있다.

---

25. 포이케르트,『나치 시대의 일상사』, 120~122.

또한 예문 2「의지박약거사일기意志薄弱居士日記」는 말 그대로 금연, 금주와 같은 일상적 규율을 통해 갱생과 결단을 촉구하는 당대 논리를 '적을 사랑하게 되었다'(표면의 논리는 적인 담배를 사랑하게 되었다는 것이지만)는 유머로 귀결시킨다.

예문 3「오분간 만담 ― 실없는 친구」의 경우는 물자 절약, 스파이 경계 등 당대 국책의 이념을 조목조목 만담으로 희화화하고 있다. 특히 여기서 스파이 경계라는 준엄한 국책의 의미는 실패한 국책 사업인 '스파'의 의미로 환치한다. 스파는 1938년부터 전시 물자 절약과 대체 용품 개발의 일환으로 대대적으로 선전된 '스테이플 파이버'를 말한다. 당시 통칭 '스파'로 불렸다. 중국과의 전쟁으로 면과 모의 수입이 근원적으로 제약을 받자, 졸속으로 공급된 대용품이다.

> 최근 신문지상에 보도되는「스테이플 파이버」약하야서「스파」란 용어를 볼 수가 있다. 대체 이「스테이플 파이버란 무엇인가」… 그런데 이 스테이플 파이버는 금차 일지사변으로 말미암아 생기하엿다는 것을 알수있으니 즉 근본적으로는 일본의 자원 문제와 관계가 잇다."26

스파의 탁월함에 대해서는 1938년 이후 대대적인 선전이 이루어진다. 오노大野 총감이 직접 스파 양복을 입고 나올 정도로 '시대의 꽃'이라고 선전되었다.27 스파를 홍보하는 기사 제목만 보아도 당대의 집중 선전의 양상을 알 수 있다. 오노 총감의 스파 복 착용을 선전하는「일석삼조一石三鳥의 공덕 대야총감功德 大野摠監의『스파』복服」28과 같은 글이나, 기존 섬유에 스파를 섞는 혼용을 강화했다는「스파 혼용混用을 강화 판매용 모방毛紡強化 販賣用도 혼용混用」29 같은 식의 기사, 스파 개발을 국책의 성공적 사례로 홍보

26.「스테이플 파이버란 무엇인가」,『사해공론』 4 no. 4 (1938), 27.
27.『매일신보』, 1938년 8월 13일.
28.『매일신보』, 1938년 8월 24일.

2장 파시즘 경험과 유산을 둘러싼 논쟁 비판   87

하는 기사도 대량 생산되었다(「생산비生産費앙등昻騰으로 스파 최고가인상最高價引上」,30,「스파 사적고찰史的考察 처음으로 만드럿다」,31,「알고보면 훌륭한 스파의 옷감」,32,「시대時代의 화형花形『스파』」,33,「일익日益개량발달改良發達되는 국책國策섬유纖維 스파」,34).

　　이런 대량 선전을 통해서 '스파'는 국책을 상징하는 언어로 부상하고 유통되었다. 그러나 이런 선전과 달리 스파로 만든 양복은 쉽게 늘어지고, 정전기가 심하고, 빨면 급격하게 줄어들고, 보관이 어렵고, 입고 있을 때 행동거지까지 조심해야 했다.35 시간적으로 볼 때 스파가 황금 시대를 구가하고 '시대의 꽃'으로 위용을 뿜낸 것은 2년이 채 못 되었다. 스파는 품질뿐 아니라 생산 비용, 가격 폭등 등으로 끝없이 문제가 생겼다. 문제를 해결하기 위한 개선안이 나올 때마다 다시 새로운 문제가 이어졌다. 이런 맥락에서 보자면 스파 양복은 당대인들에게 잠시 나타났다가, 실패하고 사라지기를 거듭하는 당시 국책의 한계를 실감케 하는 상징이었다.36 스테이플 파이버를 '신기한 새로운 발명품'으로 인식하던 분위기가 '이상한 실패작'에 대한 풍자로 바뀌어 가는 역사적 추이 속에서 스파라는 신조어의 유행은

---

29. 『매일신보』, 1938년 9월 15일.
30. 『매일신보』, 1938년 9월 6일.
31. 『매일신보』, 1938년 3월 2일.
32. 『매일신보』, 1938년 5월 14일.
33. 『매일신보』, 1938년 8월 13일.
34. 『매일신보』, 1938년 7월 17일.
35. 따라서 선전 담론의 이면에서는 스파 손질법이나 스파 혼용법 개발 등의 보완책들이 등장한다.「스파 양복은 간수하는 데 따라 오래가」,『매일신보』, 1940년 10월 29일;「잘 느러나는 「스파」메리야스」,『매일신보』, 1940년 11월 5일;「스파양복 손질하는법」,『매일신보』, 1939년 4월 5일;「스파 직물개정가」,『매일신보』, 1940년 2월 9일;「스파 인견 이입 통제조합을 설치」,『매일신보』, 1940년 10월 20일;「스파인견상조합 연합회설치안」,『만선일보』, 1940년 3월 12일;「스파제품전폐방침」,『매일신보』, 1940년 2월 21일.
36. 기존 연구는 전시 체제하의 의복 통제가 주로 국민복, 몸빼, 민족 상징인 백색 옷에 대한 통제를 중심으로 이루어졌다고 논한다. 그러나 당시 의복 통제는 '스파'의 사례에서도 드러나듯이 민족적 갈등 구조에서만 비롯된 것은 아니었다. 경제 통제의 산물로서 스파 양복은 오히려 기존의 양모 양복으로 자태를 뿜내던 댄디보이들에게 더 강한 불만을 샀던 것이다.

지속되었다. 스파이를 스파로 환치하는 예문 3의 난센스는 추상적인 구호로 가득한 당대 국책의 의미가 당대 사람들의 일상에서 어떤 물질적 매개를 통해 실감의 차원으로 구체화되는지를 흥미롭게 보여준다. 즉 스파이나 스파 모두 신조어, 유행, 신기함, 이상한 실패작이라는 의미망으로 비유되면서 스파를 스파이로 바꿔도 당대 사람들이 충분히 이해될 정도로 구체적 문맥이 형성되어 있었다고 볼 수 있다. 이렇게 풍자를 해석할 수 있는 공통의 문맥이 이미 형성되었기에, 예문에서처럼 '스파이 조심'은 스파 양복을 입을 때 정전기나 늘어짐으로 인해 매사 행동거지를 조심해야 하는 것으로 비유되어 풍자될 수 있는 것이다. 물론 시국의 차원에서 스파이를 풍자하는 것이 스파를 풍자하는 것보다 엄중한 문제가 될 수 있기에 스파이를 스파로 슬쩍 바꾸는 말장난을 통해 풍자의 무게를 은근 가볍게 하려는 의도도 엿보인다. 다른 한편은 스파이는 정치적 심급instance에 해당한다면 스파는 경제적 심급과 일상 영역에 속한다. 스파이와 스파를 서로 대체하고 바꾸는 말장난은 다른 한편으로는 전시 동원 체제에서 정치, 경제, 일상 영역이 어떻게 그 경계와 배치가 허물어지면서 '국책'의 영역으로 환수되는지를 보여주기도 한다. 스파를 조심하는 사소하고 일상적인 층위의 일조차 스파이를 조심해야 하는 고도의 정치적 위험성과 같은 강도를 지니게 되었다면, 역으로 스파이 조심은 스파 조심과 같은 일상의 영역에 내려앉아 사람들의 내밀한 시점까지 상한 침투력을 갖게 된 것이다.

다음에서는 이러한 일탈적이고 난센스적인 담론에서 가장 집중적으로 드러나는 불량 학생들의 이야기를 살펴보고자 한다.

삭발령削髮令이 나리던 날
지난 십일월초순十一月初旬 그러니까 벌서 작년昨年이요 햇수로는 이년二年이 되지만 신문新聞에는 학무국장學務局長의 이름으로 전조선전문학교全朝鮮專門學校, 대학大學, 학생學生에게 일절一切의 삭발削髮하라는 명령이 나린 것이 발표發表되였다. 이것을 읽은 학생學生은 놀라움에 나머지 졸도卒倒한 학생學生

이 있었다는 소식消息은 듣지 못했으나 뜻밖에 일이오 너무나 돌발적突發的인데다 어쨋던 머리에 관關한 일인만큼 큰 충동을 주지아니치 못했다. 지금至今거리에서 보는 바와같이 그 「하이칼라」머리가 빡빡 밀어졌드려 중의 머리가 되는 순간瞬間의 일이다.

이튿날 전차電車간에서 서로 맞나서는 인사가 머리를 깎는 이야기이다. 그들의 충동받은 심리心理를 해부解剖해보건대 첫재가 중학생中學生과의 구별區別이 없어진 일이다. 중학생中學生과 구별區別된 것은 「세에루」 양복洋服도 아니요 사각모자四角帽子도 아니었다. 오즉 그 빡빡깍은 중학생中學生머리에 비比하야 하이칼라로 갈러붙인 그 머리의 차이差異였다. 무슨 유독히 기름을 발러야 맛이 아니라 어찌했던 길게 넘어가기만 하면 그만이다. 그것은 머리를 기름으로써 한 사람의 성년成年 혹或은 신사紳士의 지역地域에 속屬할 수 있는것이었다. 그것이 중학생中學生과의 경계선境界線을 분간分間할수없게 되였으니 문제가 크다. 그러나 문제가 크면 컸을 뿐이지 학무국學務局의 명령命令인즉 어찌할 도리道理가 없이 일은 당하고 만것이다. 그들 중의 어떤 이는 그러면 수염을 기르자는 것이었다.

즉 머리에 난 털을 코밑과 턱아래로 이식移植하므로써 조금이라도 위로慰勞하자는 생각인데 이것은 물론 명쾌明快한 생각은 못되였다. 왜냐하면 턱밑에 수염이 「톨스토이」만큼 길다 한들 결국 머리는 중머리에 변함이 없을터 이니까.

신문新聞은 과연 역사적歷史的 사명을 띄운 것이라서 그 기사記事가 석간夕刊에 실렸던 이튿날 아츰 즉시卽時로 학교學校에서는 전학생全學生에게 머리를 깍으라는 엄령嚴令이 나렸다. 그 취지趣旨를 듣건대

「머리를 깎으면 정신精神이 나고 기분적氣分的으로 학생學生의 각성覺醒을 환기喚起한다」대개大概 이와 같은 것이다. 정신精神이 날것은 불문가지不問可知로 어떤 학생學生은 마침 입동전후立冬前後였던 고故로 지나치게 정신精神이나 감기가 들린 학생도 적지 않다. 그러고 보면 머리는 일종 방한용이었는지 모른다. 따라서 여름에는 머리 없는 것이 냉두적冷頭的이므로 이것은 판

〈보도연맹〉의 기조에 의하면, 불량함은 '가정'의 탓이다. 또 불량함은 모범 시민을 키우는 가정의 역할을 방기한 데서 초래되므로, 가정, 학교, 당국이 모두 이에 간여해야 한다. 이러한 인식과 체제는 사회의 파시즘화의 근간이 된다. 「불량 소년소녀는 어떤 가정에서」, 『보도월보』, 1934년 5월.

정무승부가 된 셈이나 먼저도 말했거니와 머리를 무슨 방한용으로 학생은 기른 것이 아니었다 … 그러면 대관절大關節 머리를 깎는 것이 학생學生의 기분氣分을 명징明徵하다고 생각하는 당국자말고 학생들 당자에게 오는 걱정꺼리는 과연 무엇무엇인가.

그 후에 오는 것
무엇보다도 중머리로는 연애戀愛를 할 수 없는 것이다. 그러지 않아도 요즈음 여학생은 약아서 학생같은 것은 돌보지않게되었다. 봉구와 순영이(춘원의 『재생』의 주인공)가 학생시대에 연애하던 일은 벌서 옛날일이고 그때에도 이미 순영은 봉구를 버리고 백가에게로 갔다. …
얼마전까지도 학생은 일종의 동적 사회의 진보적 요소로서 기대를 받았으나 통제주의 사회에선 일률로 산업 준비군의 기대 이상을 기대할 수는 없게 되었다. 그런데 거기에 대한 희망조차도 보증할 수 없을진댄 학생의 신용이란 천에 하나 맞는 권업채권勸業債券과 같아졌다. 그들은 공부 그것보다도 취직을 생각해야하고 취직 다음에는(아아, 그들은 역시 로메오다) 결혼의 상대자를 물색物色해야한다. … 그러나 중머리의 학생을 생각해보라.(그이가 보낸 독사진은 왜 늘 모자를 쓰고 박었을까) 양복에 먼지가 앉으면 빨어주고 싶고 양말이 빵구가 났으면 새양말 하나를 사다주고 싶건만 머리가 없는 것은 대체 무엇으로써 어떻게 한담.「로버트텔러」는 고사하고「쪼 E 뿌라운」도 가운데서 갈러붙인 그 머리가 어찌하야 그이에게는 없을까.37

이 글은 전문대생, 대학생에 대한 삭발령과 학생에 대한 음주·흡연 금지령 등 풍기 단속에 관한 일련의 조치들에 대한 학생들의 반응이다. 삭발령과 금연·금주령은 대학생으로서의 구별의 표지들(주로 스타일의 문제다)과 관련된다. 구별의 표지를 박탈당하는 것은 학생들이 '산업예비군'의 한 단위로 재편된 신체제의 이념에 대한 불만을 초래한다. 산업예비군으로 전락한 신체제 학생들의 불만에 찬 내면은 중머리로 어찌 연애를 하나, 중머리가 되면 중학생이랑 뭐가 다르냐, 제복과 제모를 착용하지 않으면 폼이 안 난다는 식의 투덜거림으로 표출된다.

일상 공간에 대한 간섭과 침투에 대한 불만은 유난히 학생층의 담론에서 많이 발견된다. 이에 대해서는 여타 집단과의 비교를 통해 의미를 파악할 필요가 있다. 학생층의 일상에 대한 간섭과 침투는 여타의 영역과 달리 이른바 계몽적인 교육의 이념을 파시즘적으로 전유하면서 정당화되었고, 교육 제도를 통해 체계적으로 이루어질 수 있었기 때문으로 보인다. 동시대의 독일의 경우 파시즘 통제의 주체가 된 학교, 청년단, 기성세대(부모, 교사, 교육 감독관)가 학생에 대한 파시즘 교화와 통제의 핵심이 되었고, 이들 사이에도 불일치와 갈등이 상당했다. 파시즘 통제하의 독일에서도 이

---

37. 조풍연,「삭발령과 학생 — 학생과 오락」,『조광』, 1938년 1월, 237~245.

〈조선보도연맹〉은 학생들의 풍기를 단속하기 위해 교사, 학부모, 학생, 관계 기관이 함께 하는 단체였다. 학생들에 대한 단속은 교육이라는 명분으로 정당화되었고, 총동원 체제에서 '애국 청년'을 만들고 체제를 '익찬화'하는 기본 토대가 되었다. 그런 점에서 파시즘 체제는 반근대적인 것이 아니라, 근대적 규율과 제도를 새롭게 '혁신'하는 이념이기도 하다. 『보도월보』 1933년 창간호, 창간사.

런 교육/교화 주체와 학생 집단이 사이의 대립은 격화되었다. 교육 기회 자체가 식민 당국에 의해 철저하게 통제된 조선의 경우 파시즘 체제에서 학생 통제는 더욱 극대화되었다. 군사 동원의 필요에 따라 청년층에 대한 관리에 통제가 더욱 집중된 조선에서 학생 통제는 더욱 복잡한 지형에서 진행되었다. 이런 식민지 조선에서 청년 학생의 이중적 지위(식민지 주민 중 기득권이라는 점과 전시 동원 체제의 최대 동원 대상이자 통제 대상이라는)는 위의 글에서도 해학적인 방식으로 잘 드러난다.

또 예문에서도 잘 드러나듯이 학생층의 파시즘 통제에 대한 거부감은 그간 학생 집단이 누려왔던 기득권에 대한 박탈감과도 관련된다. 이미 1930년대 초반부터 학생층의 생활 지도가 체제적으로 운영된 것 또한 일상 통제에 가장 민감한 층으로서 학생층이 대두하게 되는 것과 관련이 있다.

학생층에 대한 일상 통제와 간섭은 1933년 〈보도연맹〉이 발족하면서 공식화된다. 초기 〈보도연맹〉의 주 역할은 ① 유곽, 카페, 음식점 등에 제복, 제모를 착용하고 출입하는 것을 금하고 치태취자痴態醉姿를 단속하는 것, ② 불량 행위, 마작 클럽 출입을 단속하는 것, ③ 병을 빙자해서 학교를 조퇴하거나 활동사진을 보러 가는 행위를 단속하는 것, ④ 공원, 신사, 불각, 유기장遊技場 등에서 풍속을 해치는 행위를 방지하는 것이었다. 또한 〈보도연맹〉의 주요 사찰 지역 중 하나는 교외선 열차로, 이러한 단속 공간은 주로 학생층의 일탈 공간과 일치한다.[38]

통제의 체제화는 역으로 일탈 공간의 '체계화'를 보여주는 것이기도 하다. 전시 동원 체제가 확립되면서 이러한 일탈 공간과 일탈 행위에 대한 통제는 극대화되는데, 이에 대한 거부감은 주로 라이프스타일에 대한 침해, 취향에 대한 간섭, 오락거리가 부재한 상황에서 그나마 학생층의 주요한 오락거리였던 행위들을 규제하는 것에 대한 반발심 등으로 복합적으로 드러난다.

물론 학생층이 파시즘적 통제 원리에 대해 반응한 양식이 단일하지 않고 여러 다른 방식으로 드러난다는 점도 중요하다. 세계대전의 와중에 전시 동원이 임박한 상황에도 엘리트 청년은 여전히 '입시'에 전념하면서 성실한 학교생활에 만족했다면,[39] 다른 한편에는 교외선 열차에서 시시덕거리고 마작 클럽을 드나들던 학생들이 존재했고, 이들은 이들 나름으로 전시 동원 체제에 대한 불만을 토로했다. 같은 정체성 집단이라도 전시 동원 체제의 경험은 당연히 같지 않고 극단적으로 다르기도 하다. 노동자 집단의 경우는 장기적으로 노동 현장에 '정착'하면서 직업에 대한 만족을 느끼던 고위직의 노동자들과 또 달리 노동 현장에서의 개인적인 이탈 행위는

---

38. 「京城保導聯盟結成 / 動機及經過」, 『保導月報』, 1933年 창간호.
39. 일제 말기의 소위 일류 학생들의 파시즘 시대 경험은 김경미의 논문에서 맨 처음 다루어졌다. 경기고등학교 학생들의 식민지 기억을 다룬 김경미의 논문은 일류 학생들의 파시즘 체제에 대한 경험과 기억이 주로 입시를 중심으로 이루어지고 있음을 규명한 바 있다. 김경미, 「식민지 교육 경험 세대의 기억 — 경기공립중학교 졸업생의 일제 파시즘 교육 체제하의 경험과 기억을 중심으로」, 『한국교육사학』 27, no. 1 (2005).

保導月報 第二號

保導主任總會

一、日 時　十一月七日　午後四時より
一、場 所　京總過會議室
一、出席者　江頭委員長外保導委員
　　　　　　各校保導主任九十一名

一、江頭委員長開會の挨拶あり續いて聯盟の設立並に組織、趣旨等に就て詳細に亘る講話あり引つゞいて簡單に移る。

協議決定事項

一、保導聯盟の趣旨を各兒童、生徒へ徹底する樣に靈力せしめられ度き件

二、校外特別觀察週間の件
十一月七日より十一月十三日に至るの七日間は精神作興週間なるを以てこの期間に於き特別觀察週間として、左記各項につき特別觀察を勵行し其の狀況につき委員長に提出せられたきこと。
一、映畫館、演劇場、百貨店、各書店。

議事

特別週間に於ては關係各位の熱誠なる御協力により、最初の試みなるに拘らず、大なる經驗と效果を得ましたことは聯盟として感謝に堪へず各校よりの報告書は何れも誠に得難き參考資料でありますが左に一、二の報告を揭載いたします。

校外特別觀察狀況

京城某公立高等普通學校

二、服裝、態度、夜間外出の狀況
三、神官神社參拜の狀況
四、汽車、電車、停車場等に於ける狀況
五、圖書館
保導委員に於て發見したる兒童生徒の事故並に被害調查等に就て懇談をなし、午後五時半閉會

1、大正館觀察狀況
　1、觀察時日　昭和八年十一月十日
　2、觀察要項
　イ、後七時
　ロ、本校生徒の入場せるなきも葉書三年生二名入場せり。
　ハ、私立中等學校生徒の入場者多數あり。

2、穗警府圖書館觀察狀況
　1、觀察時日　昭和八年十一月八日
　　後五時
　2、觀察要項
　イ、閲書中に於ける學生間の盜難事件は最近發見せざる由。
　ロ、生徒學生中經濟思想に關する書籍を閲覽する者相當多數ありたるも大部分は詳細なる披術にありたるも大部分は詳細なる披術にありのものなし。
　ハ、生徒の多數は圖書館の書籍な借用閲覽せず敎科書等の復習せなせり。

5、喜樂館觀察狀況
　1、觀察時日　昭和八年十一月十一日
　　午後六時半
　2、觀察要項
　イ、本校生徒の入場せる者なきか。
　ロ、城内中等學校生徒の入場する者あり公立三校生及私立二校生四名入場せるに過ぎず。

3、朝鮮劇場觀察狀況
　1、觀察時日　昭和八年十一月九日
　　後七時
　2、觀察要項
　イ、本校生徒の入場せる者な見せず。

6、京釜線汽車通學生通學狀況調
　1、本校生徒通學生
　　新村　　一甲　金○○
　　孔德　　乙　朴○○
　　開城　　三年　黃○○
　イ、出發　昭和八年十一月十三日
　　到着　昭和八年十一月十三日
　　後四時四十分
　ロ、通學實況
　　書籍は进代なれども勉強せざる狀況。

전시 동원 체제에 대해 서로 다른 경험과 반응 구조를 보여준다. 입시에 매진하면서 학교생활 시스템에 적응했던 성실한 학생들과 학교 바깥을 떠돌던 불량 학생들 사이에는 전시 동원 체제에 대한 구체적 경험과 반응이 극단적으로 달라진다. 노동 현장에서 직급과 월급의 상승을 위해 경쟁적 노동 현장에 정착한 성실한 노동자들과 이리저리 떠돌던 '방랑벽' 있는 노동자들 사이에도 이러한 경험과 반응의 차이는 또렷하게 나타난다.

이러한 점에서 파시즘의 폭력적 시스템은 많은 부분 자본주의적 경쟁 체제와 규율화되고 제도화된 삶의 방식 속에서 관철된다. 파시즘의 폭력과 유산에 대한 고민은 경쟁 논리를 지탱하는 '살아남아야 한다'는 강박관념과, 규율화와 제도화된 삶을 지탱하는 '제도화된 삶 속에서 살아간다는 것'의 근본적인 문제에 대한 고민이기도 하다.

4. '살아남아야 한다'는 것의 의미 — 파시즘의 마지노선, 자본주의와 근대적 규율화

1938년 6월 23일 목요일

오전 9시 30분 총독부 학무국 사회교육과에 갔다. 마에다 씨, 조병상 씨, 이각종 씨와 함께 총독과 정무 총감을 접견했다. 그들에게 국민정신총동원 조선연맹을 결성하기 위해 개최한 발기인 회의 결과를 보고했다.

낮 1시 30분 경성역에 나가 일본 YMCA 동맹의 두 위원인 야마모토 씨와 사이토 씨를 마중했다. 그들은 조선 YMCA 연합회가 일본 YMCA 동맹에 입회하는 문제를 조율하러 왔다. 양 연합회의 위원회가 오후 3시부터 경성 YMCA에서 모임을 가졌다. 3시간에 걸친 화기애애한 논의 끝에, 다음과 같은 결정을 내리고 양 연합회의 승인을 받기로 했다. (1)조선 YMCA 연합회의 명칭을 일본 YMCA 조선연합회로 변경한다. (2)조선 YMCA 연합회가 국제 YMCA 연맹과 유지해오던 관계는 일본 YMCA 동맹에 이관해 계속 유지한다. (3)조선 YMCA 연합회는 국제 YMCA 연맹과 일본 YMCA 동맹에 국제 YMCA 연맹으로부터의 탈퇴를 알리는 공문을 보낸다. (4) 서울에 있는 두 위원회 위원들이 조선연합회 새 헌장을 제정한다. 난 조선호텔에서 두 위원회의 위원들과 김대우 씨에게 저녁을 대접했다.40

이른 아침에서 늦은 밤까지 하루 일과를 분 단위로 빼곡하게 기록하고 있는 전시 동원 체제하의 일상의 기록인 윤치호의 이 일기는 일상과 생활에 침투한 파시즘의 논리가 어떤 효과를 내는지 선명하게 보여준다. 조선을 경영하고 국사를 의논하기 위해 분주하게 시간을 다투는 빼곡한 윤치호의 일상은, 성격은 다르지만 일본어를 배우기 위해 퇴근 후에 강습소와 야학을 메웠던 당시 '청년층'의 일상과 겹쳐진다. 윤치호와 같은 협력층 엘리트와 전시 동원 체제를 지위 상승의 기회로 받아들인 청년층이 전시 동원 체제에서 일상을 경험하는 방식은 물론 일상이라는 개념으로 설명 불가능한 민족 해방 투쟁을 기획한 망명 지사들이나 지하로 잠복한 공산주의 조직 운동가들과 대척점을 이룬다. 다른 한편 충실하게 일상을 조직하고 성실한 삶을 계획하며, '조선의 미래'를 설계하는 일로 가득한 윤치호의 일상 경험은 앞 절에서 살펴본 난센스의 경험 공간과도 다른 맥락에서 대척적 지점에 있다. 즉 부지런하고 성실하고 계획적으로 전시 동원 체제하에서 일상을 철저하게 관리하는 엘리트 협력자의 삶의 방식은 체제에 저항한 민족 해방 투쟁의 지사나 잠복한 엘리트이 파시즘에 대한 저항 방식과도 대척점을 이루지만, 통제의 원리를 비웃으면서, 연애질과 술 마시기, 교외선 기차나 타고 놀러 다니고 일상을 무의미하게 만들고 무위하게 삶을 이어가던 사람들의 시대 경험과 전혀 이질적이고, 삶의 방식 그 자체에서 대척점에 놓인다. 즉 일분일초를 기획하고, 미래를 위해 투자하고, 국가의 장래를 걱정하고, 현재의 나를 미래를 위해 유보하며, 전시 동원 체제의 통제 원리를

---

40. 김상태 편역, 『윤치호 일기 1916~1943 — 한 지식인의 내면 세계를 통해 본 식민지 시기』 (역사비평사, 2001), 395.

무언가 의미 있는 일로 만들려는 이들의 일상적 행위는 난센스(무의미)로 이 시대를 대면한 이들의 시대 경험과 정반대된다.

윤치호의 하루와 골칫덩어리들의 하루를 비교해볼 때 파시즘 체제의 통제 논리의 내면화는 생활의 계획, 안정적 미래를 위한 인생 설계, 보다 나은 지위를 위한 경쟁 논리의 내면화와 밀접한 관련이 있다. 전시 동원 체제의 파시즘적 통제 원리는 이전 시기에 이미 구성된 식민지 근대화의 규율화 기제와 자본주의적 경쟁 논리를 통해 효과를 발휘하기 때문이다.[41] 전시 동원 체제하의 파시즘적 통제 원리의 내면화는 이미 구성된 이러한 기제들을 전유하면서 파시즘적으로 재배치하는 연속과 단절적 변화의 복합적 과정이다. 그런 점에서 역사적 파시즘 체제는, 근대성의 연속이면서 동시에 양차 대전기라는 역사적 성격에 의해 규정되는 역사적 특수성을 지닌다.

5. 대중은 누구인가 — 주체 개념의 한계와 파시즘적 주체화의 문제

이른바 근대 체제 이래 '우리'는 부르주아 엘리트의 내면, 심성, 자기의식을 문학, 역사, 사상이라는 이름으로 보편화했다. 이러한 보편화의 맥락에서 부르주아 엘리트 이외의 사람들은 모호하고 알 수 없는 '대중', '민중'이라는 이름으로 무규정적으로 지정되었다. 파시즘의 시대 경험과 관련해서도 그 시대를 살았던 많은 사람들의 이야기와 '역사들'이 모호한 '회색지대'로 비유되는 것은 이러한 부르주아 엘리트 역사의 산물이다. 또한 역사적 파시즘 체제하에서, 적어도 일제 말기 조선에서 대중의 차원이라거나, 일상, 회색지대에 동의의 행위 양식이 만연했다든지, 저항의 행위 양식이 지배적이었다든지 하는 것은 현재까지는 추정에 불과하다. 파시즘을 대중주의로 규정하는 방식이 널리 확산되었지만, 막상 현재까지의 지식의 체계

---

[41] 시간 통제와 생활 합리화에 대해서는 정근식, 「시간 체제와 식민지적 근대성」, 『문화과학』, 2005년 봄.

에서는 이른바 셀 수 없는 다중의 심성, 의식, 욕망을 측정할 수 있는 방법은 없다. 또한 우리가 역사의 이름으로 알고 있는 것이 (남성)부르주아 엘리트의 자기의식, 내면, 심성 외에 과연 무엇인가 하는 질문이 많은 연구자들로 하여금 다른 길, 다른 역사를 찾아가기 위한 긴 여정에 오르게 했다. 서발턴 연구, 젠더 연구를 비롯한 하위 주체에 대한 연구들이 이러한 여정에서 기존의 '역사상'에 대해 치열한 투쟁을 벌이고 있다. 또한 통제의 기제와, 개개인 혹은 특정 집단 주체들이 이에 대응하고 반응하고 협상하는 복합적인 방식을 규명하기 위해 다양한 모색들도 진행되고 있다.

그러나 한국사와 관련된 현재의 논의는 여전히 상호 간 '막대 구부리기' 효과에 의존하고 있다. 억압과 수탈의 이분법, 동의의 패러다임에 대한 강조(임지현), 동의 기반에 대한 과잉 인식을 경계하는 방법으로서 동의 기반의 취약성과 통제 체제의 '허술함'(조희연)을 강조하는 방식 등은 다분히 선행 연구의 한계를 교정하기 위해 '과도하게 막대를 구부려서 바로 펴려는' 성격을 띠고 있다. 이런 논의 진행 때문에 '동의 기반에 대한 강조'와 '통제의 취약성'이라는 이원화된 논의 구조가 되어 버린 감이 없지 않다.

더불어 근대의 주체 범주에 대한 무수한 의문이 제기되었음에도 불구하고, 한국사에 관한 논의들은 입장의 차이는 있지만 여전히 '엘리트와 대중'의 이분법적 전제하에 논의를 전개하고 있다. 따라서 동의와 억압, 일상과 파시즘에 대한 문제는 질문을 바꾸지 않은 채, 해석의 차이라는 협소한 영역을 맴돌게 되는 것이다.

그런 점에서 한국사의 '시대상'을 둘러싼 논쟁은 동의와 억압의 관계, 엘리트와 대중(민중)이라는 문제를 넘어서 다수의 정체성 집단의 역사와 이야기를 규명하는 새로운 질문 방식에 대해 고심하지 않는 한 고착 상태를 벗어나지 못할 것이다. 그리고 이는 '역사'를 다른 방식으로 보는 것이 아니라 '다른 역사, 다른 이들의 이야기'를 인정하는, 어려운, 갈등적 논쟁의 길이 될 것이다.

3장

이론적 실천과 소비의 경계

'문학 속의 파시즘' 연구와 대중독재론의 문제

1. 임지현은 누구와 싸우는가 — 탈신화화와 이론의 경계

'일상적 파시즘', '대중독재', '적대적 공범자' 같은 임지현이 제기하는 '역사상'은 주로 민족주의 비판이라는 단일한 통로에서 소통된다. 임지현의 비판은 한국 사회를 민족주의냐 탈민족주의냐 하는 의제로 뜨겁게 달궈 놓았다. 이런 방식은 근대성에 대한 성찰적·발본적 비판에 담긴 다양한 문제 의식과 대안을 민족주의냐 탈민족주의냐 하는 이분법적 의제 사이의 왕복 운동으로 전락시켰다. 그리고 이런 왕복 운동이야말로 근대 체제가 만들어 놓은 제한된 패러다임을 벗어나지 못하는 것이다.

이러한 '역설'은 임지현의 논의에 대한 학계와 매체들의 제한된 반응에서도 비롯되지만 임지현의 논의 틀 자체의 한계에서도 비롯된다.『적대적 공범자들』을 보면, 임지현의 문제의식이 주로 지그문트 바우만Zygmunt Bauman과 한나 아렌트Hannah Arendt에 기반을 두고 있다는 것을 알 수 있다. 통속적 오해(윤건차의 최근 논의에서도 임지현은 프랑스 이론을 받아들인 포스트모던 역사학자로 간주된다)와 달리 임지현의 문제 틀은 홀로코스트와 '과거 청산' 논의에 대한 독일, 폴란드, 그리고 이스라엘의 경험을 한국을

비롯한 여타의 지역에도 해당하는 '보편적' 패러다임으로 전환하려는 시도를 담고 있다.

그러나 바우만과 아렌트의 근대성 비판이 지역과 역사적 경험의 차이에 대한 고민과 좀 더 이어졌다면, 임지현의 근대성 비판은 주로 보편적 패러다임을 강조하는 방향으로 환원된다. 이는 임지현의 문제 틀이 주로 '반사상', 적대적 공범 관계, 대중 독재 등 근본적으로 이분법을 '전도'시키는 방식으로 구성되어 있기 때문이다. 즉 임지현의 문제 틀은 기존의 도식화된 이분법이 선과 악, 적과 동지로 구별한 것을 동전의 앞뒷면이나, 거울상과 같은 반사상으로 전도시키는 것을 축으로 한다. 그러나 이러한 전도 방식은, 근본적으로 역사적으로나 이론적으로 고찰을 요하는 이질적인 여러 범주, 집단, 지역들 사이의 비대칭적·불균등적·경향적 측면을 동질화하는 문제를 담고 있다. 임지현은 이러한 비판에 대해서 비대칭성에 대한 강조가 '저항적 민족주의'를 선으로 간주하고 신화화하는 데 기여하고 있다고 대답한다. 또 현실적인 힘의 역학관계를 부정하는 것은 아니라고 부언한다.

임지현은 대중독재 패러다임을 설명하면서 알튀세르의 호명 테제를 언급한다. 임지현의 대중독재론은 대중이 국가나 지식인의 호명에 응답하는 반사상 구조임을 강조한다. 루이 알튀세르는 자신의 호명 테제를 설명하면서 이런 사례를 제시한다. "어디선가 (대개는 뒤에서) 부르는 소리가 들린다. '이봐, 자네!' 한 사람(십중팔구는 바로 그 부류의 대상이다)이 자기를 부르는 소리라고 믿고/자기가 아닐까 하고/자기를 부른다는 걸 알고, 즉 부름을 당한 사람이 '바로 자기'임을 알고 뒤돌아본다."[1]

이런 사례를 응용하여 호명과 응답이라는 이데올로기와 주체 구성을 반사상이나 선후 관계(시간적 연속성)로 환원하는 것이야말로 루이 알튀세르가 가장 경계한 속화된 인식이다. 이런 방식은 호명과 응답, 이데올로기와 주체 구성의 문제를 "쉽고 명확하게 설명하기 위하여" 제시한 사례에

---

[1] 알튀세르, 『이데올로기와 이데올로기적 국가장치』, 119.

대한 일종의 오해라고 루이 알튀세르는 논하고 있기도 하다.[2] 알튀세르의 비유를 새삼 언급하는 것은 서발턴 이론 및 젠더 이론, 파시즘 이론 등이 공히 다루고 있는 주제 중의 하나가 호명과 응답, 자기 인지의 구조에 내포된 이데올로기(이데올로기적 국가 기구의 작용을 내포한), 무의식(욕망과 무의식의 문제를 내포한), 주체화의 문제이기 때문이다. 따라서 알튀세르의 호명 테제를 빌려 비유적으로 말하자면, 임지현의 '이분법 비판'의 기본 틀은 지금까지 부르는 자와 돌아보는 자를 대립적으로 경계 지은 배타적 틀을 비판하는 것이다. 임지현은 지금까지 주로 부르는 자의 문제에 대해서만 강조했다면, 이제는 대답하는 자의 문제를 논해야 한다는 식으로 비판의 지점을 전도시킨다. 또한 임지현의 틀을 따르자면 '응답'했다는 바로 그 점 때문에 부르는 자와 응답하는 자는 '반사상'反射像으로 간주된다. 그러나 임지현의 문제 틀은 부르는 자와 응답하는 자 사이의 균질성에 초점을 맞추고 있을 뿐, 비대칭성과 불균등성에 대해서는 진전된 논의를 보이지 못한다. 또 호명의 방법과 응답 행위의 상응 구조에 초점을 맞춤으로써 표면적인 상응 구조의 이면에서 작용하는 비대칭성과 모순성을 간과한다.

무엇보다도 임지현의 논의 구조에서는 보편적으로 논의될 수 있는 패러다임, 혹은 주체화 기제의 중립적·대칭적 측면과 사회적 적대에 의하여 규정되는 경향적·비대칭적 측면이 분리되지 않는다. 이러한 논의 구조에서는 주체화와 이데올로기 속에서의 '절단의 계기'를 이론적으로든 정치적으로든 상정할 수 있는 틀 자체가 부재하게 된다. 이는 매우 흥미롭게도 임지현의 틀 속에서 사회적 적대에 대한 재범주화 자체가 부재한다는 데에서도 확인된다. 임지현의 논의 구조에서는 (그 자신의 의도가 그렇게 보이지 않는다 하더라도) 한국사의 특수성에 사로잡힌 이분법적 민족주의 역사 인식과 이에 대한 비판이라는 논의의 대립 구조가 사회적 적대라는 범주를 대체한다.

---

2. 같은 책, 119.

이는 임지현의 문제 틀이 민족주의와 속화된 이분법에 대한 탈신화화에 과도하게 초점을 맞추고 있기 때문이다. 탈신화화는 이론의 효과일 수는 있지만, 그 자체가 이론이 될 수는 없다. 임지현의 문제제기가 민족주의를 고수하고 속화된 이분법에 사로잡힌 '독자들'에게는 불편하겠지만, 내셔널리즘 비판과 서발턴 및 대안적 주체화 이론에 대해 생각하는 '독자들'에게는 이론적으로 진전된 시사점을 제공하지 못하는 것도 이 때문이다. 이러한 문제는 근본적으로 임지현의 발화 위치가 민족주의 사학의 관점을 고수하는 보수적인 사학계라는 청자를 상정하는 틀을 크게 벗어나지 못하고 있기 때문이다.

2. 이론의 소비와 알리바이들

(1) 이론의 소비와 제도화

민중·민족 문학 '비판'과 이에 대한 논란은 1990년대 초반 이후의 문학 담론에서 그나마 가장 활력 있는 이슈 중의 하나다. 민중·민족 문학에 대한 비판은 포스트콜로니얼리즘, 포스트맑스주의, 포스트모더니즘, 젠더 이론, 서발턴 이론에 이르기까지 포괄적이고 다양한, 때로는 갈등적인 입장들과 관련된다. 최근 지식계의 분위기를 보면 이러한 비판의 이론들을 유행성 조류쯤으로 간주하려는 감정적 반감이 두드러지게 고조되고 있다. 여기서 다루고자 하는 하정일과 황종연의 경우도 상반된 입장을 바탕으로 논쟁을 전개하고 있지만 새롭게 대두하는 입장들에 대한 거부감과 반감을 내재하고 있다는 점에서는 공통적이다.

두 논자의 논쟁은 민중문학에 대한 상반된 입장과, 고은의 『만인보』 해석을 중심으로 개진되었다. 포스트콜로니얼리즘, 젠더 이론, 서발턴 이론에서 민족주의와 민중주의에 대한 비판은 근대적 주체화에 대한 전면적 검토와 근대성을 지탱하고 재생산해 온 범주들, 이론 체제 전반에 대한 전면적 재검토를 제기하는 것이다. 이들 이론 내부의 차이 또한 매우 극단적이며 그런 점에서 민중주의와 민족주의에 대한 비판의 입장을 획일적으로 동일화하는 것은 문제적이다. 젠더 이론과 서발턴 이론이 스스로를 '구성적 이론'으로 규정하듯이[3] 이러한 비판의 작업은 여전히 진행 중이고 질문과 모색을 통해 재구성된다. 젠더 이론가인 조앤 W. 스콧이 지적하고 있듯이 근대성에 대한 전면적 재검토를 촉구하는 젠더 이론이 젠더 보편주의나 이 연장에서 보편이론으로 귀결되는 한 젠더 이론의 비판성은 정지되고 만다. 마찬가지로 여타의 근대 비판 이론 역시 자신의 입장을 근대성, 혹은 민족주의와 민중주의에 대한 비판의 일반화된 완결 이론으로 구축하려 하는 한, 자신의 비판성을 상실하고 또 다른 교의로 매몰되고 만다.

그런 점에서 탈식민주의나 젠더 이론 등 근대 비판 이론은 단지 민족주의와 민중주의에 대한 비판이나 식민성에 대한 재검토라는 좁은 틀에 국한할 수 없으며 근대적 학문 체제와 방법론에 대한 발본적 전환과 대안 지식 체계를 구성해 왔다. 그런 점에서 이러한 이론은 단지 문학 해석상의 새로운 방법론으로 환원될 수 있는 성격은 아니다. 한동안 유행한 '경계를 넘어'라는 캐치프레이즈는 실상 새로운 이론적 입장에서는 필수적일 수밖에 없다. 새로운 이론적 입장을 취하는 한, 기존의 학문 제도와 학문 방법론의 경계를 넘어서는 데에 따르는 위험 부담을 감수해야 하는 것이다.

역설적이게도 한국에서 이러한 새로운 비판의 이론들은 오히려 기존의 문학 연구의 경계를 더욱 공고하게 만드는 기능을 하거나, 아니면 전혀 경계를 이동하지 않은 채 안전한 문학 작품 해석이라는 영토 안에서 수행되고 있다. 한국에서 새로운 이론 입장들이 가장 빨리 수용된 것은 문학 연구와 비평 영역에서다. 그러나 문학 연구와 비평 영역에서 이러한 비판 이론

---

3. 이론의 구성적 성격은 라캉과 프로이트를 비교하면서 과학, 이론, 교의의 문제를 논한 알튀세르의 문제 틀에서 빌려 왔다. 알튀세르는 프로이트가 무의식에 관한 일반 이론을 구축하려고 하지 않았고 바로 그렇기 때문에 무의식에 대한 이론적 문제 틀을 제기할 수 있었던 데 반해 라캉은 무의식에 관한 일반 이론을 구축하려 함으로써 프로이트의 발견에 내포된 유물론적인 질문을 지워 버렸다고 비판한다. 또 이론의 구성적 성격은 알튀세르가 교의와 과학의 신화에 매몰된 맑스주의의 전화를 위해 제출한 문제 틀이기도 하다.

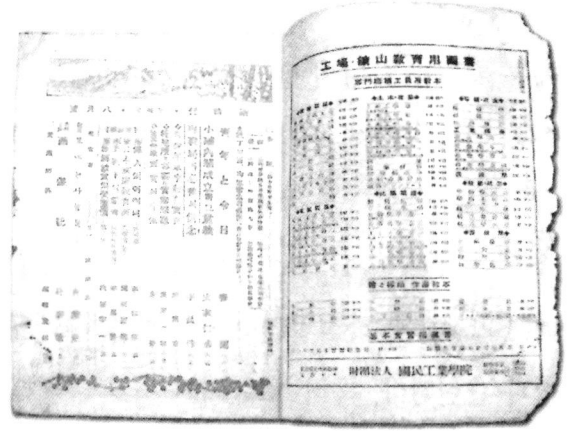

파시즘 이론과 젠더 이론은 해석론에 국한되는 것이 아니라 역사상에 대한 논쟁을 제기하는 것이다.
위: 『신시대』, 1942년 8월호 목차, 아래: 국어해득(일어 학습)을 위해 강습소에 모인 여성들, 『총동원』,
1938년 창간호.

은 전반적인 패러다임의 지각 변동과 새로운 모색을 위한 시도로 유입되기
보다는 단지 문학 해석상의 차이를 유발하는 해석 방법론의 수준으로 환
치되고 있다.

　새로운 비판 이론의 문제점을 공통적으로 지적하면서, 급진적 민주주
의(황종연)와 민중주의(하정일) 입장의 유효성을 제기하는 두 논자의 논
의가 결국은 『만인보』라는 작품을 둘러싼 해석적 차이와 정전 논란(민중

3장 이론적 실천과 소비의 경계　**105**

문학의 정전인가 아닌가)으로 이어진 것은 그런 점에서 이러한 논의 경향을 고스란히 반영하는 것이다.

물론 포스트콜로니얼리즘, 파시즘 이론, 젠더 이론과 서발턴 이론이 그 자체로 급진적이거나 진보적인 것은 아니다. 그러나 이 이론들은 공히 다양한 맥락에서의 대안적인 정치적 기획과 결부되어 있다는 점에서는 공통적이다. 한국 문학에서 이러한 이론의 수용은 정치적 기획을 텍스트 해석론으로 치환함으로써 이론에 내포된 해방의 기획을 텍스트론으로 치환해 버린다. 반대로 이러한 이론들에 대한 비판과 반감은 거꾸로, 기존의 '문학의 경계'를 강화하고 '근대적인 의미의 문학의 자율성과 가치'를 다시 확인하며, 복수의 문학들이나 여타의 담론 체계, 문화 텍스트와 동일한 가치를 지니는 하나의 담론으로서 문학을 상정하는 것이 아니라 문학을 이들 모두에 우선하며 최고의 가치(이른바 진정성)를 지니는 것으로 상정한다는 점에서 역설적으로 '근대적인 문학주의'로 환원된다.

문학의 경계를 넘어서는 새로운 이론에 대한 황종연과 하정일의 자기방어적 논의는 결국은 앞에서 논한 바와 같은 모든 담론에 대한 문학의 차별성과 우선성 혹은 '진정성'으로 회귀한다는 점에서 문학주의의 한계를 넘지 못한다.

(2) 돌림병, 유행병, 제도화된 주체들의 자기방어 기제들

황종연과 하정일은 민중 문학과 민족 문학에 대해서는 상반된 관점을 표명하지만, 파시즘 이론, 포스트콜로니얼리즘이나 질 들뢰즈를 중심으로 한 '경계를 넘어서는 이론들'에 대해서는 공히 거부감을 표명한다.

논쟁의 물꼬를 튼 황종연의 「민주화 이후의 정치와 문학 — 고은 『만인보』의 민중·민족주의 비판」[4]은 단독 비평이지만 이전의 황종연의 일련의

---

4. 황종연, 「민주화 이후의 정치와 문학 — 고은 『만인보』의 민중·민족주의 비판」, 『문학동네』, 2004년 겨울.

글과의 관련성 속에서 보아야 한다. 이 글은 물론 「민족을 상상하는 문학」[5]에 기원을 두고 있지만, 좀 더 가깝게는 문단 권력론이 무성하던 시점에 나온 「문학의 옹호 — 오늘의 비평에 거슬러서」[6], 「살아 있는 혼돈을 위하여 — 최원식 평론집 『문학의 귀환』을 읽고」[7]의 연장선상에 있다. 이 두 글은 모두 『문학동네』 특집 기획의 일환으로 각각 "지금 여기, 문학의 자리", "문학과 정치"라는 주제로 기획된 것이다. 이 세 글의 기저를 관통하는 것은 '문학과 정치'의 불화, 혹은 이론주의 비평, 문학 비평의 철학화에 대한 거부다. 세 글의 공통된 문제제기는 "문학 비평이라는, 문학에 대한 '배팅'은 과연 얼마나 진정하고 건전한가? 혹시 그것은 말로부터의 퇴각을 저지하기는커녕 오히려 조장하고 있지 않은가?"[8] 하는 것이다. 최근의 여러 가지 이론적 비평 방식을 "유행하고 있는 문학 비평"[9]이라고 칭하거나, "사부의 말씀에서 얻은 이론적 무기를 가지고 문학 정복에 나선 비평가"[10]라는 표현을 쓰는 데서 드러나듯이, 황종연의 2000년대 초반 문학과 파시즘 논의에 대한 비판은 이론에 대한 반감과 다르지 않다. 황종연 비평의 주된 방향은 '문학의 정치화에 대한 비판'이라고 할 수 있는데 특히 민중·민족 문학에 대해서는 비평 활동 초기부터 지속적으로 비판해 왔다. 이러한 반이론주의는 잡지 『문학동네』의 문학주의를 정당화하는 이념이기도 하다. 또한 이러한 반이론주의와 문학주의는 문단 권력론 비판에 대해 강한 반감을 표시하거나에 문학을 탈신화화하는 논의를 이론주의로 거부하는 데서도 반복된다.

흥미롭게도 이렇게 부상하는 이론 비평에 대해 문학주의로 방어하는

---

5. 황종연, 「민족을 상상하는 문학」, 『문학동네』 창간호, 1994년 겨울.
6. 황종연, 「문학의 옹호 — 오늘의 비평에 거슬러서」, 『문학동네』, 2001년 봄.
7. 황종연, 「살아 있는 혼돈을 위하여 — 최원식 평론집 『문학의 귀환』을 읽고」, 『문학동네』, 2001년 겨울.
8. 황종연, 「문학의 옹호」, 393.
9. 같은 글, 399.
10. 같은 글, 405.

방식은 민중 문학에 대해서는 입장을 달리하는 하정일의 경우도 마찬가지다. 하정일은 황종연의 글이 문학과 정치의 관계에 대한 기존의 논의의 한계를 넘어선 "진지한 제언"이라고 평가한다.[11] 하정일에 따르면 이러한 평가는 기존의 논의들이 "민중·민족 담론에 전체주의니 파시즘이니 하는 딱지를 붙이는 데는 열심이었지만, 자신이 생각하는 민주주의가 어떤 것인지를 조리 있게 밝힌 글은 찾아보기 힘들었다"는 점에서 비롯된다. 즉 황종연과 하정일은 기존의 여러 가지 입장을 하나의 차별적 입장으로 간주하기보다 '유행'과 '탈신화화'와 '딱지 붙이기'로 간주한다는 점에서 공통적이다.

물론 황종연과 하정일은 서로 다른 이유에서 새로운 이론적 경향을 '유행'으로 간주한다. 하정일의 경우는 분명한 입장 표명보다는 '딱지 붙이기'라는 폄하적 발언을 하는 데서 드러나듯이 감정적 거부감의 표명에 가깝다. 황종연의 경우는 이론 비평이나 비평의 철학화, 문학에 대한 탈신화화 논의에 대한 자신의 입장과 비판을 분명하게 제시한다는 점에서는 하정일과 다른 지점에 놓여 있다. 그러나 앞서 논한 것과 같은 황종연의 비판적 태도에 담긴 기본 입장은 글 제목에서 분명하게 나타나듯이 '문학의 옹호'다. 이는 작금의 비평이 "예술의 참정권을 박탈하는"[12] 형태로 나아가고 있다는 우려와 경계심의 표현이기도 하다. 또 황종연의 논의에서 '문학의 옹호'는 "한국 민주주의의 역사와 문학에서 한국 문학이 차지하는 위치는 특별"하다는 인식과 밀접하게 관련된다.

흥미로운 것은, 표면적으로는 하정일이 민중 문학을, 황종연이 '문학'을 옹호하는 것처럼 보이지만 실은 두 논자 공히 문학의 권위 상실, 위상 하락, 본격 문학의 위기를 경계하는 입장에 서 있다는 것이다. 하정일의 논의는 "민중·민족 문학 담론 비판이 대개 사적 개인을 특화하거나 문학을 신비화하는 방향으로 귀결되었고, 문학이 바람직한 사회를 이루는 데 어떤

---

11. 하정일, 「황종연 교수의 '민주화 이후의 정치와 문학'을 비판한다」, 『교수신문』, 2004년 12월 12일.
12. 황종연, 「문학의 옹호」, 401.

역할을 할 수 있는지에 대해서는 아무런 답변도 제시하지 못했다"는 우려와 함께 "90년대 벌어진 문학의 주변부화"[13]에 대한 경계가 필요하다고 논한다. 황종연의 입장은 역시 "문학이 다수의 사람들에게 여전히 의미 있는 언어 예술로 존속히"[14]는 방안을 모색하는 데에 있다. 두 논자는 공히 무너지는 문학의 아성을 수호해야 한다는 위기감과 문학의 몰락에 대한 과도한 자기방어 기제를 드러낸다. 이는 두 논자의 입장이 매우 상이하지만 본질적으로는 제도화된 문학의 아성을 옹호하는 입장을 취하고 있다는 점에서 다르지 않다는 것을 보여준다. 이들이 제도화된 문학과 이를 정당화하는 이론적 기반에 대한 비판적 입장들을 '유행'으로 간주하는 것은 두 논자가 제도화된 문학의 옹호자라는 위치에 놓여 있기 때문이다. 황종연은 자신을 급진적 민주주의자로, 하정일은 민중주의자로 제시하듯 서로 비평가로서의 자기 의식은 매우 상이하다. 그러나 두 논자의 현실적이고 사회적인 입장은 공히 제도화된 문학 옹호자의 위치에 놓여 있다.

두 논자가 이처럼 제도화된 문학 옹호자라는, 혹은 문학에 대한 제도화된 입장의 옹호자라는 위치에 놓여 있음을 확인하는 것은 매우 중요하다. 황종연의 경우는 문단 권력론에서 민중·민족 문학 비판과 탈신화론 비판(문학과 파시즘에 대한 논의나 페미니즘, 탈식민주의 비평을 포함하는)까지 전방위적인 담론 투쟁에 치열하게 개입하고 있다. 이러한 개입 과정의 상처와 딜레마가 황종연의 현재의 입장에는 여러 형태로 남아 있다. 이런 개입 과정을 통해 황종연의 논의는 이데올로기 비평에 대한 거부[15]에서 문학과 정치의 새로운 만남[16]에 이르는 진전을 보이기도 했다. 그런 점에서는 황종연의 입장은 문학 제도 내의 행위자로서는 이를 비판하는 논의와 가장 치열한 담론 투쟁과 개입을 보여온 비평가라고 하겠다.

---

13. 하정일, 「황종연 교수의 '민주화 이후의 정치와 문학'을 비판한다」.
14. 황종연, 「민주화 이후의 정치와 문학」.
15. 황종연, 「문학의 옹호」.
16. 황종연, 「민주화 이후의 정치와 문학」.

황종연과 하정일의 논의가 제도화된 주체의 위치 내에서의 발언이라는 것을 문제시하는 것은 최근의 일련의 논쟁, 담론 투쟁이 궁극적으로는 제도화된 학제와 담론 공간상에서의 논의를 넘어서지 않는다는 점 때문이다. 2000년대 초반 문학 영역에서 비판적 파시즘 이론, 페미니즘 이론, 탈식민주의 이론 등 다양한 이론이 새롭게 부상했고, 이에 대해 치열한 담론 헤게모니 투쟁이 벌어졌다. 황종연과 하정일 등 기성세대 연구자와 비평가의 자기방어적 문학주의는 새로운 이론이 지향하는 정치적 함의를 희석시켰는데, 새로운 이론의 정치적 함의를 협소한 문학 해석의 방법론적 도구로 축소시키는 것이 대표적이다. 이로 인해 새로운 이론의 도입이 문학 해석론의 차원, 특히 정전에 대한 해석 논란으로 환치되고, 이에 대한 방어 기제로서 기성의 해석론적 지평과 미학적 기율을 방어적으로 옹호하는 협소화된 논의 지평만이 존재하게 된다. 이런 식의 논의 전개는 근본적으로 새로운 이론 지형의 도입과 방어가 새로운 해방의 기획이나 소수자의 정치라는 기획을 위해, 혹은 그러한 기획을 통해 실험되고 논의되고 수용되거나 거부되는 것이 아니라, 단지 문학 제도, 학문 제도 내의 해석적 입장 차이를 위한 준거로 각자 달리 채용되고 있는 현실에서 비롯되었다. 급진적 이론들의 순치된 적용은 이미 1990년대 초반부터 한국 학계를 지배해온 관습이 되어 버렸다.

이러한 수용과 방어 기제는 2000년대 비평과 한국문학 연구에서 너무나 비일비재해서 특별한 사례를 제시하기조차 어렵다. 다만 제도화된 '국문학 연구 방법론'에 대해 전면적인 비판을 시도하면서 문제를 제기했던 김철의 견해에 대한 비판을 통해 새로운 연구 경향과 정치적 입장이 문학 해석론으로 환원될 때 발생할 수 있는 문제점에 대해 논하고자 한다. 국문학의 새로운 방법론적 전환을 촉구한 김철의 「'국문학'을 넘어서」[17]는 제도화된 국문학 방법론의 한계를 전면적으로 비판하고 학제적, 분과 학문적

---

17. 김철, 「'국문학'을 넘어서」, 『국문학을 넘어서』 (국학자료원, 2000).

이데올로기를 넘어선 새로운 기획을 주창한 글이다. 이후 김철의 논의는 파시즘 이론을 통해 김동리, 김지하, 이태준 등 한국 문학의 정전正典을 비판적으로 해석하는 작업에 집중하고 있다. 황종연은 김철의 논의가 과도한 이론주의라고 비판하지만 역설적으로 김철의 파시즘론이야말로 문학주의와 정전주의에 귀속되어 있다. 즉 파시즘 이론과 내셔널리즘 비판 이론은 기존의 제도화된 문학 연구 방법론을 넘어서는 복잡한 정치적 입장과 자료, 역사 해석의 문제를 포괄하는 것이다.

문학 연구자들이 젠더 연구나 포스트콜로니얼리즘 등 새로운 이론적 지형을 수용할 때 가장 손쉬운 방법이 그러한 이론들을 문학 작품에 대한 해석의 준거로 도입하는 것이다. 이 경우 문학이라는 텍스트에 국한될 수 없는 다양한 이론적 지형들이 텍스트 해석의 차원으로 일반화된다. 실상 젠더, 서발턴, 포스트콜로니얼리즘 이론은 문학 텍스트에 기반한 연구로는 포괄할 수 없는 범위를 내포한다. 새로운 이론들은 역사에 대한 접근 방법, 해석자의 위치, 역사 자료에 대한 새로운 시각·발굴·재배치와 이에 따른 상이한 자료에 대한 해석의 복합성을 모두 요구한다. 이러한 전환은 매우 지난한 과정을 동반하며, 단시간 내에 결과물과 성과를 생산하기 어렵다. 따라서 새로운 이론이 문학 해석론으로 치환되는 것은 연구자들이 이론을 문학 해석론으로 환원하면서 동시에 문학 해석에서 새로운 패러다임을 제시하려는 욕망과도 관련된다. 이 경우 문학 텍스트 해석이나 정전 해석본으로 환원된 포스트콜로니얼리즘, 서발턴 이론, 젠더 이론, 비판적 파시즘 이론은 필연적으로 텍스트 해석을 정치적 기획으로 환치하는 과도한 일반화로 귀결된다.

그런 점에서 황종연이 김철을 비롯한 탈신화론의 한계를 과도한 이론주의라고 비판했지만 오히려 문학 담론에서 탈신화론은 과도한 문학중심주의로 귀결되었다는 점에서 문제라 할 것이다. 흥미로운 것은 김철을 비판하는 황종연이나 하정일이 포스트콜로니얼리즘, 서발턴 이론, 젠더 이론, 비판적 파시즘 이론 등에 회의적인 것은 이들 이론이 문학이라는 제한된 텍스트를 초과하는 차원의 논의를 내포하고 있다는 점 때문이라는 것이다. 두 논자에게 이러한 이론은 문학 자체를 사료로서나 가치 차원에서나 학문 제도상의 헤게모니상에서나 위태롭게 만드는 것이다. 따라서 두 논자의 이론에 대한 거부는 필연적으로 기성의 제도화된 문학주의로의 복귀로 귀결되는 것이다.

3. 제도화된 민중주의의 담론적 무능력과 자기 정당화

2000년대 초반 민족주의 비판이 강하게 제기되면서 민중 문학론자들이 자신들의 입장을 이론적으로 개진하는 경우는 극히 드물었다. 문단 현실이나 이론 지평에 대한 반감과 우려의 변은 셀 수 없이 많지만 민중 문학론자들이 현재적 의미에서 자신들의 이론적인 입장을 개진하는 경우는 거의 볼 수가 없었다. 1980년대의 민중주의는 '이론주의'라는 꼬리표를 붙이고 다닐 만큼 이론 강박적이었지만, 오히려 2000년대 민중주의는 이론을 기피하는 대신 민중 문학의 정전을 옹호하고 '본격 문학'의 중심적 가치와 지위를 강조하는 정전주의자와 문학주의자적 태도를 보인다는 것이다. 2000년대 민중주의 문학이 보여주는 이러한 태도는 1980년대에 민중 문학 논쟁에서 민족주의와 민중주의의 '행복한 화해'를 시도했던 백낙청의 입장과 유사하다. 그러나 1980년대의 민중 문학 논쟁에서 백낙청의 '작품'에 대한 강조와 정전, 사실주의 기율에 대한 강조는 '부르주아 민족주의적 논의'로 지속적으로 비판되었다. 그러나 2000년대 들어 민중 문학의 가치를 옹호하는 논자들은 1980년대의 기존 논의에 대해 어떠한 성찰적 논의도 없이 이러한 태도를 취하고 있다. 즉 민중주의가 민족주의로, 민중 문화론의 복합적 지위가 문학의 중심적 지위로 이전한 입장의 변화에 대해 민중 문학론자 내부의 어떠한 성찰적 계기도 살펴볼 수 없다.[18] 2000년대 비

---

18. 물론 개개인의 차원을 떠나서 본다면 이러한 입장 전환에는 담론적 맥락이 존재한다.

평 논쟁에서 황종연이 이른바 '40대 이하의 비평가들'의 비평 태도에 대해서는 이론주의적 면모를, 민중 문학에 대해서는 정전 해석의 문제를 중요 거점으로 삼고 있는 것은 이러한 사정과 무관하지 않다.

2000년대 민족·민중 문학 논쟁에서 하정일의 담론 방식은 1980년대의 그의 글의 논지에서 거의 변하지 않았다. 변한 것이 있다면 1980년대의 민중주의와 민족주의 사이의 긴장 관계가 사라지고 민중주의와 민족주의가 '행복한 화해'를 이루고 있다는 점이다. 이러한 면모는 하정일에 국한되지 않는다. 1980년대의 민중·민족 문학 논쟁과 리얼리즘 논쟁에서 민중 문학과 민족 문학은 화해하기 어려운 긴장 관계를 유지하고 있었다. 또한 맑스주의의 다양한 정파에 따라 민족주의와의 관계 양상 또한 상이한 방식으로 전개되었다. 1990년대 후반, 포스트콜로니얼리즘의 쇄도 이후 민중주의와 민족주의는 긴장에서 화해로 새로운 관계 변환을 이루었다. 포스트콜로니얼리즘의 내셔널리즘 비판에 가장 민감하게 반응하는 것이 기존의 '민족주의자' 집단이 아니라 민중주의 집단이라는 것은 매우 흥미로운 사실이다. 물론 이러한 반응 기제는 한국에서 '민족주의 비판' 논자들 중 일부의 논의가 주로 내셔널리즘 비판을 민중주의 비판의 보루로 삼고 있다는 데 기인하기도 한다.[19] 그러나 2000년대 민중주의 문학에 대한 옹호는 1990

1990년대 들어서 백낙청의 신경숙 논의를 필두로 백낙청의 '작품' 중심론은 『창작과 비평』을 중심으로 한 구-민중주의 계열의 비평가들에게 내화되었다. 또 윤지관의 교양론 등은 백낙청의 문학주의, 민족주의를 민중주의와 '행복하게 화해'시킨 결과이기도 했다.

19. 문학 담론에 관련되는 것은 아니지만, 이영훈의 민족주의 비판은 이론의 정치성과 학문에 대한 정치적 개입을 비판하기 위한 도구로 악용될 위험을 안고 있다. 이영훈의 경우 자신의 전공인 경제사 영역에서의 식민지 근대화론에 관한 입장 피력이 '실증주의'의 고전적 패러다임을 크게 넘어서지 않는 반면 '국사의 해체'나 '위안부 문제', 국사 교과서와 같은 자신의 전공 영역을 넘어서는, 그리고 다분히 정치적 담론과 결부되는 지점에서는 민족주의 비판을 도구로 한 반(反)맑스주의의 태도를 분명하게 하고 있다. 그의 반맑스주의적 입장은 오래된 반공주의적 어법을 그대로 답습하는 등 포스트맑스주의자들의 민족주의 비판과도 입장을 달리하고 있다. 이영훈의 논의는 민족주의 비판과 민중주의 비판의 '연루'가 어떻게 반공주의의 망령과 '국가 정통성'이라는 국가주의의 신화를 손쉽게 불러들이는지 보여주는 중요한 사례다. 또한 '실증주의적'인 학문적 입장이 이론의 정치성을 '불온한' 것으로 간주하는 고전적인 반공주의와 어떻게 결합되는지 보여주는 사례라 할 것이다. 요

년대에 활발하게 진행된 리얼리즘 논쟁과 맑스주의의 전화를 위한 시도를 계승하기보다 범박한 민중주의로(실은 민족주의로) 환원되었다. 1990년대 초반까지 격렬하게 진행된 리얼리즘 논쟁과 맑스주의 미학에 대한 첨예한 논란에 가담했던 논자들 중 일부는 담론 공간 너머로 잠복했고, 대부분은 학계에 수렴되었다. 적어도 현재 문학 담론 공간 내에서 맑스주의 미학의 전화는 이루어지고 있다고 볼 수 없다.[20]

하정일의 경우 "계급, 민중, 민족은 바로 자유주의에 부족한 개인의 사회성 또는 자유의 공공성에 대한 자각의 산물"이라는 식으로 무모순적으로 동질화될 수 있는 것이다. 여기에는 이른바 민중 문학론자들의 반자유주의적 관점 외에는 맑스주의적이라 할 수도 없는 범박한 '민중주의'의 수사만이 남아 있다.

민중주의 미학이 1990년대 들어 급격하게 위축된 점이 이러한 사정 속 중요한 작용일 것이다. 그러나 한편으로는 기존의 맑스주의적 입장을 견지하던 이론가들이 담론 공간 너머로 잠복하거나, 제도권으로 유입된 맑스주의적 이론가들이 민족주의와 문학주의로 '전향'한 저간의 사정 또한 크게 작용한다. 실상 이는 전향이라기보다는 새로운 이론적 지형과 정치적 입장에 대해 기존의 민중주의 미학을 전화시키지도 갱신시키지도 못한 1980년대 민중 문학론자들의 담론적 무능력의 소산이기도 하다. 이러한 담론적 무능력은 1980년대의 민중·민족 문학론자들 대부분이 제도화된 학계로 진입하면서 '전화'보다는 편입을 시도한 결과라는 점에서 정치적 무책임의 산물이라고도 할 것이다. 그럼에도 불구하고 민중·민족 문학론자들은 자

컨대 그의 민족주의 비판은 이른바 포스트콜로니얼리즘의 관용어구를 빌리고 있을지라도 실은 오래된 반공주의의 어법과 크게 다르지 않다.
20. 물론 여기에는 유보 조항이 필요하다. 이진경과 조정환의 작업은 맑스주의의 전화를 모색한 대표적 사례다. 조정환은 1980년대에 대표적인 맑스주의 미학자였지만, 현재 그의 논의를 문학 담론 공간의 논의로 보기는 어려울 듯하다. 또한 조정환의 논의가 이른바 민중 문학 진영과 상호 소통된다고 보기도 어렵다. 조정환의 논의는 이미 문학 담론의 지평 너머로 전환되었기 때문에 문학주의에 입각한 민중주의 진영과 결합되기는 어렵다고 보인다.

신들의 정치적 입장의 변화와 담론적 무능력과 제도화에 대한 성찰보다는 민중 문학을 '무력화'한다고 간주되는 외부의 '적대적 입장'에 대한 자기방어로 일관하고 있다. 2000년대 논쟁에서 민중 문학의 유효성과 정치적 의미는 새로운 정치적 입장을 견지하는 주체들에 의해서가 아니라, 1980년대에 민중·민족 문학론자들이었던 그들 자신에 의해 입증되고 견지되고 전화되어야만 했지만, 이론적 전화 대신 새로운 이론을 부정하고 책임 또한 전가하는 방식으로 귀결되어 버렸다.

4. 다문화주의, 차이의 정치학과 차이의 마케팅의 경계에서

황종연의 이론적 입장이 '문학에 대한 옹호'와 밀접하게 관련되어 있다는 것은 앞에서도 지적한 바 있다. 그러나 앞서 논한 세 편의 비평에 국한해서 보자면, 「민주화 이후의 정치와 문학」은 이론 비평과 문학과 철학의 화해 불가능성, 문학의 정치화에 대한 거부와 이데올로기 비평에 대한 반감을 피력한 「문학의 옹호」와는 조금 다른 지점에서 문학과 정치의 새로운 만남을 견지한다는 점에서 황종연의 이론적 갱신을 볼 수 있다. 황종연의 문학주의적 태도와 제도화된 주체 위치에 대해서는 앞서 살펴보았으므로 여기서는 황종연이 새롭게 제기하는 급진적 민주주의 문제에 국한해서 논의를 진개하고자 한다.

이론 지형에서 보자면 민중주의 비판과 민족주의 비판이 동일한 궤적이나 입장을 견지하고 있는 것은 아니다. 민중주의(한국의 경우 맑스주의도, 계급론도 아닌 모호한 민중주의라고 규정되는데) 비판의 경우도 이른바 1968년 이후의 이론적 궤적들은 제도화되고 실정화된 맑스주의를 비판하면서 상이한 경로로 분화되었다. 한국의 경우, 1990년대 초반에 맑스주의의 전화에 대한 다양한 논쟁과 모색이 있었다는 점은 현재 담론 공간에서 종종 의도적으로 망각되는 부분이다. 황종연이 자신의 정치적 입장으로서 지속적으로 인용하는 라클라우Ernesto Laclau와 샹탈 무페Chantal Mouffe 역시

1990년대 초반에 포스트맑스주의 논쟁을 통해 다양한 경로로 그 가능성과 한계가 논의되었다.[21]

1990년대 초반의 포스트맑스주의 논쟁에서 라클라우와 무페는 신사회운동의 가능성과 한계, 한국 사회에서의 '적용 가능성'[22], 계급론 비판의 의미와 한계를 중심으로 논의되었다. 이는 한국뿐 아니라 전 지구적인 이론 경향에서도 유사한 경로를 보여준다. 그러나 황종연의 라클라우와 무페에 대한 '인용'은 초기의 포스트맑스주의 논의와는 다른 지형에서 다문화주의 muiticulturalism에 대한 이론적 기반으로 활용된다. 이런 지점들은 황종연의 논의에 특징적인 것이 아니라 1990년대 후반에서 2000년대 초기에 아시아 각국에서 포스트콜로니얼리즘의 쇄도에 따른 논쟁과 입장의 추이에서 발견되는 현상의 연장이다. 특히 홍콩, 타이완과 같이 민족주의와 국민국가로의 통합이라는 문제가 정치적으로 명백한 대립을 노정하는 지역에서 라클라우와 무페의 논의는 인종적·문화적 소수자들의 문화 헤게모니를 인정받기 위한 다문화주의의 이론적 준거로 다시 복원되었다.

홍콩과 타이완에서 다문화주의가 급진적 민주주의와 결합되는 중요한 요인은 이 지역의 정치적·인종적 상황이다. 이 지역에서 급진적 민주주의는 중국과의 갈등적 관계의 정치적 반영이다. 홍콩과 타이완에서 맑스주의는 중국 공산당과 분리 불가능하며, 신좌파의 모색 역시 홍콩의 노동자 계급과, 타이완의 분리 독립파 및 소수 인종의 정치적 자유에 대한 소망을 충족시켜 주지 못한다. 이 지역에서 다문화주의는 단지 문화적 다양성의 인정 차원에 국한되지 않는다. 다문화주의는 지배적인 '국가 언어'와 '공식

---

21. 대표적으로는 김호기, 「포스트맑스주의와 신사회 운동」, 『경제와 사회』 14 (1992년 여름); 정철희, 「포스트맑스주의와 한국 사회 연구 — 그 분석적 유용성을 찾아서」, 『사회비평』 17 (1997년 6월); 신광영, 「포스트맑스주의와 계급 분석 — 비판적 논의」, 『사회비평』 8 (1992년 12월).
22. '적용 가능성' 문제는 실용론적 차원이 아니라 당시 주요 이슈였던 '과연 한국 사회가 포스트모던 단계로 진입했는가'의 문제와 관련된 것이다. 당시 신사회 운동의 전망에 대한 입장 차이 역시 이러한 진단과 밀접하게 관련되어 있었다.

문화'에 포섭되지도 않고, 그 언어와 문화를 소통할 수도 없는 이질적이고 다층적인 인종적·언어적 상황과 이러한 서발턴의 자유 획득을 위한 인정 투쟁의 기획이다. 특히 타이완의 경우 다문화주의가 국가의 새로운 비전으로 제시되면서 "신타이완인을 기치로 한 다문화적 국가로의 이행"이 국가 전략 차원으로 제도화되기도 했다. 이러한 과정은 결국 다문화주의가 새로운 국족주의와 권역적인 혼종성 논의의 한계를 넘어서기 힘들다는 한 증거로 제시되고 있기도 하다.[23]

그렇다면 한국 사회에서 다문화주의와 결합된 급진적 민주주의는 어떤 집단의 정치적 자유와 관련되는 것인가? 한국 사회에서도 다문화주의, 혹은 문화 다양성은 2000년대에 들어서면서 국가 정책의 차원으로 중요하게 채택되고 있다.[24] 이미 한국 사회에서 다문화주의와 급진적 민주주의는 전복적 입장이 아니다. 그렇다고 해서 하정일이 말하듯 기존의 자유주의적 입장의 연장이자 신자유주의에 대한 정당화로 동일화되기는 어렵다. 문제는 한국 사회에서 다문화주의와 급진적 민주주의가 어떤 집단의 해방의 기

---

23. 丸川哲史, 『臺灣, ポストコロニアルの身體』(靑土社, 2000), 28. 마루카와는 타이완에서 진행된 다문화주의와 혼종성 논의를 비판하면서 타이완의 갈등적인 인종적·계급적·정치적 분리와 갈등은 "복수의 문화적 신체들이 서로 뒤엉켜 싸우면서도 하나의 신체(타이완)를 나누어 가지는 과정"이라고 평가한다. 같은 책, 20.

24. 영화진흥위원회가 제시한 한국 영화 육성 정책에서 가장 중요한 것이 다문화주의와 문화 다양성이다. 흥미로운 것은 민족주의와 민중주의 대신 다문화주의와 급진적 민주주의를 제안하는 황종연의 논의가 동 시기에 진행된 한국 영화 관련 논란에서 정성일이 취하는 입장과 매우 유사하다는 사실이다. 정성일은 민족주의 미학에 대해 다문화주의적 가치를 대안으로 내세우고, 스크린 쿼터 대신 마이너 쿼터를 제안한다. 또 그의 다문화주의적 기획은 김기덕 논의에서도 드러나듯이 그의 비평적 입장이 부르주아 미학주의의 연장선상에 놓여 있다는 것과 따로 떼어놓고 볼 수 없다. 그러나 정성일의 이러한 주장은 영화진흥위원회를 비롯한 '국책 사업' 차원의 한국 영화 정책과 정확하게 일치한다는 점에서 오히려 국가 정책과 더욱 가까운 지점에 놓이게 된다. 즉 정성일의 미학주의는 국가 차원에서의 영화 산업 육성 정책과 결코 배치되지 않는 것이다. 그런 점에서 정성일과 황종연의 입장을 비교해 보는 것은 한국 사회에서 (미학주의/문학주의에 입각한) 다문화주의, 민족주의, 문화 산업에 대한 국가 정책과 문화 '육성책'의 관계라는 차원에서 흥미로운 시사점을 제공한다. 이에 대해서는 권명아, 「변경과 제국의 전위와 오리엔탈리즘」, 『당대비평』, 2004년 겨울 참조.

획이 될 수 있는가 하는 점이다. 홍콩과 타이완의 경우 다문화주의와 민족주의, 맑스주의의 대립은 중국 공산당과 거대 국가 중국이라는 실체화된 대립항을 통해 정당화되는 측면이 존재한다. 한국의 경우 이러한 대립항은 국가 경영자의 진영으로 전환된 이른바 진보 진영이 될지 모르겠다. 황종연의 논의 역시 '민주화 이후'라는 함의는 이러한 맥락을 내포한 것으로 보인다. 그렇다면 다문화주의를 통한 해방의 기획은 한국에서 과연 어떤 소수자의 입장과 상통하는 것일까? 황종연의 논의에서는 이러한 문제에 대한 입장을 찾아볼 수가 없다. 대신 다문화주의의 문제는 정치적 주체의 문제가 아니라 문학의 새로운 임무(현실의 변화에 따른 문학의 새로운 역할)와 관련된 것으로 제시된다. 즉 "지난 십여 년 사이 한국 문학은 여성을 비롯한 정체성들의 사회적 출현에 응하여 그 욕구와 소망을 진지하게 다루어왔지만 정체성의 정치와 문화에 대한 철저한 탐구에는 이르지 못했다. 문학이 다수의 사람들에게 여전히 의미 있는 언어 예술로 존속하려면 동시대 사람들의 자아를 둘러싼 경험을 구체적으로 이해하고, 자아 정체성의 다중적이고 유동적인 연관들을 헤아리고, 집합적 정체성들이 교차하는 자리에서 새로운 윤리와 정치의 가능성을 발견하는 일에 좀 더 많은 관심을 기울여야 한다"[25]는 것이 황종연의 결론이기 때문이다.

이 결론은 많은 시사점을 함축하고 있다. 급진적 민주주의의 기획을 제시한 글 서두의 정치성은 실상 문학의 새로운 임무라는 결론과 다문화주의의 옹호라는 차원으로 수렴된다. 따라서 황종연의 논의에 대해 급진적 민주주의 기획의 정치적 함의와 가능성에 대한 비전이 부족하다고 비판하는 것은 맥락이 없는 것일지 모른다. 어떤 점에서 황종연의 라클라우와 무페에 대한 '인용'은 급진적 민주주의라는 정치적 기획의 요구보다는 다문화주의라는 문화적 요구를 위해 필요한 것이었다고 보이기 때문이다. 황종연의 논의에서 다문화주의적 입장과 문학의 근본적이고 최종적인 지위라

---

25. 황종연, 「민주화 이후의 정치와 문학」.

는 입장은 상충하는 것처럼 보인다. 다문화주의적 입장은 문학의 근본적이고 최종적인 지위라는 경계를 넘어섬으로써, 문학이 여타의 담론 체제와 동등한 하나의 차별적 체계로서 자리매김됨으로써만 가능한 것이기 때문이다.

5. 탈신화화의 모호함과 제도화의 명확함

한국에서 이론의 유통 기한은 10년 이내라고 한다. 최근 들어서는 이론의 유통 기한뿐 아니라 연구자와 비평가의 유통 기한도 점점 더 짧아지고 있다. 한국 지식계에서 한 이론가, 혹은 연구가, 비평가가 자신의 고유한 입장을 갱신, 성찰, 확대, 전화시켜 가는 길을 볼 수 있는 것은 드문 행운에 속한다.

비판적 파시즘 이론, 젠더 연구, 탈식민주의가 부상하기 시작한 2000년대 한국의 담론 공간은 탈신화화에 대한 조급증과 탈영토화에 대항하는 자기방어적 재영토화의 작업이 복잡하게 착종되어 있다. 기존의 지식 체제를 비판하는 작업이 굳이 탈신화화를 통해서만 이루어지는 것은 아니다. 베트르랑 오길비Bertran Ogilvie의 언급처럼 탈신화화 작업이 "의미를 산출하거나 진리를 이야기할 수 있는 유일한 것은 아니다. 기존 사상의 방향을 변화시키고 보충하며 포용하거나 그 사체의 부족을 이해시키는 방식민으로도, 기존 사상을 대신할 지식을 산출할 수 있는 것이다. 또는 기존 사상의 타파가 주요 동기도, 존재 이유도, 발전의 축도 아니면서 '무심코' 기존 사상을 전복하는 지식도 가능한 것이다."[26]

물론 탈신화화 작업이 수행하는 기존 사상에 대한 전복 작업 역시 그 의미를 부정할 수는 없다. 그러나 현재 탈신화화의 시도들은 탈신화화 자체가 목적이 되고, 이 작업을 통해 재구성하고 전복하고자 하는 지식의 패

---

26. 베르트랑 오질비, 「알뛰세르와 라깡」, 송기형 옮김, 『이론』, 1994년 봄.

러다임이 매우 모호해지고 있다. 어떤 점에서는 탈신화화라는 '태도'만으로 상이한 정치적 입장들이 동일한 영토를 구축하게 되는 아이러니를 발견하게 되기도 한다. 이러한 작업들이 여전히 학문 공간상의 이질적인 집단들 내의 담론 헤게모니를 둘러싼 갈등을 넘지 못하는, 너무나 제도화된 영역 내의 '탈영토화'와 재영토화의 역학에 그치고 있는 것 또한 사실이다.

1990년대 이후 줄곧 문학의 탈영토화와 재영토화에 대한 담론 투쟁과 문학적 시도들이 이어져 왔지만 현재 '문학의 위기'가 이러한 탈영토화와 탈신화화 작업의 결과라고 보는 것은 일종의 책임 방기다. '본격 문학'이라는 협의의 문학의 중심적 헤게모니는 위기 담론을 통해 더욱 강화되었다. 비평을 둘러싼 문학 담론이 더 이상 공론장의 기능을 수행하지 못하게 되었고, 대다수의 사람들에게 문학이 과거와 같은 가치와 의미를 지니지 못하게 된 것은 사실이다. 그렇지만 한국에서 '문학중심주의'의 헤게모니가 공론장과 일반 독자 및 다중의 기대와 평가에 의해서 유지되고 재생산된다고 보는 것은 순진한 발상이다. 실상 지금까지 본격 문학의 헤게모니를 현실적으로 담보해 주던 공론장으로서의 기능과 사회적 가치 평가가 사라져가면서 대학, 문화 산업, 문학 제도를 통한 본격 문학의 헤게모니에 대한 방어는 더욱 견고해지고 있다. 그런 점에서 탈신화화에 대한 위기감과 불안감은 만연하지만, 탈신화화 작업의 효과는 여전히 모호한 셈이다. 문학의 제도화와 문학 제도 내에서의 '본격 문학'의 헤게모니에 대한 자기방어석 공세는 명확하게 강화되고 있는 것이 현실이라고 볼 수 있다.

2부
제국의 판타지와 젠더 정치
역사적 파시즘 체제의 경험과 유산

1장 총후부인, 신여성, 그리고 스파이 — 황민화와 여성 정체성 집단 간의 위계적 차이화의 과정

2장 여자 스파이단의 신화와 '좋은 일본인 되기' — 인종주의와 젠더 공포

3장 황민화와 여성 정체성 집단 간의 지역적·계급적 차이화의 역사 — 엘리트 여성과 비엘리트 여성의 파시즘 체제 경험의 차이

1장

총후부인, 신여성, 그리고 스파이

황민화와 여성 정체성 집단 간의 위계적 차이화의 과정

1. 한국 사회의 젠더 정치의 기원을 고찰하기 위해

　이 글을 쓰고 있는 지금도 한국의 일부 여성들은 생존을 위해 자신의 신체를 시장에 내놓고 있을 것이다. 성매매와 성산업에 따른 여성에 대한 노예화가 구조화된 한국에서 여성의 신체가 어디서나 구매할 수 있는 상품이 된 지는 오래다. 물론 자본주의의 역사와 성매매, 성산업의 역사는 분리할 수 없다. 그러나 한국 사회에서 성매매와 성산업에 따른 여성에 대한 노예화가 구조화된 데에는 국가, 시장, 이데올로기 기구의 복잡한 역학이 작동한다.

　여성 상위 시대라는 조롱에 찬 '우려'의 목소리가 높아지고 있어도 여성의 사회적 지위는 불안정하다. 물론 이러한 불안정성은 여성들만이 겪는 문제는 아니다. 그럼에도 불구하고 사회적 소수자로서 여성들이 감내해야 하는 사회적 불안정성은 너무나 복잡한 문제들이 뒤얽혀서 어디서부터 풀어내야 할지 모를 지경이다. 파워 엘리트 그룹에 속하는 소수의 여성을 제외한 대다수의 여성은 노동 시장에서 살아남기 힘들다. 여성의 사회적 지위가 불안정하다는 말은 여성들이 언제나 전락과 절멸의 공포에 직면했다는 뜻이다. 즉 '여성의 일'이라는 것이 한 줌도 안 되는 전문직 외에는 대부분이 육체노동인 사회에서 여성들은 모두 잠재적으로 육체를 시장에 내놓아야 하는 존재들이다. 그러나 생존을 유지하는 여성들은 자신의 신체를 시장에 내놓음으로써 사회적 지탄과 매도의 대상이 된다. 국가와 민족과 사회가 이 여성들에게 해준 것은 아무것도 없다. 그녀들은 국가와 민족과 사회의 이름을 더럽히는 부정한 존재가 지목되는 상황이면 제일 먼저 호출된다.

여성은 역사적으로 권리와 혜택의 대상이기보다 의무와 관리, 규제의 대상이었다. 아주 최근까지도 여성의 권리를 위한 규정보다 여성 관리를 위한 규제가 법적으로나 사회적으로 더 중요한 항목으로 취급되었다. 한국 사회는 모성 이데올로기가 어느 사회보다 강력하다. 최근까지도 모성은 보호¹나 권리의 차원이 아니라 관리, 규제의 차원으로 자리매김되었다. 결국 여성이라는 주체를 둘러싼 한국 사회의 패러다임은 관리, 규제, 강제라는 항목을 중심으로 구성되었다.

그러나 이러한 관리와 규제의 시스템 또한 일관적이지 않다. 이는 한국 사회에서 여성에 대한 이데올로기가 균질적으로 구성되지 않았기 때문이다. 일례로 매 시기 여성의 신체는 국가가 요구하는 적절한 생산과 재생산의 요구에 부합하여 통제되었다. 여성 신체에 대한 국가의 개입과 관리는 일관적이었지만, 관리의 이념과 통제의 원리는 모순적이고 일관적이지 않았다. 이런 점 때문에 한국 사회에서 여성에 대한 이념은 다분히 모순적이고 복합적인 성격을 지녔다.

여성을 비롯한 한국 사회의 소수자들은 여전히 절멸의 공포에 내몰리고 있다. 왜 한국 사회는 이처럼 소수자에 대한 절멸의 기획을 멈추지 못하는 것일까. 나의 연구 작업은 이 질문에 대한 고민이다.

---

1. 물론 모성 관리 역시 규제의 한 방식이다. 그러나 한국 사회에서는 모성 보호조차 거의 이루어지지 않고 있다. 모성은 언제나 통제의 대상일 뿐이었다.

소수자에 대한 배제와 절멸의 기획에 이르는 억압적 기제를 고찰하기 위해서는 시장, 국가, 이데올로기적 국가 기구가 맺는 삼각관계를 풀어내는 일이 중요하다. 우에노 치즈코는 젠더 문제를 고찰하기 위해 가부장제, 시장, 국가라는 삼각관계를 제시했다. 그러나 가부장제는 다양한 이데올로기들을 생산하고 재생산하는 역사적 기제로서 이데올로기적 (국가) 기구라는 포괄적인 맥락에서 다루어질 필요가 있다.

또한 소수자에 대한 절멸의 기획에 사로잡힌 한국 사회의 특성을 고찰하기 위해서는 전쟁의 역학을 고찰하는 것이 중요하다. 한국 사회는 제국주의 전쟁, 전체주의 전쟁, 내전, 쿠데타에 따른 내전 등 여러 복잡한 형태의 전쟁을 경험했다. 다양한 전쟁의 경험은 한국 사회에 절멸에 대한 공포와 자기 보호 기제를 광범위하게 확산시켰다. 따라서 한국 사회에서 소수자에 대한 공포와 절멸의 기획을 고찰하기 위해서는 전쟁 경험을 고찰하는 것이 중요하다.

또한 일제 말기의 총력전 체제는 분단 한국의 총력전 체제의 모델로 다시 호명된다. 그런 점에서 총력전 체제하의 경험을 고찰하는 것은 한국 사회의 기원을 살펴보는 일이다.

2. 전선과 가정, 그리고 '국민'의 안과 밖

'총력전' 체제가 구성되면서 안과 밖을 둘러싼 통합과 배제의 담론은 극대화된다. 이러한 통합과 배제의 방식은 미영 귀축鬼畜과 아시아(대동아)의 구별과 대립선, 아시아 내부(대동아공영권)에서는 일본을 정점으로 하는 위계화, 일본 내부에서는 천황을 정점으로 하는 위계화를 구축한다. 특히 조선의 경우 외부적으로는 일본-조선-신생 식민지라는 위계화를, 내부적으로는 천황-청년-총후부인-소국민이라는 식의 위계화를 구축한다. '청년'이 최전선에 서 있는 '정예'를 의미한다면 총후부인은 말 그대로 '후방', 소국민은 장차 '제2세대' 국민으로 '육성될' 존재를 의미한다. 내부의 위계화는 가부장 '일본 제국'의 '보호'와 규율 아래 놓인 '제국의 신민'들을 서로 차별화하면서 위계화하는 방식으로 진행되었다. 이 과정에서 '국민'은 전선의 안, 가정의 안, 대동아의 안에 놓인(또는 놓일 수 있는) 특정한 정체성의 이름으로서 구성되었다. 또 전선과 가정과 대동아의 바깥에 놓인 존재들은 비국민으로서 배제되었다.

전시 동원 체제의 황민화 과정은 조선 민족으로서 자기 정체성을 부정하고 '일본 국민'으로 자리바꿈하는 단선적 과정만은 아니었다. 물론 일제의 지배 정책은 조선 민족의 자기 정체성을 부정하는 다층적인 억압 장치들을 강요했다. 그러나 '황민화', 혹은 '일본 국민'으로의 주체 위치의 이동은 조선이 인종화되고 젠더화된 시선을 통해 아시아 속에서 자기 위치를 재정립하고 '조선' 내부의 특정한 정체성을 부정함으로써 '청년'으로, 또는 '총후부인'으로 자기 위치를 재정립하는 과정이기도 했다. 따라서 황민화 과정에서 주체 구성의 정치학은 민족적인 것과 반민족적인 것이라는 위계와 대립만 구축하지 않았다. 미개한 아시아와 문명화된 조선과 일본이라는 대립선과 타락한 '근대적' 지식인과 파시즘적으로 쇄신된 엘리트(청년), '사치와 향락만을 일삼는' 신여성적 정체성과 '동양적'인 부인으로서의 정체성이라는 대립선이 강력하게 구축되었다. 또한 이러한 복합적인 대립과 위계를 통해 '황민화'의 과정은 구체적이고 특정한 자기 정체성에 대한 감각과 의식을 조선인들에게 각인시켰다. 전시 동원 체제의 젠더 정치는 '일본 국민'의 이름으로 이루어졌지만 민족적 정체성과 관련되는 문제만은 아니다. 해방 후 '총동원 체제'의 젠더 정치가 '국민'의 이름으로 손쉽게 호출될 수 있었던 것도 이 때문이다. 따라서 현재 식민지 경험이 현재 '우리'에게 미친 영향을 되돌아본다는 것은 '민족적' 정체성을 둘러싼 문제만이 아니라 이렇게 '국민'의 이름으로, '총동원'의 이름으로 행해진 구체적인 젠더 정치의 내용을 다시금 평가하는 것이다.

'여성'을 둘러싼 정책과 이데올로기, 또한 여성 노동력의 동원 방식이 일제 말기 전시 동원 체제로의 변화 과정에서 어떻게 변화했는가에 대해서는 많은 연구가 이루어지지 않았다. 지금까지는 주로 위안부 문제와 여성 정책과 노동력 동원의 문제에 관심이 집중되었다. 특히 위안부 문제에 대한 역사적 규명 작업은 전시 동원 체제의 젠더 정치를 총괄적으로 이해하는 데 중요한 문제이다. 그러나 이를 감안하더라도 기존의 연구들은 주로 정책과 동원이라는 현상적인 문제에만 초점을 맞춘 까닭에 이 시기 여성에 대한 조선 내의 이데올로기적 지형 변화에 대해서는 논의가 이루어지지 못했다.

기존의 연구에서 총력전 체제와 젠더 정치를 고찰하기 위해 몇 가지 연구 주제를 도출할 수 있다. 총력전 체제하 부인회 조직을 통한 상층 여성의 '동원'과 이것이 상층부 여성에게 미친 효과, 하위 계급 여성들의 조직(애국반 등)과 여성 노동력 동원의 상관관계, 노동력 재배치 과정에서 나타난 여성 노동력의 재배치 현상과 이것이 미친 효과, 총력전 체제의 이념과 여성에 대한 이데올로기의 상관관계와 그 효과, 또 이 모든 과정에서 일제의 여성 정책이 제국 일본의 여성과 식민지 여성에게 각기 어떤 형태로 작용했는가 하는 주제를 들 수 있다. 기존의 연구에서는 이 문제들이 산발적으로만 논의되었다.

먼저 총력전하 부인회 조직을 통한 상층 여성의 동원과 상층부 여성에게 미친 효과는 부인회 조직의 형태만 논의되었다.[2] 부인회 조직이 실제로 조선에서 어떤 기능을 수행했으며 또 이러한 조직화가 여성들에게 어떤 포괄적 영향을 미쳤는지는 아직 논의되지 못했다. 특히 선행 연구에서는 여성의 정치 조직화와 동원이 상층부 여성에게 "평등에 대한 유혹"[3]으로 작

---

2. 이에 대해서는 강선미·야마시다 영애, 「천황제 국가와 성폭력」, 『한국여성학』, 한국여성학회 제9회 학술대회 발표문 (1993) 참조. 여기서 저자들은 군위안부 문제에 초점을 맞추면서 부인회 조직 문제를 간략하게 언급하고 있다. 이 외에도 가와 가오루는 일제의 부인 정책의 변화를 고찰하면서 부인 계발의 일원으로 조선에 부인국을 두고 부인회 조직을 개편하는 과정을 간략하게 고찰하고 있다. 가와 가오루, 「총력전 아래의 조선 여성」, 김미란 옮김, 『실천문학』, 2002년 가을.
3. 이선옥, 「평등에 대한 유혹 — 여성 지식인과 친일의 내적 논리」, 『실천문학』, 2002년 가을 참조.

용한 점에 주목했다. 우에노 치즈코가 지적한 바와 같이 일본에서 전시 동원 체제의 '새로운 정체성 정치'에 자발적으로 통합되고자 했던 여성들의 지향은 평등과 참여에 대한 근대적 딜레마와 밀접하게 관련되어 있다.4

조선에서 농민층을 중심으로 이루어진 여성 노동력 동원은 전시 체제하 노동력 동원에 포함되어 다뤄진다.5 특히 이 문제는 위안부 동원과의 관련성 속에서 집중적으로 다뤄진다.

최근 위안부 문제에 대한 연구는 일본의 천황제 파시즘과 가족국가주의를 중심으로 논의가 이루어졌다.6 또한 천황제 파시즘과 가족국가주의는 식민지에서 어떤 제도적 틀로 자리 잡게 되었는가에 대한 연구도 진행 중이다. 이는 공창제에 대한 연구에 집중되었다.7 천황제 파시즘에 기반을 둔 가족국가주의가 제국 일본과 식민지 사이에서 어떻게 차별적으로 작용했는가 하는 문제도 중요한 논란거리가 되었다. 총력전 체제하의 일본과 조선에서 공통적으로 모성 이데올로기가 중요하게 부각되었지만, 일본에서는 출산 장려를 비롯한 모성 보호가 진행된 반면 식민지에서는 기본적 권리조차 없이 강제적인 "모성 말살"이 진행되었다는 정진성의 문제제기는 이를 잘 보여준다.8 여성 정책은 일본과 조선에서 동등한 방식으로 추진된 적이 없다. 이는 공창제와 가족 제도, 모성 정책 등이 식민 지배 초기부

---

4. 우에노 치즈코, 『내셔널리즘과 젠더』, 이선이 옮김 (박종철출판사, 1999).
5. 이에 대해서는 변은진, 「일제 전시 파시즘기(1937~1945) 조선 민중의 현실 인식과 저항」 (고려대학교 대학원 사학과 박사학위 논문, 1998) ; 곽건홍, 「일제하 조선의 전시 노동 정책 연구」 (고려대학교 대학원 사학과 박사학위 논문, 1999) 참조.
6. 대표적인 연구로는 강선미·야마시다 영애의 「천황제 국가와 성폭력」이 있다. 이 논문의 저자들은 위안부 동원의 문제를 가족 제도와 공창제라는 천황제 가족국가주의의 틀 속에서 고찰하고 있다.
7. 공창제의 역사적 전개에 대해서는 송연옥, 「대한 제국기의 '기생 단속령'과 '창기 단속령' — 일제 식민지화와 공창제 도입의 준비 과정」, 『한국사론』 40 (1992년 12월) ; 야마시다 영애, 「식민지 지배와 공창 제도의 전개」, 『사회와 역사』 51 (1997년 봄) ; 양동숙, 「해방 후 공창제 폐지 과정」, 『역사연구』 9 (2001년 6월) 등의 논문을 참조하라.
8. 정진성, 「억압된 여성의 주체 형성과 군위안부 동원」, 『사회와 역사』 54 (1998년 봄). 이 외에도 정진성은 최근 연구를 통해 기업 위안부에 대해 폭넓은 자료를 제시한 바 있다. 정진성, 「일제 말 강제 동원기의 기업 위안부에 관한 연구」, 『사회와 역사』 63 (2003년 1월) 참조.

터 일본과는 차별적으로 진행된 사실과도 밀접한 관련이 있다. 단지 식민 정책의 문제뿐 아니라 모성에 대한 이념, 즉 일제의 식민 통치의 근간이 된 모성이나 여성의 신체에 대한 관념이 조선에 대해서는 줄곧 "제한과 통제"의 의미로 차별적으로 구축되었다는 의미이기도 하다.[9]

전시 동원 체제와 여성의 주체 위치의 문제는 주로 위안부 문제를 중심으로 연구되었다. 전시 동원 체제하의 여성의 주체의 위치 변화와 위안부 문제를 함께 다룬 가장 최근의 연구에서 가와 가오루는 "식민지 주민까지 동원하여 총력전이 수행되었을 때 민족이나 성별에 따라 제국 내에서 어떠한 차별과 '평등' 체제가 구축되었을까"라는 질문으로 자신의 연구를 시작한다. 현재 가와 가오루의 연구는 총력전 체제하의 제국과 식민지의 관계, 특히 여성 문제 차원에서 제국 일본 여성과 식민지 여성의 관계를 어떻게 사유할 것인지를 둘러싼 논점들을 보여준다. 가오루의 지적처럼 여성은 총력전 체제 이전에는 "남자에 비해 교화 대상에 포섭되지 않는 위치에 있었다." 그러나 총력전 체제 이후, 사회체social body를 애국반과 같은 작은 세포 조직으로 재구성하게 되면서 여성은 중요한 교화 대상에 포함된다.[10]

---

9. 이에 대해서는 소현숙, 「일제 식민지 시기 조선의 출산 통제 담론의 연구」 (한양대학교 대학원 사학과 석사학위 논문, 1999) 참조. 소현숙은 이 논문에서 "서구나 일본에서 출산의 조절이 기본적으로 여성의 문제로 인식되어 '적게 낳을 권리'가 아니라 '낳을 권리, 낳지 않을 권리'로서 '산아 조절권'이 옹호되었던 데 비하여, 조선에서는 인구 제한의 의미에서 산아 제한의 의의가 파악되었고 따라서 '제한'의 의미로 지주 이해되었다"고 지적하고 있다. 또 소현숙은 일제하 조선에서의 출산 통제 담론을 이와 같은 조선 지식인들이 여성의 신체에 대해 지닌 관념과 일제 식민 정책과의 관계, 특히 우생학과 민족 담론과의 관계를 통해 규명하고 있다. 이 외에도 전시 동원 체제하의 여성 주체의 재배치와 일본의 양처현모 사상의 관계에 대해서는 가와모토 아야, 「일본 양처 현모 사상과 '부인 개방론'」, 『역사비평』, 2000년 가을 참조.
10. 가와 가오루는 여성이 교화 대상으로 중요하게 떠오른 것에 대해, "10호를 한 조로 하는 애국반을 말단 조직으로 하여 호 레벨까지 파악하는 것이 처음으로 조선 통제 정책의 목표가 되어 보다 광범한 여성이 교화 대상에 포함되었다"고 분석한다. 이 과정에서 일제의 정책 수행 목표가 여성에게까지 미치게 되었다는 점뿐만 아니라 애국반 활동을 주로 여자들 일이라고 생각한 조선 '가장'들의 의식 역시 중요한 변수가 되었다. 즉 "조선인의 애국반 경시로 대부분 주부나 하녀가 출석하고 있다"는 것이 문제시되었으나 이후에는 적극적으로 "반장은 부인도 가능", "주부가 반장을 하는 것이 효과적"이라고 정책을 수정하게 된 것이다. 가와 가오루, 「총력전 아래의 조선 여성」 참조.

이 장에서는 전시 동원 체제와 여성의 주체 형성의 복잡성을 고찰할 것이다. 특히 총력전의 이념이 조선 내에서 여성에 관한 이데올로기와 어떻게 결부되는가를 중심으로 논하고자 한다. 전시 동원 체제하 다양한 매체를 통해 생산된 부인 담론을 중요한 고찰 대상으로 삼는다. 물론 일제의 통제에 부응하는 매체들이 협력적이며 체제 통합적이었다는 점을 염두에 둘 필요가 있다. 이 장에서는 『총동원』, 『신시대』와 같은 체제 이념을 선전하는 기관지나, 매체 통합으로 형성된 『춘추』, 매체 통합 이후에도 살아남은 『조광』, 『삼천리』, 『대동아』, 『신여성』, 『문장』, 『인문평론』과 같은 매체에서 생산된 부인 담론을 중심으로 당대 총력전의 이념과 부인 담론의 상관관계를 고찰하고자 한다. 또 '총후부인' 담론의 연장선상에서 도출된 '군국의 어머니'라는 표상이 총력전의 이념과 맺는 연관성을 살펴볼 것이다. 특히 박태원의 『군국의 어머니』를 중심으로 총력전 체제가 모성 이데올로기를 중요한 통합 기제로 활용하는 방식과 그 역사적 독특성을 고찰하고자 한다. 전시 동원 체제의 여성의 주체 위치의 변화를 고찰하기 위해 정책이나 노동력 동원 방식과 같은 억압적 국가 기구의 역할뿐 아니라 매체, 즉 이데올로기적 국가 기구에서 수행된 담론 전략에 대해 살펴볼 것이다. 이 장에서는 먼저 총력전과 총후부인 담론의 상관성, 총력전과 모성 이데올로기의 상관성에 대해 논하고자 한다.[11]

전시 동원 체제는 미국, 영국에 대항한 장기전과 총력전에 대비하여 일본과 조선과 대만에 대한 체제 전환을 강제하는 과정이었다. 또한 만주나 남방 열도 등 새로운 식민지들이 '일본 제국'의 '지도' 속에 새롭게 편입되었다. 조선을 전시 동원 체제로 재편성하려는 일본 제국과 총독부의 정책은 천황제 파시즘에 근거한 가족국가주의의 틀을 따라 진행되었다. 그 결과 전시 동원 체제하의 조선인의 주체 위치의 재배정은 조선인에서 일본인

---

11. 총력전 체제하에서 총후부인 담론은 다른 종류의 주체 형성 담론과 밀접하게 관련된다. 즉 전선의 정예 부대를 형성하는 청년 담론과 후방의 주체를 구성하는 부인 담론, 제2세대 국민 양성을 위한 소국민 담론은 상호 참조적이다.

으로의 전환이라는 단일한 경로를 따라 이루어진다기보다 복잡하게 젠더화되고 인종화된 위계와 적대에 따라 이루어진다. 조선인은 '황민'으로 거듭나기 위해서 청년, 총후부인, 소국민이라는 새로운 주체 위치로 배치된다. 이 시기 일본의 식민지 정책의 변화에 대한 연구는 주로 '황민화'라는 단일한 주체 위치만을 전제하고 이루어져 왔고 젠더화되고 인종화된 위계와 적대에 따른 주체 위치의 재배치에 대한 연구는 전무한 상태다. 특히 조선인이 '황민'으로서의 자질을 내면화하는 것은 '황민'이라는 추상적 정체성[12]의 내용을 통하기보다 청년, 총후부인, 소국민이라는 구체적이고 '익숙한' 정체성 항목을 통해서 이루어졌다.

청년, 총후부인, 소국민이라는 주체 위치는 전선의 정예 부대, 후방, 제2세대 국민 양성이라는 정체성을 의미한다. 이는 총력전의 이념을 식민지 내부에 관철하는 주체성의 정치학이 가족국가주의의 젠더 분리선을 따라 구성되는 전형적인 방식이다. 여기서 총후부인은 주로 후방 관리와 관련된 주체 위치의 특성이다. 즉 총후부인은 '여성'에 관한 담론이지만 본질적으로 후방이라는 총력전하 사회 체제 유지를 위한 이념과 관련되었다. 즉 청년은 남성에 대한 동원 담론으로, 총후부인은 여성에 대한 동원 담론으로 정향되었다. 이는 성적 역할의 문제만을 내포하는 것이 아니다. 즉 총후부인이란 남성들이 전장에 나간 상태에서 후방의 노동력, 재생산, 방첩, 방공, 물자 동원 등과 관련되었다. 총후부인 담론에는 동원을 위한 논의만이 아니라 총력전하에서 후방의 관리 주체로서 여성을 동원해야 하는 상황에서 일본 제국의 정책 주체들이 직면해야 했던 복잡한 딜레마도 드러난다.

먼저 총후부인 담론이 생산되는 역사적 맥락을 살펴보자. 총후부인 담론은 전시 동원 체제에서 국민정신 총동원 운동이 시작되면서 본격적으로

---

12. 최유리는 황민화 정책의 수행 과정이 여러 가지 정책과 의례를 통해서 반복적으로 학습되도록 강제되었지만 그 내용이 "추상적이어서 이것을 일상생활 속에서 어떠한 형태로 실현시켜나가느냐 하는 문제는 그리 간단한 것만은 아니었다"고 논한다. 이러한 추상성을 극복하기 위해서 일제는 정신 교화 운동과 전쟁 수행을 위한 전시 협력 운동이라는 두 가지 목표를 설정했다. 최유리, 『일제 말기 식민지 지배 정책 연구』, 106 참조.

생산된다.[13] 이는 전시 동원 체제가 '가정'을 기초 단위로 설정하는 것과 밀접한 관련이 있다.[14] 가정이 국민정신 총동원의 단위로 호출되는 것은 전후방을 모두 전쟁에 동원해야 하는 총력전 체제의 특성과 불리한 전세에서 장기전에 대비해야 하는 일본 제국의 전쟁 동원의 여러 복잡한 역학과 관련이 있다. 즉 가정은 열세에 몰린 총력전에 대응하는 최후의 보루이면서 전시 동원의 기초 단위로 호출되면서 이전과는 다른 방식으로 새로운 정치 단위로 조직화된다. 일본 제국은 물질적인 전력戰力 면에서 열세인 상태에서 무리하게 전쟁을 강행했고 적대국인 이른바 ABCD 진영(미국, 영국, 중국, 네덜란드 등)과 장기전을 수행하기 위해서는 정신력과 함께 후방의 치안 및 질서 유지가 중요해졌다. 특히 가정은 이러한 복합적인 의미 규정을 체화하면서 아시아의 절멸에 맞서는 '일본 민족'의 재생산을 위한 최후의 보루로 규정된다. 여기서 총후부인은 가정의 '주체'로 설정됨으로써 전시

---

13. 조선에서 국민정신 총동원 운동은 일본보다 약 1년 늦은 1938년 7월 7일, 중일 전쟁 발발 1주년을 기념하여 시작되었다. 최유리는 조선에서의 국민정신 총동원 운동은 일본과 달리 '정신' 운동을 강조했고 이는 운동의 정치적 성격을 본질적으로 배제하려는 의도에서 기인한다고 평가한다. 또한 '정신' 총동원이란 총력전과 장기전의 이념을 선명하게 보여주는 것으로 "전쟁이 장기화되어 가고 또한 많은 곤란이 예상되는 상황에서 국민의 정신, 사상의 힘이야말로 국력의 요소 가운데 무력과 경제력을 최종적으로 결정짓는 가장 중요한 요소라고 강조하고 있다." 즉 "이 어려움을 극복하는 최후의 보장은 무엇보다도 국민의 충성 즉 일본 정신에 기초한 국민 종력의 불요불굴(不撓不屈)의 지구(持久)에 기대하는 바이다."(朝鮮総督府,「国民精神総動員全羅北道連合指導者大会総督に告別」[1940])라는 일제의 표현대로 객관적으로 불리한 전세 속에서 총력전을 실시하기 위해 국민정신 총동원이 필수적이라는 이데올로기가 강조된다. 국민정신 총동원 운동은 전시 동원 체제가 강화되는 1940년에 이르러 국민 총력 운동으로 변화된다. 최유리,『일제 말기 식민지 지배 정책 연구』, 87 참조. 이러한 총력전의 이념은 일제의 식민 통치기뿐 아니라 해방 이후의 한국 사회에서 국민 동원의 이념으로 재생산된다. 이 책은 이러한 일제 강점기에서 후식민화 시기에 이르는 한국 사회의 젠더 정치의 연속성과 단절을 고찰하는 것을 목표로 하고 있기도 하다.
14. 다카하시 하마키치,「가정과 국민정신 총동원」,『총동원』창간호, 1939년 6월, 27. 이 글에서 가정과 국민정신 총동원의 관계는 다음과 같이 논의된다. ① 가정은 국(國)의 기조다. ② 가정의 중심은 주부다. ③ 금차 사변의 특이성, 즉 근대전이 총력전의 형태를 띠므로 무력뿐 아니라 외교력, 경제력 등 '국가의 총력'을 필요로 한다. ④ 따라서 물자 절약과 활용, 생산의 확충이 필수적이다. ⑤ 국민정신 총동원의 단위는 가정이다.

동원 체제의 이념을 '가정의 이념'으로 젠더화하고 전쟁동원에 내포된 식민주의와 파시즘을 자연화, 정당화하는 역할로 할당되었다.

따라서 총후부인 정책과 담론은 다음과 같은 여러 층위와 관련되어 다층적으로 작동했다. 첫 번째는 신체제와 생활 개선과 관련된 정책과 담론이다. 이는 후방의 동원과 관리 문제와 직접적으로 관련된다. 특히 물자 및 노동력 '동원'이 주로 '가정'을 중심으로 이뤄지기에 가정 관리의 문제는 물자 동원의 문제와 직접적인 관련을 맺었다. 두 번째는 '후방'의 안전과 관련된 정책과 담론이다. 이는 방첩 정책과 스파이 담론과 밀접한 관련이 있다. 세 번째로는 총후부인 정책과 담론은 방첩 정책과 스파이 담론과 분리가 불가능할 정도로 연결되었다. 1937년 이후 방첩 정책과 스파이 담론은 '위장 평화'에 대한 경계와 일본과 '적대 국가'와의 적대적 관계를 분명히 할 것을 강화하기 위한 정책과 선전 담론들에서 볼 수 있다. 이때 방첩 정책과 스파이 담론은 스파이에 포섭되는 '상류층 여성'을 공격하거나 인종적 타자를 경계 대상으로 주목하게 하면서 이른바 대중의 호기심을 불러일으키는 데 성공했고 강렬한 선전 효과를 갖게 되었다. 특히 이는 전시 동원 체제 이전부터 출판물이나 영화로 대량생산된 성차별적이고 인종차별적인 스파이 담론을 전시 동원 체제에 걸맞게 변용하면서 더욱 효과를 발휘했다. 이는 전시 동원 체제에서 자유와 해방을 상징했던 신여성을 적대적 공격의 대상으로 설정하는 총후부인 담론의 강제적인 정체성 재설정의 방식의 산물이었다.

네 번째로 총후부인 정책과 담론은 재생산과 관련된 정책 및 담론과 밀접한 관련이 있다. 이 경우 총후부인 정책과 담론은 '전시하의 애육愛育' 문제나 인구 증가 정책, 탁아소 문제 등과 관련되어 드러난다. 이는 특히 장기전에 대비한 '국민 재생산' 및 여성 노동력 동원과 관련된다.

앞서도 논한 것처럼 총후부인 정책과 담론은 '가정'을 전시 동원의 필요에 따라 강제적으로 재구조화하는 것을 목표로 했다. 국민정신 총동원의 단위로서 '가정'이 구성되는 것은 근본적으로 일본의 근대 체계 구성에서 가정(카테이)이 차지하는 의미와도 관련된다. 일본의 근대 체계 구성에 있어서 가정은 근본적으로 공적 영역과 매개되며 정치적 단위로 구성된다.[15] 또한 가정이 정치 단위로 호출되는 과정에서 '국민'과 '비국민'의 경계는 '가정'의 안과 밖을 중심으로 구성된다. 이로써 총후부인은 '가정'의 안에 존재하는 '안전한 국민'의 표상으로 할당되었고 가정 바깥에 존재하는 여성 정체성은 '불안한 비국민'의 표상으로 할당되었다. 가정의 안과 바깥이 안전한 국민과 불안전한 비국민으로 이렇게 분리되는 방식은 일본 내의 파시즘화 과정에서 작용하는 '양처현모론'의 대두에서도 전형적으로 나타난다.[16] 또한 총후부인의 정체성의 세부 항목이 구성되는 과정에서 '신여성'적 정체성에 대한 전면적 혐오와 비판이 공존하게 되는 것에는 스파이 담론이 지대한 영향을 미쳤을 뿐만 아니라 독일 파시즘의 영향 또한 드러난다.[17]

스파이 담론의 만연은 사회의 파시즘화를 보여주는 징후다. 파시즘 정치학은 침투 공포를 환기함으로써 사회 내부에 대한 강제적 '정화'와 재정립의 필연성을 정당화한다. 나치즘의 반유대주의는 특정 인종에 대한 혐오감을 생산할 뿐 아니라 사회의 '경계'가 문란해진다는 것에 대한 위기감을 자극한다. 또한 사회의 '문란'에 대한 공포는 사회의 '여성화'에 대한 공포

---

15. 이런 식으로 '가정' 혹은 가족이 근대 정치의 기초 단위로 구성되는 것은 일본만의 특징은 아니다. 물론 일본의 카테이 개념은 서구의 가족(family)이나 가정(home)과 동일한 것은 아니다. 그러나 프랑스 혁명 이후의 서구 근대화 과정에서 가족은 근대 정치의 기본 단위로 구성되었다. 그런 점에서 일본의 가족 개념이나 가족국가주의를 봉건적 관습의 연장으로 파악하는 것은 단순한 논법이다. 이에 대해서는 권명아, 『가족 이야기는 어떻게 만들어지는가』, 그리고 권명아, 『식민지 이후를 사유하다』의 3부 5장 「마지노선의 이데올로기와 가족, 국가— 전장의 스펙터클과 유족의 정체성」 참조.
16. 일본에서의 '양처현모론' 전개 과정과 파시즘화에서의 '양처현모론'의 기능에 대해서는 가와모토 아야, 「일본 양처현모 사상과 '부인 개방론'」, 『역사비평』, 2000년 가을 참조.
17. 스파이 담론과 침투 공포의 환기는 일본에서의 '반유대주의' 확산과 관련된 것이기도 하다. 일본의 반유대주의 전개 과정에 대해서는 David Goodman, "Anti-Semitism in Japan : It's History and Current Implication", in *The Construction of Racial Identities in China and Japan : Historical and Contemporary Perspectives*, ed. Frank Dikötter (University of California Press, 1998) 참조.

와 맞물렸다. 이는 파시즘 정치학에서 인종과 젠더의 밀접한 관련성을 보여준다. 1930년대 후반 조선에서의 스파이 담론과 총후부인 담론의 연계는 '사회체'를 파시즘적으로 재조직하는 기획에 내포된 인종과 젠더의 결합관계를 보여준다.[18]

3. 총력전 체제와 모성 이데올로기

'군국의 어머니'로서의 여성의 역할은 총후부인 정책 담론의 연장선상에서 도출된다. 군국의 어머니 역할에 대한 정책 담론은 지원병 제도, 나아가 징병 제도에 대비한 정책 선전의 하나였다. 총후부인 정책 담론이 생활 정비에서 후방 관리까지 폭넓은 지형에 걸친 이데올로기 담론이라면 이와 달리 군국의 어머니에 대한 정책 담론은 지원병 제도(이후의 징병제)와 관련된 상대적으로 좁은 지형에 국한된다.[19] 군국의 어머니는 전선에 남편과 아들을 보낸 아내와 어머니로서의 역할을 강조하는 정책 담론이다. 많은

---

18. 이 책에서 사회체는 social body의 번역어로 사용한다. 사회체라는 용어를 굳이 사용하는 것은 사회가 '신체'나 '신체화'와 무관한 것으로 보는 방식, 즉 사회를 젠더 중립적인 것으로 보는 방식을 비판하기 위해서다. 다른 한편 사회체라는 용어는 파시즘이 기존의 체화된 사회에 대한 관념을 다른 방식으로 재설정하는 과정을 '신체'와 사회 혹은 체화된 사회라는 맥락에서 살펴보는 과정을 좀 더 명확하게 보여줄 수 있기에 강조의 의미로 사용하고자 한다. 파시즘 정치와 반유대주의, 그리고 인종과 젠더의 관계에 대해서는 Segel, *Body Ascendant*, 282 참조.
19. 이상경은 "일제시대 '군국의 어머니'란 용어는 전시 총동원 체제하에서 여성이 해야 할 역할을 모범적으로 구현하고 있는 여성상을 가리키고 있다. 그것은 자식을 훌륭한 군인으로 키우는 것을 비롯해서 군인 유가족으로 꿋꿋하게 살아가는 강인함, 군인 가족에 대한 원호 사업, 물자 절약 및 헌납, 때로는 여성 스스로 무기를 들고 군인이 되는 경우까지를 포함한다"고 논했다. 이상경, 「일제 말기 여성 동원과 '군국의 어머니'」, 『페미니즘 연구』 2 (2002), 205. 이상경의 논문은 군국의 어머니 담론을 통해 전시 동원 체제의 여성 동원에 대해 면밀하게 고찰하고 있다. 그러나 논지의 전개상 군국의 어머니 정책 담론과 총후부인 정책 담론의 상관성이라는 문제는 충분히 논의되지 못한 것으로 보인다. 총후부인 정책 담론이 1938년 '국민정신 총동원'과 관련하여 시작되었다면 '군국의 어머니'는 1940년 이후의 지원병 제도 및 징병제 확립과 더욱 밀접한 관련이 있다. 즉 군국의 어머니 정책 담론은 총후부인 정책 담론에 내포되는 특정 역할에 한정된 의미로 주로 사용되었다.

논자들이 지적하고 있듯이 일제의 모성 동원은 일본과 조선에 대해 차별적으로 이루어졌다. 가와 가오루가 지적한 바와 같이 "일본에서는 다산 장려와 모성 보호로, 조선에 대해서는 자식을 희생하고 모성을 파괴하는 방향으로 이루어졌다." 일제가 전시 동원 체제하에서 모성을 동원하는 방식은 두 가지로 볼 수 있다. 하나는 징병과 징용에 반대하지 않도록 계발 대상으로 어머니를 호명하고 교화하는 차원이고 두 번째는 '아이를 낳는' 어머니(자보보국子寶報國, 아이를 낳는 것을 통해 보국한다는 뜻)로서의 역할 설정이다. 조선에서는 일본의 '낳는 어머니'라는 위치보다는 징병이나 징용에 반대하지 못하도록 모성을 동원하는 방식이 압도적으로 우세했다. 또한 조선의 경우 여성들은 '아이를 낳는 어머니'의 역할보다는 젠더화된 노동력의 원천으로 동원되었다.[20]

조선에서 군국의 어머니 정책 담론의 이러한 특성은 1940년을 전후로 매체에 게재된 군국의 어머니에 대한 담론에서도 확인된다. 당시 조선에서 군국의 어머니는 주로 아들을 흔쾌히 전장으로 보내는 모습으로 반복해서 등장하거나 후방에서 가족의 생계를 대신 맡는 어머니로 등장한다. 당시 신문에는 군국의 어머니에 대한 미담, 일화, 일대기(열전) 등의 다양한 형식의 이야기들이 수록되었다.[21] 학주군 홍상리 박씨의 일화를 소개하고 있

---

20. 기와 기오루, 「총력전 이래의 조선 여성」 참고. 기와 가오루는 강덕싱의 연구를 빌려 조선에서는 아들을 기쁜 마음으로 전장과 노동 현장으로 보내는 어머니의 역할이 강하게 요구되었다고 밝히고 있다. 가와 가오루도 지적하고 있듯이 모성을 강조하는 선전 문구는 조선에서도 다양하게 생산되었고 그런 점에서 일본과 조선에서 수행된 이데올로기 선전의 차이에 대해서는 단언할 수 없다. 분명한 것은 일제가 조선에서 다산을 장려했다고는 볼 수 없다는 점이며, 이는 모자보호법이나 국민우생법이 조선에서 시행되지 않은 점으로도 뒷받침된다.
21. 예를 들어 「군국의 어머니에게」(『매일신보』, 1944년 12월 17일) 같은 글은 '문화 강좌'라는 코너로 군국의 어머니들이 '어떠한 각오를 가져야 하나'에 대한 내용을 담고 있다. 이는 일종의 지침을 제시하는 성격의 글이다. 또 「군국의 어머니 지표」(『매일신보』, 1942년 5월 26일)는 '징병제에 대한 준비를 말한 부인 좌담회'라는 부제가 보여주듯이 징병제에 대비한 어머니의 역할을 지침으로 제시하는 성격의 글이다. 이와는 달리 「군국의 어머니」(『매일신보』, 1940년 10월 28일)의 경우는 '독자(獨子)를 격려(激勵)하야 지원(志願) 채소(菜蔬) 상으로 일가(一家) 생활(生活)'이라는 부제가 보여주듯이 실제 일화를 소개한 글이다. 또

는 「군국의 어머니」22의 경우를 보면 "독자獨子를 격려激勵하야 지원志願 채소菜蔬상으로 일가一家 생활生活"이라는 부제가 보여주듯이, 외아들을 지원병으로 보내고 세 딸을 데리고 채소 장수로 일가의 생계를 도맡고 있는 어머니의 모습이 나온다. 기사는 이 어머니가 흥남 서장으로부터 격려와 표창을 받았다고 전한다.

박태원의 소설『군국의 어머니』는 잡지『조광』에 연재하던 소설을 묶어 '조광 가정 강좌' 시리즈 제1권으로 출간했다. 이 책은 조선총독부 정보과 추천, 국민총력연맹 문화부 감수로 출간되었다. 전시 동원 체제하에서는 출판 통제와 더불어 체제를 강화하는 내용을 담은 이른바 '양서' 보급이 중요한 이데올로기 통제 정책의 하나로 기능했다.23 일본의 경우『모성 독본』,『소국민 독본』,『애국반 독본』등 다양한 독본류들이 이데올로기 통제를 위해 대중적으로 보급, 장려되었다. 조선의 경우도『총동원 독본』과 같은 책들이 광범위하게 보급되었다. 또한 전시 동원 체제하에서 '가정생활 합리화'라는 기치하에 다양한 생활 통제 정책이 실시되었다. 이를 위한 문고류와 독본류의 지침서들이 다양하게 출판되었다. 그런 점에서『군국의 어머니』는 '가정 독본류'의 연장선상에서 볼 필요가 있다.24

박태원의『군국의 어머니』는 일본의 '군국의 어머니 열전列傳'을 토대로

「군국의 어머니 열전」(『매일신보』, 1942년 6월 29일)의 경우는 일본의 군국의 어머니 열전을 번역 소개한 글이다. 실제의 정책으로 반영되지는 않았지만 모성 보호와 전력 증강에 대한 담론도 당대에 조선에서 많이 볼 수 있다. 대표적인 것은 이규화, 「전력 증강과 모성 보호」,『신시대』, 1945년 1월.

22. 「군국의 어머니」,『매일신보』, 1940년 10월 28일.
23. 일본의 경우에도 이러한 양서 보급 정책이 중요한 통제 정책으로 기능했다. 일례로 문부성(文部省) 사상국(思想局)에서 펴낸『사상지도에 관한 양서 추천』(思想指導에 關하는 良書 選獎, 1936)을 보면 '철학, 종교', '윤리, 교육', '역사, 문학, 예술'로 나뉘어 일본 정신을 함양해 주는 '양서'가 선정되어 있다. 여기 소개된 '양서'는 주로 일본 정신 함양, 일본사 이해, 동양 정신 이해, 서구 사상 비판 등을 기조로 하고 있다.
전시 동원 체제의 출판 통제에 대해서는 권명아, 「전시 동원 체제에서 중국적인 것의 정동화와 조선적인 것의 인종화 — 차이나 어펙트 연구」,『여성문학연구』61 (2024년 4월). 그리고 권명아,『음란과 혁명 — 풍기문란의 계보와 정념의 정치학』(책세상, 2013) 참조.
24. 이에 대해서는 3부 3장 「참가의 환상은 측정 가능한가」에서 자세하게 다루고자 한다.

했다. 열전류들은 군국의 어머니 담론에서 중요하게 부각된다. 또 이러한 열전은 군국의 어머니뿐 아니라 당시 전시 동원 체제에 맞게 재편되어 생산된 '위인 열전', '애국자 열전' 등의 연장선상에 있다. 이 작품은 열전 형식답게 여러 군국의 어머니들의 일화를 소개한다. 이 열전은 일정한 스테레오타입을 보여주는 데, 서사의 스테레오타입이 어떤 이데올로기를 담고 있는가를 분석함으로써 군국의 어머니 담론을 통해 대중들에게 각인시키고자 하는 이념을 살펴볼 수 있다.

열전의 주인공에 따라 약간의 편차가 있긴 하지만 군국의 어머니는 서사에 있어서 몇 가지 스테레오타입을 따르고 있다.

첫째, 주인공, 즉 군국의 어머니는 남성 가문의 역사만이 담긴 가계도의 계보에 따라 기술된다.

둘째, 주인공 여성의 남편이나 아들은 모두 '난세의 영웅'의 면모를 보인다.

셋째, 주인공 여성의 남편과 아들은 '국난'에 맞서 싸우는 영웅이되 이들이 치르는 전투는 언제나 중과부적의 상태, 객관적인 전세戰勢가 불리한 상태로 기술된다. 이들은 정신력과 '죽음을 불사하는' 용기로 불리한 전세를 뒤집고 승리한다.

넷째, 군국의 어머니들은 난세의 영웅인 남편과 아들의 죽음 앞에서도 의연하게 가족의 생계와 가문의 계보를 이어 나간다.

다섯째, 대부분의 전쟁은 '배신자'로 인해 일어난다.

『군국의 어머니』에서 강조되는 여성의 역할은 다음에서 선명하게 드러난다. "남의 안해로서는 남편을 지성껏 섬기고, 삼남매의 어머니로서 그 양육에 성공하고, 또 일본 국민으로서는 부인보국婦人報國의 위업偉業을 이루게 한 기초이었다."[25] 군국의 어머니는 아내와 어머니로서 전선에 나가는 남성들을 보조하고 내조하는 역할을 맡는다. 물론 이러한 역할에는 모성 이

---

25. 박태원, 『군국의 어머니』 (조광사, 1942), 119.

데올로기에 기반한 국민 재생산의 문제가 포함된다.

앞서 논한 바와 같이 전시 동원 체제 일제의 모성 동원 정책은 일본과 조선에서 차별적으로 실시되었다. 그러나 모성 이데올로기가 보호의 형태든 말살의 형태든 모성을 동원한다는 점에서는 차이가 없다. 그리고 그 동원이 보호와 말살이라는 양면적이고 모순적인 형태를 취하는 것 자체가 역사적으로 모성 이데올로기가 보여주는 이데올로기적 특질이라고 할 수 있다.[26] 그런 점에서 식민지에서 수행된 모성 말살 정책과 일본 본국에서 수행된 모성 보호는 '제국'과 식민지 사이를 위계화하는 방식인 동시에 제국의 상층 여성과 하층 여성 사이의 위계화 방식이기도 하다. 또 이런 여성을 내적으로 위계화하는 모성 이데올로기는 식민지의 상층 여성과 하층 여성 사이를 가로지르는 차별적 기획이기도 하다.

군국의 어머니 정책과 담론은 표면적으로 이러한 내조자, 조력자, 재생산의 주체로서의 여성의 역할을 강조한다. 그러나 흥미로운 것은 표면적으로 드러나는 모성 이데올로기를 떠받치고 있는 내적인 이데올로기적 기제다. 이는 총력전 체제가 왜 모성 이데올로기를 필요로 하는가의 문제를 살펴보는 데 매우 중요하다. 양차 대전을 거치면서 독일, 이탈리아뿐 아니라 일본 역시 전체주의적 전쟁을 최초로 경험한다. 이 시기 모든 국가에서 모성 동원과 여성 동원 정책은 중요한 역할을 수행한다. 물론 남성이 전선으로 나가고 후방에서 노동력을 보충한다는 경제적 의미가 크게 작용한다. 특히 독일과 이탈리아의 경우 전시 체제로의 파시즘적 전환 속에서 여성을 동원하는 것은 파시즘 조직을 강화하는 데 매우 중요한 역할을 했다. 여기서는 이러한 역사적 맥락을 토대로 총력전 체제와 모성 이데올로기의 내적 연관을 『군국의 어머니』에 나타난 서사의 스테레오타입을 통해 고찰하고자 한다.

---

26. 현재 한국 사회에서는 어느 사회보다 모성 이데올로기와 모성 신화가 강조되고 있다. 그럼에도 불구하고 모성 보호를 위한 정책의 수준은 세계 최하위나 다름없다. 이는 모성 신화가 실제로는 '모성 말살'과 모순 없이 공존한다는 한 예다.

먼저 '총력전의 이념'과 '모성 이데올로기'의 상관성 중에서 흥미로운 점은 왜 강인한 모성상이 요구되는가 하는 점이다. 앞서 살펴본 서사의 스테레오타입에서는 주인공들이 객관적으로 열세인 전쟁에 참여하고 있으며, 따라서 정신력으로 불굴의 승리를 거두어야 한다는 것이 반복적으로 기술된다. 이는 이른바 정신 총동원, 총력 동원의 이데올로기가 어떤 이념을 기반으로 하는지를 전형적으로 보여준다. 여기서 총력전이란 '약자의 이념'을 토대로 한다. 역사적으로, 현실적으로 약자인 주체들이 강한 적, 중과부적의 적에 맞서 싸우는 전쟁이 총력전의 이념이다. 약자의 논리는 일본이 태평양 전쟁을 정당화하기 위해 빈번하게 호출하는 이념이다. 물론 이는 모순적인 이념이다. 태평양 전쟁은 아시아에서 가장 '개명한' 일본이 백화(白禍)에 맞서 아시아를 구원한다는 논리를 한 축으로 한다. 이때 다른 아시아 국가에 대해 일본은 결코 약자의 위치에 서 있지 않다. 그러나 아시아는 서구, 특히 미국과 영국에 대해서는 한 번도 승리해본 적이 없는 약자의 위치에 있음이 강조된다. 약자의 위치에 대한 강조는 '제국 내부', 특히 서구에 적대적인 '아시아'를 통합하기 위한 담론으로서 적극적으로 동원된다. 즉 약자의 위치로서의 아시아란 서구에 대항하는 분리선을 책정하고 아시아, 혹은 '일본 제국 내부'를 통합하는 전략적 담론이다. 동시에 약자의 위치는 정신 총동원, 즉 물리적 힘의 열세를 극복하기 위한 결사항전 논리를 정당화하는 이념으로 작용한다.[27] 이처럼 약자의 위치를 강조함으로써 총력전의 이념은 정당화된다. 모든 남성 주인공과 내조자이자 조력자인 '군국의 어머니'가 난세의 영웅으로 극화되는 것은 약자의 위치에서 겪는 고통과 수난을 강조하기 위해서다.[28]

---

[27] 이처럼 '약자의 위치'를 통해 전시 체제의 이념과 총력전의 이념은 정당화된다. 서구 역사에 있어서도 파시즘 운동이 외부에 대해 내부를 통합하고 '내부'에서 파시즘적 주체를 구성하기 위한 정체성 투쟁을 촉발하는 중요한 담론으로 작동한다. 즉 여성의 손상된 지위를 이용하여 여성을 파시즘 주체로 호명하고, 중간 계층의 상실감을 촉발하여 파시즘 조직에 동화시키는 정책들이 파시즘 체제에서 빈번하게 발견된다. 일제의 전시 동원 체제에서 통합과 배제가 구축되는 과정에서도 이러한 파시즘의 약자의 정치학이 작동한다.

또한 '군국의 어머니'에서 대부분의 전쟁이 '배신자'에 의해 촉발된다는 점도 흥미롭다. 총력전 체제가 모성 이데올로기를 동원하는 것은 모성 이데올로기와 부인 담론이 모두 후방 관리와 밀접한 관련이 있기 때문이다. 즉 전시 동원 체제하에서 부인 담론과 모성 이데올로기 강조는 가정이 후방을 관리하는 세포 조직으로 지정되기 때문이다. 전시 동원 체제, 특히 총력전 체제는 사회를 작은 단위의 세포로 나누어서 감시하고 통제하며 통합할 수 있는 시스템을 가동하는 것이 핵심이다. 이때 가정은 감시와 통제를 위한 시스템의 기초 단위로 책정된다. 즉 총력전의 이념이 부인 담론을 호출하는 것은 사회체에 대한 감시와 통제, 통합에 대한 강박관념과 밀접하게 관련된다. 따라서 부인 담론은 필연적으로 침투에 대한 공포를 환기하고 사회 정화와 같은 사회체 관리에 대한 강박관념을 낳는다.

또한 네 번째로는 군국의 어머니들은 난세의 영웅인 남편과 아들의 죽음 앞에서도 의연하게 가족의 생계와 가문의 계보를 이어 나간다는 스테레오타입이다. 이러한 서사 유형은 직접적으로는 병력 동원을 위해 아들을 지원병으로 기꺼이 내놓아야 한다는 선전 정책의 산물이다. 또한 부인 담론이 후방 관리와 밀접한 관련이 있다는 점에서 서사는 전쟁 유족과 미망인에 대한 관리의 문제와 연결하여 생각해볼 필요가 있다. 총력전하에서 전쟁 유족과 미망인에 대한 관리는 전력 증강과 후방의 결사항전 의지를 촉구하는 데 중요한 문제였다. 또한 유족과 미망인 문제는 후방의 사회 불안을 방지하는 차원에서도 중요했다. 특히 '군국의 어머니'에서 남자가 없는 상태에서 가족의 생계를 꿋꿋이 이어가는 어머니상이 강조되는 것은 유족이나 미망인, '출전 용사 가정'의 생계 문제가 민감한 문제가 되기 때문이다. 총후부인의 역할에서 출전 용사 가족에 대한 위문, 유족에 대한 위문

28. 이와 같은 총력전의 이념은 해방 이후 한국에서 민족 영웅에 대한 수난사 이야기에서 동일하게 반복된다. 군국의 어머니 담론에 나타나는 스테레오타입은 이순신을 비롯한 민족 영웅의 수난사 이야기로 재생된다. 따라서 해방 이후 한국의 민족 영웅 서사의 민족주의적 내러티브를 분석하기 위해서는 일제 말기 총력전의 이념과 서사가 어떻게 민족의 이름으로 다시 탄생하는지를 연속성의 차원에서 고찰해야만 한다.

구호가 중요해지는 것도 이 때문이다.

　군국의 어머니 정책과 담론을 통한 총력전 체제하의 모성 이데올로기 동원은 젠더 정치 문제에만 국한되지 않는다. 물론 모성 이데올로기는 국민 재생산, 가정 관리 등을 여성의 '적절한' 역할로 지정하는 총력전 체제의 젠더 정치와 밀접한 관련을 맺는다. 그러나 모성 이데올로기는 사회체를 세포 단위로 조직하여 통합 또는 통제하는 총력전 체제의 특성과 침투 공포를 환기함으로써 사회에 대한 강력한 '통제'를 정당화하는 이념과도 밀접한 관련이 있다. 또 모성 이데올로기는 총력전 체제의 후방 관리, 사회 불안 방지, 유족에 대한 관리와 전력 증강 등 젠더 문제와는 또 다른 지점에서 총력전의 이념을 정당화하기 위해 동원된다.

　일제 말기 총력전 체제하의 젠더 정치에 대한 연구는 한국의 근대적 삶의 형식에 대해 몇 가지 중요한 논점을 제공한다. 먼저 총력전 체제 시기는 국민 총동원 체제하에서 어느 때보다도 광범위한 다중들이 국민의 이름으로 호명되고 동원된 시기이다. 이러한 호명과 동원의 경험은 '국가', '국민'과 관련하여 특정한 이데올로기적 기제 및 재현 체계, 상징, 주체의 구성 방식을 형성한다. 해방 이후 한국 사회에서 '총동원'의 이념과 체제 및 주체 구성의 폭력적인 정치학이 '쉽게' 안착될 수 있었던 것은 이러한 일제 말기의 총력전의 경험과 무관하지 않다.

　또한 총력선 체제하 젠더 정치 기획은 국민, 국가와 관련한 주체의 서사뿐 아니라 개개인의 자기 서사를 '사회 속의 하나의 분자', 혹은 '집단 속의 하나의 분자'로 구성하도록 하는 특정한 기제에 고착시켰다. 특히 이러한 집단과 사회는 '가족'이라는 관념을 통해 '일상화'되면서 개개인의 존재론적 진리로까지 격상되었다. 총력전 체제의 젠더 정치의 경험은 개개인이 '사회'와 '국가' 속에서 담당해야 할 역할을 고정된 유형으로 설정하도록 만들었다. 특히 총력전 체제하에서 강력하게 발휘된 가족국가주의의 이념은 사회 시스템을 '가족' 모델로 정형화했다. 모든 개인의 자기 서사를 '가족 서사' 속에서만 구현하도록 하는 정형화된 자기 서사의 모델을 각인시

컸다. 특히 해방 이후 총력전 체제가 부활하는 과정에서 이러한 일제 말기 총력전 체제하에 각인된 여러 모델과 정체성은 한국적 가치라는 이름으로 부활된다. 일제 말기의 총력전 체제의 젠더 정치를 연구하는 것은 특정한 역사적 시기의 면모를 구체화하는 것일 뿐 아니라 해방 이후, 그리고 현재까지도 진행되는 한국 사회의 젠더 정치의 면모를 다시 고찰하는 일이다.

4. 가족국가주의의 확대와 정치 단위로서의 가정의 구성

가정은 전시 동원 체제의 확립과 함께 총동원의 기초 단위로 선언된다. 총동원의 시작을 알리는 「가정과 국민정신 총동원」家庭と 國民情神總動員에서 가정과 국민정신 총동원의 관계는 다음과 같은 항목을 중심으로 구성된다. ① 가정은 국가의 기초다. ② 가정의 중심은 주부다. ③ '금차사변今次事變의 특이성' 등이 가정과 총동원 체제의 상관성을 설명하는 중요 항목이다. 여기서 '금차사변의 특이성'이란 중일 전쟁을 기점으로 일본이 서구 제국과 전쟁을 시작하게 되면서 총력전의 이념을 국민에게 설득할 필요가 있었다는 점과 관련된다. 즉 근대 전쟁은 총력전의 형태를 띠므로 무력뿐 아니라 외교력, 경제력 등 '국가의 총력'을 필요로 한다. 따라서 총동원 체제를 구성할 수밖에 없다. 이 외에도 가정의 중요성은 물자 절약과 활용, 생산의 확충이라는 점에서 논의되며 '국민정신 총동원의 단위는 가정'이라는 것이 강조되었다.29 여기서 가정家庭은 일본의 '가'家 개념과의 관계 속에서 고찰해야 한다. 일본에서 '가'家의 개념은 이에家와 카테이家庭, 호무home의 역학관계 속에서 구성된다. '이에'家와 '호무'home는 모두 1880년대 메이지 민법의 설계 과정에서 탄생했다. 표면적으로는 이에가 토착적이고 중세적인 것을, 호무가 서구적이고 근대적인 것을 의미했지만, 이 둘은 본질적으로는 갈등 없이 공존하는 것이었다. 보통 집, 가족, 혈통을 의미하는 이

---

29. 다카하시 하마키치, 「가정과 국민정신 총동원」, 『총동원』 창간호, 1939년 6월, 27.

에가 시간적 지속성의 개념이라면, 호무는 공간적 동시성을 의미한다. 이호무는 이후 일본의 신조어인 카테이[家庭]로 대체된다. 카테이는 주택[家]과 정원[庭]의 특질을 결합한 것으로 '카테이 코이쿠(가정 교육)', '카테이 에이세이(가정 위생)' 등의 파생어들이 여기에서 유래한다. 이러한 합성어는 카테이에 교육, 위생 등의 범주를 결합시키는 메이지 시기의 시대적 맥락에서 비롯된 것이다. 즉 이는 새로운 사적 제도와 이제 막 생겨나고 있는 공공 영역의 결합을 의미하는 것이다. 또 카테이는 그 출발에서부터 젠더적 함의를 지녔다. 카테이에서 주부는 남성적인 외부 세계의 대립항으로 간주되고, 주부는 또한 카테이의 우두머리거나 가정이라는 전장의 군인이라는 식으로 의미화된다. 메이지 초기부터 카테이의 개념은 여성적이었으며, 가족 구성원에 대한 담론보다는 아내와 어머니에 대한 강조로 대체되었다.[30] 총후부인의 배경이 되는 국가의 단위이자 국민정신 총동원의 단위로서의 가정이란 이러한 카테이의 개념에 기초한 것이다. 또한 이는 이후의 창씨개명 과정이 조선을 일본의 '가(이에)' 개념으로 전화시키려는 작업이었다는 것과도 일맥상통한다.[31]

가정이 전시 동원 체제의 정치 단위로 재구성되는 과정에는 일본의 천황제 파시즘의 가족국가주의적인 특성이 중요하게 작용한다. 이러한 가족국가주의의 이념과 '일본 됨의 순수성'을 동질적이고 순수한 삶의 방식으로 구성하려는 기획은 대동아공영권의 기획에 이르러 갈등적인 모순점을 내포한다. 그러나 갈등과 모순은 '지연과 혈연은 모순되지 않는다'라고 하는 이념을 통해 제거된다. 일본 제국주의의 대동아적 확장 국면에서 가족국가주의의 이념은 '대동아'에 포함되는 '내부'를 가족주의적으로 위계화

---

30. 이에 대한 자세한 논의로는 Jordan Sand, "At Home in the Meiji Period : Inventing Japanese Domesticity," in *Mirror of Modernity : Invented Traditions of Modern Japan*, ed. Stephen Vlastor (University of California Press, 1998) 참조.
31. 창씨개명과 일본의 이에 개념에 대해서는 사카모토 신이치, 「"명치 민법"의 성씨 제도와 "창씨개명(조선)"·"개성명(대만)"의 비교 분석」, 『법사학연구』 22 (2000년 10월) 참조.

하면서 재배치하고 동시에 그 외부에 대한 강력한 배타적 분리의 선을 획정한다. 일본 제국과 식민지 사이의 통합될 수 없는 근원적 차이는 미국과 영국으로 대표되는 백인종에 의한 아시아에 대한 제국주의적 침략과 절멸 가능성이라는 담론 구조를 통해 은폐되고 비가시화된다. 그런 점에서 가족국가주의를 통한 제국으로의 통합은 '적'에 의한 '아국'我國의 절멸 가능성이라는 위기 담론에 의해 강화된다. 동시에 천황을 정점으로 하는 일본 제국家은 이러한 '전선'에서의 최후의 보루이자 거점으로 재구성된다.

이러한 이념적 기반을 통해 국가-가家(이에)-가정家庭 사이의 위계화된 체계가 구성된다. '가家(이에)'가 외부의 침탈 세력에 의한 절멸 가능성에 맞서는 투쟁에서의 최후의 보루이자 거점으로 구성되면서, 내부적으로는 '가정(카테이)'이 '민족 구성원'의 절멸 가능성에 맞서는 투쟁에서의 최후의 보루이자 거점으로 구성된다. 또한 '가정'은 서구화에 대항하는 유일한 거점이자 동양적 보루로서 재구성된다.[32]

따라서 총후부인 담론이 가정의 재구성과 '부인'층의 조직적 구성, 스파이 담론을 통한 침투 가능성에 대한 공포를 동시적으로 환기하면서 등장하는 것은 가족국가주의 이념의 필연적 결과이다. 또한 중일 전쟁을 기점으로 한 세계사적 전환의 논리는 가족국가주의의 재정립에도 반영된다. 이는 부인 담론과 청년 담론이 공유하는 지평이다. 여기서 대동아공영의 이념과 국가주의는 미·영의 위협에 대항하여 "가족적 형태를 국가 조직의 전형으로 인식하는 것"으로 천명된다. 이를 통해 대동아공영권 내의 '제국의 아이들'의 위치, 조선의 위치와 역할은 "일가화합一家和合, 친척상성親戚相成, 인보상부隣保相扶"[33]로 규정된다.

---

32. 이에 대해서는 권명아, 「마지노선의 이데올로기와 가족, 국가」 참조. 그런 점에서 '가정'과 '가족'의 신화는 이러한 근대 역사의 과정을 통해 '서구화'에 대항하는 '동양적'·'본래적' 가치로 재구성되는 것이다. 또한 현재 한국인들이 가족을 '최후의 보루'로 간주하게 된 것은 시대를 초월한 '전통'의 힘 때문이 아니라 이러한 가족국가주의의 경험을 통해서다.
33. 김화준, 「가족주의의 확립」, 『동양지광』, 1939년 2월, 76.

가족국가주의의 확립이 중일전쟁을 기점으로 천명되듯이 '부인' 담론의 구성과 '부인' 조직 역시 이 시기를 기점으로 강화된다. 이때 부인회 조직에서 '지방'의 의미와 역할이 중요하게 부각하고 지방 회원이 급격하게 증가된다.34 지방 조직의 역할은 주로 "생활 부조扶助, 의료 기타 부조, 위문 위자慰問 慰藉, 호군犒軍, 군사 사상 보급, 기타 시설 관리, 임산부 보호, 경제 보호, 교육교화 시설 관리, 애호愛護, 보건 시설 관리, 보육 시설 관리, 교화(아동 문고 설치), 빈곤 아동 구제, 화재 예방, 각종 행사 주간 원조, 의료 보호, 빈곤 가정 구제, 국체 관념 명징, 경신숭조敬神崇祖 사상 앙양, 정표旌表 위문, 생활 개선, 애국 저금, 애국 여자단 구성, 선거 숙정肅正, 융화融和 사업, 토목, 납세, 산업, 도盜·화난火亂 방지, 경제 갱생, 공공 봉사, 학교 교육 협력(설비 조성, 학수學修 장려, 옹호 시설), 수양修養, 오락娛樂, 농산축산, 가공제조 판매, 일용품 기타 판매, 절약품 판매, 불용품 판매, 노무 동원 등"35 세

---

34. 전시 동원 체제하 부인회 조직의 위상과 역할에 대해서는 연구가 거의 되어 있지 않다. 당시 일본의 〈애국국방부인회〉는 조선을 지방 분회로 다루고 있었으며, 몇몇 자료들을 통해 제한적으로나마 조선에서의 부인회 조직의 면모를 살펴볼 수 있다. 愛國婦人會(일본),「那事變と地方 本·地部」,『愛國婦人會 四十年史』(昭和16年7月),『愛國·國防婦人運動 資料集』(日本圖書セソター, 1996年 6月) 참조.
지방 조직의 확대에 따라 조선의 회원 수는 급격하게 증가한다.『愛國 婦人會 四十年史 附錄』(昭和16年7月),『愛國·國防婦人運動 資料集』참조. 일본의 경우 1932년 군부의 관여 아래 전국의 일반 가정부인들의 총후 후원 운동의 모체로서 〈대일본 국방부인회〉가 결성되었다. 1942년에는 〈국방부인회〉와 1901년에 창립된 〈애국부인회〉가 통합되어 관제 부인단체인 〈대일본부인회〉가 결성된다.
조선에서 당시 〈애국부인회〉의 총후 봉공 사업에 대해서는 「애국부인회의 총후 활동」,『춘추』, 1941년 5월, 422~425에서 확인할 수 있다. 이 자료를 통해 조선에서의 〈애국부인회〉 활동은 일본 본회에서 지정한 지방 분회의 활동 내역과 크게 다르지 않았다는 것을 알 수 있다. 조선에서 가장 큰 분회인 〈경성부연합분회〉는 1936년에 설립되었다. 1936년 3월 사무를 개시한 경성 분회는 인근 지역을 병합하여 연합 분회를 설립하는데 "인구수(人口數)가 일약배가(一躍倍加)되였으나 편입지역(編入地域)에 처(處)한 민도(民度)가 저열(低劣)함으로써 회지의 보급 회원 증모(會旨普及 會員增募)에는 각별(恪別)한 노력(努力)을 요(要)하는 자(者)있다"고 밝히고 있다.
이 외에도 〈대일본부인회〉와 〈국민총력연맹〉은 농촌에서 여성 노동력 동원을 위해 농번기 탁아소를 운영했으며, 이를 토대로 1944년경에 이르면 상시 탁아소 설립을 위한 논의가 시작된다. 이에 대해서는 東原一雄(평양애린원탁아소),「탁아소의 필요와 실제 문제」,『신시대』, 1944년 8월, 38~43 참조.

부 항목으로 분류되어 있다. 〈애국부인회〉를 중심으로 한 부인회 조직은 이러한 활동을 통해 공적 영역에서 '행위 능력'을 수행하게 된다.

총후부인 담론에서 '가정'의 이념 쇄신, 생활 개선 운동, 생활 예절 등이 강조되는 것은 정치의 기초 단위로 가정이 재구성되고 '부인'이 조직화되는 과정을 반영한다. 전시 체제에서의 생활 개선이나 부인의 역할에 관한 논의들은 〈애국부인회〉의 총후 활동 내용을 반영한다. 생활 예절에 대한 강조는 내지와 생활을 일체화한다는 차원에서 이루어진다. 전시 동원 체제가 가정을 정치 단위로 구축하면서 가정은 '안전한 국민'과 '불안한 비국민'의 경계가 된다. 가정 바깥의 여성이 스파이 담론과 결부되고 스파이 담론이 '비국민'에 대한 적대감과 공포를 형성한다는 점에서 확인할 수 있다.

가정을 수호하는 '총후부인'의 역할이 동시에 '사회체'를 수호하는 역할과 밀접한 관련을 맺는 이유는 이 때문이다. 또한 가정이 '국민'과 '비국민'의 경계가 되어야 하는 근거는 총후부인 정책과 담론 내부에서만이 아니라 가정 바깥의 여성을 비판하는 여러 형태의 담론들에서 복합적으로 구성된다. '총후봉공'에 비협조적인 도회 여성에 대한 비판이나 신체제 이념에 어긋나는 사치스러운 여성 집단에 대한 공격, 그리고 재생산과 가정 수호에 부적합한 자유주의적이고 개인주의적인 여성 정체성에 대한 혐오가 담론의 기반을 이룬다. 특히 담론은 총후부인 담론이 '여성' 스파이 담론과 결부되는 과정에서 선명하게 드러난다.

5. 총후부인과 스파이 ─ 무능력자와 '정치적 주체' 사이의 균열

---

35. 「愛國婦人會 市(區)町村 分會 施設 社業一覽」, 『愛國婦人會 四十年史』, 715~725. 여기서 지방 분회에는 조선, 대만, 만주 등이 포함된다. 여성을 위한 시국 강연과 같은 자료를 볼 때 이미 지나 사변을 전후로 하여 조선 부인들의 북지 및 지나에서의 총후 활동은 시작되고 있었다고 보인다. 김석원(육군 보병 중좌), 「선전담과 비상 시국하의 각오」, 『조광』, 1939년 10월 참조. 이 글에서 볼 때 조선 부인들은 지원병 환송, 간호 활동 등을 이미 시작하고 있었다.

조선의 경우 총후부인의 정체성은 일본 부인의 명랑성과 조선 구여성의 자질을 결합하는 것이라고 정의되었다. 총후부인의 정체성 내용은 조선에서 신여성과 구여성에 대한 새로운 평가로 이어졌고 신여성의 자질에 대한 전면적 비판으로 이어졌다. 즉 총후부인이라는 정체성이 구체적으로 어떤 자질이었나를 해석하기 위해서는 총후부인을 구성하는 내적인 준거에 대한 분석뿐 아니라 부정적 준거였던 여성 스파이의 정체성 자질에 대한 분석이 병행되어야만 한다. 이것은 파시즘적 청년의 정체성 자질이 내적인 준거에 대한 고찰보다 부정적 준거인 근대 지식인에 대한 비판과 적대적 의미화를 통해서 구체화되는 것과 마찬가지다. 스파이 담론은 또한 총후부인의 정체성을 구성하는 차원에 국한된 것만은 아니었다. 방첩 정책과 스파이 담론은 전시 동원 체제에서 사회의 경계를 재설정하는 방식과도 관련된 매우 포괄적인 의미이다. 여기서는 총후부인의 정체성과의 관련성에 대해서만 간략히 언급하고, 방첩 정책과 스파이 담론의 포괄적 의미는 다음 장에서 구체적으로 살펴보고자 한다.

스파이단團 검거檢擧로 해서 이제 더욱 스파이단網의 두려움을 깨닷게 되었는데 스파이라는 것은 대개 그 정체正體를 나타내지 않는 것이 보통普通으로서 이웃 사람으로 혹惑은 여행중旅行中의 친절親切한 길동무로서 나타나는 것이니까 아무러치도 않은 듯한 평상시平常時의 담화談話에 주의注意할 필요가 있습니다.
근래近來의 부인婦人들이 남편男便의 직무職務를 잘 알려고 하는 것은 매우 좋은 일이나 대체大體로 여자女子들은 남편男便의 하는 일을 자랑하기 쉬운 것이어서 기밀機密에 속屬하는 일에나 관계關係하고 있는 경우境遇에 특特히 허영심虛榮心이 있습니다.[36]

---

36. 후지타 미히코, 육군성 정보부 보병중좌, 「그대의 겨테 스파이가 있다 ― 부인의 지위가 향상하면 국가기밀을 접하기 쉬워」, 『여성』, 1940년 10월, 20.

여기서 여성은 '허영심'이 많고 '유혹'되기 쉬운 존재로 표현되고 있다. 특히 지식인 여성은 스파이에 포섭될 '약점'이 많은 존재로 간주된다("외국어外國語를 다소多少 알고 있는 부인婦人은 하여간 외인外人과 교제交際하고 싶어 하는 풍조風潮가 있는데 외인外人으로 말하면 직접直接으로 스파이의 목적目的을 갖지 않았다 하더라도 일올때 그 지식知識이 정보情報로서 소용所用되는 것이니까 말에 주의注意할 것이고 특特히 약점弱點을 잡히는 일이 있어서는 않될 것이라고 생각합니다").37 여기서 '그대 겨테 스파이가 있다'는 논지는 이른바 반유대주의와 같은 인종 공포와 여성에 대한 혐오가 공존하여 구성되는 파시즘적 사회체 이론의 전형적 논리를 보여준다.

스파이 담론과 특정 형태의 여성 정체성에 대한 혐오가 결부되는 것은 이미 중일 전쟁을 전후로 시작된다. 특히 이 시기에 등장한 스파이 담론은 세계정세의 변화 속에서 다른 나라들과 적대와 우호의 관계를 분명히 해야 한다는 논리에서 도출된다. 이는 다시 말하면 '일본'을 중심으로 한 안과 밖, 적과 동지의 구별을 명확하게 하려는 폭력적인 강제적인 정체성 재구축 기획이다. 이때 특히 여성이 스파이, 위장 평화, 적대관계의 모호함, 침투 공포 등의 함의를 갖는 것은 가정이 사회체와 국체의 세포이자 상징적 표상으로 간주된다는 점과 관련된다. 가정이 정치적 단위로 정립되는 것은 '가정'을 사회체와 국체의 세포이자 그 규율의 통제하에 있는 존재로 통합하는 과정이다. 이때 가정의 대표적 표상인 '여성'의 신체는 사회체의 경계와 등가로 위치 지어진다. 따라서 여성의 신체는 재생산의 이름으로(부인, 아내, 어머니란 이러한 재생산의 담지자를 의미한다) 국가의 관리, 통제, 규율의 대상이 된다.38

1937년 후반부터 본격적으로 등장하는 스파이 담론에서 이미 스파이는

---

37. 같은 글, 20.
38. 이러한 과정을 통해 이른바 여성의 신체는 국가의 이름으로 전선의 남성을 위해 동원되는 것이다. 이른바 '위안부'의 구성은 이러한 총후부인 담론과 그 이면에 있는 스파이 담론에 내재한 폭력성의 연장선상에 있다.

여성의 특정한 정체성과 관련되어 나타난다. 1935년 2월 29일 나치스는 두 명의 여성을 스파이 혐의로 단두대로 보내고 그 머리를 광장에 걸어놓았다. 1937년 이 '역사적 사건'을 소개하는 글은 이 여성들이 가정에 충실하지 못한 방탕한 생활로 인해 적에게 포섭되었다고 기술한다.[39] 이는 '가정'이 단지 협소한 의미의 가족관계나 후방을 의미하는 것이 아니라 '국민'과 '비국민'의 경계를 생산하는 단위로 기능한다는 것을 의미한다. 스파이 담론은 적에게 침투당한 여성의 신체를 사회체와 국체와 동일하게 취급하는 전형적 담론 구조를 보여준다. 이러한 이데올로기에 의해 여성 신체에 대한 규율화와 여성에 대한 국가의 관리에 대한 담론은 사회체에 관한 담론에서 빈번하게 나타난다.

신체제의 이념은 여성의 사치를 폐지하는 일과 동일시되거나, 신체제 이념과 배치되는 것이 '여성의 사치'와 동일시되기도 한다. 이때 '사치'의 의미는 생활에 대한 통제와 함께 이른바 자유주의적이고 개인주의적인 여성 정체성에 대한 혐오를 내포한다. 특히 조선에서 이러한 특정한 여성 정체성에 대한 혐오는 '신여성'적 정체성에 대한 전면적 부정으로 나타난다.

그러나 이제 자기自己가 원하는 것은 「인테리」여성女性이라는 것일까. 여류문인女流文人! 여류학자女流學者! 불루-스토킹! 영국英國에서는 한동안 교양敎養을 표방하는 인테리 여성女性들 사이에 불루-스토킹을 신는 것이 유행하였다. 남편男便에겐 종순從順하지못하고 자녀子女의 교육敎育엔 등한等閑하기 쉬운 근거根據없는 고집固執만 부리고 이유理由만캐는 요리料理에는 서

---

39. 여기서 여성 스파이들은 "두번 가정생활(家庭 生活)을 청산(淸算)하고 방종(放縱)한 독신(獨身) 생활(生活)"을 하다가 적에게 포섭되었거나, 원래는 조신한 여성 직장인이었으나 "무슨일인지 귀가(歸家)하는것이 늦어지는때가 많"더니 급기야 적에게 포섭되어 스파이가 되고 말았다고 기술된다. 또 이 여성들은 대부분 상류층 여성이나 전문직 여성이다. 이처럼 특정한 여성 정체성이 적의 침투에 노출될 수 있는 약점으로 간주되면서 여성의 사회생활과 '사교'는 부정적인 의미로 폄하된다. 또한 이는 가정 내에서의 여성 정체성의 강조와 신성화로 이어진다. 유행엽, 「군사기관의 스파이군」, 『조광』 3권 10호, 1937년 10월, 89~90.

투르고 먹기만 잘하는 불류-스토킹이 좋다는 말인가. 아니다. 여류학자^{女流學者}란 여자^{女子}라기보다도 반남자^{半男子}가 아닌가. …

물론^{勿論} 이같은 문제^{問題}는 어느곧에서나 과도기적현상^{過渡期的現象}임에 틀림없으나 조선^{朝鮮}의 가족제도^{家族制度}같은 곧에서는 한층^層 비극적^{悲劇的}인 현상^{現象}을 정출^{呈出}한다고본다. 소위^{所謂} 고등교육^{高等教育}을 받았다는 인테리 여성^{女性}도 교양^{教養}의 전통적 기반^{傳統的基盤}이 없는 이땅의 현실^{現實}에서 몸에 맞지않는 양장^{洋裝}을 하고다닌다거나 맥 일반^{一斑}이며 더욱이 그들의 몸에 붙지 않은 교양^{教養}의 독성^{毒性}이 들추어나는데있어서는 인테리라는 용어^{用語}가 반대어^{反對語}로 사용^{使用}되고 있는것이 오늘의 풍습^{風習}이 되어있다. 구여성^{舊女性}은 본시^{本是} 교육^{教育}을 받지않았다는 죄과^{罪科}로써 남성^{男性}으로부터 뿐만 아니라 신여성^{新女性}으로부터서도 비하^{卑下}되고 있으나 자기^{自己}의 위치^{位置}를 자각^{自覺}하지도 못하는 비극^{悲劇}의 주인공^{主人公}임을 면^免할 길이 없다. 그러나 그네들의 인종^{忍從}의 미덕^{美德}이 오늘날 수^數많은 가정생활^{家庭生活}의 실질적^{實質的}인 지탱자^{支撐者}가되여있다는 것을 엄폐할수는 없으리라. …

오히려 얻은것 대신^{代身}에 잃어버린 인테리여성^{女性}과 잃어버리지 않은 대신 얻은 것이 없는 구여성^{舊女性}을 대비^{對比}할제 후자^{後者}에 취^取할점^點이(관습상^{慣習上})많다고 하여도 과언^{過言}이 아니다. 따라서 현대여성문제^{現代女性問題}에 있어서는 구여성^{舊女性}이 교육^{教育}의 혜택^{惠澤}을받어 종래^{從來}의 위치^{位置}를 버서나야할것은 물론^{勿論}이나 인테리여성^{女性}이 가족제도^{家族制度}나 사회제도^{社會制度}에 조화^{調和}되는 위치^{位置}에 나가야할것이 긴급^{緊急}한 문제^{問題}이라고 할것이다.[40]

체호프의 「붉은 양말」을 원용한 위의 글에서 신여성("여류문인, 여류학자"

---

40. 윤규섭, 「현대여성의 위치」, 『여성』, 1940년 10월, 23. 이러한 담론은 총후부인과 관련된 담론들에서 나타난다. 최일송, 「여성 사치의 후일담」, 『춘추』, 1941년 2월에서도 신체제의 이념은 여성의 사치, 혹은 사치스러운 여성 집단에 대한 응징이라는 의미로 찬양된다.

女流文人, 女流學者)은 "반 남자"半 男子로, 얻은 것은 없고 잃은 것만 있는 여성적 정체성의 대명사로 명명된다. 여기서 신여성을 성 정체성이 '문란'해진 '반半 남자'로 규정하는 것은 스파이를 성적으로 '문란해진' 여성과 동일시하는 방식과 일맥상통한다. 지식인 여성에 대한 이러한 담론화는 성적 경계의 문란과 침투를 사회체에 대한 문란과 침투와 동일시하는 파시즘 체제하 젠더 정치의 중요한 특성을 보여준다. 또한 지식인 여성과 지식을 통한 여성의 권력화에 대한 경멸과 혐오는 그 반대급부로 '구여성'의 새로운 정치 세력화라는 요구("따라서 현대여성문제現代女性問題에 있어서는 구여성舊女性이 교육敎育의 혜택惠澤을 받아 종래從來의 위치位置를 버서나야 할것")로 이어진다. 이는 파시즘의 젠더 정치를 이해하는 데 있어서 매우 중요하다. 파시즘의 젠더 정치는 약자의 정치학을 표방하면서 주로 약자의 상실감과 권력 박탈에 대한 공포를 자극함으로써, '약자'를 새로운 주체로 구성한다. 조선의 경우 이는 위의 담론에도 전형적으로 드러나듯이 신여성을 '그간 많은 것을 얻은' 집단으로 할당하고 반대로 구여성은 '그간 얻은 게 없는' 여성 집단으로 위계화하면서 여성 내부의 '약자'로 구여성을 배치하는 방식으로 나타난다. 이렇게 여성들 내부를 위계화하고 적대시키면서 신여성을 '기득권자'로 설정하고 신여성의 권리를 박탈해야 한다고 공격하고 반대로 '약자'인 구여성에게 새로운 권력을 부여해야 한다고 주장한다. 이런 식으로 성체성 집단 내부에 위계를 재설정하고 적대를 강화하는 방식은 '총후부인'의 정책과 담론, 이데올로기를 구성하는 데 매우 중요한 역할을 하게 된다.

이 과정은 이전에는 '법적인 행위 무능력자'였던 여성들이 이러한 파시즘적 조직화를 통해 일종의 행위 능력을 갖는(혹은 그렇다고 간주되는) 과정이라는 점에서 역설적이다. 총후부인 담론은 여성의 정체성을 재조직화함으로써 공적 영역으로 불러낸다. 이는 여러 가지 딜레마와 역설을 내포한다. 조선에서 여성은 관습적 차원에서는 물론이거니와 법적 차원에서도 무능력자였다.[41] 특히 부인 담론과 밀접하게 관련된 '처'妻는 미성년자, 금치산자, 준금치산자와 함께 무능력자의 네 범주 중 하나에 속한다. 무능력자란 "권리를 취득하는 행위, 즉 법률 행위를 할 능력"[42]을 인정받지 못하는 존재다. 총후부인 담론이나 '부인' 노동력의 동원과 부인 집단의 조직화를 통해 무능력자인 '처'들은 실제적인 행위 능력을 부여받는 것처럼 선전되었다. 실질적으로 조선 여성의 법적 지위가 개선되지는 않았기 때문이다. 따라서 이 과정에서 총후부인 담론은 '여성들'에게 일종의 권리 획득의 기회를 주는 것으로 간주되기도 했다.[43] 또한, 총후부인 정책과 담론은 주로 '신여성적 정체성'과 충돌하는 양상을 보이지만, 동시에 이는 가정 내에서의 갈등과 '가장'과 '시어머니'로부터의 '해방'과 권리 획득이라는 차원으로 서사화되어 선전 담론을 구성했다.

전시하 가정생활의 조직화는 "비결전적非決戰的인 구체제를 벗어나지 못한 불합리한 생활"에 대한 비판을 의미한다. 여기서 신체제의 이념에 동조하는 여성들의 경우 불합리한 생활로서 "조선에서는 가정에서 마음대로 권력을 휘두르는 것이 가장이고 책임을 지는 것은 주부인 것", "남자가 실권을 쥐고 독단하는" 문제를 들고 있다. 또한 "지금까지는 여자들의 지식 정도가 낮았던 관계로 경제권 같은 것은 전연 남자에게만 있었고 요새처럼

---

41. 이무라 토시시게, 「법률상식 강좌일무능력자 제도」, 『신시대』, 1943년 7월, 119~122. 정확하게 말하자면 '처'(妻)가 무능력자에 속한다. 이 글에서 이무라 토시시게는 처가 무능력자인 것은 "여자(女子)이므로 무능력자(無能力者)인 것이 아니다. 남의 안해라는 신분(身分)을 가졌기 때문에 일국(一國)의 수상(首相)이 그 중요(重要)한 위치(地位)로말미암아 보통인(普通人)보다 큰 책임(責任)를 져야하는 것과같이 남의 안해이기 때문에 받는 제한(制限)이다. 그러나 무능력자(無能力者)임은 역시(亦是) 여자(女子)의 불명예(不名譽)라고밖에 말할 수 없다"라고 설명하고 있다. 당시 조선 여성의 법적 지위에 대해서는 정광현, 「조선 여성의 법률상 지위」, 『춘추』, 1941년 5월 참조. 처는 "민법(民法) 십사조(十四條) 소정(所定)의 재산상(財産上) 재산상행위(法律上行爲)를 남편(男便)의 허가(許可)없이 하면은취소당(取消當)하게" 된다. 정광현, 「조선 여성의 법률상 지위」, 117.
42. 정광현, 「조선 여성의 법률상 지위」, 119.
43. 이는 태평양 전쟁기 '일본'에서만 나타나는 고유한 현상은 아니다. 2차 세계대전 당시 미국에서도 이러한 현상은 유사하게 나타난다. 이에 대해서는 매릴린 옐롬, 「전쟁, 예기치 못한 기회 — 아내, 전쟁, 그리고 일, 1940~1950」, 『아내 — 순종, 혹은 반항의 역사』, 이근영 옮김 (시공사, 2003) 참조. 매릴린 옐롬에 따르면 이 시기 미국에서 "미국 역사상 처음으로 미혼 여성 노동자보다 기혼 여성 노동자의 수가 더 많아"졌다고 한다.

전시가 아니라도 앞으로 자연 곤쳐지겠지만 가족이 죄다 동원해서 개량해 나가야"[44] 한다고 전시 체제의 이념과 생활 개선을 여성의 권리 신장의 의미로 서사화하여 선전 담론을 구성했다. 이처럼 파시즘을 여러 정체성 집단이 '해방'의 기획으로 받아들이도록 하는 방식은 파시즘 정치와 여성의 관계에 있어서 빈번히 제기되는 논점 중 하나다. 이는 여성이 특별히 파시즘 체제에 적극적으로 동원되거나 자발적으로 순응했다 의미가 아니다. 오히려 이는 파시즘 정치가 사회적 약자의 '손상된 지위'를 적극적으로 차용하는 문제와 관련되었다.[45] 특히 이는 '미영 귀축'에서 '엘리트 지식인', '신여성'에 이르기까지 특정한 집단에 대한 증오와 공포를 환기하고 조성함으로써 '외부'에 대항하는 내부의 결속력을 높이는 것과 같은 다양한 적대 정치를 통해 강화되었다. 이렇게 촘촘하게 구축되는 적대 정치를 통해 사회의 파시즘화를 일종의 '해방'의 기획으로 공언하는 파시즘의 증오의 정치가 구축되며 이는 당대의 독일과 이탈리아에서 보이는 파시즘 정치와도 공통적인 특성이다.

---

44. 대산성자(총력연맹부인지도위원)·감촌하백(숙명고녀 교유)·김전부기자(덕성여실 교유)·표경조(배연현 씨 부인) 좌담, 「전시 가정 생활의 합리화」, 『신시대』 3권 7호, 1943년 7월, 40~48.
45. 이에 대해서는 Durham, *Women and Fascism* ; De Grazla, *How Fascism Ruled Women* 참조.

2장

여자 스파이단의 신화와 '좋은 일본인 되기'

인종주의와 젠더 공포

1. '좋은 일본인 되기'의 엔진으로서의 스파이 담론

중일 전쟁(1937)을 기점으로 총동원 체제, 총력전 체제와 태평양 전쟁으로 이어지는 시기는 황민화로 상징되는 식민주의적 주체 구성subjectification의 강제적 작용이 극대화된 시기다. 조선의 경우만 보더라도 주체 구성의 강제적 역학에는 인종, 젠더, 세대, 계급 등 복합적인 요소가 상호 교차한다. 여기에는 특정한 정체성을 긍정적 동일화의 대상으로, 여타의 정체성을 부정적 동일화, 혹은 말살과 배제의 대상으로 만드는 강력한 배제와 말살, 분리의 역학이 작용한다. 식민지의 주민들은 청년으로서, 총후부인으로서, 소국민으로서 자신이 부여받은 정체성 자질을 학습하고, 자신의 존재 증명을 요구받아야 했다. 이 시기는 말 그대로의 정체성 위기와 '말살'의 시기였다. 그러나 위험과 말살의 위협 앞에 놓인 것은 '민족적' 정체성만은 아니었다.

이 문제는 황민화란 과연 무엇인가에 대한 질문을 내포하는 것이다. 황민화에 대한 새로운 관점을 제기한 연구자들이 논하고 있듯이 황민화란 이미 구성된 하나의 정체성(일본인)과 이미 구성된 또 하나의 정체성(조선인이나 대만인과 같은) 사이의 갈등이나 이행이 아니다. 황민화의 역사적 특성을 민족적 정체성 간의 이행과 투쟁으로 환원하는 연구 방식은 다양한 비판을 받았지만, 황민화가 정체성 투쟁과 그로 인한 효과라는 점에 대해서는 대부분의 연구자들이 동의한다. 문제는 황민화와 정체성 투쟁을 어떤 관점에서 바라볼 것인가 하는 점이다. 최근에는 여성 정체성을 비롯한 일련의 연구에서 여성과 제국 주체의 차이, 피식민자 내부의 성적·인종적·계급적 차이 등 피식민자의 정체성 집단 내부의 복합성에 대한 논의가 이루어지고 있다. 그러나 정체성 투쟁의 복합성이라는 것이 피식민자의 다양한 정체성 문제와 동일시될 수 있는 것인가 하는 문제가 남는다.

실제로 조선의 경우 황민화는 젠더, 계급, 인종, 세대 간의 차이화된 정체성의 조합을 통해 이루어졌다. 이러한 기제는 피식민자들에게 그들 사이의 정체성 투쟁을 내면화하도록 만들었다. 총후부인은 '신여성'에 대한 적대와 정체성 투쟁을 통해 '황민'이 되었다. 청년은 '부로斗を층'과 '퇴폐하고 무기력한 근대적 지식인'에 대한 적대와 정체성 투쟁을 통해, 도시 여성은 농촌 여성에 대한 적대와 정체성 투쟁을 통해, '조선인'은 '남방인'과 '지나인'에 대한 적대와 정체성 투쟁을 통해 겨우 '황민'에 가까이 도달할 수 있었다. 대만의 사례를 통해 레오 칭Leo Ching은 이전의 식민주의 이데올로기인 동화와 달리 황민화는 객관적인 사회적·정치적 적대를 심리적이고 개인적인 존재론으로 전환한다고 해석했다. 이러한 정체성 투쟁의 내면화와 존재론화가 황민화 이데올로기의 역사적 특성이라고 규정하였다. 즉 황민화 이데올로기란 사회적·정치적 투쟁의 존재론화이며 정체성 투쟁의 내면

---

1. 여기서 말하는 효과란 알튀세르가 이데올로기와 그 효과들에 대해 규정한 개념을 따르고 있다. 특히 알튀세르 이론의 한계와 의미를 규명하면서 문제 틀을 발전시킨 일군의 알튀세리안들의 문제제기에 입각하고 있다. 특히 이데올로기와 현실 사이의 가상적 관계(imaginary relationship)라는 명제를 발전시킨 에티엔 발리바르의 논의를 참조하라. 에티엔 발리바르, 『알튀세르와 마르크스주의의 전화』, 윤소영 옮김, 이론, 1993 참조. 이데올로기의 현실화 효과(effect)와 허구화 효과에 대한 분석은 이데올로기와 현실, 인간 사이의 가상적 관계를 규명함에 있어 기본적인 지점이다. 가상적 관계에 대한 구체적인 논의는 Michael Sprinker, *Imaginary Relations : Aesthetics and Ideology in the Theory of Historical Materialism* (Verso, 1987).

화라는 것이 레오 칭의 중요한 해석이다.² 또한 황민화란 이미 '일본인'이 된 대만과 조선의 경우에 대해서는 '모순적인' 구호다. 따라서 이러한 모순을 해결하려는 일본 제국의 논리는 '좋은 일본인 되기'라는 것이었다. 물론 '좋은 일본인 되기'란 식민지인에게는 '일본인으로 살기'에서 '일본인으로 죽기'로의 이행이기도 했다. 황민화는 바로 이러한 단절적 이행의 문제이기도 하다.

이 책에서 '여자 스파이단의 신화'를 통해 다루고자 하는 바는 바로 이러한 정체성 투쟁의 내면화로서 황민화와 '좋은 일본인 되기'가 지닌 역설과, 좋은 일본인의 경계에 대한 문제다. 중일 전쟁 이후 스파이 담론은 '좋은 일본인 되기'라는 이데올로기와 쌍을 이룬다. '좋은 일본인 되기'란 나쁜 일본인들, 가면을 쓴 일본인들³, '문제적 정체성 그룹'을 구별해 내면서 이들과 좋은 일본인의 경계를 구축하는 끝없는 적대와 차별화, 자기 검열과 자기 심문의 반복적 수행 과정이다. 스파이 담론은 스파이 색출과 첩보, 모략, 범죄 예방 및 대처라는 실제적인 정책적 선전의 역할을 수행하면서 '좋은 일본인'의 경계 구축을 위해 나쁜 일본인들이라는 범주를 만든다. 또 이는 동시에 '문제적 정체성' 그룹을 호명해 나가는 가상적imaginary 작업이다. 따라서 스파이 담론에서는 실제적 배제와 가상적 공포 및 호명의 기제가 동시에 작동한다. 또한 스파이 담론은 '문제적 정체성 그룹' 및 나쁜 일본인들에 대한 실제적이고 가상적인 공포를 통해 '좋은 일본인 되기'의 역학

---

2. Leo T. S. Ching, *Becoming "Japanese": Colonial Taiwan and the Politics of Identity Formation* (University of California Press, 2001).
3. 大阪圭吉, 『假面の親日 — 防諜 探偵小說』 (大道書房, 昭和 18[1943], 1943年 8月). 이 작품은 스파이 소설의 하나로서 당시 스파이 담론의 지형을 보여준다. 여기서 '가면의 친일'이란 일본인, 혹은 일본의 '동맹'인 것처럼 보이지만 실제로는 가면을 쓴 위장이라는 것을 의미한다. 표제작 「가면의 친일」은 거리의 사진사와 〈일본방첩협회〉의 '애국 탐정'이 주인공으로, 일본의 동맹국인 독일 여성이 〈일독 협화 작가회〉의 회원을 가장해서 〈일본방첩협회〉 회장의 동태를 정찰하던 것을 거리의 사진사가 현명하게 발견한다는 내용이다. 탐정 소설의 형식을 통해 스파이에 대한 경계와 비국민 색출의 이야기를 '흥미진진한' 스릴러로 그려낸다. 이 작품에서도 스파이는 '금발의 미인', '정체불명의 여성'과 동일시된다.

을 창출한다.

그러나 스파이 담론에서 확인할 수 있는 사실은 '스파이'를 규정하는 경계가 모호하고 불투명하여 그 경계가 무한히 확대된다는 점이다. 그러나 스파이 담론의 이데올로기적 효과는 바로 모호성과 불투명성이다. 즉 스파이의 경계는 유동적이고 불투명하다. 오히려 '누가 스파이인가', '어떤 정체성 그룹이 스파이가 될 소지가 있는가', '스파이 혐의를 받을 수 있는 행위란 무엇인가'라는 질문, 그리고 '색출'과 호명의 과정을 통해 좋은 일본인 되기는 역동적이고 수행적으로 작동하게 된다. 또 스파이의 경계가 무한히 확장된다는 것은, 일본인 되기란 만인의 만인에 대한 투쟁이 된다는 것이기도 하다. 이는 무한 경쟁의 정체성 투쟁, 즉 언제나 미완인 정체성 투쟁이 된다. 즉 스파이 담론의 모호성과 불투명성과 가상성이 바로 황민화, 좋은 일본인 되기를 역동적으로 작동시키고 현실화한다. 피식민자인 조선인들에게 황민화는 결코 달성할 수 없는 '모호하고' '추상적이며' 실질적으로도 실현 불가능한 대상이었지만, 동시에 황민화 자체를 끝없는 수행의 반복적 순환으로서, 바로 지금 이곳에서 작동 중인, 그러나 언제나 미완인 기획으로 만든다.

2. 여자 스파이단의 신화 ― '대동아'의 신체와 여성

조선에서 스파이 담론은 이미 1930년대 초반부터 '유행'했다. '스파이'는 1932년 한 잡지에 대표적 '유행어' 항목으로 등록된다.[4] 스파이란 유행어이자 흥미로운 읽을거리이기도 했지만, 바로 이런 가상의 '소비'를 통해 가상의 적에 대한 공포를 현실화한다. 국제 스파이단이 흥미로운 읽을거리

---

4. 「유행어 해석」, 『실생활』, 1932년 10월, 26. "스파이(spy) : 간첩(間諜) 또는 밀정(密偵) 형사를 스파이라고 하는 것이다." 이 외에도 임화, 「우리들의 독물(讀物) : 국제 스파이 이야기」, 『신계단』, 1932년 11월, 61~65. 임화의 글 역시 스파이 이야기에 흥미로운 읽을거리로서 접근하고 있다.

로, 스파이가 유행어로 등록된 그 시점에 이미 가상의 적에 대한 공포는 현실적 효과를 발휘하고 있었다. 일례로 이미 1932년 "괴상스러운 중국 미인"이라고 묘사된 여자 스파이에 대한 검거 소식이 신문 지상을 장식하는데 이는 중일 전쟁 이후 본격화된 스파이 담론의 예고편이라 할 만하다. 특히 스파이 담론이 유행과 읽을거리와 '검거 소식'이라는 복합적 스펙트럼으로 나타나고 있어서 이후 전시 동원 체제에서 스파이 담론이 차지하는 복합성을 이미 내포하고 있었다. 그리고 이러한 '예고편'의 스토리는 전시 동원 체제의 국민 방첩 정책에서 '스파이 담론'을 읽을거리로 유통했다는 의미만을 지니지 않는다. 오히려 전시 동원 체제 국민 방첩 정책에서 스파이 담론은 흥미 유발을 통해 적대적인 경계심을 내면화시켰고, 이는 적대와 공격성을 특징으로 하는 파시즘 정치가 '흥미'나 '재미'를 어떻게 활용하는지 전형적으로 보여준다.5 "괴상스러운 중국 미인 스파이"에 대한 뉴스는 이후 등장하는 여자 스파이 담론의 전형을 보여준다.

학량學良의 여 스파이 열차에서 체포

— 편의대와 연락코 잠입 도중 소지 탄환 2천여 발

7일 오후 8시 25분 봉천 착 열차에서 괴상스러운 중국 미인 한 명이 있는 것을 발견한 봉천서원은 즉시 취조를 명한바 이는 북평 출생 황모로서 갖고 있는 큰 트렁크 속에는 장총 탄환 일천 수백 발과 의복 속에 또한 팔백 발의 소총 탄환을 갖고 있는 것이 발각되었다. 취조의 결과 그녀는 산해관으로부터 승차하고 봉천 방면의 편의대와 연락을 취하고자 만주국에 잠입한 학량學良의 녀「스파이」인 것이 되였는데 그 대담한 행동에는 취조 경관

---

5. 일본에서는 1942년에 5대 일간 신문을 통해 전국에 방첩극을 공모했고 이를 단행본으로 만들어서 널리 배급했다. 이 책의 서문에는 방첩극 공모와 유포의 목표가 "이 책을 편하게 사용하여 농, 산, 어촌 시읍 혹은 산업 방면에서 연극용이나 읽을거리로 이용하거나 본서를 단지 흥미로운 읽을거리로 보면서 부지불식간에 방첩 의식을 고양하도록 하는 것"이라고 밝히고 있다. 內務省防諜協會募集 ; 情報局, 日本放送協會選, 『防諜劇名作選』(協榮出版社, 1943. 3.). 1942년 방첩극을 공모하여 1943년 책으로 출간하였다.

도 혀를 채였다고 한다.6

"트렁크에, 코트 속에 탄환을 감추고 있는 괴상스러운 중국 미인"이라는 여자 스파이에 대한 뉴스는 이른바 레드 우먼에 대한 공포를 보여주는 전형적 사례다. 츠벨라이트가 나치 전위부대 남성에 대한 연구에서 밝힌 바와 같이 '스커트 속에 총을 감춘 여성'으로 서사화되는 레드 우먼에 대한 공포에는 파시즘의 사회체에 대한 인식과 사회의 붕괴에 대한 공포가 결합되어 있다. 즉 '스커트 밑에 총을 감춘' 여자 스파이는 외부 세력이 '밀려옴'으로써 사회의 경계가 '문란'해지고 해체될지도 모른다는 공포의 반영이다. 이러한 여자 스파이에 대한 담론, 특히 레드 우먼에 대한 공포를 반영하는 담론은 조선의 경우 중국인이나 소련인과 연계된 인종화되고 젠더화된 서사로 드러나며, 레드 우먼에 대한 공포는 인종 공포xenophobia를 동반한다.

또한 "괴상스러운 중국 미인 스파이"에 대한 뉴스는 스파이 담론이 타인종과 여성에 대한 공포를 통해 가상의 적에 대한 공포를 어떻게 극대화하는지 잘 보여준다. 한편으로 이런 담론은 실제의 적에 대한 공포를 가상화하는 역할을 한다. "중국인 스파이 국외 추방"7이나 "소련연방 여자 스파이 북중국에서 활약"과 같은 뉴스들은 스파이 담론이 레드 우먼에 대한 공포와 인종 공포를 동반하고 있다는 점을 잘 보여준다.

레드 우먼에 대한 공포와 인종 공포를 내포하는 스파이 담론은 중일 전쟁 이후 두 가지 형태로 증식하고 분열된다. 한 가지는 외국인(중국, 소련, 영미와 관련된) 여성 스파이에 대한 신화화이다. 다른 하나는 스파이에 연루되기 쉬운 집단으로 '신여성'적 정체성 자질을 호명하는 방식이다. 두 종류의 담론이 동일한 이데올로기적 기반에서 일어난 세포 분열로 보이는 것은 외국인 여성 스파이의 정체성 자질은 스파이에 포섭되기 쉬운 집단의

---

6. 「학량의 여 스파이 열차에서 체포」, 『매일신보』, 1932년 10월 12일.
7. 「스파이 혐의 있는 중국인을 검거」, 『조선중앙일보』, 1935년 1월 13일 ; 「소연방 여자 스파이 북중국에서 활약」, 『조선중앙일보』, 1934년 11월 2일.

자질, 특히 '신여성적' 정체성 자질과 정확하게 동질적이기 때문이다.

여자 스파이란 여러 국가를 돌아다니고$^{inter-national}$, 외국어에 능하고 외국인과 친숙하게 지내며 외국의 지식을 습득한 여성들이다. 또 그녀들은 미인이어서 세인의 주목을 받으며 사교적이고 성적 능력을 비롯한 다양한 능력을 갖고 있다. 이것은 여자 스파이에 대한 담론이 근본적으로 국경을 넘어 이동하는 국제적^{international}이거나 초국가적인^{transnational} 집단으로서의 여성에 대한 공포, 근대적 지식과 권력을 지닌 여성에 대한 공포를 동반한다는 것을 보여준다. 매혹적인 여성 스파이를 상징하는 마타 하리$^{Mata Hari}$의 경우에서 드러나듯이 여자 스파이란 성적 능력을 통해 남성을 유혹하고 파괴한다. 여기서 남성의 신체에 스며든다는 것이 상징하는 바는 이질적인 것이 사회체로 침투한다는 것이다. 즉 여자 스파이에 대한 공포는 침투 공포와 등가를 이루는 것이다. 그리고 이 침투는 단지 침투당한 신체를 파괴하는 것에 그치지 않고 '사회 전체로 퍼져 나간다.' 여자 스파이에 대한 공포는 단지 '팜 파탈'에 대한 공포와 관련된 것만이 아니다. 여자 스파이 담론은 사회체에 침투 공포만이 아니라 사회적으로 부정적인 재생산에 대한 염려와 공포를 환기 때문이다. 즉 여자 스파이단과 관련한 담론 구조에서 여자 스파이들의 성적 개방성은 사회체에 '아비 없는 의붓자식'의 재생산을 초래할지도 모른다는 공포를 불러일으킨다. 여기서 '아비 없는 의붓자식'이란 '가면의 친일' 분자, 즉 천황의 '적자'가 아닌, 기원을 알 수 없는 정체불명의 집단과 동의어다.[8]

이는 스파이에 포섭되기 쉬운 집단으로서의 여성의 정체성 자질과 정확히 등가적이다. 여자 스파이 담론에서 여자 스파이들은 화려한 생활을 한다. 국가 간 경계를 초월하여 자유롭게 이동한다. 다양한 종류의 권력을 갖고 있지만 결국 처형되거나 학살당하거나 투옥되거나 자살한다.[9] 여자

---

[8] 스파이 담론과 동시적으로 나오는 청년 담론에서 황민의 자격이 없는 퇴폐적이고 자유주의적인 '근대적 지식인들'은 의붓자식의 근성을 지닌 것으로 표현된다. 즉 '의붓자식'은 '스파이'와 동일한 이데올로기적 기반을 갖고 있는 것이다.

스파이를 신화화하고 스파이에 감염되기 쉬운 집단으로서 '신여성적 정체성'을 지정하는 방식은 근본적으로 근대적인 의미의 자유주의적 여성상을 부정하는 것이기도 하다. 동시에 자유주의 여성의 반대편에 놓인 레드 우먼의 자질 역시도 부정함으로써 그것과는 다른 '정체성'을 구획하려는 일본의 파시즘적 주체화의 역학을 전형적으로 보여준다.

또한 스파이 담론이 특정한 여성성을 전유하는 것은 몇 가지 복합적 문제와 관련된다. 첫 번째는 여자 스파이 담론은 '대동아'라는 새로운 제국의 신체를 구축하고 상상하는 과정에서 대동아 신체의 오염, 훼손, 경계의 무너짐에 대한 공포를 반영한다. 황민화로 구축되는 대동아의 신체는 전방을 '청년'의 남성성으로, 후방을 '총후부인'의 여성성으로 구성한다. 이때 특히 스파이란 '총후', 즉 후방의 경계를 흐트러지게 함으로써 사회체 전체를 무

---

9. 이런 종류의 여자 스파이 담론은 곳곳에서 전형화되어 나타난다. 대표적인 자료는 다음과 같다(시간 순). 「독일 미인을 싸고도는 스파이」, 『조선중앙일보』, 1935년 3월 2일(독일 장군의 딸과 폴란드 장교의 로맨스와 스파이 '비화'를 다룬 기사. 이런 종류의 기사들은 매체를 불문하고 다양하게 게재된다. 미녀 스파이 이야기는 로맨스와 스릴러가 결합된 전시하의 오락거리이기도 했다). 「상해서 목포에 온 미인 스파이」, 『매일신보』, 1936년 5월 31일(기사의 내용은 실제로는 스파이가 아니라는 것인데 제목을 이처럼 크게 '상해서 목포에 온 미인 스파이'라고 달았다. 이 여성은 알고 보니 헤로인 밀수범이었다는 것이다. 이런 식의 기사는 미녀 스파이에 대한 대중의 관심이 얼마나 높았는지를 보여주는 사례이기도 하다). 「여 스파이로 사교명성총살」, 『조선중앙일보』, 1935년 3월 8일. 류행염, 「군사 기관의 스파이군」, 『조광』, 1937년 10월. 안일, 「세계적 여 스파이군」, 『조광』, 1937년 7월. 최남수, 「암실의 영웅 — 전장 비화 스파이 소설」, 『신세기』, 1938년 11월(스페인 내전을 무대로 미모의 여성과 스페인 장교의 로맨스와 스파이전에 얽힌 멜로드라마가 펼쳐지는 소설). 「무서운 외국 스파이」(이 기사는 "총후의 가정 부인들은 이야기를 삼갈 것, 특히 가정 부인들은 스파이의 첩보를 방지하기 위해 조심할 것"이라고 해서, 스파이가 후방의 여성에 대한 관리와 여러 가지로 관련된다는 것을 보여준다). 후지타 미히코, 육군성 정보부 보병중좌, 「그대의 겨테 스파이가 있다」, 『매일신보』, 1939년 5월 18일. 「방첩특대호 — 총 2면 단독 특집」; 「스파이는 호언한다」; 「전율, 세계의 스파이망 장군 뒤에 숨은 장군」(여성 스파이 열전을 다룬 기사); 「전율, 세계의 스파이망 장군 뒤에 숨은 장군」; 「기차, 전차, 술자리 바닷가에서 조심할 일」; 「전운속에 난무하는 요염, 여간첩 비화(마타 하리 및 세계 여간첩 비화)」, 『매일신보』, 1940년 1월 5일. 최남수, 「미망인의 정체 — 국제 여간첩 로맨스」; 박상만, 「밀수업자의 일기 — 실화」, 『신세기』, 1940년 4월. 하소, 「스파이는 도량한다 — 세계 간첩 종횡담」, 『신세기』, 1940년 11월(여자 스파이단의 비화를 다룬 이야기). 「대도회 스파이물의 흥미」, 『매일신보』, 1941년 6월 17일(최근 유행하는 스파이 영화는 로맨스와 스릴이 결합된 멜로드라마라는 연예·문화 기사).

너트리는 위험한 존재다. 따라서 일차적으로 스파이 담론이 여성성을 전유하는 것은 '후방'의 여성성과 관련된다. 그러나 본질적으로 스파이 담론이 여성성을 전유하는 것은 대동아 신체와 '좋은 일본인 되기'가 지닌 모순과 관련된다. 좋은 일본인의 반대편에 있는 가면을 쓴 '협력자들', 즉 정체불명의 집단들의 경계는 불확정적이고 모호하게 증식한다. 무규정성과 경계를 넘나드는 정체성의 모호함이 스파이 담론을 여성성과 결부시킨다. 즉 스파이 담론이 여성성을 전유하는 것은 스파이의 무한 증식하는 동시에 모호하고 불투명한 경계의 확장과 스며듦이 여성성(특히 여성 신체의 의미)과 결합되기 때문이다. 역으로 말하자면 스파이 담론이 여성성을 전유하는 것은 무한 증식되는 내부의 적을 생산하는 대동아의 신체the body of 'Great East Asia'의 독특성을 반영한다. 이른바 대동아공영권의 구상은 군사력의 확대와 이에 기반을 둔 영토의 확대(팽창주의)라는 차원에서 보면 남성성을 강화하는 것처럼 보인다. 그러나 대동아공영권의 구상은 앞서 살펴본 것처럼 일본 제국을 '백인종의 압제'에서 아시아 민족을 해방하는 구원자로 표상하는 동시에, 일본을 포함한 '아시아'를 약자의 위치로 전도하는 모순적인 이념의 혼종태다. 이러한 성격은 독일과 이탈리아의 파시즘에서도 공통적으로 나타난다. 즉 표면적으로는 '대동아'라는 새로운 사회체에 대한 이념은 남성성을 강화하는 것처럼 보이지만, 동시에 스스로를 끝없이 여성화하는 모순을 보여준다. 이는 총력전의 이념이 약자의 정치학을 표방하고 있는 점과 관련된다. 또한 역설적인 것은 독일이나 이탈리아와 마찬가지로 일본의 파시즘 체제 역시 스스로를 여성화하면서 여성화를 부정하고 혐오하는 이중적이고 모순된 이념을 내재하고 있다는 점이다. 이러한 점은 파시즘 정치학과 이에 토대를 둔 사회에 대한 재구성 과정을 이해하는 데 매우 중요하다. 파시즘 정치에는 그 기저에 사회 정화에 대한 강박관념이 자리 잡고 있고 파시즘 국가, 사회체에 대한 자기 정체성의 혼종적이고 모순적인 성격은 이러한 정화에 대한 강박관념에서 비롯된다. 즉 파시즘 체제하에서 사회의 여성화가 부정적 현상으로 비난되고 특정한 여성 정체성 그룹이 절멸의 대상이 되는 것은 단지 사회가 남성화되는 일면적 원인에서 비롯되거나 사회의 남성화라는 결과로 이어지지 않는다. 파시즘은 자기 자신을 여성화된 것으로 설정하면서 동시에 이를 부정함으로써 기묘한 자기 부정의 연쇄에 빠진다. 즉 파시즘 정치는 여성성을 부정하고 남성성을 지향하지만 동시에 스스로를 끝없이 오염된 여성성으로 환원함으로써(약자의 정치학) 기묘한 자기모멸을 동반하게 된다. 파시즘 정치는 사회 전반에 깔린 자기모멸, 환멸, 자기 부정의 정동을 먹고 자라나고 다시 이러한 정동을 강화한다.

따라서 여자 스파이단에 대한 신화 역시 파시즘이 스스로 여성화하면서 사회의 오염, 침투 가능성에 대한 공포를 극대화하고, 이를 통해 강건한 사회를 구축하는 남성성에 대해 강조함과 더불어 스스로 약자/여성의 위치와 동일화함으로써 이러한 절멸의 기획을 정당화하는 모순된 정치 이념의 산물이다. 물론 스파이 담론이 여성성을 전유하는 것은 현실의 정치적인 맥락에서 후방에 대한 방첩 교육과 후방을 담당하는 여성층에 대한 계도, 그리고 증가하는 여성 불온 범죄에 대한 방비라는 문제와도 결부된다.[10] 또한 스파이 담론이 여성성을 전유하는 것, 특히 여자 스파이단을 일종의 신화로 만드는 방식은 국민방첩 담론 및 불온사상 범죄를 경계하는 담론에 대한 대중의 관심과 흥미를 유도하려는 의도가 내재해 있다. 실제로 당시 문화 선전의 많은 부분은 대중의 흥미를 끌기 위한 다양한 기제 개발이었다. 그런 점에서 여자 스파이단의 신화는 방첩과 관련하여 대중의

---

10. 특히 태평양 전쟁기의 불온 범죄에서 여성 범죄가 급증한 것이 중요한 문제로 지적되고 있다. 「1964年の半島思想情勢」, 『朝鮮檢察要報』 13, 高等法院檢事局, 1945년 3월. 여기서는 "불온 언론 범죄"에 관하여 "인종별·성별 동향"을 조사하고 대책을 제시하고 있다. "인종별 순위"를 보면 "1위 지나인, 2위 조선인, 3위 내지인" 순이다. 범죄 발생률은 "내지인 1인당 지나인은 13, 조선인은 5다. 또한 인종별·성별 통계에 따르면(내지인 남자 1인에 대해) 1위 지나인 남성(22인), 2위 조선인 남성(11), 3위 내지인 여성(1.3), 4위 조선인 여성(1.2), 5위 내지인 남성(1)" 순이다. 여기서는 "이러한 통계에 비추어 볼 때 내지인 여성은 '수다스럽다'는 평도 그다지 근거 없는 부설(浮說)만은 아닌 것이다"라고 평가하고 있다. 따라서 스파이 담론이 여성성을 전유한다거나, 여성과 스파이의 관계에 대한 담론이 생산되는 기저에는 여성에 대한 '입단속' 및 불온 범죄 연루 가능성을 차단한다는 측면이 존재하는 것이다.

관심을 끌기 위한 '어트랙슌'[11]의 일환이라고도 볼 수 있다.

3. 국민방첩과 스파이 담론 — 잠재된 적과 현실의 가상화

스파이 담론이 본격화된 것은 중일 전쟁을 전후한 시기다. 실제로 1936~1937년을 기점으로 스파이 담론은 급증한다. 이는 중일전쟁 이후 국민방첩의 문제가 중요 사안이 되었기 때문이다. 방첩 문제는 외국인의 첩보나 모략, 내부의 '민족 해방 투쟁 세력' 간의 연대와도 관련되었다.[12] 당시 조선의 사상 동향과 관련하여 "불경 사건, 불온 언론 사건, 치안유지법 위반 사건, 첩보모략 사건"이 중요한 4대 현안으로 제시되었다.[13] 특히 태평양 전쟁 이후 첩보모략 범죄의 증가는 '주의를 요하는' 문제로 지적된다. 중국인에 의한 첩보모략 범죄의 증가가 강조되고 있다. 태평양 전쟁 이후 조선에서 발생한 첩보나 모략과 관련된 범죄의 중요한 부분에서 외국인, 특히 중국인 범죄의 증가가 중요하게 지적되고 있다.「소화 십구년 반도사상 정세」昭和 十九年に於ける 半島思想 情勢(『조선검찰요보』 13호)에서는 "재선在鮮 지나인의 주요 사상 범죄 중의 62퍼센트가 첩보모략 행위라는 점에 엄격한 주목을 요한다"라고 되어 있다. 또한「쇼와 19년 제86회 제국의회 설명자료」에서는 첩보나 모략으로 인한 범죄를 중공계와 소련계, 영미계로 구분해서 조사하고, 중공계의 경우 재조在朝 중국인의 대부분이 산둥 성 출신이므로 산둥 성의 중공 팔로군의 지령을 받은 첩보가 발생한다고 보고 있다. 또한 영미계 첩보모략 범죄에는 미국이나 영국과 관련된 종교의 신도가 연루되어 있다고 지적한다.[14]

---

11. '어트랙슌'은 attraction의 당대 한글 표기로서, 극장에서 연극 상연이나 영화의 본편 상영 전에 손님들을 모으고 손님들의 관심과 흥미를 끌기 위해, 때로는 본 공연의 내용에 대한 이해를 돕기 위해 보여주는 일종의 '쇼'다.
12. 외국인의 첩보 활동과 민족 해방 운동 세력의 연계 및 영향 관계에 대해서는 변은진,「일제 전시 파시즘기(1937~1945) 조선 민중의 현실 인식과 저항」, 102~107 참조.
13. 「1964年の半島思想情勢」.

중일 전쟁 이후의 조선에서 첩보모략 범죄와 관련된 집단은 중국계, 소련계, 미영계의 외국인 및 이들과 관련된 '내부인'이다. 예를 들어 미영계는 단지 미국인과 영국인만이 아니라 이들과 관련된 사람들, 즉 기독교 계통의 내부인들까지 포함한다. 특히 이런 점에서 중국계는 매우 복잡한 문제를 포함했다. 1920년대 이후 일제의 통제에서 중국계는 조선에 거주하는 중국인에 대한 정책과 조선에 정착하여 '토착화'된 '화교'에 대한 정책이 복잡하게 얽혀 있었다. 일본 본국에서 미영계의 문제가 심각했다면, 조선의 경우에는 중국계의 문제가 더욱 복잡했다. 그리고 남방 진출과 연계되면서 '중국계'에 대한 조선 총독부의 복잡한 콤플렉스를 만든다.

방첩 문제에 있어서 외국인의 첩보모략 범죄와 조선 내부의 민족 해방 투쟁 세력의 연계가 중요한 문제이긴 하지만, 실제로 방첩 범죄의 범위는 매우 포괄적이다. 특히 국민방첩의 강화와 그 교육에 있어서 방첩의 범위는 '스파이' 색출을 포함한 매우 폭넓은 영역에 걸쳐 있다. 일례로 1941년 국방보안법이 시행되면서 방첩을 둘러싼 개념이 정립된다. 국방보안법은 이적 행위를 척결하는 것에 대한 법제화를 골자로 한다. 그러나 '적'의 범주는 단지 국방보안법의 규정 범위에 의해 한정되는 것이 아니라 방첩 관계 법제의 포괄적 규정에 의해 무한히 확대된다. 방첩관계법은 국방보안법을 포함하여 형법, 조선형사령, 대정 15년 법률 제6조(폭력 행위 처벌에 관한 법률), 비도형벌령匪徒刑罰令, 폭발물 취체 벌칙, 불온 문서 임시 취제법, 통화 증권 모조 취체 규제, 명치 38년 법률 제16조(외국에서 유통되는 화폐, 지폐, 은행 증권 위조변조 및 모조에 관한 법률), 치안경찰법, 대정 8년 제령 제7호(정치에 관한 범죄 처벌에 관한 건), 외국 위체爲替 관리법, 관세법, 쇼와 12년 법률 제912호(수출입품 등에 관한 임시 조치에 관한 법률) 등과 육해군 형법 관계, 군기보호법 관계, 군용 자원 비밀 보호법 관계, 요

---

14. 『조선검찰요보』는 일제하의 통제의 실상을 알 수 있는 중요한 자료다. 이 자료의 성격과 의미에 대해서는 장신, 「『조선검찰요보』를 통해 본 태평양 전쟁 말기(1943~1945)」, 『역사문제연구』 6 (2001) ; 이상의, 「1930~40년대 일제의 조선인 노동력 동원 체제 연구」 참조.

새지대법 및 군항 요항 규칙 관계, 치안유지법, 국경취체법, 전신법, 무선전신법, 군용전기통신법, 선박법, 항공법, 외국인의 입국·체제·퇴거에 관한 건 등이 망라된 법이다.15 국방보안법은 조선에서는 1941년 5월 10일 시행되었다.16

첩보모략 범죄가 주로 외국인과 관련된 문제에 집중된 것처럼 보인다면, 방첩 및 스파이에 관한 '대국민 선전'은 이러한 방첩 범죄의 포괄적 범위와 관계되기 때문에 이를 살펴볼 필요가 있다. 국민방첩 실시 요강도 국민방첩에 대해 "흔히들 그저「비밀을 지키는 것」과「외인을 경계하는 것」뿐인 줄 아는 모양이나 … 방첩의 정의는 평시이건 전시이건「외국의 비밀

---

15. 司法省刑事局編纂, 『防諜関係法令集』 (清水書店, 1941年).
16. 『朝鮮総督府官報』 4278, 1941년 5월 12일. 국방보안법은 일본, 조선, 대만에서 동시에 시행되었다. 시행 전후로 신문에서는 국방보안법에 대한 소개, 개요 및 제정을 둘러싼 논의를 소개하고 있다. 「국방보안법내용」, 『매일신보』, 1941년 1월 31일 ; 「국방보안법 해설」, 『매일신보』, 1941년 2월 5일 ; 「국방보안법 실시 하등의 불안 전무」, 『매일신보』, 1941년 2월 8일 ; 「국방보안법 개관」, 『매일신보』, 1941년 3월 16일·18일·20일 ; 「국방보안법 10일 실시」, 『매일신보』, 1941년 5월 3일 ; 「국방보안법 시행 전 국민의 협력 갈망」, 『매일신보』, 1941년 5월 10일.
조선의 국방보안법 시행과 관련된 문제에 대해서는 거의 연구가 되어 있지 않다. 기사에 따르면 국방보안법을 조선에서 시행하는 것에 대한 논란이 있었고, 이 법의 시행과 법규의 성격에 대한 논란이 있었으나 군부의 거부로 인해 논의가 묵살되었다. 국방보안법은 모든 법을 망라하면서 모든 법 위에 서 있는 초법적 성격을 지닌 것으로, 해방 이후 국가보안법의 형성과 관련해서 주목할 필요가 있다. 이는 국방보안법이 그 자체로 완결적인 '적'에 대한 규정을 내포하기보다 방첩 관계 법제의 포괄적 규정으로 확대되기 때문이다. 이처럼 국방보안법과 방첩 관계 법제 사이의 유동성과 확대 가능성은 해방 이후 국가보안법의 운영에서도 반복된다. 특히 국방보안법과 국민방첩은 이중의 목표, 즉 근본적으로는 중국과 소련으로 대표되는 공산주의에 대한 대항(반공)이라는 목표를, 다른 한편으로는 영미로 대변되는 서구 세력의 근절(외국 숭배 관념 및 '퇴폐' 분자 색출)이라는 목표를 담고 있다.
또한, 스파이 담론은 다른 한편에 있는 풍속 사범(사치, 밀수, 퇴폐 등)에 대한 규제와도 관련된다. 이러한 규제는 전시 물자 동원 문제의 차원에만 국한된 것이 아니며, 국민방첩의 적용 범위에서도 볼 수 있듯이 방첩이 밀수, 독과점, 매점매석과 같은 경제적 문제와도 결부되어 있기 때문이다. 즉 스파이 담론과 풍속 사범 철폐에 대한 담론은 방첩 담론이 사실상 일정한 범위 없이 무한히 넓은 영역에 적용되고 확대될 수 있음을 보여준다. 그런 점에서 '반공'과 '퇴폐 근절'을 '국시'로 한 해방 이후의 국가보안법과 일제하 국민방첩 체제의 연속성과 단절성을 고찰함으로써 역사적 파시즘 체제의 유산에 대해 좀 더 진전된 논의를 이끌어낼 수 있다.

전에 대하여 나라를 막어내는 일」이다."[17]라고 정의하고 있다. 「국민방첩 이야기」에서는 스파이에게 포섭되기 쉬운 집단의 특징으로 "외국 숭배 관념이 심한 자"와 "외인과의 교제를 좋아하는 풍風"을 들고 있다. 여기서는 영국인 콕스나 1941년의 피타스 사건, 1942년 군기보호법으로 처벌된 선교사 페르니에 등의 사례를 들어 '외인을 경계하는 것'의 중요성을 다시 강조한다. 그러나 실제로 국민방첩은 '불조심, 문단속'에서, 매점매석 암취인 단속, 유언비어에 속지 않기, 신고 정신 등 일상생활의 모든 문제에 '침투'된 광범위한 문제다. 즉 국민방첩이란 '민족 해방 투쟁 세력'과의 연계를 끊기 위한 것만이 아니었다. '국민'의 일상생활 전체를 잠재된 적에 대한 공포를 통해 규율하여 일상적으로, '좋은 일본인 되기'의 실천을 수행하게 하는 주체화의 역학이었다.

변은진의 논문은 외국의 첩보모략 범죄와 해외 민족 해방 투쟁 세력의 연계 가능성에 대해 지적하고 있다는 점에서 시사하는 바가 크다. 그러나 당시의 첩보모략 범죄나, 스파이 혐의 및 국민방첩에 관한 사안들이 단지 민족 해방 투쟁 세력과의 연계 문제에만 국한된 것은 아니다. 오히려 국민방첩의 문제는 좋은 일본인과 나쁜 일본인의 경계를 구축한다. 가면의 친일과 진짜 친일을 구분하면서 좋은 일본인 되기의 실천을 내면화하도록 강요하는 기제였다. 또한 스파이 범죄의 경우도 표면적으로 드러나는 혐의의 진위 여부는 아주 모호하다. 그린 점에서 스파이 문제와 국민빙첩에 대한 연구는 객관적 근거와 가상화 사이의 복잡한 교호 작용을 문제 삼았다. 다음은 방첩 문제와 스파이 혐의의 문제점을 보여주는 전형적 사례다.

스파이 담론이 '유행'하기 시작한 1935년 12월 8일 자 『조선중앙일보』에는 「신의주를 근거삼고 국제 스파이 암약」이라는 제목의 기사가 실린다. 이 기사에 따르면 신의주 천주당에서 라디오로 군사 기밀을 탐정하던 국제 스파이가 헌병대에게 발각되어 체포되었다. 이 사건은 여러 신문에서 대서

---

17. 내무성 방첩협회, 「국민방첩 이야기」, 『조광』, 1942년 8월.

특필되었다. 그런데 이 기사가 사실과 다르다고 지적하고 사건의 실상을 해명하고 정정을 요구하는 내용의 글이 『가톨릭 청년』에 실려서 흥미를 끈다.

지난 12월 8일경 조선중앙일보를 비롯하야 조선내 여러 신문은 신의주 천주당에서 비밀히 행하여오던 「국제 스파이」의 행동이 발각되었다는 기사를 대서특필하야 일반의 신경을 극도로 긴장하게 했다. 이제 그중 대표적으로 동 8일부 석간 조선중앙일보 제 2면의 기사를 소개하면 이러하다.
「"신의주를 근거삼고 국제 스파이 암약" "라디오로 군사 기밀을 정탐 헌병대에 발견 체포"라는 사단의 제목을 선두로 최근에 여러 가지로 미묘하여 가는 국제정세에 비쳐서 조선에도 각지에서 국제 '스파이'가 암약하고 있다함은 누보한 바와 같거니와 신의주 헌병대에서는 수일전부터 돌연히 활동을 개시하야 부내 천주교당을 습격하고 엄밀한 가택수사를 한 결과 라디오, 기계와 기타 여러 가지 비밀문서를 압수하는 동시에 동 천주교당에 있는 모국인 4명을 인치하고 방금 엄중한 취조를 계속중이라는바 그들은 벌서전부터 경성에 있는 천주교와 전기 라디오를 가지고 비밀리에 연락을 취하여(기자=경성교회와 연락하였다는 점만은 동일 조간 2면에 정정) 국제적으로 군사정탐을 한 사건이 탄로되어 방금 동 헌병대에서는 사건을 중대시하고 있다는데 더 취조에 따라서는 전 조선적으로 확대될 듯도하야 사건의 추이는 자못 주목되고 있다.」
이런 종류의 기사를 읽은 본사에서는 즉시 신의주 천주당에로 사건 여하를 조회하였던바 동 천주당에서는 12월 11일부로 아래와 같은 서신을 본사로 보냈다.
「일전에 모 신문에 게재된 소위 신의주 천주당 라디오 사건은 전연 사실과 반대되는 허무한 기사입니다. 얼마전에 헌병대 특고과 형사가 신부댁을 방문한 일이 있었읍니다. 그것은 신부께서 이왕에 영유에서 사용하던 라디오가 있던바 신의주로 오실 때 가지고 오셨으나 아마 영유에서 고장이 생겼던것이므로 신의주로 온 후에는 한번도 사용치 못하고 부내 어떤 시계점에 부탁하야 수선케하였으나 삼사개월후에야 그같은 부속품을 구할 수 없다고 반환하였는데 이 기계가 이상한 것으로 소문이 나서 헌병대에서도 어떠한 기계인가 알아보고저 왔던것입니다. 그때 조사하여보고 이런 기계는 동경 대판 등 각지에 많이 있는 것이니 별반 다른 것이 없다고 말하여 또 절대로 발신은 못하는 것이라 하며 그것을 뵈어준 것을 감사하고 도라간 일은 있었고 신문의 기사는 다 허무한 것입니다.」[18]

신문 지상에 대서특필된 국제 스파이단 검거에 관한 기사는 전혀 사실무근이라는 진상 해명 요구의 글이다. 스파이 혐의로 체포된 경우 실제로 어떤 행위가 문제가 되는지 정확하게 판단하기 매우 어렵다. 그나마 이런 종류의 진상 해명 글을 찾아볼 수 없으며, 취조 기록 역시 완전히 믿을 수는 없다. 즉 스파이에 관한 문제는 한편으로는 사실이지만, 허구이거나 혹은 가상이기도 하다. 이는 스파이에 대한 공포가 근본적으로 가상의 적에 대한 공포라는 점에서 비롯된다. 앞의 기사에서 전시 체제하 스파이 담론에 내재된 현실과 가상의 문제를 몇 가지 살펴볼 수 있다.

먼저 스파이 혐의자가 천주교 신부라는 점은 당시의 첩보모략 범죄를 둘러싼 경계 집단이 주로 외국인, 특히 미국이나 영국과 관련된 종교 관계자[19]들이라는 점에서 '현실적 근거'를 갖는다. 스파이 혐의자가 '라디오로

---

18. 가톨릭 청년 편집부, 「소위 "신의주 국제 스파이 문제"의 진상」, 『가톨릭 청년』, 1935년 12월.
19. 미국과 영국과 관련된 스파이 혐의자들은 주로 일본과 조선에 있던 미국인이나 영국인들이었다. 대표적으로 영국인 콕스는 스파이 혐의로 체포되었다가 자살했다. 「스파이는 두려운 것」(『매일신보』, 1940년 8월 4일)이라는 기사는 이를 다루고 있다. 관련 기사로는 「자살한 스파이에 당국의 온정」(『만선일보』, 1940년 8월 1일)이 있다. 이 외에도 영국 스파이에 대해서는 다음을 참조하라. 「국제 스파이 혐의로 나병계의 권위자 체포」, 『조선중앙일보』, 1935년 1월 17일. 「나병요양원 맥 씨 스파이 혐의 체포」, 『조선중앙일보』, 1935년 1월 18일 (부산에서 나병요양원을 운영 중이던 미국인 맥 씨가 스파이 혐의로 검거되었다는 소식을 전하는 기사). 「영 장교 스파이 사건」, 『매일신보』, 1939년 6월 14일. 「종교의 미명하에 가공할 스파이 행위」, 『만선일보』, 1940년 8월 5일(일본 전역에서 587명이 조사를 받았다는 기사). 또 당시 상연된 연극 〈봄은 상해로〉(1943년 1월 고협)에는 중일 전쟁을 배경으로 영국인 간첩 윌슨과 그의 애첩 양귀인이 주인공으로 등장한다.

추정되지만 알 수 없는 기계를 소지하고 있었다는 점'도 당시의 첩보모략 범죄의 예방 조치가 통신 검열 및 라디오 소지에 대한 제한[20]과 관계된다는 점에서 '현실적 근거'를 갖는다. 따라서 신의주 천주당의 신부가 '스파이 혐의'를 받게 된 것은 당대의 방첩의 맥락에서 현실적 근거를 갖는다. 그러나 그가 스파이라는 것은 가상의 공포다. 근거 없는 '스파이 검거' 보도는 스파이에 대한 경계와 각성을 일깨우는 일종의 '어트랙슌'의 성격을 지닌다.

주요 일간지에 실린 스파이 관련 기사는 사실적 근거를 갖는 동시에 방첩 강화와 스파이 공포를 극화^{dramatize}하고 극대화하기 위한 '어트랙슌'의 기능을 한다. 또한 방첩 강화의 어트랙션은 '괴상한 중국 미녀 스파이'라는 레뷔^{revue} 걸[21]들을 통해 대중의 관심을 집중시키고 권력의 극장을 통해 인종 공포와 젠더 공포를 극화했다.

4. 스파이 담론과 '좋은 일본인 되기' — 가상의 현실화

중일 전쟁을 기점으로 하고 1941년 국방보안법의 실시를 분기점으로

---

20. 방첩 및 첩보모략 범죄 방지는 통신 검열 문제를 포함하는 것이다. 『쇼와 18년 제84회 제국의회 설명 자료』에 따르면 통신 검열 사무는 전시 우편취체령 제2조, 통신법 제5조에 의거하여 실시되었다. 통신 검열의 실시는 "반도의 사상 동향이 날로 복잡 교묘화되어" 가는 정세에서 비롯되며 이에 따라 이미 설치된 검열국 외에 1943년 8월에 광화문, 대전, 대구, 평양, 함흥 각지에서, 11월에는 용산, 해주, 원산, 광주에서 우편 검열 사무를 시행했다고 보고하고 있다. 또 검열 요령 및 실시 상황으로는 첩보 취체와 치안 유지상 통신 검열이 가장 시급하고 중요한 사항임을 강조하고 있다. 특히 외국과 외국인의 발착 통신에 대한 검열을 실시 중이었으며 그 실황은 다음과 같다(1개월간 실황). 우편에 관한 검열 조사 646,783통, 이중 내용 검열수 8,120,515통, 통신내용 불허 처분 78통, 전신전화 검열에서는 전신 157,335통, 전화 10,150통, 불허 처분은 전신 185통, 전화 112통이다. 또한 향후 통신 검열의 중요성이 더욱 강화될 것으로 예상되므로 조선 특수 사정과 관련된 검열 요원의 확충 교육, 암호 등 비밀 통신에 대한 조사 연구가 필요하다고 지적하고 있다. 또 조선의 지리적 관계상 첩보자의 잠입을 경계할 필요가 있다. 또한 통신 사고 방지를 위한 방첩 강화 훈련을 쇼와 18년 1월 중 주요 사항으로 실시했다고 보고하고 있다. 「通信に関する事項」, 『昭和18年第84回帝国議会説明資料』(通信局).
21. 레뷔 걸이란 당시 극장에서 공연 전 쇼를 주도하던 여성들이다. 레뷔 걸은 치마를 허벅지까지 올리고, 늘씬한 각선미를 드러내 놓는 이미지로 상징된다.

조선 내에서도 국민방첩 교육이 강화된다. 국민방첩 교육은 다양한 기제를 통해 이루어졌다. 방첩 주간의 실시22 및 학교 교육을 통한 강화, 청년단, 애국반 단위의 강연회23와 라디오 방송,24 드라마(국민 연극), 영화, 소설 등 다양한 영역에서 총체적으로 이루어졌다. 라디오 강연은 신문 기사로 다시 보도되었고 다양한 대중 선전물을 활용하여 스파이물은 1941년의 "유행"이 되었다. 예를 들어 「대도회大都會 스파이물의 흥미」와 같은 기사에서는 최근 유행하는 스파이 영화를 다루면서 스파이 영화의 특질을 "로맨스와 스릴이 결합된 멜로드라마"로 규정하고 있다. 스파이 담론은 정치면에서부터 연예·문화면까지 모든 면에 걸쳐서 다양한 버전으로 나타난다. 당시 스파이 영화는 '붐'을 이루었다.25 한편 기사로 남아있는 〈봄은 상해로〉

22.「스파이에 주의하자」,『매일신보』, 1942년 7월 7일(1942년 7월 13일부터 국민방첩이 실시된다는 기사다).「가공할 스파이의 귀」,『매일신보』, 1943년 7월 11일(방첩 주간 실시에 관한 기사).

23.「스파이란 무엇」,『매일신보』, 1941년 5월 12일(종로서 주최 헌병대 이등 대위의 "근대 스파이전과 방법" 강연 소식).「스파이란 어떤 것」,『매일신보』, 1941년 5월 15일·16일(청년회관에서 열린 방첩 강연 소식이다).「일인의 우수한 스파이는 수만의 예병(銳兵)보다 낫다」,『매일신보』, 1942년 7월 14일(방첩 전선 총진군과 강원도에서 열린 방첩 대회에 관한 기사).「편지, 전화 조심하라 그대들 앞뒤에는 '스파이'가 널려 있지 않은가」,『매일신보』, 1943년 6월 27일(황해도민이 7월 한 달에 지킬 일에 관한 국민 방첩 강화 내용 및 통신 검열에 관한 기사).「스파이를 격멸하자」,『매일신보』, 1943년 8월 6일(강원도에서 열린 방첩 대궐연회 개최에 대한 기사).

24.「교묘한 스파이 방법」,『매일신보』, 1941년 5월 16일(고천(古川)과장 라디오 방송 강화내용이다).「무긴 안 가진 적은 무서운 스파이」,『매일신보』, 1941년 12월 14일(창품(倉品) 정보과장의 국민 방첩에 관한 라디오 방송 강화를 신문 기사로 옮긴 것이다. 작은 제목으로 '유언비어에 헤매지 말자'라고 되어 있다).「스파이는 도량(跳梁)한다!」,『매일신보』, 1942년 7월 7일('국민방첩에 총력전'이라는 제목 아래 국민방첩에 관해 애국반에 전파로 강조했다는 보고 기사. 역시 라디오 방송 강화다).

25.「대도회 스파이물의 흥미」,『매일신보』, 1941년 6월 17일. 최근 유행하는 스파이 영화를 다루는 기사로, 스파이 영화의 특질을 "로맨스와 스릴이 결합된 멜로드라마"로 규정하고 있다. 스파이 담론은 정치면에서부터 연예·문화면까지 모든 면에 걸쳐서 다양한 버전으로 나타난다. 당시 스파이 영화는 '붐'을 이루었다. 일본의 스파이 영화에 대해서는 ピ-タ-B. ハ-イ,『帝國の銀幕—15年 戰爭と日本映畵』(名古屋大學出版会, 1995) 참조. 전시 체제하 조선 영화에 대해서는 이화진,「식민지 영화의 내셔널리티와 '향토색'—1930년대 후반 조선영화 담론 연구」,『상허학보』13 (2004년 8월) 참조.

는 조선에서 제작된 스파이 영화다. 이 작품의 시나리오나 필름이 남아 있지 않지만 당시 기사로 볼 때 조선에서도 스파이 영화가 붐을 이루었음을 알 수 있다. 연극 월평에서 채연근은 이 작품이 "최근 유행하는 스파이 영화의 아류"라고 평하고 있다.[26]

국민방첩은 '스파이에 주의하는 것'을 포함하여 일상의 모든 영역과 개개인의 의식과 무의식 모두를 규제하는 '포괄적 법제'를 통한 규율이다. 내무성 방첩협회가 국민방첩 교육용으로 제작한 「국민방첩 이야기」[27]는 국민방첩에서 실제로 국민 개개인이 '해야 할 일'(혹은 '하지 말아야 할 일')이 무엇인지("개인 방첩 심득心得")에 대해 상세하게 보여준다. 이 글은 일본도를 든 군인이 스파이를 물리치는 다양한 '전술'을 삽화로 곁들이고 있다. 모던걸의 머리 모양에 짙은 화장을 하고, 십자가 목걸이를 걸고, 한 손에는 꽃다발을 다른 한 손에는 여러 권의 책을 들고 있는 하반신이 물고기인 여자가 스파이로 그려져 있으며, 배경에는 문서, 산, 자동차가 그려져 있다. 꽃다발은 '사교 전술'을, 책은 '문서 첩보'를, 산과 자동차는 '시찰, 조회전照會戰'을 도상화한 것이다. 십자가 목걸이와 단발(당시 모던걸은 모단 단斷걸이라고 희화화되었다)과 짙은 화장은 스파이를 신여성 이미지로 도상화하는 전형적인 방식이다. 또 반인반수의 인어인 여성은 겉과 속이 다른 스파이를 상징한다. 또한 「국민방첩 이야기」는 삽화와 여러 가지 사례를 통해 방첩을 재미있고 알기 쉽게 기술하고 있다. 이처럼 재미있게 방첩을 서사화하는 것이 당시 국민방첩 교육의 중요한 방식의 하나였다.

여기서 국민방첩이란 "외국의 비밀전에 대하여 나라를 막아내는 일"이며, 비밀전이란 "첩보와 선전과 모략"으로 나뉠 수 있고 비밀전에 대처하는

---

26. 〈봄은 상해로〉는 조선에서 제작된 스파이 영화다. 이 작품의 시나리오나 필름이 남아 있지 않지만 당시 기사로 볼 때 조선에서도 스파이 영화가 붐을 이루었음을 알 수 있다. 연극 월평에서 채연근은 이 작품이 "최근 유행하는 스파이 영화의 아류"라고 평하고 있다. 채연근, 「연극월평 — 기획의 윤리성」, 『조광』, 1943년 2월 참조.

27. 「국민방첩 이야기」.

가장 중요한 방법은 "수수한 보통 인간"으로 국민 속에 잠재해 있는 '스파이'를 색출하는 것이라고 규정하고 있다. 또 "우리가 가장 경계해야 할 것은 사상 모략과 경제 모략의 두 가지"로서, 사상 모략은 "반국가 사상을 퍼트려서 독립 운동을 사주하는 등의 방법으로 총후를 혼란시켜서 혹은 공산주의 혹은 자유주의 사상을 집어넣"는 일이고 경제 모략은 "경제 봉쇄, 공장 파괴, 암취인, 매점매석, 독극물 및 세균 살포 등"의 방법을 주로 취한다. 그렇다면 "군과 취제 당국만의 일이 아니라 국민 전부가 협력해야 하는" 국민방첩의 실제는 무엇인가.

오. 국민방첩이란?
국민으로서의 결의
1. 비밀전에 대하여 방위할 일과 2. 취체 당국의 방첩에 협력할 일. 첫째의 임무는 국민 각자가 자기와 자기가 관계하는 시설의 방첩에 힘쓰는 것인데 첩보, 선전모략의 비밀전의 전부면에 대한 주의경계 내지 방지이다. 이것은 화재예방을 위하여 불의 조심과 도난 방지를 위한 문단속과 같은 형식이다. 제2의 임무는 각종의 취체에 힘써 협력하고 법령을 지킴은 물론, 비록 법령에 의하야잖는 것이라도 방첩상의 지시에는 쫓고, 의심나는 유언을 들은 때는 당국과 연락할 일이다.

★국민방첩의 중요한 까닭
스파이가 노리는 바는 국민 각자가 일상생활 업무에서 가지고 있는 바이니 국민이 첩보자료를 내지 않는다면 스파이는 움칫도 못한다. 선전도 국민이 속지만 않으면 스파이의 책동은 효과가 없다. 또 모략에 대해서도 공장이면 공장, 창고면 창고의 직장을 잘 지켜서 방화 폭파를 경계한다. 패전사상, 또는 공산사상의 고취 등의 사상 모략이 있어도 여기에 걸리지 않고, 경제 봉쇄가 있어도 곤란을 참으면 이기는 것이다. 그런고로 비밀전을 막고 싸우고 하는 것은 끝까지 국민이 아니고는 안 된다.

★국민방첩의 결심

첫째, 국민적 자각을 잃지 않은 것이니, 참된 일본인이 될 것, 다시말하면 무슨일에나 군군한 일본정신을 갖고 처리할 것이니 이것만 있다면 아무탈 없이 방첩해낼 것이다.

둘째로 무반성한 외국숭배사상을 청산할 일이니 외국을 숭배함은 방첩의 큰 적이다. 스파이 암약의 거점이다. 입때까지의 스파이 압잽이는 이런 무리들이었다.

★개인 방첩 심득心得 6개조條

1. 일본의 지위, 일본인의 결의를 자각할 일.
2. 각자의 직장을 엄수할 일.
3. 말을 삼갈 일.
4. 남의 말이나 기사에 넘어가지 말 일.
5. 행동을 삼가고 항상 조심하여 틈을 만들잖을 일.
6. 방첩규정을 잘 지킬 일.

육. 전시 국민방첩 실천의 구체적 심득心得의 일례

1. 첩보 방지에 대하야

① 내지內地 전지戰地를 통하여 군의 행동과 전황은 당국 발표 외에 함부로 억측적憶惻的 언설을 절대로 안할 일.

② 소집 징발 등 군의 동원에 관한 일은 관계자 이외에는 토설치 말 것.

③ 군용 열차, 수송선 등의 상황은 일절 누설말 것.

④ 귀환 군인, 출전 장병의 유가족과 그 관계자는 군에 관한 비밀, 또는 정보의 한 부분을 반드시 가지고 있는 것을 자각하여 특히 그 언동을 삼갈 일.

⑤ 국내 물자의 상황, 또는 정치, 외교, 경제, 기타에 관하여 얻은 정보를 일절 누설치 말 것.

⑥ 관공리官公吏, 군속 공장원 등은 일에 관해선 일절 함구할 일.

⑦ 접객업자는 담화나 설명의 내용 등에 특히 조심할 일.

⑧ 해외에 보내는 편지, 전신전화에는 특히 그 내용에 조심하며 부득이한 일밖에 안 쓸 일.

⑨ 국가의 중요 시설에 근무하는 사람은 기밀도서물건의 보관과 취급을 특히 엄중할 일.

⑩ 휴지, 짐표에 이르기까지 외국의 첩보 모략 자료로 될만한 것을 일절 내보내지 말 것.

⑪ 외국이나 외국인 또는 외국 기관으로부터 오는 조회照會는 모두 당국과 연락할 일.

⑫ 국내 상호의 조회에서도 좀 수상만 해도 당국과 연락하고 지시를 받을 일.

⑬ 각종 출판물을 발행할 때에는 당국과 연락하여서 방첩 상 지장이 없도록 할 일.

⑭ 각 기관에서는 외래자의 출입에 주의할 일.

⑮ 법령에서 촬영, 모사 등을 금지당한 시설, 장소는 물론, 법규에 규정이 없드라도 적의 작전자료(공습목표 같은 것) 또는 선전이나 모략의 재료가 될 염려가 있는 것(첩보자료가 될 염려가 있는 것)은 측량, 촬영, 모사를 하지 않을 일.

2. 선전의 방지에 대하야

① 외국 공관, 상사, 발신인 불명의 자, 기타 외국의 선전도서를 받고 얻고 한 경우에는 곧 당국에 바칠 일.

② 물자부족, 기타에 관해서 불평불만을 말하지 않을 일. 다시 말하면 외국의 역선전 자료를 제공치 않도록 각자 조심할 일.

③ 조곰이라도 제국에 불리한 일은 절대로 입밖에 내지말 일.

④ 흥미본위의 담화는 삼갈 일.

⑤ 유언비어는 서로 조심해서 그 전파를 자기가 꺼버릴 일.

3. 모략의 방지에 대하여

① 사상 모략은 철저적으로 격퇴할 일. 일절의 사상 모략에 대하여 일본 정

신을 굳게 가지고 이것을 철저히 함으로 말미암아 물리쳐내고, 적이 사상 주입과 책동을 할 여지가 없도록 함이 가장 필요한 방지 대책이다.

가, 반동, 반국가 사상은 거국일치 배제 할 일.

나, 공산주의, 개인주의 등의 사상 주입은 동맹태업을 일으키는 적의 모략 상투 수단임으로 특히 조심할 일.

다, 자유주의, 향략주의 사상은 총후를 붕괴시키는 것이니 철저적으로 배제할 일.

라, 매석, 매점, 암취인은 전국민이 협력하여 절멸할 일.

마, 예금預金 취부取付, 공황 도래의 획책은 스파이의 모략 수단이니 이런 풍문을 들은 때에는 빨리 당국과 연락하여 경경히 넘어가잖도록 각자가 조심할 일.

② 군관민은 중요 시설의 경계를 엄중히 해서 파괴, 폭파, 방화, 세균산포 등의 모략을 방지할 일.

가, 용의 인물 또는 위험인물을 발견하였을 경우에는 때를 놓치지 않고 당국과 연락할 일.

나, 중요 시설에서는 특히 경비시설을 완비하여 경계를 엄중하게 할 일.28

방첩 관계 법제가 모든 법의 경계를 넘나드는 초법적 영역으로 무한히 확대되는 것과 마찬가지로 국민방첩은 문단속과 불조심에서 세균전에 대한 대처에 이르기까지 전시 체제의 일상과 삶 전체에 스며들어서 규제하는 것이며, 입조심에서 행동 조심까지 전시 체제하의 인간의 의식과 무의식 모두 통제한다. 이른바 '개인 방첩'의 내용들은 아주 구체적인 내용을 담고 있지만 실제로 그 포괄 범주는 끝없이 지연되고 확장된다. 따라서 국민방첩은 매 순간의 일상적이고 구체적인 실천을 통해 수행되어야 하지만, 실제로는 끝없이 지연되어 결코 달성될 수 없다. 이는 스파이가 일상 속에 편

---

28. 같은 글.

재하지만 모든 것에 대해 스파이 혐의를 둘 수 있을 만큼 그 정체가 모호하고 무규정적이라는 점과 일맥상통한다. 스파이 담론이 '여성성'을 전유하는 것은 이러한 무규정성과 모호성 때문이다. 여성성이 무규정성, 모호성, 혼란, 무질서와 동일시되는 것은 여성성에 대한 관습적인 상징체계와 무관하지 않지만 사회체의 윤곽이 무규정적이 되고 모호해지며 혼란과 무질서로 붕괴되고 있다는 공포를 사회의 여성화로 표상하는 방식은 앞서도 살펴본 당대의 독일과 이탈리아, 일본 특유의 파시즘 정치의 산물이다.

본질적으로 여자 스파이단의 신화라는 어트랙션을 통해 구체화되는 국민방첩은 '좋은 일본인 되기'라는 이른바 황민화의 작동 방식과 관련된다. 위에서도 드러나는 바와 같이 국민방첩의 최종 목표는 '좋은 일본인'이 되는 것이다. 그러나 국민방첩이 일상 속에 스며든 구체적인 실천을 통해 수행되지만 결코 도달될 수 없는 것이라는 점은 황민화 기제의 특징과 유사하다. 즉 '좋은 일본인 되기'란 일상적 삶 속에서의 실천과 의식과 무의식에 대한 자기 검열 및 자기 규율화, 만인의 만인에 대한 정체성 투쟁을 통해 현실화되지만, 어떤 것을 통해서도 결코 달성될 수 없는 것이다.

그러나 '스파이 담론'은 '좋은 일본인 되기'라는 황민화의 이데올로기를 실현하고 수행성을 체화하도록 하는 장치이다. 따라서 문단속, 불조심, 신고 정신 등의 '국민방첩의 심득'은 '좋은 일본인 되기'의 다양한 가상적 선택지를 보여준다. 그리고 스파이 담론은 실제로 '좋은 일본인 되기'를 현실화한다. 다음의 사례는 국민방첩이 '좋은 일본인 되기'에 대해 어떤 효과를 발생시키는지를 보여준다.

(평안)열세살난 어린 소년이 스파이 혐의자를 체포하여 학교의 담임 선생님과 같이 도지사로부터 경찰상을 받게되었다. 전시아래 일억국민이 모다 감심할만한 아름다운 사실이 군도軍都 평양에서 일어났다.
"군사 시설 촬영중의 국적國敵을 경찰에"
그 형안의 소년은 평양 성남 공립 소학교 6학년생 영평병식永平炳植군이오 담임 선생은 그 학교 훈도 굴일撕一씨로 병식군은 지난 15-6일경 수시간 전에 전기 선생으로부터 강화를 들을때 '스파이'에 관한 이야기를 듣고 '스파이'가 얼마나 미운 놈이오 또 국민의 대적이라는 것을 조고만 가슴 속에 명심하여 두었었는데 그 며칠 후 11월 18일 오후 4시경에 모란봉 공원을 산보하고 있을때 청류벽의 청류정에서 어떤 자가 사진 기계를 들고 대안 비행장 및 기타 군사시설 등을 은밀히 사진찍고 있는 것을 발견하고 "올타, 이런 것이 아마 스파이라는겐가보다"하고 직각한 후 살금살금 그 자의 뒤꽁무니를 쫓다가 그 자가 신창리 파출소 앞을 지나갈 때에 얼른 파출소로 뛰어들어가서 저자가 스파이임에 틀림없다고 사실을 고발하였다. 그리하여 그 파출소원이 곧 그 자를 평양서로 데리고 가서 취조하여보니 이름은 경성 명시당 사무원 석천원일石川原一이라고 하여보니 과연 찍은 필름에는 여러 가지 군사시설 등이 분명하게 밝혀있음으로 그 서 고등계에서는 크게 놀라 그동안 그 자를 엄중 취조하고 있던 바 수일전 군기보호법 제 8조와 제 12조에 저촉되는 행위라하여 기소처분이 됨으로 평양지방법원 검사국에 송치하였다.

그와 동시에 또 평양서에서는 전기 생도의 평소 주의와 그 정신이야말로 총후 일반 국민에 대하여 귀감이 되기에 족할만한 것인 동시 그러한 생도를 내인 선생의 공로도 실로 위대한 바 있다하고 경찰상을 주기를 평남 도지사에게 상신하여 표창을 받기로 된 것이다.[29]

학교 강화를 통해 스파이의 위험성에 대해 교육을 받은 소학교 학생이 스파이 용의자를 색출하여 도지사에게 표창을 받았다는 위의 기사는 스파이 담론이 다양한 기제를 통해 어떻게 '좋은 일본인 되기'를 수행하는 장치가 되는지 잘 보여준다. 스파이 담론은 첩보 범죄에 대한 단속을 통해서 대내외적으로 적의 침투 가능성을 항시적으로 경계하고 사회 내부의 정화

---

29. 「소년 형안에 스파이 영상」, 『매일신보』, 1940년 12월 5일.

와 통제의 필요성을 정당화한다. 또 사회에 대한 인식을 지속적으로 사회적 적대(특정 그룹에 대한 적대)에 대한 강박을 통해 구성한다. 스파이 담론은 경찰, 군대와 같은 억압적 국가 기구의 통제와 강압에 의해 작동한다. 동시에 학교 교육과 대중에 대한 교화와 같은 이데올로기적 기구의 헤게모니 지배를 통해서도 작동한다. 또한 스파이 담론은 사람들의 단순한 흥미를 유발하는 재미있는 오락거리로도 소통된다. 이러한 이질적인 기제들이 모순 없이, 다층적이면서도 동시적으로 작동하는 것이 스파이 담론의 특질이다. 또 이런 다층적 기제를 통해서 스파이 담론에 내재된 특성(사회적 적대의 강화, 특정 그룹에 대한 적대, 특정 준거를 통해 국민과 비국민의 경계를 나누는 방식, 일상에 대한 통제)들은 개개인의 정치적 삶에서 사적 삶에 이르기까지, 의식에서 무의식까지 각인된다. 앞의 사례는 학교 교육을 통한 사회화가 어떻게 적에 대한 일상적 규율을 어린 학생의 내면에 각인시키는가를 보여준다. 또 스파이를 신고한 학생과 지도 교사가 모범 학생과 모범 교사로 표창을 받는 것은 스파이 담론이 적에 대한 경계나 사회적 적대감을 '모범적' 삶의 자질이라는 일상적인 기율로 전도시키는 전형적인 방식을 보여준다. 즉 스파이에 대한 경계는 전장의 원리가 어떻게 일상의 기율로 전도되는지 명확하게 보여준다.

여자 스파이단의 신화와 어트랙션은 이렇게 긴 우회로를 거쳐서 모범적인 '좋은 일본인 되기'의 수행성의 사례를 제공한다. 이 셈에서 역사적 파시즘 체제하에서 개개인들에게 '좋은 일본인 되기'란 일본인이 될 것인가 조선인으로 '남을 것인가'라는 민족적 정체성에 대한 결단을 요구하는 행위만을 포함하는 것이 아니었다. 즉 '좋은 일본인 되기'는 학교에서 요구하는 기율을 잘 수행하는 모범 학생이 되거나 직장 내 규칙을 잘 수행하는 것과 같은, 규율화 수행과도 관련되었다. 이는 일제 말기에 좋은 일본인이 된다는 것이 그만큼 제도화된 사회의 규율을 내면화하는 일과 밀접하게 관련되어 있다는 점을 보여준다. 또한 규율의 내면화는 특정 집단 내의 제도화된 규칙을 수행함으로써 그 집단 내에서 모범적 그룹으로 '선택'되는 것을 의미했다. 그런 점에서 '좋은 일본인 되기'란 일제 말기 파시즘 체제의 기율들을 내면화하고 수락함으로써 '선택된 성공적인 모범 시민'이 되는 길을 의미한다.

5. 좋은 일본인 되기 — 좋은 일본인으로 죽거나 나쁜 일본인으로 죽거나

전시 체제하에서 개개인에게 주어진 선택지는 근원적으로 제한된다. 일제 말기 전시 체제나 한국 전쟁기, 나아가 대부분의 전시 체제는 모든 가능성을 봉쇄하고 '죽음'을 둘러싼 선택지만을 남겨둔다. 그러나 이렇게 말하는 것은 온당하지 않다. 전시 체제가 모든 이들에게 제한된 선택지만을 강요하는 것은 아니기 때문이다. 예컨대 전시 경제는 이전과는 다른 방식으로 '전시 호황'이나 새로운 국책 산업, 전시 산업의 성장을 가져왔다. 경제적 이득을 획득하기 위해 분주한 집단들도 상당수 존재했다. 또 전시 체제에서도 역시 모범 시민으로서 선택된 엘리트의 삶을 지향한 집단들도 있었다.

스파이 담론을 통해서 볼 때 전시 체제하에서 사회적 적대와 사회 내부에 대한 통제는 가속화되었다. 그러나 이런 통제와 적대의 강화가 모든 이들을 고통과 수탈의 상태로 전락시킨 것은 아니다. 그러나 사회의 폭력의 수치가 높아져도 그 속에서 특혜를 받고 살아남은 집단이 존재한다고 해서 그 사회가 폭력적이었다는 점을 부정할 수는 없다. 중요한 것은 누구에 대한 폭력이었는가 하는 점이다.

일제 말기 파시즘화의 역사적 성격과 유산에 대해 학계의 논란이 뜨겁게 가열되고 지속되고 있다. 특히 민족주의적 역사 인식에 대한 비판이 전면화되면서 '친일의 경계'에 대한 논란이 벌어지고 있다. 또 비판에 대해서 '친일'이 단지 '민족'에 대한 범죄만이 아니라 인류 전체에 대한 범죄라는 입장도 새롭게 제시되었다. 그러나 놀라운 파시즘을 인류에 대한 죄라는 식으로 규정하는 오래된 문법을 넘어서지 못했다. 파시즘에 대한 논의들은 파시즘이 근대 체제가 만들어놓은 단일한 정체성의 정치학을 전유하면서 동시에 특정 정체성을 배제, 말살하는 문제를 규명하는 데 집중되었다. 파시즘의 정체성 정치는 지속적으로 사회적 적대를 갱신함으로써 사회를 혁신하는 것을 특징으로 한다. 따라서 파시즘 정치에서 사회, 국가, 민족이라는 범주는 기본적으로 세분화되고 지속적으로 세포 분열하는 적대를 통해서만 구성된다. 그런 점에서 '대중독재'나 '일상적 파시즘' 연구가 함축하는 연구사적 의미가 있지만, '지식인이나 기득권 집단의 파시즘 협력에서 대중으로, 정치적인 것에서 일상적인 것으로'와 같이 기존 연구에 대한 대립항을 구축하는 식의 아젠다 설정은 파시즘 연구의 의미와 관련해서 비판적으로 살펴볼 필요가 있다. 기존 논의에 대립항을 구축하는 식의 논의 방식은 파시즘이 근본적으로 사회적 적대를 통해, 혹은 사회적 적대의 확대재생산을 통해 재생산된다는 점을 간과하게 만든다.

일제 말기 스파이 담론은 파시즘이 사회적 적대의 무한 재생산을 통해 국가와 민족의 경계를 어떻게 재구성하는지 단적으로 보여주는 중요한 사례다. 특히 조선의 경우 스파이 담론은 만보산 사태 이후 급속히 만연한 중국인에 대한 인종적 반감과 근대적 지식과 권력을 획득한 신여성 정체성 집단에 대한 적대감을 통해 공고화된다. 일본의 경우 스파이 담론이 '금발의 미녀'라는 상징적 코드를 통해 재생산되는 것과 달리 조선의 경우 스파이 담론이 '괴상한 중국 여인'이나 재생산을 거부하는 한갓된 유한부인으로 상징된다는 점은 스파이 담론이 조선 내의 인종적·젠더적·계급적 적대감의 구조를 반영한다는 것을 보여준다. 그런 점에서 스파이 담론은 신여성적 정체성을 부정하고 구여성을 적대적 대립항으로 설정하면서 이른바 혁신된 정체성을 총후부인의 정체성으로서 제시하는 총후부인 담론과 쌍을 이룬다. 동시에 조선에서의 스파이 담론은 조선인들에게 '재조 중국인 집단' 및 디아스포라 중국인 집단과의 주도권 싸움을 벌여야만 급변하는 제국의 위계 속에서 우월한 위치를 점할 수 있다는 식의 위기감과 불안감을 강화하는 역할을 했다.

　이 책에서 스파이 담론을 통해 고찰하고자 하는 지점은 일제의 파시즘 논리에 조선인들이 어떻게 동화되어 갔는가 하는 점에만 국한된 것은 아니다. 오히려, 파시즘의 역사적 경험은 사회적 적대를 정체성 구성의 준거로 삼게 만드는 폭력적 경험에 대해 사유하도록 이끌어야 한다는 것이 더 중요한 논점이다. 즉 일제 말기 파시즘에 대한 역사적 성찰은 제국과 식민지 주민 사이의 현실적인 비대칭적 관계를 규명하는 데에서 나아가 이러한 비대칭적 관계가 어떻게 역설적으로 피식민자인 조선인들에게 제국에 대한 선망과 사회적 적대를 복합적인 방식으로 내면화시켰는지 규명할 필요가 있다. 그런 점에서 일제 말기 스파이 정책 담론은 사회적 적대를 내면화함으로써 자기 정체성을 보증하고 구성하도록 강제하는 파시즘의 경험을 역사적으로 성찰하도록 만든다. 또한 이것은 해방 이후 이른바 '내란'에 대한 국가 방어를 근거로 국가보안법 체제로 부활한다는 점에서 여전히 한국 사회를 지배하고 있는 식민지의 유산이다.

3장

황민화와 여성 정체성 집단 간의 지역적·계급적 차이화의 역사

엘리트 여성과 비엘리트 여성의 파시즘 체제 경험의 차이

1. 파시즘 체제와 문학, 여성, 국가

파시즘 체제와 '여성'의 관계에 대해서는 몇 가지 주요한 논점들이 제기되었다. 먼저 파시즘 체제, 문학, 국가, 여성이라는 네 범주의 상호관계를 논하기 위해 점검해야 할 문제를 살펴보고자 한다. 한국사에 국한해서 보면 파시즘 체제의 문제는 주로 일제 말기와 박정희 체제를 중심으로 논의가 진행되었다. 일제 말기의 파시즘 체제, 문학, 여성, 국가에 대한 논의는 아직 충분한 논의 틀을 갖추지 못하고 있다. 여기서는 첫째, 일제 말기 파시즘 체제에 대한 최근의 논의에서 활발하게 제기되는 탈식민주의 방법론의 논점, 둘째, 지성사와 정전正典 중심의 문학사 해석에 국한된 연구의 한계, 셋째, 파시즘 체제와 문학, 여성, 국가를 둘러싼 문제의 복합적이고 다양한 지점을 간략하게 고찰하면서 논의를 전개하고자 한다.

먼저 문학 연구 영역에서 이루어진 현재까지의 논의는 주로 문학 담론과 문학 생산 주체가 파시즘 체제의 논리에 대해 어떻게 반응(저항, 협력, 내면화 등등)했는지의 문제에 집중되어 있다. 또 기존의 억압과 저항, 친일

과 항일의 패러다임으로 일제 말기 문학을 평가하는 연구 방식에 대해서도 비판이 제기되고 있으며, 이는 주로 탈식민주의 방법론을 차용했다. 탈식민주의 방법론이 기존의 역사 해석과 식민성에 대해 유효한 문제제기를 하고 있음에도 불구하고 한국의 탈식민주의의 수용 양상은 몇몇 문제점을 내포한다. 한국에서 탈식민주의는 문학 연구 영역에서 가장 급속하게 수용되었다. 그러나 탈식민주의는 역사 해석에 대한 총체적 문제제기이다. 식민성에 대한 전반적 재검토를 요구한다는 점에서 문학 해석 방법에 국한하여 수용된 한국의 탈식민주의는 근본적으로 한계를 지닌다. 물론 문학 연구에 있어서 탈식민주의 이론이 의미를 지니지 못한다는 것은 아니다. 문제는 탈식민주의 이론이 제기하는 문제들이 협소한 텍스트 해석론으로 환원될 경우이다. 문제를 단순화하거나 역사 해석과 관련된 포괄적인 이론을 텍스트 해석론으로 일반화해 버릴 우려가 있다.

역사학계에서 탈식민주의 논의는 미미한 편인데 이는 역사학계의 보수성을 반영하는 것이면서 한편으로는 탈식민주의 이론이 역사 해석과 식민성 전반에 대한 포괄적 재해석을 통해 논의되는 틀이라는 점을 고려할 때 역사 연구 전반의 패러다임이 변환되기 위해서는 다양한 연구의 축적이 필요하다. 탈식민주의가 제기하는 문제 틀과 아시아 각국, 특히 식민지를 경험한 국가들에서의 탈식민주의의 영향과 정치적 효과에 대한 논의는 이 책의 범위를 넘어선다. 한국을 비롯한 아시아 각국에서 벌어지는 탈식민주의 논의의 특징은 토착 지식인, 특히 민족주의와 '민중주의'에 입각한 지식인과 디아스포라적 지식인 사이의 정체성 갈등과 헤게모니 투쟁의 형태를 취하기도 한다. 이러한 현상의 이면에는 탈식민주의 논의가 식민지를 경험한 아시아 국가들에서 지식인들의 담론 투쟁의 영역이 전 지구적 국면으로 확대되었다는 측면이 존재한다. 따라서 토착 지식인들은 전 지구적 담론 투쟁의 장에 자발적으로든, 강제적으로든 호출되는 것이 현실이다. 이에 대해 토착 지식인들은 격렬한 저항에서 외면과 자기방어적 봉쇄 논리에 이르기까지 다양한 대응 양상을 보여준다. 탈식민주의 이론이 과연 식민지를 경험한 국가들, 특히 아시아의 여러 국가들에서 역사 해석의 한계를 극복하고 현재의 정치적 지형을 비판적으로 사유하면서 저항의 거점을 구성하는 데 효과적인 시각인가를 검토하는 것은 매우 중요하다. 아시아 지역에서의 탈식민주의 이론의 수용과 파급 효과에 대한 상호 참조를 통해서만 탈식민주의의 '의미와 한계'는 규명될 것이다.

특히 대만의 사례는 한국의 역사적 경험을 고찰하는 데 매우 중요하다. 대만의 경우 탈식민주의의 수용은 역사 해석에 관한 방법적 논란뿐 아니라 현재 대만의 정체성과 관련된 심각한 정치적 논란으로 이어졌다. 이런 논란을 통해 탈식민주의는 단지 해석의 방법으로서가 아니라 정체성의 정치와 해방의 정치와 관련하여 논의되고 비판되고 수용되었다.[1] 또한 중국의 경우도 탈식민주의의 수용은 맑스주의적인 해방의 정치와 정체성의 정치를 둘러싼 첨예한 논란을 야기했다. 특히 탈식민주의가 '아시아로 이동'하는 것이 세계화와 자본의 전 지구화와 긴밀하게 연동되고 있으며, 그 결과 피식민자의 해방의 기획을 억압하고, 세계화에 편승한 디아스포라적 일부 지식인들의 자기 정당화로 귀결된다는 논의들이 중요하게 대두된다.[2]

일본에서도 호미 바바Homi Bhabha를 중심으로 한 탈식민주의 논의에 대한 비판은 다양한 방식으로 이루어지고 있다. 특히 일본 제국주의 분석에 있어서 혼종성이 저항의 계기가 아니라 지배의 계기로 작용하고 있다는 루미 사카모토의 지적은 유의할 만하다. 루미 사카모토는 "일본학에서의 시카고 학파(하루투니안, 사카이 나오키 등)는 '연구 대상을 텍스트로 정의

---

1. 대만의 포스트콜로니얼리즘 수용 과정에서 일어난 논쟁에 대해서는 Ping-Hui Liao, "Postcolonial Studies in Taiwan : Issues in Critical Debate," *Postcolonial Studies* 2, no. 2 (1999) ; Rey Chow, ed., *Modern Chinese Literary and Cultural Studies in the Age of Theory : Reimagining a Field* (Duke University Press, 2000) 참조.
2. 이에 대해서는 Xiaoming Wang, "Hong Kong, China, and the Question of Postcoloniality," in *Postmodernism and China*, ed. Arif Dirlik (Duke University Press, 2000). 앞서 논한 왕샤오밍이나 랴오빙후이의 글들은 모두 홍콩과 대만의 탈식민주의 수용 과정에서 벌어진 논쟁을 보여주는데, 탈식민주의에 대한 지식인들의 상반된 태도의 저간에는 토착 지식인의 입장과 디아스포라적 지식인의 입장이라는 넘을 수 없는 격차가 자리 잡고 있다.

하는' 전략을 취하며, 이데올로기 효과의 흔적을 찾기 위해 텍스트를 연구하고 있다. 이들의 연구에서 '일본'이나 '일본인'은 담론 활동을 통해 구성된 '사회적인 상상'으로 논의된다. 그러나 그들은 초기 메이지 담론을 빼고 논의를 하고 있는데 서구화와 민족주의 사이에서 메이지 계몽은 '고도로 다원적이고 암시적인 사상'이며 이러한 모호성은 초기 메이지 담론을 담론 분석의 불확실한 대상으로 만든다."라고 주장한다. 루미 사카모토는 또 바바의 혼종화 개념을 후쿠자와 유키치의 이념을 분석하면서 비판하고 있다.

일본의 식민주의적 담론은 단순한 서구의 이상화에서 파생된 것이 아니라 혼종화를 통하여 서구에 저항하고자 하는 욕망에서 생산되었다. 후쿠자와의 담론은 서구의 문명/일본의 비문명이라는 고정된 이분법에 도전하고 '사이의'in-between 공간에서 새로운 일본의 정체성을 창조했다. 마찬가지로 이 전략은 일본의 정체성을 서구/일본 어느 하나의 틀 속에 고정시키지 않고 모호한 것으로 남겨둔다. 그런데 그의 담론은 '번역'과 혼종적 정체성을 통하여 균형 잡힌 저항의 계기를 보유할 수 없었고 대신 일본의 정체성을 비문명화된 아시아에 대립시키면서 문명으로 보증하는 것으로 이동한다. 곧 모호하고 혼종적인 정체성은 문명/비문명의 틀에서 고정적인 재현 속으로 재봉합된다. '아시아'의 구성은 '혼종적'인 전략의 징후인데, 왜냐하면 유럽을 진보적인 것으로, 아시아를 후진적인 것으로 보는 이중적인 구성을 통해서만 그의 담론은 일본 정체성을 '문명화'하고 '문명화된' 국가로 구축할 수 있기 때문이다. 그리하여 혼종적인 담론의 구성은 일본의 경우 바바의 이론이 무시한 또 다른 타자의 배제로 전개된다.[3]

타이완, 중국, 일본에서의 논쟁과 비교해 보면 한국의 경우는 탈식민

---

3. Rumi Sakamoto, "Japan, Hybridity and the Creation of Colonialist Discourse," *Theory, Culture & Society* 13 (1996).

주의가 격렬한 논쟁 없이 무난히 수용되었고 탈식민주의에 대한 비판이나 '대응' 자체도 거의 없었다. 이는 한국에서 탈식민주의 이론의 수용이 현실적 국면에 대한 숙고 없이 새로운 연구 방법론으로 단순하게 차용되는 수준에 머물거나 대응 논리가 없는 자기방어적 봉쇄 논리로 일관하고 있다는 것을 의미한다. 자본의 전 지구화와 국민국가를 단위로 하는 기존의 담론 구조가 흔들리면서 탈식민주의의 쇄도라는 하나의 징후는 어떤 의미로든 토착 지식인의 기반을 침식하고 있는 것이다. 지금과 같이 단순한 차용에 머물거나 대응 논리가 부재하는 한, 토착 지식인의 담론 공간은 침식되거나 게토화될 것이다. 그런 점에서 탈식민주의 이론은 그 자체로 정체성에 대한 새로운 문제제기를 내포하는 것이지만, 식민지를 경험한 아시아 국가들에서 탈식민주의의 '방문'은 토착 지식인들의 정체성이나 입장과 긴밀하게 연결된 문제인 것이다. 최근에는 이에 대해 정착민 식민주의의 관점에서 비판적인 논의들이 제기되고 있다.[4]

두 번째로 파시즘, 문학, 국가, 여성의 관계에 관한 연구는 기존의 정형화된 '문학 연구'의 틀 안에서 이루어지기 어렵다. 현재 진행 중인 일제 말기 파시즘 체제와 문학의 관계에 대한 논의는 지성사와 정전 중심의 문학사의 틀을 넘어서지 못했다. 지성사의 틀은 이광수, 임화 등 문학가이면서도 한국 지성사의 중요한 축을 구성한 대표적 지성의 인식론적 연속과 단질과 변화를 추적하는 방식으로 파시즘 경험과 그 유산을 고찰하는 것을 주요 목표로 한다. 이러한 연구 역시 지성사와 파시즘의 경험이라는 차원에서 중요한 문제이지만, 지성사적 연구만으로는 파시즘 체제와 결부된 문제들을 고찰하기 어렵다. 이는 정전 중심의 문학사 연구에 대해서도 동일하게 적용된다. 특히 파시즘, 국가, 여성, 문학이라는 범주들은 파시즘의 경험과 유산, 정체성, 담론, 표상 체계, 차별적인 정체성 집단의 역학관계 등

---

4. 이와 관련해서는 권명아, 「힐링 여행의 아포칼립스와 정착민 식민주의의 정동들」, 『대중서사연구』 30, no. 2 (2024).

다층적인 차원에 걸쳐 있다. 따라서 연구 방법에 있어서도 젠더사, 문화 연구, 파시즘 이론 등 지성사와 정전 중심의 문학사 연구 방법론을 넘어서는 다양한 방법론을 필요로 한다.

현재까지도 문학과 연관된 일제 말기의 파시즘 체제의 경험은 한국 문학사의 전통, 유산, 정전, 문학관의 계승·단절 등과의 관련성 속에서 주로 논의되고 있다. 그러나 이러한 논의는 여전히 '위인전식' 문학사 연구라는 제한된 패러다임을 벗어나지 못한다. 기존의 문학사적인 평가의 신화성을 비판하는 문제제기조차, 결과적으로는 정전과 특정한 작가에 대한 해석상의 차이와 정전의 탈신화화라는 맥락을 벗어나지 못하고 정전과 정전 텍스트에 대한 해석, 특정 작가에 대한 평가의 차이라는 협소한 논의만을 보여주는 데 그칠 뿐이다. 예컨대 이태준과 이광수의 작가의식이 파시즘의 경험과 어떤 관련을 맺고 있으며, 이러한 경험이 이후 한국 문학사의 전통을 어떻게 형성하는지 여부는 중요한 문제다. 하지만, 파시즘 경험에 대한 논의가 이태준과 이광수에 대한 해석의 문제로 환원될 수는 없다. 마찬가지로 일제 말 파시즘 체제하의 문학가들이 파시즘 이데올로기와 어떤 연관을 맺는가를 살펴보는 것은 중요하지만 일제 말기 파시즘 체제의 경험에 관한 연구가 문학가들의 인식이나 문학 텍스트의 표상 체제에 대한 해석 문제로 환원될 수는 없다.

이러한 문제는 파시즘 체제와 문학이라는 범주 연관에서 여성이라는 범주로 넘어가면 더욱 복잡해진다. 기존의 연구들은 여성 작가의 파시즘 체제 인식이나, 문학 텍스트에서의 여성성의 표상 등에 관한 제한적 연구를 넘어서지 못한다. 그러나 파시즘 체제와 여성, 그리고 문학이라는 문제는 실상 주체화와 내러티브, 이데올로기라는 보다 포괄적인 지평 속에서 다루어져야 한다.

셋째로, 파시즘과 국가, 문학, 여성의 관계를 논하는 것은 파시즘 체제의 젠더화된 정치의 경험과 유산의 문제를 고찰하는 일이며 일제 말기 황민화와 파시즘적 주체화가 내포한 젠더 정치의 문제를 규명하는 것이다.

여기서 여성 정체성은 단지 특정한 여성성의 문제에 국한될 수 없고 황민화와 파시즘적 주체화의 젠더 정치의 차원을 포괄한다. 또 여성 정체성에 대한 문제도 특정 집단의 정체성 내용을 일반화하여 '여성 정체성'의 문제로 환원할 수 없으며 복합적이고 이질적인 여성 정체성들의 갈등과 헤게모니 투쟁의 국면을 고찰해야 한다. 또 이는 담론과 표상에 있어서 여성성이 파시즘 정치학을 통해 다양하게 전유되는 문제와 그 유산에 관한 논의를 포괄한다. 일제 말기 파시즘과 관련한 이 책의 논의는 헤게모니 지배 방식의 재구성을 둘러싼 정체성 정치를 젠더사적 관점에서 고찰하면서 동시에 파시즘 연구에 대한 특정 연구 경향에 대한 비판을 내포하고 있다. 2000년대 한국의 파시즘 논쟁에서 대중독재나 식민지인들의 '제국 선망'과 그 내면화 기제를 밝히는 것은 물론 매우 중요한 함의를 지닌다. 그러나 이러한 논의는 기존 연구가 주로 민족과 반민족의 구조를 지배적인 것으로 고찰해온 방식을 비판하는 데 과도하게 초점을 맞춘 결과, 파시즘 정치에서 중요한 특징인 사회적 적대의 '일상화'를 모호하게 만들었다.

2. 파시즘적 주체화와 젠더 정치 ― 조직, 교육, 경험과 여성 정체성

일제 말기 일본 제국주의의 파시즘화와 식민지 조선의 파시즘화에 대해서는 여러 가지 논의가 제기되고 있다. 여기에는 정치 체제로서의 파시즘 체제의 수립과 정치 조직, 운동으로서의 파시즘화의 경향에 관한 논의들이 포함된다. 중일 전쟁을 기점으로 황민화로 상징되는 식민주의적 주체 구성assujéttissement의 강제적 작용이 극도로 강요되었다. 조선의 경우 이러한 주체 구성의 강제적 역학에는 인종, 젠더, 세대, 계급 등 복합적인 요소가 상호작용했다. 또한 여기에는 특정한 정체성을 동일화를 위한 긍정적 대상으로, 여타의 정체성을 부정적 동일화와 말살과 배제의 대상으로 만드는 적대와 위계화의 역학이 작용했다. 식민지 주민들은 청년으로서, 총후부인으로서, 소국민으로서 자신이 부여받은 정체성 자질을 학습해 자신의 존재를 증명해야 했다. 이는 일본 국민의 이름으로 수행된 파시즘적 주체화의 과정이라 할 수 있다. 이러한 주체 구성의 정치에는 독일 파시즘 이데올로기와 '일본 정신'이 이질적으로 뒤섞인 혼종화된 정체성의 정치학이 작용한다. 파시즘적 주체화는 청년단, 부인 조직, 소국민 운동, 애국반 등 각종 조직을 통해 이루어졌는데 이러한 조직의 근간과 이념은 독일 파시즘 조직의 이념을 모방한 것이다.[5] 이처럼 황민화의 파시즘적 성격은 조선의 경우 일본과는 다른 특수성을 지닌다. 일본과 조선의 경우 청년 담론은 공통적으로 서구화된 근대 지식인을 비판하면서 사회의 중추 세력으로서의 엘리트를 구성한다는 점에서 동일하다. 그러나 조선의 경우 '청년'을 중시하는 것은 일제 강점 이후에 교육받은 엘리트 계층을 포섭하거나,[6] 농촌에서는 기존의 농촌 질서에서 배제되었던 집단을 새로운 '중견 세력'으로 '육성'한다

---

[5] 송본덕명, 「나치 독일의 지도원리와 일본정신」, 『경무휘보』, 1939년 2월. 노자영, 「세계 각국의 청년 운동」, 『조광』, 1937년 7월. 안호상, 「세계적 인물 회견기 — 히틀러, 아인스타인, 오이켄 제 씨의 인상」, 『조광』, 1938년 11월. 이 글은 히틀러를 다음과 같이 소개하고 있다. "그(히틀러)와 및 나치스 당원은 그당시에 있어서 독일공화국을 지배하던 사회당으로부터 가진 박해를 다 받을 뿐 아니라 일반으로 그를 모욕하기 위하여 그를 부랑자라 하며 또 유태인이라고까지 하였다." "그러나 세월의 흐름과 역사의 변천은 있는 것을 있게만하며 또 없는 것을 없게만 하는 것이 아니라 있는 것을 없게 하며 또 없는 것을 있게하는지라 압박의 암흑에 신음하던 나치스는 다시 자유의 광명을 보기 시작하였는데 그것의 첫 출발이 곧 1930년이다." 또 이 글은 히틀러의 연설 장면을 감동과 환희에 차서 묘사한다. "그는 청중의 심장을 그대로 두지 않고 아모조록 뜻는듯한 느낌을 준다. 아직 나의 이러한 기억속에 그의 말 몇마디를 기록해볼가 한다. 그는 있는 힘과 열을 다하여 하는 말이 「우리는 빵과 노동과 자유를 원한다. 이 원을 푸러주리는 오직 나치스뿐이다. 이 원을 해결하는데에 비로소 나치스 승리 즉 독일의 승리가 있는 것이다」, 「독일을 망쳐준 자는 벨사유조약을 작성한 연합국보다 오히려 그 조약에 서명한 독일의 유태적 사회민주당과 공산당이다」라고 부르지질에 군중으로부터 쏟아지는 「아!」 그러타소리는 대양우에 폭풍우처럼 밀리는 듯하였다. 그의 행동은 철혈로서된 것 같으며 그의 말은 금심으로 우러나오는듯하며 듯는 사람으로 하여금 도취와 신뢰를 이기지 못하게 한다. 그리고 그가 또한 위대한 웅변의 소유자이다. 어떠한 혁명가에 있어서든지 웅변은 위대한 무기였었지만 히틀러에 있어선 그것이 위대할 뿐아니라 최고로 발달되었다 하여도 과언이" 아니다. 당시 조선에서도 히틀러나 독일 나치즘과 일본 정신의 상관성에 대해서 여러 형태의 담론이 소개된다.
일제 말기 청년단 조직의 성격과 특성에 대해서는 최원영, 「일제말기(1937~1945) 청년동원정책 — 청년단과 청년훈련소를 중심으로」 (서강대학교 대학원 사학과 석사학위 논문, 1998).

[6] 조선에서 청년 담론이 한편으로는 서구화된 근대 지식인에 대한 비판을 중요한 축으로 삼는 것은 이 때문이다. 이에 대해서는 3부를 참조하라.

는 목표를 지닌 것이었다.7 또 총후부인의 정체성을 구성하는 것은 구여성적 정체성과 신여성적 정체성의 의미와 한계에 대한 정체성 논란을 야기했고, 신여성적 정체성을 가혹하게 비난하면서 구여성적 정체성 자질을 '일본 부인의 명랑성'과 결합시켜야 한다는 논의로 이어졌다. 또한 중국에 대한 경계와 남방에 대한 신화 속에서 황민으로서의 조선의 정체성은 대동아공영권 내에서의 제2인자로서의 위치를 열망하는 방식으로 이루어진다. 이러한 과정에서 인종주의는 황민화 이데올로기의 주요 구성 요소가 되었다.

---

7. 농촌에서의 중견 인물 양성에 대해서는 이송순, 「일제말(1937~1945) 조선의 농촌경제 변화」, 『사업』 44 (1995). 이송순에 따르면 농촌 사회의 중견 인물은 전통적인 신분 질서의 혜택을 입지 못한 평민층이 대다수였다. 대개 새로 성장하는 경제력과 근대 교육을 바탕으로 식민 행정에 의해 육성된 그룹이었다. 이들은 대체로 성장하는 경제력을 바탕으로 계층적 상승을 이룬 평민 출신으로서, 구장 등의 관공리로 진출했던 경험을 가진 사람들이었다. 1930년대까지 농촌 사회의 중심인물로는 중견 인물, 관료(관공리), 유지(재촌 지주 등)가 혼합·병립돼 있었고, 상호 대체적인 관계를 형성할 정도는 아니었다. 그러나 일제는 1930년대 이후 촌락 사회의 질서를 변화시키고 지배 정책을 보다 효율적으로 시행하기에 적절한 대리인으로서 중견 인물을 양성하는 데 힘썼다. 중견 인물 양성은 처음에는 주로 보통학교 졸업생을 대상으로 이루어졌으며 농촌 진흥 운동 과정에서 양성 시설이 체계적으로 증설되기 시작했다.
이는 1920년대 후반부터 시작된 계몽 운동(생활 개신 운동, 문자 보급 운동, 브나로드 운동)을 체제 내로 포섭하려는 의도였다. 즉 일련의 계몽 운동은 농촌 사회 내에 민족적 자각을 일깨우기도 했지만 근대적 변화에 대한 이해와 동경을 심어주기도 했다. 개인주의적이고 '합리적'인 사고의 주입을 통해, 전통적인 촌락 내부의 질서, 즉 봉건적 신분 질서나 그와 연관된 지주 중심의 촌락 내 공동체적 질서에 대해 문제제기를 할 수 있는 인자가 양성되기 시작한 것이다.
이송순의 논의에서도 알 수 있듯이 1930년대 후반(1935년 이후)에 이르면 일제는 이러한 기존의 새로운 세력을 '중견 인물'로 포섭함으로써 농촌 사회 내부의 정체성 투쟁을 가속화하고 기존의 지배적 헤게모니를 대체하고자 했다.
이러한 중견 인물 양성 정책의 의미에 대해서는 그간 한국 사학계가 지속적으로 관심을 보여왔다. 기존 논의는 중견 인물이 일제의 '끄나풀'에 불과했다는 논의(지수걸, 『일제하 농민조합운동 연구—1930년대 혁명적 농민조합운동』 [역사비평사, 1993] ; 지수걸, 「일제하 충남 서산군의 '관료-유지 지배 체제'」, 『역사문제연구』 3 [1999])에서부터, 중견 인물 중심의 새로운 촌락 질서가 구축되어 실질적인 지도력을 발휘했으며, 전시 체제기에 이들의 역할이 더욱 증대되었다는 주장(부전정자, 「농촌진흥운동 하 중견인물 양성」, 『조선사연구논문집』 18 [1981] ; 송본무축, 「1930년대 조선 촌락질서 재편과정」, 『식민지 권력과 조선 농민』 [사회평론사, 1998])에 이르기까지 다중적이다. 이 외에도 1930년대 중견 인물의 구성과 성격에 대해서는 윤해동, 「일제의 면제(面制) 실시와 촌락 재편성책」 (서울대학교 대학원 역사학과 박사학위 논문, 2004) 참조.

그런 점에서 황민화와 일제 말기 파시즘화는 식민지 조선 내 집단 간 정체성 투쟁의 속도를 급격하게 가속화한다. 여성 정체성의 경우 중일 전쟁 이후 가속화된 파시즘화는 다양한 여성 정체성 집단 간의 정체성 투쟁을 가속화하거나 강제했다. 물론 여성 정체성 집단 간의 정체성 투쟁은 일부 급진적 신여성의 '몰락'과 남성 지식인들 사이에서 만연한 신여성에 대한 혐오라는 내적 요인과도 관계된다.[8] 여성 정체성 집단의 헤게모니가 급속하게 재배치된 것은 분명히 일제의 파시즘 정책에 따른 외적 요인의 결과다. 그 첫 번째 단계는 맑스주의적 사상과 실천을 보여준 여성들에 대한 현실적·담론적 '삭제'다. 1930년대 초반에는 급진적이고 맑스주의적인 신여성에 대해 선각자로서의 존경심과 사상적 동경이 뚜렷하게 드러난다. 그러나 1930년대 초반에도 이미 초기 급진적 신여성, 특히 맑스주의적 여성들의 사상적 면모를 말할 수 없는 국면에 이르게 된다. 이미 1930년대 초반부터 사회주의나 맑스주의와 관련한 신여성의 활동에 대해서는 검열과 통제를 암시하는 표현이 등장하고 이런 정황은 이후 '신여성'에 대한 담론이 이들의 연애와 사생활에 편중되게 되는 것이 일제의 검열과 통제의 산물이기도 하다는 점을 잘 보여준다. 예를 들어 '현대 여류 사상가들'을 소개하는 글에서 '초사'(필명)는 "다만 근대의 사상계에 용감하게도 놀대질 하고 있던 이 여류 사상가를 정면으로 당당히 그 사상 그 지조를 소개하지 못하고 겨우 행낭 뒷골로 돌아가서 애욕의 푸로필을 통하여 묘사하려는 이 부자유한 붓끝을 독자 제씨는 용서하여 주실 것을 애기"하고 있다.[9] 이처럼 맑스주의적인 여성들의 사상적 면모가 아니라 '애욕의 프로필'을 통해서 그들에 대해 간접적으로 서술할 수밖에 없다는 '전제'와 용서의 말은 곳곳에서 발견된다. 이러한 경향이 1930년대 후반에 이르면 "신여성-애욕의 프로필"이라는 담론으로 고정화된다. 일례로 초기의 신여성에 대한 흠

---

8. 이에 대해서는 다음 장에서 구체적으로 살펴보고자 한다.
9. 초사, 「현대 여류 사상가들 — 붉은 연애의 주인공들」, 『삼천리』, 1931년 6월.

모와 존경의 면모가 두드러지게 나타나는 「백화만발의 기미여인군」에서도 역시 "우리의 붓이 자유롭지 못한 정치나 사상운동 관계의 여성은 잠간 보류하기로 하고 다만 재덕과 미모로 사회적으로 일흠을 날니든 신여성을 차저보기로 한다"10라고 검열과 통제의 정황을 암시하고 있다.

다음 단계는 서구화와 퇴폐의 상징으로 공격 대상으로 설정된 급진적인 신여성적 정체성을 전면적으로 부정하는 과정이다. 이는 반서구와 반공주의를 기치로 한 일본 파시즘 논리의 결과이기도 하다.11 이러한 과정을 거쳐서 중일 전쟁 이후 담론 공간과 현실 정치의 공간에서는 이른바 '동양의 전통적 여성성'이라는 이름하에 총후부인, 군국의 어머니를 기치로 한 여성 정체성이 지배적인 것이 된다. 따라서 급진적이고 사회주의적인 여성들이 배제된 상황에서 '자유주의적'이고 보수적인 여성들이 부상하게 되는, 헤게모니의 강제적인 재배치가 이루어진다.

중일 전쟁 이후 조선에 대한 정체성의 강제적 재배치 과정은 청년을 '전위'·'엘리트'로, 총후부인을 '후방'으로, 소국민을 '미래의 국민'으로 서열적·공간적으로 적대적으로 위계화하는 것이었다. 이러한 배열은 단지 젠더화된 적대와 위계만을 의미하는 것은 아니다. 청년 담론에서 '청년'은 황군으로, 또한 엘리트로 사회의 전위에 배치되지만, '청년'의 내부적 구성은 특혜 받은 일부 소수의 엘리트와 '엘리트'로 상승하고자 하는 중간층 이하의 집단들로 위계적으로 분할되어 있다.12 또한 총후부인은 '후방'의 의미

---

10. 「백화만발의 기미여인군」, 『삼천리』, 1931년 6월.
11. 이런 면모는 국책에 위반되는 문제들을 '여성 문제'로 치환하거나, '여자 스파이단'의 신화를 통해 급진적이고 사회주의적인 여성 정체성을 '대동아 신체'에 침투한 적으로 동질화하는 방식에서 전형적으로 드러난다. 이에 대해서는 앞 장을 참조하라.
12. 청년단은 농민층을 중심으로 이루어졌다. 고등 교육 이상을 받은 당시 소수의 엘리트들은 청년단에서 소수에 불과했다. 이들은 여전히 '입시'를 위해 매진하고 있었다. 따라서 '황군'으로 지원하거나 '청년단'으로 활동한 이들은 주로 비엘리트층인 중간 계층이었다. 또한 중일 전쟁 이후 일제는 기존의 민족주의적 청년단을 포섭하여 이들 단체를 '국책'적 청년단으로 변화시켜 나갔다. 이러한 면모 역시 일종의 헤게모니 재배치의 과정이다. 청년단의 계급적·계층적 양상은 다음과 같다. 전체 구성에서 학생층은 미미한 비율을 차지하며, 이는 청년단이 주로 비엘리트 계층으로 이루어졌다는 것을 보여준다. 이와 관련해서는 최원

를 지니지만, 여기에도 역시 계급적 위계화와 지역적 위계화의 논리가 존재한다. 특히 엘리트 여성들은 농촌이나 비엘리트 여성들에 대한 계몽과 지도의 역할을 담당하면서, 사회봉사나 원조 등의 '후방' 활동에 국한되지 않고 '대중(여성 대중)'을 계몽하는 사회적 지도자의 지위에 서게 된다. 즉 당시 '총후부인'의 이름으로 활동하던 여성 인사들은 대부분 황군을 후원하는 '후방'의 원조자이기도 했지만, 내적으로는 '우매한' 조선의 여성 대중을 계몽하는 '지도자'로서의 위치를 자임할 수 있었다. 대중 계몽과 교육에는 교육자 계층이 대거 참여했다. 앞으로 살펴보겠지만 이들이 '여성 대중'에 대해 취하는 태도는 '분별력이 없는' 어린 여학생에게 취하는 태도와 유사하다. 나아가 총후부인의 역할과 기능에 있어서 일본 부인회나 일본의 지식인 여성들이 조선의 지식인 여성들에 대해 '언니'로서 계몽의 역할을 '자임'했다는 점은 인종적 위계의 작동을 잘 보여준다. 이렇게 일본 지식인 여성과 조선 지식인 여성 사이의 위계는 조선의 지식인 여성과 비엘리트 여성 사이에서 다시 반복된다.

젠더적·계급적·지역적으로 차별화된 정체성의 정치를 통해 각 정체성 집단은 자신들의 정체성을 교육받고, 학습하고, 경험하게 된다. 따라서 일제 말기 파시즘 체제의 경험과 여성 정체성의 문제는 이러한 복합적인 헤게모니 투쟁의 관계를 통해 보다 세밀하게 규명될 필요가 있다.

황민화의 이름으로 수행된 파시즘적 주체화는 젠더화되고 인종화된 정체성 투쟁을 동반하는 것이었다. 황민화 기제를 통한 정체성 투쟁은 다양한 조직들을 통해 이루어졌다. 이 조직들은 젠더적으로 차별화되고 계급적·지역적으로 차별화된 내용과 형식을 지니면서 사회의 말단 조직에까지 '황민'의 이념을 보급했다. 당시의 가장 광범위한 조직은 청년단으로, 다양한 통로를 통해 이들의 활동, 이념, 교육 목표와 내용이 구성되었다. 부인회

영, 「일제말기(1937~1945) 청년동원정책 — 청년단과 청년훈련소를 중심으로」, 『한국민족운동사연구』 21 (1999) 참고.

조직의 활동에 대해서는 청년단의 활동에 대해서만큼 다양한 기록이 남아 있지는 않다. 이는 담론으로서 총후부인 담론이 대량 생산된 것과는 대조적이다. 그렇기에 먼저 청년단의 활동 내역을 간략하게 살펴보고 청년단을 통한 교육의 내용과 형식, 그리고 부인회와 총후부인의 정체성 교육의 차이를 살펴보고자 한다.

> 국어해득國語解得은 의무義務다
>
> 제군諸君 중에는 아직도 국어國語를 해득解得치 못한 사람이 많다. 이래서야 황군皇軍이 될 자격資格이 있을수 있겠는가. 국어國語를 여태껏 해득解得지 못한데는 여러 가지 원인原因이 많다. 그러나 이것을 여기에서 말 것은 못된다. 제군諸君은 어쨌던 국어國語를 해득解得해야만 할 단계段階에 이르고야말았다.
>
> 어느 나라의 백성치고 그나라의 국어國語를 모른다는 것은 크다란 수치이다. 하물며 제군諸君은 팔굉일우八紘一宇의 대이상大理想의 기빨알에 자라나는 황국신민皇國臣民으로 어찌 국어國語를 몰라서 되겠는가. 모름직이 하루바삐 국어國語를 체득體得키 노력努力하라. 그래야만 충량忠良한 황국신민皇國臣民이 되는 것이며, 동시同時에 황군皇軍의 일원一員이 될 자격資格을 갖게 된다.
>
> 국어國語는 과히 어려웁지 않다. 더욱이 보통회화普通會話 정도程度를 이해理解하기에는 고작 육개월六個月이나 늦어도 일년一年이면 중분充分하다. 전조선全朝鮮 각지各地에서 개최開催되는 국어전해國語全解 운동運動은 제군諸君에게 쉽게 기회機會를 제공提供할 것이다.
>
> 지금까지는 지원병훈련소志願兵訓練所에서 열심熱心으로 국어공부國語工夫를 동시同時에 시켜온다고 들었지만 우리는 그렇게까지 만사를 믿고 있어서는 아니 된다. 미리미리 알아서 군인軍人이 되는 그날 그 당장에 조금도 지장되는바 없이 모든 교훈敎訓과 지시指示를 알아듣고 동시에 친구들과 의사意思를 교환交換할 수 있을 만큼 공부工夫를 해 둬야 할 줄 안다.
>
> 국어國語는 그 문법文法이 조선朝鮮과 다름이 별別로 없고 심지어는 어원語原

까지가 동일계통^{同一系統}에서 나온 것이 많으며 어휘^{語彙}도 비슷한 것이 허다^{許多}하다. 한문^{漢文}만 섞어서 써놓고 보면 대강 뜻만은 그냥 짐작할 수 있을만큼 된다.

이렇듯 쉬운 국어^{國語}, 더욱이 주위환경^{周圍環境}이 왼통 국어세계^{國語世界}로 된 오늘날, 제군^{諸君}이 조금만 시간^{時間}을 애끼고 조금만 노력^{努力}을 한다처도 앞으로 징병^{徵兵}되기까지에는 능^能히 해득할 수 있을줄안다.

내지식예의작법^{內地式禮儀作法}

조선^{朝鮮}사람은 생활양식^{生活樣式}이 내지인^{內地人}과는 다르니만침, 내지인^{內地人}과 같은 예의작법^{禮儀作法}을 일조일석^{一朝一夕}에 행^行하기는 그리 쉬운 일이 아니다. 동시^{同時}에 이런 점^點은 너무 강제적으로 권하고는 싶지 않다. 오랜 동안의 생활양식^{生活樣式}에서 울어나온 예의작법^{禮儀作法}이 어떠한 시대적^{時代的} 힘으로 갑짝이 변^變해질수는 없는 일이다. 그러나 한가지 말해도 좋은 것은 예의작법^{禮儀作法}이란 시대적^{時代的}으로 변천^{變遷}해간다는 것이다.

제군^{諸君}의 조부시대^{祖父時代}와 제군^{諸君}의 시대^{時代}는 그만침 시대^{時代}의 거리^{距離}가 있느니 만침, 둘을 나란히 두고 보면 놀랄만한 변화^{變化}를 발견^{發見}하기는 어려운 일이 아닐 것이다. 이것은 동시^{同時}에 이러한 말로도 할수있으니 그것은 황국신민^{皇國臣民}이 된 제군^{諸君}의 가정^{家庭}은 자연^{自然} 옛날의 제군^{諸君}의 가정^{家庭}고냥이어서는 안되겠다는 것이다.

제군^{諸君}의 생활양식^{生活樣式}, 예의작법^{禮儀作法}은 물론^{勿論} 훌륭하다. 그리고 조선^{朝鮮}서는 적당^{適當}한 것이어왔다. 그러나 이 좋다고만 생각한 여러 가지 일들 가운데는 저는 모르지만 남의 눈에는 좀더 개량^{改良}시켰으면 하는 점^點이 한 둘 있을 것이다. 나는 여기에서 그런것들을 끄집어내서 말하고 싶지 않다. 그것은 이미 제군^{諸君}의 선배^{先輩}들이 생활개량^{生活改良}을 위하여 많이 주창^{主唱}하고 더러는 실천화^{實踐化}한 때문에서다.

내가 여기에 말하고자하는 점은 제군^{諸君}이 국어^{國語}를 해득^{解得}하여야하는 것과같이, 동시^{同時}에 내지식^{內地式}의 예의작법^{禮儀作法}을 될 수록 이해^{理解}하

고 실행實行해줬으면하는 것이다.

자칫하면 예禮에 어긋난 일을 저즈르는 수가 있는 것은 근본적根本的으로 예의禮儀를 몰라서 그러는 것이 아니고, 어찌했으면 내지식內地式인지를 알지 못해서 그러는 수가 있는 것이니 제군諸君이 군인軍人이 되어 이러한 일로 서로 감정感情이 상하는 일이 있다면 큰 한恨이 아니랄 수 없다. …

청년대青年隊를 통通해본제군諸君

청년대青年隊에는 십사호十四歲에서 삼십호三十歲까지의 청소년青少年이 있어서, 쉽게 대중할 수는 없지만 지난 일년 동안 훌륭한 성과를 거두었다. 원악 인원人員이 많아 개별적個別的으로 대對하지는 못하였으나, 나는 주主로 시국인식時局認識에 주력注力하였다. 총후銃後 청년青年으로 알지 않으면 안될 시사해설時事解說과 청년대원青年隊員의 각오覺悟를 번번히 말한 바 있었다. 또 라디오 체조體操를 통通하여 신체身體의 건강健康에 이바지함도 있었다. 또는 간부幹部들의 특별特別 훈련訓練도 하였다.

그러면 그 결과結果는 어떻게 나타났느냐? 첫째, 시국時局 인식認識이 철저히 되어 출석률出席率도 나어지고, 씩씩한 기상氣象을 가지게 되었다. 동작動作이 처음보다는 놀랄만침 민첩敏捷, 정연整然하게 되어 시찰視察하러오는 인사人士들의 칭찬을 받고 있다. …

또한가시 예例를 들먼 이십이삼세되는 간부층幹部層의 청년青年들이 밀하기를 자기自己들은 연령관계年齡關係로 징병徵兵되기는 임이 틀린 일이니 우리들의 아우들에게만은 씩씩한 기상을 넣어주어 입영入營하여서 조금치라도 남에게 뒤떨어짐 없이 해야겠다고 목총木銃 훈련訓練을 실시實施하고 있다. 없는 주머니에서 푼푼이 모아 목총木銃을 구하는 노력努力! 그 노력努力이야말로 제군諸君의 승리勝利이고 조선청소년층朝鮮青少年層의 일보一步 전진前進인 것이다.

한번더 결의決意를 굳게

… 제군諸君은 피를 흘려 후손後孫을 위하여 토대土臺를 닦어야할 빛나는 전사戰士이고 용사勇士이다. 혹或 제군諸君 중中에는 지난 날의 일에 꺼림직한 느낌을 갖는 수가 있을 수도 있을 것이다. 그러나 그것은 내가 말 안해도 잘 못인 것은 잘 알일이리라. 조선朝鮮 사람은 벌서 황국신민皇國臣民으로 재출발再出發하였느니 만침 이러한 묵은 감정感情에 사로잡힌다면 진정 졸장부의 짓이겠다. 눈을 큰 곳 높은 곳에 두라. 제군諸君은 이미 대일본제국大日本帝國의 군인軍人이 아니었던가.13

---

13. 해야공(경성죽첨청년대장), 「징병령 기다리는 청년에게」, 『조광』, 1942년 10월, 38~41. 이 외에도 당시 조선인의 시각에서 청년단의 활동 상황을 보여주는 글로는 김광정웅(경성 안산(鞍山) 청년대 행촌 제1분대장), 「징병령과 반도 청년」, 『조광』, 1942년 10월, 42~45 참조. 이 글은 국어 보급 운동을 위해 야학을 개설해서 노력하는 청년단의 활동과 야학에 모여 '국어' 강습을 열심히 받는 사람들의 모습을 '열성적'으로 기록하고 있다. 또 청년단이 공연한 연극 내용도 수록되어 있다.

필자(筆者)가 관계(關係)하고 있는 청년대(青年隊)의 활동상황(活動狀況)을 살펴본다면, 조직(組織)없이 지나던 때와는 진정 천양지판(天壤之判)이 있을 만큼 변화(變化)되었다.
그전에는 맛도 서로 인사(人事)가 없던 사이가 청년대원(青年隊員)이 됨으로 말미암아 친밀(親密)해졌고, 이웃간에도 친목(親睦)함이 두터워졌다.
우리는 전시하(戰時下)의 청년대원(青年隊員)인 것을 자각(自覺)하고, 힘에 가능(可能)한데까지 힘껏 중임(重任)을 이행(履行)하기에 게을리지 않었다.
첫째로 국어보급운동(國語普及運動)에 합류(合流)하여 동내(洞內)의 예배당(禮拜堂)을 빌려 야학(夜學)을 개시(開始)하였다. 배우러 오는 사람이나, 가르키는 사람이나, 모두가 낮에는 일을 가진 사람들이요, 바쁜 사람이다. 사람사람이 틈을 짜내어서 가리키고 배우고 하기에 여념(餘念)이 없다.
머지않아 강습(講習)이 종료(終了)되면 사오십명(四五十名)의 새로운 국어해독자(國語解得者)가 생긴다.
우리는 우리들의 미력(微力)으로 이만한 열매를 맺게 되었음을 기뻐한다. 아울러 더위에 일에 피곤한 몸을, 국어공부(國語工夫)에 바쳐온 강습생(講習生)들에게는 머리가 숙여지며 뒤에서 여러 가지로 후원(後援)해준 분들께도 사의(謝意)를 표(表)한다.
근일중(近日中)에는 근방의 애국반장(愛國班長)을 위시하여 가정부인(家庭婦人)들의 위안(慰安)과 시국인식(時局認識)을 깊이하게 하도록 연극(演劇)을 공연(公演)하기로 한다. 내용(內容)은 국어장려(國語獎勵)와 시국인식(時局認識)을 주제(主題)로 하는 것인데 끝장면(場面)에 가서 주연자(主演者)의 부르짖음을 소개(紹介)한다면 다음과 같다.
여러분! 이것은 한개의 연극(演劇)만이 아닙니다. 때는 일억국민(一億國民)의 일치단결(一致團結)을 요구(要求)합니다. 그것은 한 가정(家庭)에서부터 평화(平和)스러운 속에서 결합(結合)이 있어야하겠습니다. 여기에 우리는 오늘날까지의 그릇된 생활(生活)을 고쳐야습니다. 암취인(暗取人), 매점(買占), 매석등(賣惜等)을 말아야 되겠습니다.
소화(昭和) 십육년(十六年) 십이월팔일(十二月八日)은 대동아전(大東亞戰)이 시작된 날입니다. 이 대동아전(大東亞戰)이라 함은 이 지구상(地球上)에서 영미(英米)의 세력(勢力)을 말소(抹

'청년'에 관한 담론은 총독의 훈시에서 관료들의 강화, 조선 엘리트 지식인들의 강화에 이르기까지 폭넓게 등장한다. 앞의 글은 당시 청년단 대장이었던 조선인의 글로 청년단 구성원의 의식을 보여주는 한 예라는 점에서 흥미롭다. 국어 해득과 황군으로서의 임무, 지원병의 자격을 갖추기 위한 자율적 연성練成에 대한 강조, 청년단 활동상, 예컨대 라디오 체조 실시, 야학 개설을 통한 국어 보급, 목검 훈련, 한해旱害 피해 극복을 위한 노무 동원, 시국 인식 강화를 위한 교육, 군사 훈련 등에 대한 자부심에 찬 소개는 당시 청년단의 활동과 청년단에 부여된 임무를 구체적으로 보여준다.

그러나 이 글이 흥미로운 것은 국책國策의 대리인으로서 가장 선봉에 서 있는 청년단 대장의 담론이 관료나 조선인 엘리트 지식인들의 담론과 미묘하게 구별된다는 지점이다. 이러한 차이를 규명하는 것은 황민화라는 파시즘적 주체화의 과정이 계급적·집단적으로 어떻게 차이화된 경험으로 각인되는가를 살피는 데 매우 중요하다. 청년단은 특히 '대중'에 대한 교화의 매개자이자 대리인으로서 이들의 인식이 '대중'에게 좀 더 직접적으로 설파되었다는 점에서 중요하다.[14]

'팔굉일우'八紘一宇나 '멸사봉공'滅私奉公 등의 키워드로 청년의 임무를 설

消)하여 전세계(全世界)에 신질서(新秩序)를 건설(建設)하는 것에 목적(目的)이 있는 것입니다. 이제 허위(虛僞)와 기만(欺瞞)으로 세계(世界)를 지도(指導)하였던 앙그로색손은 몰락(沒落)되었으니 이로부터 세계(世界)를 지도(指導)하는 것은 오직 우리 국민(國民)에게 부과(賦課)된 내 사명(大使命)입니다.
이 영광(榮光)스러운 사명(使命)!
이 감격(感激)에 넘치는 사명(使命)!
우리는 이러한 대사명(大使命)을 가진 국민(國民)이요, 적은 몸이나마 충성(忠誠)를 다하여 군국(君國)에 바치고저 합니다.

14. 뒤에서 살펴볼 농촌 부인의 황민화 교육에 있어서 이들을 '교화', 계몽, 교육시키는 것은 주로 청년단의 역할이었다. 물론 도시의 엘리트 여성들이 농촌을 돌아다니며 농촌 여성들에 대한 강화를 실시했지만 일상적으로 청년단과 애국반 조직이 보다 긴밀한 관련을 맺고 있었다. 또 도시 엘리트 여성들은 농촌 여성의 실상에 대해 무지한 채 농촌 여성들이 국책에 더 잘 부응하는 반면 도시 여성들은 비협조적이라는 인식을 보여주기도 한다. 대표적으로는 김활란, 「시국과 도회여성」, 『총동원』 1권 1호, 1939년 6월. 이러한 엘리트 여성의 인식은 농촌 여성의 실태에 대한 '부르주아 여성'의 무관심과 '환상'의 결과이며, 동시에 동료 엘리트 여성들에 대한 경쟁심과 견제 심리의 소산으로도 볼 수 있다.

파하는 엘리트 지식인의 청년 담론과 달리 조선인 청년대장의 '국책'에 대한 강조는 '고상한' 일본 정신의 키워드가 아닌 '실용적' 담론을 통해 이루어진다.15 '국어 해득'이 필요해진 시점에서도 "국어를 여태껏 해득치 못한" 여러 요인을 "여기에서 말 것은 못된다"는 식으로, 현실적 요인들은 말해지지 않고 행간 속에 숨겨진 채 강조된다. 국어 해득이 필요한 것은 '일본 정신'이나 '황민'으로서의 도의보다는 "어쨋던 국어를 해득해야만 할 단계에 이르고야말았"기 때문이며, 또는 "주변환경이 온통 국어세계로 된" 현실적 상황 때문이다. '국어'를 해득해야 하는 것은 지원병 자격을 취득하기 위해서일 뿐만 아니라 어쩔 수 없는 강제적 상황 때문이다. 또 당시 남녀노소를 불문하고 강제된 '내지식 예의 작법'16도 당시의 관료나 엘리트들이 국책 담론에서 강조하는 '합리화'나 '내선의 일체화', '생활 개선' 때문이 아니라, 혹시라도 있을 수 있는 문제에 대처하기 위해서다("군인이 되어 이러한 일로 서로 감정이 상하는 일이 있다면 큰 한이 아니랄 수 없다"). 조선의 생활양식과 예의 작법이 조선에서는 적당하며 문제가 없다는 점이 암시되고, "남의 눈에 좀 더 개량시켰으면 하는 점"이 내지식 예의 작법이 필요한 이유로 제시되기도 한다. 국책을 강조하는 담론 중간중간에 '황민'의 약속에 배반당하거나 '희망찬' 미래만을 논할 수 없는 실상 역시 은연중에 드러난다. 문면에는 "지난날의 일에 꺼림직한 느낌"이 구체적으로 지시하는 내용이 명확하지는 않지만 그런 느낌이 무엇인지를 모두가 다 알고 있다는 맥

---

15. 이러한 면모는 이광수와 같은 당대 지식인들이 사용하던 '고상한 일본 정신의 키워드'들과 선명하게 구별된다. 이는 뒤에서도 살펴보겠지만, '일본 정신'과 '일본어'가 상층부의 고상한 정신의 매개이자 형식으로 배치되고, 이와 달리 '한글'(순한글 표기를 말한다)이 실제적 필요에 의해 하위 집단의 정신을 규정하는 형식이 되는 것과도 관련된다. 당시 통상적으로 조선어라고 말할 때는 순한글 표기를 의미하는 것이 아니라 일반적으로 한자 병용 표기를 의미했다. 순한글 표기는 한문 해독 능력이 부족한 여성이나 아동을 위해 특수하게 사용되었다. 또한 이 시기에 순한글 표기가 급속하게 확대되는 것은 한문을 '지나의 악영향'으로 간주한 일본 파시즘의 논리에 의해 한자 사용이 억제되는 과정의 산물이기도 하다.
16. 여성들의 경우 가정생활을 내지식으로 '합리화'하는 것이 총후부인의 중요 임무 중 하나였다.

락이 함축적으로 포함되어 있다. 또한 청년으로서, 지원병으로서의 '황군'의 임무는 "조금치라도 남에게 뒤떨어짐 없이 해야겠다"는 각오로 표명되고 있어서 하층의 청년층에게 황민화의 실감이 국책의 수행과는 또 다른 차원을 함축하고 있다는 것을 알 수 있다. 즉 하층의 청년층에게 황민화란 경쟁, 살아남기, 뒤처지지 않기와 같은 '생존' 논리로 드러나는데, 이는 지식인 엘리트들의 대세론이나 '민족의 운명'에 대한 논의와는 분명히 구분된다.

황민화를 비롯한 국책에 대한 인식은 이처럼 가장 선봉에 서 있는 집단들 내에서도 서로 다르다. 특히 이들의 인식이 표명되는 담론적·언어적 차이는 황민화로 표상되는 정체성의 차별화된 내용과 형식을 단적으로 드러낸다. 엘리트 남성들과 비엘리트 남성들은 청년의 정체성을 황민의 자질로서 중시해서 서로 유사한 것처럼 보이지만 실상 이들의 의식은 각자 사용하는 언어와 담론의 차이만큼이나 거리가 있었다.

이런 계급적인 차이는 여성 정체성 집단 간에서는 좀 더 세분화된다. 총후부인은 '국체'의 전위를 표상하는 청년의 하위에 놓였고, 총후부인의 역할 역시 '후방'의 업무로 할당된 사회 봉사, 부조 등의 '원조'와 내조의 역할을 담당했다. 실제로는 이러한 총후부인으로서의 여성 정체성은 일부 엘리트 여성의 정체성 자질로 전유되었다. 국책 선전과 대중 강화에 나선 엘리트 여성들은 '여성 대중'을 향해 '전위 부대'에 대한 원조와 '내조'의 기능을 강조하면서 여성의 정체성 자질을 '부인'과 '아내'로 고정화했다. 이런 고정화의 과정은 엘리트 여성들이 이른바 '여성 대중'에 대해 '교육자'이자, 계몽자, 지도자로서의 위치를 자임 혹은 부여하거나 부여받는 과정이기도 하다. 부인과 아내로서의 정체성 자질이 '동양 정신', '일본 정신'이라는 이름 하에 서구와 맑스주의에 오염되지 않은 본래적인 여성 정체성 자질로 고정화되는 것은 '부인'의 '가부장'에 대한 종속뿐 아니라 지도자인 엘리트 여성에 대한 '여성 대중'의 종속을 동반하는 것이기도 했다. 또한 이 과정은 지도자나 부인으로서의 정체성과 '경쟁'하는 신여성적 정체성 자질에 대한 집단적 '학살'을 통해 완성되었다. 따라서 총후부인 정책 및 당시 '국책' 선전 담론은 여성 정체성들 간의 적대적 갈등과 위계를 강제적으로 할당하는 과정에서 신여성이나 가정 바깥의 여성(특히 하층 계급 여성)과 같은 특정한 여성 정체성 자질을 '문제적'이거나 '부적절한 것'으로 간주하고 절멸 대상으로 만들었다. 이러한 강제적인 정체성 투쟁은 내적·외적 요인의 복합적 작용을 통해 가속화된다. 다음의 사례를 보면 '총후부인'의 임무와 전시 체제 여성의 임무를 강조하는 정책 담론에서 발화 대상이 동료 엘리트 여성인 경우와 여성 대중인 경우, 또는 발화 대상이 특정한 그룹의 여성, 특히 농촌 여성인 경우 담론의 특성이 현격하게 다른 것을 알 수 있다. 이는 내용이나 전달 방식뿐 아니라, 한자와 조선어를 혼용하거나 순한글 표기만을 사용하거나 한자와 가타카나, 한글 첨자를 병용하는 것과 같은 언어의 차별화된 사용을 통해서도 구체화된다.

> 오늘 이 자리에 나오신분은 우리 일본제국日本帝國이 지금至今 어떠한 나라와 어떻게 싸호고 있다는 형편形便쯤은 가장 현명賢明하시고 가장 비판력批判力이 빠르다고 자처自處하시는 분들이매, 잘아실줄 아옵니다.
> 매일每日 두 번씩 보도報道되는 신문新聞을 읽으시고 또 하로에도 몇 번씩 방송放送되는 뉴-스를 들으시는 여러분으로 누구보다도 이 시국時局을 잘 인식하시고 계시다고 자처自處함도 결決코 무리無理는 아닐줄 압니다. 그러나 나 보기에는 아직도 여러분은 통통한 꿈속에서 헤매고 계신 것 같습니다. 밖갓흔 밤사히 일기日氣가 돌변突變하야 뇌뢰성벽雷聲霹靂이 치고 비가 쏘다져 하수도下水道가 넘고 담장이 터져 야단이 났지만은 여러분 방에는 덧문을 꼭 꼭 닫고 검은 문장門帳을 기리기리 느리엿기 때문에 한밤중인줄만 알고 쿨쿨 자고 있습니다.
> 돈이 있는 부호富豪는 돈에 가히워서, 무식無識한 사람은 무지無知해서, 소위所謂 인테리란 지식층知識層은 반들어져서 이 시국時局을 잘 인식지못하고 미몽迷夢에서 헤매고 있습니다.

여러분이 미몽迷夢에서 깨어났다면 왜 매점買占이 있고 왜 채권債券을 사지않고, 왜 육억저축六億貯蓄에 협력協力하지 않고 왜 당신의 아들들을 지원병으로 내여놓지 않습니까?

여인女人들은 만나면 고무신이 없다, 광목廣木이 없다, 기름이 없다, 불평不平을 말합니다.

그러면서도 십이월十二月 일일一日부터 비단과 화장품化粧品에 세금稅金이 붙는다고 각各 백화점百貨店과 포목상문布木商門이 메여지게 장사진長蛇陣을 느리여 가지고 한 사람이 백원百圓어치 화장품化粧品을 삿다는등 이삼천원二三千圓어치씩 비단을 끊었다는둥 하니 그 무슨 추태醜態입니까? 백원百圓어치씩 화장품化粧品을 살 재력財力이 있는 사람이 세금稅金이 붙은 후後에 일이원一二圓어치씩 사다쓸 능력能力은 없습니까? 그리고 이 전시戰時에 무슨 화려華麗한 옷이 그리 필요必要해서 수천원數千圓어치씩 삽니까?

여러분이 다른 나라의 전시생활戰時生活이 어떻다는 것을 안다면 이상以上과 같은 추태醜態는 연출演出안을 것입니다. 그러면 다른나라의 전시생활戰時生活의 상태狀態를 봅시다.17

이 글은 '반도지도부인층半島指導婦人層의 결전보국決戰報國' 대회 연설문이다. 이 대회의 청중과 참여자 모두 시국에 대한 의식을 지닌 지도층 여성들이다. 총후부인의 역할이나 전시하 여성의 임무는 여러 종류의 사회봉사, 총후 관리, 대민 봉사, 지원병 가정에 대한 후원, 생활 합리화, 절약, 사치 방지, 물자 관리와 같은 가정 경제의 합리적 운영 등이었다. 그러나 이 글은

---

17. 임효정, 「미몽에서 깨자」, 조선임전보국단 주최 '반도지도부인층의 결전보국의 대 사자후'(1942년 2월 8일), 『대동아』, 1942년 5월. "경성(京城)에 부민관(府民館)이 생겨서 반도(半島)의 부인(婦人)만이 이처럼 많이 모힌 광경(光景)은 처음입니다"라는 모윤숙의 「여성도 전사다」라는 글에서의 언급으로 볼 때 부민관에서 '지도층 부인'들이 모인 임전보국 강연회인 것으로 보인다. 참여자와 연설문은 다음과 같다. 김활란, 「여성의 무장」; 임효정, 「미몽에서 깨자」; 임숙재, 「가정의 신질서」; 박순천, 「국방가정」; 허순백, 「총후부인의 각오」; 모윤숙, 「여성도 전사다」; 최정희, 「군국의 어머니」.

'지도층 부인'들의 사치를 비난하는 논조로 일관하고 있다. 총동원 체제 이후 여성의 사치에 대한 글은 넘쳐날 정도로 대량 생산되는데 이를 단지 물자 관리를 강조하는 국책 선전의 결과로만 볼 수는 없다. 이는 국책과 관련된 부정적인 사회적 징후들을 '여성 문제', 특히 '유한부인(으로 가치절하된 여성 정체성 집단들)'의 문제로 환원하는 이데올로기와 밀접하게 관련된다. 또 이는 국책의 선봉에 선 여성 지도자들이 부인과 아내로서의 정체성을 강조하면서 이러한 정체성과는 구분되는 자질을 지닌 동료 엘리트 여성들을 견제하고 비난하는 태도와도 관계되어 있다. 이들의 이러한 태도는, 농촌 여성들이 '국책'에 적극적으로 부응한다고 강조하는 동시에 도시 여성은 사치와 허영에 사로잡혀 국책에 무관심하다고 비판하는 것으로 이어진다.[18] 국책선의 선봉에 선 엘리트 여성들이 농촌 여성의 실상에 무지한 동시에 동료 엘리트 여성들을 비난하는 태도를 지니고 있다는 점을 보여주는 것이다. 이들 '지도자 여성'들은 '여성 대중'에 대해 겉으로는 동조적이었지만 실제로는 우월감을 갖고 있었다. 따라서 '여성 대중'에 대한 그들의 연설은 마치 어린아이를 대하는 것과 같은 태도로 일관한다. 다음의 연설문은 지도자 여성이 '여성 대중'에게 취하는 태도와 담론 구성의 방식을 전형적으로 보여준다.

> 개회의 인사
>
> … 여러분, 일본日本은 무슨 까닭으로 전쟁을 하고 있을까요? 석유石油가 탐이 나설가요, 쌀이 부족해설가요. 아닙니다. 그런 물질적으로 남의 것을 탐내고 부러워해서 싸우는 것이 아니올시다. 우리 일본日本은 이천육백년二千六百年이란 긴 동안에, 한번이라도 남을 못살게 하려고 싸운적이 없는 나라이올시다. 이번 대동아전쟁大東亞戰爭으로 말하더라도 미영米英은 유색인종有色人種을 노예奴隷로 삼어부려먹으려는 것을 구救해내려는데서 참아보고 있을

---

18. 김활란, 「시국과 도회여성」.

수 없어서 일어선 것이 올시다. 이렇듯 우리들의 싸움은 사람으로써 바른 전쟁이올시다. 그러므로해서 성전聖戰이라고 하는 것입니다. …
어떤곳에 한 사람이 걸어가고 있었습니다. 그뒤로는 돼지한마리가 딸아가고 있었습니다. 이상도 하다 막끄을고가도 버틔고 소리지르는 돼지란 놈이 이상히도 따라간다 싶어서 자세히 보려니까, 그 사람은 뒤에다 주머니를 달고가는데 거기서 콩이 똑똑 떨어지고 있었습니다.(소성) 돼지란 놈은 콩맛에 얼리 빠저서 뒤만따르고 있었지요. 그런데 여러분 그 사람의 가는곳이 어딜가요, 돼지잡는 곳이었답니다.(소성) 미영米英은 유색인종有色人種을 이렇게 사지死地로 그을고 가는것입니다. 쓸금쓸금 색기로 묶지 않고 끄을고 가려는 것입니다.[19]

'대동아 전쟁'의 의미와 여성의 임무를 '여성 대중'에게 설명하는 이 연설문은 이른바 '청년 대중'이나 지도층 여성을 향한 담론과 현격하게 구별된다. 돼지 이야기라는 '단순한 우화'를 통해 태평양 전쟁의 의미를 설명하는 방식은 '고상한 일본 정신'을 통해 '대동아 성전'의 의미를 담론화하는 것과는 아주 큰 차이를 보여준다. 우선 여성 대중을 향한 담론은 다른 정책 담론이나 강화와 달리 이른바 쉬운 한글로만 작성된다는 점이 특징적이다. 앞의 연설문에서는 그나마 몇 단어들이 한문으로 표기되었지만, 여성 대중을 향한 담론은 순수한 한글 사용 표기가 특징적인데 이는 '여성 대중'을 향한 국책 선전 담론이 담론 내용을 이해하기 쉽도록 '한글 전용'을 채택하는 전략을 전형적으로 보여준다.

정책 담론에서 일어와 조선어를 다양한 방식으로 활용하는 데는 몇 가지 요인이 작용한다. 먼저 '일어 전용'이 국책으로 강조된 상황에서도 일본어 해득률이 현격하게 낮은 조선에서는 현실적 필요에 의해 조선어 사용

---

19. 「완승 총후로 매진하는 가정부인좌담회」, 『조광』, 1944년 2월, 99~100. 연사는 대일본부인회 이사 김윤정이며, 좌담회는 2월 12일 경성부 성동(城東) 인보관(隣保館)에서 개최되었다.

이 '채택'되었다. 이 '채택'은 '허용'의 의미와 구별될 필요가 있다. 채택이란 현실적 필요에 의해 전략적으로 표기 방식을 도입하는 것이다. 또한 이때 조선어의 사용이 채택된 것이 아니라 오히려 순한글 표기가 채택되었다는 사실에 주목할 필요가 있다. 일어 해득률이 낮은 관계로 많은 국책 관련 글들이나 매체에서는 조선어 사용이 허용되는데, 이는 한자와 한글이 병용되던 당시에 지속적으로 사용된 이른바 '고급' 조선어였다. 그러나 전략적으로 채택된 표기 방식은 한자를 배제한 순한글 표기법이었다. 한자의 배제는 조선에서 중국의 영향력을 배제하려는 일제의 이데올로기 작업의 일환이었으며 나아가 한자가 배제된 순한글 표기법은 주로 여성 대중이나 어린이, 농민 집단 등 하위 주체를 향한 담론에서 전략적으로 채택되었다. 이러한 과정에서 일본어는 '고상한 정신'을 담는 그릇이자 상층부 엘리트의 언어로, 한자가 배제된 한글 전용 표기는 하위 집단의 언어로 고정되며, 한글 전용 표기는 조선어를 다시 '언문' 수준으로 되돌렸다. 전시 동원 체제 담론 공간에서 언어의 다층성, 즉 고급 일본어, 대중용 일본어, 고급 조선어, 대중적인 조선어, 순한글 등이 사용되는 방식에 대해서는 뒤에서 자세하게 살펴볼 것이다. 몇 가지 사례에서도 확인되지만,『아희생활』과 같은 아동 잡지가 순한글 표기로 전환하는 것은 아동에게 일어를 보급하면서도 이들에게 국책을 교육하기 위해서였다. 또 국책 관련 독본의 경우 '대중'을 위한 독본일수록 한글 전용 표기를 채택한다. 일례로, 애국반을 통해 보급된 이각종의『국민정신총동원독본』[20]이나 대중용 방공 독본인『애국반 가정용 언문방공독본』[21] 등이 그 사례다. 이 경우 순한글 표기나 한자를 괄호 안에 병기한 경우로 구별된다. 이는 아동을 소국민으로 양성하기 위한 아동 잡지의 경우에서도 확인된다. 일례로『아희생활』에 실린「국문의 창시」에 대한 소국민 강화에서도 순한글 표기가 사용되고 있다. 아래 예문은 여

---

20. 이각종 편,『국민정신총동원독본』(경성신문사, 1938).
21. 신시대사 편집부 편,『애국반 가정용 언문방공독본』(신시대사, 1941).

성 대중에 대한 강화와 아동에 대한 강화가 유사한 '형식'을 취하고 있음을 보여준다.

> 여러분! 국민학교에 들어가서 제일처음배호는 것은 아이우에오^{アイウエオ}입니다. 가다가나나 히라가나를 어떤 분이 만드셨는지 아십니까? 한문은 지나^{支那}에서 건너온것입니다. 우리나라에도 옛날에는 한문을 썼답니다. 그런데 우리나라에서는 고유한 글자가 없습니다. 가다가나는 한문의 한편만을 떼여썼으므로 우리나라의 독특한 문자는 히라가나가 비로소된 것입니다. … 그런데 이로하^{イロハ}노래는 고-보다이시가 만드신것입니다. 이로 인하여 교육하는 사람, 교육받는 사람이 어떻게 편하게 되었는지를 알수가 있습니다. 우리나라의 말이 다 거기에서 생긴것입니다. 즉 이로하사칠칠^{イロハ四七七} 문자는 일본국어의 단위가 된것입니다. 그래서 이 사칠칠^{四七七} 문자만 외일것같으면 그것으로 생각한글을 쓸수가 있게된 것입니다. 그것을 아이들까지도 쉽게 외일수가있습니다. 이런글은 어떤 나라에던지 없는것입니다. … 우리나라가 속히 문명국이 된 것은 고-보다이시의 은택이 많은 것입니다.[22]

『아희생활』은 성결교회가 만든 아동용 잡지로, 1944년까지 순한글로 발간되었다. 일본어로 된 글도 몇 편 실렸지만, 아직 일본어 학습이 미비한 아동을 '소국민'으로 만들고 국민 의식을 양성하기 위해 '순한글'을 사용한 것이다. 이러한 사례는 농촌 부인에 대한 강화와 교육에서 확인된다. 다음의 인용문은 매우 혼란스러운 언어 사용을 보여주는 사례다.

> 제^第 삼십팔^{三十八} 부인^{婦人}ノ의 취로^{就勞}
> 아^我우ノ리가정^{家庭}モ도전장^{戰場}デ이アリ고, 아^我우ノ리직장^{職場}일터モ도전선^{戰線}

---

22. 소양, 「국문의 창시」, 『아희생활』, 1942년 1월, 31.

デイアリマス오. 여女モ자도남男ニ자부負에ケげナスイシヤ안ウ토록, 이比이ノ전선戰線ニ에입立나タ서ナ지ケ안レ으バ면ナ안リ되マ오セン.

금종今從전까지マデ前ノ과ヤウ갓ニ치실내屋內デ에서グツ물ヘシ하デ고居잇ラレ슬メイ수ノ업デス소. 野들ニ로산山ニ으로田植모내기ニ에草取김매기ニ에 통勇マ기シ잇ヶ게 진군進軍シ합マ시セン다.23

이 인용문은 청년단을 통해 보급된 『전시농민독본 — 황해도黃海道』의 '부인근로' 부분으로, 농민 집단에 대해서는 한자와 가타카나, 한글을 병용한 표기 방식을 채택했음을 보여준다. 이는 먼저 농민층에 초보적인 일어를 보급하고, 일어를 해득하지 못한 농민을 위해 한글을 병용한 것이다. 『전시농민독본 — 황해도黃海道』는 황해도청 농정과에서 발행했는데 1943년 5월 27일 초판을 인쇄해서 1천 부를 발행했고, 1943년 6월 20일 중판은 15만 부를 발행했다. 독본류는 지역별, 조직별, 집단별로 다양하게 발행되었다. 특히 징병 독본, 만주 이주 독본, 시국 독본, 국민 총력 독본, 국민정신총동원 독본 등이 도별, 조직별로 발행되고 애국반을 통해 배포되었다. 발행 부수를 근거로 산출해 봐도 독본류의 발행 부수와 대중에 대한 전파력은 이 시기 어떤 매체에 비해서도 가장 컸다고 볼 수 있다. 대표적인 독본으로는 이각종, 『시국독본』24, 국민총력조선연맹 편, 『국민총력독본』25, 조선군보도부 감수, 경성일보사 논설부원 삼보양杉潽洋, 『조선징병독본』26 조선총독부 학무국장 시오바라 토키사부로塩原時三郞閣下 서序, 조선총독부 도사무관 강구웅岡久雄, 『육군특별지원군독본』27 등이 있다. 전시 체제하의 아동용 독본은

---

23. 황해도청 농정과, 『전시농민독본 — 황해도』(해주 식산주식회사 인쇄, 황해도 발행, 1943), 56. 이 독본은 1943년 5월 27일 초판 인쇄, 1943년 5월 31일 초판 1,000부 발행, 1943년 6월 20일 중판 150,000부를 발행했다.
24. 이각종, 『시국독본』(경성신문사, 1937).
25. 국민총력조선연맹, 『국민총력독본』(鮮光印刷株式社, 1941).
26. 삼보양, 『조선징병독본』(조선도서출판주식회사, 1943).
27. 岡久雄, 『陸軍特別志願兵 讀本』(帝國地方行政學會朝鮮本部, 1939).

쉬운 가타카나를 먼저 배우도록 되어 있다. 조선총독부에서 발간한 『초등국어독본』[28]은 단계에 따라 1~6권까지로 구성되었는데 이 독본은 그림과 함께 가타카나를 싣고 높은 단계로 갈수록 한자와 가타카나를 함께 배우도록 되어 있다. 『농민독본』의 체제는 아동용 독본 5권 정도의 수준으로 쓰였으며, 이 정도의 일어를 해독하지 못하는 경우에 대비하여 한글을 병기했다.

앞의 사례들에서 볼 수 있듯이 황민화라는 파시즘적 주체화 과정은 젠더적·집단적·계급적으로 차별화된 내용과 형식을 통해 학습되었다. 또한 식민지 경험과 여성 정체성에 관한 문제에서 당시 전시 체제하에서 교육받은 여학생층의 경험은 매우 중요하다(〈표 1〉 참조).[29]

조선의 경우 황민화는 젠더, 계급, 인종, 세대 간에 적대적으로 위계화된 강제적인 정체성 투쟁을 통해 이루어졌으며, 이러한 기제는 피식민자들로 하여금 식민지 파시즘의 폭력을 피식민자집단들 서로 간의 적대적인 정체성 투쟁으로 내면화하도록 만들었다. 총후부인은 '신여성'에 대한 헤게모니 투쟁을 통해, 청년은 '부로(父老)층'과 '퇴폐하고 무기력한 근대적 지식인'에 대한, 도시 여성은 농촌 여성에 대한, '조선인'은 '남방인'과 '지나인'에 대한 내재적인 정체성 투쟁을 통해 '황민'이 되었다.

3. 식민지 경험과 여성 성체성

일제 말기 파시즘 체제하의 담론 공간에서 여성 정체성은 총후부인이라는 긍정적 준거와 '서구화되고 퇴폐적이고 방탕한' 신여성이라는 부정

---

28. 조선총독부, 『초등국어독본』 1~6권 (조선서적인쇄주식회사, 1941).
29. 〈표 1〉은 당시 여학교 교장들의 교육 이념과 여학생들에 대한 그들의 인식을 잘 보여준다. 여학생들은 '비평력이 없다'는 이유로 학교의 강제적 지침을 무조건 따라야 하는 것으로 간주된다. 물론 여학생에 대한 교육과 지도는 총독부의 지침에 따른 것이다. 특히 전시 체제하 학생들의 영화 관람에 대한 규정은 학생 지도의 중요 사안 중 하나였다.

<표 1> 전시의 여학생 교육의 내용과 교장들의 인식에 관하여

학교(장)명	설문 1. 귀교에서는 전반(全般) 여학생에게 있떠한 전시훈련(戰時訓練)을 식키고 있읍니까?	설문2. 여학생(女學生)에게 대한 군사교련(軍事敎鍊)을 시키는 데 대한 의견은?	설문3. 최근 여학생들은 어떠한 시대적(時代的) 독물(讀物)과 영화를 보고 있읍니까?
덕성여자실업학교장(德成女子實業學校長), 福宅玲子(송금선[宋今璇])	* 금년 가을에는 생도들의 저온(低溫) 생활을 훈련하는 의미에서 난로를 낮게 한기(寒氣)의 정도를 보아 사용할까 합니다. * 학교 교원의 중간 시간을 이용하여 생도들의 체련 훈련	* 절대 필요 * 우리학교에서도 결과는 미미하나 전체 생도에게 군사 훈련시키는 중 * 아직까지 전시 생활에 경험이 없는 조선가정에 여학생을 통하여 훈련을 철저히 시키고자 한다.	* 어떤 학교나 건전한 정신생활을 시키기 위하여 영화나 서적을 엄중히 감시하므로 영화는 보도연맹의 지정 영화를 보게 되었고, 서적은 학교에 따라 다르다. * 우리 학교는 여학생들에게 시국에 대한 책을 보게한다. * 상급반에서는 신문을 매일 읽힌다.
상명실업여자학교장(祥明女子實業學校長), 배상명(裵祥明)(芳村祥明)	* 학과 공부와 함께 훈련도 중요시함 * 각종 운동경기를 통하여 체력의 증강에 힘씀 * 방공훈련 * 사회명사를 초청하여 시국강화(時局講話)	* 필요하다. * 매주 토요일 전 학교에 교외(校外)군사훈련 실시. 그 효과는 판이하게 크다. * 엄격하고 규율적인 군사 훈련이 절대 필요하다.	* 학교에서는 과외 독물(課外讀物)은 반드시 담임 선생님의 허가를 받도록 한다. * 영웅전 등의 전기를 많이 본다. * 영화는 절대로 금한다. 시국영화 등은 학교에서 단체로 보지만 비평력을 가지고 있는 것 같지는 않다.
명성여학교장(明星女學校長), 月村水先	* 원족(遠足)(야외 활동), 장거리보행, 여행 같은 것으로 체력 훈련. 최근에는 시국에 순응하여 방공 훈련, 노동 작업, 구급 수당법(手當法), 폐물이나 버린 물건 이용법, 수선법 드을 훈련 시킴	* 여자들에게 군사훈련을 과한다는 것은 그 근본 의의가 군사적인 점보다는 정신적인 점에 있다고 생각되는데 그보다 여성으로서 감당할 수 있는 각 부문의 실무 훈련을 시키는 것이 효과적이다.	* 원래 학생, 더구나 어린 여학생들의 비평력이란 신뢰할 수 없기 때문에 영화관 출입을 엄금. * 간혹 교육상 필요하다고 인정되는 영화는 선생 인솔하에 학생의 참관 허용. * 소설에 대해서도 그 선택에 대해 엄격한 감시 * 최근 영화로는 〈내목(乃木)대장(大將)의생

학교(장)명	설문 1. 귀교에서는 전반(全般) 여학생에게 어떠한 전시훈련(戰時訓練)을 식키고 있읍니까?	설문2. 여학생(女學生)에게 대한 군사교련(軍事敎鍊)을 시키는 데 대한 의견은?	설문3. 최근 여학생들은 어떠한 시대적(時代的) 독물(讀物)과 영화를 보고 있읍니까?
			애(生涯)〉,〈로방(路傍)의석(石)〉[30],〈그대와 나(君と僕)〉[31] 등을 보여줌 * 소설로는 준견(鶴見)씨의 〈모(母)〉[32] 吉屋信子의 《우정(友情)》[33] 등을 본다.
성신종교여학교장(誠信宗教女學校長), 이숙종(李淑鐘)	1. 매주 화요일 분열행진조회(分裂行進朝會) 2. 매월 1차 방공훈련 3. 학교연맹작업대훈련(學教聯盟作業隊訓練) (평일작업, 미화작업) 4. 매일 강화 운동시간(强化運動時間) 설치, 30분간 정조보훈련(正條步訓練) 5. 폐품 갱생 전시회 6. 매월 애국일 시행	* 찬성. 무력적 훈련이라기보다 심신연마에 시국적 의무라고 생각	* 학교교재에 필요한 참고서 이외에 볼 사이가 없다. * 하지만 근일에는 군국미담(軍國美談) 등을 많이 본다. 《주부지우(主婦之友)》도 많이 본다. * 영화는 학교에서 지정하는 교육적 영화 외에 보지 못한다.
덕화여숙장(德和女塾長), 永河仁德(박인덕[朴仁德])	* 본 여숙은 가도(家道) 전수(專修)를 시키는 곳이므로 가정생활 전반에 관하여 전쟁과 연락적(連絡的) 정신을 갖도록 훈련 * 요리시간에 비용은 덜 들고 영양가는 있고 눈에 보기좋고 입에 맛있는 음식을 연구, 실행	* 찬성 * 군사훈련을 통해서 단체 행동, 질서적 생활, 신체 단련 등을 할 수 있다.	* 정신수양에 관한 서적을 많이 본다. 전쟁에 관한 책. * 영화는 본교에서 지정하는 것이 아니면 안본다. 얼마 전에 〈그대와 나(君と僕)〉를 전교생이 보고왔다.
이화여자전문학교장(梨花女子專門學校長), 天城活蘭(김활란[金活蘭])	* 여성의 입장에서 결전체제(決戰體制)에 필요한 것은 직지(直摯)하게 시킨다. 불효불굴의 정신을 넣어주면서 인고단련을 시키고 있다.	* 현재 시행중이다.	* 결전체제에 적당한 것들.

학교(장)명	설문 1. 귀교에서는 전반(全般) 여학생에게 있어서 전시훈련(戰時訓練)을 식키고 있읍니까?	설문2. 여학생(女學生)에게 대한 군사교련(軍事敎鍊)을 시키는 데 대한 의견은?	설문3. 최근 여학생들은 어떠한 시대적(時代的) 독물(讀物)과 영화를 보고 있읍니까?
경성가정여숙장(京城家政女塾長), 황신덕(黃信德)	* 심신의 단련을 철저히 하기 위해 도보 원족, 방공훈련, 저은 생활 등을 실시	* 여성까지 출정하여야 할 시기가 왔다면 별 문제이겠으나 일반적으로 보아 여학생들에게 군사훈련은 찬성하기 어렵다. 생리적 고장을 방지할만한 무슨 방도가 있다면 몰라도.	* 아직 나이어린 2학년까지밖에 없으므로 위인전기나 월간잡지 2, 3개를 회람시킬 뿐이다. * 영화는 학교에서 지정하는 것 외에는 뵈이지 않는다.

설문에 대한 서술식 답변 내용을 표로 정리하면 위와 같다. 학교명과 이름의 표기는 원문을 그대로 따른다. 창씨개명한 이름은 원문 표기에 준한다. 출처 : 「아교(我敎)의 여학생 군사교련안」, 『삼천리』, 1942년 1월, 102~104.

적 준거를 중심으로 유동한다. 특히 신여성적 정체성은 사회체를 오염시킬 우려가 있는 퇴폐와 몰락의 상징으로 표상되면서, 풍속 문제, 스파이 문제, '교통' 문제에 이르기까지 광범위한 담론 공간에 등장했다.

---

30. 야마모토 유조(山本有三)의 소설을 원작으로 한 영화. 소설은 1937년에서 1938년까지 일본 『동경아사히신문』(東京朝日新聞)에 연재되고 후에 개고하여 1938년에는 『주부지우』(主婦之友)에 연재됨. 1939년에 영화로 제작되어 1939년 조선에서도 상영되었다.
31. 조선인 허영(창씨명 히나쓰 에이타로[日夏英太郎], 1908~1952)이 감독한 영화. 1941년 개봉함. 상영시간 25분. 조선군 보도부 제작. 문예봉, 이향란 주연. 감독 허영은 남방 전선에 군속으로 참여하여, 일본 패전 후 인도네시아에 남아서 히나쓰 에이타로, 혹은 후융으로 일생 동안 영화를 만들고 인도네시아에서 생을 마감했다. 최근 연구로는 최일준, 「대동아공영권의 선전영화 — 〈그대와 나〉(1941) 시나리오와 영상의 표상」, 『인문사회과학연구』 30(3) (2022) : 574~597 참고.
32. 쓰루미 유스케(1885~1973). 소설가 쓰루미 슌스케의 아버지이다. 소설 『母』(大日本雄弁会講談社, 1929).
33. 요시야 노부코(1896~1973)의 소설. 요시야 노부코는 다이쇼기 일본에서 여학생과 여성 독자에게 인기를 끌던 여성작가이다. 1937년 주부지우사의 황군위문특파원이 되어 전장을 목격하고 이에 관한 작품을 발표한다. 이를 토대로 일련의 우정 소설을 발표한다. 오성숙은 요시야 노부토의 여성 사이의 우정이 남성에 대항하는 연대의 의미를 지녔다면, 전

1930~1940년대 일제 말기에 형성된 애국부인으로서의 정체성은 해방기와 한국 전쟁을 거치면서 '여성 지도자', 혹은 정치적 권력을 지닌 여성 정체성의 특성으로 재생산되기도 한다. 만주사변 이후 징후를 드러내고 중일 전쟁을 기점으로 폭발적으로 확산된 강제적인 정체성 투쟁은 특히 여성 정체성에 있어서 1900년대 이후 형성되어 1920년대에 정점에 달했던 신여성적 정체성을 극단적으로 혐오하고 부정하게 만들었다. 국제적이고 지식 권력과 성적 해방에 근거한 성적 권력을 지닌 신여성적 정체성 자질은 절멸과 박멸의 대상이 되고, 동양적 여성 정체성인 '애국부인', '총후부인'과 같은 부인과 아내로서의 정체성에 동화됨으로써 적대적으로 위계화된 피식민자 여성 집단 내에서 권력을 획득할 수 있었다. 물론 이는 피식민자 여성들이 자발적인 경쟁과 갈등을 통해 황민화에 동화되었다는 뜻이 아니다. 오히려 '총후부인'이나 '애국부인'으로서의 정체성 자질을 획득하여 황민화에 동화되기 위해서는 여성으로서의 특정한 자질과 속성(신여성이나 하층 계급 여성에게 내재한 것으로 간주되는)을 스스로 부정하고 지워 나가야만 하는 자기 심문의 수행을 무한히 반복해야 한다는 의미이기도 했다. 이런 식으로 적대 관계가 촘촘하게 위계화된 강제적인 정체성 투쟁은 피식민자 조선인들에게 인종적, 젠더적, 계급적인 자기 부정과 자기 심문, 자기 모멸을 무한히 반복하게 만들었다. 즉 적대 관계가 촘촘하게 위계화된 강제적인 정체성 투쟁이야말로 일제의 전시 동원 체제와 황민화의 이데올로기였다. 그런 점에서 전시 동원 체제 총후부인이나 애국부인 정책과 담론에 드러나는 여성 정체성들 사이의 헤게모니 투쟁은 본질적으로는 일본의

시 동원 체제에서는 여성들 사이의 자매애는 위계화된 대동아공영권을 정당화하는 방식으로 구현된다고 비판한다. 소설『여교실』에서 드러나듯이 여성의 우정은 국제적인 연대를 지향하는 것으로 그려진다. 그러나 이 연대는 지적이고 전문가인 일본 여성과 교육을 전혀 받지 않은 무지한 조선인 여상으로 표상되듯이 제국주의적 위계를 정당화한다. 이에 대해서는 오성숙,「여학생의 '우정'을 둘러싼 제국 일본 담론과 대동아공영권 — 요시야 노부코(吉屋信子)의『여성의 우정』,『여교실』과 미디어 담론을 중심으로」,『일어일문학연구』 95, no. 2 (2015) 참고.

전시 체제 이데올로기와 황민화 이데올로기가 개입된 것이었다. 또한 이러한 여성들 내부의 헤게모니의 재배치는 전시 체제하 '정치'의 영역에 참여하는 여성들의 성격이 변화되었다는 점과 신여성에 대한 1930년대 이후의 부정적 인식이 만연한 문제 또한 무관하지 않았다.

물론 이전 시기에도 공론장에서 자신의 목소리를 내던 여성들 사이에는 차이가 존재했다. 나혜석과 윤심덕으로 상징되는 자유주의적이면서 성적 해방의 목소리를 높이는 자유분방한 신여성적 정체성은 당시 활발하게 활동하던 여성들 사이에서도 부정적 평가의 대상이 되기도 했다. 정칠성을 비롯한 〈근우회〉 여성들은 1920년대 말에도 여전히 부인과 아내로서의 정체성 자질을 중시하고 성적 해방과 특히 레드 우먼으로서의 정체성 자질에 대해 비판을 가했다.34 나혜석, 윤심덕 등 대표적인 신여성들이 죽거나 자살하거나 미치거나 하면서 이들로 표상되던 신여성적 자질은 '몰락과 퇴폐decadence'의 이미지로 전환되었다. 이러한 분위기는 1930년대 후반 들어 여성 담론이 기생, 여급, 유곽의 여성으로 몰락한 신여성들에 대한 '호기심'을 보이는 데서도 드러난다. 윤심덕에 대한 재평가가 이루어지면서 1920년대와 달리 금전욕과 도화살의 운명을 타고난 저주받은 여성으로 윤심덕을 표상하는 담론들도 증가했다. 윤심덕의 사후에 가난과 봉건적 질곡에 맞선 그녀의 생존 투쟁에 대해 보였던 1920년대의 동정 어린 시선은 사라지고, 남성을 궁지에 빠트리는 위험한 여성으로 윤심덕의 이미지가 반전되었다. 이러한 반전은 1930년대 후반에 이르러 여성 정체성을 둘러싼 정체성 투쟁이 내면화되는 과정을 보여준다.

1930년대 후반에서 전시 체제, 그리고 일본 패전까지 신여성적 정체성 자질을 유지하면서도 비난을 면한 인물은 최승희가 유일하다. 국제적이며 '급진적'인 예술가였던 최승희는 당대 여성에 대한 이데올로기의 부정적 전환 과정에서 충분히 '희생양'이 될 수 있었지만, 일제의 선전 논리와 부합

---

34. 정칠성, 「적연 비판」, 『삼천리』 창간호, 1929.

하는 동양적 미의 화신이라는 미학화된 이데올로기에 의해서 구제될 수 있었다. 여기서 최승희가 자신의 이미지를 집요하게 최승일의 동생으로 규정하는 생존 방식에 대해 중요하게 살필 필요가 있다. 최승희는 당시 '승희'라고 불리면서 남성 지식인들의 일종의 '누이'로서 기능했다. 그녀가 국제적이고 자유분방한 예술가이면서도 희생양이 되지 않은 가장 큰 이유는 인터내셔널하고 자유분방한 예술가임에도 언제나 '누이'로서 자기규정을 적절하게 활용했기 때문이다. 예컨대 최승희는 인터내셔널하고 자유분방한 예술가로서 여성 혐오적인 공격과 증오 정치의 목표물이 될 가능성이 컸지만 '만인의 누이'라는 가면놀이를 활용한 흥미로운 사례라 할 만하다.

　예술계에서도 전시 동원 이데올로기 선전에 동참한 여성들은 '부인'으로서의 정체성 자질을 중요한 덕목으로 간주했고, 특히 전시 동원 정책에 참여한 여성 집단이 '교육' 담당 계층이라는 점은 황민화 정책을 통해 '부인'적 정체성이 여성의 중요한 자질로 전환되는 데 특별한 역할을 수행했음을 보여준다. 예를 들어 당시 여성 정체성은 신여성, 여학생, 기생, 카페, 소학교 교원으로 구별적으로 회자되는데, 소학교 교원으로서의 여성 정체성은 다른 정체성 자질과 확연하게 대비되는 '보수적이고 가정적이고 전통적이면서도 근대화된', 그런 점에서 구여성적 자질과 분리되는 여성 정체성으로 인식되었다. 전시 체제하에서 여성 동원과 관련하여 교사나 고황경 같은 사회복지가의 집단이 주요한 역할을 하면서 여성의 정체성 자질은 쉽게 '부인'으로서의 내용을 내면화하게 된다.

　일제 말기의 파시즘 체제는 여성들에게 동일한 방식으로 경험되지 않았다. 정책 시행의 차원에서도 여성들에게 지역적·계급적 차이에 따라 상이한 임무와 역할이 부여되었다. 총후부인이나 군국의 어머니는 황민화와 전시 동원의 이념을 표방하는 여성에 대한 대표적인 정체성 모델이었다. 그러나 여성에게 부여된 새로운 정체성 모델도 여성들 내부에 동질적이고 단선적으로 관철된 것은 아니었다. 이는 위로부터 부과된 새로운 정체성 모델이 실제적으로 조선 여성들에 의해 수행될 때 그들의 계급적·지역적 차이에 따라 분화되어서 기능한다는 뜻이다. 또 조선 여성들 내부에 이미 존재하던 차이를 더욱 강화하고(특히 계급적·지역적·연령적 차이 등) 새로운 차이를 만들기도 했다. 즉 황민화 이념에서 여성들에게 부과된 총후부인이나 군국의 어머니라는 정체성 모델은 총후부인으로의 동일화를 강제하면서, 동시에 여성들 내부의 위계화를 더욱 가속화했다. 전시 동원 체제에 '적절한' 여성의 자질에 동화할 수 있었던 소수의 여성을 제외하고는 대부분의 조선 여성들은 박멸의 대상(신여성, 사회주의적 여성 등)이거나 노동력 동원의 대상이거나 동원 정책과 담론의 표면에서조차 비가시화된 채 전쟁의 필요를 위해 징발되었다. 총후부인이나 애국부인과 같은 이른바 '적절한 여성의 자질'을 통해 황민화에 동화되도록 호명하는 방식도 내부적으로 호명 대상인 피식민자 여성들에게 자기 부정과 자기 심문을 수행하도록 강제했다. 반면 특정한 여성 정체성 집단과 특정한 정체성 자질에 대해서 반복적인 증오 정치 공격을 통해서 피식민자들 스스로 상호 감시와 상호 공격을 기반으로 황민화 이데올로기를 내면화하도록 만들었고 이것이 전시 동원 체제의 총후부인과 애국부인 정책과 담론이 실질적으로 작동한 방식이다. 그런 점에서 일제 말기 파시즘 체제하의 황민화는 이러한 방식으로 피식민자들을 내적으로 무한한 적대와 대립으로 내모는 강제적인 정체성 투쟁을 통해 수행되었다. 무한한 적대와 대립으로 내모는 강제적인 정체성 투쟁은 피식민자에게 끝없는 자기 심문과 자기 부정, 자기 모멸을 강제한다. 여기서 이른바 자발성과 내면은 강제적인 정체성 투쟁의 수행성을 통해 끝없이 동원되고 조정된다. 파시즘의 증오 정치가 약자의 손상된 지위를 활용하는 동시에 '증오', '환멸', '외로움', '자기 부정'과 같은 '내면'과 정서를 적극적으로 동원한다는 것은 바로 이런 의미이다. 1990년대 새롭게 등장한 비판적인 파시즘 연구가 자발성과 강제, 감정과 이성의 이분법을 넘어 양자의 모순적 결합물로서 파시즘의 증오 정치를 연구하는 방법론을 제시한 것도 이러한 맥락이다. 나아가 1990년대 제기된 비판적인 파시즘 연구의 방법론은 최근 정동 연구, 특히 소수자 연구와 생명정치의 연구를 결합한 비판적인 어펙트 연구로 이어지게 된다. 이에 대해서는 이 책의 마지막 장에서 자세하게 살펴보고자 한다.

3부
모던보이 비판과 애국 청년의 구성
전위와 퇴폐 분자 사이에서

1장 입신출세와 '일본인 되기' 사이의 간극과 딜레마

2장 남성 정체성 집단 간의 적대적 위계화 — 모던보이 비판과 '애국 청년'의 구성

3장 참가의 환상은 측정 가능한가

1장

입신출세와 '일본인 되기' 사이의 간극과 딜레마

1. 청년 담론의 역사화와 파시즘적 주체화의 문제

한국에서 청년 담론이 본격적으로 연구되기 시작한 것은 2000년대 초반부터다. 물론 청년 담론과 정체성 그룹으로서의 청년에 대한 연구가 시작되기 이전에 이미, 청년 조직, 매체, 지식층의 성격을 규명하는 과정에서 '청년'의 문제는 줄곧 관심의 대상이 되어 왔다.[1] 청년 담론에 대한 관심이 급증한 데는 일본에서의 청년에 대한 연구가 영향을 끼쳤다는 것을 부인할 수 없다.[2] 특히 일본에서 새롭게 부상하는 '근대성 연구'의 새로운 패러다임의 하나로 이른바 '탄생' 시리즈 저작들이 소개되면서 청년 담론은 근대 주체의 형성과 관련한 새로운 관심사의 하나로 대두되었다. 이러한 외적 요인뿐 아니라 한국사 연구에서도 청년 담론 연구는 개념사 연구의 일환이자 근대성과 식민성에 관한 연구로 중요한 흐름을 형성하고 있다.[3] 청년 연구는 기존의 '지식인'이라는 포괄적인 '근대적' 정체성 범주를 통해 '근대

---

1. 박찬승, 『한국 근대 정치사상사 연구』(역사비평사, 1995)가 대표적이다.
2. 일본의 청년 연구 동향에 대한 소개로는 허수, 「일본에서의 청년 연구 동향 소개」(역사문제연구소 연구 발표회, 2001년 6월) 참조. 무엇보다 청년 담론 연구에 큰 영향을 준 저서는 木村直惠, 『靑年の誕生—明治日本における政治的實踐の轉換』(新曜社, 1998)이다.
3. 이기훈, 「청년, 근대의 표상」, 『문화과학』, 2004년 3월이 대표적이다.

성'을 연구하는 방식이 지닌 한계를 넘어서 다양한 정체성 그룹의 문제를 통해 근대성의 복합적 성격과 정체성 그룹 간의 차이화를 중점적으로 연구한다는 점에서 중요한 의미를 지닌다.

3부에서는 근대성 연구의 패러다임 아래에서 진행된 청년 연구의 성과를 이어받으면서도 선행 연구와 구별되는 몇 가지 문제의식을 제기하고자 한다. 특히 이 책에서는 일제 말기의 정체성 정치와 관련하여 역사적으로 특수한 성격을 지니는 청년 담론의 성격을 규명하면서 이를 '파시즘적 주체화' 혹은 앞서 논한 바와 같이 적대적으로 위계화된 강제적인 정체성 투쟁이라는 측면에서 살펴보고자 한다. 근대성과 관련한 청년 담론 연구는 주로 근대 형성기에 초점을 맞추면서 주로 '근대 주체' 형성기의 특성을 청년 정체성 속에서 고찰한다. 이처럼 근대 형성기에 집중된 근대성 연구는 '기원'의 문제에 과도하게 집중함으로써 근대성의 역사적 차별성과 식민성의 문제를 '기원'과의 관련성으로 해소하는 경향을 보인다. 정체성의 문제도 '기원'의 문제에 집중되어 있어서 역사적으로 차별화된 정체성의 정치와 실체에 대해서는 여전히 많은 공백 지대가 남아 있는 실정이다.

2부에서 고찰한 여성 정체성 집단의 파시즘 경험을 토대로 여기서는 남성 정체성 집단의 경험을 중점적으로 살펴보고자 한다. 여기서는 근대성과 관련된 청년 담론 연구의 성과를 참조하면서도 주로 1930년대 중반 이후라는 특정한 상황에서 발현된 청년 담론의 특성에 주목하고자 한다. 연구 방향과 관련하여 몇 가지 주요 논점을 정리해 보고자 한다. 첫째로 근대 초기에서 1920년대에 이르는 '청년 담론'이 정체성 규정에 있어서나 '반동일화'의 대상에 있어서나 매우 범위가 포괄적인 '무규정적' 개념이었다면, 일제 말기의 청년 담론은 정체성 규정과 반동일화의 대상이 분명했다는 점에 주목할 필요가 있다. 둘째, 이 시기의 청년 담론은 '국가'가 대중을 직접적으로 호명하는 체제 속에서 구성된다는 점에서, 1910년대의 '국민 만들기'로서의 청년 담론과 1920년대의 문화 정치의 담지자로서의 청년 담론과 뚜렷하게 대비된다. 셋째, 1910년대와 1920년대의 청년 담론이 주로 엘리트 지식인의 정체성과 보다 긴밀하게 결부된다면, 일제 말기 전시 동원 체제의 청년 담론은 '엘리트' 담론이기는 하지만 지식인 엘리트와 '청년 엘리트'를 배타적으로 구분하며, 이 시기에는 엘리트 그룹에 속한 지식인들의 청년으로서의 자기규정과 청년단에서 활동하던 이들의 청년으로서의 자기규정 사이에는 일정한 간극이 존재한다.

이기훈이 지적하고 있듯이 청년 담론에서 청년기는 서구에서는 물론이고 일본과 한국에서도 "모라토리움(유예)의 시기로서, 청년이 장래 사회의 체제 안정과 유지를 위해 필요한 능력을 갖추어야 하는 시기로 정의되었다. 또 장래를 준비하는 청년과 청년기라는 표상은 부르주아 계급의 자제들을 중심으로 확산되었지만 곧이어 전 사회의 표준으로 정의되었다."[4] 이는 청년 담론이 근대 주체 구성에 있어서 부르주아 엘리트의 육성 및 형성과 밀접한 관련을 맺는다는 점을 의미한다. 그러나 1930년대 이후 식민지 조선에서 청년 담론은 근대성 일반의 청년 담론과 다르게 구성된다. 이는 특히 일제의 파시즘적 주체화 정치(적대적으로 위계화된 강제적인 정체성 투쟁)와 관련하여 더욱 정교해진다. 이러한 점은 식민지 조선에서의 청년 담론의 범위가 근대성 논의의 범위와 겹쳐지면서도 식민성과 파시즘화라는 보다 복합적인 지점에서 고찰되어야 할 필요성을 보여주는 것이기도 하다. 여기서는 일제 말기의 청년 담론을 통해 '청년'이 근대적인 주체화의 범주를 전유하면서도 차별적으로 파시즘적 주체화를 구축하는 전략을 살펴보고자 한다.

2. 입신출세와 '일본인 되기' 사이에서

중일 전쟁에서 국민 총동원 체제와 태평양 전쟁으로 이어지는 일제 말기에 대한 연구는 여전히 많은 논란거리를 남겨두고 있다. 기존 연구들은

---

4. 이기훈, 「청년, 근대의 표상」, 210 참조.

주로 일제의 '민족 말살 정책'과 이에 대한 민중의 '저항'과 친일의 역학관계를 중심으로 이루어졌다. 황민화 정책과 동원 정책에 대한 연구들은 정책과 관련된 연구를 통해 이 문제에 대해 총체적 상을 만들어가고 있다.

이 시기를 연구하면서 부딪치게 되는 어려움 가운데 하나는 참조할 수 있는 대부분의 자료들이 일제 협력층의 담론이라는 점이다. 민중의 저항에 대한 연구들이 주로 단편적인 낙서, 유언비어, 증언(후일담) 등의 자료를 통해 이루어질 수밖에 없는 것도 자료의 불균형에서 비롯한다. 그런 점에서 섣부르게 식민주의의 흔적을 지워내려는 시도들은 이러한 상황을 간과할 우려가 있다. 그러나 상황을 염두에 두더라도, 일제 협력층의 담론들에서도 일제 말기의 상황은 민족 정체성을 중심으로 한 패러다임만으로 해결되지 않는다.

결론적으로 말하자면, 이 시기 일제 협력층의 담론들에서도 동화와 총동원의 논리는 단지 민족적 패러다임을 조선적인 것에서 일본적인 것으로 전환하는 문제와 결부된 것만은 아니다. 이 시기 담론에서는 일본 제국의 새로운 식민지에 대한 경쟁적 심리와 불안감과 공포,[5] 새로운 식민지에서 일확천금이 가능하다는 소문, 총동원 체제의 경제 통제에 따른 독점적 자본 창출이 초래한 경제적 이권에 대한 민감한 반응이나 내부적 패권 투쟁을 통해 새롭게 '제1선'의 자리를 차지하고자 하는 경쟁과 '출세'에 대한 욕망 등의 요인들이 복합적으로 작용하고 있는 것을 확인할 수 있다. 일제의 '동화' 정책과 동원 정책의 강압적 성격과 억압적 국가 기구의 폭력성을 과소평가하는 것은 위험한 발상이다. 그러나 동화와 동원의 기제를 해명함에 있어서 이러한 억압적 국가 기구의 역할이나 단순 반복적인 의례의 주입 등의 기제만으로는 설명되지 않는 부분들도 존재한다. 당시 일제에 협력한 논자들의 담론에서 확인할 수 있는 것은 동화와 협력의 문제나 그 자발성의 논리가 경쟁이나 입신출세에 대한 욕망, 자기 위치에 대한 불안감 및 강박관

---

5. 이에 대해서는 4부에서 집중적으로 다루기로 한다.

념과 밀접한 관련이 있다는 것이다. 그런 점에서 식민주의의 논리는 경쟁과 출세지상주의를 강화하는 자본주의적 논리를 전유하고 더욱 강화한다고 할 수 있다. 특히 전시 동원 체제의 파시즘화는 자본주의적 착취와 무한 경쟁 논리를 식민주의와 결합하여 적대와 증오를 무한으로 증식시켰다.

　이러한 피식민자인 조선인들의 복잡한 내면과 욕망의 길항관계는 물론 대동아공영의 논리나 황민화 정책 등을 통해 위로부터 부과된 제국의 이데올로기에 의해 생산되는 것이기도 하다. 그러나 식민지 조선의 일제 협력자들이 품고 있던 출세와 일확천금에 대한 욕망이나 경쟁 심리와 불안감 등은 위로부터 부과된 이데올로기적 공세에 의한 것만은 아니었다. 제국의 팽창은 식민지인들 사이에서 이권을 둘러싼 내적 갈등을 형성했고, 이 과정은 식민지인들 사이의 패권 투쟁 및 정체성 투쟁을 가속화했다. 이처럼 위로부터 부과된 제국의 이데올로기와 피식민 주체 내부의 욕망이 길항하면서 제국의 팽창이 극점에 달하는 일제 말기에 이르면 제국의 판타지가 급격하게 확산된다. 여기서 제국의 판타지란 동화 정책으로 인한 제국 신민화와 같은 구체적 이념만을 말하는 것이 아니다. 전시 동원 체제하에서 확산된 제국의 판타지란 확장되어 가는 일본 제국에서 개별적이고 다양한 정체성 집단의 위치positionality가 지정되거나 개별 정체성 집단이 자기 위치를 스스로 지정하는, 호명과 응답의 체제라고 할 수 있다. 따라서 제국의 판타지를 통해 지정되고 지정하는 자기 위치는 단지 '일본인'이나 '황국 신민'이라는 단일한 위치로 환원되지 않으며, 식민지 조선 내에서 다양한 정체성 집단들에게 새롭게 지정되는 위치들subject positionings 사이의 차이 또한 불균등하다. 이 시기 피식민 주체인 식민지 조선 내부의 정체성 집단은 친일 협력 집단과 저항 집단, 비의지적 협력 집단 등으로 구분되지 않는 차이화를 통해 구성된다. 일례로 친일 협력 집단이라고 분류되는 집단 내에서도 청년과 총후부인은 남성과 여성이라는 성적 차이를 기준으로 구별된다. 여기에는 성적 차이뿐만이 아니라 계급적·지역적 차이도 개입된다. 총후부인으로 동일하게 호명된 여성 정체성 집단의 경우도 도시의 지식인 여성과 농촌 부인 사이의 해소되기 어려운 격차를 보였고, 총후부인이라는 정체성은 이러한 격차를 완화하기보다 오히려 더욱 가속화했다.

특히 파시즘 체제로의 전환 과정은 일본 내에서뿐 아니라 조선 내에서도 급격한 정체성 투쟁의 형태로 진행되었다. 총동원 체제는 균질적인 협력 집단을 만들어낸 것이 아니다. 이는 이른바 혁신 세력의 구축이라는 신체제의 이념에서 가장 극명하게 드러난다. 혁신의 이념은 이념 자체의 속성상 이미 그 자체로 구질서의 담지자와 신질서의 담지자 사이의 내적 투쟁을 끝없이 유발한다. 이러한 신구 세력의 적대적인 정체성 투쟁은 다양한 정체성 집단의 위치를 갈등적으로 조정하면서 특정한 정체성들을 구질서적인 것으로, 이와 대립되는 다른 유형의 정체성을 신질서의 담지자로 강제적으로 조정하는 과정이었다. 여기서 근대적 지식인과 모던걸(신여성)이 구질서의 대표적 담지자로 호명되었고, 청년과 부인이 신질서의 대표적 담지자로 호명되었다. 청년과 부인이라는 새로운 정체성의 구성은 한편으로는 이미 존재했던 청년과 부인의 정체성을 전유하면서 이를 새로운 방식으로 주조해 내는 것이었다.

일제 말기의 청년 담론은 명확하게 황민화의 문제와 직결된다. 특히 '황민'의 제일선에 선 정체성 집단은 '청년'으로 호명되는데, 이때 청년은 서구화된 자유주의적인 지식인과 이와는 대립적인 위치에 있던 맑스주의적으로 이념화된 지식인 모두를 비판하는 '제3의 정체성'으로서 규정된다. 1937년 이후의 청년 담론은 크게 세 가지 측면에서 강조된다. 첫째, 신일본의 재조직화, 즉 신체제의 이념과의 관련성 속에서 드러나는 청년 담론이다. 이는 이 시기 청년 담론의 전체 기조를 이루는 것이다. 이러한 이념적 기조는 주로 '청년 일본', '청년 조선'이라는 표상을 구성하며, 이는 청년 담론이 아닌 신체제론이나 대동아공영권의 구상과 관련된 담론들에서도 드러난다.

둘째, 전시 동원 체제 구축을 위한 실제적 요구와 관련하여 청년 담론이 중요하게 부각된다. 주로 노동력 동원과 지원병 제도의 확립, 징병제로의 전환 등과 관련된 담론, 전투의 주체로서 청년을 재조직화하기 위한 담론에서 이러한 점이 공통적으로 드러나며, 특히 청년단, 청년 훈련소, 애국반, 지원병, 징병제 등과 관련된 담론들에서 공통적으로 나타난다.

셋째, 이 시기의 청년 담론은 내부적 정체성 투쟁과 관련하여 일종의 세대론적 인정 투쟁의 담론으로 나타나기도 한다. 물론 앞에서 지적한 신일본의 쇄신이라는 담론과 관련되는 것이기도 하다. 그러나 이 시기의 조선에서 이러한 담론은, 조선의 기존 지식인 엘리트 집단과의 단절을 촉구하면서 새로운 엘리트 집단의 정체성을 대립적으로 구성하고, 이러한 새로운 청년 엘리트를 상층부 협력 집단의 정체성으로 구축하고 합리화한다. 이러한 담론은 기존의 조선 지식인 엘리트 집단을 퇴폐와 이기주의와 서구 추종에 빠진 나약한 존재(이는 모던보이 비판이나 식민지 토인, '기생충으로서의 지식인 인종' 등의 표상으로 드러난다)로 모욕하고 공격하는 방식으로 매우 빈번하게 등장한다. 이렇게 청년 담론이 기존 지식인 엘리트와 적대를 구축하고, 이들을 절멸 대상으로 공격하면서 새로운 청년 집단에게 정당성을 부여하는 방식은 청년단의 구성과 기존 청년단 조직의 점유 및 조직화 과정에서도 나타난다.6

또한 청년 담론은 청년을 신체제와 전시 동원 체제의 이념을 담지할 주체로서 새롭게 구성하고 이를 통해 청년을 신체제적 통합을 구축하는 행위자로서 적극적으로 동원하는 역할을 맡는다. 이는 앞서 살펴본 바와 같이 전시 동원 체제와 신체제의 이념을 통해 특정한 주체성을 재구성하고 여타의 주체 위치를 배제하는 방식이 남성 집단을 목표물로 해서 작동하는 전형적 방식이다. 청년 담론은 전시 동원 체제와 신체제, 궁극적으로는 대동아 제국의 이념을 담지할 정예 부대를 양성, 훈련, 교육, 동원하는 기획이다. 여기서 정예 부대로서의 '청년'이란 아래로는 청년단 조직부터, 지원병, 나아가 제국의 '최전선'에 배치되는 '황군'에 이르기까지의 집단을 지칭한

---

6. 일제가 조선에서 청년단을 조직한 것은 1930년부터였으나 본격화된 것은 1937년을 전후해서다. 또한 일제는 1932년부터 조선인들이 조직한 기존의 청년단체를 포섭하는 정책도 추진한다. 이에 대해서는 최원영, 「일제말기(1937~1945) 청년동원정책」 참조.

다. 현실적으로 이들이 정예 요원으로서의 가치를 인정받았는가 하는 문제와는 무관하게 청년 담론은 '정예' 부대의 관념을 통해 이른바 '피식민자인 조선인 청년 대중'을 새롭게 통합하고 장악하는 역할을 한다.

청년 담론은 '청년 일본'에서 '청년 조선', 식민지 파시즘화를 수행하는 최전선에 배치되는 황군과 청년단에 이르기까지 '청년'을 사회의 최선두에 위치시킴으로써 대중을 새롭게 배치하고 통합하는 역할을 담당한다. 또 청년 담론에서 청년이 '사회의 선두'로 배치되지만 그 선두의 자리는 '제국'의 지휘와 통합에 의해서만 보증되는 것이다.[7] 이는 이른바 대중 장악, 혹은 '민중'에 대한 '엘리트'의 계몽이라는 근대주의의 신화와 이데올로기를 파시즘적으로 전유한 전형적인 형식이다.[8] 그러나 대중 장악과 대중의 새로운 통합을 구현하기 위해서는 이전 시대와는 다른 방식의 '엘리트'의 개념을 구성할 필요가 있다. 청년 담론은 이런 의미에서 엘리트 개념의 파시즘적 재구조화다.

이 과정에서 '지식인'이라는 기존의 엘리트 계급에 대한 전면적 가치절하 작업이 동반되며, 한편으로 근대적 지식인의 대중(민중) 지배와 교화, 계몽을 부정하고 사회의 지도자층을 새롭게 만들어야 한다면서 적대적으로 위계화된 강제적인 정체성 정치를 구축한다. 그러나 혁신된 파시즘적 지도자의 정체성은 근대적 엘리트 지식인의 정체성 모델과 대중 지배 방식을 전유한 것이라는 점에서 역설적이다. 이런 측면은 파시즘이 기치로 내건 근대성에 대한 부정과 비판이 봉건적 지배 양식으로의 복귀를 초래하거나 '제3의 지배' 양식을 창출했다기보다 근대적 지배 양식의 연장선상에 있

---

7. 조병상(국민정신총동원연맹, 조선연맹 참사), 「반도 청년의 진로 — 항상 사회의 선두에 서서」, 『총동원』, 1939년 7월, 19.
8. 이는 일본뿐 아니라 일본이 항상 준거로 삼는 독일과 이탈리아의 파시즘에서도 공통적으로 나타나는 형식이다. 이에 대해서는 Ellis Freeman, *Conquering the Man in the Street : A Psychological Analysis of Propaganda in War, Fascism, and Politics* (The Vanguard Press, 1940) 참조. 또한 이런 점에서 일본을 비롯한 국가의 파시즘의 기획은 근대주의의 특정한 자질과 이데올로기를 재전유한 것이다. 따라서 근대주의와 식민주의 파시즘 사이에 엄밀한 단절점을 설정하는 것은 이들 사이의 내적 연계를 고찰할 수 없게 만든다.

다는 점을 보여주는 것이다. 파시즘이 내건 근대성 비판과 새로운 지배 양식의 창출(이른바 혁신)이란 실제로는 사회 내부의 정체성 투쟁을 가속화하고 사회적 적대 구조를 강화함으로써 다중이 이러한 경쟁 체제에서 '자발적으로' 파시즘 체제에 동참하도록 강제하는 정치학이다. 일본 제국주의는 이를 통해 일본 내에서뿐만 아니라 식민지 조선에서 대중 장악의 새로운 방식을 기획하고 대중을 혁신 엘리트라는 이름하에 새롭게 구성하고 지배하는 전략을 수행한다.

또한 전시 동원 체제와 신체제의 이념은 청년이라는 표상 속에 내포된 특정한 정체성의 내용을 통해 구체적 의미를 획득한다. 정예 부대로서의 청년이라는 새로운 주체성에 포섭된 식민지 조선의 청년들은 이른바 황민화의 주체로서 특정한 정체성의 자질을 학습하고 내면화하며 동화된다. 또한 '청년'이라는 표상에 각인된 특정한 정체성의 자질들은 해방 이후에도 '신생 국민국가'와 민족의 이름으로 손쉽게 다시 호출된다. 그런 점에서 전시 동원 체제의 청년 정책과 담론은 황민화의 과정이 구체적이고 일상적인 차원에 어떻게 각인되는가를 잘 보여주며, 동시에 황민화의 전략이 젠더, 인종, 계급적 위계에 따라 적대적으로 배치되면서 각각의 집단에게 어떻게 자연스러운 자질로서 체화되고 각인되는가를 보여주는 또 다른 사례이다.

전시 체제하에서 청년 담론은 서구화된 근대 주체인 자유주의 부르주아와 이에 비판적이고 대립하는 맑스주의적 지식인이나 정치 주체로서 프롤레타리아 모두를 거부하는 '제3의 정체성'을 표상한다. 이는 독일 파시즘의 정체성 정치에서 많은 영향을 받은 것이다. 더불어 근대 주체로서 이미 구성된 주체성들에 대한 비판은 제3의 정체성으로서의 '청년'의 정체성 내용을 규정하는 것이기도 하다. 현인규는 「청년론의 성격과 과제」를 논하며 "청년青年을 파악把握하여라, 그러면 현대現代를 파악把握하는 것이다. 뿌르주아도 프롤레타리아도 안이다"라고 선언하는데 이는 전시 동원 체제하 청년 담론의 성격을 분명하게 보여준다.9 여기서 부르주아와 프롤레타리아라는 '이전 시기'의 '역사 주체'를 비판하고 자유주의와 코뮤니즘 양자를 모두 비판하면서 휴머니즘, 청년, 신역사관을 내세우는 논지는 청년이라는 새로운 주체 위치가 규정되는 과정에서 공통적으로 나타난다. 이 시기의 청년 담론이 보여주는 이러한 이데올로기적 특성은 독일과 이탈리아에서 진행된 파시즘 기획을 그대로 반복한다. 파시즘이 반동적 근대주의나 '반동적 혁명'으로 규정되는 것은 파시즘이 기본적으로 반자본주의, 반사회주의를 지향하며 새로운 대안으로 자신을 정립하기 때문이다. 즉, 파시즘 기획은 현존하는 양자택일적 대안(사회주의와 자본주의, 자유주의와 전체주의, 페미니즘과 반페미니즘 등)을 모두 부정하고 스스로를 새로운 대안, 제3의 길로 제시한다. 파시즘의 주체화 기획은 부르주아와 프롤레타리아, 자본주의와 사회주의, 페미니즘과 반페미니즘이라는 기존에 제시된 선택지를 부정하고 새로운 주체로서 파시즘적 인간형을 세운다. 부르주아와 프롤레타리아라는 정체성을 거부하고 그 대안으로 청년이라는 주체성을 제시하는 것은 파시즘 기획에 내포된 이데올로기적 특성과 밀접한 관련을 맺는다.

또한 청년 담론은 기존의 '지식인' 엘리트의 정체성을 비판함으로써 신체제하 조선 내에서의 청년의 지도적 지위를 쇄신하고 이를 통해 일제 협력 집단으로서의 상층 엘리트의 자기 정체성을 정당화하는 기제가 되기도 했다. 물론 이는 일제 파시즘 기획에 내포된 지식인 혐오와 밀접한 관련을 맺는다. 파시즘이 여성혐오, 인종공포, 지식인 혐오, 대중 혐오, 자기혐오에 이르기까지 다양한 형태의 정서를 증오 정치의 동력으로 삼는다는 점은 여기서도 확인된다. 즉 총후부인과 애국부인 정책과 담론은 여성을 정치적 주체로 내세우는 것 같지만 실은 성차별과 여성혐오, 인종공포와 인종차별, 지식인 혐오와 자기혐오를 무한 생산할 뿐이다. 청년 정책과 담론 역시 마찬가지이다.

---

9. 현인규, 「청년론의 성격과 과제」, 『조광』, 1937년 1월, 186~187. 이 글에서 논의되는 청년론은 신체제 도입 후 진행되는 청년 담론과 동일한 구조를 취하고 있다.

'황민'의 길을 담지할 '청년 제군'의 위상은 지식인적 엘리트와 명확하게 적대적인 위계를 만들면서 구축된다. 이 과정에서 근대적인 지식인 집단은 '퇴폐 분자'로 간주되거나, '의붓자식 근성', '기회주의적 태도', '줏대 없음', '식민지 토인의 비열한 근성'으로 표상되며, 이로 인해 그들이 민중에 대한 지배력을 상실했다고 선언된다. 이는 파시즘적 엘리트로서 '청년'을 구성하는 과정의 전형적인 구조를 보여주는데, 이는 지식인 엘리트에 의한 대중 지배를 비판하는 동시에 근대 대중 지배의 기제를 전유하는 파시즘의 방식을 전형적으로 보여준다. 이는 '황민'으로의 통합을 위한 대중 선전의 방식일 뿐만 아니라, 조선 내에서의 대중에 대한 '지배적 위치'(엘리트로서의 지위)를 둘러싼 헤게모니 투쟁이자 협력 집단의 자기 정당화 방식이기도 하다.

3. 청년이 되는 것과 '일본인'이 되는 것 ― 선택과 신분, 황민화 기획과 자발성의 문제

전시 동원 체제하의 황민화 정책은 민족적 정체성에 관한 단일한 기획이 아니라 젠더, 인종, 계급 및 복합적인 사회적 위치를 적대적으로 재구조화하는 강제적인 정체성 투쟁의 기획이었다. 청년 담론도 이러한 황민화의 적대적인 정체성 정치의 기획 속에서 작동된다. 청년이라는 정체성은 이미 조선의 계몽기 초기부터 존재해 왔다. 그러나 총동원 체제하의 일본과 조선에서 '선언'된 청년 담론은 이전 시대의 청년 담론과는 명확한 선을 긋는다. 이는 이 시기의 청년 담론이 근대 사회의 현존하는 두 이념적 흐름인 자유주의와 공산주의, 그리고 이의 주체인 부르주아와 프롤레타리아를 부정하는 파시즘 사상과 밀접하게 관련되어 있기 때문이다. 즉 총동원 체제하에서 일제에 의해 강제되고 재정립된 청년 담론은 근대적인 정체성을 부정하면서 이를 파시즘적으로 전유한다.

총동원 체제하에서 정예 부대로서의 청년이라는 정체성은 사회의 '중

견 세력'을 황민으로 구성하는 이데올로기라는 점에서 황민화 정책과 밀접한 관련을 맺는다. 즉 청년, 총후부인 등의 정체성 자질은 황민이 되기 위한 중요 요건이다. 일어 해독 능력이나 국책 관념 등은 이 정체성 자질의 한 부분이다. 그러나 청년과 총후부인의 정체성은 이러한 필요조건에 의해서 달성되는 것만이 아니라, 대립적인 정체성 자질을 부정하고, 또 구체적으로는 대립적인 정체성 집단을 배제함으로써만 달성되는 것이다. 이는 황민화 정책이 표면적으로는 선택적 동화라는 원칙을 제시하지 않고 있지만, 그 함의에 있어서는 선택적 동화와 대다수에 대한 배제와 절멸 정책이라는 것을 의미한다. 이는 황민화가 지속적으로 사회 내부의 적대를 강화하는 이유이기도 하다. 중견 세력이란 주로 일본 제국의 지배가 시작된 이후 태어나서 일제의 교육을 받고, 식민지 시기 이전에 대한 향수나 감각을 생래적으로 지니지 못한 집단을 겨냥한 것이었다. 그런 점에서 황민화와 이에 내포된 파시즘적 주체화의 기획은 국민이 된다는 것을 자발적 계약과 같은 것으로 만들면서, 동시에 국가, 국민 등의 범주를 포괄적·갈등적으로 함의했던 민족 개념을 종족성이라는 신분status의 차원으로 환원시킨다. 적대적으로 배치된 강제적 정체성 투쟁을 통해서 도달하는 황민의 자질이란 결코 자연적으로, 혹은 타고난 자질(성, 피부색, 인종과 같은 귀속적 특성들)을 통해 얻을 수 없다. 황민이 된다는 것은 그에 걸맞은 능력과 조건을 통해 획득되는 것이고, 그러한 능력과 조건을 성취하기 위해서는 자발적으로 노력하고 경쟁에서 이겨서 지분을 획득해야만 하는 것이다.[10] 물론 근대 국가 형성의 초기에도 이러한 신분과 계약 사이의 딜레마와 전도는 존재했다. 근대 국가 형성기에 계약론자들의 가장 중요한 모토는 신분(귀속적 자질에 의해 구성되는)에 의해 규정되는 봉건적인 관계를 자연 상태로 규정하고 여기서 벗어나는 사회적 관계를 자발적 계약 관계로 구성하는 것이었다. 그러나 최근 근대 기획에 대한 비판들이 밝히고 있듯이 신분과 계약

---

10. 근대 시민국가 기획에 내포된 한계에 대해서는 페이트만, 『남과 여, 은폐된 성적 계약』 참조.

의 대립, 자연 상태와 사회적 관계라는 대립은 인간 해방과 개인의 해방을 달성하기보다 시민적 노예 계약을 정당화한 것이다. 일제 말기의 황민화에 내포된 파시즘적 주체화 기획은 근대 시민국가 기획에 내재된 딜레마를 원초적 형태로 반복한다. 예를 들어 초기 근대 시민국가 기획에서 여성과 아동은 시민의 자질에 미달한다는 이유로 근대 국가 구성원에서 배제되었다. 일제 파시즘 체제의 황민화 기획은 특정한 정체성 자질을 기준으로 국민과 비국민의 경계를 설정하는데, 이는 근대 국가 기획의 국민 만들기의 기획에 내포된 배제의 선을 적대적으로 위계화된 강제적 정체성 투쟁의 방법으로 전유하는 것이다. 이러한 차원에서 고찰할 때 현재 이 시대의 국민 만들기와 배제의 기획을 역사적 파시즘 체제와의 연속성에서 고민할 수 있다. 물론 황민화는 일본과 조선의 동조동근론同祖同根論 등과 같이 일본과 조선이 귀속적으로 동일한 특징을 갖고 있음을 강조하는 측면도 갖고 있었다. 동조동근론과 같이 황민화를 귀속적 자질로서 간주하는 이념과 황민이 되는 것을 노력과 능력에 따라 획득될 수 있는 자발적 계약의 의미로 간주하는 강제적인 정체성 투쟁의 기획 사이에 갈등은 상존했다.11 강제적인 정체성 투쟁을 통해 황민의 신분을 획득하도록 하는 기획은 황민화가 실제적으로 작동하는 데 지배적인 기능을 했다. 강제적인 정체성 투쟁을 통한 황민화의 과정은 이러한 내적인 기제를 통해서 황민화를 마치 자발적 선택의 문제인 것처럼 만든다. 또 당시 민족이라는 개념은, 입장에 따라 차이는 있지만, 종족성ethnicity과 같은 귀속적 자질만을 함의하는 것이 아니라 국가, 국민, 인민people 등 근대적인 국가론과 사회론의 함의도 내포하고 있었고 무엇보다 주권과 정치적인 것의 의미를 함축했다. 그러나 황민이 된다

---

11. 황민화와 내선일체에 대해서는 조선 정책 당국의 입장조차 매우 갈등적이었다. 표면적으로 내선일체를 내세우던 시점에도 일본과 조선이 귀속적 자질에서 동일해질 수 있다는 것, 혹은 동일해져야 한다는 것에 대해서는 정책 당국자들도 회의적이었다. 그런 점에서 내선일체기에도 정책적 입장은 이전 시기의 내선융화(서로 다른 민족 사이의 융화라는 점에서 귀속적 자질의 동일화를 전제하지 않은)의 성격이 강했다. 이에 대해서는 최유리, 『일제 말기 식민지 지배 정책 연구』참조.

는 것이 능력과 선택의 문제가 되면서, '민족'이란 타고난 자질(모국어, 인종, 계통 등)이라는 협소한 의미의 종족성과 그 귀속^{belong}으로서 타고난 신분으로 축소된다. 황민화는 민족 개념을 종족성으로 협소화하는 결과를 낳기도 한 것이다.[12] 이에 대해서는 이 책의 5부 '중국적인 것의 정동화와 조선적인 것의 인종화 — 전시 동원 체제 연구와 전파매개적 신체 연구'에서 더욱 자세하게 살펴보려 한다. 이러한 기제를 통해 황민화는 '조선인'을 '일본인'으로 통합하는 역할뿐만 아니라 식민지 내부의 정체성 투쟁을 '자발적'으로 유도하는 역할도 했다.

청년 담론은 기존의 주도권 장악 세력인 조선 내 지식인 집단에 대한 혐오와 거부를 자기 정체성의 준거로 내세운다. 따라서 황민화는 일본인으로의 변화일 뿐 아니라, 조선 내에서의 새로운 '권력 집단'을 창출하는, 식민지 내부에서의 헤게모니 재배치의 과정이기도 하다. 또한 담론 투쟁을 통해 청년 담론은 일제 협력 집단의 자기 정당화 기제가 된다. 청년 담론은 '전선'의 안과 밖의 경계와 '국민'과 '비국민'의 경계를 설정한다. 최전선의 청년이 '신일본'의 이상을 담지하고 의무를 수행함으로써 정예 부대로서 국민의 대열에 합류할 수 있는 반면 전선 바깥의 존재들은 식민지 토인이나 기생충 집단, '저급한 인종'으로서 '비국민'의 대열로 분류된다.

---

12. 물론 일본과 조선에서 민족 개념은 그 개념이 유입될 당시부터 종속성의 의미를 함축하고 있었다. 그러나 일본과 조선에서 공히 민족 개념이 사용된 역사적 맥락은 종족성 개념에 한정되지 않은, 국가, 국민, 인민 등의 범주를 내포하는 포괄적인 것이었다. 그런 점에서 일제의 황민화 논리는 종족주의적 성격을 강하게 지녔다. 또 민족 개념을 종족 개념으로 환원시키는 것은 대동아공영의 이념이 일종의 다종족 공동체로서의 국가라는 구상을 내포했기 때문이었다.

2장

남성 정체성 집단 간의 적대적 위계화

모던보이 비판과 '애국 청년'의 구성

1. 혁신의 이념과 전위로서의 청년

개화기 이래 스스로를 '청년'으로 규정하면서 전 시대와 '결별'하고 새로운 정체성을 구획하려는 움직임은 언제나 존재했다. 이러한 '세대론적 인정 투쟁'의 방식은 단지 특정 시기의 산물이 아니고 근대적 주체 구성의 역사적 과정에서 흔히 발견된다. 특히 세대론적 인정 투쟁을 통한 주체 구성의 방식은 사회의 카리스마의 재배치가 이루어지는 시기에 뚜렷하게 나타난다.[1] 조선뿐만 아니라 일본에서도 스스로를 청년으로 규정하면서 '신일본'을 기획하는 담론은 메이지 초기부터 계속되어 왔다.[2] 일본의 청년 담

---

[1] 근대 주체의 구성 과정과 세대론적 인정 투쟁의 방식이 카리스마의 이전 및 재산출과 어떻게 관련되는가 하는 문제는 프로이트의 '가족 로망스' 개념을 사회 변화의 연구에 있어 주요한 방법으로 전용한 작업들에서 주로 집중적으로 다루어지고 있다. 대표적으로는 린 헌트, 『프랑스 혁명의 가족 로망스』, 조한욱 옮김 (새물결, 1999) 참조. 근대 초기에서 1990년대까지의 가족 로망스 구도의 변화와 카리스마의 재배치에 관해서는 권명아, 『가족 이야기는 어떻게 만들어지는가』 참조.

[2] 이에 대해서는 木村直惠, 『「青年」の誕生』 참조. 메이지 시기에 일본에서 '청년'이 탄생한 것은 '구시대의 종언과 신시대의 도래', '구일본의 죽음과 신일본의 도래'라는 담론 체계와 특정한 역사의식 속에서 이루어졌다.

론은 '신일본'이라는 기획과 관련된다. 그러나 청년 담론의 역사적 국면을 이해하기 위해서는 근대 초기부터 계속된 부르주아적 계몽의 기획으로서의 청년 담론과 전시 동원 체제의 파시즘화된 청년 담론의 연속성과 차별성을 정확하게 규명해야 한다. 전시 동원 체제하의 파시즘화된 청년 담론이 전 시대의 청년 담론과의 결별을 선언한다는 사실에 주목하면서 이러한 연속성과 차별성을 고찰할 필요가 있다. 전시 동원 체제하의 청년 담론은 한편으로는 전 시대의 청년 담론과 결별을 선언하지만, 동시에 근대적 엘리트 기획의 특질을 파시즘적으로 전유한다는 점에서 전 시대의 청년 담론과의 단절과 연속을 모순적으로 내포한다. 이렇게 내적으로 모순된 사상적 특성이나 정치적 지향성을 무매개적으로 포괄하는 방식은 역사적으로 파시즘 정치의 고유한 특성으로 평가되는데 이는 파시즘이 자체적으로 고유한 사상적 지향이 없이 기존의 사상과 정치적 실천에 대해 무조건적인 안티테제를 표하면서 이를 무매개적으로 아우르기 때문이다. 자기 내적인 사상의 고유한 준거가 없기 때문에 파시즘은 역설적이지만, 모든 것에 대한 반대가 될 수 있고 동시에 모든 것을 마구잡이로 흡수할 수 있다. 이 장에서는 전시 동원 체제하 청년 담론의 이데올로기적 맥락을 분석하는 데 집중하면서 총동원의 이념이 조선 내부에서 적대적 위계화를 강화하면서 어떤 방식으로 고유한 파시즘 주체를 생산하는지 살펴보고자 한다.

1937년 이후 진시 동원 체제가 학립되고 '신체제'로의 재주직화가 이루어지는 과정에서 청년 담론이 다시 출현하는 것은 청년 담론에 내포된 혁신의 이념과 '신일본의 구성'이라는 맥락과 관계된다. 이 시기의 청년 담론은 기존의 청년 담론과 스스로를 명확하게 구별하면서도, 기존의 청년 담론에 존재하던 구일본의 죽음과 신일본의 도래, 일본의 쇄신과 재조직화, 청년적 실천을 담지할 주체의 구성 전략 등을 다시 전유한다.

1937년을 전후하여 조선에서도 독일과 이탈리아의 파시즘 운동, 사상과 관련된 청년 담론이 급격하게 등장했다. 이는 세대론적 역사관의 유행이나 당시 역사철학자들의 의식 변화와도 밀접한 관련이 있다.[3] 독일 파시즘의 세대론 사관과 청년론을 비판하는 박치우의 논지에서 명확하게 드러나고 있듯이 세대론과 이의 연장선상에서 제출된 청년론은 "「이해利害」라는 범주대신에 「혈血」의 신화神話를 「계급階級」 대신에 「세대世代」를 강조하기 위하여서" 도입된다.4 독일과 일본에서 동시적으로 진행된 청년론의 대두는 국체, 종족, 민족, 인종에 대한 파시즘적 재조직화의 결과다. 당시 조선의 청년론의 맥락은 앞서 살펴본 현인규의 청년론에서 전형적으로 드러난다.

> 현대現代 사회생활社會生活의 근본원리根本原理가 초월적超越的 신비적神秘的 봉건전제封建專制의 정치政治 길드적的 경제經濟로브터 인간人間을 발견發見한 개인자유주의個人自由主義인것은 누구나 다 아는 것이다. 그리고 이것이 자본주의적資本主義的 문명文明과 함께 여러가지 모순矛盾을 전개展開하였으니 도도滔滔한 허무주의虛無主義 향락주의享樂主義 에로티즘은 속화俗化한 경제만능經濟萬能의 사상思想 생존경쟁生存競爭의 도회문명都會文明으로 점점漸漸 부패腐敗의 극極에 달達하여온다. 이곤에 정치政治와 환경環境을 일흔 청년靑年이 가지는 것은 허무적虛無的 명랑明朗이요 우울憂鬱의 향락享樂이다. 과도過度한 분업화分業化는 인간人間을 더욱 「부분인部分人」, 「기계인機械人」으로 만들고 화폐경제貨幣經濟, 신용경제信用經濟는 모든 경제재經濟財를 동화動化하야 가향家鄕을 일코 생활적공동연대生活的共同連帶는 없어지고 전원田園과 농촌農村은 황폐荒廢하야 평속화기계화平俗化機械化된 대중大衆을 안은 상공도시商工都市만이 생기고 있다. … 청년靑年을 파악把握하여라, 그러면 현대現代를 파악把握하는 것이다.

---

3. 여기서는 1930년대 후반 역사철학자들의 담론 지형과 역사관에 대한 문제는 집중적으로 다루지 않기로 한다. 역사철학의 논의는 청년론과 주체 위치의 재배치에 관련된 논의만 개괄적으로 검토하고자 한다. 중일 전쟁 이후 역사철학자들의 경향, 특히 미키 키요시의 세계사적 철학으로의 전환과 동아협동체론에 대해서는 米谷 匡史, 「三木清の「世界史の哲学」日中一戰爭と「世界」」, 『批評空間』 2期, no. 19 (1998-10) : 40~68 참조. 또 1930년대 후반 역사철학자들의 '세대론적 사관'의 문제에 대해서는 김예림, 『1930년대 후반 몰락/재생의 서사와 미의식 연구』 (연세대학교 대학원 국문학과 박사학위 논문, 2002) ; 차승기, 『1930년대 후반 전통론 연구』 (연세대학교 대학원 국문학과 박사학위 논문, 2003) 참조.
4. 박치우, 「세대 비판의 완성으로」, 『조광』, 1937년 1월, 70.

뿌르주아도 프로레타리아도 안이다.5

현인규는 청년론이 근대 초기부터 지속적으로 제기되었지만 '오늘날의' 청년 담론은 성격을 달리하는 것이라고 말하고 있다. 즉 '금일의 청년 담론'은 사회체에 관한 담론이며 일상생활에 대한 재조직화의 담론이고 주장한다.6 현인규는 "한 시대를 의미하는 청년은" "그곳에는 도리혀 개인적 연령 관계만이 아닌 한 세대의 역사적 의미를 가진 청년인 시대라는 것이 공간적 집단으로 형성되는 것이 아닌가? 개인의 자체自體도 시대라는 사회적 신체의 일부분으로 역사적 세계로부터 나게 되는 이상 개인심리학적 추상론으로만 청년을 문제하려는 것은 너머도 비현실적인 표면관으로 생각한다"고 논한다.7 이는 근대 초기의 청년 담론에서 청년이 미래적 시간성의 차원에서 다루어졌다면 금일의 청년 담론이 다루는 것은 현재적이며 일종의 '공간성'의 문제, 즉 사회체의 문제라는 주장이고 전시 동원 체제의 청년 담론이 사회체에 관한 담론이라는 점을 명확히 하는 것이다. 현인규는 이전 시대의 청년 담론과 구별되는 "현재의 청년 담론"의 특성을 다음과 같이 정리했다. "근대近代에는 미래未來에 기대期待되는것이 미완성未完成의 청년靑年이였고 청년靑年은 미래未來를 대표하는 한 한 시대時代였다. 그러나 금일의 청년문제靑年問題는 야스파-스의 말과 같이 청년靑年은 현대現代의 현실現實이 되였다. 이것은 불확실不確實한 미래未來의 문제가 아니고 금일今日의 문제問題가 되였다. 금일의 현실에서 시대를 지도하는 힘이 되고 구원이 되기를 바라고 있다."8 이러한 논의는 이 시기 청년 담론이 전 시대의 청년 담론과의 단절을 선언하면서 새로운 주체 구성의 기획을 지향했다는 점을 분

---

5. 현인규, 「청년론의 성격과 과제」, 『조광』, 1937년 1월.
6. 같은 글, 187. 이 시기의 청년 담론을 고찰하는 것은 근대 계몽 기획의 대중 계몽과 파시즘의 대중 동원의 접점과 차이점을 고찰하는 일이라 할 수 있다. 또 이 시기 청년 담론의 양상은 해방 이후 특히 박정희 체제의 대중 동원 정치를 분석하는 데 중요한 단초를 제공하기도 한다.
7. 같은 글, 188.
8. 같은 글, 187.

명하게 보여준다.

개인주의적 자유주의와 자본주의적 문명에서 파생된 "허무주의", "에러티즘", "경제만능"으로 인한 "부패", "허무적 명랑", "우울의 향락", "평속화 기계화"에 매몰된 대중을 새롭게 '청년'으로 소생시켜야 한다는 담론의 전략은 청년 담론뿐 아니라 총후부인과 소국민이라는 새로운 주체 위치를 생산하는 담론에서도 이데올로기적 기반이 된다. 이러한 주체 위치의 재배치는 필연적으로 개인주의적 자유주의와 자본주의적 문명이 낳은 타락, 평준화, 기계화, 에로티즘과 경제 만능에 대항하는 새로운 대안을 정립시키며, 혁신된 정체성은 이른바 '본래적인 가치'라는 이름과 '생활'이라는 장소를 통해 구성된다. 이는 신체제 이념의 근간을 이루는 것이기도 하다.

총후부인 담론에서 총후부인의 정체성이 자유주의적 신여성과 구시대적 여성상 모두를 거부하면서 새로운 주체 기획을 내세우는 것도 이 지점과 관련된다. 독일과 이탈리아의 경우 파시즘적 여성상은 '자유주의적 여성상'과 '공산주의적 여성상' 모두를 거부함으로써 구성된다. 조선의 경우는 거의 모든 공격과 적대의 대상이 '신여성'으로 집중되었다는 점에서 독일과 이탈리아와도 다른 독특성을 보인다. 이때 절멸과 적대의 대상으로 설정된 신여성은 한편으로는 자유주의 부르주아 여성 집단의 특성을, 다른 한편으로는 공산주의적인 여성 집단의 특성을, 또 때로는 탈정치화된 여성 집단의 특성을 또 때로는 비정상적인 여성 집단의 특성을(광인) 또 때로는 반사회적이거나 사회적인 것의 죽음(죽은 신여성들)을 함의하기도 했다. 즉 전시 동원 체제에서 '신여성'은 내적으로 모순적인 속성과 정치적 지향을 아우르는 기호로서 사실상 여성의 모든 것에 대한 증오를 담지한 표상이 되었다. 전시 동원 체제 조선에서 파시즘적 여성상이 구여성과 신여성의 대립과 적대적 위계를 통해 구축된다는 것은 이런 의미이다. 반면 구여성은 표상이나 기로, 상징이나 재현으로서도 부각되지 않은 채, 존재성 자체를 박탈당한 동원의 대상으로서만 의미가 있었다. 총후부인이나 애국부인 정책과 담론은 이들 '구여성'의 목소리와 존재성 자체를 전유하고 대신하면서 막상 '구여성'의 존재 자체를 침묵하는 동원 대상의 자리에 할당하고, 이러한 비가시성을 정당화하는 기능을 수행한 것이기도 하다. 특히 침묵하는 동원 대상으로만 존재해온 하층 계급 여성은 전시 동원 체제 이전에도 통제 대상으로서만 의미를 지녔다. 특히 하층 계급 여성 집단은 일제 강점기 내내 풍속 통제의 주요 대상 집단으로 법적 처벌과 경찰력의 작용 대상으로만 그 존재를 드러낸다. 이에 대해서는 풍속 통제와 관련한 별도의 연구를 통해서 규명할 필요가 있다. 일제 강점기 풍속 통제와 해방 이후의 변용 과정에 대해서는 『음란과 혁명』[9]에서 자세하게 논하였으며, 이 책의 5부에서 풍속 통제가 공창제도와 같은 국가에 의한 성의 관리뿐 아니라 신체화된 정보 통제의 문제로서 정보 이론과 어펙트 이론, 젠더 연구와 인종차별 비판 이론이 만나는 접점이라는 점을 자세하게 살펴볼 것이다.

전시 동원 체제에서 청년론은 일종의 세대론인데 이는 1937년 이후로 변화된 역사의식(세계사적 전환이라는 의식)과 역사 주체(구일본의 죽음과 신일본의 도래 및 재조직화) 논의의 이데올로기의 산물이기도 하다. 또 이러한 세대론은 이른바 새로운 역사 주체를 집단화하고 육성하고 통합할 조직으로서의 청년단의 문제와 밀접한 관련을 맺는다. 당대의 독일과 이탈리아, 일본의 파시즘 3국 동맹 체제에서 청년 운동과 청년단 조직은 2차 세계대전이 임박한 시점에서 문화와 국방을 다지는 "철의 공작"이라고 강조되었다.[10] 독일, 이탈리아, 미국, 소련, 프랑스, 브라질의 청년 운동을 소개하며 노자영은 독일과 이탈리아의 청년 운동을 특히 강조했다. 예를 들어 노자영은 독일 청년 운동은 문화와 국방에 대한 철의 기초를 세우는 청년 운동인 동시에 산업 부문에도 지대한 기여를 했으며, 10~19세의 모든 독일

---

9. 권명아, 『음란과 혁명』.
10. 세계 각국에서 일어나고 있는 청년 운동을 소개하면서 노자영은 "제(第) 이차(二次) 세계대전(世界大戰)의 전야(前夜)라고 할 만한 현하(現下) 정세(情勢)에 있어서 각국(各國)은 다투어 청년운동(靑年運動)을 이르키고 있다. 이것은 장차 오려는 단계(段階)에 있어서 강대(强大)한 기초공사(基礎工事)이오 문화(文化)와 국방(國防)에 대(對)한 철(鐵)의 공작(工作)이다"라고 설명하고 있다. 노자영, 「세계 각국의 청년 운동」, 193.

청년을 히틀러 유겐트에 가입시킨 위대한 기획이라고 소개한다. 즉 1934년 구성된 "알빠이트 띄윈스트"(19세 이상)는 "청년이 입소하여 본인의 지원대로 삽을 들고 국가를 위하여 반년간 노동에 종사하는 것"으로 "축제築堤공사, 소택지 경작, 삼림 채벌, 선박 건조"를 주로 담당했으며 이로 인해 독일의 청년 운동은 "단순한 청년운동을 넘어서 전 독일 산업 부문에 중요한 기여"를 했다고 평가한다. 실제로 조선 청년단 역시 이러한 노동에 투입되었다. 또한 노자영은 15세부터 18세까지의 청년을 모두 포함하는 히틀러 유겐트와 "히틀러 유겐트의 자매 운동이라고 할 수 있는「융풀크」(십세부터 십사세까지의 소년)를 합하여 독일인은 10세부터 국가 통제하에 거국적 훈련에 참가하게 되었다"고 평가하면서 "전독일 청년은 히틀러 유겐트이다"라고 말할 수 있으며 "이리하여 전 독일 청년은 독일의 장래를 짊어지고 국가의 강력적 추진력으로 일어서게 된 것이다"라고 평가한다.[11] 따라서 이 시기 청년 운동과 청년단에 대한 논의는 독일, 이탈리아의 파시즘과 동시대성을 내포한다. 청년단 조직화는 1936년 5월부터 본격적으로 추진된다. 15세부터 25세까지의 초등학교 졸업생을 중심으로 한 청년단의 구성 원칙을 정하고 파시즘 세계관을 주입하고 조직하는 일에 박차가 가해졌다. 이 조직을 만든 데는 교육의 목적도 있었지만 조직적 동원을 수월하게 하려는 목적도 있었다. 또한 청년단의 이러한 특성은 1937년 7월 중일 전쟁의 발발을 기점으로 더욱 부각된다.[12]

물론 전시 동원 체제하의 조선과 일본의 파시즘화가 체제 전체에 동일하게 작동하고 있었는가 하는 점은 여전히 논란의 소지가 있다. 그러나 적어도 당대의 전시 동원 체제의 구상 속에 독일과 이탈리아의 파시즘 운동과 사상에 대한 선망과 매혹이 존재했음은 분명하다. 또한 선망이나 매혹과는 무관하게, 총동원 체제로의 전환을 2차 세계대전을 전후한 세계 체제

---

11. 같은 글, 194.
12. 이에 대해서는「청년단의 강화병 보급에 관하다」,『조선』, 1937년 9월, 153~154 참조.

와의 동시대성이라는 관점에서 바라볼 수 있다.

2. 청년의 정체성과 모던보이 비판

청년단 조직의 확대·강화 및 지원병 제도에 대한 논의와 함께 청년 담론은 일상적인 관용 어구로도 회자된다. 청년 정책과 담론은 정치 조직이나 지원병 제도와 같은 정예 부대의 기획을 위한 정책과 담론에서 일상생활의 쇄신, 문학 작품 등의 미학화된 담론에 이르기까지 폭넓게 변주된다. 청년 담론이 쇄신, 즉 신일본의 재조직화와 세계사적 전환기의 새로운 주체 기획에서 차지하는 의미는 다음과 같은 '선언'에서 명확하게 드러난다.

> 지나사변支那事變을 계기契機로 하여 아국我國은 역사적歷史的 전환轉換을 부득이不得已 아니할수 없게 되었다. 당초當初의 불확대방침不擴大方針은 철저적응징徹底的膺懲 방침方針으로 변경變更하였고 다시 전국戰局의 진전進展에 반伴하여 장기전급長期戰及 장기건설長期建設을 목표目標로 내외內外의 태세態勢를 정비整備아니할 수 없게 되었던 바 지난 구월九月, 일日, 독獨, 이伊, 삼국동맹조약三國同盟條約의 성립成立과 동시同時에 동아신질서건설東亞新秩序建設에서 다시 일보一步를 나아가서 세계신질서건설世界新秩序建設에 협력協力하기로 되었다.
> …
> 즉卽 모든 부문部門에 있어서 고도국방국가건설高度國防國家建設을 위爲하여 일체一切를 받고, 개인적個人的 이해利害를 초월超越하여 일체一切의 인고忍苦를 인내忍耐하여 신체제新體制의 확립발전確立發展을 기期하지 않으면 안 될 것이나, 이것은 말로는 쉬우나 실행實行하기는 곤란困難한 것이다. 전통傳統의 힘이 타성惰性을 반伴하는 것으로 정당正當하고 필요必要함을 인정認定하드라도, 종래從來의 태세態勢를 갑짜기 변경變更하는 것은 심甚히 곤란困難한 것이다. 노인老人, 장년壯年은 이미 고습古習에 뼈가 굳고 또 혈맥血脈도 경화硬化하기 쉬운 것이다. 여기에 소위所謂 노인老人, 장년壯年이라는 것은 연령年齡에 의依

하여 하는 말은 아니다. 관념觀念의 문제다. 이러한 기성계급既成階級에 새롭고 과격過激한 운동을 갑짜기 이르키는 것은 무리無理할지도 모르겠으나 이것은 국가國家의 장래將來를 위爲하야 필요한 것이다. 즉卽 종래從來의 자유주의적自由主義的 개인주의적個人主義的 사상思想에 의依하여 교육敎育되고 영리주의적營利主義的 관념觀念으로서 사회생활社會生活을 영위營爲하여온 사람들이 갑짜기 전체주의적全體主義的 공익우선적公益優先的 봉공생활奉公生活을 함에는 상당한 편달鞭撻이 필요必要한 것이다.

여기에 청년青年의 시국적時局的 대임무大任務가 있다고 생각한다. 청년青年은 새로운 이상理想에 살며 정의正義와 국가적國家的 요청要請의 앞에는 만난萬難을 배제排除하여 매진邁進할수 있는 용기勇氣가 있고 실행력實行力이 있다. 시국하時局下에 있어서 신도臣道 실천實踐, 멸사봉공滅私奉公을 중심中心으로 하는 신체제新體制의 실현實現에 대對하여 청년층青年層의 일대분기一大奮起를 기대期待하여 마지않는 소이所以가 실實로 여기에 있는 것이다.

청년青年은 신체제新體制의 지주支柱요 추진력推進力이다. 소화유신昭和維新의 성부成否는 신체제新體制의 성부成否에 있고 신체제新體制의 확립確立은 청년青年의 발분노력發奮努力에 의依하는 것임을 단언斷言한다.[13]

일본의 역사적 전환을 강조하면서 청년에 대해 "신체제新體制의 지주支柱요 추진력推進力이다. 소화유신昭和維新의 성부成否는 신체제新體制의 성부成否에 있고 신체제新體制의 확립確立은 청년青年의 발분노력發奮努力에 의依하는 것임을 단언斷言한다"라고 밝히는 앞의 논지는 신체제의 선언과 청년 담론이 명확하게 관련되어 있음을 보여준다. 특히 "청년의 시국적 대임무"는 '구세대'가 신체제를 담지할 주체성을 결여하고 있다는 세대론적 인정 투쟁의 담론을 통해 선언된다. 노인과 장년은 "종래從來의 자유주의적自由主義的 개인주의적個人主義的 사상思想에 의依하여 교육敎育되고 영리주의의營利主義적 관념觀念으로

---

13. 학무국장 염원시삼랑, 「신체제와 조선 청년」, 『신시대』, 1941년 1월, 20~22.

서 사회생활社會生活을 영위營爲하여온 사람들"로서 "전체주의적全體主義的 공익우선적公益優先的 봉사생활奉公生活을 함에는 상당한 편달鞭撻이 필요必要한 것"이다. 이는 청년 담론이 사회의 '지주(지주支柱, 카리스마, 헤게모니)'를 둘러싼 위로부터 부과된 강제적인 인정 투쟁의 담론이라는 점을 명확하게 보여준다. 이러한 위로부터 부과된 강제적인 인정 투쟁의 담론을 통해 '청년'은 사회의 새로운 지주, 최전선, 정예 부대로 배치된다.

그러나 실상 이러한 배치는 내적으로 균열을 일으키는 것이었다. 청년은 "항상 사회의 선두"에 서 있는 것이며, "반도 청년은 모두 황국 청년이라고 선언"14되는데 이는 내선일체와 지원병 제도의 도입과 관련된다. 그러나 조선 청년의 '선두'와 '정예'("항상 사회의 선두에 서 있는 중견 인물이다"15), '황국 청년'으로서의 동등한 지위에 대한 선언은 동시에 "어떠한 일에 대해서도 분담分擔할 각오가 되어 있어야 한다"는 의무의 할당과 결부되어 있다. 위로부터 강제로 부과된 '분담'의 의무를 자발적으로 다함으로써 '사회의 선두', '황국 청년'으로서 '정예'가 될 수 있다는 담론은 특히 지원병 제도와 관련된 담론들에서 두드러지게 강조된다. 이렇게 위로부터 강제로 부과된 '분담'의 의무를 자발적으로 다함으로써 지원병 제도는 "청년靑年 조선朝鮮의 영예榮譽와 감격感激의 표상表象"16이 된다.

청년 담론은 이처럼 신일본의 재조직화(이른바 소화유신과 신체제 확립, 황국 신민화의 기획이 중첩된) 과정에서 등장하며 동시에 여러 집단의 노동력을 동원하고 조직하는 데 중요한 역할을 수행한다. 그러나 청년 담론은 단지 일본 제국주의의 식민지 조선 민중에 대한 장악과 동원을 위한 담론만은 아니다. 청년 담론은 파시즘적 엘리트의 창출을 위해, 기존 지식인의 '민중' 지배와 계몽의 방식을 가치절하하면서 전유하는 방식을 보여

---

14. 삼천리 기자, 조병상(국민정신총동원연맹 조선연맹 참사) 대담, 「국민정신총동원 조선연맹 본부 방문기」, 『삼천리』 10권 10호, 1938년 10월 1일.
15. 같은 글.
16. 「청년조선의 영예 — 자라가는 육군지원병제도」, 『춘추』, 1941년 2월, 28.

준다. 그렇기에 한편으로는 일본 제국주의의 조선 '민중' 장악의 기초를 이루지만 동시에 일제 협력 집단의 자기 정당화 담론이 되기도 한다.

청년 담론은 기존 '지식인' 엘리트의 정체성을 비판함으로써 신체제하 조선 내에서의 지도적 지위를 쇄신하고 이를 통해 일제 협력 집단으로서 상층 엘리트의 자기 정체성을 정당화하는 기제로 작용했다. 총후부인 정책과 담론이나 애국부인 정책과 담론이 '여성의 모든 것'에 대한 증오 정치를 생산하고 강제했다면 청년 정책과 담론은 지식인 혐오와 세대적 증오, 기성세대가 구축한 특정한 공동체(마을에서 민족에 이르는)에 대한 증오를 생산하고 강제했다. 다음의 예문들은 이러한 증오 정치를 잘 보여준다.

> 그러나 조선에는 아직, 의붓자식 근성을 버리지 못한 사람이나, 기회주의적인 태도를 취하는 사람이나, 옆 사람의 움직임을 엿보며 그에 끌려가는 칠칠치 못한 태도를 가진 사람이 상당히 많다고 생각됩니다. 실로 이는 줏대 없고 꼴불견이며 괘씸한 일입니다. 이런 불길하고 발칙한 기분을 일소할 존경스러운 역할은 실로 청년 제군의 마음 하나에 달려 있는 것입니다. 청년 제군, 식민지 토인의 비열한 근성을 벗어 팽개치고, 대사일번大死一番하여 폐하의 적자赤子로서 새로 태어나고자 크게 분발해주십시오.[17]

> 어떤 세상에도 지식층의 외로운 섬은 있는 것이다. 그들은 현세에 불평불만을 품고 소위 독선기신獨善其身, 명철보신明哲保身을 목적하여, 세상일에 관계하는 것을 업신여기는 일군의 사람이다. 이들은 스스로 도도하게 머물며 백안을 뜨고 세상을 경멸하는 자들이다. 중국의 난세亂世나 고려말 같은 때 많았던 사람들이다.
> 그런데 오늘날 조선에서도 이 같은 지식층의 외로운 섬이 형성되고 있다.

---

17. 이광수, 「청년의 마음 하나」, 『동포에게 의지하다』, 박문서관, 1942년 1월 ; 김원모·이경훈 편역, 『동포에 고함』 (철학과현실사, 1997), 89에서 재인용.

그 사람들은 모두 지식 계급이자 스스로를 현자賢者로 자처하는 자들이다. 실제로 그들은 문화 운동의 각 방면에서 지도자적인 활동을 하였었으나, 최근에 시국의 격변을 만나 그들이 지도했던 일반 민중들로부터 버림받은 사람들이다. 그들이 민중에 대한 지도권이 언제까지나 자기 손바닥 안에 있을 것인 양 깔보고 있는 동안에, 민중은 새로운 조류를 타고 옛 지도자군에게는 흔적도 없이 자꾸자꾸 저쪽 먼 곳으로 나아가버렸다.[18]

'황민'의 길을 이끌 '청년 제군'의 위상은 지식인적 엘리트나 기성세대와의 명확한 차별화를 통해 구축된다. 여기서 '옛 지도자군'으로 간주되는 '지식층'은 '의붓자식 근성', '기회주의적 태도', '줏대 없음', '식민지 토인의 비열한 근성'으로 표상되며 이로 인해 민중에 대한 지배력을 상실했다고 선언된다. 이러한 방식은 파시즘적 엘리트로서 '청년'을 구성하는 것이 지식인 엘리트에 의한 대중 지배를 비판하는 동시에 근대 대중 지배의 기제를 전유하는 전형적 구조이다.

이는 '황민'으로의 통합을 위한 대중 선전의 방식일 뿐만 아니라 조선 내에서 대중에 대한 '지배적 위치'(엘리트로서의 지위)를 차지하기 위한 인정 투쟁의 방식이자 협력 집단의 자기 정당화 방식이라 할 수 있다. 여기서 '지식인 엘리트'에 대한 혐오가 대동아의 '가족'으로서의 자질이 결여된 의붓지식 근성, '식민지 토인의 비열한 근성'과 같은 의미로 구성되는 것은 청년의 정체성이 무엇과의 차별화를 통해 구성되는지 분명하게 보여준다. 또한 독일 나치스의 수장인 괴벨스의 지식인 비판이 조선에 소개되고 있는 점 또한 흥미롭다. 괴벨스의 글에서 지식인이 저급한 인종으로 표현되고 지식인에 대한 비판이 그들의 세계관에 대한 비판에서 '비생산적 생활 태도'에 대한 비판에 이르기까지 복합적 층위에 걸쳐 진행되는 것은 조선에

---

18. 이광수, 「지식층의 고도」, 『동포에게 의지하다』; 김원모·이경훈 편역, 『동포에 고함』, 93에서 재인용.

서의 지식인 엘리트에 대한 비판 담론에서도 동일하게 나타난다.

특히 지식인 엘리트를 '구토제'와 같은 존재로 비판하면서, 혁신된 파시즘 엘리트는 이전에는 근대적 지식인들에게 천민 취급을 받던 집단이었다는 점을 강조하는 방식은 파시즘적 주체화의 전형이기도 하다. 약자의 정치학을 표방하면서 사회적으로 소외된 집단들의 원한과 증오, 복수심을 자극함으로써 파시즘에 대한 열망을 생산하는 것이 파시즘 정치학의 주요한 방식이다. 파시즘 정치학은 '천민'의 해방 기획으로서 자신의 정당성을 구성한다.

실제로 독일의 경우 파시즘에 동참한 이들은 "좌절한 중간 세대"였다. "나치 중에는 자신의 사회적 존재가 대단히 위태로웠거나 혹은 아예 좌절해 버린 사람이 많았다. 경제적인 이유로 인한 점포의 포기, 패전 이후 사회 복귀의 실패, 직장이나 직종의 잦은 변경, 반복되거나 장기화된 실업 상태 등이 많은 초기 나치 당원들의 특징이었다." 포이케르트는 좌절한 중간 세대의 전형인 청년들이 나치즘에 동참한 이유를 다음과 같이 설명한다. "실업자나 실패한 자영업자 혹은 보다 나은 교육과 사회적 상승의 기대를 접어야 했던 청년들이 위기의 일상에서 잃어버린 전망과 의미를 나치 운동에의 적극적인 참여를 통해 객관적으로 회복할 수 있는 것은 아니었다. 그러나 그러한 참여는 삶을 보다 견딜 만한 것으로 만들어주고 있었다."[19]

이처럼 좌절한 중간 세대의 파시즘에 대한 매혹은 식민지 조선인들의 총동원 체제에 대한 동의, 매혹, 열광을 해명하는 데도 중요한 단초를 제공한다. 이들의 파시즘에 대한 매혹은 단지 독일 사회만의 특징적 면모는 아니었다. 많은 연구자들은 양차 대전 이후 유럽에서 스스로를 막다른 골목에 내몰린 존재로 느낄 수밖에 없었던 집단들(특히 소외된 엘리트와 여성들)의 고립감과 위기의식이 전체주의에 대한 총체적 열광을 낳았다고 분석하고 있다. 이는 동시대 식민지 조선에서도 마찬가지였다.

---

19. 포이케르트, 『나치 시대의 일상사』, 44.

한나 아렌트는 양차 대전의 경험을 통해 자신들이 "국가 조직 밖에 위치해 있다는 의식"을 공유하던 엘리트들이 전체주의에 동의한 이유를 다음과 같이 설명한다. "넓은 세계로의 탈출 불가능성, 사회라는 덫에 자꾸 걸린다는 느낌은 익명성과 자기 상실을 향한 폭력을 더 갈망하게 했다. 역할과 성격상의 급격한 변화가 불가능한 사회에서 파괴의 초인간적인 힘에 자기 의지로 합류하는 것이 기존 사회에서 주어진 역할, 그것의 상투성과 자동적으로 동일화하는 데 대한 구제책으로서 동시에 기능화 자체를 파괴하는 것으로 여겨졌다. 이들은 전체주의 운동의 행동주의에 매력을 느꼈다."[20] 또한 이는 파시즘 기획이 증오의 정치학을 내포한다는 점을 이해하는 데도 매우 중요하다. 특히 이러한 증오는 이른바 고독한 대중이라는 자기 상실자의 무리가 지니는 외로움, 초조감, 단절감과 관련된다. 파시즘과 양차 대전 사이의 전쟁에 대한 열광을 이해하는 데는 이러한 자기 상실자의 무리가 지닌 단절감과 외로움, 그리고 이에서 비롯된 증오와 원한을 이해하는 것이 중요하다. 이러한 증오와 원한이 파시즘에 대한 대중의 매혹을 형성하는 중요한 요인이 된다.[21] 자기 상실자의 무리가 지니는 외로움, 단절감, 초조함과 근대적인 성찰적 주체의 고독의 문제, 그리고 전체주의에 대한 열광은 파시즘과 낭만주의 미학의 밀착된 관계로도 나타난다.[22]

지식인知識人이란 어떠한 것인가? 지식인知識人이란 날지로 수박 겉핥듯한 지식知識에 대對하야 생활적生活的인 용기勇氣가 역비례逆比例함과 같은 소위所謂 교양敎養있는 인종人種을 이르는 것이다. 그들의 대부분大部分은 전全혀 그릇된 방침方針을 갖었던 이국종래我國從來의 학교교육급學校敎育及 도야陶冶의 소산所産이라 일러도 과언過言이 아니다.

---

20. Hannah Arendt, *The Origins of Totalitarianism* (Harvest/HBJ Book, 1973), 331 [한나 아렌트, 『전체주의의 기원』 1·2, 박미애·이진우 옮김 (한길사, 2006)].
21. 이와 관련하여 보다 본격적인 논의로는 권명아, 『무한히 정치적인 외로움』.
22. Isaiah Berlin, *The Roots of Romanticism* (Princeton University Press, 1999) 참조.

실제實際에 있어서 그 지식인知識人이라 이르는 자者는 정신적精神的인 훈련訓練에 의依하야 지식知識을 주어모은것에 지나지 않는다.

…

평화平和롭고 안정安定한 시대에는, 지식인知識人은 조곰도 위험危險할 것이 없다. 다만 정치적발전政治的發展이 첨예화尖銳化하여 위기危機를 배태胚胎하는 경우境遇에는, 그들은 일종一種의 위험危險을 의미意味하는 것이다. 이러한 경우境遇에 지식인知識人은 마치 동물動物이 본능적本能的으로 군거群居하는것 같이 당黨을 조직組織한다. 그리고 긴박緊迫한 정세精勢를 달관達觀하야 이것을 실제實際에 직면直面해서 판단判斷할만한 힘이 없는 때문에, 얻어들은 소위所謂 교양敎養이란 것을 끄러다가, 자신自身이나 타인他人에게 향向하여 자기自己의 공포恐怖를 석명釋明한다 — 아니 정당화正當化하는 것이다.

…

소위所謂 상류사교계上流社交界에는 지식인知識人이라는 자者는 얼마던지 있다. 이 상류사회上流社會에서 그들은, 생산적生産的인 인간人間에게는 구토제嘔吐劑와 같은 역할役割을하는 저 태만怠慢한 기생충寄生蟲들과 더부러 결합結合하는 것이다. 이런 기생충계급중寄生蟲階級中에는 모태母胎에서 나와서 단單 한번도 노동勞動이라는 것에 손을 대보지 못한 인간人間들이 많다. 고고呱呱의 소리를 지른후後 최후最後의 숨을 거둘 때까지 그들은 전全혀 타인他人의 노동勞動에 의依하여 생활生活하는 것이다. 아침엔 눈을 뜨자마자 벌서 전화電話를 건다. 낮이면 공동共同으로 점심點心을 먹고, 오후午後면 칵텔주석酒席에 집합集合하고 밤에는 또 만찬晚餐을 가진다. … 까닭에 그들은 우리들을 천민賤民이라고 소위所謂 출세出世한 자者들이라고 속으로 생각하는 것이다.23

이러한 지식인 엘리트 비판은 특정한 논자나 특정 사안에 국한되지 않고 전시 동원 체제에 관한 논의 전반에 걸쳐서 나타난다. 다음의 글은 요세프

---

23. 요세프 피벨스, 「지식인에 소함」, 『춘추』, 1941년 5월, 140~142.

괴벨스의 지식인에 대한 증오가 신체제 청년론으로 변용되어 울려 퍼지는 식민지 경성의 풍경을 잘 보여준다.

> 이러한 변화變化는 결국結局 차방茶房을 실리적實利的인 경영經營으로 몰고있다. 장식裝飾에 치중置重하던 도구道具는 소박素朴한 것으로 바뀌거나 「유토리토」의 원색판화原色版畵는 시중사진時事寫眞으로 변變하였다. 「쵸콜레이트」의 「메뉴」옆에 방첩표어防諜標語가 붙어있다.
> 이리하야 신체제新體制의 물결은 자연自然스럽게 다방茶房으로 들어오고야 만다. 다방茶房은 항상 수동적受動的인 까닭에 그 스스로가 밤의힘으로 밀려나가고 있는것이다.
> 거리의 「오아시스」요 「렁데브」의 안식처安息處요 그리고 시詩와 음악音樂을 즐기던 청년青年들의 유일唯一한 집합장集合場은 점차漸次 쇠잔해간다. 소위所謂 다방적茶房的인 정서情緖를 뜯어고치는 신체제新體制의 조수潮水, 그것이 어떤 것인지는 여기서 말할 배 아니다.24

여기서 신체제의 이념은 '다방적인 정서'를 뜯어고치는 것으로 상징된다. 다방적인 정서란 "파가니니의 제금협주곡提琴協奏曲", "레코드", "유토리토의 원색판화"와 "쵸콜레이트"로 상징되며, 이는 "시와 음악을 즐기던 청년"들의 '퇴폐적이고' 비생산적인 생활을 의미한다. 반면 신체제석인 생활은 "실리", "경영", "시사사진", "방첩표어"로 상징되는 새롭고 생산적인 생활이다. 신체제 청년이라는 새로운 주체 위치의 강제적 생산은 이른바 '지식인 엘리트'의 삶을 퇴폐, 허영, 비생산성의 삶의 전형으로 적대적으로 규정하고 말살함으로써만 가능하다. 그런 의미에서 신체제 청년의 이름으로 내걸린 '생산, 시사, 방첩, 경영, 실리'와 같은 규정에는 적대와 말살의 피 냄새가 진하게 스며들어 있다. 전시 동원 체제 청년 담론은 이른바 지식인 엘리트

---

24. 조풍연, 「다방과 신체제」, 『여성』, 1940년 11월, 66.

의 정체성에 대한 전면적 배제와 증오를 근거로 하여 자기 준거를 구성한다. 즉 증오를 통해서만 형성 가능한 주체성인 것이다. 실상 '청년'의 정체성은 청년 담론에 내포된 자기 동일성의 내용(이는 황민화의 내용과도 동일시된다)을 통해서도 구성되기보다 이러한 적대와 절멸로 이뤄지는 증오를 통해서 겨우 도달 가능한 것이다. 이러한 적대와 절멸의 증오 정치를 통해 청년 정책과 담론은 청년과 기성세대라는 정체성의 범위를 초과하는 '전선'의 안과 밖의 경계와 '국민'과 '비국민'의 경계를 구성하는 장치로 기능할 수 있는 것이다. 이때 위로부터 부과된 강제적인 정체성 투쟁은 죽음의 문제로 곧바로 이어진다. 파시즘 정치에서 적대적으로 구조화되고 위로부터 강제적으로 부과된 정체성 투쟁은 단지 정체성의 문제가 아니며, 언제나 어떤 형태로든 죽음, 즉 정체성의 이름으로 국가에 의해 살해당할 가능성, 학살의 문제였다. 따라서 최전선의 청년은 '신일본'의 이상을 담지하고 의무를 수행함으로써 정예 부대로서 국민의 대열에 합류할 수 있는 반면, 전선 바깥의 존재들은 식민지 토인이나 기생충 집단, '저급한 인종'으로 '비국민'의 대열에 포함되면서 잠재적이거나 이미 현실화된 학살 대상이 된다.

    일제 말기 남성들에게 청년이 된다는 것은 동일한 의미가 아니었다. 그것은 단지 일본인이 되는 것만을 의미하지도 않았다. 청년이 되는 것은 황민이 되는 것, 그것도 사회의 지도자적 위치에 서는 것을 의미했다. 적어도 지배 정책의 선전 담론에서는 그러했다. 청년 담론에 응답한 조선의 남성들에게 청년이 된다는 것은 지식인 엘리트층, 비엘리트층의 남성, 학생들에게 각각 상이한 의미를 지녔다. 지식인 엘리트에게 청년은 근대적 지식인의 정체성과 사회적 역할을 비난하고 스스로를 파시즘적 엘리트로 혁신함으로써 지도자로서의 위치를 고수하거나 새롭게 획득하는 것이었다. 그런 점에서 청년 정책과 담론에 동화되고 협력했던 지식인 엘리트들은 자신의 기득권을 유지하거나, 기득권을 획득하려는 투쟁에 동참한 것이다. 비엘리트층의 남성들에게 청년 담론은 사회적으로 소외된 자신의 처지를 혁신할 수 있는, 일종의 입신출세의 기회로 간주되기도 했다. 실상 청년이 된다는 것에 내포된 복합적 의미를 고찰하는 데 가장 염두에 둘 것은 이러한 비엘리트층의 입장이다.

청년 담론의 전형을 보이는 영화 〈지원병〉을 통해 이 문제를 논하면서 마무리하고자 한다. 영화 〈지원병〉은 안석영 각본·감독의 영화로 1941년 개봉되었다. 지원병을 권유하는 전형적인 국책 영화다. 그러나 이 영화에서는 전형적인 국책 선전 담론과 그 담론에 의해 호명되는 비엘리트 집단들의 내면이 모순적으로 드러난다. 이는 감독의 의도적인 연출의 결과라기보다, 세부적인 묘사를 할수록 모순이 증폭되는 재현 장르에 고유한 '리얼리즘의 승리'의 한 사례라고 할 수 있다.

〈지원병〉의 주인공 집안은 마을 지주 집의 마름으로 대대로 살아왔다. 그러나 아버지의 뒤를 이어 지주가 된 아들은 두 집안 사이의 역사나 유대에는 관심이 없다. 게다가 마름 자리를 노리는 마을 사람의 간계로 주인공은 그 자리를 빼앗기고 만다. 영화는 마름 자리를 빼앗긴 주인공의 고민을 기본 축으로 하고 있다. 주인공은 지원병이 되어서 마을 사람들에 대한 서운함과 젊은 지주에 대한 분노를 뒤로 하고 마을 사람들의 대대적인 환송을 받으며 당당하게 출정한다. 이러한 구도는 당시 청년 담론의 전형적 서사를 반복한다. 젊은 지주는 서구식으로 꾸며진 사치스러운 거실에서 파이프 담배를 피워 물고 서양 옷을 차려입고 있는 전형적인 모던보이로 그려진다. 그는 마을을 유지하던 전통적 가치에 무관심하고, 철저하게 이기적인 인간이다. 반면 주인공의 아버지는 무기력하고 어떤 문제도 해결할 수 없다. 마을 사람들은 저마다 자기 이해관계에만 관심이 있을 뿐이다. 고향은 더 이상 기댈 것도 의지할 것도 없는 세계로 그려진다. 이처럼 주인공이 의지가지없게 되는 건 근본을 이루던 세계, 즉 옛 지주와 주인공의 아버지 사이의 '인간적 교분과 공동체적 보살핌'이 이제는 더 이상 존재하지 않기 때문이다. 영악한 모던보이인 젊은 지주는 결코 오늘날의 청년의 후원자도 보호자도 되지 못한다. 아버지(청년 담론에서 말하는 무력한 '부로층'父老層이다.)도, 고향 사람(옛 공동체적 질서)들도 더 이상 청년의 '보호자'가 되지 못하는 모습으로 그려지는 것이다. 이런 서사의 전개를 통해 영화에서 지원병이 되는 것은 되돌아볼 가치가 없는 세계(조선, 고향, 옛 고을의 공동체, 모던보이가 계몽하고 지도하던 세계)를 벗어나는 유일한 탈출구가 된다. 이는 보호자가 아닌 세계를 '자발적으로' 떠나 새로운 '보호자이자 후원자'의 보살핌 속으로 들어가는 것이다. 이런 식의 서사는 지원병이 되는 것이 천황의 은덕이라고 강조하는 당대의 청년 정책과 담론이 조선의 담론 공간에서 실제적으로 어떻게 구체화되는지를 보여준다.[25]

그러나 매우 흥미롭게도 열렬히 국책에 호응해야만 하는 국책 영화 〈지원병〉에서 주인공이 혁신된 청년으로 거듭나고 지원병이 되는 과정에는 활력이나 열기가 없다. 주인공은 열혈 청년이기보다 오히려 신변을 비관하는 지식인처럼 보인다. 주인공은 대대로 이어진 마름의 지위를 벗어날 수도 없었고, 간계를 극복할 만한 처세술도, 자기가 처한 상황의 모순을 적극적으로 타개할 능력도 갖추고 있지 않다. 주인공의 행동 방식은 기껏해야 줄곧 '나에게는 아무런 의미가 없다, 나에겐 중요한 문제가 아니다'라는 독백을 하는 것이다. 물론 이런 식으로 주인공의 성격을 설정한 것은 주인공이 지원병이 되는 것 외에는 아무 관심도 없다는 것을 강조하려는 것이기는 하다. 그러나 주인공의 무관심, 무능력, 무주체성은 지원병이 되는 것, 혁신 청년으로 거듭나는 것이 일본인이 되려는 자발적 열의도, 처세를 위한 약삭빠른 선택도 아닌, 일종의 막다른 골목에서의 선택인 것처럼 해석될 여지가 있다.

이러한 면모는 주인공뿐 아니라 영화 전반에 걸쳐서 드러난다. 주인공과 주변 인물들은 활력 넘치는 '일본 국민'이라기보다는 퇴락한 시대의 퇴락한 인물들처럼 보인다. 지원병으로 출정하는 주인공을 격려하며 배웅하

---

25. 여기서 구체적으로 조선 청년들이 천황에 대해 어떤 인식을 가졌는가는 오히려 중요하지 않다. 천황은 새로운 카리스마의 상징일 뿐으로 그것은 지원병이 되는 것, 청년이 되는 것이라는 함의 속에 비가시적으로 실체화되는 것이다. 따라서 천황에 대한 인식이 없이도, 국체 관념에 대한 이해 없이도 청년의 정체성 자질에 자신을 동일시함으로써 자연스럽게 황민이 될 수 있다.

는 어머니의 클로즈업된 얼굴은 감격에 사로잡힌 얼굴이 아니라 너무도 비애에 찬 표정이다. 연인을 배웅하는 여자 주인공은 〈애국부인회〉 휘장을 한복 위에 두르고 일장기를 손에 들고 있지만, 그것에 걸맞은 열기도 성원도 없다. 애인이 떠난 열차를 하염없이 바라보는 여자 주인공의 뒷모습은 막막하고 고적하고 애처롭다.

〈지원병〉의 서사에서 드러나는 이러한 모순과 복합성은 청년 담론뿐 아니라 일제 말기 파시즘 체제의 경험이 어떤 의미를 지니는가를 고찰하는 데 중요한 문제다. 약자의 정치학으로 스스로를 규정하고, 막다른 골목에 갇힌 것 같은 소수자들의 원한과 절망을 호출해, 더 이상 돌아볼 가치가 없는 세계와 결별하고 혁신된 주체로 거듭날 것을, 약자의 해방을 부르짖었지만 사회적 약자에게 가장 큰 폭력을 행사하고 만 것이 바로 역사적 파시즘 체제다. 이 체제하에서 사회적 약자들은 파시즘 체제의 호명에 응답하면서 '해방'과 거듭남의 기회를 꿈꾸었다. 그러나 이들이 꿈꾼 해방은 결국 폭력과 학살로 귀결되었다.

〈지원병〉에 드러난 주인공의 무관심과 무능력은 또 다른 전시 동원 체제의 국책 영화 〈반도의 봄〉(1941)에서도 선명하게 드러난다. 노예 상태에 놓인 조선의 피식민자의 '내면'은 최근 정동 이론 혹은 젠더 어펙트 연구를 통해서 새로운 해석의 지평이 열리고 있다. 먼저 영화 〈지원병〉과 〈반도의 봄〉에 나타나는 '무관심'의 함의를 살펴보기 위해 '흑인의 영혼'에서 '흑인의 생명'에 대한 논의에 이르는 긴 논의의 역사를 살펴보고 최근의 젠더·어펙트 연구에서 제기하는 피식민자의 무관심에 대한 해석을 논하고자 한다. 또한 역사적으로 역사적 파시즘 체제 시기에도 피식민자인 조선인의 영혼과 흑인의 영혼에 관한 논의는 매우 중요한 함의를 지녔다. 뒤에서도 살펴보겠지만 흑인의 영혼과 관련하여 중요한 이론적 기반을 제시한 W. E. B. 두보이스William Edward Burghardt Du Bois는 아프리카에서 유럽과 아메리카 대륙을 횡단하고 이동하는 범아프리카주의 연구의 역사적 원천이자, 최근 탈식민 어펙트 연구의 주요한 원천으로도 다시 소환되고 있다. 특히 대륙 간의 지정학적 역학관계가 만드는 느낌의 생명정치에 관한 연구는 범아프리카주의와 크레올 맑스주의의 역사와 이론을 다시 소환하고 있다. 다른 한편 두보이스는 일본의 만주국 건설을 비서구적인 대안 세력화의 모범적 사례라고 환영하고 직접 만주국을 방문하고, 일본에 들러 만주국과 관련한 강연을 진행하기도 했다. 물론 이후 만주국에 대한 자신의 판단이 잘못되었음을 스스로 인정하고 자기비판하기는 했지만, 역사적 파시즘 체제 조선에 대한 연구에서 두보이스에 대한 해석은 피식민자 조선의 위치에서 다시 한번 비판적으로 검토되어야만 한다. 이러한 맥락에서 피식민자의 영혼의 문제와 관련한 몇 가지 주요 논점을 살펴보고 영화〈반도의 봄〉과〈지원병〉에서 드러나는 조선인의 영혼의 문제를 논해 보자.

어펙트 연구는 단일한 지형도로 환원되기 어려운 이질적 흐름으로 퍼져 나가지만 경향적으로 후기 신자유주의 시대 이후 인지자본주의의 특이성을 강조하는 연구와 '역사'와 '현재'를 정동적 존재론의 방법으로 새롭게 연결하는 연구는 다양한 해석 방법론을 기반으로 한다. 소수자의 주권성을 존재론의 차원에서 규명하는 어펙트 연구 흐름은 '새로운 역사 연구' 시대를 열고 있다고도 보인다. 예를 들어 보편성을 지향하는 어펙트 연구가 인종적 문제를 안고 있다는 비판은 한편으로는 당대의 "흑인의 생명도 소중하다"와 같은 정치적 실천에 영향을 받고 있지만, 다른 한편으로는 19세기 범아프리카주의에 대한 재해석, 제국주의 전쟁과 글로벌 자본주의 역사를 느낌의 생명정치로 다시 해석하는 연구 경향, 감상주의의 전지구화와 노예노동의 역사를 다시 규명하는 일련의 소수자 역사 연구의 흐름에 영향을 받고 있다.

한국의 경우도 이른바 교차성 이론을 통해서 젠더 보편주의를 비판하는 이론적 흐름이 도입되었고 인종적·성적 정치학의 교차와 글로벌 자본주의의 관계를 규명하는 연구들이 활기를 띠고 있다. 그러나 여전히 이런 연구는 역사적 재구성 과정으로는 잘 이어지지 않는다. 이른바 교차적 연구들은 주로 당대를 규명하는 데 집중되어서 이러한 구조적 차별의 역사적 지층을 탐구하는 방법론의 정립으로 이어지지는 못하고 있다.

신 야오는 19세기 이후 저평가되었던 범아프리카주의를 재평가하면서 비백인 유색인종들의 대안적 공동체를 구성하려고 했던 일련의 시도들을 재해석하고 있다. 이는 특히 W. E. B. 두보이스는 자유주의에서 신자유주의에 이르는 느낌의 생명정치를 재해석하는 데 중요한 이론적 원천으로 소환된다. 글로벌 자본주의와 제국주의, 백인의 감상주의라는 느낌의 생명정치와 친밀성이라는 식민성에 저항한 역사는 오늘에도 이어진다. 비백인 정치 공동체에 대한 '환상'과 실패의 역사는 탈식민주의를 거쳐서 오늘날 대안적 어펙트 연구라는 다른 방법으로 여기 도달해 있다. 한국에서도 이런 맥락에서 탈식민의 역사와 비백인 정치 공동체의 실험을 연구하는 흐름이 등장하고 있다. 이런 방법론을 제안한 논의로는 하영준의 크레올 맑스주의 연구가 대표적이다.[26]

> 유럽·아메리카·아프리카 사이에 대서양 커넥션만을 지나치게 강조하던 것에서 벗어나서 흑인 급진주의나 범아프리카주의의 발전에 '트랜스-퍼시픽' 커넥션이 미친 다층적인 영향을 고려한다. 그리고 이러한 시각에서 두보이스와 같은 흑인 급진주의 지식인이 일본 제국주의를 지지하게 된 역사의 아이러니를 단순한 실수로 평가하지 않고 전체 사상 발전과의 관계 속에서 심층적으로 이해하려 한다. 그러나 문제는 이러한 새로운 접근에서

---

26. 하영준, 『C. L. R. 제임스의 '크레올 맑스주의' 연구』 (한양대학교 사학과 박사학위 논문, 2009) ; 「크레올 민족주의와 서인도 문화정치 — C. L. R. 제임스의 초기 사상을 중심으로」, 『역사와 문화』 21 (2011) ; 「트리니다드 인도계 이주 노동자들의 (탈)크레올화, 1936~1966 — C. L. R. 제임스의 논의를 중심으로」, 『세계 역사와 문화 연구』 39 (2016) ; 「일본제국과 범아프리카주의의 '트랜스-퍼시픽' 커넥션 — W. E. B. 듀보이스와 C. L. R. 제임스의 동아시아 담론을 중심으로」, 『Homo Migrans』 18 (2018) ; 「1960년대 아이티 혁명의 기억과 블랙인터내셔널리즘 — 에메 세제르와 C. L. R. 제임스의 비교 연구」, 『Homo Migrans』 20 (2019) ; 「68운동과 탈식민주의 — C. L. R. 제임스의 정치사상을 중심으로」, 『역사와 경계』 112 (2019) ; 「"호모 루덴스"의 탈식민주의 — 서인도 식민지의 크리켓과 카니발 문화」, 『Homo Migrans』 22 (2020).

일부 연구자의 경우 아프리카계 디아스포라와의 관계에서 동아시아가 갖는 지정학적 의미를 새롭게 재구성하거나 트랜스-퍼시픽 커넥션이 두보이스의 정치적 상상력에 미친 긍정적 영향을 지나치게 강조하면서 일본 제국주의를 옹호하는 듯한 인상을 준다는 점이다. 또한, 이와 연관된 것으로 트랜스-퍼시픽 커넥션의 중심점으로 중국과 일본을 강조하면서 식민지 조선에 대한 논의가 없다는 문제점도 있다. 따라서 트랜스-퍼시픽 커넥션을 다루는 개념들의 타당성에 대한 검토와 함께 최근 연구 성과에 대한 비판적 접근이 필요하다.[27]

하영준의 연구는 19세기 이래 러일 전쟁에서 2차 세계대전을 거쳐 현재에 이르는 흑인 급진주의 지성사와 반제국주의, 탈식민 저항의 사상적 흐름의 관계를 식민지 조선과 연관시켜 논의한 희귀한 성과라 할 수 있다. 그러나 두보이스에 대한 해석은 인종 대 계급이라는 다소 오래된 해석 구도를 반복하고 있다고도 보인다. 즉 "그러나 두보이스가 인종 전쟁의 전망 속에서 일본제국을 지지한 것과는 달리, 제임스는 계급적 관점에서 일본 제국주의를 비판하고 피억압 민중의 국제적 연대를 추진할 수 있는 사상적 기반을 발전시켰다"고 평가하면서 두보이스와 달리 흑인 급진주의 사상가이면서 계급적 규정성을 지배적인 것으로 보았던 제임스의 사상을 높이 평가한다.

또한 하영준도 논하고 있듯이 두보이스가 일본에 대해 품었던 환상과 자기 비판의 과정은 여러 방식으로 달리 해석되기도 한다. 두보이스가 "인종적 편견으로 인해 일본의 중국 침략을 서구제국주의에 대한 유색인종의 저항으로 오판"했으나 "후에 일본의 제국주의를 명확히 인식하고 비판했다"[28]라는 양석원의 언급 외에는 구체적인 연구는 없다.[29] 반면 일본에서는

---

27. 하영준, 「일본제국과 범아프리카주의의 '트랜스-퍼시픽' 커넥션」, 162.
28. 양석원, 「두보이스의 범아프리카주의와 아프리카 민족해방운동」, 『비평과 이론』 9, no. 1 (2004); 하영준, 「일본제국과 범아프리카주의의 '트랜스-퍼시픽' 커넥션」에서 재인용. 원

두보이스에 대해 다양한 연구가 이어지고 있다.

어펙트 연구, 소수자 주권성과 어펙트 연구, 대안적 정동 생성의 정치와 역사를 살펴보기 위해서는 현재의 이론적 지평의 확대와 함께 역사적 연구 역시 이어져야 한다. 두보이스의 사례에 국한해도 한국 사회에서 관련한 연구는 거의 없다시피 하다. 그런 점에서 대안적 어펙트 연구는 다시 한번 역사 연구의 현재적 의미를 환기하고 소수자 주권성에 대한 이론과 연구 방법을 역사 연구 방법론으로 재구성하는 주요한 전환점이 될 것이다.

두보이스는 러일전쟁을 백인 제국주의에 대한 비백인 비서구의 승리로 보았고, 1936년 만주국을 직접 방문해서 시찰한 감상을 남기기도 했다. 또 만주국을 자신이 생각했던 비백인 유색인종들의 대안 공동체의 모범적 표상이라고도 평가했다. 물론, 이후 두보이스는 '대동아공영'이나 '오족협화'에 대한 자신의 판단을 스스로 비판하기도 했다. 미국에서는 "미국에는 인종차별이 없다. 인종 갈등만이 존재할 뿐"이라는 백래시에 맞서서 인종차별의 역사와 이론을 다시 의제화하는 연구가 활발하다. 두보이스의 사상에 대한 재해석 역시 역사적 차이화(젠더사의 방법) 과정을 규명하면서 다양한 비판적 해석과 연구가 이어지고 있고 이는 인종차별 비판이론의 역사화라고도 할 수 있다. 느낌의 생명정치와 대안 정동 이론에 대한 논의도 그 연장선상에 있다.

일찍이 두보이스의 탈식민주의적 감정 성치론을 비서구 주체화의 딜레

글은 확인이 불가능하다. 양석원은 최근 출간된 『탈유럽의 세계문학론 — 제1차 세계대전과 세계문학의 지각변동』에도 두보이스에 대한 글을 실었다. 양석원, 「아프리카의 "고통과 약속" — 두보이스와 제1차 세계대전」, 『탈유럽의 세계문학론 — 제1차 세계대전과 세계문학의 지각변동』, 김재용 엮음 (글누림, 2020). 이 글에서는 두보이스의 일본 제국주의에 대한 해석을 다루고 있지 않다.

29. 이석구는 탈식민주의 연구와 범아프리카주의 연구와 관련하여 다양한 연구를 수행한 대표적인 연구자이기도 하다. 하지만 이석구의 연구에서도 두보이스에 대해서는 주로 미국 내에서의 소수자성과 관련해 논의되고 만주국이나 일본 제국주의와 관련해서는 논의되지 않는다. 이석구, 『저항과 포섭 사이 — 탈식민주의에 대한 논쟁적인 이해』 (소명출판, 2016).

마와 관련해서 논한 사람은 김소영이다. 특히 「신여성의 시각적 재현」[30]은 대안적 어펙트 연구, 신유물론, 비재현적 이론이 제시하는 방법론을 비서구 젠더 연구의 맥락에서 이론화하고 있다. 특히 김소영의 연구는 비서구 근대에서 영화와 신여성을 같은 현상으로 보고("신여성이 영화와 마찬가지로 근대의 구경거리였다는" 점에서) "시각 장치, 영화 장치의 용어로 신여성을 읽을 수 있는" 방법론을 제안했다. 이는 이른바 주체를 인간 중심적으로 보는 관점과 재현 중심으로 보는 관점 모두를 넘어서는 방법론을 비서구 젠더 이론의 관점에서 재정립하려는 시도였다. 서구 근대의 시각적 스펙터클 기술이 비서구에 도입되면서 벌어지는 일련의 과정을 비서구 신여성에 대한 시각 기술의 작용을 통해서 살펴보면서 대표적 사례로 영화 〈반도의 봄〉을 다룬 바 있다. 대표적인 국책영화인 〈반도의 봄〉에 대한 김소영의 해석은 이른바 '조선영화'와 신체제기 조선영화에 대한 연구에 커다란 지각변동을 일으켰다.

특히 재현이나 표상 중심의 영화 분석이 아니라, 〈반도의 봄〉에서 "심리적 풍경으로서의 구름의 인서트", "몸의 기호학", "공간의 기호학", "몸과 공간을 표현하는 독특한 문화적 특이성"을 규명하면서 이후 〈반도의 봄〉 연구에서 사물의 감정, 풍경이 드러내는 감정 구조, 영화 속 공간의 감정, 언어가 아닌 몸의 관계들로 촉발되는 감정에 대한 연구의 중요한 방법론은 제안하였다. 또 "벽에 붙어있는 갖가지 영화 포스터 중 독일 파시즘의 아이콘이었던 자라의 모습은 당시 조선 문화계에도 침투한 파시즘 문화를 일별할 수 있게 한다"는 등 비서구 식민 주체의 특이한 감정 구조와 이른바 '협력의 감정' 구조의 복잡성을 규명하는 연구 방법을 제시하기도 했다. 특히 두보이스의 흑인의 영혼에 대한 논의를 통해, 〈반도의 봄〉 텍스트 내부만이 아닌, 이 텍스트에 참여한 이들이나, 이 영화를 보던 당시 조선 사람들이 느끼는 기이한 감정 구조, 또 오늘날 '친일영화' 〈반도의 봄〉을 보는 한국

---

30. 김소영, 「신여성의 시각적 재현」, 『문학과 영상』 7, no. 2 (2006).

관객의 감정 구조를 규명하는 방법을 제시하기도 했다. 무엇보다 〈반도의 봄〉을 비서구, 피식민 주체이자, '친일 협력자'인 자신을 영화를 통해 관람하게 되는 당시 조선 영화인과 지식인들의 상태를 두보이스의 '흑인의 영혼'에 대한 논의를 빌려 해석한 대목은 '친일 협력/저항'에 대한 그간의 해석의 패러다임을 일순 도약하게 만드는 해석 지평의 변화를 보여준다. 이는 〈반도의 봄〉을 협력이나 저항이라는 패러다임이 아니라 (그러나 무엇보다 이 문제를 심도 있게 사유할 수 있도록 이끄는) "조선 영화인의 자기 반영적 텍스트"로 해석한 대목에서 잘 드러난다.[31]

두보이스는 자기 스스로를 "미국인이자 니그로인 이중성과 싸우는 상태"이며 이러한 상태가 촉발하는 '미묘한 감흥'을 기존의 백인의 감정 레짐으로는 해석할 수 없는 흑인의 '분열된 영혼'의 특징이라고 논한다. 그렇다면 〈반도의 봄〉은 어떤가. 김소영의 분석은 둘 사이의 연결성을 제안해 주었다는 점에서도 탁월하다. 여기서 더 나아가 보자면 〈반도의 봄〉은 시각 장치와 영화 장치의 용어로 피식민 주체를 이야기하는 방법을 제시할 수 있을 것이다.

〈반도의 봄〉이 신체제와 맺는 관계에 대해서도 다양한 논의가 이어졌다. 특히 신체제란 성적 지배의 강화이자 기존의 젠더화된 통제와 지배를 더욱 강화했다는 점, 즉 전시 동원 체제에서 식민지배의 강화는 성적 지배의 극단화와 밀접한 관련이 있다는 점은 중요하다. 서시 협력 영화나 시사에서 여성의 정치적 지위가 이전 시기와 비교할 수 없을 정도로 파괴된다는 점은 전형적이다. 〈반도의 봄〉에서 유일하게 일본어만 사용하는 여성 인물 안나(/춘향)가 "극중 누구와도 친구가 될 수 없는"[32] 가장 부정적인 인물로 드러나고 주인공 정희(/춘향)가 극중 모든 이들의 보살핌을 받는 극도로 수동적인 존재로 그려지는 건 전형적이다. 이는 영화 속 조선인들

---

31. 같은 글, 127.
32. 이경분, 「영화음악으로 해석한 식민지 조선영화 〈반도의 봄〉」, 『인문논총』 68 (2012).

이 찍고 있는 '협력 영화'의 레퍼토리가 〈춘향전〉인 것과도 무관하지 않다. 그런 점에서 〈반도의 봄〉은 신체제기 전시 협력이 존재론적 수행 실천으로 주어지면서 벌어지는 존재의 시공간들의 재구성을 징후적으로 드러낸다.

〈춘향전〉은 현재의 한국인에게는 한국의 '고전'이지만 당시 조선에서는 그런 감각이 부재했다. 조선의 지식인들에게 〈춘향전〉은 근대적 주체에 도달하기 위해 벗어나야 할, '오래된 세계'의 대명사였고 부재한 주권성 sovereignty — 민족적이든 계급적이든 — 을 획득하기 위해서는 반드시 극복해야만 하는 세계관의 집성체이기도 했다. 그러나 당시 이른바 조선 대중을 사로잡고 있었던 것은 "춘향전, 조웅전, 심청전의 세계"였고 조선의 근대 문학은 이들과 '경쟁적' 관계였다. 1937년이 지나면서 일본 제국의 통제 시선이 머문 곳도 바로 여기, "조선의 옛 이야기들"이었다. 검열 당국은 조선 대중을 사로잡은 이 옛이야기를 통제하기 위해 전력을 퍼부었다. 물론 영화 〈춘향전〉의 대중적 성공 역시 이와 무관하지 않다.

〈반도의 봄〉에서 조선인은 전시협력의 수행, 즉 〈춘향전〉을 촬영하는 행위를 지속함으로써 '반도인'이라는, 제국이 지정한 새로운 인종race으로 이행 중이다. 〈반도의 봄〉이 1930년대 후반 유행한 '조선붐'의 산물이라는 비판적 연구 역시 제시된 바 있다. 또 당시 조선적인 것을 둘러싼 지형 역시 여러 연구를 통해 규명된 바 있다. 그러나 여전히 조선적인 것은 민족적인 것(저항)과 전시체제의 억압(협력) 사이의 문제로만 환원된다. 새로이 지정된 내선일체의 지도 속에서 '반도인'의 정체는 무엇인가. 황민화는 일상의 반복과 자기 심문을 통해서만 가능한 일종의 존재론적 수행성에 의해 작동한다. 특히 〈반도의 봄〉은 신체제의 황민화라는 것이 조선적인 것의 자리를 인종화(반도인), 젠더화(춘향)시키면서 시간적으로나 존재론적으로 역진화의 과정(춘향의 세계/당대 조선 지식인들이 벗어나고자 했던 '옛 것들의 시간성')이었다는 점을 흥미롭게 보여준다. 그래서 영화 속의 영화 〈춘향전〉은 일종의 인종 전시관의 기능을 맡게 된다. 그러니까 영화 〈반도의 봄〉은 스스로를 과거의 유물로, 알 수 없는 '발명된 인종'으로 인종전시

관에 전시하는, 그런 자신을 구경하는 1940년대 조선 영화인의 세계를, 다시금 하나의 구경거리로서 당대의 조선의 관객들에게 전시하는 수행적 행위이기도 하다. 이 과정에서 '조선인'은 발굴되어서 전시되고 있는 '하나의 인종'(반도인)과 그 전시를 수행하는 체제 협력자로서의 조선인으로 분열되고, 이는 서로를 비추는 이중적 거울이 된다. 이 거울에는 또 다른 거울이 존재하는데, 그건 바로 이 영화의 주인공이면서 시종일관 무능력하고 무감정하고 무감각하고 무의지적인 주인공 영일이다.

영일의 무능력, 무감정, 무감각, 무의지는 체포, 투옥, 파산, 입원으로 이어진다. 영화 내내 조선 영화인들의 숙원이라고 그려지는 신체제 국책 영화사가 결성되는 시점에 영일이는 입원으로 현장에 부재하게 된다. 이렇게 체제 협력 서사에 드러나는 무의지와 무감정 상태는 〈지원병〉에서도 유사하게 드러난다. 이런 무의지와 무감정은 영일이 결정적인 체제 협력의 순간, 현장에서 벗어나게 해준다는 점에서 일종의 알리바이(부재증명)라고도 할 수 있다. 또 동시에 황민화 혹은 좋은 조선인 되기란 조선인들에게는 도달할 수 없는 자기심문의 수행적 과정이었다. 명랑해야 하고, 마음을 다해야 하지만, 그 강렬도는 너무 높아서도 안 되고(남방 열기에 대한 일본 제국과 조선총독부의 금지령, 조선어 해소를 주장하는 극단적 친일 열기에 대한 거리두기 등) 너무 낮아서도 안 되는(무관심층에 대한 집요한 관리 감독) 것이었다. 그 기준은 언제나 '석설성'이있고 부적절함이야말로 비국민이 되는 잠재성의 양태였다. 그래서 황민화란 '협력의 자발성'을 강조하지만 동시에 그 자발성은 극도로 수동적이어야만 했다(제국이 지정하는 정동의 강렬도의 적절성을 충실하게 따라야 하기 때문이다). 그러나 이 수동성의 양태와 정도야말로 피식민 주체들에게는 측정할 수 없는 것이었다. 따라서 황민화의 수행성에 대한 통제의 강도가 높아질수록 수동성을 유지하는 것이 가장 '적절한' 양태가 된다. 수동성은 황민화라는 도달할 수 없는 수행적 목표에 대해 피식민 주체인 조선인들이 선택하게 된 어떤 책략이기도 했다.

물론 〈반도의 봄〉에서도 잘 드러나듯이 무의지적인 영일은 신체제의 협력자의 알리바이의 산물이라는 점에서 협력을 정당화하는 수단이 되었다(어쩔 수 없었다). 영일로 표상되는 무의지적인 존재, 무감각하고 무감정한 극도로 수동적인 존재는 〈반도의 봄〉에서 사물들, 특히 옛 궁터, 사라진 왕조의 유물들, 박탈된 주권성의 텅 빈 기표들(빈터들)과 연결된다. 이른바 심리적 풍경과 사물의 정동들이 바로 그것이다. 손종업은 사라진 옛 터들이 환기하는, 영화의 배경에 대한 지리적 조사를 통해서 〈반도의 봄〉을 저항적 서사로 해석하기도 했다.33 그런 점에서 〈반도의 봄〉에서 무의지적이고 무감각하고 무감정한 존재로 영일을 할당하고, 그 연장에서 구름, 옛 궁터 등 풍경과 사물들을 통해 형언하기 어려운 정동의 신호를 발생시키는 방식은 부정할 수 없이 일종의 책략tactic이라 하겠다.

이 책략은 어떤 식으로든 인종화되고(반도인), 젠더화된(춘향), 역진화된 존재로 인종 전시관에 스스로를 전시해야 하는(협력) 신체제 조선인들이, 그런 스스로를 전시하면서 전시되는 나와 전시하는 나, 그리고 그 둘 어떤 것으로도 환원되지 않는 어떤 틈새들을 기입하기 위한 책략이기도 했다. 이 책략은 흥미롭게도 〈반도의 봄〉에서는 두보이스를 따라 한편으로는 비서구 피식민 주체의 이중화된 영혼의 정동적 궤적을 따라가기도 하면서 동시에 역시 두보이스를 따라 비서구 피식민 주체의 대안적 공동체로서의 대동아공영의 이상과도 공명하기도 한다. 이 기이한 공명 관계에 대해서는 이후의 논의를 통해서 더 자세하게 살펴보도록 하겠다.

---

33. 손종업, 「영화 〈반도의 봄〉의 이중서사 구조와 심층에 담긴 상징투쟁의 의미」, 『어문론집』 87 (2021).

3장

참가의 환상은 측정 가능한가

1. 전시 동원 체제와 언어 공간의 재편

(1) 국책의 이념과 언어 공간의 현실 사이의 간극

　3장에서는 전시 동원 체제 언어 공간의 변화 속 강제와 헤게모니 지배, 동일화와 위계화, 연속성과 단절점 등을 살펴보고자 한다. 연구의 결과를 다소 앞당겨 요약해 보자면 전시 동원 체제에서 집요한 일어 전용 정책에도 불구하고 궁극적으로 '일어 전용'이라는 논리가 단일하게 수행되지 못하였는데, 그 이유는 무엇보다 일본 제국과 조선 총독부의 식민 지배와 통제 정책 자체에 있었다. 뒤에서도 논하겠지만 전시 동원이라는 긴박하고 시급한 제국의 필요를 충족하는 데 가장 큰 걸림돌은 제국 그 자체였다. 또한 일어 전용 정책에 대한 조선인들의 다양한 저항, 반발이 있었으며, 또 이 저항 역시 '조선어 사용자'라는 단일 집단의 저항만이 아니라 '조선어'라는 단일 공간으로 통합되지 않았던(될 수 없었던) 기존의 다층적인 언어 집단의 존재 그 자체가 '걸림돌'이 되었다. 일본의 제국주의 정책이 만든 피식민자의 어떤 존재성(의무교육을 받지 못해 문맹이 될 수밖에 없던 사람들이라거나, 식민지 교육 체제와 타고난 계급적 환경, 젠더적 차이에 의한 언어 문해 역량의 차이를 갖게 된 집단들) 그 자체가 제국주의 정책을 수미일관하게 관통할 수 없게 만드는 걸림돌이었던 것이다. 여기서 또 중요한 지점은 일본어 강제 정책과 조선어 문제는 단지 '언어 문제'만은 아니었고 피식민자의 존재 자체가 제국주의에 걸림돌이 되었다는 점에서 정치적인 것 및 존재론과도 관련되는 문제라 하겠다.

전시 동원 체제(1931~1945) 언어 공간에 대한 연구는 그간 '조선어 말살정책'에 관한 연구가 주종을 이루었다. 이러한 연구 경향은 단지 일제 말기에 대한 민족주의적 관점의 연구에 따른 결과라고만은 볼 수 없다. 이는 전시 동원 체제 이전과 이후를 체제상의 단절적 변화로 보느냐, 연속선상에서의 변화로 보느냐는 문제와도 관련된다. 전시 동원 체제의 성격을 규명함에 있어서 동화 정책과 황민화 정책이 연속적인가 불연속적인가, 또 내선일체는 내선융화와 결정적으로 구별되는 것인가 아닌가 등의 논제는 여전히 중요한 논점을 내포하고 있다. 여기에 내포된 논점은 단지 일본의 식민 정책의 성격에 대한 규명 차원만은 아니다. 오히려 보다 중요한 논점은 식민성과 헤게모니 지배, 그리고 강압적 통제 사이의 역학이라 해야 할 것이다.

식민지 체제하에서 헤게모니 지배의 문제는 이른바 식민 체제에 대한 동의의 자발성이 생산되는 기제뿐 아니라, 포섭되지 않는 잉여의 공간을 규명하는 것과 관련된다. 언어, 문화, 표상 체계 등 식민지 주민의 심상 구조와 주체 위치를 생산하는 이데올로기 기구를 고찰하는 것은 헤게모니 지배와 이탈의 역학을 규명하는 일이기도 하다. 전시 동원 체제하에서 일어나는 출세와 신분 상승을 위한 하나의 매개였다는 점에서 언어의 헤게모니에 대한 논의가 가능하다.[1] 그러나 전시 동원 체제하에서 헤게모니 지배와 강제적 통제의 역학을 논할 때 당시의 기존 이데올로기적 기구들이 억압적 국가 기구의 성격으로 변화된다는 점에 주목할 필요가 있다. 이는 '자발성'이나 '자율' 같은 헤게모니 지배의 영역이 억압적 국가 기구에 의한 강제적 통제 장치로 전환되는 데서 잘 드러난다. 언어 역시 이러한 맥락에서 살

---

1. 이에 대해서 이 책의 3부에서 자세하게 다루고 있다.

펴볼 필요가 있다. 그런 점에서 전시 동원 체제의 가장 중요한 특징은 이른바 이데올로기적 국가 기구나 헤게모니 지배 장치의 영역 자체가 완벽하게 파시즘 국가에 의해 장악됨으로써 강압적 국가 기구가 맡았던 강제적 통제의 역할을 하게 된다는 점이다. 이는 전시 동원 체제에 자발성이 강압적 국가 기구에 의한 통제의 일환이며, 언어와 문화가 이전에는 헤게모니 지배의 역할을 맡았다면 이제 강압적 국가 기구에 의한 통제의 역할로 전환된 것에서도 잘 드러난다. 전시 동원 체제에 민간 영역이란 더 이상 존재하지 않으며 그런 의미로 '민간 기구'나 '민간 업자'라는 규정 역시 더 이상 이전 시대와 같은 의미를 지닐 수 없다. 물론 전시 동원 체제에도 '민간'의 규정을 내세우거나 유사 민간 단체가 무수하게 만들어진다. 이른바 파시즘 외곽 단체로 '민간'이나 '시민'의 영역을 파시즘 통제를 위한 기구로 전유하는 전형적 방식이다. 이 시기 형성된 교화 기구는 대표적이다.

이 장에서 '미디어의 독본화'라는 문제를 규명하고자 하는 것은 '미디어'가 근대적 미디어에서 교화기구로 변화되는 양상, 즉 이데올로기적 기구가 어떻게 억압적 국가 기구의 형태로 변화되는지를 규명하기 위해서이다. 이 장의 논의는 또한 전시 동원 체제 이전까지 헤게모니 지배의 중요한 토대가 되었던 입신출세주의가 파시즘적 동원 체제의 근간으로 전유되는 과정에 대한 앞 장의 논의를 토대로 진행될 것이다.

이 장에서 일어 전용이라는 국책의 논의와 현실 언어 공간 사이의 균열을 다루는 것은 두 가지 중요한 논제와 관련된다. 첫 번째는 일제 말기 조선 총독부 자체의 언어 정책이 표면적으로는 일어 전용이라는 단선적 논리를 취하고 있지만, 실제 작동에 있어서는 계급이나 인종, 젠더, 연령, 지역에 따라 위계를 만들고 일본어와 조선어, 조선어 내부의 여러 언어 형태 사이에 강제된 차이를 부여하는 방식으로 진행되었다는 점이다. 이는 황민화 정책의 적대적으로 위계화된 강제적 정체성 정치와도 관련되며, 동시에 현실 언어 공간의 혼종성이 정책 자체의 수미일관한 관철에 균열을 내고 있다는 증거이기도 하다. 두 번째로는 전시 동원 체제하에서 언어의 문제를 고찰하기 위해서는 일어와 조선어라는 추상적인 자기동일성만이 아니라 조선의 언어 공간에서 작동하고 있던 복잡한 언어 현실과 언어의 복잡성을 고려할 필요가 있다는 것이다. 전시 동원 체제하에서도 조선어 사용자라는 순정하고 단일한 언어 공동체[2]는 추상적으로만 존재했다. 여성, 아동, '문맹' 층 등 조선어라는 순정하고 단일한 언어 공동체 내에서도 소외된 '다층적 언어 집단'의 차이가 고려되지 않을 때 식민성과 언어에 관한 논의는 일어와 조선어라는 이항 대립만을 반복적으로 순환하게 될 것이다. 물론 이러한 문제를 규명하기 위해서는 광범위한 연구가 진행되어야 한다.

정책상의 내용이나 집행 과정의 차원에서 볼 때 전시 동원 체제가 이전과는 다른 강압적이고 폭력적인 체제 전환이 이뤄진 시기라는 점은 분명하다. 언어 공간 역시 마찬가지여서 조선어 미디어의 강제 폐간과 조선어 교육의 금지는 이전 시기와 달리 전시 동원 체제하의 언어 상황을 단절적인 방식으로 변화시키게 된다. 전시 동원 체제하에서 강제된 일어 전용이 언어 공간에 미친 영향과 조선어의 위치에 관한 연구는 여전히 중요한 논제를 내포하고 있다. 이에 대한 논의는 정책, 교육, 미디어와 관련된 선행 연구들을 통해서 집적되고 있는 바이다.

이 장에서는 전시 동원 체제하의 언어 공간의 강제적 변화에 있어서 단절적 지점과 연속적으로 지속된 문제들이 야기하는 정책과 현실 사이의 균열에 착목해 보고자 한다. 잘 알려져 있다시피, 전시 동원 체제하에서 언어는 내선일체의 상징이자, 피식민자인 조선인을 황민으로 호명하고, 피식민자인 조선인들이 언어를 통해 국책의 '정보'에 접촉하고 동화함으로써 '제국'에 참가한다는 자발적 공감을 이끌어내기 위해 고려해야 할 가장 중요한 문제 중의 하나였다. 그럼에도 불구하고 매우 상식적이지만 다른 어떤

---

2. 사카이 나오키가 지적한 바와 같이 '일어라는 순정한 언어 공동체'나 '조선어라는 순정한 언어 공동체'는 근대적인 국민 국가 체제의 형성 과정에서 생산되면서 사산되는 것이다. 여기서는 이 개념을 스스로를 '조선어 사용자'라는 언어 공동체에 동일화한 소수의 조선 지식인들을 지칭하는 제한적 개념으로 사용하고 있다. 이에 대해서는 사카이 나오키, 『사산되는 일본어, 일본인』, 이득재 옮김 (문화과학사, 2003), 197 참조.

문제보다 언어의 변환에는 시간의 축적이 필요하다. 미디어와 교육에 대한 강제적 통제는 언어 변화에 동반되는 시간을 단축하기 위해 제일 먼저 수행된 것이었다. 국책에 따라 모든 미디어가 일본어 전용이 되어야 한다는 것이 당위적인 것이었지만, 그간 식민지 조선이 떠안고 있던 언어를 둘러싼 모순과 딜레마 또한 '국책' 당국이 감당해야 하는 문제가 되었다. 일어나 여타의 외국어를 이해할 수 있는 일부 지식인층과, 국한문체의 생산과 소비층, 순한글체로만 정보를 습득할 수 있는 집단 등 '조선어 사용자' 역시 계급, 젠더, 지역, 연령에 따른 차이[3]와 격차가 지대했고 이는 전시 동원 체제하에서도 여전히 해소되지 않는 문제적 상황으로 남겨졌다. 또 이러한 차이와 격차는 무엇보다 의무 교육을 시행하지 않고 피식민자 조선인의 문해력을 높이기 위해 아무것도 하지 않은 일본 제국 본국과 조선총독부 당국의 제국주의 지배 정책의 결과였으며 이 문제는 강제적인 일어 사용 정책으로서도 단시일 내에 해소될 수 없는 문제였다. 즉 전시 동원 체제 동원이라는 가장 긴박하고 시급한 정책 수행을 불가능하게 만든 가장 큰 문제는 사실상 일본 제국 자신이 만들어놓은 제국주의 지배 정책의 문제였다.

따라서 국책으로서의 '일어 전용'의 논리는 막상 상이한 계급·젠더·지역·연령의 차이를 지닌 집단들을 교화하고 황민화해서 동원해야 하는 현실의 논리(그리고 무엇보다도 강제적이고 시급한 전시 동원의 필요성)와 충돌하거나 모순적인 처지에 놓이게 된다. 식민지 조선이 이미 떠안고 있던 언어 공간의 차이들을 황민화의 과정으로 해소하기 위해 조선 총독부가

---

3. 이에 대해서는 그간 많은 논의가 집적된 바 있다. 주요 서지는 다음과 같다. 김윤식,『한일 근대문학의 관련 양상 신론』(서울대출판부, 2001) 참조. 이와 관련된 연구는 김영민의 작업을 통해 집대성되었다고 할 수 있다. 김영민의 연구는 너무나 방대하므로 가장 최근의 연구만을 언급하면 다음과 같다. 김영민,『한국 근대 소설의 형성과정』(소명출판, 2005) 참조. 이외에도 이와 관련된 주요 연구로는 한기형,「근대어의 형성과 매체의 언어 전략」,『역사비평』, 2005 여름호 ; 황호덕,『근대 네이션과 그 표상들』(소명출판, 2006) ; 천정환,「한국 근대 소설 독자의 수용 양상에 대한 연구」(서울대학교 국어국문학과 박사학위 논문, 2002) ; 이혜령,「한글 운동과 근대 미디어」,『대동문화연구』 47 (2004) ; 이혜령,「한자인식과 근대어의 내셔널리티」,『민족문학사연구』 29 (2005) 참조.

취한 정책은 '이념으로서 일어 전용'과 실제 차원에서의 순한글의 '광범위한 사용'을 병행하는 방식이었다. 결론적으로 말하자면 이 과정에서 전시 동원 체제하의 언어 공간은 언어적 차이를 지닌 집단에 따라 매우 상이한 '언어'가 사용되는 복합적인 정보 생산과 소통의 공간으로 변화된다.

또 이 과정에서 고상한 언어로서의 국한문체의 조선어의 지위는 거의 축소되고 대신 비엘리트층(특히 아동, 여성, 비엘리트층 남성)에게 정보 전달의 효율성을 위해 도구적으로 전유된 한글이 '언문'의 지위로 전유된다. 이 과정에는 일본 제국, 조선 총독부, 조선의 지식인들[4] 사이의 정책적 강제와 경합, 협상과 저항의 모순적 힘들이 충돌한다. 전시 동원 체제 아래, 일어가 강제된 상황에서도 국책의 이념과 현실의 간극 속에서 일어(고급 일어와 초보적 일어)와 조선어(국한문체와 한글)의 위치를 둘러싼 경합과 협상의 과정은 지속되었다. 이러한 강제, 경합, 협상과 저항의 주체들에게 (특히 지식인과 정책 관료들에게) 가장 중요한 것은 고상한 언어의 영역과 문자 해독력이 낮은 '대중'을 황민화하기 위한 언어 체제의 문제라 할 것이다. 실상 이러한 경합과 협상, 저항과 전유의 과정을 구체적으로 고찰하려면 계급·연령·젠더·학력의 차이에 따른 다양한 집단이 이 시기 지녔던 언어적 전략들을 고찰해야 한다. 그러나 이 문제의 규명은 자료의 한계로 인해 막혀 있는 상태이다. 따라서 이후의 논의에서 주로 다루는 언어 주체는 지식인과 정책 관료 등이 된다. 이 장에서 독본류를 다루는 중요한 이유는 독본류에서 사용된 언어 전략을 통해서 역으로 계급·연령·젠더·학력의 차이에 따른 언어 집단의 상이한 언어 전략과 언어 사용 실태를 추적할 수 있기 때문이다. 근대 지식인들의 언어를 둘러싼 투쟁은 고상한 언어의 영역을 자율적으로 구성하는 동시에, 이를 통해(혹은 이와는 다른 방식으로) 대중을 계몽, 통제, 장악하는 것이기도 하였다. 일어 전용이라는 전시 동원 체제하의 국책의 이념은 명분상으로는 모든 언어 공간에 대한 일어의 전일

---

4. 이 세 담지자들 내부에도 균열이 있다는 점 또한 간과될 수 없다.

적 사용을 목표로 하고 있지만, 현실적으로는 이처럼 상이한 언어 공간을 국책 수행을 위해 필요한 정보를 전달할 수 있는 언어 공간으로 전환시키는 것이었다. 따라서 총독부 및 각종 교화기관은 고상한 언어의 공간과 대중의 언어 공간 모두를 장악하고자 했다.

뒤에서 살펴보겠지만, 조선의 지식인들은 내선일체 및 조선어와 일어의 위치에 대해 각기 상이한 전망과 기획을 갖고 있었지만, 그중 가장 '현실적인' 기획은 일어가 차지하게 될 고상한 언어의 공간과 대중의 언어 공간을 매개하는 역할을 '고상한 조선어와 일본어에 대한 해독 능력을 지닌' 조선 지식인들이 담당할 수 있도록 하는 것이었다고 보인다. 이 '현실성'이 무엇을 의미하는가는 별도의 논의가 필요한 사항이다. 여기서 말하는 현실성이란 당대 언어 공간의 현실을 역으로 추적할 수 있는 언어에 대한 이념을 의미한다. 물론 이 기획이 성공했다고 보이지는 않는다. 순한글이 정보 전달의 편의성을 위해 다양하게 전유되어 사용된 반면, 근대 초기부터 1930년대까지 근대적 지식의 축적 및 고상한 언어의 자율적 공간을 담당했던 국한문체의 조선어는 전시 동원 체제하에서는 더 이상 존립의 공간을 갖지 못하게 된다. 이 점에서 고상한 언어(고급 일어)-대중 언어의 공간-매개자로서의 고상한 조선어와 일본어의 이중 언어적 가능성을 기획했던 조선 지식인의 시도는 실패로 귀결되었다. 이러한 실패에 따라 조선 지식인들은 고상한 언어의 영역에서 지녔던 헤게모니뿐 아니라, 대중 언어의 공간에 대한 영향력 모두를 상실한 것이라고도 보인다. 이 공간은 국책 당국과 교화 기관의 차별화된 언어 전략에 의해 적극적인 포섭의 대상이 되었다. 그러나 이 공간이 얼마만큼 실제로 포섭되었는가를 정확하게 규정하는 것은 사실상 불가능하며 이 불가능성은 오히려 일제 강점기를 사유하는 데 있어서 '측정 불가능성'이라는 문제 틀을 도입해야 하는 근거라고 하겠다.

(2) 언어 공간의 재편 — 연설 공간, 문자 미디어, 라디오

전시 동원 체제하의 언어 공간의 재편에서 다루어져야 할 중요한 논점

중의 하나는 '언어'를 통한 정보 생산과 소통 회로의 변화 및 재편에 관한 문제이다. 전시 동원 체제하에서의 정보 생산과 소통 회로를 다소 간단하게 요약하자면, '연설 공간-문자 미디어-라디오'의 순환 회로가 어느 때보다 긴밀하게 연동되고 실시간 작동하게 되었다. 물론 이 순환회로는 순차적인 것이 아니며 순환의 단계와 과정도 가변적이다. 이 정보 생산과 소통의 순환 회로에서 작동하는 것은 일본어와 조선어, 혹은 양자의 이중 언어적 혼합의 문제만이 아니다. 여기에는 문자성literacy과 구술성orality, 수행성performance과 권력의 스펙터클, 테크놀로지의 문제 및 정보의 축적stock과 유동flow의 갈등적 양상, 듣기 없는 보기(특히 연설의 경우는 듣기를 통한 이해보다 스펙터클에 관객으로서 참여하는 경험이 보다 중요하다), 보기 없는 듣기(특히 라디오의 경우), '연설회장에서 편집국으로' 이어지는 정보 순환의 회로(특히 문자 미디어의 경우) 등의 변수들이 작동한다. 듣기 없는 보기(특히 연설의 경우), 보기 없는 듣기(특히 라디오의 경우)라는 개념은 대중잡지 『킹』과 공공성의 변화 및 미디어와 파시즘의 관계를 연구한 사토 타쿠미의 연구에서 영감을 받은 것이다. 사토 타쿠미는 중일 전쟁 이후 미디어의 '라디오화'를 논하면서 연설공간과 라디오와 문자 미디어가 공히 '라디오화'되어 가는 상황을 파시즘 정치의 전형적 형태로 논하고 있다.[5]

게다가 더욱 중요한 것은 '연설 공간-문자 미디어-라디오'의 순환 회로에 개입하고 연루되는 담당자agency층은 계급·연령·젠더·학력·지역에 따라 매우 복잡한 차이를 보여준다는 점이다. 전시 동원 체제하 언어 공간의 재편 양상을 검토하는 것은 이러한 언어 공간의 재편이 정보의 생산과 재생산의 방식이 변화되는 과정과 밀접한 관련을 맺고 있기 때문이다. 전시

---

5. 佐藤卓己, 『キングの時代 — 國民大衆雜誌の公共性』(岩波書店, 2002), 199~388 참조. 이 외에도 일제 시기 구술성과 문자성 및 혼합 미디어화 양상에 대해서는 천정환, 「한국 근대 소설 독자의 수용 양상에 대한 연구」참조. 또 구체적으로 1930년대 미디어가 복합 매체로 변화하면서 구술성 — 문자 미디어 — 라디오 및 축음기의 관계가 어떻게 변화되는가에 대해서는 이화진의 연구가 대표적이다. 이화진, 「소리의 복제와 구연공간의 재편성 — 1930년대 중반 '변사'의 의미에 대하여」, 『현대문학의연구』 25 (2005) 참조.

동원 체제하에서 언어 공간의 재편은 이에 동반하여 각 정보 생산의 회로에 따라 주체 위치를 재할당한다. 지금까지 전시 동원 체제하의 언어 문제에 대해서는 문자 미디어, 라디오, 지식인의 언어 인식 등이 각기 산발적으로 연구되었다. 그러나 여전히 전시 동원 체제하의 언어 공간의 재편과 주체 위치가 재할당되는 과정에 대해서는 연구가 전무한 상황이다. 이는 지식인의 언어 인식에 대한 연구와 문화론적 연구가 상호 분리된 채 이루어지고 있는 한국 학계의 실정과도 관련된다. 또 언어 문제를 지식인의 언어 인식이라는 차원에 국한하여 규명하고자 하는 학계의 풍토와 관련된 문제이기도 하다. 기존 연구에서 언어와 비엘리트층의 관계에 대한 관심이 부재한 것은 이와도 관련된다. 또 몇몇 지식인의 언어관에 대한 연구가 '조선인' 전체의 언어 인식을 대변하는 것처럼 일반화되는 연구 관행 역시 문제라 할 것이다. 이는 전시 동원 체제에 대한 연구가 비엘리트층에 대한 관심으로 이어지지 못한 채 몇몇 엘리트에 대한 연구로 집중되어 있는 문제적 상황에서 비롯되는 것이기도 하다. 물론 비엘리트층에 대한 연구는 자료적 어려움을 갖고 있기 때문에 규명에 어려움이 따르는 것이 사실이다. 이 장 역시 이러한 한계에서 자유롭지 못하다. 그러나 소수의 엘리트에 대한 연구로 식민성과 언어, 전시 동원 체제 문제에 대해 일반화된 결론을 도출하는 방식은 지양될 필요가 있다. 특히 정보 생산과 정보 이론의 관점에서 전시 동원 체제의 통제 정책을 고찰하는 방법에 대해서는 이 책의 마지막 부분인 5부 '중국적인 것의 정동화와 조선적인 것의 인종화 — 전시 동원 체제 연구와 전파매개적 신체 연구'에서 자세하게 살펴볼 것이다.

연설공간은 총독부 주요 관료와 교화기관의 책임자급 인사, 명망 있는 조선 지식인들의 연설이 수행된 경성 중심부의 부민관과 애국반이 주도하는 각 동리의 소규모 연설장을 모두 포괄하지만, 부민관과 동리의 회관의 차이는 일본어와 조선어의 차이보다 더 근소한 것이라고는 할 수 없다. 앞 장에서 살펴본 것처럼 연설 공간은 계급·연령·젠더·학력·지역의 차이에 따라 전혀 상이한 방식의 정보 생산과 소통의 방식을 보여준다. 남성 지식인 엘리트의 연설이 주로 '팔굉일우'나 '멸사봉공' 등 국책의 키워드를 장식하는 '고상한 일본어'의 수사를 활용하는 반면, 비엘리트층인 청년대 대장의 연설은 상식적이고 이해하기 쉬운 표현을 사용하여 보다 실용적인 정보를 제공하는 방식으로 이뤄졌다.

여성을 대상으로 행해진 연설의 경우 이른바 쉬운 조선어가 사용되며, 청중의 계급적, 지역적 차이에 따라 연설의 내용과 형식 모두에서 상이한 방식으로 정보가 생산되고 소통된다. 부민관에서 '지도층 부인'들이 모인 가운데 엘리트 여성들이 수행한 연설회의 내용과 형식은 애국반 청년대장이 농촌 부인을 모아놓고 동리 회관에서 하는 연설과도 차이를 보이며, 같은 부민관 연설도 '여성 대중'을 향한 연설의 경우 지도층 부인을 대상으로 한 연설과 정보 생산 방식에서 차이를 보인다. 지도층 부인들을 대상으로 엘리트 여성들이 시행한 연설은 〈조선임전보국단〉 주최, '반도 지도 부인층의 결전보국의 대 사자후'(1942년 2월 8일)의 경우가 대표적이다. 이 연설은 잡지 『대동아』(1942년 5월)에 다시 게재되었다. 참가한 연사로는 임효정, 모윤숙, 김활란, 박순천, 허하백이다. 또 연사가 엘리트 여성이고 청중이 여성 대중인 경우는 김윤정(〈대일본부인회〉 이사)이 연사로 나섰고 1944년 2월 12일 경성부 성동 인보관에서 개최된 '완승 총후로 매진하는 가정부인 좌담회'와 같은 경우를 볼 수 있다. 이 연설문은 잡지 『조광』(1944년 2월)에 다시 실렸다. 또 뒤에서 살펴볼 독본류들 중 농민과 여성을 대상으로 한 경우, 청년대장이 독본을 들고 애국반에서 농촌 여성에게 낭독하면서 설명하도록 하고 있다.

라디오의 경우는 '전파'의 상징에 의해 문자 미디어나 연설 공간과 달리 정보 생산과 유통의 '전국적 동시성'과 일본과 조선의 동시성을 생산하는 것처럼 간주되기도 한다. 그러나 조선에 비해 라디오 보급률이 훨씬 높았던 일본의 경우도 라디오를 통한 정보 소비에 있어서 도시와 지방의 격차는 줄지 않았으며, 이 틈새와 간극을 채운 것이 기존 문자 미디어, 특히 '대중 종합 잡지의 라디오화'였다. 대중 종합 잡지는 라디오의 보급과 그 열기에 편승하면서, 라디오에 대한 다양한 정보뿐 아니라, 잡지 자체의 형식을 라디오 방송처럼 구성함으로써 라디오라는 새로운 매체에 대한 열기와 라디오를 소비할 수 없는 계층의 박탈감을 완화해 주는 보상적 기능을 수행하게 된다. 경성 방송을 연구한 서재길의 경우 청취 문화로서 라디오의 특성을 "실시간 미디어가 가진 '전국적 동시성'이라는 시간, 공간 감각과 분리해서 설명하기 힘들다"고 논하면서 라디오를 통한 정보 생산이 식민성과 근대성 양자의 차원에서 공공성의 형성과 관련된다고 논한 바 있다.6 그러나 라디오 보급률이 조선에 비해 훨씬 높았던 일본의 경우에 대해서도 라디오가 이러한 '전국적 동시성'을 생산했는가에 대한 연구자들의 평가는 상이하다. 표면적인 라디오 보급의 확대에 비해 도시와 지방 간의 격차는 여전히 해소되지 않았다는 지적 또한 제기되고 있기 때문이다. 서재길은 라디오 중계를 통해서 형성되는 스포츠 내셔널리즘의 전국성을 논한 천정환의 논의를 근거로 정보의 전국적 동시성에 대해서 논하고 있지만, 일본에서 같은 사례를 연구한 사토 타쿠미는, 이러한 현상은 라디오를 직접 청취한 경험을 통해서 형성되는 것이 아니라, 라디오 청취에 대한 '기억의 허구'(듣지 않았어도 함께 들은 것처럼 기억하는 방식)에 의한 결과라고 평가한다. 또 이는 라디오 매체의 작용과 함께 라디오 정보를 소비할 능력이 없었던 사람들이 라디오 방송을 대체하던 이른바 라디오화된 매체의 정보를 기억하면서 라디오 정보를 소비한 것처럼 기억하는 작용이라고 설명하고 있다. 즉 이는 라디오 자체의 작용이 아니라, 라디오로 인해 빚어진 정보 소통의 간극과 부재를 기존의 미디어가 대체함으로써 정보로부터 소외된 계층이 보상적인 만족감을 얻는 방식과 관련된다는 것이다.7

따라서 라디오가 생산하는 정보가 전달하는 범위를 규명함에 있어서 라디오 미디어 자체의 파생 범위는 제한적이었다는 점을 명확하게 할 필요

---

6. 서재길, 「일제 식민지 시기 라디오 방송과 '식민지 근대성'」, 『사이間SAI』 창간호, 2006년 11월, 181~212 참조.
7. 佐藤卓己, 『キングの時代』, 199~388 참조.

가 있다. 그러나 다른 한편으로 라디오는 기존의 문자 미디어와(신문에 실리는 라디오 강화 기사가 대표적이다) 연설 공간(애국반 등의 모임을 통해 신문에 실리는 애국반 강화와 라디오 강화를 들려주는 방식) 등이 연동함으로써 그 '청취 가능성'의 범위가 확대되는 것이다. 이런 점에서 라디오는 그 자체로는 듣는 매체이지만, 일제 시기 조선의 청중에게(이는 일본의 지방 청중의 사정도 마찬가지였다) 단지 듣는 매체만은 아니었다.

문자 미디어(신문, 잡지, 단행본)에 있어서 전시 체제기의 가장 큰 변화는 미디어의 독본화라고 할 수 있다. 전시 체제기 이전까지 문자 미디어는 식민지라는 제한적 상황에도 불구하고 근대적 지식과 이념을 생산하고 전달하고 축적하는 가장 대표적인 기능을 담당하였다. 또한 문자 미디어는 고상한 엘리트의 근대 지식뿐 아니라 비엘리트층의 오락과 위안을 제공하는 매체였다. 즉 전시 체제기 이전의 문자 미디어는 지식, 교양, 오락을 제공한다는 의미에서 전형적인 근대적 미디어의 성격을 지니는 것이었다. 그러나 전시 체제기 문자 미디어는 단지 조선어의 공간이 소멸하고 '국책의 앵무새'가 된다는 변화만을 보여주는 것이 아니라 이전의 지식, 교양, 오락을 제공하는 미디어에서 교화reorientation의 미디어로 전환된다는 점에 가장 중요한 특성이 있다. 여기서 교화 미디어란 특정한 목적하에 '독서 대중'을 강제적으로 변화시키는 것을 목표로 하는 미디어를 의미한다. 전시 동원 체제하에서 미디어는 근대적 의미의 매체의 성격에서 조선인을 일본인으로, 부르주아 엘리트를 황국 청년으로, 근대적 여성을 총후부인으로, 아동을 소국민으로 재교육시키는 역할을 담당하였다. 또 이러한 재교육은 근대적 주체를 파시즘적 주체로 변환하는 작업이기도 하였다. 이러한 식의 교화 작업은 '전시 체제'의 특성이며 후식민화 시기 냉전 체제에서도 미국과 소련 점령 지역에서 반복된다. 또 한국 전쟁은 이러한 교화 작업의 전환점이 되기도 하였다. 물론 문화를 통한 교화 작업은 일제하와 해방 후, 한국 전쟁기에 각기 동일하면서도 상이한 특성을 보인다.[8]

문자 미디어를 통한 근대적 지식의 생산, 축적, 전달이 전시 체제하에서 더 이상 허용되지 않는 것과 마찬가지로 대중의 취향을 만족시켜 주는 '저급한 취미거리'도 제공될 수 없다. 문자 미디어는 교화의 매개로 전환되며, 그 전환의 과정에서 모든 문자 미디어는 '독본화'되는 것처럼 보인다. 사토 타쿠미는 일본의 경우 문자 미디어, 특히 잡지가 전시 체제기를 거쳐 지식의 축적과 오락의 제공이라는 의미로부터 유동적 정보의 순환과 교화의 매개로 전환된다는 점에서, 전시 체제기 파시즘적 공공권의 특성을 문자 미디어의 라디오화라고 평가한다. 이를 통해 입신출세주의에 입각한 일본의 대중잡지 미디어는 대중의 황민화라는 파시즘적 기획과 만나게 된다. 이와 유사한 양상은 조선에서도 발견되는데 그 전환의 형식은 상이하다. 조선의 경우는 이러한 현상은 문자 미디어의 독본화라는 형태로 나타난다는 차이를 보이지만, 내용에 있어서는 입신출세주의에 입각했던 기존 독본의 미디어적 존재 양태가 대중의 황민화라는 파시즘적 기획과 만난다는 점에서는 일본에서 입신출세 미디어의 파시즘적 전환과 유사한 측면을 지닌다.

2. 균열로서의 내선일체와 '언어'

전시 동원 체제하에서 '언어'의 문제는 내선일체론이 대두되면서 내선일체의 상징으로서 중요하게 다루어지게 된다. 내선일체, 황민화, 전시 동원 체제의 연동 속에서 '언어' 문제는 새롭게 구상되는 일본 제국의 시행도 내에서 조선의 위치를 표상하는 상징으로 간주되었다. 물론 이 시기 내선일체와 관련된 구상 및 구체적인 정책에 대한 관점은 일본 정부, 총독부, 조선 지식인들 사이에서, 그리고 각각의 내부에서도 매우 상이한 차이를 지니고 있었다. 또 내선일체, 황민화, 전시 동원으로 이어지는 시기 이른바 체제 협력의 관점에 선 조선 지식인들 내부에도 '체제 순응적 협력과 체제 비

---

8. 후식민화 시기 미군정의 교화 작업과 문화적 냉전에 대해서는 Charles K. Armstrong, "The Cultural Cold War in Korea, 1945~1950," *The Journal of Asian Studies* 62, no. 1 (February 2003) 참조.

판적 협력'이라는 큰 차별성이 존재하고 있었다. 방기중은 내선일체론 및 이와 관련된 각 담지자들, 특히 일본 정부, 총독부, 조선 지식인들 사이의 관점의 차이와 협상·교섭·갈등의 구조를 구체적으로 밝히면서 '체제 순응적 협력과 체제 비판적 협력'이라는 개념을 제시한 바 있다.9 내선일체에 대한 조선 지식인들 내부의 '비판적 협력'의 입장을 규명하면서 방기중은 조선의 경우 내선일체론을 둘러싼 조선 지식인의 입장 차이는 이전 시기부터 지속된 개별 지식인들의 사상적 차이와 함께 1931년 6월 부임한 우가키 가즈시게宇垣一成의 농공병진 정책에서 그 분기점을 이루게 된다고 보고 있다. 또 방기중은 이 논문에서 중일전쟁의 발발, 2차 세계대전의 발발, 1938년 11월 근위 내각이 발표한 이른바 '근위近衛 3원칙'에 따라 '동아신질서 건설의 화평무드의 고조'와 이에 따른 동아 협동체론 및 동아 연맹론의 유행 등 각 시기별 분기점과 상황에 따른 인식의 굴절과 차이를 자세하게 규명하고 있다. 방기중은 특히 1939년에서 1941년까지를 비판적 내선일체론자들이 체제 혁신을 통한 조선 내부의 모순 해소를 위한 시도로서 '신체제론'을 적극적으로 펼쳐나간 시기로 보고 있다. 방기중은 비판적 신체제론자를 크게 세 가지 그룹으로 구분하여 평가하고 있다. 첫째는 윤행중, 박극채 및 인정식, 박치우, 김명식을 포함하는 사회주의자 그룹의 입장이고 둘째는 이종만으로 대표되는 대동 사업체의 조합주의, 셋째는 공익 우선의 원리를 철저히 국가 중심의 공익으로 간주하는 국가주의 내지 국가 사회주의 입장의 전체주의 이론으로서 『조선일보』와 『조광』의 경제론을 주도한 이건혁을 중심으로 한 입장이다.

내선일체는 하나의 동일한 이데올로기로 조직된 단일한 원리가 아니었으며 그 자체로 갈등과 균열과 불일치로 구성된 이데올로기라는 것이 중요한 논점으로 제기되고 있다. 방기중은 내선일체와 관련하여 일본 정부, 조

---

9. 방기중, 「조선 지식인의 경제통제론과 '신체제'인식」, 『일제하 지식인의 파시즘 체제 인식과 대응』, 방기중 엮음 (혜안, 2005), 21~91 참조.

선 총독부, 조선 지식인들 사이의 균열과 갈등에 대해서는 구체적으로 규명하고 내선일체 및 '식민지 조선'의 지식인들의 사상 전환을 연구함에 있어서 일본 정부와 총독부 사이의 긴장과 갈등 구조라는 새로운 축을 설정하였다는 점에서 연구사적인 전환을 보여주었다. 또 양자(일본 정부와 조선 총독부) 사이의 틈새를 오고 가면서 교섭, 갈등, 개입하려 했던 조선 지식인들의 구체적인 실천의 전략과 이념의 다층성 및 '실패'의 의미에 대해서도 총체적인 규명을 시도하고 있다.

언어의 문제 역시 이처럼 그 자체로 균열적인 내선일체론의 구조와 같은 선상에서 입장의 차이를 노정하고 있다. 물론 앞서 논의한 바와 같이 내선일체와 내선융화, 동화와 황민화의 차이와 연속성에 대해서는 여전히 많은 논의의 여지가 있다. 또한 1931년에서 일본의 패전까지 이른바 전시 동원 체제 내부에서의 사상적 전환과 입장의 변화들도 시기에 따른 굴절을 보인다. 다만 여기서는 기존 연구를 토대로 1939년에서 1941년 사이 조선의 이른바 '혁신적' 입장에 서 있던 조선 지식인들은 내선일체의 이념을 통해 다양한 방식으로 조선 내부의 모순을 해소하고자 하는 시도와 협상, 비판을 지속적으로 해 나가고 있었다는 점을 강조하고자 한다. 방기중도 지적하고 있듯이 내선일체론에 대해 체제 순응적 협력으로 일관한 조선 지식인 집단의 대응 방식은 " '내선일체 운동'의 연장에 있는 예의 상투적인 정책 순응적인 경우가 대부분이었"다. "그러나 이러한 분위기 속에서도 당시 지식인들은 기본적으로는 자신이 견지한 기존 사상적 입장을 유지하는 가운데 일제, 총독부 경제 정책의 성격과 조선 경제 변동, 모순을 분석하고 비판적 의견을 개진하였다."[10]

언어의 문제에 있어서도 현영섭이나 김문집과 같이 '조선어 해소'를 주장하는 논자들의 논의는 전형적인 상투적 정책 순응의 태도를 보여준다면, 인정식과 김명식과 같은 논자들의 경우 언어의 문제는 내선일체, 대륙병참

---

10. 같은 글, 29.

기지로서의 조선의 위치, 이른바 일-선-만 블록에서의 조선의 지위와 관련된 상징적인 의미로 논의되고 있다. 문학 연구의 경우 현영섭의 내선일체론과 언어관이 중요한 참조 텍스트로 다루어지는 경우가 많지만, 실상 현영섭의 논의는 조선 지식인들 사이에서 공감을 얻지 못했고 이에 대해서는 현영섭 자신도 인정하고 있던 사실이었다.

> 내선일체內鮮一體의 근본 원리에 대하여 대개 두 가지로 인식한다고 분류할 수 있다. 즉 하나는 내선內鮮은 양민족인 까닭에 황도를 생활 원리로 하여, 즉 이체동심異體同心으로 단결 악수하면 그만이라는 론이다. 반도 지식 계급의 대부분, 동아협동체론자東亞協同體論者, 동아연맹론자東亞聯盟論者의 대부분이 이러한 내선일체內鮮一體를 주장하고 있으며, 또 그들의 발표한 국가관, 세계관을 전개시키면 협화적 내선일체內鮮一體가 되는 것이다. 우정적, 악수형의 내선內鮮이라고 명명한다. 이와 반대로 내선일체론內鮮一體論의 유력한 지도자인 남총독南總督은 내선內鮮의 궁국의 자태는 악수가 아니라 혈血, 형形, 신혼身魂이 하나가 되는 것이라고 선언하였다(소화昭和 14년 5월 30일, 정동역원회精動役員會 석상 강연). 나는 남총독南總督의 의견을 절대로 지지한다. 그 지지하는 이유는 나의 세계관, 인생관에서 출발한다. 혹자는 "너의 의견은 주관적인 원망적願望的 결론이지 하등에 객관성이 없다."고 비판하지만, 이러한 생각이야말로 공식주의적이라 아니할 수 없다.[11]

현영섭도 인정하고 있다시피 1940년 시점에서 조선 지식인들 사이에 많은 공감을 얻고 있던 논의는 주로 '협화적 내선일체론'이었다. 물론 이 내부에도 여러 차이는 존재하지만, 현영섭과 같은 식의 이른바 '동화적 내선일체론'은 당대 조선 지식인들 사이에서 강력하게 비판받았다는 것을 알 수 있다.

---

11. 현영섭, 「내선일체와 조선인의 개성문제」, 『삼천리』, 1940년 3월, 34~40 참조.

현영섭이 생각하는 내선일체론과 조선어의 관계는 「내선일체內鮮一體와 조선인朝鮮人의 개성문제個性問題」에 구체적으로 서술되어 있다.

> 이 미래 세계를 실현하려는 마음이 치열하면 치열할수록 우리들은 우리들의 가지고 있는 조고마한 개성에 고집하여서는 아니된다. 계정식桂貞植씨의 '바이오린'에 무슨 조선어朝鮮語가 있으며 김인승씨金仁承氏의 그림에 무슨 조선어朝鮮語가 있느냐. 계桂씨나 김金씨가 전세계의 음악대, 미술가가 하지 못하는 기술을 발휘할 때 거기에 김金씨, 계桂씨의 개성이 생기고, 계桂씨, 김金씨의 계통이 있다면 반도의 개성이 발휘된다. 그리고 이것은 훌륭한 일본日本인으로서의 개성이다. 삼월三越, 정자옥丁子屋에 수입하는 반도인의 사녀士女가 상품을 구입할 적에 무슨 조선朝鮮말이 있는가. 조선朝鮮 옷깜을 끈을 때에 개성이 있을 뿐이다. 그것도 국어를 사용하여도 가능하다. 나는 화신和信에 가서도 조선朝鮮의 개성보담도 전세계 공통한 무엇을 발견한다. 개성을 너무 차지면 피로할 뿐이다. '비빔밥'을 '骨董飯'이라 하여도 좋고 'ザ어반'ザ御飯이라고 하여도 좋다. 'ザ어반오れ'ザ御飯吳れ라고 말하고 먹으면 비빔밥의 맛이 없어지는가. 국어를 장려하고 장래 조선어朝鮮語가 없어저도 반도인의 개성은 조금도 멸각되지 아니한다.[12]

현영섭은 이러한 동화적 내선일체론에 의거해서 적극적으로 조선어 해소를 주장했지만, 이런 주장은 당대 조선 지식인들 사이에서는 철저하게 무시되었고 조선총독부에서조차 무시할 수밖에 없는 주장이었다. 현영섭은 스스로 조선총독부의 입장에 가장 충실한 "공식주의자"라고 자부했지만, 막상 조선총독부에서는 전시 동원을 위해 해결해야만 하는 현실적이고 실용적인 목적을 위해 이러한 '순수하고도 공식주의적인 내선일체론'이나 '조선어 해소론'은 실질적으로 수용할 수 없었다.

---

12. 현영섭, 「내선일체와 조선인의 개성문제」.

이와 달리 내선일체를 자본주의 체제 변혁의 논리의 일환으로 설정하고, "내선일체의 실현은 일본 자본주의의 체제 변혁을 통한 조선 경제 기구의 개혁과 계급적 모순을 해결하는 데 있"다고 생각했던 사회주의자 그룹, 특히 김명식의 내선일체론과 언어관은 대조적이다. 이런 언어관은 인정식의 경우에서도 동일하게 드러난다. 1939년경 낭만적인 내선일체론을 펼치던 인정식이 자기비판을 거쳐 논의를 수정하면서 입장을 변경하고 이를 통해서 사회주의자들의 혁신적 입장에 합류하는 것과 달리 김명식은 지속적으로 내선일체론을 조선 자본주의 모순의 해소를 위한 혁신의 관점에서 받아들였다. 김명식의 주된 관점은 내선일체를 통해 조선 경제에 대한 장기적인 발전 계획을 수립하는 것이었다. 김명식은 "일본 정부가 2차 세계대전 발발에 대응하여 1939년 10월 개최한 동경 '일만지 경제 협의회'에 조선 대표가 참여하지 못했을 뿐 아니라 조선 문제 자체가 논외에 부쳐졌고, 향후에도 조선 대표 참가는 허용하지 않기로 했다는 소식에 심히 분개하면서 총독부의 수동적 자세를 격하게 비판하였다. 김명식은 이러한 총독부의 자세가 만주의 급속한 공업 개발과 관련하여 조선 경제의 발전 자체를 어둡게 할 것으로 전망하였다."[13]

요즘 시세에 편승함을 초조하는 자는 어느 시대의 속학적 언론을 함부루 제창하는 모양이나 그것은 학리적으로 용인되지 아니하니 첫째 산업 관계로 말할지라도 조선朝鮮 산업은 내지보다 발전 단계가 저하하니 그에 상응한 산업 정책을 쓰지 않으면 아니 될 것이오 또 문화 시설로 본다하여도 언어 문자 관계로 조선인朝鮮人의 능률이 사회생활에서 차이가 있게 되는 것을 주의치 않으면 아니된다. 그러므로 이제 우리는 시세에 편승함만 꾀하지 말고 먼저 그를 위한 정당한 방법을 발견함으로 힘쓰지 않으면 아니된다.

---

13. 방기중, 「조선 지식인의 경제통제론과 '신체제'인식」, 61. 또 이와 관련한 김명식의 다른 논의는 「조선경제의 독자성」, 『조광』, 1940년 1월, 200~204 참조. 조선어 및 조선 문화에 대한 김명식의 태도는 경제 체제에 대한 이러한 입장과 궤를 같이하는 것이다.

그리하여 조선朝鮮의 산업적 우又는 문화적 특수성을 천명하고 그의 사회적 실천을 꾀하지 않으면 아니된다.

그리고 내선일체內鮮一體의 의식은 팔굉일우八紘一宇의 관념으로 어느 개성의 말소를 의미하지 않고 만방협화萬邦協和의 종적 관련을 표시한 것이니 조선朝鮮의 언어, 산업, 문화 등은 모두 조선朝鮮적으로 향상 발전케 하여 공존공영共存共榮을 꾀하지 않으면 아니된다. 그것이 도덕적이오 능률적인 까닭이다.

…

그리고 조선인朝鮮人의 문화를 향상시켜 만주인滿洲人과 병진케 하랴면 어떠한 형식으로든지 조선인朝鮮人도 만주인滿洲人만 못하지 아니한 국제 생활과 군사 및 정치 생활을 영위할 편선便宜(편의)와 방법을 맨드러 놓지 않으면 아니 될 것이니 시국 문제를 연구하는 자는 이러한 절실한 실제 문제를 깊이 연구하는 것이 좋지 아니할가 한다. 이제 오히려 조선인朝鮮人의 문화 수준이 만주인滿洲人보다 높지 못한 것이 사실이오 또 조선인朝鮮人의 생활 내용이 달라지지 아니하면 앞으로 만주인滿洲人보다 문화 정도가 훨신 떨어지게 될 것은 말할 필요도 없으니 시국 문제로해서 이보다 더 긴급중대한 일이 따로 있을 것 같지 않다.[14]

김명식은 내선일체의 구체적 실현은 언어, 산업, 문화에시의 조선 문화의 고유성과 개성을 인정한 가운데 그 향상을 꾀하는 데서만 가능하다고 강력하게 주장한다. 또 이러한 정책적 구체성이 실현되지 않는다면, 조선은 이른바 일-선-만 블록에서 만주에 뒤떨어진 위치로 전락하게 될 것이며, 이는 조선 자체의 미래의 전망을 어둡게 하는 것이라는 입장을 보여준다. 이는 조선 경제의 장기적인 발전 계획을 요구하면서 내선일체를 통해 조선 경제의 모순을 해소하고자 했던 김명식의 내선일체론의 핵심이 언

---

14. 김명식, 「씨제도창설과 선만일여」, 『삼천리』, 1940년 3월, 44.

어관에서도 동일하게 작용하고 있다는 것을 의미한다. 이 연장에서 김명식은 조선 문화, 조선어의 발전뿐 아니라 중국어 교육의 확대를 요구하고 있는 것이다. 김명식의 입장과는 다소 궤를 달리하지만, 인정식의 경우도 내선일체의 이념과 언어 문제를 동일한 상징성 속에서 사유하면서, 조선어의 '해소'가 아닌 조선어의 광범위한 활용이 내선일체의 진정한 구현이라고 논의하고 있다.

> 우리가 황민화皇民化되는 것은 언어와 생활양식의 전통을 포기함에 의해서 되는 것이 아니라 황민皇民으로서의 정열과 감정을 의식함에 의해서 달성되는 것이다. 언어는 끝까지 사상의 매개자이며 표현의 형식이다. 국어의 사용과 아울러 조선어朝鮮語와 언문諺文의 광범한 활용은 정신에 있어서 의식에 있어서 또 감정에 있어서 조선朝鮮의 광대한 민중을 황민皇民으로서 훈련하고 함양하는 위대한 사업에 아직 불가결의 중요한 역할을 할 여유가 있는 것이다. 이러한 경우에는 확실히 조선어朝鮮語의 포기가 아니라 도리혀 광범한 활용이 황민화皇民化의 첩경이 아닐 수 없다.
> 정치가인 동시에 또 사상가인 남총독南總督은 이 점에 관해서도 투철한 이해를 뵈이고 있다. 조선朝鮮의 문화와 언어와 전통은 폐기할 생각이 없다. 좋은 것은 끝까지 계승하겠다는 것을 누차 성명하였다. 남총독南總督의 최대의 관심사는 오직 조선朝鮮의 민중을 내용에 있어서 정신에 있어서 감정에 있어서 황민皇民으로서의 최고의 감격을 갖게 하려는데 있는 것이다. 이 광대한 안목은 내선일체內鮮一體를 오해하기 잘하는 다수의 소리배小吏輩와 함께 모든 반도의 민중이 충분히 본받어야 할 일이 아니면 안 된다.15

인정식은 "언어와 생활 양식의 전통을 포기"하는 것이 아니라, "국어의 사용과 아울러 조선어와 언문의 광범한 활용"을 통해서만 내선일체가 구체

---

15. 인정식, 「내선일체와 언어」, 『삼천리』, 1940년 3월, 46.

적인 내용과 형식을 얻을 수 있다고 주장한다. 앞서 살펴본 바와 같이 전시 동원 체제 조선의 언어 공간에는 국책으로서의 일어 전용 논리로 수렴될 수 없는 문제들이 산적해 있었다. 이러한 언어 상황과 모순 및 문제점을 해결하는 가장 '현실적'인 논의는 조선어의 해소가 아닌, 조선어와 한글의 광범위한 활용, 더 나아가 중국어 능력의 향상을 통해 이른바 '동아 신질서' 건설에서 조선의 유력한 지위를 보장해 나가는 것이었다고 할 수 있다. 이러한 관점이 이른바 체제 혁신의 관점에서 내선일체를 받아들였던 조선 지식인들의 입장이자 이 연장에서 표명된 언어관이었던 것이다.

논의한 바와 같이 일어 전용이 국책으로 강제된 상황에서도 총독부 당국의 실제적인 언어 운용 정책이 상이한 수준의 일본어 활용과 '순한글'의 활용이었다는 점은 마치 총독부의 정책이 체제 혁신의 관점에 서 있던 조선 지식인들의 입장과 합치되었다는 증거처럼 보일지도 모른다. 그러나 분명한 것은 인정식이나 김명식의 논의에서 "조선어와 언문의 광범위한 활용", 그리고 "조선어와 조선 문화의 고유성을 인정하면서 그 향상을 도모한다"는 언어에 대한 입장은 기존의 조선 문화 체제의 고유성을 전유하면서, 고급 엘리트의 확대재생산과 대중에 대한 '계몽과 교육의 확대'라는 차원을 아우르는 것이었다. 이는 단지 비엘리트층에 대한 정보 전달의 효율성을 위한 도구로서 순한글을 '언문'의 수준으로 전유하여 기능적인 언어로 전락시킨 총독부의 '실용주의적' 정책 실현의 태도와는 구별되는 것이다.

현영섭이나 김문집 등과 같은 조선어 해소의 논의는 일본어 전용의 국책과 실제의 식민지 조선의 언어 공간의 차이와 모순을 해결할 수 없는 공허한 논의에 불과했다. 그런 점에서 김명식이나 인정식의 내선일체론과 언어론은 '언어'라는 상징을 통해서 엘리트층과 비엘리트층의 지식 접근도의 차이를 해소하고자 한 현실적 입장이었다. 또한 언어 문제는 새로운 식민지인 만주나 제국 일본과의 경쟁에서 우월한 지위를 점할 수 없었던 식민지 조선이 장기적 전망을 구축하기 위한 거점이기도 했다. 즉 김명식이나 인정식과 같은 조선 지식인들의 체제 혁신적인 내선일체론은 전시 동원 체제하의 언어 공간에서 '언어'를 통한 조선의 장기적 발전을 촉구하고 있었다는 점에서 단기적 효율성에 집중된 조선 총독부의 언어 정책(이는 의무교육을 시행하지 않고 대학 설립에 대한 조선인들의 요구에 대해 불허로 일관한 총독부의 정책과도 연계된다)[16]과 첨예하게 갈등했다.

조선의 각계 인물들이 군부와 총독부 관계자와 대담을 통해 의무 교육, 징병제, 총동원에 대해 여러 사항을 문의하는 좌담회에서도 '대학' 설립 및 의무 교육에 관해 집중적인 질문이 쏟아지고 있다. 그러나 학무국장의 태도는 고등 교육에 대해서는 현재 수준에서 만족하라는 입장으로 일관한다. 또 조선 사람들이 너무 고등 교육에만 관심을 쏟는 것이 오히려 병폐라고 논하면서 실업 교육의 중요성을 강변한다.

> 손홍원孫弘遠 = 중학교원의 양성으로 조선朝鮮에 고등사범高等師範 설치의 계획이 없음니까.
> 염원 학무국장鹽原 學務局長 = 고사高師 계획은 없어요.
> 경성제대京城帝大를 고등사범高等師範 비슷하게 생각하려고도 해요.
> 이정섭李晶燮(경성방송국京城放送局) = 사립 중학교의 설립은 제한이 있음니

---

16. 「징병(徵兵)·의무교육(義務敎育)·총동원 문제(總動員 問題)로 군부(軍部)와 총독부 당국(總督府 當局)에 민간유지(民間有志)가 문의(問議)하는 회(會)」, 일시 4월 14일 오후 7시, 장소 어 경성조선(於 京城朝鮮)호텔. 출석자 조선군사령부 승미 소장(朝鮮軍司令部 勝尾 少將), 동 희다 참모(同 喜多 參謀), 동 상촌 법무관(同 上村 法務官), 동정 소좌(同 鄭 少佐), 총독부학무국장 시오바라 도키사부로(總督府學務局長 鹽原時三郞), 총독부사회교육과장 이원보(總督府 社會敎育 課長 李源甫), 국민정신총동원이사 유상치삼랑(國民精神總動員理事 由上治三郞), 대동광업회사장 이종만(大同鑛業會社長 李鍾萬), 세부란스 의전 교 최동(醫專校崔棟), 평론가 인정식(評論家 印貞植), 변호사 신태악(辯護士 辛泰嶽), 한성상업학교장 김주익(漢城商業學校長 金周益), 조선공작회사 하준석(朝鮮工作會社 河駿錫), 조선피복공업회사장 오용택(朝鮮被服工業會社長 吳龍澤), 전조선일보주필 서춘(前朝鮮日報主筆 徐椿), 목요회간사 손홍원(木曜會幹事 孫弘遠), 보성중학교유 주종의(普成中學敎諭 朱鍾宜), 녹기연맹이사 산이수웅(綠旗聯盟理事 山里秀雄), 경성방송국 이정섭(京城放送局 李晶燮), 대동공업전문이사 이성환(大同工業專門理事 李晟煥), 경성제국대학교수 신도효(京城帝國大學敎授 辛島驍), 삼천리사주간 김동환(三千里社主幹 金東煥). 『삼천리』, 1939년 6월, 31 참조.

까. 또 중학교를 하자면 공립중학으로 그리고 실업학교實業學校로 제한한다는 설說이 있는데 엇떳습니까.

염원 학무국장鹽原 學務局長 = 사립 중학교 설치에 제한을 두지 않습니다. 재정적 기초가 확실하고 출원자出願者의 인물이 가可하면 허가합니다. 다만 중학교 졸업생만 있어서 무얼 합니까. 장사도 하고 공업도 하고 농업도 하는 국민이 있어야 하겟기에 실업학교實業學校의 필요를 느끼고 있습니다.

인용문에도 잘 나타나듯이 학무국장은 고등 사범 설치 계획을 요청하는 손홍원의 질문에 "계획이 없어요"라고 잘라 답한다. 참가한 조선인들은 계속 교육 정책에 대해 질의를 이어가는데 1930년대 후반 이후 줄곧 실업 교육만을 강조해온 총독부에 대해 강한 불만을 제기한다. 학무국장은 조선에서는 중등 교육이나 고등 교육은 필요 없고 "장사도 하고 공업도 하고 농업도 하는 국민이 있어야" 한다며 실업 교육으로 족하다고 답한다.

이 좌담회는 잡지 『삼천리』에 수록되었는데, 좌담에서의 학무국장의 이러한 답변에도 불구하고 『삼천리』에서는 뒤이어 대학 설립에 대한 조선의 대학 당국자들의 계획을 수합하여 다시 좌담회 형식의 특집 기사를 기획하여 게재했다.[17] 협력적인 조선인이나 비판적인 조선인 모두 조선에서 의무 교육, 중등 교육의 확대, 고등 사범 설립 등을 조선총독부를 향해 지속적으로 요청했다. 그러나 조선총독부의 대답은 조선에서의 교육 확대에 대해 어떤 계획도 갖고 있지 않았고 조선인들의 요청을 시종일관 묵살했다.

김명식과 인정식의 언어론은 그 근간에 있어서 일-선-만 블록 내에서의 조선의 위치에 대한 불안을 해소하고 조선의 장기적인 발전계획을 구상하는 일과 관련된 것이었다. 그러나 조선 총독부의 실제적인 언어정책 수행은 전시 동원을 위한 필요와 단기적인 정보 전달의 효율성이라는 차원으

---

17. 이에 대해서는 「미래의 대학 총장의 대학 창설 웅도 대담·좌담」, 『삼천리』, 1940년 3월 특집 기사 참조.

로 귀결되었다. '조선어와 언문의 광범위한 활용'을 통해 고급 지식의 재생산과 대중의 지식 접근성의 확산을 기획했던 인정식의 구상은 실현되지 못하고, 총독부의 언어 정책에서는 오히려 고급한 언어의 매개로서 조선어의 지위가 소멸되고, 언문이 단지 도구적인 정보 전달의 효율성을 지닌 기능적 언어로 전락하게 되는 것이다.

앞서도 논의한 바와 같이 김명식과 인정식이 내선일체와 언어의 문제를 매우 '현실적'인 차원에서 사유하고 있다는 분석은 이에 대한 가치 판단의 문제와는 별개의 차원이다. 이 현실적 차원이란 언어 공간의 현실성에 대한 사유라는 점만을 여기서 지적하고자 한다. 인정식과 김명식, 조선총독부가 내선일체와 언어의 문제에서 정책 당국과 지식인 엘리트가 감당해야 할 '현실'로 사유했던 것은 단일한 조선어의 공간이 아니라, 혼종적인 언어 집단의 공간이었다. 이러한 면이 현영섭이나 김문집과 같이 단일한 조선어와 일본어라는 공간을 설정했던 논자와의 궁극적 차이라고 할 수 있다. 물론 김명식과 인정식의 내선일체론과 언어관의 관련 양상에 대해서는 좀 더 면밀한 고찰이 보완되어야 한다. 그러나 이들이 내선일체와 언어를 사유함에 있어서 그 사유 대상은 "혼종적 언어 집단의 공간"이었으며, 내선일체를 현실화하는 것은 새로 점령된 식민지들과 경쟁해야만 하는 새로운 제국 질서에서 조선이 우월한 지위를 점하고자 하는 기획이기도 했다. 또한 이는 조선의 혁신적 지식인들이 주도권을 갖는 계기를 만들고자 하는 시도이기도 했다.

3. 전시 동원 체제와 미디어의 독본화 — 입신출세주의와 '대중'의 황민화

독본류는 근대 초기부터 지속적으로 존재해 온 양식이다. 독본류에 대한 연구는 그다지 집적되어 있지는 않지만, 근대 초기부터 독본류를 기반으로 한 지식 생산 방식은 지식인 중심의 지식 생산 구조와 겹쳐지면서도 분리되는 특성을 지니고 있었다. 독본류의 범위를 명확하게 확정하는 것은 현재로서는 매우 힘든 일이다. 다양한 형태의 출판물이 '독본'이라는 이름으로 출간되었기 때문이다. 다소 거칠게 분류하자면 근대 초기 이래 독본류는 특정 대상에 대한 지식을 그 분야의 전문가가 아닌 사람들에게 알기 쉽게 풀어서 설명해 주는 출판물을 지칭한다. 독본류는 근대적 교육 기관에서의 지식 습득을 위한 보조적 기능을 수행하는 교육 보조적인 텍스트와, 전문 교육의 혜택을 받지 못한 일반 대중에게 여러 종류의 지식을 알기 쉽게 전달하는 수양 독본 형식의 두 가지로 분류될 수 있다. 특히 후자의 수양 독본은 상층부 엘리트 집단에서 소외된 사람들에게 성공과 출세와 입지전적 인물들의 성공 비법을 전달하는 기능을 해 왔으며, 이를 통해 입신출세주의의 이념을 다중에게 전달하는 중요한 매개가 되었다. 독본류는 각 독본이 다루는 주제가 다양하고 폭넓은데 이런 차이에도 불구하고 주요 독자층이 비전문가 집단이며, 변화하는 세태의 요구에 부응하는 신속한 정보 전달을 목적으로 한다는 공통성을 지닌다. 독본류는 변화하는 세태와 최신 정보, 최근의 성공 비법 등을 독자들에게 전달하는 매체라는 점에서 시속의 변화를 가늠하는 풍향계와 같은 미디어이기도 했다. 독본류는 당대의 주류 지식인 집단이 대중을 향해 발화하는 방식(지식인의 관점에서 대중이 꼭 알아야 할 소양을 내용으로 담고 있다는 점에서)과 대중이 욕망했던 세계 이해의 방식이 교차하고 어긋나는 특성을 보여준다.

이러한 독본류의 양가적 특성은 전시 동원 체제에 이르러 정책 당국과 하위 정책 집행 집단(예를 들면 애국반, 청년단, 부인회) 등에 의해 다중에게 전시 동원의 이념과 정책을 전파하기 위한 효율적인 매체로 적극적으로 전유되었다.[18] 특히 독본류는 비엘리트 집단들에게 전시 동원 체제하에서 수행해야 할 제반 정책 사항에 대해서 쉽고도 실용적인 정보를 전달하

---

18. 전시 동원 체제하에서 대표적인 독본류는 필자가 발굴하여 정리한 『일제 파시즘기 한국 사회 자료집 6 ─ 전시 총동원의 이데올로기 교육과 독본』(방기중 엮음, 선인, 2005)에 소개되어 있다.

는 목적을 지니고 있었다. 따라서 고급 독자를 목표로 했던 매체와 달리 보다 실용적인 수행 지침들을 전달하는 데 치중된다. 그런 점에서 전시 동원 체제의 독본류는 당시의 정책이 구체적인 일상에 어떻게 전달되고 있는지를 확인할 수 있는 중요한 매체이다. 현재까지 확인된 독본류에서는 고급한 일어를 사용하는 경우는 극소수이고 대체로 쉬운 일어나 일어와 '조선어' 겸용, 혹은 한글 전용 독본이 사용되었다. 특히 '언문 독본'의 경우 일어 해독 능력이 현격히 낮고, 짧은 시간 내에 일어 해독이 어려운 집단을 위해서 만들어졌다. 한글 전용 독본은 한자 해독 능력도 낮은 조선인 비엘리트 층을 겨냥한 매체였다. 실용적 목표를 위해 만들어진 '언문 독본'은 역설적으로 이 시기 고급 일어 매체와 '언문화된 조선어' 매체라는 이분화를 만든다.[19] 이는 표면적으로 일어 전용의 목표에도 불구하고 조선어가 허용된 것으로 보이지만, 실은 고급한 지식인의 언어를 '일어'로, 조선어(한자를 배제한)를 비엘리트층의 실용성만을 지닌 저급한 언어로 위계화하는 것이다. 이를 통해 조선어는 한문이 삭제된 '언문'의 수준으로 '전락'하게 된다. 또한 독본류뿐 아니라, 『아희생활』과 같은 아동 잡지도 1944년까지 조선어로 발행된 사례를 확인할 수 있다. 이에 대해서는 추후의 논의를 통해 보완하고자 한다.

전시 동원 체제는 '대중'을 동원하는 것뿐 아니라 광범위한 다중들에게 체제의 이념을 보급, 전파, 설득하는 것을 목표로 한다.[20] 전시 동원 체제하에서 독본류는 이질적이고 다양한 집단들에게 체제의 이념을 전파하고, 각 집단의 사회적 역할과 의미를 교육하는 것을 목표로 사용되었다. 전시 동

---

19. 물론 이를 양적인 이분화였다고 평가하기는 어렵다. 현재 남아 있는 독본류는 주로 상층부 교화기구의 독본류가 주종을 이루기 때문이다. 언문 독본류는 주로 애국반, 청년대, 부인회(주로 농촌 지역)에서 사용된 것으로 추정되지만, 이러한 집단의 독본류는 현재 남아 있는 것이 양적으로 극소수이기 때문이다. 따라서 여기서 말하는 이분화란 양적인 평가를 의미하는 것은 전혀 아니라는 점을 강조하고자 한다.
20. 3절과 4절의 논의는 전시 동원 체제하 독본류의 역할에 대한 필자의 선행 논의를 수정 보완한 것이다. 이 글의 토대가 된 해제는 권명아, 「전시 총동원의 이데올로기 교육과 독본 해제」, 『일제 파시즘기 한국 사회 자료집 6』, 5~11 참조.

원 체제하에서 다양한 교화 기구(총독부에서 국민정신총동원과 국민총력을 위한 다양한 하위 교화 기구들까지)들에 의해 사용된 독본류의 역할은 기존의 독본류의 기능과 역할을 한편으로는 전유하면서 다른 한편으로는 배제하는 이중의 방식을 보인다. 전시 동원 체제하에서 독본류는 기존에 독본류가 지녔던 교과서로서의 제도적 표준을 전달하는 교육적이고 계몽적인 기능과, 다양한 독서층을 겨냥해서 교양과 취미, 정보를 전달하는 문화적 기능 모두를 전유한다. 특히 전시 동원 체제하에서 독본류의 역할을 살펴보기 위해서는 비엘리트층을 중심으로 수용되었던 독본류의 기능과 역할의 연속과 단절의 문제를 살펴볼 필요가 있다.

근대 초기 독본에 대한 연구에서 구자황은 독본이 교과서로서의 공식적 지위로 탄생했지만, 민간 차원의 독본이 동시에 공존했다고 밝히고 있다.[21] 그럼에도 불구하고 구자황의 연구는 주로 교과서로서의 독본의 기능과 역할에 중심을 두면서, 독본이 "표준적 지식 매체"이자 "근대지의 입문서"라고 결론을 내리고 있다. 그러나 이는 교과서로서의 독본에 한정된 결론이며, 다른 민간 차원의 독본류, 특히 비엘리트층을 겨냥한 수양독본과 같은 경우에는 적용하기 어려운 결론이다. 1920년대~30년대 엘리트층의 지식 생산 기제인 신문, 잡지, 주요 출판물과 달리 비엘리트층을 위해 형성된 독본류는 지식인에 의해 구성된 '근대지식'의 내용과 일치하는 면을 보이지만, 엘리트층의 세계 이해와는 다른 방식을 보여주기도 한다. 일례로 『이십세기청년독본』(1916)[22]이나 『현대 청년 수양 독본』(1923)[23] 등의 독본은 지식인의 근대 지식과 겹쳐지면서도 분리되는 이른바 입신출세의 지침서라 할 수 있다. 『현대 청년 수양독본』은 전시 체제기에 금지 도서로 발행 금지 처분을 받기도 했다.[24] 이러한 유형의 독본을 근대 지식을 대중에게

---

21. 구자황, 「'독본'을 통해 본 근대적 텍스트의 형성과 변화」, 『상허학보』 13 (2004년 8월).
22. 강하성, 『이십세기청년독본』(태화서관, 1916).
23. 박준표, 『현대 청년 수양 독본』(영창서관·한흥서림·대동서림 공동발행, 1923).
24. 『朝鮮総督府禁止単行本目錄』(警務局図書科, 1939) 참조.

계몽하기 위한 지식인의 계몽의 도구 정도로 이해해서는 그 특성을 규명할 수 없다. 오히려 비엘리트층을 위한 입신출세 지침서로서의 독본은 한편으로는 지식인들의 근대 이해와는 다른 방식의 세계 이해를 내포한 미디어였다. 또 독본류(특히 수양독본류)는 정규 교육과 고급한 지식에서 소외된 집단들이 채워질 수 없는 입신출세의 열망을 해소하는 대리적 보상물이자 이 열망을 제어하는 '냉각회로'였다고 할 수 있다. 입신출세 미디어로서 독본은 일본의 근대 미디어의 특성과도 관련이 깊다. 사토 타쿠미는 일본의 대표적인 대중 종합 잡지 『킹』을 비롯한 강담사(講談社)의 9대 잡지와 강담사 발행의 수양 독본류에 대한 비교 고찰을 통해서 일본의 경우 수양 독본류와 대중잡지가 공조 관계를 형성하면서 입신출세주의의 회로를 구성하였다고 평가하고 있기도 하다.25

교과서의 방식이든, 민간의 차원의 방식이든 독본류는 다중들이 상식과 교양을 체득하는 중요한 매개이자 도달할 수 없는 입신출세의 열망을 해소하는 대리보상 기제를 제공하였다. 근대적 엘리트의 세계에 대한 이해가 지식, 학문이라는 이름(문학 역시 이러한 유형의 세계 이해의 대표적 형식이다)으로 다양한 매개를 통해 생산, 재생산, 유통되었다면, 이와 인접하면서도 구별되는 세계 이해들도 동시에 생산되고 유통되었다. 이러한 비엘리트층의 세계 이해를 담은 '지식' 생산 방식과 유통 등에 대해서는 그간 그다지 연구가 진척되지는 못했다. 독본류는 그런 점에서 근대 학문의 세례를 받은 지식인들과 달리 이러한 영역에서 소외된 집단들이 다양한 정보를 소통하던 주요한 매체로서 연구될 필요가 있다.26

---

25. 佐藤卓己, 『キングの時代』 참조.
26. 물론 엘리트층에 의해 생산된 대중 교화 수단으로서의 독본의 의미 역시 그 자체로서 규명될 필요가 있다. 기존 연구는 주로 이 지점에 착목하고 있다. 그러나 독본이 단지 지식인의 대중 계몽 수단으로 간주될 경우 비엘리트층의 세계 이해의 한 창구였던 독본의 기능을 과소평가하게 된다. 그러나 기존 연구가 주로 엘리트층의 독본류에 대한 연구에 주력하는 것은, 이러한 독본류는 최남선이나 유길준 등 창작 주체의 의도, 다른 텍스트와의 관계성을 규명하기가 상대적으로 용이하기 때문이다.

독본류는 또한 여성, 노동자, 아동 등 특정 독자층을 상정하여 생산되었다. 따라서 독본은 이들 비엘리트층이 '알아야 할 내용' 및 이들의 관심사항과 밀착된 내용으로 구성되었다. 따라서 독본은 입시출세를 위한 처세술의 형식을 띠기도 하고, 때로는 지식에 '미달'하는 상식적 수준의 정보들을 '대중화'하는 역할을 했다. 전시 동원 체제하에서 독본류가 다양한 방면에서 전유되는 것은 독본류의 이러한 성격과 밀접한 관련이 있다. 전시 동원 체제하에서는 다양한 조직을 통해서 사회의 세포 단위 말단까지 독본류의 보급이 원활하게 이루어졌다. 이는 독본류가 지니고 있던 유통방식 및 비엘리트층에 정향된 매체의 특성과 전시 동원 체제의 특성이 결합된 결과라 할 것이다.

독본류는 근대적 지식인과 대별되는 '대중'이라는 무규정적인 집단을 향한 문화 생산물만은 아니었다. 물론 이러한 형태의 독본류도 다수 생산되었지만, 독본류는 특정한 정체성 집단을 독자로 겨냥하여 생산되는 목적의식적 측면이 강했다. 특히 전시 동원 체제하에서 독본은 청년, 여성, 아동을 전위그룹, 총후부인, 소국민으로 호명하는 기제로 적극 활용되었으며, 지역적으로 구별되는 정체성 집단(농촌 여성, 도시 여성 등)을 대상으로 차별화된 '국민'의 자질을 구성하는 데 동원되었다. 조선에서 전시 동원 체제하에서 독본류는 급증하는데, 유독 소국민 독본류는 양적으로도 매우 소수라는 것을 확인할 수 있다. 이는 일본의 경우 소국민 독본이 전시 독본류 중 양적으로 큰 비중을 차지하는 것과 대조적이다. 이러한 차이는 일본과 달리 조선의 경우 소국민에 대한 방침이나 정책 실행이 미비했다는 점을 증명하는 것이며, 이와 동질적 차원에 의무 교육이 실시되지 않는 맥락이 놓여 있다. 이는 '식민지 조선'에 대한 장기적인 기획이 상대적으로 부재했다는 점을 증명하는 것이기도 하다.

독본류는 단행본 형식의 소책자로도 출간되었지만, 잡지나 신문 등과 연동하여서 잡지나 신문에 독본이라는 제하로 기사를 연재하여 출간하는 형식을 보이기도 했다. 전시 독본류는 애국반과 청년단 및 각종 교화단체의 모임에서 낭송 및 강연의 교재로도 사용되었다. 각각의 독본은 대상 독자가 누구인가에 따라 내용, 형식에서 모두 차이를 보인다. 여성과 아동, 비엘리트층을 독자로 한 독본일수록 한문을 배제한 한글 사용이 지배적이며, 시국의 이념을 '대중'이라는 무차별적 대상에게 전달하는 것을 목표로 할 때는 일어 사용이 지배적이다. 대부분의 독본류는 양자의 목표가 혼재되어서 일어, 조선어(국한문체), 순수 한글 표기가 대상 집단의 독해 수준에 따라 상이하게 결합되는 양상을 보여준다. 예를 들어 1943년 발행된 『전시농민독본』戰時農民讀本 27의 경우 초보적 수준의 일어와 한자와 한글 첨자를 병용한 혼성된 표기 양식을 보여주는데 이러한 양상은 전시 체제의 이념이 사회 말단에 전달되는 과정에서의 정보 생산과 전달의 특수한 형식을 보여 주는 것이다. 이러한 점에서 독본류는 전시 체제에서 국책을 담은 정보가 다양한 정체성 집단별로 어떻게 차별화되어서 각인되고 전파되는지를 보여주는 자료로서의 의미를 지닌다.

4. 전시 독본 미디어와 언어 공간

전시 동원 체제에서 독본은 다양한 교화 기구를 통해 발간되면서 이전의 다양한 특성을 잃어버리고 '관제 독본'으로서의 성격으로 귀결되었다. '관제 독본'이라는 특성은 한편으로는 이 시기 독본을 정책 당국의 이념을 단순하게 반복하는 텍스트로만 한정하여 이해하도록 만든다. 그러나 관제 독본들 내에서도 언어 사용의 이질적인 차이들이 발견된다. 이는 전시 동원 체제하에서 독본이 관제 독본이라는 성격을 지니면서도 국책의 이념적 차원에서의 언어 사용만이 아니라, 정보 전달의 효율성을 위해 언어 공간의 현실성을 반영할 수밖에 없었다는 것을 의미한다. 따라서 관제 독본 내의 언어 사용의 이질적 차이를 살펴보는 것은 관제 독본에도 반영될 수밖

---

27. 황해도 농정과, 『전시농민독본』.

에 없었던 당대 현실 언어 공간의 복합성과 이질성을 규명하는 일이기도 하다. 물론 이는 전시 동원 체제하에서 현실 언어 공간의 양태를 살펴볼 수 있는 구체적인 자료를 확보하기 어려운 자료적 난점과도 관련되어 있다. 여기서는 관제 독본이라는 '우회로'를 통해서 언어에 대한 국책의 이념과 현실 언어 공간 사이의 균열에 대해서 살펴보고자 한다.

전시 동원 체제하에서 대표적인 독본은 각종 교화기구에서 발간된 독본류이다. 특히 〈국민정신 총동원 조선 연맹〉과 〈국민총력 조선 연맹〉 등의 대표적인 교화 기구에서 발간된 독본은 이 시기 독본류의 대표적인 성격을 체현하고 있다. 그러나 실상 동일한 교화기구에서 발간된 독본의 경우도 대상 독자에 따라서 언어 사용에서 차이를 보이고 있다. 또한 전시 체제하에서 독본은 급박하게 흐르는 시대의 추세와 요구에 부응하여 발 빠르게 생산되었다. 지원병, 만주 진출, 생활 개선 등과 관련된 독본은 각 사안이 요구되는 시기의 실용적 요구들을 다중에게 전달하였다. 현재 남아 있는 독본 중에는 특히 만주와 관련된 텍스트가 양적으로 방대하다. 이는 만주 붐이 독본 붐으로도 이어진 현상이다. 전시 동원 체제하에서도 독본의 생산은 단지 교화기구의 의지만이 아니라, 대중의 욕망과도 밀접한 관련이 있었다.

만주와 관련된 대표적인 독본은 『만주이주독본』[28], 『만주부업자원독본』[29] 등이 있다. 두 독본은 일어를 사용하면서 모든 한자에 루비를 달아서 일어에 익숙하지 못한 사람도 읽기 쉽도록 구성되었다. 이 외에도 전황戰況의 변화에 따라 전시 체제의 실제적인 사안들을 담은 실용적 독본은 상당수에 이르지만, 대부분의 경우는 출판처가 동경이나 일본이다. 이런 독본의 경우 조선에서의 유통과정을 추적하기 어렵기 때문에 여기서는 조선에서 출간된 독본만을 논의의 대상으로 삼았다. 독본은 전시 체제의 정책이

---

28. 拓務省 拓務局 三浦悅郎 編, 『滿洲移住讀本』(改造社, 1939).
29. 田中末廣, 『滿洲副業資源讀本』(立命館出版部, 1934).

변화될 때마다 그때그때의 '구호'를 즉각적으로 수용하고 있다. 매우 흥미로운 것은 모성과 소국민에 대한 독본의 경우 조선과 일본의 출판 상황이 매우 상이하다는 점이다. 일본의 경우 모성 독본이나 소국민 독본은 대량 생산되었다. 그러나 조선의 경우 다른 사안과 달리 모성과 소국민에 관한 독본은 단행본 형식의 대량 생산보다는 잡지, 신문 등의 연재 기사들(여성 독본 형식의 연재 기사)이 주종을 이룬다. 그러나 이러한 차이는 단지 출판 방식이나 생산량의 문제에 국한되지는 않는다. 일례로 모성 독본의 경우 일본에서 출간된 『모성독본』母性讀本에서는 일본 모성의 아름다움을 서구의 모성상과 대비하여 미학적으로 다루고 있다.30 이 독본은 다양한 화보와 도상들을 이용하여 '일본 모성의 미학적 아름다움'을 동양적 미의 대표적 사례로 다루고 있다. 그러나 조선에서 잡지나 신문에 연재된 여성 독본은 주로 생활 개선 문제에 집중된 것으로서 그 내용에서 일본의 모성 독본과는 차이를 보인다. 조선의 경우 잡지나 신문에 연재된 여성 독본은 표기 방식은 순한글을 채택하고 있고, 내용은 생활 개선과 관련된 실용적 사안을 주되게 다룬다. 몇 가지 사례를 통해서 볼 때 조선에서 생산된 독본은 같은 시기 일본에서 출판된 독본에 비해 실용적 차원에 더 집중되었다는 것을 알 수 있다. 실용성에 대한 강조란 독본이 대상 독자가 독본을 읽음으로 해서 실제적인 어떤 행위를 산출하도록 하는 것에 밀착되었다는 것을 의미한다. 조선에서 출간된 독본은 독본의 내용을 독자에게 전달 가능하게 만드는 장치를 마련해야 했고 표기 방식의 차별화는 이러한 장치의 일환이라 할 것이다. 독본의 표기 방식은 기본적으로 고급한 일어를 사용하기보다 쉬운 일어를 사용하고 대부분의 경우 루비를 달아서 이해를 돕고 있다. 당대 통용된 조선어(국한문체)와 순한글도 정보 전달의 용이성을 위해서 사용되고 있다.

예를 들어 이각종의 독본 『국민정신총동원독본』國民精神總動員讀本과 『시

---

30. 下田次郎, 『母性讀本』(實業之日本社, 1938).

국독본』時局讀本은 동일한 저자의 텍스트이지만 대상 독자에 따라서 전혀 상이한 표기 방식을 채택한 대표적 사례이다. 이각종 편李覺鍾 編,『국민정신총동원독본』(경성신문사, 1938)은 〈국민정신 총동원 조선 연맹〉의 설립에 즈음하여 총동원 체제의 이념과 조선인의 임무를 설명한 독본이다. 이 시기 일반적인 조선어 표기법인 국한문체를 사용하고 있다. 표기는 국한문체로 되어 있지만, 정보의 수신 대상은 언문 정도를 이해하는 계층이다. 애국반이나 진흥회 대표자들이 내용을 전달하는 방식으로 정보 소통이 이뤄진 것으로 보인다. 이 독본은 애국반을 통해 보급되고, 각 동리의 진흥회를 통해 교육할 것을 목표로 한 책이다. 본문은 개인과 국가, 국가 총동원, 국민정신총동원, 내선일체, 근로보국, 생활 혁신 등 총동원의 이념과 각자가 해야 할 일 등을 알기 쉽게 풀어 쓴 것이다. 이 책의 사용례는 광고면에 실린 동일 출판사의 서적에 대한 설명을 통해 유추할 수 있다. 책 뒷면에는 같은 출판사에서 제작, 판매하는『농가갱생가계도』農家更生家計導의 광고가 실려 있다. 이 광고에서는 '농가갱생오년계획'農家更生五年計劃의 실시에 따라 가계부가 꼭 필요해졌음을 역설하고 있다. 여기서는 "빈약貧弱한 농가農家를 상대相對로 하는 진흥운동振興運動은 복잡난삽複雜難澁을 피하여야 한다. 그러나 가계부家計簿는 엇절수업시 안이쓰고 안되겠다는 것이 제일선지도자第一線指導者들의 주장이다"라고 하면서 가계부는 "표지상表紙上에는 기가其家의 목표目標를 언문諺文으로 쓰고 호주戶主의 주소성명란住所姓名欄을 두고 표지하表紙下는 그 동리 진흥회洞里 振興會의 결의사항決意事項을 적摘하기로하"는 형식으로 제작되었다고 설명하고 있다.31 이 기사와 비교하여 볼 때『국민정신총동원독본』의 보급, 유통, 활용 방식 또한 이러한 통로를 따라 이루어지고 있다고 추정할 수 있다. 즉 애국반을 통해 각 동리에 배포되고, 각 동의 대표자들의 지도, 감독하에 가계부처럼 생활 설계를 위한 지침서의 역할을 하는 것이 이와 같은 독본의 주된 기능이었다. 또 "빈약한 농가를 상대로

---

31. 이각종 편,『국민정신총동원독본』, 광고면(면수 표기 없음).

하는 진흥 운동은 복잡난삽을 피"해야 한다는 것은 농촌 및 비엘리트층에 대한 시국 전달의 방식에도 동일하게 작동하는 텍스트 구성의 방식이기도 하다.

『국민정신총동원독본』이 표기나 내용에서 좀 더 하위 집단의 독자를 대상으로 한 것이라면, 『시국독본』(경성신문사, 1937)은 한자와 가타카나 중심의 표기를 사용한 공식적인 문서의 성격이 더욱 강하다. 내용 역시 시국에 대한 정치적 의미를 설명하는 것을 주로 한다. 고급한 일어를 독해할 수 있는 독자를 대상으로 하되, 국책의 이념을 되풀이하는 것이 아니라, 다양한 시국 관련 정치 현황, 국제 정세를 핵심적으로 설명하고 있다. 본문의 구성 역시 '북지 사변의 발단과 경과', '지나 존망의 위기', '지나군의 현세', '시국과 조선인의 각오' 등 당대의 민감한 정세들을 중심으로 구성되어 있다. 본문 하단에 시국과 관련된 핵심적 사안, 사건, 인물, 일지 등에 대해 해설 식의 항목이 병기되어 있어서 시국과 관련한 다양한 정보를 고급한 독자들에게 일목요연하게 전달하는 것을 목적으로 한다. 동일한 저자와 동일한 발행처에서 발간된 독본의 경우도 대상 독자가 다르게 설정됨에 따라서 언어 사용에서 이질적인 차이를 보여주는 것을 알 수 있다.

위의 두 독본과 유사한 사례로는 『국민총력독본』國民總力讀本이 있다. 『국민총력독본』(1941)은 〈국민정신 총동원 조선 연맹〉이 〈국민총력 조선연맹〉國民總力朝鮮聯盟으로 개정되면서 '국민 총력'의 취의趣意를 설명하는 독본이다. 다른 독본류에 비해 좀 더 공식적이고 정책에 대해 전반적으로 설명하는 특성이 강하다. 당대의 통상적인 일어 표기를 사용하고 있다. 체제는 국민총력운동의 취지와 목표에 대한 설명과, 일본 정신의 앙양, 내선일체의 완성 등 추상적인 국책의 이념이 책의 전반부에 배치되고 본론에서는 실제 생활에서의 임무 등이 세분화되어서 적시되어 있다. 직역봉공, 생활 신체제의 확립, 생활 간이화, 국민 체위 향상, 청년층의 조직화, 연성, 생산력 확충을 위한 경제적 문제 등 세부 단위의 생활 지침을 주요 내용으로 하고 있다.

전시 동원 체제하에서 가장 민감한 사안 중의 하나였던 징병제와 지원병제에 관한 독본에서도 대상 독자의 상이함이 독본 텍스트의 언어적 층위에 변화를 야기한다는 것을 살펴볼 수 있다. 즉 『육군특별지원병독본』陸軍特別支援兵讀本(제국지방행정학회조선본부, 1939)은 육군특별 지원병 제도가 실시되면서 특별 지원병에 지원하려는 조선 청년들에게 제반 실무사항을 알려주기 위해 제작된 독본이다. 책의 구성을 보면 추상적 국책의 구호를 담은 자료들과 달리 독본이 어떻게 실생활에 밀착되었는지를 알 수 있다. 『육군특별지원병독본』은 육군특별지원병 제도의 취지나 의의에 대해서는 간략하게 설명을 전제하고 지원병 제도에 있어서 조선인이 알아야 할 제반 실무 사항, 주의 사항을 상세하게 설명하고 있다. 본문의 구성은 일본의 병역 제도에 대한 설명과, 병역자의 병적에 대한 설명에 이어서 지원에 의해 병적에 편입되는 자의 요건을 설명하고 있다. 즉, 지원병志願兵員과 강제병強制兵員의 병역 관계, 지원병에 편입할 수 있는 자의 법적 요건에 대한 설명, 조선 총독부 육군병 지원자 훈련소에 대한 소개, 입소 자격자의 요건, 지원 수속, 지원서 작성에서의 유의 사항, 도지사에 의한 추천 수속의 절차, 시험 제도, 기출 시험 문제까지 상세하게 수록되어 있다. 전형銓衡 시험 문제와 참고서, 수험자 주의 사항, 기출 문제 등이 수록되어 있어서 실제로 지원하려는 조선 청년들을 위한 참고서의 역할을 하고 있다. 통상적인 일어 표기를 사용하고 있다.

이와 달리 『조선징병독본』朝鮮徵兵讀本(조선도서출판주식회사, 1943)은 징병제 실시의 의미를 설명하고 실제적인 사항을 설명하는 독본임에도 통상적인 일어 표기에 루비를 달아서 상대적으로 일어 해독력이 낮은 수준의 독자를 대상으로 포함하고 있음을 알 수 있다. '황군'이 되기 위해서는 일정 수준의 일어 독해 능력이 필요했다는 점을 염두에 두면 이러한 표기 양식은 역설적인 것처럼 보인다. 그러나 내용을 살펴보면 지원병 제도와 달리 징병제에 관한 사항은 '황군'에 출정하는 청년뿐 아니라, 오히려 어머니들에게 아들을 전선에 보내도록 독려하는 의미가 더욱 강하기 때문에 이러한 표기 방식을 취하고 있음을 알 수 있다. 즉 징병의 대상이 되는 청년뿐 아니라, 이른바 '군국의 어머니'로서 조선의 여성들에게 호소하는 내용이 주요하게 내포되어 있기 때문에 루비를 단 일어 표기를 사용하고 있는 것이다. 징병제 실시의 구체적 사항과 실무적 내용을 다루고 있는 것은 『육군특별지원병독본』과 유사하지만, 부인·청소년층에 대한 요망 사항이 보다 중요한 내용으로 다루어지고 있다.

전시 동원 체제하에서 통용된 독본 중 흥미로운 사례는 '언문 독본'의 존재 양태이다. 『애국반 가정용 언문방공독본』(신시대사 편집부 편, 신시대사, 1941)은 현재로서는 확인 가능한 (남아 있는) 유일한 '언문 독본'이다. 『애국반 가정용 언문방공독본』은 제목에서 드러나는 바와 같이 애국반을 통해서 각 가정에 배포된 방공 훈련에 관한 독본이다. 순한글 표기이며 필요한 경우 한자를 괄호 안에 병기하였다. 이러한 표기 방식은 1941년 이후 일어 사용이 강제된 상황에서도 시국과 관련된 다양한 정보를 선전하고 교육하기 위해 채택되었다. 특히 한자 해독에 어려움이 있는 교육 수준이 낮은 여성, 농민, 아동에 대한 교화를 위해 전략적으로 '언문 표기'가 채택되었다. 한자를 삭제하면서 이른바 '지나의 악영향'을 조선어에서 박멸한다는 취지 아래 일어 해독 능력이 떨어지는 집단들에게 당시 통용되던 국한문체의 조선어가 아닌 순한글의 표기가 채택되었다. 이러한 '언문 독본'은 당시 실생활에 가장 가까운 내용을 담고 있다는 점에서 주목을 요한다. 특히 지식인들의 국책에 대한 반응과 달리 비엘리트층에게 체제의 이념을 담은 정보가 어떻게 전달, 수용, 소통되었는가를 이해하기 위해서는 이와 같은 종류의 독본에 대한 좀 더 체계적인 연구가 필요하다.

현재 확인 가능한 '언문 독본'은 이 독본뿐이다. 다만 『아희생활』에 연재된 「소국민독본」도 '언문 독본'의 형식을 취하고 있다. 독본의 내용 역시 방공의 의미에 대한 추상적 설명보다는 실제로 방공 훈련에 필요한 생활 지침의 성격이 강하다. 그리고 방공 훈련을 위한 내용들에서 당시 전쟁에 대한 공포가 어떤 식으로 다중의 일상에 각인되는지도 확인할 수 있다. 각종 폭탄과 공습의 위협에 대한 설명이 공습에 대한 공포와 두려움을 극대화시키는 한편, 이에 대한 방비책으로 설명되어 있는 것은 사다리를 사용하는 방법이나 양동이 사용법과 같은 극히 원시적인 수단에 의지한 것뿐이어서 전쟁의 공포를 조장하는 것과 이에 대한 대처 방법 사이의 심각한 불균형을 확인할 수 있다.

전시 동원 체제하 언어 공간의 실제적 존재 양태를 확인하고자 할 때 국책의 이념과 실제 언어 공간 사이의 균열과 괴리를 살펴보기 위해서는 자료 확보의 난점이 가장 어려운 문제로 자리 잡고 있다. 이런 상황에서 관제 독본류는 한편으로는 언어에 대한 정책 당국의 국책의 이념이 대상 독자의 차이에 따라서 어떻게 상이한 방식으로 생산되는가를 살펴볼 수 있는 중요한 자료이다. 다른 한편으로는 관제 독본류에서 대상 독자에 따라 상이하게 나타나는 언어적 이질성은 관제 텍스트에까지도 반영될 수밖에 없었던 당대 조선의 현실 언어 공간의 복합성, 국책의 이념으로 환수되지 않는 현실 언어 공간의 차이를 엿볼 수 있게 한다는 점에서도 흥미로운 자료라고 할 것이다.

5. '참가의 환상'은 측정 가능한가?

김명식과 인정식의 글을 보면, 이들에게 전시 동원 체제하에서 언어의 문제를 사유한다는 것은 내선일체의 이념과 현실의 격차, 조선의 현실과 미래를 구상하는 일이었다. 그들은 경제·사회·문화 모든 영역에서 내선일체를 통해 조선 내부의 모순을 해소할 수 있는 장기지속적인 발전 계획이 수립될 수 있기를 강력하게 촉구하고 있다. 그러나 단기적 동원에 집중되는 전시 동원 체제의 구체적인 정책과 장기적으로 국민으로서의 '참가의 환상'을 제시하는 내선일체 이념 사이의 간극은 결코 줄어들지 않았다. 전시 동원 체제는 결국 조선인들에게 '참가의 환상'을 내면화하려는 방향과, 단기적 동원을 위한 도구적인 정책 사이의 해소되지 않는 간극을 되풀이하면서 파국을 향해 달려갔다. 식민지 조선에 대한 장기지속적인 전망과 단기적인 실용적 목표 사이의 딜레마는 언어를 비롯해서 전시 동원 체제의 모든 문제를 관통하는 것이었다.

김명식과 인정식은 내선일체로 상징되는 일본 제국이 제공하는 '참가의 환상'을 조선의 독자성을 위한 방안으로 전유하고자 했지만, 일본 제국은 이러한 참가의 환상에 상응하는 실제적인 조치들을 어떠한 것도 수행하지 않았다. 참가의 환상은 전시 동원 체제에서 자주 등장하는 '60년 후의 계획'처럼 언제 도달할지 알 수 없는 미래를 담보로 내걸린 약속일 뿐이었다.

김명식과 인정식뿐 아니라 전시 동원 체제에서 '참가의 환상'을 둘러싼 경합과 협상과 타협의 딜레마가 지니는 역사적 의미를 어떻게 해석하고 사유할 수 있을지는 여전히 고민의 영역으로 남아있다. 특히 일본 제국의 지식인의 운명과 결코 동일하다고 할 수 없는 '식민지의 운명'을 벗어날 수 없었던 조선의 지식인들이 지니고 있던 '참가의 환상'을 둘러싼 딜레마는 역사 해석의 대상으로서만이 아니라, 오늘을 사는 지식인의 존재론을 사유하는 문제로서 여전히 '해석되지 못한' 문제들을 남겨놓고 있다. 또한 전시 동원 체제하에서 언어의 문제를 고찰하는 것은 국책을 통해 표명된 이러한 참가의 환상이 실제로 어떻게, 얼마만큼 소통되고 수용되었는지를 살펴보는 일이다. 참가의 환상을 통해 일본 제국의 파시즘 정치에 다중이 이른바 '자발적으로 동의했다'는 점을 논의하기 위해서는 이러한 참가의 환상이 실제로 어떻게 소통되고 수용되었는지를 확인할 수 있어야 한다. 전시 동원 체제 일본의 경우 권력을 갖지 못했던 집단들(여성 지식인과 같이)이 참가의 환상을 통해 파시즘 체제에 자발적으로 협력하는 구조를 규명한 연구들이 진행되었고, 앞서 독본류에 대해서 살펴본 바와 같이 대중 미디어를 통한 대중의 자발적 동의와 참가의 환상이 구축되는 과정을 고찰한 연구들도 진행되었다. 조선에서 체제에 협력한 여성들은 앞서도 살펴본 바와 같이 조선의 여성 대중에 대해서 우월한 지위를 점했으나, 일본의 협력 집단 여성들에게는 공식적으로 '동생' 취급을 받았다. 또한 일본과 달리 조선의 경우 여성의 동원은 그간 정치적 행위성의 상징이었던 신여성 전체를 부정하고 적대시하면서 여성의 모든 것에 대한 증오를 조선 여성들에게 내면화시키는 방식으로 정책이 구축되었다. 이는 일본과 조선에서 여성의 법적 지위의 현격한 차이뿐 아니라 정치적 지위의 현격한 차이를 잘 보여주는 것이다. 이른바 대중의 자발성과 참가의 환상을 논한다고 할 때 일본의 경우 높은 문자 해독력, 낮은 문맹률, 미디어의 발전과 번성으로 이러한 대중의 자발성이나 제국에 대한 참가의 환상이 널리 퍼지고 내면화될 수 있었다. 반면 조선의 경우 일본 제국이 만들어 놓은 식민지 교육의 열악한 현실에서 비롯된 높은 문맹률, 낮은 문자 해독력과, 마찬가지로 일본 제국이 만들어 놓은 문화 통제, 미디어 통제로 인해 일본 제국이 필요한 정보 소통조차도 이뤄지기 어려운 상황이었다.

즉 식민지 조선에서 다중의 '참가의 환상'을 규명하기 위해서는 일본과는 전혀 상이한, 낮은 교육의 수준과 높은 문맹률, 문자 미디어의 지속성이 불가능했던 물질적 토대의 차이를 사유의 대상으로 삼아야 한다. 바로 이 차이가, 한편으로는 전시 동원 체제에서 참가의 환상을 둘러싼 제국과 식민지의 차이이기도 하였다. 또 이는 단지 부정적 차이만은 아니었다. 바로 이 식민지의 '저열한 상태'가 제국이 생산하는 황민으로서의 참가의 환상이 사회의 말단에까지 수미일관하게 전해질 수 없었던, '저지선'이기도 하였기 때문이다. 그런 점에서 식민 정책 당국이 전시 동원 체제하에서 껴안을 수밖에 없었던 딜레마는 바로 자기 자신의 모순, 즉 식민 정책 자체의 한계와 딜레마였다고도 할 수 있다.

그러나 '참가의 환상'을 둘러싼 일본 정부, 조선 총독부, 조선 지식인과 다중들 사이에서 벌어진 강제적 통제와 경합, 협상, 거리두기의 딜레마들에 대해서는 아직은 알지 못하는 것과 알 수 없는 것들이 너무나 많다. 따라서 섣부르게 황민화와 내선일체가 다중들에게 '참가에의 환상'을 불러넣어 자발적 동의를 산출했다고 해석하기에는 거기에는 너무나 많은 '현실화되지 않은 힘들'이 내재해 있다. 전시 동원 체제의 역사 자료를 통해서 잠재성을 해석하는 방법에 대해서는 5부에서 자세하게 살펴보고자 한다.

4부
남방 종족지와 제국의 판타지
경쟁, 살아남기라는 '도덕'으로 남겨진 파시즘의 유산

1장 '네이티브'의 위치와 대역분의 세계 — 제국들의 사이에서, 식민지들의 사이에서

2장 '남방', 종교, 학교와의 경쟁, 식민지 '사이'의 경쟁이 남긴 것

3장 남방 종족지와 제국의 판타지 — 다시 '최소한의 도덕'을 위하여

1장

'네이티브'의 위치와 대역본의 세계

제국들의 사이에서, 식민지들의 사이에서

1. 영일 대역본을 보는 조선인 학생의 내면에서 일어나는 일

1941년 12월 25일 밤, 영일英日 대역본對譯本으로 잭 런던의 소설『야성의 외침』*The Call of the Wild* 1을 보는 조선인 지식인의 내면에는 어떤 일이 일어났는가? 1941년 11월『조광』에는 남방에서의 "전율할 영인英人의 학살과 침략의 잔혹사"라는 설명과 함께「「백색의 마신」, 이성갑」이라는 제목의 단편소설이 실려 있다. 작품 말미에 간략하게 "잭 런던 원작"이라고만 표기되어 있다. 1941년 이른바 '남방 공영권' 건설을 위해 동남아시아를 침략한 일본 제국은 ABCD, 즉 미국, 영국, 중국, 네덜란드와 전쟁 중이었다. 남방 공영권 건설을 선전하는 남방 담론 중 미국 작가의 소설이 번역된 것은 이례적인데 잭 런던의 작품이 동남아시아를 침략한 서구 제국주의의 잔혹상을 그린 작품이기에 가능했던 것으로 보인다. 그러나 잭 런던은 당대 잘 알려진 사회주의 작가였다는 점에서 잭 런던의 작품을 번역 게재한『조광』잡지의 속내는 복잡해 보인다. 그래서인지『조광』표지나「백색의 마신」수록

---

1. Jack London,『野性の呼聲』(外國語硏究社, 1941/초판은 1929).

I made my mind to read through this story with all pains for pass the Commercial ~~College~~ examination, University

from 1941 12.25

クリスマス の 夜

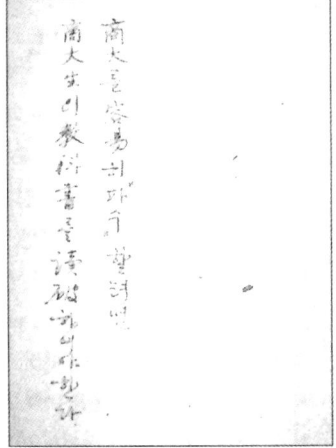

연세대학교 도서관에 소장된 잭 런던의 『야성의 외침』 영한 대역본 문고. 위 그리고 아래, 오른쪽 : 책 속표지에 임성의라는 이름으로 자필 서명이 남아있다. 임성의는 1942년 당시 연희전문 상과학생이었다. 독자이자 학생인 이 조선 지식인이 1942년 크리스마스에 이 책을 보는 심경을 적어 놓은 것이다. 이 학생이 왜 "고통에 찬 심정"으로 이 책을 보고 있는지 정확하게 추론하기는 어렵다. 오히려 그 심경을 표현하는 영일 혼종의 문장 표현이 당시 조선인 학생의 내면에서 일어나고 있던 일을 더욱 잘 보여준다 할 것이다. 아래, 왼쪽 : 속표지에 수록된 그림.

면 어디에도 원작이 언급되어 있지 않다. 대조해본 결과 원작은 『남양 이야기』 South Sea Tales(1909) 중 「야, 야, 야」Yah, Yah, Yah이다. 『남양 이야기』는 일본에서는 1926년 「南の海」(코스모스 서원書院)라는 제목으로 번역되었다. 또 이 작품 중 일부는 해방 직후 영미 문학 대표선에 「이교도」라는 제목으로 실리는데, 「이교도」라는 제목은 일제 강점기 일본에서 출간된 번역본 제목을 그대로 따른 것이다.

대역본은 지금도 외국어 교육용으로 애용된다. 일본에서는 이러한 대역본이 일찍부터 출간되었고, 중국어-일어 대역본과 영어-일어 대역본이 가장 많이 출간된 것으로 보인다. 조선에서도 이러한 대역본은 외국어 학습용으로 소비되었다. 특히 일본에서 출간된 대역본이 조선에서도 일어와 영어 학습을 위한 교재로 애용되었다. 대역본은 특히 해당 외국어 사용 지역의 문화, 전통을 학습하고 인지할 수 있는 이른바 '고전' 텍스트를 중심으로 출간되었다. 이러한 대역본을 통한 외국어 학습은 자연스럽게 특정 문화권의 전통과 문화와 관습을 내면화하게 한다. 즉 대역본은 원본 텍스트와 번역 사이의 차이 또한 드러낼 수밖에 없다. 「야, 야, 야」라는 제목의 소설이 「백색 마신」이라고 번역되는 것에서도 잘 드러나는 영어의 맥락과 일어의 맥락 사이의 차이(문화적, 역사적, 이데올로기적)가 가시화된다. 대역본을 바라보는 '독자'인 제3의 언어 사용자는 이러한 차이의 가시화를 '해석하면서' 서로 다른 두 언어에 담긴 두 세계를 자신의 입장에서 상상하게 된다. 그런 점에서 대역본의 세계를 통해 교육받고 학습하는 제3세계 언어 사용자의 주체 위치는 단지 독자로서의 수동적 위치에 국한되지는 않는다.

영국과 일본이 전쟁 중인 1942년 크리스마스에 식민지 조선의 학생이 메모를 남기고 있는 영일 대역본에는 조선어의 세계가 없다. 태평양 전쟁기의 조선 지식인의 심리는 영어와 일어가 상호 번역되는 세계, 그 세계를 학습하고 상호 번역의 원리를 학습해야 한다는 강박관념과 불안 같은 게 아니었을까? 이처럼 영어와 일어만이 존재하고, 자신의 언어는 존재하지 않는 텍스트를 보면서, 두 개의 행위자만이 존재하는 세계를 바깥에서 '배우고 익혀야' 한다는 의무와 열망, 강박관념에 사로잡힐 수밖에 없었던 피식민자인 조선인의 내면을 선명하게 보여주는 것이 남방에 관한 관심이다.

조선이 남방과 조우하게 되는 건 해당 지역에 대한 지배권을 둘러싼 '서구'와 일본의 각축전이라는 역학을 통해서이다. 조선 지식인의 남방에 대한 태도, 시선, 감정은 영일 대역본의 학습자이자 독해자 또는 자신의 이야기story는 없는 대역본 소설을 보는 관객으로서의 그것이다. 따라서 남방에 대한 조선 지식인의 시선에는 학습자의 열정과 호기심과 무지, 독해자의 적극성, 관객의 소극성과 수동성이 복합적으로 내포되었다.

태평양 전쟁기의 남방에 대한 조선인의 복합적 의식과 감정을 고찰하는 것은 피식민자의 주체성을 고찰하는 중요한 거점이 될 수 있다. 또한 남방과의 관계는 대동아공영권이라는 일본 제국주의의 아시아주의의 영향 하에서 조선이 아시아 내의 다른 민족, 국가와 조우하게 되는 원점을 이룬다. 태평양 전쟁기를 전후로 한 아시아주의는 조선의 대 아시아 인식에 지각 변동을 가져왔다. 일본 제국에 의해 집요하게 부가된 중국에 대한 탈신화화는 조선에 어느 정도 영향을 미쳤지만, 그렇다고 중국에 대한 신화를 쉽게 무너뜨리지는 못했다. 물론 중국에 대한 신화와 탈신화화의 복합적인 과정은 중국에 대한 인식을 선망과 경멸이 뒤섞인 복합적인 감정으로 전환시켰다. 전시 동원 체제 조선에서 중국의 영향을 몰아내기 위한 일본 제국의 집요한 진략에 대해서는 5부에서 살펴볼 것이다.

조선에서 중국에 대한 그간의 인식이 쉽게 무너지지 않은 것과 달리 새롭게 조우한 남방에 대한 인식은 식민주의 이데올로기와 아시아주의의 맥락으로 쉽게 전유되었다. 또한 조선의 경우 남방에 대한 선행 지식이 일천했던 것이 일본의 남방에 대한 식민주의와 아시아주의를 손쉽게 내면화할 수 있는 요인이기도 했다. 그러나 조선이 남방을 열등하고 미개하고 게으른 원주민들의 나라로 전유한 데는 무엇보다도 '대동아공영권'이라는 새로운 아시아 블록에서 제2인자로서의 우월한 지위를 점하려는, 식민지인의 분열적인 욕망이 자리 잡고 있었다. 또한 태평양 전쟁기에 아시아주의와

수상 생활을 하는 남방인. '수상 생활'의 이미지는 남방인을 원시적 종족으로 그리는 대표적인 방식이었다. 모리야 가쓰미, 『동양적 생활권』(육생사 홍도각, 1942).

식민주의의 내면화를 통해 이루어진 조선과 남방의 만남은 해방 이후 현재까지도 지속되고 있다.

특히 1945년 이후 아시아의 이른바 '후식민화'postcolonial 시기에 아시아의 각국이 냉전 블록으로 재배치되면서 아시아 각국 간의 소통과 연대의 가능성이 오랫동안 차단됨으로써 한국과 동남아시아 사이의 새로운 관계 규정은 오랫동안 '무관심'이라는 형태로 지연되었다. 그리고 이른바 세계화의 물결 속에서 다시 '남방 열기'가 '조선'을 강타하고 있다. 한국의 동아시아 담론에서 동남아시아에 대한 논의는 부재하다. 동남아시아는 현재 한국인에게 연대와 소통이 아닌 투자와 '계몽'의 대상으로 부각되고 있으며, 기껏해야 값싼 여행지 정도로 이해되고 있는데, 이 또한 제국주의의 역사와 식민 경험, 그리고 식민 경험을 동일하게 겪은 한국과 동남아시아의 관계 개선에서 중요한 문제다. 제국주의의 가장 악랄한 지배와 착취는 해당 지역을 물질적으로 착취하고, 인종적으로 말살하고, 결국은 '리조트'화하는 것이다. 즉 식민지의 가장 비참한 종말 중 하나는 한 국가의, 혹은 한 지역의 리조트화이다. 리조트 지역의 주민들은 여전히 관광객(외래인)에 대한 원주민으로서의 정체성을 벗어나지 못한다. 따라서 필리핀의 여러 섬들과 동남아시아 각 지역, 태평양 열도 등이 리조트가 되어 버린 역사는 슬픈 역사다. 역사적 차이를 간과할 수 없다는 전제하에서 말하면, 태평양 전쟁기에 아시아주의의 영향 아래서 조선이 남방에 대해 지녔던 제국의 판타지는 자본의 전 지구화 시대에 새로운 동아시아 블록을 꿈꾸는 한국인들의 제국의 판타지와 그리 다르지 않다.

2. 재현의 권력, 재현의 정치

남방 담론은 1938년을 전후로 급증하여, 1941년에서 1943년 사이에는 남방에 관한 담론이 조선의 매체를 장악할 정도로 넘쳐나게 된다. 이전까지 남방에 대한 정보는 산발적으로 알려졌는데 남양 위임 통치에 관한 관심 등이 1920년대에 주로 기사화되었지만 남방에 대한 구체적인 정보는 거의 없었다. 영국, 미국과 일본의 전면전이 예상되고 태평양 전선에서의 전세가 이 전쟁의 가장 중요한 문제로 대두되면서 1938년을 전후로 남방에 대한 담론이 급증하게 된다. 남방 담론은 향후의 전쟁의 승패를 예상하고 전망하는 형식으로도 나타나지만, 주된 형식은 종족지 ethnography와 시였다. 종족지 ethnography는 인종적 정보를 중심으로 해당 지역을 기술하는 특성을 보이며 지리, 환경, 인구, 자원 등의 순서로 글이 구성된다. 종족지는 이런 특성상 식민주의의 첨병으로서의 기능을 수행한다. 뒤에서도 자세하게 살펴보겠지만 조선에서 남방 관련 담론의 형식이 주로 종족지와 시로 나타나는 이유는 몇 가지로 요약해볼 수 있다. 먼저 남방에 대해 조선에서 기존에 축적된 지식과 정보가 거의 없었다는 점이다. 따라서 조선에서 남방과 관련한 전문가 집단도 거의 부재했고 그나마 존재했던 지식과 정보는 주로 미국과 유럽의 제국주의 지배를 통해 생산된 것이었으며 관련 지식 전문가도 주로 미국이나 유럽에서 지식 수련을 한 사람들이었다. 미국과 유럽의 관점에 서있긴 하지만 '남방'을 근대에 이르지 못한 '야만' 지역으로 보았던 일본 제국의 관점과 달리 동남아시아의 근대성에 대해 일정한 지식을 토대로 논의를 이어갔던 문장욱과 같은 인물이 대표적이다. 문장욱은 연희전문 출신으로 1930년 미국 시카고 대학에 유학하였고 1940년에는 감리

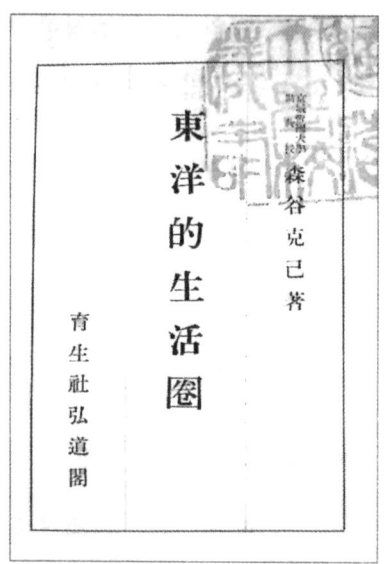

위, 왼쪽:『태평양도협지』(삼성당, 1942). 위, 오른쪽 그리고 아래: 모리야 가쓰미,『동양적 생활권』.

교 신학교 교수가 되었으며 1946년 과도정부 외무처장을 거쳐 1948년에는 초대 교육부 차관을 지내기도 했다. 그렇지만 조선에서는 일본 제국의 전쟁 수행 과정에서 대량 생산되는 남방 관련 정보와 지식을 재구성할 수 있는 남방 관련 전문가 그룹은 존재하지 않았다. 물론 일본의 경우도 남방에 대한 전문가는 다른 지역에 비해 소수였으나, 조선과 달리 남방 지역을 전문적으로 조사 연구해온 지식인 전문가들이 존재했다. 특히 이들은 이른바 일본의 인류학을 구축한 지식인 집단들이기도 했다. 뒤에서 살펴볼 미요시 도모카즈는 대표적이다. 인종학과 민간인 및 학자 집단의 전시 동원을 연구한 유리코 모리야에 따르면 미요시 도모카즈는 일찍이 영국과 프랑스에 유학하여 인류학이라는 새로운 학문 분야를 공부하여 일본에 소개하였고 일본 인류학을 만든 인물이다. 특히 '종족지' 생산과 관련하여 이른바 남방 원주민을 연구하는 전문 과학으로서 일본 인종학 혹은 토속학이 어떻게 기능하였는지를 살펴보는 데도 중요한 사례이다. 미요시 도모카즈는 프랑스어의 Ethnologie와 영어의 Ethnology를 일어로 "인종학" 혹은 "토속학"이라고 번역하여, ethnogrphy와 구별하려고 하였다.[2] 즉 일본 인류학은 주로 '특정 인종의 문화와 관습을 연구하는 인종학'으로서 인종주의적 지식에 기반하고 있었다. 남방 점령 시기 일본에서 대량 생산된 종족지는 한편으로는 이러한 학문과 과학으로 정당화된 인종과학에 의거해 정교화된 것이기도 했다. 따라서 이 책에서는 이른바 '남방'에 관한 지식 생산과 정보 형성에 내포된 이러한 인종과학으로서의 특징을 명확하게 하기 위해서 '종족지' 당시의 남방 담론을 이른바 '현장기술지'로서의 에스노그라피가 아닌 인종에 관한 담론 체계의 의미로 사용하고자 한다. 무엇보다 당대 일본에서 생신된 남방에 관한 지식과 정보 자체가 종족지라는 형태로 대량 생산되었다는 점에서 종족지는 당대 사용되었던 역사적 개념이기도 하다.

특히 종족지는 남방에 대한 조선인의 관심을 극명하게 보여주는 장르인데 특히 남방시는 각종 매체에서 대량 생산된다. 남방시는 남방에 대한 이미지를 원주민의 땅, 무진장한 자원의 땅으로 재현하는 역할을 했는데 시는 당시 많이 사용된 화보, 사진과 함께 남방을 이미지로 재현하는 주요

---

2. 미요시 토모카즈의 필리핀 토속 연구와, 남방 침략 당시 민간인 동원의 대표 사례로서의 의미, 또 일본 인류학의 전시 동원의 역사에 대해서는 森谷裕美子,「三吉朋十と土俗学」,『九州産業大学国際文化学部紀要』70 (2018年 9月) : 1~2.

장르였다.

한편 당시 가장 대중적인 매체였던 연극과 영화에서 남방의 열풍은 주로 해양 모험극으로 구체화되었다. 대표적인 작품으로 영화 〈거경전〉巨鯨戰이 있다. 당시 신문에 실린 영화 광고에 따르면 〈거경전〉은 방한준이 연출을, 주인규가 주연을 맡아 1943년 10월에 촬영을 시작해서 1944년 3월 개봉했다. 광고 문구에서는 이 영화를 "조선 영화대작 해양 대활극"이라고 소개하고 있다. 남방 관련 영화는 조선이 자체적으로 제작한 영화뿐만이 아니라 일본 영화의 배급을 통해서도 남방에 대한 정보를 대중에게 전달하고 선전했다. 이 외에도 해양 활극 형식의 영화로는 조선영화사가 배급하고 1944년 1월 개봉한 〈해협의 풍운아〉海峽の 風雲兒, 〈해적 깃발 나부끼며〉 등이 있다. 또 군에서 제작된 선전 영화도 남방 담론을 대중적으로 재생산하는 역할을 했다. 이런 종류의 영화로는 〈석유 보루네오〉石油 ボルネオ, 〈코레히도루의 최후〉あの旗を擊て-コレヒドルの最後 등이 있는데 이 작품들은 1943년 1~2월 사이 개봉했다. 1942년 5월 6일 일본은 필리핀의 미국령인 코레히도르섬을 점령했는데, 이에 관한 영화로 추정된다.

또한 가요와 라디오 방송은 대중에게 보다 직접적으로 남방에 관한 정보를 전달했다. 당시 유행한 가요들이 "대부분 대동아 권내에서 재료를 찾아낸 참신한 작품"이라고 평가되었다. 이중 〈남양 통신〉과 같은 노래가 "간쓰메かん-づめ 취입"이라는 형식으로 대량 생산·유통되었다. "간쓰메かん-づめ 취입"이란 통조림 찍어내는 것과 마찬가지로 음반을 찍어낸다는 의미로 전시 동원 체제 문화 선전 생산이 '문화적'이라기보다 대량 생산과 유통 방식으로 이뤄졌다는 것을 잘 보여준다. 또한 경성 방송국의 전쟁 뉴스가 "난삽하고 어려운" 방식으로 전쟁 뉴스를 내보내는 반면 일본 라디오는 가요와 같은 방법을 결합해서 전쟁 뉴스를 대중화했는데 당시에는 이른 뉴스 가요라고 부르기도 했다. 이런 뉴스 가요 방식으로 〈선전포고〉, 〈태국 진주〉, 〈필립핀 추격〉 등등의 노래가 전파되었고, 경성 방송국 역시 이런 일본의 오락적이고 쉬운 뉴스 모델을 따라야 한다는 주장도 제기되었다.[3]

왼쪽과 가운데 : 열대의 원주민 여성. 남방에 대한 이미지와 정보 선전용으로 가장 빈번하게 사용되는 이미지다. 오른쪽 : 벌거벗은 원주민 남성. 열정적이고 원시적인 야만인의 이미지로 남방인을 그려내는 방식이다.

3. "깜둥이 나의 여인아" — 인종주의의 시학화와 제국의 판타지

남방 담론의 주요 형식은 종족지인데 이렇게 종족지가 지배적인 담론이 된 이유는 남방 정복 및 선전의 특수성과 밀접한 관련이 있다. 일본 제국 본국에서도 남방에 대한 정보가 별로 없던 상황에서 선생을 위해 긴급하게 정보를 모으기 위한 실용적 목적을 달성하면서도 대중의 흥미를 유발하기 위한 재현물을 대량으로 생산했던 선전 방식이 결합해서 이처럼 남방에 관한 종족지를 대량 생산하게 되었다. 일본 제국 본국의 상황조차 이러하니 조선에서 남방에 대한 이해와 정보는 거의 없는 상황이었다. 상황이 이러하다 보니 조선에서는 남방 선전의 목표에 부응하는 선전물을 대량으로 빨리 생산하기 위해 시 장르를 주로 활용하게 되었다. 이런 여러 맥락

---

3. 양훈, 「전쟁과 음악 — 군국 가요 이야기」, 『조광』, 1942년 11월.

때문에 조선에서 양적으로 가장 많이 생산된 남방 담론 중 하나는 시 장르인데, 여기서는 남방 시의 사례를 통해 당시 조선의 담론 공간에 반복해서 등장한 남방 이미지의 성격을 살펴보고자 한다.

싱가포르 점령을 기점으로 하여 문학 담론에서 남방 열기가 한동안 들끓는다. 1942년을 전후로 생산된 문학들이 주로 '대동아 성전' 찬미와 학병 권유 등 일제의 정책에 열렬히 부응하는 작품들이라는 점은 주지의 사실이다. 남방에 관한 문학적 담론 역시 대동아 성전과 학병 권유라는 맥락에서 생산된다. 남방 정복이 시작된 1942년에 즈음하여 폭발적으로 쏟아지는 이러한 남방 관련 담론들은 대체로 태평양 전쟁과 관련된 담론들로 분류되었다. 그 안에는 일정한 편차가 존재한다. 대동아 성전을 찬미하는 일반론적 차원의 작품들과 달리 남방에 관해 열광하는 문학 작품들은 상당히 노골적으로 인종화된 담론 형태를 보여준다.

물론 대동아 성전을 찬미하는 글에서도 여타의 다른 동아시아 민족에 대해 조선의 우월한 위치를 강조하는 글들이 등장한다. 그러나 대동아 성전을 찬미하는 작품들은 '대동아공영권'의 논리 아래 표면적으로나마 아시아 민족의 '공영'과 아시아 민족 공동의 적으로서의 서양을 구성한다. 그러나 남방에 대한 직접적인 관심을 표명하는 작품들에서는 공영의 의미보다 남방에 대한 조선의 우월한 지위를 그려내는 방식이 강화된다. 이는 남방을 원시성과 원주민의 표상으로 재현하는 데서 전형적으로 드러난다. 즉 남방 열도列島에 대한 매혹과 열광을 직접적으로 드러내는 담론에서는 남방을 식민화함으로써 우월한 지위를 점하고자 하는 조선의 담론 주체의 명확한 식민주의의 열도熱度가 더욱 적나라하게 표출된다.

남방에 대한 문학 담론에서는 몇 가지 정형화된 서사가 발견되는데, 이러한 서사의 유형화는 한편으로는 당대 조선에서 생산된 남방 담론에서 발견되는 유형화와 흡사하다. 먼저 남방 관련 문학 담론이 특정한 유형화를 보여주는 데는 이 담론들의 장르적 특질들과 함께 담론 배치의 문제, 즉 이 담론들이 남방 관련 담론 전체에서 차지하는 위치의 문제가 중요하게 작용한다. 1942년을 전후하여 폭발적으로 생산되는 남방 관련 문학은 주로 시 장르를 중심으로 한다. 이는 이 시기에 시 장르가 선전 담론으로서 유용했던 점과도 관련된다. 또 문학은 남방 담론의 담론 배치에 있어서 경제, 정치, 풍속, 역사, 일본과의 관계 등 여타의 담론이 배치되는 중에 주로 박스 형태로 편집되어 화보나 사진, 광고 등과 유사한 역할을 부여받았다. 이는 남방 담론 전체의 지형에서 문학이 화보나 사진과 유사한 역할로 배치되었다는 점에서 정보의 제공보다는 이미지를 제공하거나 상징을 전달하는 등의 미학화의 역할을 맡았다는 의미이고, 다른 한편으로는 정치, 경제 분야에 대한 보다 전문적인 정보를 제공하는 담론과 달리 독자들이 이해하기 쉽고, 접근성이 높으며, 독자의 흥미를 유발하는 역할을 맡았다는 의미이기도 하다. 또 남방 공영권의 전쟁 상황을 선전하는 담론 공간에서는 사진과 화보의 활용이 더욱 두드러지는데, 이는 앞서 살펴본 것처럼 남방 담론이 정보가 부족한 상황에서 선전용 담론을 대량 생산해서 신속하게 유통하려는 일본 제국과 조선총독부의 선전 정책과 무관하지 않다고 하겠다. 남방 담론에서 문학은 사진이나 화보에 부여된 이러한 역할로 배치되고 활용되어서 남방에 대한 특정한 이미지를 생산하는 등의 역할을 하게 된다. 이러한 담론 배치와 담론 공간상의 역할 설정에 의해 문학 담론은 여타의 남방 담론보다 더욱 강한 이데올로기 선전의 성격을 보이게 된다.

따라시 문학 담론은 남방과 관련된 경제적, 국제 정치적 관심을 투영하기보다 이데올로기를 선전하는 것에 더 가깝다. 남방 관련 문학 담론은 주로 시 장르를 통해 남방 전투에서 일본 제국의 적대 진영인 "ABCD 진영"에 대한 특정 이미지를 단순하게 전달하거나 부정적인 인상으로 풍자하는 역할을 맡는다. "ABCD 진영"이란 당시 남방 전선에서 일본과 대치하는 진영을 희화화하기 위해 일본이 붙인 명칭인데 미국America, 영국British, 중국China, 네덜란드Dutch의 머리글자를 따서 만든 신조어다. 일본 제국은 다양한 선전 담론에서 적대국을 "ABCD 진영"이라고 단순하게 표기함으로써 적을 선명하게 하면서 적의 이미지를 단순하고 손쉬운 상대로 희화화하는 선

바라오(バラヲ) 공민학교 생도의 사생화. 당시 남방은 이 그림처럼 야자수가 우거진 열대의 낙원으로 그려졌다. 따라서 무진장한 자원의 땅, 야자수 아래 토인들이 춤추는 땅이라는 식의 남방의 이미지가 생산된다. 이러한 이미지는 남방이 열대의 낙토이자, 문명한 일본인·조선인을 기다리는 야만의 지역이라는 의미를 낳는다.

전 효과를 거두었다. "ABCD 진영"과 같이 일본 제국의 적대 세력을 이해하기 쉬운 상징으로 만들고, 역시나 이해하기 쉬운 부정적 속성과 자질을 단순화된 이미지에 담아내는 방식이 당대 남방 전투에 대한 선전 담론에서 반복되었다. 특히 시 장르는 이러한 선전 방식을 통해서 일본 제국의 적대 진영에 대한 적개심과 남방에 대한 인종적 관심을 미학적으로 시화하는 역할을 했다. 일례로 ABCD 진영에 대한 적대감은 아편 전쟁 담론과 결부되는 경우가 많다. 대표적인 예는 김동인의 「아부용」과 같은 작품이다. 이 소설을 싣기 시작하면서 편집자는 게재의 맥락을 다음과 같이 적고 있다. "호랑虎狼 영국 백년의 동아침략과 착취의 계기는 실로 이 아편전쟁에서 발단된 것이며 지나와 지나인에게 아편 구입購入과 사용을 강요한 영국의 전인류적인 죄악은 향항香港 약탈에서 배가된 것이다. 이 동아침략의 아성 향항이 작년 12월 25일 용맹과감한 황군에게 괴멸壞滅된 것을 기회로 본지는 거장 동인의 붓을 빌어 세계 최대의 죄악사를 독자 제씨 앞에 전개시키려 하는 것이다"4 전시 동원 체제 일본 제국의 선전 담론에서 ABCD 진영은 동양을 몰락시킨 주범이며, 이를 상징하는 것이 이른바 '중국의 몰락'이었는데 아편전쟁은 서구에 의한 중국의 몰락을 상징하는 대표적 사례로 반복해서 등장한다. 이 외에도 '조계'와 '상해' 역시 '중국의 몰락'을 상징하는 대표적 사례였다. 이에 대해서는 5부에서 더 자세하게 살펴보려 한다.

당대 중국을 비롯한 아시아와 전쟁 중인 서구의 정치경제적 상황을 진단하는 담론에서도 아편전쟁에 대한 논의가 등장하지만 이는 서구의 아시아 점령의 기원으로서 현재 상황을 설명하는 전사 정도로 간략하게 취급된다. 이와 달리 문학에서는 아편 전쟁 자체가 하나의 기본 모티브로 기능하면서 아편 중독으로 비인간 유령이 되어 가는 중국의 이미지를 강조하고, 특히 서구의 침략에 대응하지 못한 채 안으로부터 썩어서 문드러지고 있는 중국의 이미지 같은 것을 극화했다. 또 김동인의 「아부용」이 보여주는 것처럼 이런 식으로 중국의 몰락을 극화하면서 ABCD 진영에 대한 적대감을 강화하고, 또 일본 제국이 홍콩을 점령한 일을 서구 제국의 압제에서 아시아를 구원한 성전으로 칭송하는 서사를 구축했다. 그런 점에서 남방 관련 담론과 관련해서 보았을 때 문학 담론이 다른 담론에 비해 인종화되고 미학화된 신진에 더욱 적극적으로 연루되었다고 볼 수 있다.

남방과 관련하여 문학 담론이나 여타 담론에서 가장 빈번하게 드러나는 담론소는 '무진장無盡藏의 고장'으로서의 남방이라는 의미다. 이는 남방 담론에 가장 많이 등장하는 키워드로, 담론 주체의 입장 차이나 담론 성격의 차이와 무관하게 거의 모든 남방 관련 담론에 등장하는 담론소이다. 남방에 대한 당대 조선의 담론 생산 주체가 갖고 있던 공통의 이미지와 인식을 보여준다. 그런 점에서 무진장의 고장이라는 담론소는 남방 담론의 무

---

4. 『조광』, 1942년 2월, 125.

의식을 보여주는 키워드라 하겠다.

또한 남방 관련 담론 일반에서도 빈번하게 확인되지만 문학 담론에서 더욱 강하게 부각되는 것은 '서구에 짓밟힌 가련한 남방 원주민(토인)'이라는 담론소다. 남방을 원주민과 원시성의 이미지로 재현하는 방식에는 태평양 전쟁기에 남방이라는 새로운 '준거'를 통해 자기상을 상상적으로 구성하는 조선인의 자기 인식의 내적 갈등이 투영되어 있다.

또한 남방 정복의 의미와 밀접한 연관을 지닌 ABCD 진영을 수식하는 유형화된 표현들이 당대의 남방 담론 전체에 걸쳐 반복적으로 등장하는데 문학 담론도 이러한 유형화를 그대로 전유하는 방식을 보여준다. 즉 영국을 수식하는 표현은 "차마 증하고 괫씸한 해적"이라면, 미국은 "위선자 아메리카"라는 식으로 표현되고, 네덜란드는 "본토의 60배나 되는 식민지를 소유한 국가"라는 유형화된 표현으로 수식된다. 이에 비해 중국에 대해서는 '개와 지나인 출입 금지'라는, 아편 전쟁 당시 영국인이 사용했던 문구가 하나의 교훈적 수식어처럼 담론 공간에 회자되었다. 이는 표면적으로는 중국에 대한 영국의 인종주의를 비판하는 듯한 외양을 취하면서 실제로는 중국을 개와 같은 등급으로 반복적으로 호명함으로써 중국에 대한 인종주의적 시각을 일본 제국의 맥락에서 새롭게 전유하는 역할을 했다. 대표적으로 다음 작품을 들 수 있다. 여기서 일본의 남방 정복은 "대륙의 아들과 대양의 아들의 혼혈"로 그려진다.

대륙의 아들이면서 / 대양의 아들인 / 남방 지나의 뼈더가는 생명 대표하는 / 사슴과 같은 젊은이 / 비어飛魚같은 열혈아 / 우리들의 왕군! // 황포강黃浦江 누른 흐름에 / 열강의 기꼬즌 군함 오르나리고 / 소주하蘇州河 만국공원에 / 개와 중국옷 못드러온다는 / 패가 부터있을 그 시절에 / 뻔드 부두머리에 평화탑 소사오르고 / 대마로大馬路 붉은 전등밑에 째즈 음악이 밤을 새우든 그 시절에 / 그리고 포마청咆馬廳 잔디밭에 양녀가 골푸치고 / 마제스틱 호텔 걸상우에 유태猶太 부자 내밀은 배를 주체 못할 그 시절에 / 그대의 주먹

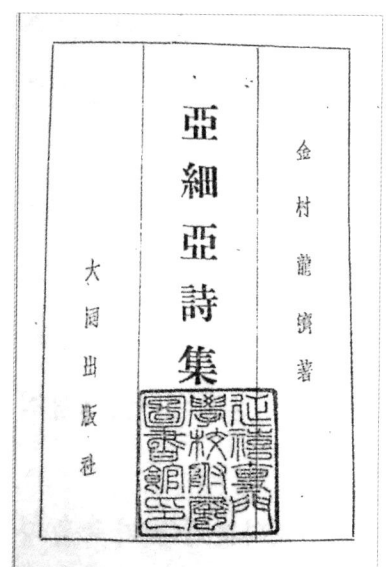

김춘용제의 『아세아시집』 표지. 당시 문인들은 '남방 열기'를 이미지화하는 데 중요한 역할을 했다.

불처럼 달았고 / 그대의 두뺨 풍로처럼 떨었었다. / 아아 공공조계 / 그야말로 **침략자가** / 그들의 반 식민지를 짜고 비틀고 / 빨아드리든 엄청난 도가니 / 기**묘불가사의**奇妙不可思議의 기계가 아니든가 / 1925년 5월 30일 / 술취한 영국인 경부警部가 / 실탄재운 중국인 순포대에 호령을 걸어 / 중국의 자유를 부르짓는 / 청년학생의 행력에 발포해서 / 남경로 아스팔트에 그들의 / 피와 살덩이 문지르든 날 / 그날 저녁에 왕군아! / 오백명 동학을 앞에 누고 / 그섯을 보고하는 그대의 앞은 목소리 / 그대의 비틀거리든 몸짓 / 그대의 뿌리든 눈물 / 지금에 암암하고나 내눈에 / 아아 왕군아![5]

이 시는 주요한(송촌굉일松村紘一)의 「상해조계 진주일에 왕군에게 보냄」이라는 시로 1942년 잡지 『조광』에 실렸다. 1842년 중국이 아편전쟁에 패배해 난징 조약을 맺으면서 상하이 조계가 형성되었고, 이 시는 그로부터

---

5. 주요한(송촌굉일), 「상해조계 진주일에 왕군에게 보냄」, 『조광』, 1942년 2월.

100년 후 상하이 조계에 일본군이 진주한 것을 기념하는 선전 시이다. "개와 중국 옷 못드러온다는 / 패가부터 있을 그 시절"이 상하이 조계의 수난사를 전형적으로 표현하는 수식어로 동원된 것을 볼 수 있다. 또 "붉은 전등 밑에 째즈 음악이 밤을 새우든 시절"이라거나 "잔디밭에 양녀가 골푸치고"와 같은 식으로 상하이 조계를 묘사하는 방식은 상하이 조계를 서구적인 것에 침투되어 이미 타락한 모습으로 그리는 전형적인 재현 방식인데, 이는 이 시기 중국에 대한 선전 담론에서 반복적으로 등장한다. 또 상하이는 이전부터 세계 금융 자본의 집결지이기도 했는데 중일전쟁 이후 일제는 줄곧 상하이 조계를 유태인 자본에 의해 정복된 장소로 표상했고("마제스틱 걸상우에 유태猶太 부자 내밀은 배를 주체 못할 그 시절에") 이는 일본 파시즘에 함축된 반유태주의를 잘 보여주는 사례이다. 즉 독일 나치즘에서 '타락한 유태인'에게 부여된 의미, 표상, 상징과 실제적 '해결 과정'은 일본 파시즘에서는 상하이 조계와 중국인이 맡고 있었다.

또한 남방의 무진장한 자원에 대한 경제적 관심과 남방 정복을 아시아에 대한 동양의 권리 회복으로 기술하는 점 등이 이러한 남방 서사의 전형적인 특징이다. 이러한 정형화된 서사는 당시 문학 담론뿐만 아니라 남방에 대한 여러 다양한 담론들에서도 공통적으로 발견된다.

남방 담론은 크게 남방 정복과 남방 개발이라는 두 의미 축을 따라 생산된다. 남방의 '무진장한 자원'에 대한 경제적 관심을 담은 담론에는 조선의 담론 생산 주체들의 남방 개발에 대한 의욕이 표명되고 있다면, 일제의 남방 정복을 선전하는 담론에서는 주로 아시아에 대한 동양의 권리 회복, ABCD 동맹국에 대한 인종적 비판이 서사의 중심에 놓인다. 이에 비해 원주민 표상을 중심으로 남방에 관한 내러티브를 구성하면서 남방을 문명화된 조선과 대비되는 원시성으로 표상하는 재현의 정치에는 조금 더 복합적인 요인들이 작용한다. 조선의 담론장에서 1939년을 전후로 등장하는 남방에 대한 경제 평론이나 남방에 대한 여러 정보를 소개하는 글에서는 주로 남방의 종족, 풍습, 지리에 대한 소개가 주를 이룬다. 이러한 담론에서는 남방의 다양한 자원에 대한 소개와 함께 조선이 이러한 무궁무진한 자원을 지닌 남방을 통해 어떤 기회를 얻을 수 있을지를 예측하고 진단하고 있다.

남방은 일본 제국의 새로운 점령지이지만 동시에 조선에게는 미지의 기회를 상징하기도 했다. 남방이 줄 수도 있을 새로운 가능성에 대한 초조한 기대와 문명한 조선이 원시적인 남방에서 할 수 있는 '문명화의 사명'을 점치면서 남방에 대한 인종적 관심이 증폭된다. 특히 대동아 성전을 찬미하는 문학 담론들에서 조선의 위치가 제국이 부여한 역할을 충실히 수행하는 '적자'(부과된 일을 충실히 수행하는 주체)였다면, 남방에 대한 관심이 두드러지게 드러나는 서사들에서 '조선'과 조선인(그리고 그 대변자로서의 화자)은 남방 제 민족에 비해 월등하고 우월한 위치를 점하게 된다. 이러한 내러티브상의 주체 위치의 차이는 남방 담론을 여타의 전시 동원 체제의 정책 담론이나 선전 담론과 구별시켜 주는 큰 차이라 할 수 있다.

이 책에서 문학 담론에서의 남방과 관련한 정형화된 서사를 분석하는 것은 이러한 정형화가 개인의 의식이나 감정뿐만이 아니라 특정한 집단적 의식과 감정도 투영한다고 보기 때문이다. 특히 담론에서 개개인의 편차나 개인의 내면을 읽어내기 힘든 1940년대의 담론 공간에서 이러한 정형화된 서사의 분석은 당대 특정 집단의 집단적 의식이나 내면을 읽어내는 중요한 방법이 된다고 생각한다. 물론 이 시기의 문학과 관련하여 친일에서 불가항력적인 협력에 이르기까지 그 내면적 차이를 밝혀내는 것도 중요한 일이다. 그러나 이러한 의도의 차원을 밝히는 것의 중요성 못지않게 당대의 문학자를 비롯한 특정한 집단이 공유하고 있던 집단적 의식을 규명하는 것 또한 당대 지식인들의 '시대 인식'을 읽어내기 위한 중요한 지점이다. 먼저 문학 담론에서 이와 같이 남방에 대한 정형화된 서사를 보여주는 몇 가지 사례를 보면 다음과 같다.

손에손을 이어잡으십시오/발로 박자 맞춰 춤을 춥시다/토토타무타무/타무타무토토타무/

시빌의 젊은이들이여 / 자바의 아가씨들이여 / 손에손을 잡으면 새 날이 밝아온다 / 아시아에 아침이 온다 / 토토타무타무 / 타무타무토토타무

우랄에 깃발꽂고 / 바이칼에 푸울을 만듭시다 / 손에손을 맞잡으면 새날이 밝아오는 / 태평양의 아침해가 솟아오릅니다 / 토토타무타무 / 타무타무토토타무

박자를 맞춥시다 박자를 맞춥시다 / 인도의 코끼리 아저씨 앞에서 / 고비사막의 기다란 목을 가진 낙타군 앞에서 / 바다 표범씨가 보낸 편집니다요 캥거루씨 앞으로 / 토토타무타무타무 / 타무타무토토타무

말레이해에 봉화가 오르면 / 캄카차에서 마라톤이 시작된다 / 손에손을 이어잡고 / 발로 박자를 잘 맞춰서 / 삼단도 기술을 발휘합시다 /

아시아가 밝아오면 / 세계도 밝아진다 / 토토타무타무타무 / 타무타무토토타무[6]

신체제의 이념에 가장 부합하는 주요한의 「손에 손을」은 명랑한 남방 담론의 전형을 보여준다. 주요한은 양적으로도 남방에 관한 이런 방식의 작품을 가장 많이 남겼다. 물론 이는 당시 남방 자원 개발에 촉각을 곤두세우던 화신상사와의 관계나 문단에서의 그의 위치로 미루어 볼 때 당연한 일이라 할 수 있다. 주요한의 이 시는 "토토타무타무타무 / 타무타무토토타무"라는 명랑한 후렴구(토속 음악의 운율을 연상하게 하는)와 함께 남방을 원시적이고 토속적인 원주민의 이미지로 재현하는 전형적인 방식을 보여준다. 남방 시에 유독 많이 등장하는 '젊은이와 아가씨'는 남방이 일본의 점령을

---

6. 주요한, 「손에 손을」, 『국민문학』, 1941년 11월.

통해 서구의 압제로부터 해방되어 신생한다는 의미의 전형적인 상징이다. 또 "인도의 코끼리 아저씨", "고비사막의 낙타군", "바다 표범씨", "캥거루 씨" 등 남방 열도의 각 민족을 동물 이미지로 재현함으로써 남방의 주민들을 '자연성'의 이미지로 재현하는 것도 남방시의 전형적인 상징체계다. 자연성의 이미지는 남방 열도를 문명화의 이미지로부터 탈각시켜서 문명화된 조선과 원시적 남방이라는 서열화된 위계 체계를 만들어내는 전형적 방식이다. 또한 남방 시에서 남방 열도의 제 민족을 자연성의 이미지로 재현하는 것은, 그들이 서구의 압제와 서구화된 지배 계층의 억압에 의해 가장 핍박받은 집단이지만 그런 점에서 가장 순수한(자연적인) 남방 민족성을 지닌 집단이라는 식으로 그들을 재현하는 방식이기도 하다.

그리고 이렇게 남방 주민을 자연성의 이미지로 표상하는 방식은 남방에 대한 경제적 관심과 남방에 대해 조선이 할 수도 있을 '문명화의 역할'을 인종화된 담론 체제로 전도시키는 전형적 방식이기도 하다. 즉 남방이 자연성의 이미지로 재현되는 데에는 '무진장한 자원'의 고장인 남방, 무진장한 원자료의 고장인 남방에 대한 경제적 관심과 남방에 대해 조선이 할 수도 있을 역할에 대한 복잡한 기대감이 담겨 있다. 이광수의 다음 시는 이렇게 남방에 대한 경제적 관심과 조선의 역할에 대한 복잡한 기대감이 인종화된 남방 담론의 생산과 밀접한 관련이 있다는 점을 잘 보여준다.

그것은 필시 멋진 일임에 틀림없도다 / 이 지구가 일찍이 본적이 없는 멋진 세계임에 틀림없도다 / 우리들이 지금 쌓아올리고 있는 대동아는 / 보게나, 저 아름답고 풍만한 남방을 / 저 혹독한 추위와 더위의 북방 광야를 / 그리고, 그 사이에 펼쳐지는 / 온화하고 변화무쌍한 우리의 온대를

저 남반구의 여왕 오스트레일리아도 / 그 곁에서 뻗어나갈 수 있는 뉴우질랜드도 / 거기에 뒤지지 않는 아름다운 하와이도 / 그것은 모두 아시아 대륙의 자녀들이다

한편으론 아시아 대륙을 정복하며 / 한편으론 태평양의 섬들을 보호 육성하며 / 우리의 일본은 군림한다 / 신의 나라, 천황의 나라, 부유한 나라, / 아름다움과 사랑의 나라

아시아에 봄이 다하는 날 없고 / 여름의 무성, 가을의 결실은 항상 있도다 / 구슬같은 쌀이 열리는 토지, 금이랑 석유가 샘솟는 토지 / 아시아에 부족한 것이 있으랴 ― 아니 없도다

…

이땅, 이 백성으로 이루어내리라 / 새로운 세계-황도(皇道)의 대동아를 / 그 안락, 그 희열, 아름다움 / 그 찬란한 빛 ― 그것은 필시 멋진 일임에 틀림없도다7

이광수의 이 시는 먼저 남방 정복과 이에 따른 대동아공영권의 확대를 가족국가주의적 관점에서 재현한 대표적 사례이다. 즉 가족국가주의의 논리가 '정복'과 '보호 육성'과 '군림'의 무모순적 결합으로 이루어진다는 점에서 이광수의 논리는 전형적이다. 여기서 남방을 "아름답고 풍만한 남방", "구슬같은 쌀이 열리는 토지, 금이랑 석유가 샘솟는 토지"와 같은 자연적 이미지로 재현하는 것은 남방의 무진장한 자원에 대한 관심이 반영된 결과다. 또 남방과 북방과 조선의 위치는 "저 아름답고 풍만한 남방을 / 저 혹독한 추위와 더위의 북방 광야를 / 그리고, 그 사이에 펼쳐지는 / 온화하고 변화무쌍한 우리의 온대를"이라는 식으로 위계화되는데 이는 남방에 비해 조선의 문명화된 지위를 강조함으로써 남방에서 조선이 '문명화의 역할'을 맡을 수 있다는 기대와 요청을 복합적으로 내포한다. 즉 남방이 자연성의 의미로서 방대한 자원의 지대라면 북방은 "혹독한 추위와 더위의" 불모지이고, 조선은 "온화하고 변화무쌍한 온대"로서 남방과 북방 모두에 대한

---

7. 이광수, 「전망」, 『녹기』, 1943년 1월. 원문은 일어이다.

우월한 지위를 점한다. 따라서 이광수의 시에서는 "안락, 그 희열"로 표상되는 남방은 온화한 조선의 앞날을 위한 무진장한 자원의 보고로서, 언제든 점령되고 육성될 원자료의 저장고로서 의미화되며, 동시에 남방에 대한 조선의 우월한 지위와 문명화의 역할을 점쳐보면서 시적 주체는 이를 "필시 멋진 일에 틀림없도다"라고 진심으로 감탄하게 된다.

또한 남방을 원주민, 자연성의 이미지로 재현하는 방식은 남방 정복을 서구 압제로부터의 아시아의 해방이라는 차원으로 그리는 과정에서도 압도적으로 드러난다. 일례로 김기진의 「마니자점령」馬尼刺占領은 서사의 전형을 보여준다.

> 태평양太平洋 서西쪽 복판 평화平和한 섬 비율빈比率賓을 / 해적海賊떼 약탈掠奪 끝에 성조기星條旗에 전매轉賣하니 / 사십년四十年 동양東洋의 파도波濤 높을대로 높핫네.
>
> 신주神洲의 건아健兒들이 몇백년百年 개척開拓한곳 / 도로혀 포위진형包圍陣形 이섬이 중심中心되니 / 정의正義의 뽑어든칼이 아니울고 어쩌랴. /
> 장壯하다 황군용사皇軍勇士 마니자馬尼刺를 정략政略하니 / 미국米國의 동아근거東亞根據 아츰해에 이슬일세 / 비율빈比率賓 원주민原住民들은 해방가解放歌를 불니라[8]

일본군에 의한 필리핀의 마닐라 점령을 축하하고 선전하는 「마니자점령」에서도 필리핀 주민은 '원주민'으로 뭉뚱그려진다. 스페인의 오랜 식민지배에서 해방되어 근대 국가를 구축했던 필리핀은 1898년 다시 미국에 의해 식민 지배를 받게 되었다. 1935년 이후 필리핀 자치령이 성립되면서 미국으로부터 독립을 준비하고 있었으나, 미국령이라는 이유로 일본의 침략을

---

8. 김기진, 「마니자점령」, 『조광』, 1942년 2월.

받게 되었고 미국이 필리핀의 군사 무장을 허락하지 않은 상태여서 하루아침에 일본에 점령되었다. 필리핀 점령으로 일본은 승리의 열광에 점점 더 심취하고 있었다. 또한 필리핀은 스페인과 미국의 식민지 지배 아래서도 주체적인 근대 독립 국가 건설을 위해 부단한 투쟁을 해 왔고 필리핀 내에서 이를 추동하는 폭넓은 지식인 세력과 정치 세력이 존재했다. 스페인과 미국은 지식인이나 정치 세력을 배제하면서 여러 섬에 산재한 원주민을 식민 지배에 이용하는 정책을 반복했고 일본이 필리핀을 침략하고 점령하면서 원주민을 활용한 전략 역시 이러한 제국주의 열강의 원주민을 활용해서 필리핀 내부를 분열시키는 전략을 반복하는 것이었다. 일본에서 생산된 남방 담론에서 원주민 표상은 이러한 오래된 제국주의의 인종 분리, 인종 말살 정책을 반복하는 것이었고 조선에서도 이러한 인종차별적인 제국주의 패러다임은 원주민 표상을 통해서 재생산되었다.

이 외에도 원주민을 표상으로 하여 남방을 재현하는 방식은 인종주의적 관심을 이국주의의 낯익은 서사로 재현하는 식으로도 드러난다. 이찬의 「어서 너의 키타를 들어」는 그 대표적 사례라 할 수 있다.

…
불타는 적도직하 무르녹는 야자수 그늘 올리브 코코아 파나나 파인애플,
울창한 향기에 쌓인

그것은 짜바라도 좋다 하와이라도 좋다 그것은 호주라도 좋다 란인이라도 좋다
나는 장군도 싫노라 총독도 싫노라
나는 다만 지극히 너와 친할 수 있는 한개 에트란재로 족하노니
깜둥이 나의 여인아
어서 너의 키-타를 들어 …
미친 듯 정열에 뛰는 손끝이여 우는 듯 웃는 듯 다감한 음률이여

들려다오 마음껏 해방된 네 종족의

참으로 참으로 기쁜 그 노래를

이 오래인 인고에 헝클어진 네 머리칼을 쓰다듬으며 쓰다듬으며

나도 아이처럼 즐거워보련다 이웃잔체처럼 즐거워보련다[9]

이처럼 남방에 관한 문학적 담론들은 몇 가지 정형화된 서사를 보여준다. 이러한 정형화된 서사는 당대의 남방에 대한 담론 체계의 일반적 특성과 관련된다. 특히 남방 담론의 주된 장르였던 종족지는 정형화를 형성한 중요한 요소다. 그리고 남방 담론이 종족지로 형성되는 것은 단지 일본의 선전 담론의 일방적 영향 때문만이 아니다. 남방에 대한 조선 내부의 고유한 관심도 밀접하게 연관되었다.

4. 확장되는 영토, 포섭·배제되는 주민들 — 남방의 자원과 원주민, 그리고 '화교 경제'

남방 담론이 주로 종족지의 형태를 취하는 것과 대조적으로 같은 시기 독일이 점령한 새로운 식민지에 대해 조선에서 생산된 여러 담론은 주로 지리지geography의 형태를 취한다. 남방 담론이 종족지 형식을 취한 것은 앞서도 살펴본 것처럼 피식민지 주민을 석대석으로 위계화하면서 근대화된 지식인이나 정치 세력, 근대 도시의 주민들을 배제하고 분산되어 있는 오지의 주민들을 식민 지배의 협력 집단으로 포섭해 온 동남아시아에 대한 제국주의의 오랜 인종 분리와 인종 말살적인 침략 정책과 밀접한 관련이 있다. 즉 남방 종족지는 기존의 서구 제국주의와 마찬가지로 근대화되고 문명화된, 제국주의에 저항하는 남방의 주민 집단을 비가시화하면서 남방 주민을 원시적이고 비문명화된 원주민으로 표상하면서 일본의 점령을 정

---

9. 이찬, 「어서 너의 키타를 들어」, 『조광』, 1942년 6월.

당화한다. 원주민으로 표상되는 남방 주민은 서구 제국주의의 가장 큰 희생양으로 그려지면서 일본의 남방 점령을 서구로부터 이 가련하고 순진무구한 남방 원주민을 구원하는 해방 전쟁으로 선전하는 도구로 전유된다.

남방의 실질적인 주민은 다양하고 근대 교육을 받은 엘리트가 다수였으나, 남방 담론에서 남방 주민은 비문명화된 원주민으로 표상된다. 이는 남방에 대한 정보 부족도 한 이유다. 그러나 이처럼 남방 주민을 원주민으로 그리면서 남방을 문명화가 필요한 미개한 지역으로 배치하는 이러한 문명화라는 담론 전략은 인종 분리와 인종 말살의 다른 이름이다. 남방 담론은 원주민을 남방의 대표 표상으로 내세우면서 이들을 '일본에 의해 해방된 남방(대동아)의 주민'의 대표 표상으로 앞세운다. 즉 이른바 '대동아'의 주민으로서 해방된 아시아의 주민은 이들 원주민으로 표상되는 데 이러한 표상 과정 자체가 남방의 주민에 대한 인종 분리와 인종 말살을 비가시화하면서 정당화하는 역할을 수행했다. 이는 일본이 러일 전쟁, 조선 침략과 강제 점령, 중일 전쟁에서 태평양 전쟁과 2차 세계대전에 이르기까지 모든 전쟁을 도발하면서 내걸었던 '아시아 해방' 혹은 해방된 아시아의 주민은 누구인가라는 문제와도 밀접한 관련이 있다. 일본은 제국주의 침략 전쟁을 수행하면서 점령지 주민을 '원주민'으로 환원하여 스스로 문명화의 사명을 반복적으로 자신에게 부여하여 점령과 학살을 정당화해 왔고, 남방 점령 과정에서 다시 등장한 원주민 표상은 일본의 근대 초기부터 이어진 인종주의와 인종 말살의 판타지로서의 제국주의 전쟁의 열망과 표상이 다시 회귀한 것과 다르지 않다.

조선에서 유행한 남방 원주민에 대한 담론은 이러한 일본의 인종 말살의 오래된 판타지를 반복하는 것이었지만, 새로운 점령지의 목록이 매일매일 만들어지던 시점에서 오래된 식민지로서 조선의 가치가 위태롭다고 느꼈던 조선의 협력 집단에게는 남방 원주민에 관한 담론은 또 다른 의미로 다가오기도 했다. 조선에서 생산된 남방 종족지는 오래된 식민지로서 조선의 위기감과 불안감, 어쩌면 새로운 기회가 될 수도 있을 남방에 대한 기대

왼쪽:「화교 상업의 발달 원인」,『대동아 민족지』(동아경제간담회 엮음, 1943). 오른쪽: 김승범,「대동아 전쟁과 화교의 동향」,『춘추』, 1942년 3월.

와 선망이 복잡하게 뒤얽혀 만들어졌다.

그러나 총독부는 조선인들이 이러한 방식으로 남방에 관심을 갖는 것을 경계했다. 총독부는 남방에 대한 관심을 주로 일본의 대동아 성전의 혁혁한 전과를 조선인들이 인지하는 정도의 선으로 제한했고 남방 자원이나 남방 건설에 대한 조선의 관심을 철저히 경계했다. 그럼에도 불구하고 조선인들의 남방에 대한 열기는 가라앉지 않았다. 균등하지 않지만, 이러한 남방 열기의 근저에 흐르고 있는 것은, 포섭되는 원주민과 배제되는 주민들(주로 서구 교육을 받은 지식인과 도시 거주자들), 그리고 이미 남방에서 경제적 주도권을 쥐고 있었기에 일본 제국에게 문제적 정체성 집단으로 간주된 남방 거주 화교 집단 사이에서의 조선의 위치, 몫은 어떤 것인지를 가늠하려는 일말의 기대였다.

특히 남방 담론에서 화교는 조선인의 장래와 관련해 주된 비교의 대상이 되었다. 조선의 담론 공간에서 남방 화교에 대한 관심은 표면적으로는 남방의 화교 집단이 중국과의 연계를 끊고 일본과 협조할 것인가 아닌가 하는 관심을 표명하는 방식으로 드러난다. 그러나 담론 이면에 흐르는 것은 '남방에서 화교가 어떻게 경제권을 잡게 되었는가, 그리고 화교의 지분이 축소되는 이 시점에 조선인이 남방에서 화교처럼 될 수는 없는가?'라는 질문이었다.

담론을 통해 드러나는 남방에 대한 조선인들의 관심은 단지 남방 개발과 남방 지역에서 실제적으로 획득 가능한 조선인의 몫이나 지위에 대한 관심에 그치지 않았다. 오히려 남방 열기는 대동아공영권 내에서 '아시아의 불변하는 토착민'으로서 재정립이 가능한 것으로 예측되는 조선인의 새로운 위치에 대한 관심과 열기였다. 앞서도 살펴보았듯이 원주민을 대표 표상으로 내세운 일제의 남방 점령 담론은 동남아시아 주민을 분리하고 특정 집단을 말살하고, 특정 집단을 협력 집단으로 포섭한 전형적인 정착민 식민주의의 방식을 정확하게 반복하는 것이었다. 일제는 서구 제국주의의 인종 말살에 기반한 제국주의 지배(정착민 식민주의)와 대비되는 동화주의를 채택했다고 강변했고 이른바 '대동아 성전'은 이렇게 스스로를 차별화한 제국주의 지배 이데올로기의 연장선상에 있었다. 조선의 지식인이나 협력 집단은 조선 통치의 이념으로서 일본 제국주의의 아시아주의와 동화주의의 한계와 위선을 간파하고 있었지만, 새로운 점령지였던 남방 공영권에 대해서는 이러한 비판적 인식이 동요하고 있는 지점이 곳곳에서 드러난다.

최근까지도 일본의 제국주의 정책을 정착민 식민주의로 해석하는 연구는 거의 없었다. 이는 정착민 식민주의를 유럽의 아프리카와 동남아시아 점령과 지배, 영국의 오세아니아 대륙에 대한 인종말살과 제국주의 지배 정책, 미국의 인디언 말살과 흑인 노예화 등의 사례에 특화된 제국주의 양식으로 보았기 때문이다. 최근에는 일본 식민주의를 정착민 식민주의로 고찰하는 연구도 시작되었다. 또한 최근 들어 정착민 식민주의를 과거의 특정한 식민주의의 형식이 아니라, 오늘날까지 지속되고 변형되는 현재형으로 고찰하는 연구가 활발하게 진행되고 있다. 이런 연구를 통해서 일본의 주변 지역 침략과 정복, 식민화 과정을 정착민 식민주의로 해석하는 새로운 연구도 진행 중이다. 나아가 정착민 식민주의를 제국주의 지배 시기라는 특정한 '과거'를 규명하는 방법으로서만이 아니라, 특정 지역 주민의 생존권과 거주권을 강제로 박탈하고 이에 저항하는 주민을 법이나 경찰력, 자본의 힘을 통해 생물학적 죽음이나 사회적 죽음에 이르게 하는 등의 방식을 정착민 식민주의로 해석하는 연구가 활발하게 진행 중이다.[10]

특히 남방 점령은 중국, 동남아시아의 여러 민족 집단, 서구의 제국주의 등의 다양한 행위자들뿐 아니라, 일제의 기존 식민지였던 타이완과 조선, 만주국 등 여러 행위자들 사이의 충돌하는 이해관계의 소용돌이를 불러일으켰고 이를 통해 조선의 담론 공간을 들끓게 만들었다. 동시에 남방이라는 새로운 점령지가 부상하면서 조선이 맡을 수도 있을 미지의 역할에 대한 기대가 담론 곳곳에서 확인되며 이는 남방을 매개로 아시아에서의 조선의 위치에 대한 '자부심'이 고양되는 일단을 보여주는 것이었다.

일례로 김동인은 소설 「분토의 주인」에서 중국에 대한 조선의 우위를 이렇게 서술한다. 중국은 "'국가놀이', '천자놀이'에 골몰하여 한가지의 문화가 계속하여 성장하지 못하고, 자라다가는 부러지고 피다가는 시들어 온갖 문화의 조생품初生品만 잡연히 널려 놓여 있어서 마치 문화 발생간식마당見本市인 느낌이 있는 반대로 여기는, 칠백 년간 일 왕실의 밑에서, 자라고 퍼지는 국가 분위기를 흡수하면서, 활발하게 꽃핀 이 땅의 문화는, 한껏 빛나고 한껏 찬란했다"라고 하면서 중국과 대비되는 '조선'의 본토성, 불변한 토착성을 강조하고 있다.[11]

---

10. 이에 대해서는 권명아, 「힐링 여행의 아포칼립스와 정착민 식민주의의 정동들」, 『대중서사연구』 30, no. 2 (2024) 참고. 일본의 제국주의 지배 정책을 정착민 식민주의로 해석한 대표적 연구로는 우치다 준, 『제국의 브로커들—일제강점기의 일본 정착민 식민주의 1876~1945』, 한승동 옮김 (길, 2020) 참고.

이런 식으로 남방과 중국에 대해 조선을 우월한 위치에 두고 일본 제국의 새로운 점령지들에서 조선이 새로운 역할을 수행할 수 있으리라는 기대가 담긴 조선의 담론 공간의 논의는 한편으로는 당대 일제의 점령 논리에 담긴 인종주의를 반복하는 측면이 있다. 흥미로운 점은 막상 일제의 지배 정책에 담긴 인종주의의 논리 구조와 위계에서 조선은 남방이나 중국보다 높은 지위를 차지 하지 않았다. 특히 중국과 관련해서 조선은 중국에 종속된 존재로 배치되었다. 남방에 대한 조선의 우월한 지위를 강조하면서 나름의 역할을 자임한 조선 내의 논의에 대해 조선총독부는 명확하게 선을 그었다. 그런 점에서 조선의 담론 공간에서 담론 생산 주체들이 남방과 남방 거주 화교, 그리고 중국에 비해 조선의 위치를 우월한 존재로 배치하고, 조선이 이 새로운 인종적 위계 속에서 일본 제국과 유사한 역할을 맡기를 기대하고 요청한 것은 단지 일본 제국의 지배 이데올로기를 반복한 것은 아니었다. 역설적으로 조선의 담론 주체들이 조선을 한편으로는 남방과 중국에 대해 우월한 위치로 설정하면서 다른 한편으로는 일본과 대등한 존재로 배치하려는 집요한 시도가 남방에 대한 열기에는 불균질하고 모순적으로 담겨 있었다. 그리고 일본 제국은 결코 이러한 조선의 기대와 요청에 응답하거나 부응하지 않았고, 이러한 열기를 억제하려고 했다.

5. 남방 관심의 개관 — 관심의 복합성, 제국의 판타지에서 일상적 이해관계까지

조선에서의 남방 열기가 확대되자 총독부는 여러 방식으로 이 열기를 수습했다. 남방 열기에서 드러나는 조선인들의 조선의 위치에 대한 불안감을 무마하기 위해서였고, 동시에 남방에 대한 '과도한 관심'에 내포된 남방에 대한 선망을 경계하기 위해서였다. 따라서 이는 조선에서 '남방'이 조선

---

11. 김동인, 「분토의 주인」, 『조광』, 1944년 7월.

의 위치에 대한 동요로 실감되었다는 것을 의미한다. 남방 담론에는 총독부와 제국의 이데올로기를 초과하는 과잉된 지점, 초과의 지점이 존재했다는 것을 의미한다.

만주국 건국 10주년 기념행사에서 조선의 위치에 대한 재천명이 이루어지는 것도 이러한 맥락에서 비롯되었다. 여기서 "내지, 만주, 북지는 부채의 사복이요, 지나 본부는 부채살이요, 남양의 동인도, 마래, 면전緬甸(미얀마) 등은 부채의 면扇面에 그린 화花모양이다"라고 표현되고 있다. 그리하여 현재 조선인들이 "한결같이 선면扇面에 그려진 찬란한 꽃을 보고 있으나 실상 부채의 생명은 사복에 있는 것이니 … 조선은 일본과 만주, 북지를 연결하여 그 중간에 놓이며 부채 사복 중에도 중핵 사복the pivot of a fan이라고 하지 않을 수 없다"라고 조선의 위치의 중요성이 재천명된다.

또 남방 열기를 경계하고 북방 기지로서의 조선의 중요성을 강조하는 글에는 역으로 남방에 대한 당시의 관심의 면면이 드러나 있다. "남방의 풍부한 자원이 유입되어 물자동원 계획이 변화되거나 경제적 통제가 완화될 것이라는 기대감, 민수품의 수입으로 일상용품이 풍족해질 것이라는 기대감"과 "남방 개발에 집중됨으로써 조선의 자원 개발의 위치가 멸살될 것 같은 불안감, 남방의 값싼 쌀의 수입으로 인해 조선의 산미증식 계획의 중요성이 부인될 것이라는 불안감, 마래반도, 비율빈, 란인 등의 광업 자원의 풍부힘으로 인해 조선의 광업은 개발의 가치가 없으며 그 자원에 의존하는 조선의 공업은 장래성이 희박해질 것이라는 불안감" 등에 남방에 대한 관심이 드러나 있는 것이다.[12]

6. '땅의 아들'로서의 '원주민'과 피식민 주체성의 문제

태평양 전쟁기에 남방과의 관계에서 구체화되는 제국의 판타지는 아시

---

12. 김승범(식산은행 조사과), 「북방 건설과 조선 공업」, 『조광』, 1942년 4월.

아 토착민으로서의 조선의 우월한 지위다. 또한 남방 원주민에 대한 관심은 남방에 대한 조선의 우위와 남방에서의 조선의 지분과 위치, 궁극적으로는 대동아공영권 내에서의 조선의 장래 위치에 대한 불안감과 기대의 복합체다.

3부에서도 논한 바와 같이 태평양 전쟁의 경험을 통해(본질적으로는 대동아공영권 이데올로기를 통해) 조선에서는 토착성(본래성indigenousness)이 정체성의 구성에 있어서 중요한 준거로 대두되었다. 황민화와 대동아공영권 논리는 개개인의 귀속적 자질과 계약론적 사회관계에 대한 인식에 일정한 변화를 강제했다. 앞서도 살펴보았듯이 일제 강점 기간 막바지까지도 참정권과 같이 조선인이 사회계약을 통해 일본인이 될 수 있는 길은 거의 열리지 않았다. 그러나 내선일체를 정책 구호로 내걸고, '좋은 일본인'이 된다면 일본인으로서의 자격을 획득할 수 있을 것 같은 약속을 반복했다. 즉 조선인에게 일본인이 된다는 것은 무한히 지연되는 한 다발의 약속이었다. 피식민자로서 조선인은 혈통과 같은 귀속적 자질로도, 일본 제국의 지배하에 있는 영토(식민지)에서 태어났다는 속지주의의 귀속적 자질로도 국적을 취득할 수 없지만, '대동아'의 선주민으로서의 귀속적 자질을 통해서는 대동아공영권에서 특정한 귀속 신분을 얻을 수도 있으리라는 환상을 부여한 것이 남방 점령에서 극화된 선전 논리이기도 했다. 역설적인 것은 조선인을 대동아라는 새로운 영토의 '선주민'으로 할당하는 일제의 새로운 지배 정책은 조선을 주권과 정치적 행위자성이 존재하지 않는, 다만 특정한 문화적 공동체성을 공유하는 역사적인 종족집단으로 강제적으로 폄하하는 과정이었다. 조선의 담론 공간에서 등장하듯이 당시 일제 협력 집단이 남방의 '원주민'과 '무진장한 자원'을 마주하고, 새로운 기회를 꿈꾸었던 바로 그 제국의 판타지는 일제가 조선을 야만적이고 비문명화된 원주민으로 강제적으로 가치 절하하는 과정을 반복하는 일이기도 했다.

중요한 것은 이러한 갈등적인 변화 과정 속에서 일본 제국주의 지배 정책과 담론 공간에서 본래성, 토착성indigenousness 등이 정체성과 관련하여 새삼스럽게 다시 중요한 준거로 호출되었다는 점이다. 이는 남방 담론이 동시에 조선적인 것에 대한 담론, 특히 조선적인 것을 '종족적인 것'으로 강제적으로 재배치하는 일본의 통치 전략과 이데올로기와도 밀접한 관련이 있다. 이에 대해서는 5부에서 자세하게 살펴보도록 하겠다.

이른바 대동아공영권을 지역성의 연합체로 상정하고, 지역성의 정체성을 아시아의 본래 주민(토착민)으로 상정하는 방식 역시 이처럼 토착성$^{in\text{-}digenousness}$을 준거로 정체성을 강제적으로 재구성하는 과정의 하나였다. 또한 대동아공영권에 대한 이러한 인식은 지역성의 연합체로서의 대동아공영권 내에서의 우열관계를 토착성의 우열관계(조선의 우위성)와 결합시키는 한 요인이 된 것으로 보인다.

이러한 과정이 조선적인 것을 근대 국민국가의 주권과 결합된 내셔널리티의 개념으로부터 탈각(혹은 초월)시켜, '땅의 거주자, 땅의 아들'로서의 종족성^{ethnicity}과 지역성^{locality}의 개념으로 재구성하게 만든 것으로 보인다. 즉 남방에 대한 열망과 관련된 조선 협력자 집단의 제국의 판타지는 본질상 매우 갈등적이다. 황민화가 민족, 종족 사이의 분리를 강제하면서 황민이 되는 것(국민이 되는 것)과 민족적 정체성 사이의 관계를 강제적인 적대를 통한 증오의 수행과 자기 부정의 문제로 전도시켰다면, 대동아공영의 이념은 '대동아공영권' 내의 종족 집단에 대한 분리와 적대를 강화하면서 서로 다른 피식민자 집단들에게 피식민자 집단 사이에서 서로 우월한 시위를 획득할 수 있는 기회의 약속으로 제시되었다. 또 이 약속이야말로 피식민자들이 적대와 증오, 위계화를 수행하도록 내면화하는 동력이었다. 즉 황민화가 조선인들 내부의 적대와 위계를 촘촘하게 구축하면서 조선인들 내부의 인종, 젠더, 지역, 세대에 따른 경쟁과 적대를 강화하고 부추기는 방식이었다면 대동아공영의 이념은 이런 적대와 위계를 '대동아 전체'로 확산하여 반복하는 것이기도 했다. 이렇게 피식민자 집단 내부를 향한 적대와 증오, 그리고 외부를 향한 적대와 증오는 피식민자 사회 전체를 '아래로부터' 파괴했고, 외부와의 연결을 완벽하게 파괴했다. 따라서 황민화와 대

 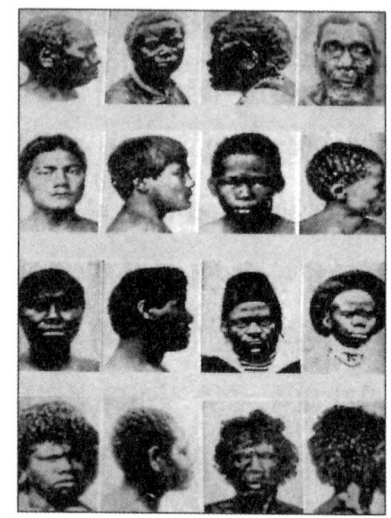

"남방의 종족 = 원주민"(모리야 가쓰미, 『동양적 생활권』).

    동아공영의 이념을 통해 구축된 정체성 형성 방식은 탈식민화postcolonial 과정에서 국민국가 정체성을 구성함에 있어서 갈등, 내전, (국경, 민족)분쟁을 촉발할 수 있는 증오의 인프라로 작동하고 재생산되었다.

    동남아시아에서 토착인의 문제는 국민국가 수립 과정에서 국경, 인종 분쟁으로도 이어졌다. 후식민화 시기에 이어 냉전기에 이르면 이른바 '토착민 문제'는 냉전 반공 블록이 형성되는 이데올로기적 기반이 되어 코뮤니즘에 대한 안티테제로 다시 소환되었다. 예컨대 말레이시아의 경우 탈식민화 과정에서 말레이반도의 소유권은 '토착민'에게 있다는 이슈로 인하여 또다시 말레이반도의 토착민은 누구인가라는 것이 논쟁, 갈등, 인종 폭동의 근거가 되었다. 이러한 토착민의 정당한 권리라는 이슈는 일본 점령의 경험과 밀접한 관련이 있다.[13]

---

13. Alice M. Nah, "Negotiating Indigenous Identity in Postcolonial Malaysia : Beyond Being 'Not

또한 이 문제는 동남아시아뿐만 아니라 한국의 경우도 동일한 맥락에서 살펴보아야 한다. 즉 이러한 토착성, 본래성의 이념이 탈식민화된 국민국가 정체성을 구성함에 있어서 '한국적 국민국가' 구성을 정당화하는 근거가 된 것도 이러한 일본 제국주의의 황민화와 대동아공영 이념의 역사적 경험과 밀접한 관련이 있다.

---

quite/Not Malay'," *Social Identities* 9, no. 4 (2002) 참조.

2장

'남방', 중국, 화교와의 경쟁, 식민지 '사이'의 경쟁이 남긴 것

1. 대동아공영의 이념과 가족국가주의 ─ 인종과 젠더, 그리고 민족

일본의 식민 통치와 아시아에 대한 식민주의적 지배의 역사는 1930년대 들어 가속화된다. 이 시기는 이른바 제국주의 가속화go-fast imperialism의 시기라고 규정된다.[1] 1932년의 만주국 수립을 기점으로 일본의 식민주의는 가속화된다. 만주사변은 '대동아 전쟁'의 서막이며 '대동아공영권' 논의 역시 이 시기로 소급된다. 1936년 관동군 사령관 우에다 겐키치가 기초한 「'만주국의 근본 이념'과 협화회의 본질」에서는 만주국의 건국이 '팔굉일우'八紘一宇의 이상을 실현할 야마토 민족(대화민족大和民族)의 세계사적 발전 과정에 있어서의 제1단계이다. 점차 중국·인도·호주·시베리아에 제2, 제3의 만주국을 건설하는 것이 일본의 이상이라고 호언한다.[2] 이른바 '대동아'의 구상은 메이지 시대 초기부터 지속되어 왔지만,[3] 1930년대의 아시아에

---

1. J. W. Dower, *Empire and Aftermath : Yoshida Shigeru and the Japanese Experience, 1878-1954*, (Harvard University Press, 1979), 85.
2. 정창석, 「'대동아의식'과 한국인」, 『일본학보』 51 (2002년 6월) : 515.
3. 메이지 시대 초기부터 최근까지 이어지는 일본의 '동아'에 대한 구상에 대해서는 이성시, 「동

대한 전면적인 군사적 팽창 기간 동안 대동아의 구상은 인종과 제국에 관한 새로운 정립을 초래하게 된다. 루이즈 영Louise Young에 따르면 "1930년대에 아시아에서 군사적 팽창주의의 새로운 공격적인 단계가 시작된 것은 인종과 제국의 문제에 대하여 재고하게 했다." 이른바 대동아 전쟁과 대동아공영권이라는 이념은 "인종적 공포와 인종적 사명에 대한 서구의 어휘들을 전용하였다. '백화'에 대항하여 힘을 합칠 것을 주장하면서 어휘들을 서구로 향하게 했다. 그래서 1930년대의 식민지 단계는 국제 관계와 식민지 정책에 대한 언어의 인종화를 불러일으켰다."4

1930년대 이후 아시아에 대한 일본의 군사적 팽창의 정당화는 이른바 '대동아공영권'의 구상이라는 이름으로 구체화된다. 그리고 식민지 기획에 있어서 '동화의 수사학'이 전면화된다. 동화의 수사학은 내선일체와 일어 사용의 강제화, 창씨개명 같은 억압적 국가 기구를 통한 정책 수행뿐만 아니라 '운명 공동체', 대동아 가족과 같은 이데올로기적 담론의 차원에서 폭넓게 진행된다. 일본의 식민지 기획에서 동화의 수사학은 그 출발에서부터 아시아를 근대로 이끌어야 한다는 이른바 '문명화의 사명'이라는 취지로 정당화되었다. 아시아의 각국은 '문명화의 수준'이라는 차원에서 인종적으로 서열화되고 위계화되었다. 수사적인 표현으로는 '운명 공동체'로서의 대동아는 일본의 지도하에 아시아 제국이 '동일한' 문명화의 수준에 도달하는 것을 의미했다. 일본의 경우 1930년대 후반 이후 태평양 전쟁이 임

아시아 문화권의 형성」, 『만들어진 고대 ─ 근대 국민국가의 동아시아 이야기』, 박경희 옮김 (삼인, 2001) 참조. 동아의 구상과 한자 문화권의 의미, 이와 관련된 민족, 종족, 국족의 문제에 대해서는 니시카와 나가오, 「한자 문화권에서의 문화연구 ─ 문명, 문화, 민족, 국민의 개념을 둘러싸고」, 『국민이라는 괴물』, 윤대석 옮김 (소명출판사, 2002) 참조. 또 메이지 시대 초기에서 1930년대까지 이어진 동아 구상의 성격과 도분도슈(同文同種)에 대한 인식 변화 그리고 이에 따른 일본, 중국, 아시아 각국의 관계에 대한 재정립에 대해서는 Kazuki Sato, "Same Language, Same Race : The Dilemma of Kanbun in Modern Japan," in *The Construction of Racial Identities in China and Japan* 참조.

4. Louise Young, "Rethinking Race for Manchokuo : Self and Other in the Colonial Context," in *The Construction of Racial Identities in China and Japan*, 161.

박해지면서 인종적 위계의 두 축을 생산했다. 하나는 일본인과 유럽인 사이의 인종적 위계이다. 다른 하나는 일본인과 아시아인 사이의 인종적 위계와 서열화의 축이 그것이다.

'백화'에 대항하는 '동아'라는 기치 아래 '대동아 전쟁'을 '성전'과 아시아의 평화를 수호하는 '정의의 전쟁'으로 의미화하는 데 중요한 역할을 담당한 것은 일본 천황제 파시즘의 기저에 놓인 가족국가주의의 '대동아적인' 확대이다. 메이지 시대 초기부터 계속된 서구인과 아시아인에 대한 인종화된 담론이 일본과 아시아인 사이와 일본과 서구 사이에 분리와 배제의 적대와 위계화된 경계선을 구축하는 작업이었다면, 대동아의 구상은 이러한 인종적 담론이 자기와 타자 사이의 배타적인 적대의 분리선과 '통합'의 선이라는 모순되고 갈등적인 작업으로 전환한 것처럼 보인다. 그러나 실상 이러한 적대적 배제와 통합의 이율배반적 기획은 일본의 천황제 체제에 기반을 둔 식민주의와 가족국가주의적 파시즘의 기본적인 기획이었다.5

이른바 대동아의 구상이란 표면에 놓인 동화의 수사학에도 불구하고 (물론 이 동화는 '문명화의 수준'에 따른 위계화와 같이 배타적인 적대와 차별화의 다른 이름이다) 기본적으로 일본과 아시아 여러 국가들 사이의 배타적인 적대와 서열화에 의해 지탱된다. 이는 일본을 동아시아 가족들의 수장으로 위치 짓고 아시아 각국을 '제국의 아이들'로 서열화하는 가족국가주의적 담론에서 전형적으로 드러난다. 이러한 가족국가주의적 담론에 의한 식민주의는 "적절한 위치에 대한 유교적 관념과 일본인의 성스러운 조상에 대한 신도 사상이 서구의 인종적 과학의 얼개로 도금"6됨으로써 구성된 것이다.

---

5. 메이지 시대 초기부터 진행된 일본 천황제와 가족국가주의에 대해서는 별도의 작업을 통해 논하기로 하고, 이 책에서는 주로 1930년대 후반에서 1940년대까지의 가족국가주의적 파시즘 및 대동아의 구상과 관련한 논의에 집중하고자 한다. 1930년대의 가족국가주의와 해방 이후 가족 이념의 국가주의적 재전유에 대해서는 권명아, 「마지노선의 이데올로기와 가족, 국가」 참조.
6. Young, "Rethinking Race for Manchokuo," 160.

서구와 동양의 한판승이라는 담론은 만주사변 이후 인종주의를 강화했다. 식민지인인 조선인들에게 일제 말기는 서구와 동양의 제국들 사이에서, 또 새롭게 편성되는 식민지들 사이에서 조바심과 열망으로 자신의 위치를 가늠해야 하는 시기이기도 했다. 『총동원』, 1939년 7월.

    일본을 동아시아 가족들의 수장으로, 아시아 각국을 '제국의 아이들'로 재배치하는 이러한 대동아공영권의 구상은 인종적 위계화에 토대를 두고 있지만, 이러한 인종적 위계화는 '가족'이라는 젠더화된 범주에 의해 정당화되고 재생산된다. 일본의 천황제 파시즘의 근간을 이루는 가족국가주의와 '가족', '직분' 등에 대해서는 다양한 논의가 제시되고 있다. 천황제와 신도 사상의 근간을 이루는 '가족'과 '직분'이라는 논리는 유교적 전통에서 비롯된 '민간 모델'folk model의 재구조화7의 차원에서 살펴볼 필요가 있다. 동시에 일본의 근대화 과정에서 '전통의 창안'의 한 과정으로 논의될 필요가 있다.[8]

---

7. 대표적으로 Frank Dikötter, ed., *The Construction of Racial Identities in China and Japan*. 이 책의 논자들은 일본의 인종주의와 인종화된 담론을 '민간 모델'의 전유라는 차원에서 접근하고 있다.

가족국가주의의 이념과 대동아공영권의 구상, 제국과 식민지, 혹은 '오래된' 식민지와 '새로운' 식민지, 그리고 식민지 내부의 젠더화된 위계에 대해 논하기 위해서는 가족국가주의가 인간의 기본적인 결속 관계와, 사회 그리고 국가를 어떤 방식으로 젠더화된 위계로 구축하는지 고찰할 필요가 있다. 또한 가족국가주의의 젠더 정치는 제국과 식민지 사이에 서열과 위계를 구축할 뿐 아니라, '제국' 내부에도 서열과 위계를 구축하며, 오래된 식민지와 새로운 식민지, 새로운 점령지들 사이에도 서열과 위계를 구축하는 원리로 작동한다.

메이지 시대 초기부터 가족국가주의는 이른바 일본적인 것을 구상하는 기본적인 틀이 되었다. 즉 가족국가주의는 민족, 인종, 제국에 대한 기획과 '적절성'(적절한 국민 성원, 적절한 가족체, 적절한 사회체 등)에 대한 감각을 구성하는 원리이다. 한국의 경우와 마찬가지로 일본에서 '네이션'nation은 민족과 국가 개념을 오가며 사용되었고 역사적으로 정확하게 구별되어 사용되지 않았다. 또 인종, 종족, 민족의 범주들이 '네이션'의 층위에 뒤섞여 사용되었다. 이는 실상 단순한 개념상의 혼란을 의미하는 것이 아니다. 오히려 이렇게 개념이 뒤섞여서 사용되어 온 역사는 일본과 한국에서 일본 됨, 한국 됨 등의 의미가 인종화된 담론의 틀을 따라 역사적으로 구성되었다는 의미이기도 하다.9 일본에서 가족이 메이지 초기부터 '네이션'을 구성하는 중요한 상징적 준거가 된 것은 "일본 됨의 의미를 삶의 방식의 순수성과 동질성"이라는 강력한 이미지 속에서 재구축하기 위해서였다. "네이션은 민족/국가적 공동체와 국가의 수장으로서 성스러운 아버지인 황제를 둔 확장된 가족으로 간주되었다. 상상된 공동체는 황제를 민족의 수장으

---

8. 대표적인 논의로는 Sand, "At Home in the Meiji Period." 조던 샌드는 디쾨터(Frank Dikötter)와 달리 가족 이념이 민간 모델의 재구성이라기보다 메이지 시대의 근대화 구상 속에서 새롭게 발명된 것이라고 규정한다.
9. 특히 일본의 인종과 민족 범주의 문제와 문화민족주의의 인종주의적 특질에 대해서는 Michael Weiner, "The Invention of Identity : Race and Nation in Pre-war Japan," in *The Construction of Racial Identities in China and Japan* 참조.

로서 경배하고 국가에 대한 충성과 복종이 동일한 지위를 부여받는 신도라는 차원에서 궁극적으로 성화되었다."10 물론 가족국가주의의 이념은 일본적인 것과 아닌 것 사이의 배타적 위계화를 구성할 뿐만 아니라 황제와 신민 사이의 내부적 서열화를 구성한다. 그리고 내부적 서열화의 구성은 '가족'이라는 모델에 각인된 젠더화된 상징체계를 동원함으로써 완성된다.11 1930년대 후반 대동아의 구상 속에서 가족국가주의의 정치학과 이를 지탱하는 가족 담론의 역할은 기존의 가족 담론에 기반을 두면서 새로운 '가족상'을 구성한다.

'이에'家의 이념이 민족국가 구성의 단위로 호출될 때 '이에'家와 민족, 국가 개념 사이에 내적 균열과 모순이 발생할 수밖에 없다. '이에'家의 이념에 내포된 혈연적 동질성(야마토 왕조의 후예로서의 일본 민족의 단일성)과 현실적으로 다양한 인종을 일본 국가의 일원으로 통합하는 기획 사이에는 내적인 모순과 균열이 항상 존재했다. 이러한 내적 모순과 균열은 1930년대 후반 이른바 대동아공영권의 기획에 이르러 더욱 근본적인 모순을 갖게 되고 균열은 극대화되는데, 이러한 모순과 균열은 '인보협화'鄰保協和라는 새로운 이념에 의해 정당화된다.

二. 인보협화鄰保協和

혈연과 지연地緣은 우리나라[일본을 뜻함—인용자] 고래의 기본적 사회 결합이며 양자는 모순, 불일치되지 않을뿐더러 혈연에 의한 이에家의 생활에서 공존공영의 관념을 옮겨서 지연에 의한 인보鄰保에 이르게 하고 나아가서는 국가사회의 결합의 기본 정신이게 만드는 것이 일본적 성격임을 인식하여서 인보鄰保 협화協和의 내실을 제고한다.12

---

10. 같은 글, 101.
11. 일본의 가족 이념은 이에(家), 호무(home), 카테이(家庭)의 갈등적인 교섭 과정을 통해 구성된 것이다. 이에 대한 자세한 논의로는 Sand, "At Home in the Meiji Period" 참조.
12. 『신시대』편집부 편, 「일본가정교육훈」, 『신시대』, 1944년 8월, 32.

1942년 문부성은 '가정 교육도'家庭教育道를 완성하기 위해 가정교육진흥 협의회를 만들어서 「일본가정교육훈」日本家庭教育訓을 발표했다. 이 글은 이에 대한 소개 글로 1944년 잡지 『신시대』에 실려있고 소개 글은 신시대 편집부에서 작성해서 게재했다.

대동아공영권의 기획에 있어서 일본 민족의 순수성에 기반을 둔 '이에'家의 관념과 대동아공영권이라는 지연적 결합의 내적 모순과 균열은 공존공영과 인보협화라는 이념을 통해 갈등적으로 봉합된다. 즉 공존공영과 인보협화의 이념은 일본 내셔널리즘과 제국주의적 팽창주의가 결합되는 과정에서 '민족', '인종', '국가'에 대한 기존 개념의 내적 모순과 균열을 봉합하는 이데올로기적 기능을 하고 있다. 그런 점에서 공존공영과 인보협화의 이념은 일본 내셔널리즘의 민족, 인종, 국가 관념의 내적 모순과 균열을 체현하고 있는 것이라고 하겠다. 이러한 이데올로기적 봉합에도 불구하고 여전히 '이에'家 관념에 투영된 일본 민족의 순수성에 대한 관념은 잔존했고 대동아 가족에 대한 인종적 위계와 서열화는 실제로는 이전보다 더욱 분명하게 확정된다.

다양한 종족 집단을 단일한 일본 제국 내부로 통합하는 데 따른 '일본 민족의 순수성'에 대한 이념적 딜레마는 서구의 위협이라는 외부의 적에 대한 공포로 해소되었다. '미영 귀축'이라는 외부의 적의 위협과 이에 따른 '아시아'의 절멸 가능성과 위기를 부추기는 담론은 제국 내부의 모순과 균열을 봉합하는 데 기여했다. 그런 점에서 '미영 귀축'과 대동아를 분리하고 적대하도록 반복적으로 강조하는 선전 작업은 이른바 제국 내부의 모순과 균열을 봉합하는 문제와도 밀접하게 관련되었다. 즉 신체제란 미영 귀축을 상대로 한 전시 동원 체제의 확립을 의미했지만 동시에 '일본 내부의 쇄신'을 위해 '내부적인' 적대와 서열화를 통한 증오 정치를 극화시키는 과정이기도 했다.

이 싸움은 여러분도 다 아시다시피 그 목적이 지나를 뺏자는 싸움이 아닙니다. 입때까지 눌려지내게하던 구세력을 깨뜨리고 새세상을 만들기 위하여 싸우는 성전聖戰입니다. … 저 유명한 불란서 대혁명 이후 영국이 세계에 패권을 잡은 뒤에 발전해온 자유주의 민주주의를 배경한 영국적 질서하의 세계가 맞닥뜨려 버리고 새로운 생각 새로운 세계관에 입각한바의 세계, 항용 쓰는 말로 전체주의적인 세계로 옮겨나가려는 동란입니다. 즉 세기의 전환을 하고 있는 것입니다. … 결국 말하면 만주사변은 「벨사이유조약」에서 확인한바의 영미불의 자유주의적, 자본주의 진영의 압박으로 후진국이 저항하다 못하여 일어난 필연적 일입니다. … 만주 사변에 의하여 일본의 세계 구체제舊體制에의 반격反擊은 시작된 것입니다. … 즉 일본의 세력범위와 책임범위가 비상히 늘였음으로 일본 국내의 정치, 경제, 생활, 모든 것이 거기 적응할 신태세新態勢를 가추어야 하게되었슴에 불구하고 뜻대로 되지를 못했습니다.

현상 유지와 혁신

즉 나라 안에는 이러한 새로운 체제에 맞는 혁신을 해야만 한다는 힘과, 그게 될번한 말이야, 영불미와 종래대로 생활하지 않고는 일본은 살아갈 수 없다는 소극적인 생각과가 싸우고 있었습니다. 쉽게 말하면 혁신과 현상 유지, 현상타파와 현상 유지와의 투쟁이 사방에 벌려졌습니다.13

앞의 인용문에서 드러나듯이 신체제와 전시 동원 체제의 확립은 제국 외부에 대한 적대선('영미 귀축' 혹은 '영불미'에 대한 적대선)과 내부의 통합이라는 대립선(새로운 주체 통합의 기획)을 동시에 형성하고 그런 점에서 이는 외부와 내부 모두를 향한 적대적 투쟁(혁신, 쇄신)의 담론이다. 따라서 대동아공영권의 구상과 전시 동원 체제에 있어서 새로운 주체 구성의 기획

---

13. 웅산준남, 「신체제, 소화 유신 ─ 세상은 새로바뀌었습니다, 이날에 굳게 할 국민의 각오」, 『신시대』, 1941년 1월, 38~43.

은 제국 외부에 대한 적대선과 제국 내부의 통합(식민지의 '내지화', '황민화' 등의)이라는 단일한 선을 그리는 것만이 아니다. 이는 일본 내부와 외부 모두를 향한 강제적인 정체성 투쟁의 선(제국과 식민지 내부에 대한 쇄신과 정체성 투쟁)이라는 촘촘하게 구축된 적대와 위계를 따라 구성된다.

그런 점에서 전시 동원 체제에서 구성되는 주체의 위치를 검토하기 위해서는 내부와 외부에 대한 통합과 배제, 정체성 투쟁을 통한 쇄신과 통합이라는 복합적 차원에 대한 고찰이 이루어져야 한다. 즉 한편으로는 대동아와 '영미 귀축'의 관계에 대한 재설정, 이를 통한 이른바 대동아의 구상과 통합의 기제, 제국 내부에 대한 통합과 배제의 선과 '오래된 식민지'와 '새로운 식민지' 사이의 관계에 대한 검토가 이루어져야 한다.

2. 신생 식민지의 출현과 피식민 주체의 불안 — 제국의 시선과 식민지의 시선 사이에서

(1) 대동아 기획과 아시아의 위치 변화

근대 체제로의 변화 이후 조선에서 타자상의 변화가 어떤 식의 궤적을 그리는지를 추적하는 것은 어려운 일이다. 아직 이 부분에 대한 연구는 일천한 상태다. 일본의 경우 메이지 시대부터 지속된 중국에 대한 가치절하와 아시아에 대한 새로운 담론 구성에 대한 연구들이 근대 기획의 식민주의적 성격을 규명하는 데 중요한 역할을 하고 있다.[14] 물론 '식민지 조선'의 경우 타자 이해의 변화는 단지 '제국 일본'과의 일방적인 영향 관계에서만 변화, 구성되는 것은 아니다. 그러나 1930년대 이후 일본의 식민주의 기획의 팽창은 조선에 있어서도 타자 이해의 방식에 직접적이고 일방적인 영향

---

14. 젠더사의 관점에서 일본의 근대성과 타자에 대한 인식을 지속적으로 고찰한 대표적인 연구자는 나이토 치즈코이다. 대표적으로는 『愛国的無関心』, 『小説の恋愛感触』(みすず書房, 2010), 『帝国と暗殺 — ジェンダーからみる近代日本のメディア編成』(新曜社, 2005) 등이 있다. 『帝国と暗殺』의 한국어판은 나이토 치즈코, 『암살이라는 스캔들』, 고영란·김경원·손지연 옮김 (역사비평사, 2011).

을 미치게 된다.

특히 일본 제국은 1930년대 내내 조선에서 중국의 가치를 떨어뜨리고 조선을 중국에서 분리하기 위해 온갖 정책과 선전을 펼쳤다. 그러나 1937년경만 해도 조선에서 중국은 '장엄미'의 전범이자 '호걸성의 상징'으로 여전히 표상되었다. 일례로 1937년 잡지『조광』에 발표된 유완희의 「남국南國의 강상일야江上─夜」에서 조선의 절경은 "중국의 절승 장강이 그대로 여기에 옮겨온 것이다."15라고 기술되는데, 여기서 중국의 명산은 명산의 전범으로서의 의미를 아직은 지니고 있다. 마찬가지로 1936년 잡지『조광』에 발표된 「해란강海蘭江의 추억追憶」에서 모윤숙은 "해란강海蘭江은 생긴 그대로이다. 아모 문화적시설文化的施設이거나 장식도 부가되지 않은 다만 두 언덕을 요람삼어 흘너갈뿐이다."라고 묘사하고 있는데 이는 북방의 해란강이 호걸성의 상징으로 여전히 그 의미를 지니고 있었음을 보여준다.16 물론 모윤숙의 글에서 해란강이 "문화적 시설"도 부가되지 않은 비문명화된 이미지로 그려진다는 점은 흥미로운데 이처럼 중국, 조선, 남방을 문명과 비문명으로 구별하여 표상하는 방식은 이후의 아시아 여러 국가에 대한 인식의 변화에서 중요한 지점이기 때문이다.

문제는 조선에서 1930년대 후반까지 담론 공간에서 확인할 수 있듯이 중국과 아시아 각국에 대한 이미지와 인식, 표상 체계는 일본 제국의 새로운 인종주의적 배치에 영향을 받으면서도 그간의 조선 고유의 인식, 표상 체계를 굳건하게 유지하고 있었다는 점이다. 전쟁이 막바지로 치닫던 1940년대에는 담론 공간 자체가 더욱 폐쇄되기도 하지만, 전쟁의 소용돌이 속에서 일본 제국의 인종주의가 거의 모든 담론 공간을 지배하게 된다.

이런 점을 전제로 하고 비교를 해 보자면 중일 전쟁을 기점으로 한 전면적인 선전 선동의 과정은 중국에 대한 인식 변화의 분기점을 이루었으

---

15. 유완희,「남국의 강상일야」,『조광』, 1937년 6월, 133.
16. 모윤숙,「해란강의 추억」,『조광』, 1936년 6월, 107.

며, 이 시기를 기점으로 하여 아시아 각국 및 세계 각국의 민족, 국가, 인종에 대한 인식은 위로부터 부과된 선전 담론의 영향을 직접적으로 받게 된다고 보인다. 지나 사변을 거치면서 조선 내부에서 선전 담론의 중요성이 부각되고 중국에 대한 인식은 급변한다. 이는 단지 중국에 대한 인식에 그치는 것이 아니라 미·영으로 대표되는 서구와 아시아 사이에 더욱 확고한 적대와 분리를 구축하는 과정이기도 하다.[17]

"북지사변"(중일전쟁)이 시작된 1937년부터 "북지사변의 획시기적 의미"는 "동양에 있어서의 유일한 안정 세력으로서 아세아에 침범되는 백인 세력에 대한 가장 강력한 방위자로서 일본의 지도적 지위"를 확고하게 하는 분기점으로서 강조된다. 특히 "북지사변"이 평화적 방식을 취하지 않고 전쟁이 될 수밖에 없었던 것은 "지나의 감상적 민주주의" 때문이었으며, 이 전쟁을 통해 "승리하는 것이 정의라는 명제가 합목적성을 가지게 되는 명확한 실례"임을 보게 되었다는 점에서 "북지사변"(중일전쟁)을 "팽창 일본의 필연적 역사 과정"[18]으로 논하는 담론들이 등장하게 된다. 또한 "우호관계도 아니고 공연한 적대 관계도 아닌 국가적 관계처럼 우울한 것이 없다"면서 적대 관계를 명확하게 해야 하고 '위장 평화'를 경계해야 한다는 등의 논의가 이 시기 이후로 대외관계에 대한 조선 내의 담론에서도 지속적으로 발견되는 것이다. 그리고 1937년을 전후하여 위장 평화에 대한 경계, 적대 관계의 명확화, 전쟁의 당위성, 일본의 지도적 지위 등에 대한 선전이 강화되고 동시에 스파이에 대한 경계 담론이 진행된다.

1937년 이후 빈번한 침략 전쟁과 일본의 신식민지에 대한 점령 과정에서 '새로운 점령지'에 대한 조선의 태도는 중일전쟁을 정당화하는 방식을

---

17. 1930년대 일본의 반서구주의와 울트라내셔널리즘, 파시즘의 관계에 대해서는 Tetsuo Najita and H. D. Harootunian, "Japanese Revolt against the West : Political and Cultural Criticism in the Twentieth Century," in *The Cambridge History of Japan*, vol. 6, ed. Peter Duus (Cambridge University Press, 1988) 참조.
18. 「북지사변과 우리의 태도」, 『조광』, 1937년 9월, 28.

반복한다. 그 방식은 이미 1937년 서춘이 『조광』에 발표한 글 「국가國家와 선전宣傳」이 제기한 바와 같이 선전 담론의 기본적 맥락을 따르는 것이다.

> (일一) 자국自國은 정의인도定義人道를 위하야 인류人類의 평화平和를 위爲하야 싸우고 있다.
> (이二) 따라서 전쟁발단급戰爭發端及 그 지속持續의 책임責任은 전연全然히 적敵에게 있다.
> (삼三) 자국自國이 응應하야 싸우는 것은 출어부득出於不得이다.
> (사四) 그러나 우매무성의愚昧無誠意한 적敵이 계전의사繼戰意思를 포엽抛葉치 아니하는 한限에 있어서는 몬저 그만둘 수는 없다.
> (오五) 따라서 적敵의 굴복屈服을 보기까지에는 최후最後의 일인一人까지를 결심決心하고 싸운다.
> (육六) 승산勝算은 우리에게 있지 적敵에게 있지 않다는 확신確信.19

서춘은 이 글에서 전시에 국내를 대상으로 한 선전은 자국민의 결속을 높이고 '계전의식'(전쟁을 계속하려는 의식)을 강화하기 위해 필요하다고 주장한다. 이후 태평양 전쟁과 관련된 담론들은 이러한 선전의 기본 원리를 따라 구축된다고 볼 수 있다. 전시 동원 체제 동안 조선의 협력 집단의 담론은 이러한 정책상의 선전 요강을 반복적으로 기술하기도 하지만, 거기에는 일정한 균열점이 존재하기도 하고 '조선'의 위치를 모색하려는 자기 내적 논리가 드러나기도 한다.

흥미로운 것은 중일 전쟁을 전후로 조선에서 중국에 대한 신성 박탈적인 가치절하의 작업이 이루어지지만 이 작업이 조선의 담론 주체들의 인식을 일제의 정책 논리와 일치하도록 매끈하게 변화시키는 데 성공한 적이 없다는 점이다. 중국에 대한 가치절하의 작업은 '중국 문화', '중국 민족'의

---

19. 서춘, 「국가와 선전」, 『조광』, 1937년 10월, 32.

위대성에 대한 조선인들의 기존의 인식과 충돌하면서 매우 균열적인 면모를 보인다. 그런 점에서 이 시기 중국에 대한 담론들은 제국 일본과 동일화되기를 갈망하면서도 끝내 제국의 중심으로 동일화될 수 없었던 피식민 주체로서의 조선인들의 분열된 내면을 선명하게 보여준다.

1931년의 '만주사변'과 1937년 '북지사변'의 '양차 사변'을 전후로 하여 중국에 대한 담론은 폭증한다. 이 담론에서 주를 이루는 것은 장개석 정부를 비롯한 국민당 정권에 대한 비판과 중국의 무기력함에 대한 폭로다. 이는 아시아에서 중국의 헤게모니를 박탈하고 이를 일본에 위임하려는 일본의 인정 투쟁의 산물이다. 앞에서 살펴본 바와 같은 선전 담론은 이러한 헤게모니 투쟁의 전형적인 면모를 보여준다.

그러나 다른 한편으로 중국으로의 '진출'은 중국에 대한 다양한 정보를 요구했다. 이 시기 중국의 풍속과 문화, 언어 등에 대한 글들이 폭주하는 것은 이 때문이다. 흥미로운 것은 조선에서 '양차 사변'에 대한 글들이 주로 중국에 대한 신성 박탈의 담론으로 일관하는 것과 달리 중국의 풍물, 관습, 언어, 문화를 소개하는 글들은 여전히 '위대한 중국'의 신화를 유지하고 있다는 점이다. 양차 사변 이후 조선인들의 북지 진출 가능성을 타진하는 다음의 글에서도 역시 이러한 균열점이 발견된다. 대표적인 논의로는 차상찬의 「양자강과 지나 문화」(『조광』, 1938년 10월), 송기영의 「만주 약장사」(『조광』, 1942년 1월), 최창국의 「재만 조선인의 교육 문제」(『춘추』, 1941년 5월), 김달진의 「조선 청년의 장래와 만주 이민」(『조광』, 1938년 11월), 이운곡의 「만주 생활 단상」(『조광』, 1939년 7월), 이태우의 「만주 생활 단상」(『조광』, 1939년 7월), 이일의 「한문 재인식」(『조광』, 1939년 9월), 초석생의 「재지 영국권익의 장래」(『조광』, 1939년 10월), 일론생, 「영국의 지나 침략사」(『조광』, 1939년 10월), 김석원(육군 보병 중좌), 「선전담과 비상 시국하의 각오」(『조광』, 1939년 10월) 등이 있다. 특히 이태우의 글은 당시 만주 이민이 조선인들을 어떻게 매혹했는가를 보여주는 흥미로운 자료다. 김석원의 글은 당시 시국 강연회 원고다.

일례로 이상호는 조선인의 북지 진출 문제를 논하면서 "지나인은 역사에서 유례를 볼 수 없이 영원한 문화사를 중단 없이 지니고 나온 대민족"이며 중국의 위대함은 "현재도 미래도 그럴 것이다", "문화는 인류의 생명이다. 문화가진 민족은 생명이 긴 민족이다"라고 논하고 있다. 즉 일본에 점령당한 무기력한 중국의 초상은 위대한 문화 민족 '중국'의 초상과 균열적으로 존재하는 것이다.[20] 이와 관련해서는 5부에서 더 상세하게 살펴보도록 하겠다.

대동아공영권 이념의 지배 밑에서 일본 제국의 새로운 점령지에 대한 조선 내에서의 담론은 중국에 대한 담론처럼 균열적이고 갈등적인 면모를 보여준다. 특히 이러한 균열과 갈등은 국제 정세와 전쟁 상황에 대한 정치적 입장이 투영된 담론들보다 새로운 점령지의 풍습, 지리, 언어, 문화를 소개하는 담론들에서 더욱 뚜렷하게 확인할 수 있다. 이는 이러한 종류의 담론이 정치 논리와는 또 다른 지점에서 제국과 식민지들 사이의 균열을 내포하고 있기 때문이다. 특히 남방에 대한 담론은 새로운 '영토', '미지의 영토'에 대한 호기심과 결부되어 이러한 균열점을 더욱 선명하게 보여준다. 그런 점에서, 대동아공영권 이념의 지배 밑에서 조선에서 생산된 새로운 점령지에 대한 담론을 검토함으로써 제국의 중심에 대한 선망과 공포로 분열된 피식민 주체의 불안한 정체성을 역사적으로 재조명해볼 수 있을 것이다.

(2) '전선'과 '시장'으로서의 남방과 개척자로서의 조선

일제의 이데올로기적 공세에 의해 아시아에 대한 조선의 인식은 크나큰 지각 변동을 겪게 되지만, 중국에 대한 신성 박탈적 담론이 위대한 문화와 역사를 지닌 중국에 대한 선망과 존경심을 완전히 무너뜨리지는 못한다. 이와 달리 남방 열도는 조선인들에게 미지의 영토여서 조선인들은 이 지역에 대한 현실적이고 역사적인 정보를 채 구성하기도 전에 일제의 인종

---

20. 이상호, 「북지와 조선인」, 『조광』, 1939년 9월, 208 참조.

화된 식민주의 담론에 포섭된다. 또한 조선에서 생산된 남방에 대한 인종화된 식민주의 담론에는 이제 일제의 '오래된 식민지'의 위치로 배치된 조선이 '새로운 식민지(점령지)'에 대해 스스로를 문명 기획자이자 개척자로 설정함으로써 제국의 중심과 동일화되려는 욕망도 드러난다. 그러나 동일화의 욕망은 끝없이 지연되어 제국과 조선, 남방의 관계를 바라보는 피식민 주체 조선의 시선은 분열과 공포를 동반하게 된다.

일본의 팽창주의가 가속화됨에 따라 만주국에 이어 남방 열도들이 새로운 점령지, 새로운 예비 '식민지'(이른바 남방 공영권)로 부상한다. 남방 정복이 진행되기 이전에도 대동아공영권의 구상이 현실화되면서 남방 열도에 관한 관심이 높아져서 당시의 많은 매체에서는 남방 열도의 역사, 풍습, 문화, 자원, 정치 체제에 관해 소개했다. 대동아공영권의 논리와 관련되어 조선에서 생산된 남방 관련 담론에는 일본의 식민주의 기획의 이데올로기가 내면화된 측면이 한편으로는 발견되지만, 남방 열도에 대한 실제적 정복을 전후로 하여 나타난 남방 관련 담론에서도 일정한 균열이 존재했다. 즉 남방에 대한 실제적인 정복이 이루어지기 전에 생산된 남방 관련 담론은 아직은 남방을 전적으로 '식민지'라는 표상으로 환원하지 않았다. 일례로 남방에 대한 조선의 진출을 타진하는 다음 글에서 남방(태국)은 개척지이자 미지의 영토로 그려지지만, 식민지라기보다 하나의 독자적인 '근대 국가'를 표상한다. 여기서 태국에 대한 소개는 남방을 비문명국, 야만으로 생각하는 조선인의 고정관념을 비판하면서 근대 국가이자 개명한 국가로서의 태국에 대한 상세한 설명을 담고 있다. 문장욱文章郁은 「조선인의 섬라暹羅 진출론」에서 섬라暹羅의 풍습, 문화, 역사, 인종, 자원, 경제 상태 등을 중요하게 소개하고 있다. 남방에 대한 이후의 담론은 이러한 카테고리 속에서 이루어진다. 특히 섬라의 주요 자원인 백미, 티크, 주석에 대해 자세하게 소개하면서 섬라의 자원 상태, 경제 동향에 대해 관심을 표명하고 이러한 정보를 통해 조선과 섬라의 무역 관계의 전망을 모색한다.

섬라^{暹羅}는 지나^{支那}와 인도^{印度} 새이에끼어 있어 맞이 개와집 새이에 끼인 초가^{草家}와 같이 일반적^{一般的}으로 주의^{注意}를 끌지 못하는 듯 싶으다. 그러나 이십만평방리^{二十萬平方哩}의 지방^{地方}과 천이백만^{千二百萬}의 인구^{人口}와 이천오백만년^{二千五百萬年}의 역사^{歷史}를 가진 섬라^{暹羅}는 석일^{昔日} 백상^{白象}의 국^國이니 불국가람^{佛國伽藍}의 국^國, 수상생활의 민^民이니 하든 구곡^{舊穀}을 벗어난 근대^{近代} 국가^{國家}의 하나이다.

동양^{東洋}에서 제일^{第一}먼저 구미^{歐米} 각국^{歐米}과 통상^{通商} 조약^{條約}을 매진국가가 섬라^{暹羅}이며 동양^{東洋}에서 가장 많이 구라파^{歐羅巴}로 왕족^{王族} 유학^{留學}을 황^況 보낸 국가^{國家}도 섬라^{暹羅}이다. 대전^{大戰} 당시^{當時}에는 연맹국^{聯盟國}에 참가^{參加}하여 다수^{多數}의 비행기^{飛行機}를 제공^{提供}했고 대전^{大戰}이 끝난 후^後는 국제연맹^{國際聯盟}에 가입^{加入}하여 치외법권^{治外法權}을 철폐^{撤廢}하게 되었다. … **조선품^{朝鮮品}의 섬라^{暹羅} 진출^{進出}을 책동^{策動}할 절호^{絶好}의 기회^{機會}가 이때인 것을 니졌어는 안될것이다. 섬라^{暹羅}는 기대리고 있다. 조선인^{朝鮮人}의 진출^出을!**

(부기^{附記}) 섬라^{暹羅}는 금년^{今年} 칠월^{七月} 국명^{國名}을 타이라 개칭^{改稱}했다. 타이는 고귀^{高貴}, 자유^{自由}, 평화^{平和}의 의의^{意義}를 가진 섬라어^{暹羅語}인가 한다.21

남방 정복 이전에 일제의 대동아공영권의 구상과 함께 조선에서 새롭게 대두된 남방에 대한 담론은 주로 남방에 대한 실제적 정보를 제공하는 방식을 취한다. 윗글에서 '섬라'는 일본의 잠재적 식민지가 아니라 "근대 국가의 하나"이며 '국제 평등'의 확고한 지위를 지닌 나라로 그려진다. 여기서 섬라는 새로운 미지의 영토로서 국제관계의 변화에 따라 조선인이 진출할 수 있는 새로운 개척지로 묘사된다. 이처럼 남방이 새로운 개척지로 그려질 때는 미개하고 문명화되지 못한 지역으로만 그려지지 않는다. 이 글에서 섬라, 일본, 조선의 관계는 매우 복잡한 균열을 보인다. 문장욱은

---

21. 문장욱, 「조선인의 섬라 진출론」, 『조광』, 1939년 10월, 146. 강조는 인용자.

섬라에는 다양한 외국인이 거주하지만 일본의 진출은 미비하여 "일본인 약이백을 산할 정도이라하니 앞으로 해외의 활약을 더욱 정진해야 할 것"이라고 논한다. 이 글에서 문장욱은 1939년 시점이 조선의 섬라 진출의 호기라고 판단하는데 이는 1937년 섬라와 일본 간 체결된 신통상협정에 근거한다. 총독부의 쌀 수입 노선이 만주에서 섬라로 이전함에 따라 이로 인한 파급 효과로 조선의 섬라 진출 기회가 늘 수 있다는 것이다.

일본의 남방 열도 정복 이전, 조선에서 생산된 남방에 대한 담론은 조선과 제국 일본의 동일시와 분리라는 갈등적인 시선을 보여준다. 그러나 이러한 시선은 남방에 대한 실제적 정복이 이루어진 이후 또 다른 방식으로 균열된다. 남방 정복 이후 조선에서 생산된 담론들에서 남방은 미개한 영토, 비문명화된 지역으로 표상된다. 이때 미개하고 비문명화된 지역으로서 남방이 그려지는 것은 문명화된 일본 제국으로의 통합의 필연성을 강조하는 전형적인 식민주의 이데올로기를 보여주는 것이다. 이러한 식민주의의 시선은 직접적인 정치적 담론을 통해서 드러날 뿐만 아니라 남방 열도를 가부장의 보호 아래 두어야 하는 미숙한 어린이나 여성으로 그려내는 방식에서도 전형적으로 드러난다. 남방 정복 이후 조선에서 생산된 남방 담론에서 남방 열도의 각국이 독립된 하나의 '근대 국가'가 아니라 어린이, 여성의 이미지로 전환되는 것은 이러한 식민주의적 시선의 영향을 전형적으로 보여준다.

식민지와 식민지의 주민을 이처럼 젠더화되고 인종화된 위계로 표상하는 방식은 근대 제국주의의 이데올로기에서 공통적으로 확인된다. 그러나 대동아공영권의 논리하에서 드러나는 식민지에 대한 이러한 젠더화되고 인종화된 위계는 한편으로는 대동아공영의 이데올로기적 기제로서의 가족국가주의와 밀접한 관련을 맺는다. 특히 가족국가주의는 중국을 비롯한 남방, 즉 '동아'를 서구의 지배와 침탈로부터 '구제'하여 '재생'시킨다는 태평양 전쟁에 대한 일제의 이데올로기를 정당화하는 데 중요한 역할을 담당한다. 이 시기에 남방 열도가 '처녀', '아이'의 이미지로 표상되는 것은, 이들이 미국과 영국의 지배(오염)에서 벗어나 가부장 일본의 가족 구성원으로 재생한다는 이념을 표현하는 데 동원된다.

따라서 이 시기 일본의 새로운 점령지들은 모두 '처녀지', '개척지', '신생'과 '재생'의 영토로 의미화된다. 새로운 점령지들이 일본에 의한 미영 귀축으로부터의 아시아 해방이라는 의미와 결부되어 담론화되었기 때문이다. 이러한 담론 구조에 동화되면서 조선에서 생산되는 담론들 역시 처녀지이자 신생의 영토인 신식민지에 대한 '개척자'로서의 제국의 시선을 견지한다. 특히 일본의 남방 열도 점령 이후 남방에 관한 관심은 담론 공간상에서 급부상하게 된다. 만주와 달리 남방 열도는 조선인들에게 미지의 영토였다. 그런 점에서 남방에 대한 담론은 일본의 선전 담론에 포섭되는 동시에 남방에 대한 인종적 호기심과 관심을 드러내게 됐다. 여기서 신식민지에 대한 조선인들의 시선은 일방적으로 제국의 시선과 동일시되지 않는다. 새로운 식민지의 도래를 바라보는 '오래된' 식민지 조선의 시선에는 기존의 주체 위치에 대한 갈등과 위기감, 불안감이 공존하고 있다고 보인다. 남방 열도에 대한 담론은 일차적으로 미영과의 전쟁에서 최전선으로서, 전쟁 거점으로서의 의미를 중심으로 구성되었다.

> 오늘 향항香港에는 영국의 극동함대의 잔존 세력의 일부가 있기는 있지만, 〈해남도海南島〉를 일본이 누르고 있는이상 〈향항〉과 〈싱가폴〉의 연락선連絡線은 중단될 것이므로, 〈향항〉에 있는 영국 정부당국으로서는 일본의 공격을 받기전에, 어떻게 그곳에 있는 잔존세력殘存勢力을 끌어낼까 하는 것이 도리어 문제시되고 있는 형편입니다. 하여간 오늘에 있어서는 영국의 대일작전對日作戰의 전선기지前線基地는 〈싱가폴〉이라고 볼밖에 없으며, … 동시에 영국의 뒷배를 겨누고 있는 〈호주함대〉의 활약도 고려해야 할 것이겠으나 이것은 영국이 있은 다음에야 소용되는 함대로서 그 병력조차도 문제시할 만한 것이 못되는 것입니다. …
> 그러나 미국으로서는 무력을 직접 쓰지 않더라도 일본을 타도할 수 있다

는 수단으로서 경제전쟁經濟戰爭을 계획할 것입니다. 그러면 일본으로서는 공영권내共榮圈內에 포함된 지역地域을 점거하고서 장기전長期戰에 필요한 물자를 확보하여 경제고갈전에 대처할 방도를 취하지 않으면 안될터이므로 … 22

남방에 대한 일제 당국의 관심은 절박한 것일 수밖에 없었다. 당대 조선의 담론 공간에도 일본 제국의 절박함을 가늠하는 논의가 적지 않다. 위의 인용문에도 그러한 진단이 잘 드러난다. 장기전에 대한 우려는 종래의 식민지("공영권내에 포함된 지역")를 '병참기지화'하는 문제와도 직결됐다. 전선으로서의 '남방'의 의미는 이렇게 미국과 영국, 일본, 구식민지(조선), 신식민지(남방)의 관계가 새롭게 구축되는 것과 관련된다.

조선에서 생산된 남방 담론에서는 이러한 전쟁과 관련된 일본 제국의 절박함과는 상당히 다른 결이 등장하는데, 이런 담론은 주로 신생 식민지 남방, 미지의 영토 남방에 대한 인종적이고 식민주의적인 관심이 투영되어 있고 나아가 이러한 관심에는 당시 조선인들의 불안감 또한 투영되어 있다.

먼저 조선의 협력자층의 담론에서 이른바 남방은 '전선'으로서의 의미보다는 주로 아시아의 해방과 대동아공영권의 확대, 신개척지의 등장과 이에 따른 '조선의 몫'에 대한 궁금증 및 관심과 관련된 의미로 나타난다. '남방 진출의 제문제'에 대한 재계와 경제 관련 논자들의 논의를 통해 새로운 시장으로서의 남방에 대한 조선 자본가 계급의 관심과 '일확천금의 꿈'으로 상징되는 조선인들의 남방에 관한 관심을 확인해볼 수 있다. '남방 진출의 제문제'에 대한 설문에 나타난 다음과 같은 질문 방식은 남방과 조선의 위치에 대한 당시의 관심을 보여준다. 1942년 잡지『춘추』는 "남방 진출南方進出의 제문제諸問題"에 대해 설문 조사를 시행하고 조사 내용을 토대로 재계 인사와 관료, 경제 연구자들의 의견을 수록하고 있다. 이 설문 조사와 문답

---

22. 마미산인, 「태평양의 전망」, 『신시대』, 1941년 1월, 134~135.

에는 유명한柳明韓 유한양행 사장, 김효록金孝祿 연전상과延專商科 과장, 전승범全承範 식산은행 조사과, 이상훈李常薰 보전상과普專商科 과장, 전용순全用淳 금강제약金剛製藥 소주所主가 참여했다. 『춘추』 1942년 3월호에는 이 설문 조사를 수록하면서 수록 취지를 다음과 같이 적고 있다.

一. 대동아大東亞 전쟁戰爭 수행遂行, 공영권共榮圈 확립確立, 특特히 남방진출南方進出에 있어서 **조선인**朝鮮人은 어떻게 무슨 협력協力을 해야겠읍니까.
二. 남방南方에는 무슨 자원資源이 있읍니까. 그 개발책開發策은 어떻읍니까.
三. 우리가 필요必要하다고 하는 남방南方의 물자物資는 무엇입니까.
四. **조선**朝鮮서 **남방**南方에 **수출**輸出할 **상품**商品은 무엇이 있읍니까.
伍. 기타其他 앞으로 우리의 남방南方 진출進出에 있어서 생각되시는 것이 있으면 적어주시옵소서.23

'남방 진출의 제문제'와 관련해 각계의 경제 관련 인사들은 "국책에 대한 협력 문제", "민간 회사"가 진출할 수 있는 전망, 개개인의 남방 진출 문제 등을 개별적으로 논하고 각 산업 분야별(공업, 농업, 경공업, 광산업 등) 진출 가능성, 조선인 이주 문제 등을 세부적으로 논하고 있다. 금강제약의 전용순은 남방이 "인구人口의 밀도密度가 매우 희소稀少한곳도 있다하니 조선농민朝鮮農民의 집단이주集團移住같은것은 퍽 유망할것같다"24라고 전망하고 있다. 또한 보성 전문 상과의 이상훈은 남방은 "인종人種만도 삼십여 종三十餘種이요 언어수言語數가 팔십여 종八十餘種이라고 하니 공영권共榮圈 전체全體를 생각生角할 제 그 복잡성複雜性은 상상想像에 넘친다"25라고 하면서 남방을 여러 인종들이 모인 종족 집단으로 묘사하고 있다.

또 금강 제약의 전용순은 남방의 엄청난 생산량을 강조하는데, 남방 물

---

23. 「남방 진출의 제문제」, 『춘추』, 1942년 3월, 58~59. 강조는 인용자.
24. 같은 글, 62.
25. 이상훈 보전상과 과장의 답변. 같은 글, 63.

자의 "대산액大産額은 엄청나게 많음으로 일본日本 공영권제국共榮圈諸國 소요량所要量수배數倍 지至 십배十倍나 된다"고 강조한다.26 이처럼 남방의 엄청난 생산량, 즉 일본 공영권 제국 모두가 사용할 물자의 수십 배에 달한다고 표현되는 남방의 풍부한 물자에 대한 경탄과 관심은 한편으로는 이런 무진장한 남방 자원을 조선은 어떻게 이용하고, 이용할 기회를 잡을 것인가에 대한 초조한 관심으로 이어진다. 이처럼 조선의 남방 진출에 대한 열망은 남방의 습속, 풍습, "남방인의 감정"에 대한 관심과 밀접하게 관련을 맺는다. 유명한 유한양행 사장은 남방의 무한한 자원을 활용하고 조선인들이나 조선 기업이 남방 시장에 진출하기 위해 "국책회사國策會社를 주主로 거대巨大한 자본資本과 우수優秀한 기술技術로 지하자원地下資源을 개발開發하고 신산업新産業을 일으켜야 하겠습니다. 이에 민간회사民間會社도 협력協力하여 매진邁進하되 그 지방地方의 지리적地理的 관계關係, 민족성民族性 등等을 참작參酌하여 정책政策을 세워야 할 것입니다"27라고 제안했다. 이는 일본 제국의 국책 사업뿐만 아니라 조선 민간 기업의 진출 가능성을 모색하는 것이기도 했다.

남방 진출에서 고려해야 할 또 다른 문제로 남방이 "문화 정도가 떨어진 지방"이라는 점이 강조된다. 이는 남방이 일본(및 조선)의 문명과 대비되는 '미개한' 지역으로 담론화되는 중요한 요인이 된다. 한편으로는 남방을 새로운 시장, "신개척지"新開拓地로 보는 시각이 일부 경제 관료와 자본가 집단에 국한되는 것이라 할 수도 있다. 그러나 「남방南方 진출進出의 제문제諸問題」에서는 여러 논자들이 신개척지에서 "일확천금一攫千金을 하려는 공상자空想者와 악덕수단惡德手段 즉 인육人肉 장사 마약류등痲藥類等으로 사리射利하려는 배輩가 많습니다"28라는 식으로 경계하고 있는 점을 미뤄보아 당대 남방 담론의 파급 효과가 적지 않았다고 볼 수 있다. 이처럼 남방과 관련한 조선의 담론에는 국책에 대한 협조를 강조하는 논리뿐만 아니라

---

26. 전용순 금강제약 소주의 답변. 같은 글, 60.
27. 유명한 유한양행 사장의 답변. 같은 글, 58.
28. 같은 글.

조선이 남방 건설에서 얻게 될 이득과 효과를 점치는 논의를 비롯하여 조선에서 불었던 남방에 대한 열풍이 담겨 있으며 이 열풍은 신개척지에 대한 '일확천금'의 꿈을 경계하는 논리의 형태로 담론에 드러나고 있다. 이러한 담론 양상에 비추어 볼 때 이른바 일본의 새로운 점령지로서 남방이 조선인들에게 "일확천금一攫千金의 땅"이 될 것이라는 "공상"空想을 심어준 것은 사실인 듯하다.

남방에 대한 담론은 태평양 전쟁에 대한 일제의 선전 선동과 새로운 개척지의 대두에 따른 '조선의 진출' 가능성(새로운 시장의 등장), 이와 결부되는 남방의 습속, 지리, 물자, 인종 등에 관한 관심의 증폭 같은 요소들이 결합하여 생산되었다. 또한 남방에 대한 담론들은 '미개한 남방'에 대해 조선의 위치를 개척자, 교육자, 계몽자로 구성했는데, 이는 '아시아 각국'에 대해 일본 제국의 위치를 가부장이자 교육자, 계몽자, 보호자로 규정한 가족국가주의 파시즘의 이념을 내면화한 것이면서 동시에, 피식민자로서 조선이 처한 불안한 지위에 대한 불안과 공포가 투영된 복합적인 것이었다. 이처럼 남방을 젠더화되고 인종화된 위계화에 따라 담론화하는 방식은 조선의 주체 위치와 밀접한 관련을 맺는 것이었고, 젠더화되고 인종화된 남방 담론은 조선이 일본 제국주의에 의해 생산된 '식민지'에 대한 시선을 어떤 식으로 내면화하고 합리화하는지를 보여주는 징후적 텍스트라 하겠다.

(3) 식민지 토인으로서의 남방과 문명 기획자로서의 조선

인종화되고 젠더화된 남방 담론은 여러 형태로 재생산된다. 1942년 일본의 남방 침략 이후 남방 정복을 찬미하는 담론들이 시, 수필, 정치 담론을 막론하고 다양하게 생산된다. 이는 '아시아'에 대한 새로운 방식의 담론이 형성되는 과정이기도 하다. 『아세아시집』의 저자 김용제의 다음과 같은 시는 이 시기 '아시아' 담론의 특질을 전형적으로 보여준다.

정열情熱의 처녀도處女島

―소남도 昭南道는 신생新生하다

너의 가엽슨 낡은 일흠아

신가파新嘉坡라든 불락不落의 큰코는 지금只今어듸냐

너의 썩은 세기世紀의 만가輓歌는 영구永久히

장염瘴炎의 비풍悲風과 함구 지상地上에서 살어졌노라

너의 가엽슨 매소부賣笑婦의 일흠아

엇짜면 음탕淫蕩한 변명變名이 그리도 많았더냐

사항獅港이란 허수애비의 맹수猛獸는 백일하白日下에

바탕없는 사상砂上의 금성金城과 함구

살쾡이의 빈껍줄을 여지餘地없이 폭로暴露했다

성항星港이란 값싼 유리알의 요성妖星은 수포水泡와 같이

손우의 접시같은 탕지湯池와 함구

우슴소리 입김에 꺼져버렸다

가엽슨 망령亡靈의 흑점黑點이여

가엽슨 인류人類의 오점汚點이여

너의 일흠의 장별葬別은 너의 행복幸福이며

너의 일흠의 신생新生은 너의 향수鄕愁이였다

그것은 너의 생명生命의 부활이며

또 너의 거룩한 첫울음 소리런매

너의 갑싼 유리알이 한 개個 전락轉落했으매

늙은 매소부賣笑婦의 영국제英國製 목거리는

허울좋은 유리알을 세계지도世界地圖에서 우수수 산실散失한다

한잎이 떠러져서 천하天下의 가을을 아다싶이 …

너의 어머니의 낡은 일흠도 벌서 젊어저
대동아해^{大東亞海}의 정화^{淨和}한 물겨은 태양^{太陽}을 마젔노라
아아 사랑스러운 소남^{昭南}의 처녀도^{處女島}야
너도 또한 아름다운 아세아^{亞細亞}의 딸로야 되였구나
시집갈 날의 고흔 꿈은 동양평화^{東洋平和}의 꽃이되여라

너의 운명^{運命}이 이같이 찬란^{燦爛}스럽게 살어나는 날
우리가 또한 낡은 일흠을 부르기 애처럽다
그리고 이미 너의 옛날의 죄^罪를 뭇질않으리
너의 죄^罪에 드리운 성벽^{城壁}이 작알과같이 가러안는때
너의 부모^{父母}인 아세아^{亞細亞}의 천지^{天地}에는
십억^{十億}의 우슴꽃이 환희^{歡喜}의 파문^{波紋}을 일이킨다
십억^{十億}의 만세성^{萬歲聲}이 감격^{感激}의 청춘^{青春}과 용소숨친다

아아 사랑스러운 소남^{昭南}의 처녀도^{處女島}야
상록^{常綠}의 밀림^{密林}그늘에 정열^{情熱}의 꿈을 맺는 저녁은
동양평화^{平和}의 그리운 노래를 고히 키워라29

앞의 시에서 전형적으로 나타나듯이 일본의 싱가포르 '성복'은 영국의 식민지로부터 아시아의 해방이라는 의미로 재현된다. 영국 식민지였던 싱가포르는 "늙은 매소부"이며("늙은 매소부^{賣笑婦}의 영국제^{英國製} 목거리는 / 허울좋은 유리알을 세계지도^{世界地圖}에서 우수수 산실^{散失}한다"), 이와 대비하여 '대동아공영'하의 싱가포르는 처녀성의 이미지로 그려진다("아아 사랑스러운 소남^{昭南}의 처녀도^{處女島}야 / 너도 또한 아름다운 아세아^{亞細亞}의 딸로

---

29. 금촌용제, 『조광』, 1942년 3월, 27~28 ; 『아세아시집』(대동출판사, 1942)에서 재인용. 일어로 번역하여 재수록했다. '남방'에 대한 시, 산문 등은 이 시기에 집중적으로 생산된다.

야 되었구나 / 시집갈 날의 고흔 꿈은 동양평화東洋平和의 꽃"). 여기서 "늙은 매소부"와 "시집갈 날의 고흔 꿈"을 간직한 "처녀"라는 대비 구도는 흥미롭다. 아시아의 과거와 현재를 재구성하는 방식은 태평양 전쟁하의 조선에서 빈번하게 드러난다. 이러한 대비는 태평양 전쟁을 이른바 양 민족 간의 "정숙하고 합법적인 결혼"의 의미로 구현하는 전형적인 담론 체계다. 정숙하고 합법적인 결혼을 통해 아시아 여러 나라들은 '대동아 가족'을 구성한다.

이 말은 베이컨Francis Bacon이 근대 과학에 의한 자연 지배를 논리화하기 위해 사용한 것이다. 베이컨으로 상징되는 근대 과학 담론은 과학, 객관성, 주체성을 남성성의 이미지로 재현하고 자연, 감성을 여성성의 이미지로 재현하면서 자연(그리고 자연으로 상징되는 근대의 타자들)에 대한 과학 정신의 지배를 '이성적'이고 '근대적'인 기율로 정당화했다. 베이컨은 과학과 자연 간의 '정숙하고 합법적인 결혼'은 '폭력적인 강간'과는 다르다고 강변한다. 그러나 근대 역사의 흐름이 증명했듯이 근대성의 이러한 타자 지배의 논리는 제국주의와 식민 담론에 있어서 타자에 대한 지배를 정당화하는 담론이기도 했다.30

여기서 "늙은 매소부"가 "대동아해大東亞海의 정화淨和한 물결"에 의해 "신생"하는 방식은 좀 더 자세하게 고찰할 필요가 있다. 여기서 나타나는 신생의 논리는 대동아공영권의 논리적 토대를 이루는 것으로 아시아 각국은 '여성'의 이미지로 표상(매소부에서 처녀까지)된다. 이때 가부장적 남성성의 표상인 일본 제국과 그 '가족'인 식민 국가 사이의 젠더화된 분리와 통합의 선(남성적 가부장과 '여성', 가부장과 아이들 등의)은 기본적으로

---

30. 프랜시스 베이컨의 과학론이 어떤 식으로 젠더화되었는지를 규명하는 일은 페미니즘 이론가들이 오래 천착해온 지점이다. 최근의 논의로는 Kate Aughterson, "'Strange Things so Probably Told': Gender, Sexual Difference and Knowledge in Bacon's New Atlantis," in *Francis Bacon's The New Atlantis*, ed. Bronwen Price (Manchester University Press, 2002) 참고.

제국과 식민지 사이의 위계를 정당화하는 기제로 작동한다. 특히 "매소부"에서 "처녀"로의 신생은 서구의 제국에 대한 '매음'에서 일본 제국과의 '결혼'을 기다리는 아시아라는 이미지 구성을 통해 일본과 아시아인들 사이의 자발적 통합의 담론을 적극적으로 구성한다. 영미의 식민지가 강제적인 강간과 "매음"의 형식으로 의미화되는 것과 달리, 일본 제국에 의한 대동아로의 결합은 자발적인 '결혼'의 의미로 차별화된다.

또한 중요한 지점은 아시아 각국을 '처녀'의 이미지로 구상하는 방식인데, 앞의 시에서도 드러나듯이 '처녀'로서의 '아시아'란 새로운 식민지 영토의 부상을 극적으로 시화한 담론이기도 하다. 만주뿐만 아니라 아시아 각국에 대한 이미지가 처녀성의 의미로 시화되는 것은 일본의 식민지적 팽창을 극적으로 정당화하면서, 점령을 미학화한다. 또한 '처녀'로서의 아시아라는 주체 구성은 근대의 젠더화된 정치 기획의 산물인 여성에 대한 의미 구조를 동원하고 있다. 이는 태평양 전쟁을 아시아를 '더럽혀진 땅'에서 '처녀'로 소생시키는 재생의 기획(이른바 정의의 전쟁)으로 의미화하는 중요 이데올로기적 기반을 이룬다. 이러한 식민주의 기획은 여성을 미숙하고 불완전하며, 근대적인 정치 영역에 미달하고 남성적 규율과 '보호'에 의해서만 비로소 '국민', '시민'의 자격을 획득할 수 있는 존재로 보는, 여성에 대한 근대의 젠더 정치를 전유한 것이다.

이는 단지 아시아 각국을 여성성의 의미로 재현하는 방식에만 한정되지 않는다. 미숙한 존재, 가족 구성원이기는 하지만 성숙한 주체로 거듭나지 못한, 아직은 미숙한 존재들이라는 식민주의 기획의 젠더 정치는 여성과 미성년에 대한 젠더화된 위계를 동원하기도 한다.

이전以前의 태국泰國은 「샨드윗찌」의 「햄」이었다. 영불英佛의 빵에 끼워서 움지기지 못했던 것이 이 백상白象의 나라의 실상이었다. …
그러나 지금은 태평양太平洋에 동아해방東亞解放의 대전大戰이 버러졌다. 아직 어린아이와 같은 태국泰國의 전도前渡는 다난多難할것이다. 그렇지만 이번 태

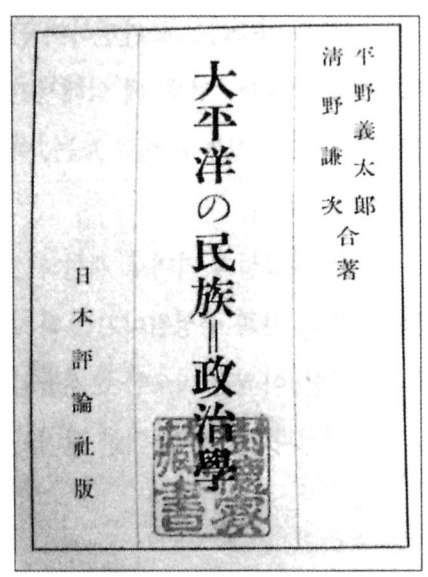

히라노 요시타로·키요노 켄지,『태평양의 민족 = 정치학』(일본평론사, 1942) 표지. 일본에서는 남방 진출을 전후로 하여 남방에 관한 다양한 담론이 생산된다. 조선에서도 남방 종족지가 대량 생산된다. 또한 조선에서는 조선의 남방 진출 여부와 거기서 얻을 몫에 대해 관심이 더욱 커진다.

국泰國이 아국我國과 손을 잡고 영미英美에 대對하여 선전宣傳을 포고布告했으며, 동아공영권東亞共榮圈의 일익一翼으로서의 태국泰國의 운명을 걸머진 피푼 원사元帥의 불타는 애국愛國의 정열情熱앞에는 반드시 명랑明朗한 명일明日이 찾아오리라.[31]

이 글에서 영국과 프랑스의 지배를 받던 태국은 '먹을거리'(햄)에 불과하지만 일본에 의해 '해방'됨으로써 비로소 '인간'으로 다시 태어난다(재생의 기획). 그러나 그 재생은 미숙한 주체(어린아이)로 다시 태어나는 것에 불과하며, 따라서 '성숙한 일본'에 의해 '훈육'되고 '보호'되어야 한다. 이와

---

31. 한민훈,「태국을 걸머진 파푼 원사의 약사」,『대동아』, 1942년 5월, 122~123.

같은 기술 방식은 앞서 살펴본 바 있는, 섬라(태국)가 "백상의 국"이나 "수상생활의 민"과 같은 비문명 지역이 아니라 엄연한 근대 국가라는 기술 방식과 현격한 차이를 보인다.

문장욱文章郁의「조선인의 섬라暹羅 진출론」(1939)에서 섬라가 동등한 교역관계의 대상으로 간주되고 있는 것과 달리, 1942년 발표된 한민훈의「태국을 걸머진 파푼 원사의 약사」에서는 태국이 전적으로 정복의 대상('먹을 거리')으로만 표상된다. 물론 문장욱이 미국 컬럼비아 대학 출신으로 미국 전문가였기에 태국을 비롯한 동남아시아 지역에서 서구의 영향에 대한 판단과 관점이 다를 수밖에 없다. 그러나 1939년과 1942년 사이의 여러 변화 역시 동남아시아 지역에 대한 시각 차이의 요인이라고도 할 수 있다. 즉 조선에서 태국(섬라)을 비롯한 '남방'에 대한 인식이 일본의 실제적 정복을 전후로 하여 급격하게 균열되었음을 보여준다. 이처럼 남방에 대한 기술 방식의 변화는 이 시기의 남방 담론이 일제의 인종화되고 젠더화된 식민주의 이데올로기에 포섭되어 있는 측면을 명확하게 드러낸다.

젠더화된 식민주의의 시선은 인종주의적 시선을 동반한 것이기도 하다. 이른바 '남방'은 태평양 전쟁기 조선에서 '미지'의 미개한 영토의 하나로 표상되고 이러한 표상 체계를 통해 조선은 '미숙한' 주체인 남방에 대해 우월한 위치를 점하게 된다. 잡지『대동아』는 1942년 5월호에서「남방南方으로 보내는 꿈」이라는 시리즈를 기획했다. 이 시리즈 중 한편인 최정희의「꿈은 남녁南域으로」에서 남방은 "금金그늘에 에비스초草의 열매가 포도송이처럼 푸둘어 익어가고 아불리가亞弗利加튜립"이 늘 피어 있고 "나무 그늘에는 토인土人의 남녀男女들이 춤과 노래와 빤죠에 흥이 겨웁다한다"32는 나라로 상상된다. 남방은 비문명화된 종족의 나라로 아프리카와 균열 없이 동일화된다. 또 최정희는 같은 작품에서 '이 미개의 남방'에 대한 '우리'의 사명은 "우리 종족種族의 체면體面이라든가 이런건 채리려 들지말고

---

32. 최정희,「꿈은 남녁으로」,『대동아』, 1942년 5월, 150.

그들속에 숨은 신神이 누구에게나 똑같이 주신 인간人間의 권리權利를 주장主張하는 법法을 그들에게 배워주자쿠나. 생명生命의 움즉임을 인간人間으로서의 자랑을 깨달케하자쿠나"33라고 천명하고 있다. 한편,「남방 만화경」이라는 제목하에 구성된 잡지 『신시대』의 남방 관련 기사에 등장하는 화보는 당시 조선인이 그려낸 신식민지 남방의 이미지를 전형적으로 보여준다. '미개한 남방'은 식민지 토인과 동일시된다.34

이런 점에서 조선의 '협력 집단'에게 태평양 전쟁이 전면화되고 아시아 제국의 '신생' 식민지가 부상한 것은 새로운 사명을 스스로에게 부여하고 협력을 정당화할 수 있는 계기가 되었다. 특히 오래된 식민지 조선이 신생 식민지를 문명화시켜야 한다는 문명화의 사명은 일본의 조선 점령의 논리를 전유하면서도 조선의 지위를 좀더 상승시킬 수 있는 기회이고 약속이라는 자기정당화와 절실함도 작동했다. 태평양 전쟁기 일본의 새로운 식민지 점령 기획에서 '조선'이 자기 위치를 새로운 시장의 개척자이자 미개한 영토에 대한 문명 기획자로 지정하는 담론이 대량으로 생산될 수 있었던 바탕이라 하겠다.

태평양 전쟁의 전면화와 이에 따른 조선 내부의 아시아에 대한 인식의 변화는, 한편으로는 위에서 살펴본 바와 같이 새로운 식민지의 부상을 식민지 조선의 주체들이 '제국 일본의 주체'로 전환할 수 있는 '재생'의 기회로 간주했다는 점으로 설명될 수 있다. 여기에는 일본에 만연해 있던, 아시아 각국에 대한 인종화되고 젠더화된 '동화'의 수사학의 일방적 영향이 놓여 있다. 1940년대에 이르러 담론 공간의 많은 부분이 일본의 담론과 비교해 봤을 때 차이와 균열점을 확인하기 어려운 "매끈매끈한 공간"으로 변화된다는 점에서도 이러한 면모는 확인된다. 그렇다면 이것을 순전히 일본의

---

33. 같은 글, 150.
34. 태평양 전쟁기의 담론에서 식민지 토인이라는 표상은 인종, 민족, 젠더가 교차하는 지점을 보여준다. 식민지 토인은 제국의 타자에 대한 담론을 구성하는 중요한 표상이다. 미개한 남방뿐만 아니라 체제에 비협조적인 집단 역시 식민지 토인과 동일시된다.

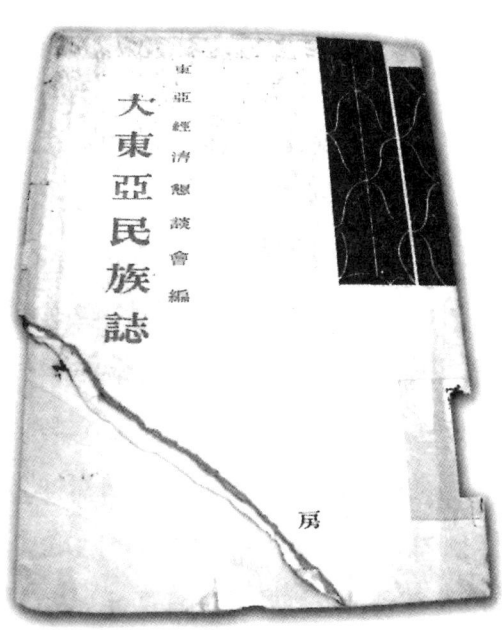

『대동아 민족지』(동아경제간담회 엮음, 1943). 당시 남방 종족지의 전형적 패턴을 보여주는 책이다.

식민주의 담론으로의 전면적 동화와 이를 적극적으로 전유한 주체 위치의 변화라는 측면에서만 논할 수 있을 것인가 하는 문제가 남는다.

물론 동화의 수사학은 인텔리 상층부로부터 하위의 말단 조직까지 전면적·체계적으로 관통한 것으로 보인다. 다음의 글은 이러한 동화의 수사학이 어떻게 하위 조직에까지 전면화되었는가, 또 가족국가주의의 이데올로기 속에서 '오래된 식민지'인 조선이 신생 식민지와의 갈등적 관계 속에서 자신을 어떻게 구성하는가를 보여준다.

오늘 우리나라는 코큰 사람들과 싸우고 있읍니다. 코큰 사람들은 오래전부터 우리나라에 나그네로 왔던 사람인데 우리들의 것을 다-뺏고 훔치다가 들켰읍니다. 그리하여 큰집되는 나라에서는 우리들의 이저진것을 찾기 위

이른바 대동아 성전의 감격을 논하는 담론은 일본의 정책을 반복하는 것처럼 보인다. 지리적 팽창과 전승 기념 담론은 정책을 반복하는 전형적 담론이다. 왼쪽: '남방공영권'의 침탈과 함께 새롭게 그려지는 지도. 오른쪽: 「세기의 감격, 대동아 전쟁 승리 기념, 대 경성 세기의 행렬」, 『보도』, 1942년 2월.

하여 싸우는 것입니다. 나라식구인 모-든 백성은 다함께 일하여야 합니다. 젊은 사람은 전장으로가고 늙은이는 집을 지키고 모다 한마음 한뜻이되어서 싸워야 합니다. …

우리집에 식구될 사람이 많이 있습니다. 만주사람 지나사람 불인사람 태국사람 비르마사람 비율빈 사람들이 모다 대문밖에서 기다리고 있습니다. 그리고 지금 저-역사의 나라 인도와 남방의 섬사람들이 한참 줄다름처 오고 있읍니다. 우리들은 대동아의 주인입니다. 주인이 일하지 않으면 새식구들도 일하지않습니다.[35]

이 글은 대동아 가족의 이념이 어떤 식으로 내면화되는지를 전형적으로 보

---

35. 김창훈, 「부탁하는말 — 우리는 모다 한집 식구입니다」, 『아희생활』, 1944년 1월, 3.

여준다.

그러나 이 글에서 흥미로운 것은 조선을 '대동아의 주인'으로, 후발 신생 식민지들을 "대문밖에서 기다리"는 '식구'들로 재현하고 있는 지점이다. 여기서 조선인의 '분발'을 촉구하고 '우리가 모두 한집 식구'라는 이념을 재삼 강조하는 이면에는 후발 신생 식민지에 자신을 모범으로 강조하려는 심리뿐만 아니라 후발 식민 국가에 대한 경계와 경쟁의 심리가 자리 잡고 있다. 즉 태평양 전쟁의 전면화와 신생 후발 식민 국가의 등장은 조선 내부에 후발 식민 국가에 대해서는 개척자와 문명 기획자라는 주체 위치를 제공하기는 하지만, 이러한 '우월한' 위치는 '제국' 일본에 대해서는 동일화될 수 없는 갈등적이고 불안한 위치였던 것이다. 후발 식민 국가에 대한 개척자와 문명 기획자라는 주체 위치는 '문밖에 있는' 후발 식민 국가들과의 경쟁과 우열을 통해 가능한 것이다. 이처럼 불안한 주체 위치로 인해 조선 내부에서 자발적으로 제국의 중심이 되고자 하는 경쟁적 논리가 팽창하게 된 것은 아닌가 하는 문제는 좀 더 고찰해 볼 필요가 있다.

이러한 문제는 앞서 살펴본 대동아공영권의 논리에 대한 조선적 담론에서 이미 제국, 조선, 후발 식민지 사이의 관계가 서열적 위계화를 그리고 있다는 점에서도 확인되는 것이다. 대동아공영권이라는 제국의 논리 속에서 식민지 조선이 제국의 중심이 될 것인가 주변부가 될 것인가 하는 불안이 균열과 갈등을 유발함에 따라 내부적이고 자발적인 경쟁 심리가 동반된 것은 아닌지 생각해볼 필요가 있다. 그런 점에서 대동아공영의 논리에 동화된 젠더화되고 인종화된 타자 담론들이 겉으로는 제국의 시선과 동일화된 것처럼 보이지만, 그 내면에는 제국의 중심 위치를 점하려는 욕망과 불안 또한 갈등적으로 공존하는 것처럼 보인다. 이는 결국 도달할 수 없는 제국의 '중심'에 대한 욕망과 식민지 주체의 불안을 명료하게 나타낸다.

이처럼 신생 식민지인 남방에 대한 인식은 한편으로는 일본에 의한 아시아의 해방이라는 일본 제국주의의 인종화되고 젠더화된 담론 질서를 내면화한 것이면서 동시에 제국 속에서의 식민지인의 불안 의식을 투영하고

1942년 3월 15일 자 『매일신보』 소국민판의 남방 특집 기사. 소국민판이란 일종의 어린이 신문이다. 소국민은 근대적인 아동의 개념을 대체하는 것으로, 제2세대 국민이라는 의미를 지닌다. 「남방 주민에 찾아온 행복―대동아 한가족의 기쁨, 건설되는 현지 이곳저곳」이라는 제목에 남방의 풍습, 종교, 남방에서의 해군의 활약상을 자세하게 소개하고 있고 야자수가 무성한 남방의 사진을 화보로 싣고 있다. "대동아 가족"이라든가 남방, 만주국 등의 신생 식민지를 "제국의 아이들"이라고 표현하는 것은 소국민 담론에서 매우 빈번하게 나타난다.

있다. 또한 '미개한 남방'이라는 남방에 대한 이미지는 가부장적 제국 일본의 시선을 통해 '미숙한 주체'로서 식민지를 의미화하는 젠더화된 가족국가주의의 시선을 내면화한 것이기도 하다. 남방에 대한 담론에 착종되어 투영된 젠더와 인종, 제국과 식민의 질서는 현재의 한국인의 의식의 기저에서 여전히 유효한 '학습 효과'를 발휘하고 있다.

3. 피식민 주체의 불안과 인종 공포

지금까지 이른바 대동아공영권의 논리 내에서의 조선의 타자 인식의 변화를 중국과 남방에 대한 담론을 중심으로 고찰했다. 일제는 '백화'에 대항하는 동아라는 기치 아래 태평양 전쟁을 '성전'과 '아시아 평화 수호'를 위한 '정의의 전쟁'으로 선전했다. 이 과정에서 일제의 팽창주의는 서구와 '동아', '제국과 식민지', '오래된 식민지'와 '새로운 식민지' 사이에 분리와 대립의 적대적인 위계를 강제적으로 만들었다. 이른바 대동아공영권의 구상과 태평양 전쟁은 백화에 대항하는 아시아 평화의 전쟁이라는 기치 아래 인종적 공포와 인종적 사명에 대한 서구의 어휘들을 전용했다. 즉 태평양 전쟁은 이전 시기와는 또 다른 측면에서 국제 관계와 식민지 정책에 대한 언어의 인종화를 불러일으켰다.

태평양 전쟁을 전후로 한 일본 제국수의 담론과 정책의 인종화는 조선의 타자 이해에도 긴밀한 영향력을 행사했다. 특히 미영 귀축에 대한 가치 절하나 중국에 대한 신성박탈적인 담론은 이 시기에 인종적 공포와 사명에 관한 담론이 전시 동원 체제를 구성하는 데 중요한 이데올로기적 기반을 제공했다는 것을 보여준다. 인종적 공포와 인종적 사명에 관한 담론은 조선의 경우 일본의 식민지로 점령되기 시작한 남방 열도에 대한 인식에 막대한 영향을 끼쳤다.

이 장에서는 대동아공영권의 논리하에서 조선에서 생산된 새로운 점령지에 대한 담론을 검토함으로써 제국의 중심에 대한 선망과 공포로 분열된 피식민 주체의 불안한 정체성을 역사적으로 살펴보았다. 태평양 전쟁기에 조선에서 생산된 남방에 대한 인종화되고 젠더화된 담론을 살펴보는 것은 식민주의가 내포한 인종 공포와 젠더 정치를 검토하는 일과 밀접한 관련이 있다. 이 문제를 포괄적으로 해결하기 위해서는 더 많은 연구가 진행되어야 한다. 태평양 전쟁기를 전후로 하여 급격하게 진행된 일제의 인종화되고 젠더화된 제국주의적 팽창주의에 대한 연구들이 앞으로 좀 더 보완되어야 할 것이다. 특히 태평양 전쟁기의 서구에 대한 배타적 분리의 과정에서는 반유대주의적 지향도 발견된다. 태평양 전쟁기의 남방에 대한 담론에 투영된 인종 공포와 혐오는 현재의 우리에게 여전히 잔존하고 있다. 동남아시아에 대한 한국인의 근거 없는 우월감과 혐오감은 한국인이 동남아시아를 집단적으로 대면한 장면, 태평양 전쟁이라는 역사적 시점과 무관하지 않다고 생각되기 때문이다.

3장

남방 종족지와 제국의 판타지

다시 '최소한의 도덕'을 위하여

1. 재현의 스펙터클, 관객과 연기자 — 파시즘과 '최소한의 도덕'

1942년 일본이 남방을 정복함으로써 일본과 미국의 총력전은 본격화되었다. 독일 파시즘의 핍박을 피해 미국 망명에 오른 아도르노는 남방에 대한 미군의 반격을 보며, 정확하게는 남방에 대한 미군의 반격을 '보여주는' 영화의 주간 뉴스 속에서 당시 전쟁의 진실을 발견했다. 그것은 다름 아닌 주체의 말살을 위해 더 큰 주체의 에너지가 요구되는 전쟁, 전쟁의 실감 대신 실험과 기계적 반복이 자리 잡은, 비인간성의 완전한 실현으로서의 전쟁, 즉 증오 없는 전쟁이라는 파시즘 전쟁의 귀결점이었다. 망명한 지식인 아도르노에게 파시즘과 파시즘 전쟁은 특히 문화 선전과 같은 재현 체계와 분리될 수 없었다. 추방된 망명 지식인의 파시즘 비판의 가장 예리한 형식이라 할 수 있는 『미니마 모랄리아』는 재현의 정치학에 대한 비판과 분리될 수 없었다. 이는 파시즘 정치가 재현의 스펙터클과 분리되기 어렵다는 것을 의미한다. 파시즘 비판은 "사건들이 물화되어 경직된 채 주조되어 쏟아지는 현상이 사건 자체를 대체하고 있는" 재현의 스펙터클에 대한 비판이기도 하다. 아도르노에 따르면, 파시즘은 인간을 "괴물 기록 영화의 연기자들로 전락"시키는 체제나 다름없다.

> 영화의 주간뉴스 : 마리아나 군도, 특히 괌섬에 대한 침공에서 인상적인 것은 전투에 관한 것이 아니라 상상을 초월할 정도로 치열하게 수행된 기술적인 거리 정화 작업이나 폭파 작업, 또는 연막 소독에 의한 병충해 박멸 작업이었다. 이 작업으로 어떤 풀도 자랄 수 없을 정도였다. 적군은 시체나 환자로 되었다. 파시즘 아래 유대인처럼 적은 기술적 행정적 조처의 객체일 뿐이다. 적군이 대항할 경우 그 대응 조처도 똑같이 비슷한 성격을 띠게 된다. 어떤 의미에서는 구식의 전쟁에서보다도 여기서 더 많은 이니셔티브가 요구된다는 것, 주체의 근절을 위해 주체에 혼신의 힘이 요구된다는 것이 그야말로 사탄적이다. 완성된 비인간성은 '증오 없는 전쟁'이라는 그레이[1]의 인간적인 꿈의 실현이다. (1944년 가을)[2]

1940년대 남방을 둘러싼 일본과 미국의 각축전과 이를 재현하는 '영화의 주간 뉴스'를 바라보는 망명 지식인 아도르노와 식민지 지식인 이효석의 시선을 대조해 보는 것은 식민지 지식인들에게 부당하거나 혹은 가혹한 처사인지도 모른다. 파시즘의 폭력으로부터 일정한 거리를 취할 수도, 정당한 비판적 의견을 표할 수도 없었던 식민지 지식인들에게서 태평양 전쟁에 대해 망명지의 지식인과 같은 시선을 찾아낼 수는 없을 것이다. 그러나 적어도 인간을 괴물 기록 영화의 연기자들로 전락시켜서 전쟁이라는 끔찍한 현실을 '단순한 선전'으로 내보이려 하는 파시즘 정서에 대해, 또 그러한 정서를 통해 전쟁의 전율이 이의 없이 실행되도록 만든 파시즘 체제에 대해 식민지 조선의 지식인들이 어떤 반응을 보이고 있는가에 대해 질문

---

1. 에드워드 그레이(Edward Grey, 1862~1933). 영국의 국회의원, 외무장관 시절에는 세계 여러 지역에서 일어난 강대국 간의 마찰을 중재하려고 노력했다.
2. 테오도르 아도르노, 「33. 사정거리에서 벗어나」, 『미니마 모랄리아』, 김유동 옮김 (길, 2005), 82~83.

할 수는 있을 것이다. 1942년 5월 잡지 『대동아』는 일제의 남방 정복을 기념하여 「전시작가일기」戰時作家日記 특집호를 발간했다. 이 특집에는 채만식의 「영아嬰兒는 나다」, 정비석의 「어떤 날의 정열」, 김팔봉의 「신세계사新世界史 첫 장章 쓰든날」, 계용묵의 「벼락편지 받든날」, 이효석, 「〈풍년가〉 보든 날 밤」이 수록되어 있다.

이월 십오일 일요 맑음二月 十五日 日曜 晴

종일 집에 눕다. 겨울 동안의 태타怠惰는 불건당의 탓이니 나는 이것을 깊이 허물하지 않고 한가한 시간에는 반다시 몸의 온도를 도모하기로 하고 있다. 음력 초하로라 쓸쓸히 지나기도 멋해 저녁 호텔에서 S와 만晩찬을 같이 하다. 식탁食卓의 접시가 얼마 전前보다 한가지 줄고 사과쨈물도 버석버석한 것이 도모지 범절이 검박하기 짝없다. 흰 식탁보와 꽃묵음만이 변치않고 호사스럽다.

시간이 조금 느젔으나 동보東寶에서 조선영화 풍년가豊年歌를 보기로하다. 또하나의 태작駄作, 지금까지의 조선영화다, 거개 그러했듯이 한편의 민속적인 풍속도에 지나지 않는다. 이제는 발서 영화다운 영화를 맨들어도 조흘때가 아닌가. 웨그리 상상력想像力이 빈곤貧困하고 구성構成이 설필까. 영화인들의 일단一段의 분발奮發을 바라마지 않는다. 김신재金信哉의 연기演技는 개성적個性的이어서 그것으로서 좋은 것이나 좀더 신線을 정리했으면 한다. 가량 쓸데없는 몸신융이라든지 번거로운 표정表情같은 것은 애낌없이 버리고 가급적간결可及的簡潔한 표현表現을 가지기를 바란다.

영사影寫의 도중에서 화폭畵幅이 끈허지고 사관내館內에 불이켜지드니 라우드 스피커가 싱가폴 함락陷落의 특별特別 뉴우스를 일너준다. 아나운서의 성도聲道로 관중觀衆이 만세萬歲를 화창和唱하다. 거리에 나서니 어딘지 없이 소연騷然한 기색氣色이 떠돌며 축하祝賀의 장식등裝飾等이 발서 눈에 띄인다.

S와 헤여져 바로 집으로 향하다. 찬바람을 쏘인 까닭인지 몸이 좀 거북하다. 밤이 지나면 다시 회복될 몸이언만.[3]

일기 형식으로 기술된 이효석의 글에서 싱가포르 점령일로 축하된 2월 15일의 의미는 버석거리는 사과잼의 맛이나, 범박하기 짝이 없는 식탁이나, 변치않고 호사스러운 흰 식탁보처럼 일상의 사소한 것 속에서 특별히 도드라져 보이지 않는다. 싱가포르 점령에 대한 선전 영화가 상영되는 '극장'에 대한 이효석의 실감이란 김신재의 연기와 조선 영화의 수준에 대한 불만과 영화인들의 분발을 촉구하는 변으로 드러날 뿐이다. 물론 표피적 진술을 통해 당시 지식인들의 내면을 정확하게 판단하기는 어렵다. 다만 진술의 방식이 아니라 이런 식으로 전쟁을 실감하는 방식에 오히려 당대 지식인들이 남방 정복에 대해 취했던 태도의 일단이 담겨 있다고 할 수 있다. 남방 정복을 알리는(선전하고 재현하는) '극장' 안에 놓인 조선의 지식인들은 '괴물 기록 영화'(남방 편 괴물 기록 영화는 '종족지'라는 새로운 버전을 만들었다)의 관객이자 연기자였고, 가능하면 관객보다는 주인공이나 비중 있는 배역을 맡고자 하는 연기자들이기도 했다.

이 글의 제목에도 등장하는 영화 〈풍년가〉는 고려영화사의 작품으로 1942년 1월 14일 개봉되었다. 『매일신보』 1942년 1월 14일 자에 따르면 개봉 극장은 약초극장이었다. 기획과 제작은 이창용, 연출은 방한준(〈한강〉과 〈성황당〉의 연출가)이 맡았다. 『조광』 1941년 10월호 화보에 따르면, 고려영화사의 주요 스타 배우가 캐스팅된 영화로서 맥추기麥秋期의 농촌을 배경으로 극과 르포르타주를 겸한 이색편이라고 한다. 이효석의 평에서도 보이듯이 이른바 당대 '조선적 색채'를 가미한 '민속적' 영화의 한 예라 할 수 있다. 『조광』의 일어판 광고에서는 "순정, 소박, 쾌활하면서도 향기가 높은 영화", "현역스타 총동원, 엑스트라 천오백명", "역사적인 대 로케이션을 감행한 서정물", "약진 고려영화가 내놓은 16년도 초대작超大作"이라고 되어 있다. 당시로서는 상당히 스케일이 큰 영화였다는 것을 알 수 있다. 영화가 남아있지 않아 내용을 짐작만 할 뿐이지만, 인터내셔널한 심미주의 미학을

---

3. 이효석, 「〈풍년가〉 보든날 밤」, 『대동아』, 1942년 5월의 전문.

지향하던 이효석에게 당대 국책에 부응해서 범람하던 '조선적 색채'를 강조한 영화 〈풍년가〉를 태작이라고 혹평한다. 당대 조선적 색채란 조선을 일제의 지방으로 배치하면서 조선을 식민지가 아닌, 특정한 문화와 풍습을 공유한 종족 공동체로 강제적으로 재편성하는 식민주의의 정치적 과정의 미학적 상관물이다. 미학적으로나 정치적으로나 조선을 그런 의미의 종족 공동체로 상상해본 적이 없는 이효석에게 "민속적인 풍속도"로 조선을 재현하기를 반복하는 조선 영화는 "영화다운 영화"라고 보기 어려울 정도인 것이다. 그나마 그런 영화조차도 영화 상영이 일제의 싱가포르 함락을 알리는 뉴스에 중단되는 지경이다. 이효석의 미학적 이상은 가장 고도의 예술적 형식인 오케스트라로 상징된다. 1942년 사망하기 전 발표된 소설에서도 이효석은 조선에 제대로 된 오케스트라를 만들고 공연장을 만들 꿈을 꾸었다. 그러나 현실의 조선 예술은 열악하거나 "민속적인 풍속도"를 반복하는 "태작"을 반복하고, 그마저도 전쟁 뉴스로 중단되는 상황이다. 영화가 중단된 극장에서 관객들은 아나운서의 선창을 따라 만세를 부르고, 거리로 나와도 상황을 다르지 않다. 만세 소리와 싱가포르 점령 축하 장식등이 불을 밝히고 있는 극장과 거리에서 이효석은 왠지 심란하게 소란한 기색("소연한 기색")을 느끼며 몸이 거북해짐을 느낀다.

당대 담론 공간에 무한 반복하면서 등장하는 남방의 자원에 대한 호기심, 남방 개발로 조선이 얻게 될 기회, 남방에서 일확천금을 할 수도 있지 않을까 들떠 있는 열정들 아래로, 사이로 흐르고 있는 것은 이런 심란하게 소란한 기색과 왠지 모를 거북함이기도 하다. 말 그대로 정동적인 이런 기록을 확인할 수 있는 자료는 그러나 아주 극소수이다.

반면 양적으로 더 많이 생산되는 담론들은 남방에 대한 경제적 관심을 담은 자료나 이국적 남방을 노래한 종족지들이다. 이런 논의들에서 드러나는 점은 조선의 지식인들에게 남방 정복이란 전쟁의 실감보다는 경제의 실감으로 다가왔으며, 본질적으로는 정글의 법칙, 더 나아가서는 정글 탐험의 이미지로 실감되었다는 것이다. 일본의 남방 정복이 정글의 법칙이나

신가파(싱가포르) 함락 특집 호외, 『매일신보』, 1942년 2월 15일. 「세기의 감격! 동아 해방의 여명 도래」라는 제목 아래 남방 정복의 의의를 설명하는 다음과 같은 기사들이 전면에 실려 있다. 「신가파에 일장기를 게양 — 동아 착취의 거점 분쇄」, 「카와기시 중장과 일본일답 — 영미의 생명선 춘단 공영권 건설에 약진」, 경성제국대학 교수 모리타니 카츠미의 글인 「경제자급권 확립 — 신가파 함락의 의의와 전쟁의 전도」.

정글 탐험으로 실감되었다는 것은 단지 비유적 의미만을 지닌 것은 아니다. 조선에서 생산된 남방에 대한 수많은 담론에서 남방은 서구 제국주의와 동양의 맹주 일본 제국이 마지막 세를 겨루는 장이며, 약육강식과 정글의 법칙이 지배하는 역사적 장이었다. 남방 열도를 정복하는 일본군의 이미지는 마치 남방을 탐험하는 열혈 탐험가처럼 그려진다. 혹은 남방 정복에서는 전투의 이미지가 탐험의 이미지로 전환되었다고 하는 편이 더욱 정확할 것이다.

이런 식으로 남방을 정글 탐험의 이미지로 만드는 작업은 풍습과 문화를 소개하는 글들과 남방시에서 주로 이루어졌다. 특히 시 장르는 이처럼 남방을 뜨거운 열대 정글과 '깜둥이' 토인의 이미지로 만드는 데 중요한 역할을 담당했다. 그러나 이는 단지 문학이라는 장르 자체의 특성에서 기인하는 것만은 아니며 파시즘 정치의 미학화 문제와 관련된 것이다. 당시 남방시, 남방 선전 문학은 엄청나게 생산되었다. 대표적 작품만 골라도 백여 편에 달한다.[4] 앞서 검토했던 주요한의 「손에 손을」을 다시 살펴보자.

손에손을 이어잡으십시오 / 발로 박자 맞춰 춤을 춥시다 / 토토타무타무 / 타무타무토토타무 /

시빌의 젊은이들이여 / 자바의 아가씨들이여 / 손에손을 잡으면 새 날이 밝아온다 / 아시아에 아침이 온다 / 토토타무타무 / 타무타무토토타무

우랄에 깃발꽂고 / 바이칼에 푸울을 만듭시다 / 손에손을 맞잡으면 새 날이 밝아오는 / 태평양의 아침해가 솟아오릅니다 / 토토타무타무 / 타무타무토토타무

---

4. 이에 관해서는 이 책의 「참고문헌」에 상세하게 소개하였다.

박자를 맞춥시다 박자를 맞춥시다 / 인도의 코끼리 아저씨 앞에서 / 고비사막의 기다란 목을 가진 낙타군 앞에서 / 바다 표범씨가 보낸 편집니다요 캥거루씨 앞으로 / 토토타무타무타무 / 타무타무토토타무

말레이해에 봉화가 오르면 / 캄카차에서 마라톤이 시작된다 / 손에손을 이어잡고 / 발로 박자를 잘 맞춰서 / 삼단도 기술을 발휘합시다 /

아시아가 밝아오면 / 세계도 밝아진다 / 토토타무타무타무 / 타무타무토토타무[5]

이런 재현의 스펙터클 속에서 조선의 지식인들은 때로는 약육강식의 쟁탈전 속에서 약자도 강자도 아닌 조선의 '몫'에 대해 고민하고, 때로는 하이에나의 생존술을 빌려 강자들의 전투의 결과물로 얻어낼 지분에 대해 골몰했으며, 또 일부 지식인들은 즐거운 탐험가가 되어 남방 열대를 탐험하는 몽상에 열을 올리기도 했다. 이 모든 즐거운, 그러나 불안한 남방 모험의 기저에 놓인 것은 '더 많은 지분'에 대한 욕망이었고, 이 욕망을 정당화하는 것은 자기 정체성과 '지위'에 대한 불안감이었다. 이 책에서 남방 정복을 둘러싼 재현의 스펙터클과 그 기저에 놓인 식민지 지식인의 욕망의 구조를 고찰하면서 제기하고자 하는 질문은 파시즘 체제의 욕망과 폭력으로부터 벗어날 수 없는 제한된 상황에서, 그 폐쇄된 상황에서 적어도 자신을 파시즘적 폭력과 동일시하지 않도록 만드는 최소한의 도덕은 없는가 하는 것이다. 이 질문은 단지 식민지 조선 지식인의 생존술과 파시즘 인식에 대한 것만이 아니며, 여전히 파시즘적 폭력과 욕망의 구조에서 자유로울 수 없는 우리 자신을 향한 것이다.

---

5. 주요한, 「손에 손을」.

2. 잉여로서의 남방 담론과 과잉된 응답의 역설

남방의 존재가 식민지 조선의 담론 공간에 등장하기 시작한 것은 1939년 말엽부터다. 남방에 대한 담론은 당시 전쟁 상황의 변화에 따라 요동쳤다. 1941년 12월 8일 미국이 일본에 선전포고를 하고 2차 세계대전에 참전하고 일본군이 필리핀, 프랑스령 인도차이나(베트남, 라오스, 캄보디아)와 영국령 싱가포르에 상륙하면서 정점에 이른다. 또한 예상보다 빨리 1942년 2월 일본이 싱가포르를 점령하면서 남방에 대한 열기는 정점에 이른다.

일제 말기에 대한 기존 연구에서 남방에 관한 담론들은 별도의 독립적 위치를 차지하지 못했다. 이는 1940년대에 대한 연구가 총력 동원과 조선에 대한 노예적 수탈의 가속화, 태평양 전쟁 동원을 위한 이데올로기, 황민화 정책 등 몇 가지 주요 사안에만 집중되어 있었기 때문이다. 남방에 관한 담론들이 일반적인 태평양 전쟁 담론으로 다루어지면서 그 변별적 성격이 규명되지 못한 것이다. 물론 이러한 연구 주제와 논점은 일제 말기의 실상을 파악하는 데 주요한 논점이지만 이러한 논의의 편중은 태평양 전쟁기 식민지 조선에서 생산된 담론 구조를 단순화하고 일면화한 측면이 있다. 즉 1940년대 조선에 대한 논의가 주로 일제의 지배 정책과 그것과의 길항 관계에 놓인 조선인들의 반응, 협력 등을 중심으로 이루어지다 보니 주로 정책과 그 반응이라는 일대일의 구조로 논의가 협소해졌다는 문제가 있는 것이다. 1940년대 조선에서 일제와 총독부의 정책 바깥에 놓일 만한 담론 구조가 생산될 수 있었는가 하는 근본적인 의문 역시 제기된다. 문제는 이 '바깥'의 담론이 꼭 저항의 의미만을 내포하지는 않는다는 점이다.

일례로 남방 담론의 경우 일본 제국과 총독부의 정책을 선전하고 그에 부응하는 찬동의 담론이 주류를 이루지만 총독부의 정책이나 관료의 입장들을 초과하는 과잉된 열기가 조성됐다. 이 과잉된 열기는 실상 총독부와 제국의 이념과 상응하지 않는 잉여의 부분, 그 바깥이기도 했다. 그러나 이 잉여의 담론, 남방에 대한 과잉된 열기는 제국의 정책이나 총독부의 노선

『춘추』, 1942년 2월. 싱가파(싱가포르) 함락 특집호. 싱가포르 함락을 축하하는 특집 기사 가운데 약방 광고가 끼어 있다. 당시 광고에서조차도 '남방'은 하나의 유행이었다. 또 남방인을 '야만인'의 이미지로 그려내는 것 역시 일종의 유행이었다.

에 대한 저항도, 부정도 아니었다. 역으로 총독부나 제국의 노선을 초과한 잉여의, 과잉된 식민주의의 반영이었다. "남방열"이라 불린 남방에 대한 조선 지식인들의 과잉된 열광은 내선일체와 대동아공영권이라는 이데올로기를 통해 일본 제국의 신민으로 호출하는 제국의 호명 체제에 대한 식민지 조선 지식인들의 과잉된 응답의 한 형식이었다. 비슷한 시기에 진행된 징병제나 내선일체론에 대한 일부 지식인들의 열렬한 응답 역시 과잉 반응의 연장이었다. 징병제, 참정권 논의 등 일제의 황민화 정책에 대한 열렬한 응답이 일종의 '권리 획득'이라는 차원에서 얻을 수 있는 실익과 관련된 사항이었다면, 남방에 대한 열기는 남방 정복에 따른 경제적 이해관계의 변

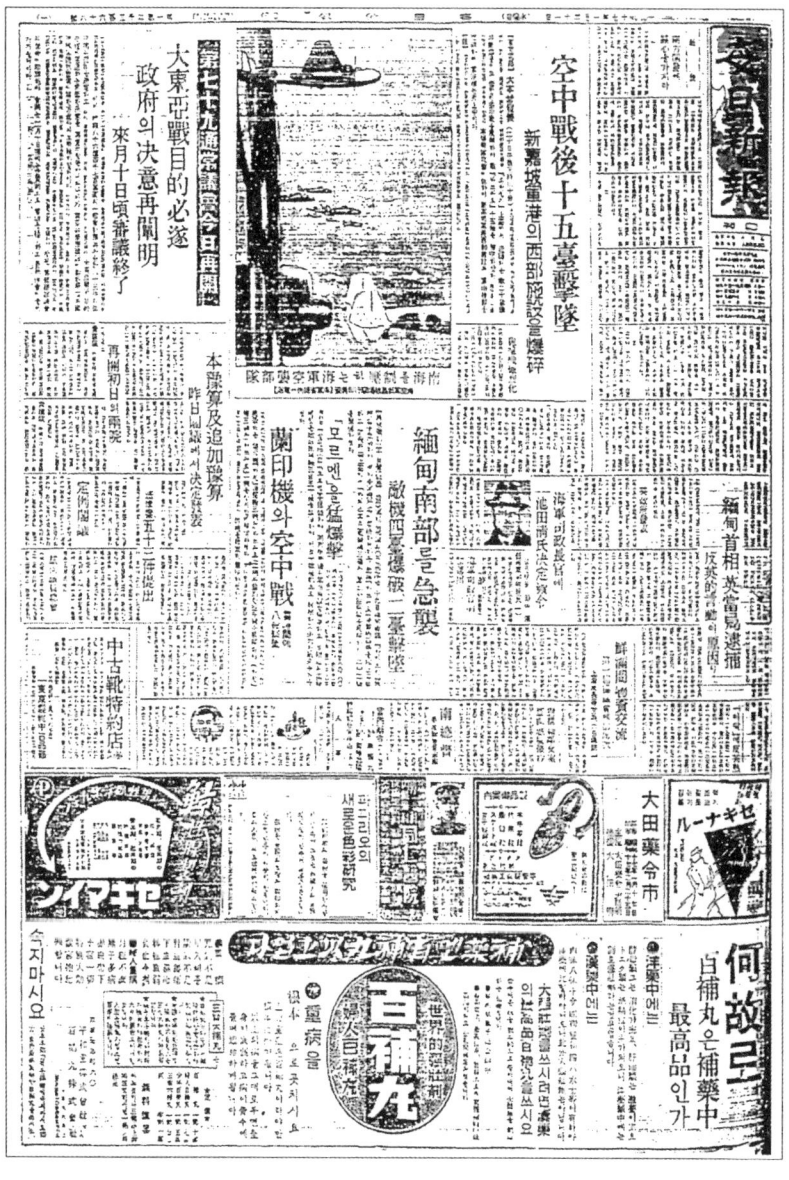

남방 기사로 가득 찬 신문.『매일신보』, 1942년 1월 21일.「남방 개발에 관심을 가져라」라는 사설이 전면 일단에 배치되어 있다. 그리고 신가파(싱가포르) 전선의 상황을 알리는 기사와 화보들이 실려 있다.「남해를 제압하는 해군 공습 부대」,「면전[緬甸, 미얀마의 당대 표기] 남부를 급습」,「란인(네덜란드령 인도)기와 공중전」,「면전 수상 영 당국 체포 — 반영(反英)적 언동이 원인?」등이다. 당시 조선에서 남방에 관한 관심이 매우 크고 다양했음을 알 수 있다.

화라는 실익의 차원을 넘어서 일종의 '환영'幻影을 향한 열광이었다. 남방 담론은 조선의 지식인에게 대동아공영권의 한 주체로서, 일본 제국의 신민으로서 자신을 구성하게 하는 제국의 판타지를 형성했다고 할 수 있다. 그러나 남방 열기를 둘러싸고 조선의 본래 위치, 적절한 위치에 대한 경계의 담론이 늘어날 수밖에 없었듯이 이러한 과잉된 응답은 제국의 호명 체제와 일치하지 않는 어긋남을 구성하는 것이었다. 그런 점에서 남방에 대한 조선 지식인들의 과잉된 응답은 제국의 부름에 열렬히 응답함으로써 제국의 호명 체제와 어긋나는 피식민 주체의 현실적 위치를 더욱 선명하게 보여준다. 이런 어긋남은 남방 담론과 남방 열기의 기저에 조선의 위치에 대한 불안감이 중요하게 자리 잡고 있었다는 점에서도 확인된다.

남방 담론은 이른바 대동아공영의 이념이나 내선일체 등 황민화의 이데올로기가 피식민자인 조선인들에게 미친 현실화 효과를 살펴보는 데 중요한 고리이다. 대동아공영의 이념이나 황민화 이데올로기가 조선에서 실제로 어떤 현실적 귀결로 나타났는가 하는 점은 여전히 중요한 논점이다. 그러나 이데올로기 분석에서 간과할 수 없는 것은 이데올로기의 현실화 효과다. 이데올로기와 그 현실화 효과는 일대일 상동 구조나 직접적 인과관계로만 나타나지 않는다. 기존의 황민화 정책에 대한 연구나 대동아공영의 이념이 식민지 조선인의 의식에 미친 결과에 대한 연구들은 단순히 정책과 이데올로기가 '실제로' 어떻게 일대일로 대응하여 특정 결과에 도달했는가 하는 점에 초점을 맞췄다. 그 결과 황민화 정책과 대동아공영의 이념은 도래하지 않는 현실적 결과물에 대한 공허한 '선전'의 의미로 평가되어 왔다. 이데올로기의 중요한 작동 방식은 바로 도래하지 않는 현실을 현실로 인지하게 하는(혹은 피억압 집단으로 하여금 스스로 현실로 만들게 하는) 현실화 효과다. 따라서 이데올로기 분석에서 이데올로기, 현실, 현실 효과와 이른바 허상과 환영에 대한 욕망의 분석은 매우 중요한 부분이다. 조선의 현실과 매우 유리된 남방 열도列島에 대한 열도熱度는 이러한 대동아공영의 이데올로기가 조선에 미친 현실화 효과를 규명하는 데 매우 중요한 사례이다.

남방에 대한 과잉된 열기는 남방의 무진장한 자원 착취를 바탕으로 식민지 경제가 발전할 수 있을 것이라는 조선 지식인들의 적나라한 욕망의 표시이기도 했다. 남방 담론이 주로 원주민 표상을 통해 남방을 이미지로 전유하는 것은 인종주의의 복합적 관련성에서 비롯되며, 이러한 인종주의의 교차는 남방 정복을 철저하게 경제적 이해관계(식민주의적 착취)의 관점에서 전유하는 조선 지식인들의 적나라한 욕망의 표출과 관련된다. 이러한 착취의 관점은 동시에, 스스로에게 남방 원주민보다 우월한 지위를 부여함으로써 제국 내에서 우월한 위치를 점하려 하는 조선 지식인들의 욕망을 적나라하게 표출한 것이기도 하다. 그런 점에서 남방에 대한 과잉된 열기는 착취 경제에 놓인 식민지들 사이에서 우월한 지위를 점하고자 하는 피식민 주체의 내면화된 식민주의를 선명하게 반영한 것이며, 경쟁과 착취의 논리가 인종주의적 담론으로 전환되는 전형적 방식을 보여준다.

남방 담론은 신체제의 전쟁 수행과 내선일체라는 정책 속에서 식민지 조선인들의 서양과 아시아에 대한 인식이 어떻게 변모되는가를 보여주는 중요한 고리이기도 하다. 조선에서 남방 담론이 등장하는 시기에 당시 '파시즘 3국 동맹'이었던 독일과 이탈리아가 유럽에서 거두고 있는 승리에 대해서도 다양한 정보와 담론이 생산된다. '파시즘 3국 동맹'인 독일과 이탈리아가 낡은 제국주의 국가(영국, 프랑스, 네덜란드)를 이겨서 기존의 '약소민속 국가'들이 낡은 제국주의의 지배를 벗어나 '해방'되었다는 식의 서사는 이들 '낡은 서구 제국'의 식민지였던 남방에 대한 일본의 점령을 선전하는 논리와 정확하게 동일한 구조를 이룬다. 또한 남방 담론은 근본적으로 중국에서의 영국과 일본의 대립과 밀접하게 관련되어 촉발되며, 유럽 제국, 독일, 아시아의 관계에 대한 인식의 지형도가 재구성되는 중에 생산된다. 남방 담론은 직접적으로는 대동아공영권하의 조선인들의 동남·서남아시아에 대한 인식에 큰 영향을 미쳤으며, 더 포괄적으로는 유럽, 독일, 아시아에 대한 인식에 영향을 미쳤다. 이 과정에는 일본의 대동아공영 이념이 발 딛고 서 있는 서양과 아시아의 이항대립적 구조화라는 인식 틀이 영향을 미치게 된다. 사카이 나오키는 이러한 서양과 아시아의 이항대립적 구조화를 총력전 체제부터 지구화의 기제에 이르기까지의 차원에서 검토하고 있다. 그리고 이런 고찰을 통해 본질적으로 아시아라는 이름과 개념은 아시아의 외부에 기원을 두고 있으며 이러한 타율적인 기원은 아시아라는 개념 그 자체에 각인되어 있다고 평가한다.[6] 그러나 조선의 경우 적어도 남방 담론에 한정해서 보자면 대동아공영의 이념의 근간이 되는 서양과 아시아의 이항 대립적 구조는 남방과 유럽의 약소민족 국가들(정말, 낙위, 백이기 등)에 대한 인식을 통해 균열적으로 혹은 분열적으로만 관철되었다고 할 수 있다. 즉 조선의 남방 담론에서 확인할 수 있는 것은, 식민지 조선에서 대동아공영의 이데올로기가 표면적으로는 서양과 아시아라는 이항대립 구조를 강화했지만, 그 기저에서는 보다 세분화된 인식의 지형도를 그려내게 된다는 점이다. 이는 제국 일본과 다른 식민지 조선만의 특성이라고 할 수 있을 것이다. 특히 남방 담론과 밀접한 관련이 있는 유럽 약소민족 국가의 향배에 대한 관심은 대동아공영 이념의 근간을 이루는 서양과 아시아라는 이항대립적 구조를 비집고 들어오는 균열점, 파열점이기도 했다. 즉 식민지 조선에서 과도할 정도로 생산된 남방 담론은 한편으로는 일본 제국의 대동아공영의 이념을 내면화한 것이기도 하지만, 여기에 머물지 않는다. 오히려 조선에서 생산된 남방 담론에는 제국의 이념에 철저하게 동화되고, 과도할 정도로 응답하는 담론에서조차도 식민지로서의 조선의 위치에 대한 불안이 공존한다. 남방에 대해 우월한 지위를 점하고자 하는 제국의 판타지에는 매우 기묘할 정도로 제국이나 점령자(독일, 이탈리아, 일본)와의 동일시가 드러나지 않는다. 오히려 피식민자와 점령지 국가, 그리고 점령지 주민과 조선을 동일화할 수밖에 없었던 조선의 담론 주체의 무의식과 정동이 복잡하게 진동하고 있다.

---

6. 酒井直樹,「あなた方アジア人 ― 西洋/アジアの二項対立の歴史的役割について」,『總力戰体制からグローバリゼーツョンへ』;山之内靖 酒井直樹 編,『総力戦体制からグローバリゼーションへ』, 生井英考 ほか 著 (平凡社, 2003)에서 재인용.

3. 남방이 주는 실감의 두 차원

내內남양에 대한 위임 통치의 경험을 가진 일본과 달리 조선에서 남방은 새로운 미지의 영토였다. 물론 도미야마 이치로가 지적하듯이 일제는 내內남양에 대한 식민지 경영에서 오키나와인이나 조선을 노무 동원했었다. 그러나 이러한 노동력 동원이 산발적으로 진행되었어도 당시 조선의 지식인들에게 남방에 대한 지식과 정보는 일천한 것이었다. 일례로 잡지 『조광』은 조선의 남방 전문가를 모아서 남방을 소개하는 좌담회를 열었고 1942년 4월호에 「남방공영권의 풍속문화를 말함」이라는 제목으로 좌담회 내용을 게재했다. 남방 정복 이후 남방에 대한 정보를 소개하는 좌담에 30년 전에 잠시 호주에 유학을 갔던 인물들까지 동원될 정도로 남방에 대한 정보를 제공할 만한 지식인 집단은 절대적으로 부족했다. 이 좌담회는 남방에 다녀온 적이 있는 인사들을 모아서 이야기를 듣는 형식이었는데, 참가자는 최정익, 김창집, 오영섭, 이여식, 손광선자 등이었다. 더군다나 이 참석자들은 교회 관계 일로 호주에 다녀온 손광선자를 제외하고는 남방에 대한 정보가 극히 부족한 실정이었다. 그래서 좌담회의 내용은 주로 남방 원주민에 대한 관심과 그들의 열등한 지적 상태에 대한 논의로 채워졌다.

총동원 체제 이후 조선과 만주가 하나라는 '선만일여'의 기치에 따라 줄곧 북방 건설 기지인 '대륙 병참 기지'로서의 역할을 부여받았던 조선에서 신생 식민지인 만주국이 지닌 의미와 신생 식민지인 남방이 지닌 의미는 동일한 양태로 구성되기 어려웠다. 지리적으로나 역사적으로나 교류의 역사가 깊었던 '만주'와 달리 남방은 지리적으로도 역사적으로도 교류의 맥락이 부재하는 곳이었으며, 남방에 대한 정보와 지식을 생산할 만한 주체적인 담지자(지식 집단) 역시 조선에는 거의 존재하지 않았다. 따라서 1939년을 전후로 생산된 남방에 대한 담론은 남방 열도의 역사와 민족 구성, 자원에 대한 초보적 정보를 소개하는 수준이었다. 남방이라는 지역에 대해 조선인들이 가지는 실감은 떨어질 수밖에 없었다. 남방 정복을 기점

'남방통신' 코너가 신문의 제일 상단에 자리 잡고 있다. 「반도청년들 희망에 넘치는 봉공」, 「전선 장병들에 협력―군사 우편이 전하는 소식」(군사 우편 사진이 실려 있다). 또 「우량찬 남방 건설―개발되는 무진장한 자원」이라는 기사는 "비율빈(필리핀), 비르마(버마), 마래수마트라(말레이연방 수마트라), 사와(자바), 보르네오" 등 남방 각 지역의 정황을 자세하게 보도하고 있다. 또 「풍부한 과일 가는곳마다 야자수」 등의 제목 아래 남방 각국의 넘치는 자원과 전진하는 병사들의 모습이 실려 있다. 『매일신보』, 1943년 1월 8일.

으로 남방 지역에 대한 조선인 노무 동원이 급속하게 증가했음에도 불구하고 지식인들에게는 (만주국과 달리) 남방에 관한 실제적인 지식과 정보가 현격하게 부족했다. 1939년 이후 남양 지역에 대한 조선인 노무 동원은 급격하게 증가한다. 특히 계획적인 노무 동원은 1941~1943년에 걸쳐 이루어졌고, 이 시기는 남방 담론이 가열되는 시점과도 일치한다. 1941년 남양에 대한 노무 동원 계획은 사할린을 훨씬 초과하는 것이었으나 1942년에 이르면 동원 계획은 대폭 축소된다.7 이는 남양에 대한 조선 동원의 애초 계획이 전쟁 상황에 따라 변화되었다는 것을 반증하는 것이다. 또한 남방 정복 이후 국민 징용령에 의한 동원이 조선에서도 본격적으로 시행된다. 강정숙과 서현주의 논의에 따르면, 1939년 조선에 공포된 국민 징용령은 1941년까지는 조선에서 전면적으로 시행되지 않았다. 그러나 1941년 이후로 군에 징용되는 사례가 등장한다. 제85호 제국의회 설명 자료는 징용 혹은 알선에 의한 군용원에 대한 적용 내역과 그 수에 대해 다음과 같이 정리하고 있다.

> 1941년 9월 이후 해군의 요구에 의해 남방의 긴급 토목 작업에 종사시키기 위하여 해군 작업 애국단 32,248명을 알선 송출한 것이 가장 많다. 육군의 요구에 의한 주된 것으로는 북부군 경리요원 7,061명, 미영 포로 감시요원 3,223명, 운수부 요원 1,320명 등으로 조선내, 만주 중국, 남방 방면으로 다수의 요원을 알선 송출했다.8

남방 정복 과정에서 조선이 남방에 대해 가졌던 실감은 그런 점에서 일제의 남방 정복과 강제 동원 정책과는 또 다른 차원에서 제기되었다. 1942

---

7. 1939년에서 1945년까지의 일본, 사할린, 남양에 대한 노무 동원 현황은 이상의, 『일제하 조선의 노동정책 연구』(혜안, 2006) 참고.
8. 友邦協會·朝鮮史料研究會, 第85回帝國議會說明資料 「朝鮮統治終末期の實態」(4), 『朝鮮近代史料研究集成』 4 (1961年 12月), 63~65 ; 조선사료연구회, 『조선근대사료연구집성제』 4호, 155~156에서 재인용. 강정숙·서현주, 「일제 말기 노동력 수탈 정책」, 『한일간의 미 청산 과제』, 한국정신대연구회 엮음 (아세아문화사, 1996) 참조.

년을 전후하여 조선에서는 남방에 대한 관심이 들끓었는데, 이는 총독부의 입장에서 우려와 경계를 표명하는 수준에까지 이르게 된다. 다음과 같은 남방 정복과 조선의 위치에 대한 총독부의 입장 표명은 당시 조선에서 남방이 주는 실감의 차원이 무엇이었는가를 살펴보는 데 중요한 논점을 제공한다. 1942년 조선총독부 정보과에서 발간한 『전진하는 조선』에서는 「남방 개발과 조선」이라는 장을 별도로 두어 남방 담론에 대한 조선 측의 반응과 우려를 다음과 같이 조사 보고하고 있다.

내선은 본시 하나로서 지도자 일본의 대 주주主柱이다. 따라서 황도선포의 전진기지로서, 또 대륙 작전의 병참기지로서, 조선은 지금 굳센 행보를 거듭하고 있다. 제국이 부하負荷ふか한 대동아공영권 확립의 위업은 이미 30여 년전 그 일보를 조선에 내딛었다. 금후 건설 활동에 있어서 조선이 앞장을 서서 개척해야하는 것이 이러한 광영된 선각자들에 대한 당연한 책무이다. 전사 경도戰史 驚倒의 놀라운 대 전과에 의해 대동아공영권의 의의도 굉장히 확대되어서 특히 광대한 대 남양권의 포함은 그 개발 건설이 전적으로 제국의 지도에 달려있고 권민 일억의 분기와 노력을 대망하는 바가 역시 크다.

사명중대, 전도양양
이리하여 제국의 전도에는 일층 명랑한 다사다망多事多忙을 예측할 수 있지만 그중에는 남방신자원에 대한 기대가 너무 과대해서 조선에 대해 극단적으로 비관적인 판단을 내리고 또는 앞으로의 조선은 이제 어떻게 되어도 상관이 없다는 관측을 하는 사람도 없지 않다. 물론 그러한 인식은 대단히 독단적이고 엉뚱한 사고이다. 제국에 있어서 조선이란 증자增資로 확장된 본점의 일부이다. 아무리 많은 지점이나 출장소가 증설되었다고 해서 그 때문에 본점의 위신이 실추하고 혹은 없어야 되는 존재가 된다는 식은 결코 있을 수 없다.
오히려 지점이나 출장소가 증가하면 할수록 본점, 특히 그 본점의 안에서도 신기구의 부분은 더욱 할 일이 많아지는 것이 도리이니 조선의 경우도 우수한 출점에 비유할 수 있는 남방공영권의 확대는 이 병참기지적 성격상에 일층더 중요성을 부가하는 것이다.9

남방 정복의 의의를 서두로 한 이 글은 주로 남방 정복에 의해 조선에 팽배해지던 "비관적인 판단"을 경계하면서 조선의 중요함을 거듭 강조한다. 특히 남방 정복에 따른 "비관적인 판단"은 "남방신자원에 대한 기대가 너무 과대"한 것, 즉 남방 신자원에 대한 과도한 관심10과 그로 인한 "조선은 이제 어떻게 되어도 상관이 없다는" 비관이 상호 결합하여 형성된 것이라고 지적한다. 남방공영권이 확대됨에 따라 조선이 여전히 중요하고 새로운 임무를 맡게 될 것이라는 낙관적 견지를 갖도록 촉구하는 이 논의는 한편으로는 조선에서 "과도할 정도"로 극대화된 남방 신자원에 대한 과도한 기대와 남방의 화려함에 대한 과도한 열기, 그리고 무엇보다 이에 따라 조선의 상황을 비관하는 관측을 경계하려는 것이었다.

이는 남방 정복과 관련하여 조선에서 형성된 열기의 이중적 기원을 보여준다고 생각된다. 즉 남방에 대한 열기는 남방의 신자원에 대한 지대한

---

9. 「南方開発と朝鮮」, 『前進する朝鮮』, 朝鮮総督府情報課, 1942.
10. 남방 정복을 전후로 하여 남방의 사원에 대한 관심을 표명하는 글이 폭주한다. 대표적으로는 다음과 같은 글이 있다(시간순). 문장욱, 「조선인의 섬라 진출론」, 『조광』, 1939년 10월. 김찬용, 「난영 인도의 자원과 제국」, 『조광』, 1940년 7월. 하동영환, 「불인에 있어서의 반도인의 노력」, 『삼천리』, 1941년 12월. 김영건, 「경제적으로 본 남양의 영식민지」; 인정식, 「황금색의 비운 — 미국의 농업공황」, 『조광』, 1942년 2월. 인정식, 「사항 함락과 남방 경제의 재편」; 김자웅지조, 「대남양의 자원과 경영」, 『동양지광』, 1942년 3월. 김승범, 「대동아전쟁과 조선 경제의 진로」; 장선희, 「남양의 화교」, 『조광』, 1942년 3월(남양의 화교 문제는 남양에 대한 경제권 장악 문제에서 가장 큰 걸림돌로 논의되었다). 좌담, 「남방 진출의 제문제」; 김승범, 「대동아전쟁과 화교의 동향」; 홍승기, 「남방 화교 흥쇠사」, 『춘추』, 1942년 3월. 삼곡극지, 「대동아공영권의 경제적 자립」, 『춘추』, 1942년 4월. 육정수, 「사십년 전 옛시대의 남방 진출 비사 — 남방 개발회사진출사」; 김명준, 「남방 자원기 — 비도 자원편」; 정인철, 「남방 자원기 — 불인 자원편」; 이성열, 「남방 자원기 — 마래 자원편」; 송욱, 「남방 자원기 — 란인 자원편」; 백동연, 「인도의 자원」, 『대동아』, 1942년 5월. 송본치언, 「공영권 경제건설의 의의」, 『동양지광』, 1942년 10월.

관심(경제적 이해관계에 대한 민감한 관심)과 남방의 화려함에 대한 현혹이라고 표현되는 남방 정복에 대한 과도한 열기, 이에 동반되는 조선의 위치에 대한 극히 비관적인 불안감이 모순적으로 결합된 결과물인 것이다.

이러한 조선의 위치에 대한 불안감과 남방에 대한 과잉된 열기는 조선의 위치를 새로이 지정함으로써 해소되어야 하는 것이다. 남방공영권의 확대에 따른 조선 위치에 대한 팽배한 불안을 무마하기 위해 조선총독부가 지정한 새로운 위치는 특히 경제적 측면에서 강조된다. 일본 제국과 조선, 남방공영권의 관계를 본점, 지점, 출장소로 설명하는 조선총독부의 입장은 상당히 흥미롭다. 조선은 이미 제국의 증자로 개설된 본점의 일부이며 남방은 하나의 출점(매우 화려한)이다. 따라서 "아무리 많은 지점이나 출장소가 증설되었다고 해서 그 때문에 본점의 위신이 실추하고 혹은 없어야 되는 존재가" 되는 것은 아니라고 거듭 강조하고 있다. 여기서 제국의 증자로 이미 30여 년 전에 개설된 조선의 위치는 남방공영권 건설에 있어 남방의 무진장한 자원을 가공하는 "남방 자원 개발의 최후의 마무리 지역"으로 지정된다. 그리고 조선총독부는 다시 한번 조선의 새로운 역할을 다음과 같이 명시하는데, "만주나 소련에 접경한 북변방비의 중책을 담당하고 대륙의 근접한 병참기지로서의 대임무를 완수하고 나아가 뛰어난 공업력으로써 남방 자원 개발의 최후의 마무리 지역으로서의 요청에 답하"는 것이라고 규정된다.

남방의 무진장한 자원(원자료)의 채취에서 가공에 이르는 역할을 공업화에 근거해서 조선이 담당한다는 이러한 기술은 한편으로는 남방 개발에 따른 조선인 노동력의 동원(자원 채취)의 문제와 관련된다. 또 후자의 문제는 기존의 농공 병진 정책에 근거한 대륙 병참 기지로서의 조선의 역할과 관련된다. 즉 선만일여를 통한 조선의 대륙 병참 기지로서의 역할은 일본을 정공업 지대로, 조선을 조공업 지대로, 만주를 농업·원료 지대로 규정한 기존의 역할 규정과 산업 개발 정책의 연장선상에 놓여 있다고 할 것이다.[11]

다시 조선총독부 정보과에서 발간한 『전진하는 조선』 중 「남방 개발과 조선」으로 돌아가 보자.

> 남방의 자원은 무진장이라고 한다. 이 무진장한 자원은 세계 총산액의 97%를 점한다고 하는 고무나, 또 75%를 점하는 주석이나 철, 석유, 석탄 등이 언제라도 사용할 수 있는 상태로 있는 것은 아니다. 즉 어떤 방법도 필요하지 않은 정제품으로 존재하는 것이 아니다. 원료의 채취부터 시작해서 그것이 제품이 되어, 우리들의 일상용품이나 기계기구로서 그 나름의 성능을 지니고 나오기까지 무수한 노력과 공정을 거쳐야만 할 것이다. 따라서 풍부한 전력을 보유하고 있고 가장 뛰어난 공업입지조건을 갖고 있는 조선은 이런 점에서 장차 새로운 남방 자원 공업화의 요청에 답하는 호적의 무대라 아니할 수 없다. 최근에 있어서의 각종 공업의 급속한 발전은 금일의 남방 자원의 개발에 있어 이미 만반의 준비를 마친 상태라고 할 수 있다. 더구나 대동아전 하의 노무의 급원지적 성격에 대해서는 말할 필요가 없다. 즉 비관적인은커녕 이런 점에서 보면 조선의 사명은 점점더 중해지고 조선의 전도는 점점더 양양해진다. 조선은 삼십년의 준비기를 마치고 그 진가, 본령을 발휘할 절대적 호기 — 정신적으로도 산업경제의 분야에 있어서도 — 를 맞게 되었다고 볼 수 있다.
>
> 남방은 물론 말할 것도 없이 중요하다. 그러나 금일 만주나 소련에 접경한 북변방비의 중책을 담당하고 대륙의 근접한 병참기지로서의 대임무를 완수하고 나아가 뛰어난 공업력으로써 남방 자원 개발의 최후의 마무리 지역으로서의 요청에 답하여 약진 일본에 함께하는 반도의 의의와 사명은 실로 최대로 중요하다 할 것이다. 쓸데없이 남방의 화려함에 현혹되지 말아야 한다. 아무리 훌륭한 지점, 호사豪奢한 별점이 만들어졌다해도 이에 따라 본점, 본댁이 한각되어서도 된다는 것이 아니다.12

---

11. 이에 대해서는 방기중,「1930년대 조선 농공 병진 정책과 경제 통제」,『동방학지』, 2003년 6월 참조. 그러나 여기서 남방 개발과 조선의 새로운 역할이 선만일여를 근간으로 하는 농공 병진 정책의 동일한 재판인지는 별도의 고찰이 필요할 것이다.

이 글은 남방 개발과 관련된 조선인의 태도에 대해 "쓸데없이 남방의 화려함에 현혹되지 말아야 한다. 아무리 훌륭한 지점, 호사한 별점이 만들어졌다 해도 이에 따라 본점, 본댁이 한각되어서도" 안 된다는 경계를 다짐하는 것으로 마무리된다.

일본의 남방 정복과 개발이 조선인들에게 주는 실감의 차원은 이런 점에서 무진장한 남방 자원에 대한 기대감과 이에 수반된 조선의 역할(제국 내에서의 조선의 정체성과 위치)에 대한 비관과 혼란이라 할 수 있다. 조선총독부 정보과의 보고인 「남방 개발과 조선」에서도 경계하고 있듯이 남방에 대한 열기는 남방 자체에 대한 정보나 실제적 영향관계에서 비롯된 것이라기보다 남방 정복과 개발로 인한 기대와 혼란, 극단적으로는 경제적 이해득실에 대한 열광과 조선의 위치에 대한 비관이 혼재하는 복합적 감정 형태였다고 할 수 있다. 이러한 선망과 공포, 기대심과 불안의 공존이야말로 새로운 식민지(점령지) 남방과 마주할 수밖에 없던 조선에서 촉발된 정동이었다. 남방에 대한 과열된 열기는 남방에 대한 구 식민지 조선의 위기감과 불안과 분리될 수 없었고 이는 하나의 감정으로 설명할 수 없는 복잡한 정동이었다. 이러한 피식민자로서의 불안한 지위와 비관에서 촉발된 남방 열기와 여기서 촉발된 복잡한 정동은 남방을 조선에 비해 열등한 지위로 표상하는 특유의 인종주의 서사를 구축하게 된다. 이러한 피식민자로서의 조선의 비관이 촉발한 특유의 인종주의 서사는 남방을 열등하고 야만적인 원주민으로 표상하는 종족지를 대량생산하는 방식으로 드러나는데, 역설적인 것은 야만적인 원주민과 남방은 무진장한 자원의 산지라는 표상과 분리 불가능하기에 원주민으로서 남방 그 자체가 조선의 지위를 우월하게 만들면서 동시에 미래가 없는 비관적 상태로 전락시키는 정동적인 회로를 무한 반복하게 만든다는 점이다.

남방의 화려함에 현혹되지도, 조선의 위치를 비관하지도 말라는 경계

---

12. 「남방 개발과 조선」.

에도 불구하고 남방에 대한 조선 지식인들의 열기는 한동안 지속된다. 이 시기 매체들에서 나타나는 남방에 관한 담론들은 기본적으로 제국과 총독부의 정책에 부응하는 선전 담론의 성격을 지니고 있었지만 오히려 총독부와 일제의 기본 방침을 초과하는 과잉된 열기를 담고 있었는데, 조선총독부조차 우려할 정도의 이 과잉된 열기는 실은 피식민지 조선의 비관의 열기였다.

따라서 조선총독부와 일제 당국은 조선에서 팽배한 남방에 대한 열기를 경계하고 그 기저에서 부풀어 오르고 있는 조선의 비관을 무마하기 위해 조선의 식민지로서의 중요함을 강조하는 정책과 논조를 반복해서 표명했다.

일례로 남방 담론이 한창 무성하게 진행되던 1942년 4월, 『조광』에서는 일제 당국의 정책 방침을 그대로 전달하는 스피커 역할을 했던 권두언을 통해 남방에 대한 과잉된 열기를 경계하는 논의를 펼친다. 여기에서 "조선은 남방 진출의 거점이 아니다"라고 분명하게 천명된다. 그러나 당시 매체를 살펴보면, 조선이 남방 건설의 거점이라기보다 북방 기지로서의 역할을 맡아야 한다는 명확한 입장이 담긴 글뿐만 아니라 북방 기지로서의 중요성을 강조하면서도 남방과 북방이 모두 중요하다거나 해양과 대륙을 모두 조선이 위임받아야 한다는 식의 이중적 논의 구조를 펼치는 글이 여러 편 발견된다. 매체의 글 편집 방식도 한편으로는 북방 기지로서의 조선의 중요성을 강조하는 글을 게재하면서 다른 한편으로는 남방에 관한 글을 싣는 이중 구조를 보여준다.

남방 정복과 이에 따른 조선의 위치에 대해서는 '북방 기지'로서의 의미를 확실하게 하고 남방 자원에 대한 기대를 경계하는 것으로 정리된다. 이와 관련하여서는 다음과 같은 글들이 있다. 특히 남방열을 경계하고 북방 기지로서의 역할을 재설정해야 한다는 논의는 『동양지광』에서 더 중요하게 다뤄진다. 특히 이러한 경계는 1942년 4월을 전후하여 각 매체에서, 한편으로는 지속적으로 남방에 대한 글을 게재하면서 다른 한편으로는 북방

「남방 자원에 매혹하여 총후 방심은 금물」, 『매일신보』, 1942년 2월 4일. 남방에 대한 조선인들의 관심이 과열되자 총독부는 이를 경계하는 방침을 세운다. 조선은 북방 건설의 거점이라는 것이 총독부가 공식적으로 천명한 입장이다. 그러나 총독부는 현실적으로는 남방에 대한 조선인들의 관심을 분명하게 무시할 수도 없었다. 또 이러한 관심은 총독부나 일제의 정책을 벗어날 정도로 엄청나게 컸다.

기지로서의 정체성을 강조하는 이중적 형식으로 진행된다. 남방 정복을 둘러싼 조선의 위치에 대한 갈등적 논란은 다음과 같은 글들에서 볼 수 있다. 특히 북방 기지론의 제하에 작성된 글은 실제로 조선의 남방열을 경계하고 조선이 대륙 병참 기지로서의 본래 역할을 다해야 한다는 점을 강조하고 있다. 예를 들어 다음과 같은 제목의 기사들은 이 시기 남방 중심의 조선의 담론 공간과 뚜렷한 차이를 보이는 것이었다. 잡지 『조광』은 1942년 4월호에 「북방을 수호하자」를 권두언으로 내세우고 북방 수호를 조선의 위치로 강조하는 여러 편의 글을 게재하고 있다. 즉 유광렬, 「북방수호와 조선의 지위」, 김승범, 「북방건설과 조선공업」, 이창수, 「소련의 극동경영」, 백림, 「미국의 대일 북방 진격로」, 홍이섭, 「만소국경사천삼백리」, 남궁화, 「알류샨 야화」 등의 글을 북방을 수호하는 조선의 역할과 중요함을 총론, 일본 제국 내에서 공업화 기지로서의 조선의 위치, 소련의 팽창을 저지하는 대륙 병참 기지로서의 조선의 중요한 역할, 일본과 선전포고를 한 미국의 북방 진격과 이에 따른 조선의 북방 수호의 역할, 역사적으로 본 대륙 병참 기지로서의 조선의 중요성 등을 강조하고 있다.

특히 『동양지광』에서는 남방에 대한 정보보다는 북방의 중요성을 강조하는 글이 더 빈번히 등장한다. 천원 독川原 篤, 「해양발전과 대륙방위」(1942년 6월), 식전웅첩植田雄捷, 「대동아전과 대륙문제」(1942년 10월), 송본치언松本治彥, 「공영권 경제건설의 의의」(1942년 10월), 상녁수, 「북방수호의 의의」(1942년 11월), 전천감부前川勘夫, 「반도의 위치와 장래」(1943년 1월) 등이 대표적이다.

『조광』의 북방 수호와 조선의 지위에 대한 특집호의 권두언인 「북방을 수호하자」의 다음과 같은 논의는 이 시기 이른바 북방론이 남방에 대한 조선의 관심과 비관을 경계하고 무마하기 위해 등장했다는 점을 잘 보여준다.

지금 전국민의 감격속에서 남방공영권 건설의 대사업은 착착 진행되고 있다. 신가파를 위시하여 난蘭 공貢, 스카트라, 안다만도, 쟈바, 비율빈이 이미 함락되었고 코레히들마저 황군의 수중으로 드러올 것은 다만 시간문제로 남었스며 …

현하의 국민의 심리동향을 살피면 남방에 대한 관심이 너무 지나치지 아니하는가하는 염려가 없지 아니하다. 더구나 조선이라는 지리적 관계를 고려에 넣으면 실상 조선은 남방 공영권의 기지라기보다도 대륙 즉 북방공영권 건설의 거점이 아니면 안된다. 조선의 임무는 군사, 정치, 산업 모든 방면에 있어서 실로 이 점이 특히 강조되어야할 것이다. 물론 제국으로서는 이런 점 저런 점 모다를 고려에 너코 만반의 대책을 다세우고 있는바이지만 **국민으로서 너무 남방열에 불탈것이 아니고 북방에 대한 관심을 한층 더 깊게하기를 최촉催促하는 바이다.**13

즉 '남방열'과 이를 둘러싼 여러 논란은 결과적으로 조선의 정체성에 대한 불안과 의문과 광범위한 비관을 반영했다. 그런 점에서 조선에서 남방은 표면적으로는 지리적·경제적으로 실감된 것처럼 보이지만 오히려 이런 경제적 실감이란 조선의 제국 내에서의 위치와 정체성에 대한 불안과 기대와 비관이라는 복합적인 정동이 표출된 현실화의 한 양태였다.

4. 남방 선전의 특성과 식민 지知로서의 종족지種族誌

1930년 이후 조선에서 생산된 남방 담론은 주로 남방의 엄청난 자원에 대한 경제적 관심과 역사상 처음으로 대면하는 남방 인종(특히 남방 원주민)에 대한 호기심이 주를 이룬다. 이와 같은 담론상의 주된 초점은 앞서 살펴본 바와 같이 남방에 대한 조선 자체의 고유한 관심과 관련된다. 담론 구조들의 원자료는 한편으로는 일본에서 수행된 남방에 대한 문화 선전 담론에서 차용한 것이다. 조선에서 생산된 남방 담론은 일본에서 생산된

13.「북방을 수호하자 — 권두언」,『조광』, 1942년 4월. 강조는 인용자.

남방 담론과는 매우 느슨한 방식의 유사성만을 보여주면서 그 열기에서는 뒤처지지 않는 특이한 형태를 보여준다. 물론 남방 담론의 경우 남방 정책 수행상 중요 거점이 대만 총독부였고 조선이 남방 전략에서 중요한 거점이 아니었다는 점 등이 일본 '본토'와 조선 자체에서 형성된 담론 사이에 느슨한 유사성만이 형성되는 데 중요한 요인으로 작용했다. 따라서 남방 담론이 대동아공영의 이념을 식민지 주민에게 내면화하는 과정에 대한 고찰은 당시 남방 정책의 전진 기지였던 대만과 북방 기지였던 조선 사이의 비교 고찰의 작업을 통해 보다 완전해질 것이다.[14]

그런 점에서 조선에서 생산된 남방 담론이 일본에서 생산된 남방에 관한 담론에서 어떤 담론소를 선택적으로 차용하여 재현하는지를 검토할 필요가 있다.[15] 일본의 경우 남방에 대한 담론이 대량으로 생산되는 시점은 1939년에서 1942년까지다. 일본에서도 남방 담론은 태평양 전쟁 수행 과정에서 급격하게 대량 생산된다. 물론, 이미 일제는 1914년 이후 남양 군도를 위임 통치하고 있었으며 남양청의 설립 이후 지속적으로 남양에 대한 조사 작업을 해 왔기 때문에 이미 이른바 내(內)남양에 대한 자료들은 축적된 상태였다. 여기에서 이전 시기 내남양에 대한 담론 구조와 태평양 전쟁기 남방 정복기에 생산된 남방 담론의 차별성을 고찰하기는 어렵다. 따라서 주로 1942~1943년을 기점으로 생산된 남방 담론에 초점을 맞추어 논의를 전개하기로 한다.[16]

---

14. 일본의 남방 정복과 이에 따른 동남아시아 지역에서의 아시아 인식의 문제를 식민주의와 그에 대한 민족주의적 응답이라는 차원으로 접근한 주요 논저로는 Kenichi Goto, *Returning to ASIA : Japan-Indonesia Relation, 1930s-1942* (Ryukei Shyosha, 1997) 참조.
15. 일본의 남방 담론 생산 기제와 남방에 대한 문화 선전의 전체상을 그리는 것은 이 책의 범위를 벗어나는 일이다. 여기서는 조선에서 생산된 남방 담론의 특성을 고찰하기 위해 남방에 관한 특정한 담화소가 형성되는 맥락만을 살펴보고자 한다.
16. 내남양의 경영과 그것에서 오키나와인이 차지하는 의미에 대해서는 도미야마 이치로, 『전장의 기억』, 임상모 옮김 (이산, 2002) 참조. 여기서 도미야마 이치로는 오키나와인들이 남양 군도의 선주민인 카나카와 스스로를 구별하기 위해, 그들에 대한 우월한 지위를 확보하기 위해 자발적인 생활 개선을 펼친 사실을 자발적인 '제국 의식'의 양성이라는 점에서 고찰하고 있다. 이러한 점은 당시 내남양에 있던 조선인들에게도 유사하게 적용될 수 있을

1942년 〈일본척식협회〉가 발행한 『남방 문헌 목록』[17]에 따르면, 당시 일본은 남방에 대한 정보를 수집하기 위해 내지와 해외의 척식 문헌을 총망라하여 일원화하는 작업을 시도했다. 양적으로 1941년 이후 생산된 남방 관련 서적이 주종을 이루며, 이전 시기 자료들은 주로 내남양에 관한 문헌들이었다. 이 목록집은 지역별 분류와 각 지역 내 사항 분류라는 두 개의 분류 기준을 두고 남방에 관한 정보를 정리하고 있다.[18] "각 지역 내 사항 분류" 항목은 식민지에 대한 정보 수집과 식민지에 대한 지(知)를 구성하는 일반적 체계를 따르고 있는 것처럼 보인다. 이러한 분류법은 남방에 관한 담론의 일반적 성격과 특성을 보여준다. 즉 "1. 목록, 연감, 인명록 2. 일반 사정, 여행기 3. 지리 4. 역사 5. 민족, 문화, 교육, 종교 6. 정치, 외교, 법

것이다. 도미야마의 문제의식은 남양 지역에서의 선주민, 이주한 일본 식민지 주민과 일본인 사이의 서열적 위계화 및 이 과정에서 이루어지는 피식민자의 제국 의식의 문제다. 이 책은 이와는 다른 선상에서, 실제로 남방 경영 참여 지분이 거의 없던 조선인들이 품었던 남방에 대한 판타지를 규명하고자 하는 것이다.

17. 財團法人日本拓殖協會編, 『南方文獻目錄』(日本拓殖協會, 1942).
18. 지역별 분류는 다음과 같다. 1. 남방권 일반 2. 해남도 3. 비율빈 4. 불영인도지나 5. 태(泰) 6. 구 영령 마레, 구 해협 식민지 7. 북 보루네오, 브루네이 8. 동인도, 부포(附葡)령 티모르 9. 호주 10. 뉴질랜드, 뉴기니아, 뉴칼레도니아 기타 11. 포릉(布菱) 등이다.
지명 표기 원칙에 대해서는 1939년 대만총독부의 조사 작업으로 일단의 통일이 이루어진다. 대만 총독 관방 외무부내(臺灣 總督 官房 外務部內) 남지남양발행소가 엮은 『남양 지명 구화 대조』(南洋 地名 歐華 對照, 1939년 8월)는 남방 열도 각지의 지명을 영어, 한자, 일어(가타카나) 표기로 대조하여 정리하고 있다. 그러나 『남양 지명 구화 대조』에 정리된 표기 원칙과 『남방 문헌 목록』에 사용된 표기 원칙은 동일하지 않다. 『남방 문헌 목록』이 좀 더 정리된 표기법을 보여준다고 할 수 있다.
『남방 문헌 목록』에서 지역별 사정에 따른 분류 항목은 다음과 같다.
1. 목록, 연감, 인명록 2. 일반 사정, 여행기 3. 지리 4. 역사 5. 민족, 문화, 교육, 종교 6. 정치, 외교, 법규, 군사 7. 사회, 노동, 위생 8. 척식 9. 일본과의 관계 10. 화교 11. 산업, 경제 12. 농업 임업, 수산업 기타 13. 광업 14. 공업 15. 금융, 투자 16. 외국 무역, 국내 상업 17. 대일 무역 18. 교통, 통신 등이다.
남방 열도의 각 지명, 언어, 지리에 대해서는 1939년을 전후로 해서 총체적인 정리가 이루어진 것으로 볼 수 있다. 南亞細亞文化硏究所, 『南洋 地名 歐華對照』(臺灣總督官房外務部內 南支南洋 發行所, 1939년 8월); 南亞細亞文化硏究所, 『南アジア 政治 交通圖, 附 地名 索引』(南亞細亞文化硏究所, 1943년 3월 15일 동경에서 발행된 총천연색 지도) 등을 볼 때 남방의 지리, 언어에 대한 정리도 1930년대 후반에 비로소 시작된 것이고 전쟁 수행 과정에서 급격하게 정보가 수집되고 있었다는 것을 알 수 있다.

규, 군사 7. 사회, 노동, 위생 8. 척식 9. 일본과의 관계 10. 화교 11. 산업, 경제 12. 농업 임업, 수산업 기타 13. 광업 14. 공업 15. 금융, 투자 16. 외국 무역, 국내 상업 17. 대일 무역 18. 교통, 통신"이라는 분류 항목은 남방 담론의 주요 관심사를 그대로 반영하고 있다. 몇 가지 흥미로운 항목이 있는데, 여행기와 화교에 관한 분류가 그것이다. 여행기는 이후 3, 4, 5항을 이루는 지리, 역사, 민족, 문화, 교육, 종교를 아우르는 항목이라 할 수 있는데, 이러한 항목에 대한 조사는 방대하게 이루어졌으며 조사 결과의 대중화는 주로 여행기와 같은 형태로 출간된 것으로 보인다.[19]

『남방 문헌 목록』은 1차분이 1942년에 작성되었으며 1943년에 개정증보판이 발간되었다. 개정증보판 역시 분류 방식은 초판과 같고 서지사항이 추가되었다.『남방 문헌 목록』을 통해서도 알 수 있듯이 남방에 관한 관심은 크게 경제적 관심, 특히 남방 자원에 관한 관심과 지리, 역사, 민족, 문화, 교육, 종교에 관한 관심으로 분류할 수 있다. 후자의 항목들은 남방의 종족을 분류해서 그들의 언어, 역사, 풍속 문화에 대한 정보를 제공하는 종족지의 형식이라고 볼 수 있다. 즉 후자의 항목들은 주로 남방의 여러 종족의 상태를 고찰하면서 원주민에 대한 종족지를 그려나가는 데 초점이 맞춰진다. 이처럼 남방 담론이 식민지에 대한 지식이 형성되는 일반적 분류 체계를 따르면서도 특정한 종족지의 형태를 취하게 되는 것은 남방에 대한 문화 신진 정책의 특성과도 관련된다고 보인다.[20]

---

19. 대표적으로는 다음과 같은 것을 볼 수 있다. 宮武辰夫,『東印度 原住民の土俗と藝術』(春陽堂, 1943);『フイリピン 原住民の 土俗 と藝術』(羽田書店, 1943); 三吉朋十,『比律賓 蠻族の實生活』(於南洋協會講演速記, 1935年 7月 10日);『比律賓の土俗』(丸善株式會社, 1942年 8月 25日).
20. 남방 정복기의 원주민에 대한 선전 담론은 물론 이전 시기에 남양 군도에서 취해진 선주민에 대한 선전 담론의 이데올로기적 연장선상에 있다고 볼 수 있다. 그러나 이는 실제 남방 정복 과정의 군사적 맥락을 고려하지 않는 한 추상적인 '인종주의 담론' 일반으로 환원될 우려가 있다. 그런 점에서 이 책에서는 이미 일본이 내남양에 대해 행한 바 있는 선주민에 대한 인종적 사명의 문제를 고려하면서도 주로 남방 정복기의 역사적 특성에 제한해서 논의를 전개하고자 한다. 남방 정복과 관련된 남진론의 맥락과 일본의 동아시아 인식의 변화에 대해서는 後藤乾一,『近代日本と東南アジア―南進の'衝撃'と'遺産'』(岩波書店,

나카노 사토시中野聡의 「남방 작전, 점령에서의 군대의 선전의 기본적 성격」南方 作戰, 占領における軍 宣伝の基本的性格에 따르면 남방에 대한 문화 선전은 다른 식민지의 경우와 구별되는 특성을 보인다. 나카노 사토시는 필리핀에 대한 선전 공작을 중심으로 남방 선전 공작의 이중구조적 특징을 지적한다. 이중구조적 특징이란 지방과 도시를 분리해서 작전을 수행하는 것으로 "지방에는 치안의 회복과 유지에 대해 강조하고 치안이 비교적 안정되어 있던 도시에 대해서는 적극적으로 대미 의존심을 타파하고 신생 비도(필리핀) 건설의 의의를 철저히 하도록 교화 선전을 시도하는 것"이다.

이러한 이중구조적 특징은 필리핀뿐 아니라 남방 전반에 대한 선전 공작의 특성과 관련된다. 「남방 점령지 행정 실시 요령」(1941년 11월 20일)에서는 점령군정의 기본 목적으로 "점령 지역의 치안 회복, 국방 자원의 급속 획득, 작전군 현지 자활"의 3대 원칙을 제시했다. 11월 25일 대본영육군부에서 결정된 「남방 작전에 따른 점령지 통치 요강」의 '통치 요강 제8항 선전'에서는 군 선전의 지침에 대하여 "원주민족에 대해서는 우선 황군에 대한 신의信倚 관념을 조장케 하는 것에 역점을 두고 점차로 동아 해방의 진의眞義를 철저히 하는 우리의 작전 시책에 협력게 하여 자원의 확보, 백인 적성 세력의 구축 등에 이용할 것을 고려한다"라고 밝히고 있다. 이러한 지침에 기초하여 실시된 군 선전에는 두 단계가 상정되어 있다. 즉 먼저 작전을 지원하는 대적對敵 선전, 군기 엄정을 철저히 하기 위한 군내軍內 선전, 점령지의 치안 회복, 민심 안정, 일본군에 대한 신뢰감 획득을 목적으로 하는 선무宣撫 선전 공작을 행한다. 바꿔 말하면, 이는 황군에 대한 신의감을 조장하는 전쟁 초기나 점령 초기의 단계다. 다음으로, 치안 회복을 달성한 지역에서는 점령지 민중을 일본의 군사적 목적에 맞게 통합 동원하기 위해 대동아 해방의 진의眞義를 철저하게 전달하는, 다시 말하면 교화 선전을 행한다. 이러한 교화 선전에는 정치 선전, 문화 선전뿐만 아니라, 일본적인 집

1995) 참조.

단 규율, 근로 윤리와 같은 동원을 의식한 사회 규범 면에 관한 교화 선전이 포함된다. 전자는 종래형의 구선전이며 후자는 남방 작전, 점령에서 처음으로 시도된 새로운 형태의 선전 공작이다.[21]

이러한 남방 작전, 점령에 관한 군 선전의 특징에 근거하여 필리핀에서의 군 선전은 지방에서는 치안 회복에 중점을 둔 기존 형태의 군사적 선전을 실시하고 교화 선전은 주로 수도 마닐라와 그 주변 지역에 대해 실시하는 이중구조적 특징을 보인다고 나카노 사토시는 평가하고 있다.

나카노 사토시에 따르면 이러한 이중구조적 작전 방식은 필리핀 점령의 특수성과 전쟁 국면의 변화에 군사전의 방침이 제약당한 결과였다. 먼저 필리핀은 일본 점령 이전에 미국에 의해 1946년 독립을 약속받은 자치 식민지였다. 독립을 준비하기 위해 미국의 지도하에 정비되었던 육군이 1941년 7월 미극동군USAFFE에 통합되어 미국-필리핀 연합군(미비군米比軍)으로서 일본군과 대치했다. 필리핀 주재 미군이 항복한 이후에도 투항을 거부한 미비군米比軍 장병들은 각지에서 게릴라가 되어서, 미 남서태평양 사령부, 즉 맥아더와의 연락을 회복한 뒤 정규군 게릴라(즉 USAFFE 게릴라)로서 재편되어 1943년까지도 일본에 대한 저항 활동을 계속했다. 그 외에도 중부 루친 지방에서는 전전의 농민 운동을 배경으로 항일 인민군[22]이 독자적인 항일 운동을 전개함으로써 일본군은 다른 곳과 비교할 수 없을 정도의 버서운 항일 운동에 직면할 수밖에 없게 되었다. 그러나 수도 마닐라는 전쟁 초기에 무혈 점령되었다. 마닐라와 같은 도시 지역에는 치안 회복과 점령 통치의 확립이 비교적 조기에 실현되었다. 또한 당시의 필리핀은 신문, 방송, 영화, 연극, 출판 등 미디어의 발달과 보급, 식자율, 고등 교육 수혜자에 있어서 동남아시아에서 최고로 높은 수준에 달해 있었다. 따라서 마닐라와 같은 대도시에는 교화 선전의 수단으로서 미디어를 담당하

---

21. 中野聡, 「南方 作戦, 占領における軍 宣伝の基本的性格」, 渡集団報道部 編, 『南方軍政關係史料13. 第 十四軍 軍宣伝班 宣伝工作史料集』第一巻 (龍渓書舎, 1996).
22. Hukbong Bayan Laban sa Hapon, 영어로는 People's Anti-Japanese Army.

는 인재들이 수두룩했다. 이 결과 필리핀에 대한 군 선전의 주요한 관심은 지방에서는 치안의 회복과 유지에 있었으며, 치안이 비교적 안정된 마닐라와 같은 도시에 대해서는 적극적으로 "대미 의존심을 타파하고 신생 비도比島(필리핀) 건설의 의의를 철저히 하도록" 하는 교화 선전이 시도되었다. 이를 나카노 사토시는 "남방 선전 공작의 이중 구조적 특징"이라고 규정하고 있다. 즉 "지방에는 치안의 회복과 유지에 대해 강조하고 치안이 비교적 안정되어 있던 도시에 대해서는 적극적으로 대미 의존심을 타파하고 신생 비도 건설의 의의를 철저히 하도록 교화 선전을 시도하는 것"이다.[23] 물론 이 자료들은 남방 공작에 관한 군사 작전 문서였기 때문에 실제로 생산된 남방 선전 담론과 일대일 대응 관계를 이룬다고 할 수 없다. 또 남방 열도 점령지 내부에서 나온 선전 담론과 일본에서 생산된 선전 담론이 동일한 구조를 취한다고 판단하기는 어렵다. 다만 여기서는 일본에서 생산된 선전 담론의 양상에서 원주민의 표상이 지니는 맥락을 파악하기 위해 당시 남방 점령지에 대한 선전 방침의 구조를 참조하고자 한다.

남방 선전 공작의 특수성으로 인해 남방 선전에 동원된 일본 선전 전문가들은 주로 (문학자와 인문학자를 대거 포함하는) 미디어 관련 집단이었으며 (신문, 잡지뿐 아니라 영상물까지 포함하는) 미디어를 이용한 선전 담론이 대량 생산되었다. 한편으로 중요한 것은, 어느 지역에서도 볼 수 없었던 강한 대일 무장 투쟁에 직면하여, 지방의 치안 유지를 위해 원주민에 대한 개황 조사 및 실태 조사가 매우 중요한 사안이 되었다는 점이다. 이는 남방 담론에서 원주민 표상이 매우 중요한 담론소로 등장하는 중요한 군사적 맥락이다.

남방 정복 초기 선무 공작의 담당층 역시 남방 선전을 종족지적 형태로 구성하게 된 중요한 요인 중 하나다. 일본군의 말레이 군도 진출이 본격화된 1942년까지도 일본 국내에서 말레이어와 말레이의 지리에 정통한 일본

---

23. 中野聡, 「南方 作戰, 占領における軍 宣伝の基本的性格」, 5~6 참조.

인은 단 한 명뿐이었다. 그는 도쿠가와 요시치카德川義親, 1886-1976 후작이었다. 그는 남방 선무반의 일원이 될 것을 자원했고 육군성은 그를 육군성 촉탁 최고군정고문에 임명했다. 동경제대에서 사학과 생물학을 전공한 그의 이력은 남방에 관한 종족지를 구성하는 데 매우 큰 영향을 미치게 된다. 도쿠가와 요시치카는 군정 고문으로서 필리핀에서 박물관 관장과 식물원 원장에 취임했다. 이후 남방에는 일본 점령 기간에 다양한 박물관, 식물원 등 연구기관들이 설립된다.24 도쿠가와 요시치카의 「마레 종단기」는 일본 아사히 신문에 1942년 7월 25일부터 연재되었다. 자바 기행기는 2004년 영어로도 번역 출간되어 『자바 기행』이라는 제목으로 출간되었다.25 출판사 설명에 따르면 이 책은 1920년대 출간된 비상업적 출간물을 번역한 원고라고 되어 있다.

이처럼 군사 작전의 맥락에서 도출된 남방에 대한 미디어 선전과 원주민 표상의 대두는 남방 선전과 관련된 담론을 종족지적 형태로 형성하는 중요한 요인이 된다.26 특히 문화 선전의 결과로 생산된 남방 담론에서 원주민 표상은 군사적 맥락과는 또 다르게 아시아에 대한 문명개화의 사명감을 일본에 부여하는 중요한 담론소로 구성된다. 기존의 선전과 새로운 형식의 교화 선전(미디어의 대거 이용을 통한)이 결합됨으로써 남방 열도의 '선주민'을 몽매한 원주민, 열등한 식민지 토인으로 그려내는 기존의 선전 방식이 선유되고, 이런 전유가 미디어를 통해 대량 생산되는 방식으로 이어졌다고 보인다. 조선에서 생산된 남방 담론과의 관련성에 국한해서 보자면, 남방 담론이 성행한 데는 이러한 원주민 표상을 담은 종족지가 대량 생산된 것이 중요한 영향을 미쳤다고 판단된다.

---

24. 荒保宏, 『大東亞科學綺譚』(ちくま文庫, 1996) 참조.
25. Tokugawa Yoshichika, *Journeys to Java*, trans. M.Iguchi (ITB Press, 2004).
26. 이러한 종족지의 구성에 대해서는 별도의 고찰이 필요하다. 즉 남방 선전에 참여한 제집단의 성격, 남방의 지리, 역사, 풍속, 언어에 대한 정보 수집과 지(知)가 형성되는 과정, 또 남방 종족과 일본 상고사의 관련성을 구성하려는 시도 등이 이러한 종족지 형성에 중요한 요인이 된다.

또 교화 선전은 주로 남방 내부에 대한 선전 담론이면서도 기존의 남방 원주민에게 단지 열등한 원주민에 머물지 않고 '제국'의 일원으로 거듭날 수 있는 '황민'으로서의 정체성을 부여해서 그들이 이중적 표상을 구성하게 만드는 한 요인이다. 이는 조선에서 생산된 남방 담론에서 원주민 표상이 무지몽매한 원주민이자 '황민'으로 거듭나도록 교화될 존재라는 점과도 관련이 있다.

일본의 경우 이런 식의 원주민 표상은 종래 남양 군도에 대해 행해졌던 조사 보고의 한 결과로서, 문화인류학적 종족지의 형태로 생산된다. 이전 시기에 축적된 남양 원주민에 대한 인류학적 보고들이 '대동아의 이념'에 걸맞게 재편성되어서 출간된다. 남방에 대한 조사를 위해 설립된 기관, 연구소 등은 이러한 종족지 구성에 중요한 역할을 했다고 보인다. 특히 남방 선무 공작의 주요 담당층이 생물학자이자 인류학자로 구성되었다는 점은 남방 선전 담론과 선무 공작에서 종족지가 중요한 의미를 지니고 있었음을 보여준다.

남방 담론의 형성에서 '종족지'의 형태로 생산되는 인종, 민족에 대한 인종주의적이며 식민주의적인 담론 구조는 일본에서 군사, 정치, 경제, 식민지학과 미디어 선전 등 여러 요인이 복합적으로 결합되면서 대량 생산된다.[27]

---

27. 당시 일본에서는 남방 경영과 관련하여 우익 단체들이 속속 구성되었고 이들 단체의 강령에는 "남방 열도의 정치, 경제, 민족에 대한 조사 연구" 작업이 중요 사업으로 규정되어 있다. 우익 단체인 〈남붕회〉(南鵬会)는 1941년 대일본인이 남방으로 이주할 수 있도록 민족 이주를 위한 건설이 필요하다는 인식 아래 동경 긴자에 사무소와 법률 사무소를 개설하고 남방 경영에 관한 연구를 시행했다. 이 〈남붕회〉의 강령에서는 남방으로의 일본 민족의 대이주를 위해 남방 민족과 융화 제휴할 필요성이 강조되고 있다. 또한 이를 위해 남방 민족, 문화, 정치, 경제에 대한 조사 연구를 목적으로 하는 연구소를 건립한다고 밝히고 있다. 〈남방회〉(南方会)는 〈대일본적성회〉와 〈신일본동지회〉를 중심으로 남진을 주장하는 횡단적 단체로 1941년 결성되었다. 堀辛雄, 『右翼辞典』(三嶺書房, 1991) 참조.

이 외에도 대북제국대학(臺北帝國大學) 부설 〈남방토속학회〉와 같이 식민지학으로서 문화 인류학을 통해 남방 원주민에 대한 연구 작업을 시행한 단체들은 『남방 민족』, 『남방 토속』과 같은 잡지를 발간해, 남방 경영의 요구에 부응하는 식민지학으로서 남방 담론 생산을 담당하고 있었다. 또 남방 정복 이후 일본은 남방 열도 각지에 자원, 종족, 생태 연구를 위한 각종 연구소를 개설했고 사설 연구소도 대폭 증가했다. 이러한 식민지학의 연구 기관

대동아 이념에 의해 재조정된 이런 문화인류학적 종족지들에서 남방의 원주민은 한편으로는 서구의 '지배'에 의해 오지로 밀려난 가장 극단적인 피해자 집단이자 남방 열도 내부의 지배 집단(서구의 기독교에 '오염된' 집단)에 의해 문명화와 문화의 혜택을 받지 못한 남방 내부의 피식민지인으로 그려진다. 그러나 다른 한편으로는 가장 박해받은 집단인 이 원주민이 역설적으로 가장 남방적인 민족성을 내포한 '순수한' 종족성의 표상으로 그려진다. 이 형식의 원주민 표상은 1942~1943년경 일본에서 출간된 남방 관련 서적(기행문, 종족지, 남방 토속 연구서와 같은 문화인류학적 서적이 주종을 이룬다)들에서 흔히 볼 수 있는 특성이다. 일례로 미요시 도모카즈의 작업에서도 이런 면모는 확인된다. 대표적으로는 『필리핀의 토속』[28] 같은 저작을 들 수 있다. 이미 1905년경 몇 명의 박물학자들과 함께 필리핀 열도에서 종족 조사를 벌인 바 있는 미요시 도모카즈는 이런 경험을 토대로 필리핀에 관한 일련의 저서와 사전 작업을 내놓았다. 남방에 관한 미요시 도모카즈의 담론 구조는 당시의 인문학자, 문화 선전 전문가 집단의 담론 구조의 성격을 보여준다. 미요시 도모카즈는 이러한 남방에 대한 종족 조사의 경험을 토대로 이미 남방과 관련된 여러 형태의 활동을 계속하고 있었다. 『필리핀 야만족의 실생활』比律賓 蠻族 の實生活(1935)은 〈남양협회〉南洋協會 강연 자료 속기록으로 남방 관련 조사 작업의 하나이며, 필리핀 종족지 조사 결과로 『내남양지명사전』(1942)[29]을 공동 집필하기도 했다. 유리고 모리야는 근대 초기부터 남방 점령기 미요시 도모카즈의 '인종학'과 '토속' 및 '토인' 개념의 형성과 전개 과정에 대해서 전체적으로 고찰하면서 일본 인류학 초기의 이러한 지식 체계가 인종차별적 함의를 담고 있음을 부정할 수 없다고 평가기도 했다.[30] 유리코 모리야는 사야 마키토佐谷眞木人의 『민속

은 식물원이나 박물관의 형식을 취했다. 荒保宏, 『大東亞科學綺譚』 참조.
28. 三吉朋十, 『比律賓の土俗』.
29. 三吉朋十, 『大南洋地名事典』, 比律賓 篇(丸善株式會社, 1942).
30. 미요시 토모카즈의 필리핀 토속 연구와, 남방 침략 당시 민간인 동원의 대표 사례로서의

학·대만·국제연맹』의 논의를 따라서 '인종학', '토속', '토인' 개념을 기초로 한 일본 인류학의 식민주의를 비판하기도 한다.31 사야 마키토에 따르면 "이러저러 일본의 인류학자가 초기에 일본에 들여왔던 '토속학'土俗學은 영국의 사회인류학자인 타일러Edward Burnett Tylor의 영향을 받아 '미개未開민족'을 대상으로 하는 학문으로, 거기에는 타일러의 영향에 따른 진화주의적인 문화관과 조사 대상에 '미개'라는 위치를 할당하는 차별적인 관점이 잠재해 있었다고 지적하면서, 거기에는 또 일본이 청일전쟁의 승리에 의해 대만을 영유하게 되면서 대만에 거주했던 청나라의 통치에 따르지 않았던 '생번'32이라고 불리며 두려움의 대상이 되었던 선주민족이 당시의 일본 인류학자들에게 맞춤한 조사연구 현장이 되었고, 이에 따라 대만뿐만이 아니라, 조선반도나 중국 대륙, 남양 여러 섬도 연구의 대상으로서 주목을 받게 되었다."33 즉 사야 마키토의 논의를 통해 유리코 모리야는 일본 인류학 형성 초기의 인류학이 인종 과학으로서 인종차별을 지식의 형태로 정당화하는 점을 비판하면서 일본 인류학이 대만을 점령하면서 대만의 '생번'(원주민)을 '미개민족'으로 할당하고 이를 인류학의 필드로 삼았다면, 이 필드는 조선, 중국, 남양 군도로 확대되었다고 평가한다.

따라서 전쟁기에 생산된 남방 종족지들에는 남방을 둘러싼 일본의 인종차별주의와 제국주의가 집대성되어 재현된다. 남방을 열대, 밀림 지대로서 아프리카나 인도, 남미와 동일화하고 남방의 원주민을 토인, 야만인으로서 아프리카나 여타 지역의 '야만인'과 동일하게 재현하는 방식은 일본에서 이미 근대 초기부터 생산된 남양 지역을 무대로 한 대중적 작품들에서도 발견된다. 그리고 이러한 무국적 오리엔탈리즘은 태평양 전쟁기에

의미, 또 일본 인류학의 전시 동원의 역사에 대해서는 森谷裕美子,「三吉朋十と土俗学」, 『九州産業大学国際文化学部紀要』70 (2018年 9月).
31. 佐谷眞木人,『民俗学·台湾·国際連盟 — 柳田國男と新渡戸稲造』(講談社, 2015).
32. 세이반. 일본이 타이완을 점령하면서 당시 타이완의 고사족(高砂族) 중 대륙 문화에 동화되지 않은 고산족(高山族)을 칭하던 말.
33. 森谷裕美子,「三吉朋十と土俗学」, 3.

즈음하여 정점에 이른다. 일례로 1933년에서 1939년까지 『소년 구락부』에 연재된 아동 만화 「모험왕 단키치」는 이런 무국적적 오리엔탈리즘의 전형을 보여준다. 즉 이 작품은 태평양 전쟁기에 일본인이 지니고 있던 남양, 열대, 남방에 대한 이미지를 전형적으로 보여준다. 이 작품에서 남방은 열대 밀림 지역으로 '깜둥이', 미개인, 야만인의 이미지로 재현된다. 또 이는 아프리카나 동남아시아의 실태와는 무관하게 공상이나 환상으로 그려낸 남방에 대한 이미지라는 점에서 오히려 남방에 대한 일본인의 오리엔탈리즘을 전형적으로 보여준다.[34] 특히 일본에서 남방에 대한 선무 공작은 여행기, 자원경제학, 박물학, 종족지들이 결합된 형태로 생산된다. 따라서 이러한 선전 담론은 조선에서 생산된 남방 담론의 특성을 이해하는 데 매우 중요한 요소다.

5. 남방 종족지와 제국의 판타지

조선에서 남방에 대한 담론은 1939년 이후 남방의 자원, 경제, 습속에 대한 정보를 소개하던 차원에서 1941년 남방 정복을 기점으로 더욱 급격하게 인종화된 담론 체제로 전환한다. 물론 이런 재현의 스펙터클은 남방에 대한 일제의 선전 논리와도 무관하지 않다. 그러나 남방을 집요하게 원주민 표상과 종족시적 서사로 재현한 것은 조선인들이 남방을 실감하는 방식과도 밀접한 관련이 있다. 앞서 논한 바와 같이 남방이 조선의 지식인들에게 주는 실감은 무진장한 자원에 대한 경제적 실감과 이를 둘러싼 조선의 위치에 대한 불안과 기대라는 복합 감정의 차원에서 이루어졌다. 이처럼 남방은 주로 조선의 위치와 정체성의 문제로 실감되었으며, 불안과 열망으로 얼룩진 정체성에 대한 위기감이 남방을 정글 탐험의 종족지로 재현

---

34. 이에 대해서는 川村湊, 「大衆オリエンタリズムとアジア認識」, 大江志乃夫·浅田喬二ほか 編, 『岩波講座 近代日本と植民地 7 — 文化のなかの植民地』(岩波書店, 1993) 참조.

"벌거벗은 검둥이 여인아." 남방에 대한 이국적 취향을 담은 시에서 자주 발견되는 이러한 표현은 남방 종족지가 그려낸 남방 여성에 대한 이미지에서 비롯된다. 『대동아 민족지』(동아경제간담회 엮음, 1943).

하는 내적 요인을 이룬다고 할 수 있다. 특히 자원경제학이나 박물학, 종족지의 형식으로 생산된 남방 담론은 조선이 남방을 원주민, 야만인, 야자수 그늘 아래의 '깜둥이'로 이미지화하는 데에도 중요한 영향을 미쳤다. 그러나 조선에는 남방에 대한 정보를 종족지와 같은 인류학적 보고서나 자원경제학과 같은 전문화된 담론으로 재생산할 지식인층이 존재하지 않았다. 역설적으로 이러한 전문가 집단이 부재한 상태에서 일제에 의해 대량 생산된 정보를 조선의 이익과 관점에서 처리하는 과정은 급박하게 이뤄져야 했고 이러한 복합적 요인들로 인해 남방을 원주민의 이미지로 재생산하는 방식이 여러 층위에서 활용되었다.

조선에서 남방 종족지는 주로 역사, 자원, 풍습, 인종에 대한 정보 소개의 차원에서 생산된다.35 남방 지리에 대한 관심은 전선의 변화와 추이에

---

35. 남방을 종족지적으로 소개하는 방식은 태평양 전쟁기에 조선에서 생산된 남방 담론에서 양적으로 가장 많은 부분을 차지한다. 대표적으로는 다음과 같은 글들이 있다(시간 순). 김광정, 「영국의 인도 침략사」; 김광섭, 「해적과 영국문화」; 문장욱, 「조선인의 섬라 진출론」, 『조광』, 1939년 10월. 함인기, 「란인과 제국의 태도」, 『조광』, 1940년 6월. 정갑, 「란영 인도의 지리적 현세」(란영인도특집); 김찬용, 「란인의 현황」(란영인도특집); 문동호, 「란인의 자원과 제국」(란영인도특집), 『조광』, 1940년 7월. 사공환, 「동요되는 영 식민지」(일본과 불인의 군사협상특집); 김찬용, 「불의 식민지 개관」(수제 지도), 『조광』, 1940년 9월. 함상훈, 「제국의 남진 정책」(세계의 분화구 남양 특집); 김한주, 「불인, 란인의 정치적 지위」(세계의 분화구 남양 특집); 사공환, 「불인 란인의 경제적 지위」(세계의 분화구 남양 특집); 김강문, 「란인과 일미영 관계」(세계의 분화구 남양 특집); 철완생, 「란인의 군비」(세계의 분화구 남양 특집); 이종혁, 「백인의 남양 침략 전초전」(세계의 분화구 남양 특집); 오천석, 「남양행」(본지특약기행 세계의 분화구 남양 특집); 성인기, 「태, 불인의 국경 풍운」(세계의 분화구 남양 특집), 『조광』, 1941년 2월. 「불인공동방위의 의미」(권두언), 『조광』, 1941년 9월. 최행촌, 「인도천일야화」, 『조광』, 1941년 10월. 김찬용, 「태평양 탐험사」(일미회담특집); 사공환, 「백인의 태평양 침략사」(일미회담특집); 김도태, 「태평양의 제 민족과 그 풍습」(일미회담특집), 『조광』, 1941년 11월. 하동영환, 「불인에 있어서의 반도인의 노력」(재외조선인 현지보고); 『삼천리』, 1941년 12월. 장기현, 「포룽마레 양대해전」, 『조광』, 1942년 2월. 신도효, 「대동아 전쟁과 문화문제」, 『동양지광』, 1942년 3월(남방 경영에 관한 정책에 비해 조사 연구 등 문화 정책이 미흡하다는 내용으로, 조선에서 남방 조사 연구의 중요성을 강조하고 있다.) 장윤하, 「신가파의 역사」(남방소강좌); 남궁화, 「남방공영권의 역사」; 초철, 「남방공영권풍속점묘」; 임경호, 「비율의 이민사」; 장선희, 「남양의 화교」; 「마래의 쩡글」(전쟁수첩); 북원민치, 「공영권과 선인의 활약」; 「대동아전과 미영군 사통의 예언」(청음기); 「마래어 풀이」(청음기), 『조광』, 1942년 3월. 「남방 진출의 제문제」(좌담회); 김승범, 「대동아 전쟁과 화교의 동향」; 「태평양의 주요도 서지」, 『춘추』, 1942년

대한 관심의 표명에 그치지 않았다. 조선인들은 남방 정복을 새로운 지리 상의 발견으로 간주했다. 특히 서구인의 탐험으로 '발견'된 남방을 일본이 다시 '탐험'함으로써 남방은 '동양'(대동아공영권이라는 이름의)으로 다시 발견된다. 이러한 역학 속에서 조선의 지식인은 남방 지도를 펼쳐놓고 새로운 '지리상의 발견'을 수행하는 일본군 '탐험대'의 대열에 휘말려 들어간다.

일본의 경우 남방 열도의 여러 도서 지역의 지명을 일본어식으로 표기 정리하는 것이 남방 정복의 첫 작업이기도 했다. 조선의 경우 이러한 지리상의 위치와 지명 표기, 역사에 대한 관심은 매우 중요한 요소가 되었다. 이는 남방이 미지의 영토로서 지니는 의미가 더욱 강했기 때문이다. 또한 조선에서 지도상에 존재하는 남방 열도의 지명을 하나하나 짚어가는 과정은 일본 제국이 팽창하는 지도를 그려가면서 조선의 위치를 되새겨 보는 과정이자 남방의 열도를 새롭게 '발견'하는 지리상의 발견과도 같은 과정이었다. 이러한 지리상의 발견은 대동아공영의 이념으로 표방된, 서구 열강 제국에 의한 근대의 지리상의 발견을 넘어선, 대동아 제국의 지리상의 발견을 의미하는 것이기도 했다. 김찬용은 1942년 「태평양 탐험사」에서 스페인을 비롯한 서구 제국이 남방 지역을 '발견'하여 서구 지역에서 따온 이름을 붙이는 과정을 소개하는데 이 과정은 오늘날 일본 제국에 의한 새로운 명

3월.「호주의 원주민과 동물」(화보); 최정익·이여식·손광선자·오영섭·김창집,「남방의 풍속과 문화」(좌담); 유종기,「호주 대륙의 발견」; 서모아,「남방의 의식주」,『조광』, 1942년 4월. 계용일랑,「마래 전선의 일일」,『춘추』, 1942년 4월. 신흥우,「신가파와 공영권」; 김철수,「영국의 마래 침략사」(부-마래의 인구종족의 동태); 육정수,「사십년전 옛시대의 남방진출비사 — 개발회사진출사」; 김삼무원,「동경의 상하낙토 남방여행기」; 한민훈,「태국을 걸머권 파푼 원사의 략사」; 송산여식,「비율빈의 인상」; 이여식,「마니자 유학 시대와 비도의 풍물기」;「남방광산자원」(도표),『대동아』, 1942년 5월. 산본희,「란인의실상」,『동양지광』, 1942년 5월. 수전정부,「남방권과영화」(문화선전),『동양지광』, 1942년 6월. 김명준,「비도자원편」(남방자원기); 정인철,「불인자원편」(남방자원기); 이성열,「마래자원편」(남방자원기); 송욱,「란인자원편」(남방자원기); 백동연,「인도의 자원」(남방자원기);「인도의 국민회의파」;「영구의 평화를 — 인도인다리다무」(인도인이 노래하는 황군환영가),『대동아』, 1942년 7월. 정지용,「이토」(남방시), 김용제 옮김,『동양지광』, 1942년 8월.「공영권편지」(보루네오원주민개황); 좌등경,「비도의대학과학생기질」,『동양지광』, 1943년 6월.「아시아의민족」,『동양지광』, 1944년 2월.「남양군도소관」,『동양지광』, 1944년 5월.

명 작업으로 전환하고 있다. 동방 솔로몬 군도, 뉴헤브리데스, 뉴칼레도니아, 멜라네시아, 뉴 귀네아 등 '남방'의 지도를 따라 이 지역이 서구 제국주의에 의해 식민지로서 이름을 얻었던 과정을 소개하고 있다.

동방 솔로몬 군도는 일오육칠一五六七년年 서西 탐험가探險家의 손에서 발견發見된 것인데 그들의 해안海岸에 기항寄港했을때 당지當地 토인土人들은 황금黃金을 해객海客에게 선사膳賜했다. 금은재보金銀財寶를 목적目的하고 탐험探險에 종사從事하는 그들은 반가워할 것은 상상想像도 할 수 있다. 탐험가探險家들은 이곳에 금산지金産地가 응당 많으리라 생각하고 고대서사古代西史 유다야 왕王 솔로몬의 부귀영화富貴榮華를 연상連想하고 장래將來를 꿈꾸며 이같이 명명命名했다. 도島의 남동南東 뉴 헤브리데스 도島는 동서북방東西北方 헤브리데스 군도群島에서 나온바. 그 어근語根은 희어希語로 두뇌 부족頭腦不足하여 학업미완성學業未完成한 학생學生을 의미意味한 것으로 천산天産이 풍부豊富치 못한 것을 말한 것 같다. 뉴 칼레도니아 군도群島는 전자前者와 같이 영英 스코틀랜드 지방地方 칼레도니아에서 지형유사地形類似한 것에서 새로운 천지天地인 것을 지시指示한 것이다. …

멜라네시아는 흑인도黑人島의 의義니 대도大島 뉴 귀네아는 차지주민此地住民이 서아西阿 귀네아 만두灣頭에 사는 토인土人들과 혹사酷似하다하여 칭명稱名했고 일닝一名 파푸아는 만모蠻毛로 토인土人의 두발頭髮이 곱실한 것을 붙은 것이다.

이상以上이 태평양탐험太平洋探險과 지명기록地名記錄의 대요大要다. 탐험探險된 이바닥가의 물산物産이 풍부豊富함과 인종人種이 잡다雜多하여 현재現在 각종各種의 문제問題 즉卽소위所謂 태평양문제太平洋問題를 일으키고 있다. 세계열강世界列强의 자유개발自由開發의 결과結果 물질문명物質文明은 극점極點에 달達하여 원료부족原料不足이 생기고 한편은 생산과다生産過多, 자본과잉資本過剩, 인구 증가人口增加의 현상現象이 날로 심각深刻해 가매 이 해결解決할 곳이라고는 아직도 미개발의 태평양안太平洋岸이다. …

태평양 문제太平洋問題는 실實로 동서양 문명東西兩文明을 합일合一하여 궁극적 문화窮極的文化를 창조創造코저 하는 최후最後의 쟁패전爭覇戰이라고 볼 수 있다. 태평양 패권太平洋 覇權을 쥘 자者는 참으로 누가 될지 태평양일방太平洋一方에 웅국雄國으로 동아신질서東亞新秩序의 공영권수립共榮圈樹立에 매진邁進하는 아국我國이 이것을 쥘 것은 당연當然한 일로 아국我國의 세계적지위世界的地位가 여하如何히 중요重要한가를 이 사실事實을 통通이하여 알수있다.36

물론 남방 지도를 펼쳐놓고 그리는 꿈이 모두 동일하지 않다. 남방의 지도를 그리는 일은 미지의 영토를 발견하는 일이며 인종적 호기심을 충족하는 일이기도 했다. 서구의 남방 탐험에 대비하여 일본의 남방 정복을 새로운 지리상의 발견으로 재현하는 것과는 다른 지점에서 남방은 소박한 이국주의나 단순한 인종적 관심의 대상으로 발견되기도 했다. 예를 들어 '남방에 보내는 꿈' 특집 중 한 편으로 쓰인 이용악의 「지도를 펴놓고」는 남방에 대한 조선인들의 위치에서의 '지리상의 발견'이 소박한 이국주의적 관심으로도 표명되고 있음을 보여준다.37 그런 점에서 조선에서 뜨겁게 달아오른 남방 열기는 '미지의 원주민'에 대한 인종주의적인 관심과도 무관하지 않아 보인다. 이러한 미지의 대륙의 미지의 원주민에 대한 인종주의적인 관심은 일본 제국주의를 내면화한 것이기도 하지만, '오래된 식민지'로서의 조선의 불안한 지위와 새로운 점령지에 대한 선망이 복잡하게 뒤얽힌 정동의 산물이기도 하다. 물론 이러한 복잡하고 오래된 식민지의 정동은 조선의 협력 집단이 남방의 문명개화와 '개발'이라는 사명과 임무를 '오래된 식민지인 조선' 스스로에게 부과하는, 제국의 판타지의 근거가 되었다.

일본 제국의 선전 담론과 비교해서 당시 조선인이 남방 원주민에 대해 좀더 직접적으로 서술하는 텍스트에서는 역설적이지만 오히려 원주민을

---

36. 김찬용, 「태평양 탐험사」, 52.
37. 이용악, 「지도를 펴놓고」, 『대동아』, 1942년 5월.

조선은 남방에서 무엇을 얻을 수 있을까? 남방에 관한 관심이 증폭되면서 당국의 선전 담론을 그대로 되풀이하는 기사뿐 아니라 조선이 남방에서 무엇을 얻을 수 있는가에 대한 독자적인 목소리가 점차 증가한다. 「반도와 남방 경제의 관련성 거익 긴밀화」, 「화신 남방에 진출」, 「남방과 생활 의학」 등 남방에 진출할 수 있는 가능성과 진출을 위해 준비해야 할 일 등에 대한 기사들이 대량 생산된다. 남방에 관한 다양한 코너도 생겨서 「남방통신」, 「남방과 생활 의학」, 「남방의 자원과 경제」 같은 기사들이 연재된다. 『매일신보』, 1943년 2월 3일.

야만적으로 표현하는 방식이 좀더 두드러진다.

기記: 비율빈比律賓에 조선朝鮮 사람은 얼마나 가 있습니까.

오吳: 약 사십명 있다던가요. 금광 기사技師가 한사람 그러고는 인삼人蔘 장사하는 사람도 있는 모양예요.

최催: 내갔을때도 고려상점이란 간판을 붙인 집이 있었지요. 조선부인이 베치마를 입고 빙수를 팔고 있드군요.

기記: 사는 정도는 어때요.

오吳: 점잖게하고 삽니다. 내지인이 압섯고 그다음에 조선사람, 중국 사람들은 상권을 쥐어 세력이 있다지만 사는 꼴은 늘 그양, 조선사람만 깨끗지 못합니다.

이李: 그런데 반도인은 오래있어야 사년, 돈만 없애고 왔다갔다 할 뿐이지 영주할 생각은 못먹어요.

오吳: 조선인삼이라면 거기서도 영약으로치는 것이라 수입이 훌륭한데 그 수입을 가지고 전업을 해서 고정해 있으면 상당한 지반地盤을 가지고 살 수 있지요. 어재건 조선서 농사짓는 노력을 드려 사년만 저기서 농사를 짓는다면 부자가 될 줄 압니다. 저곳 원주민들은 자연의 혜택을 너무 많이 입어서 그렇치가 못해요. …

기記: 황군 치하에 들게 됐으니 많이들 진출할 일이로군요.

오吳: 일본인에 대해서는 그렇게 호감인데 미국에 대한 반감은 누구나 갖이고 있지요. 낙토樂土라면 낙토樂土라고도 할까 먹을것이 풍부해서 생존경쟁이라곤 없는데로 보입니다. 뭣한 말로 마음이 울쩍한 때는 예라! 그리로가서 야자 나무밑에 누워 편이 잠이나 자고 낚시질이나 하면서 한평생사랐으면 하는 생각도 듭니다. …

김金: 쬬흘 주洲에 가면 대개大槪는 고무원園인데 고무원園에서 마레인들에게 월급을 줄테니 잠자지 말고 일을 해달라고하면 월급도 싫고 잠을 자게 해달라고 한대요. [씨에스타에 대한 이야기다 — 인용자.] (일동 소一同笑) 음식먹을때는 식기 한개 없습니다. 한두그릇놓고 저까락도 없이 세 손가락으로 집어먹으면서 옆에다 물을 떠놓고 때때로 손을 씻습니다. 좌수左手는 절대絶對로 쓰지 않어요. 더러운데 쓴다는군요. … 마래 원주민들은 얼골이 밉드군요. … 마래인은 대개 회교고 지나인은 불교. 인도인은 힌쓰 교教죠. 힌쓰 교도教徒의 예식禮式을 구경했는데요. 참 비참하드군오. 자기 몸을 여간 학대하는 것이 아닙니다. 소를 대단히 숭상하고 소똥도 신성시합니다. 소똥을 먼저 온몸에 바른 다음에 꼬챙이를 가지고 코도 뚫고 혀도 뚫고 온몸을 뚫음니다. 이상한 것은 그래도 피가 나오지 않드군요. (일동 소一同笑)38

좌담의 면면에서도 드러나듯이 남방의 여러 종족을 미개하고 게으르고 더럽고 머리가 나쁘고 기이한 존재들로 희화화하는 논리는 남방 개발에서 조선인의 일본인 다음가는 우선권을 정당화하는 중요한 논리다.

또한 남방 종족지들은 남방의 역사를 온갖 도래인들의 정복과 침탈의 역사로 기술한다. 이는 한편으로는 남방에 '원래의 주인'은 없었으며 강한 도래인이 선주민을 정복하고 개발하는 것이 남방 본연의 역사였다는, 전형적인 식민주의적 역사 기술의 방식을 따른다. 이런 역사 기술 이면에는 남방의 역사가 서구의 이異종족 통치의 오염된 역사에서 동양 종족에 의한 같은 아시아 종족의 통치로 전환되었다는 대동아공영권 특유의 논리가 내재돼 있다.

6. 독일 파시즘의 유태인과 일본 파시즘의 남방 원주민 — 기술적·행정적 조치의 대상으로 변용된 적군과 증오 없는 전쟁

태평양 전쟁기에 식민지 조선에서 생산된 남방 담론은 과연 어떤 의미

---

38. 최정익·이여식·손광선자·오영섭·김창집, 「남방의 풍속과 문화」(좌담). '기'(記)는 『조광』 측 기자를 뜻한다.

를 지니는가? 식민지 지식인이 남방에 대해 지녔던 환상과 인종적 편견과 착취를 통한 발전의 욕망은 식민지인이라는 역사적 상황의 귀결이었는가? 가혹한 제국의 폭력하에 제국의 논리와 동일화되지 않을 가능성은 과연 없었을까? 태평양 전쟁기에 식민지 조선의 지식인들이 남방에 대해 지녔던 열기는 단지 식민지라는 제한된 상황의 결과였으며 실제의 내면과는 다른 공허한 선전 담론의 되풀이였는가?

태평양 전쟁기에 조선에서 생산된 남방 종족지에 나타나는 남방 원주민에 대한 이미지는 현재 한국에서 횡행하는 동남아시아인들에 대한 편견이나 '정보'와 매우 유사하다. 그리고 남방 자원에 대한 열망과 '제국'을 향한 환상, 인종적 편견과 착취를 통한 '자본주의' 발전의 욕망은 현재 한국 사회에 팽배해 있는 욕망과 폭력의 구조와 너무도 닮았다. 종족지에 기술된 더럽고 게으르고 무식한 남방 원주민은 바로 "나도 사람이에요"를 외치는 현재 이곳의 동남아시아 노동자의 기원이기도 하다. 그것은 단지 기원이 아니라 바로 현재다. 결국 남방에 대한 환상과 열망을 통해 더 나은 삶, 더 발전된 경제, 더 나은 지분을 원하는 식민지 조선 협력 집단의 제국의 판타지는 오늘 이곳의 '제국의 판타지' 및 이른바 자본주의적 발전의 논리와 그리 멀리 떨어져 있지 않은 것이다. 그리고 식민지 협력 집단의 제국의 판타지가 생존과 자기 보존이라는 명분 아래 정당화되듯이 오늘날의 '제국의 판타지'와 파시즘적 욕망 역시 생존과 자기 보존의 논리로 정당화된다. 그러나 식민지 협력 집단이 결코 절멸에 직면하여, 절멸에 대한 위기감의 결과로 제국의 판타지와 파시즘적 폭력을 승인한 것이 아니듯이 오늘날의 제국의 판타지와 파시즘적 욕망 역시 동일한 생존술을 발휘한다.

1944년 일본의 마리아나 제도 침공과 괌 침공 뉴스를 보며 아도르노는 파시즘은 인간을 "괴물 기록 영화의 연기자들로 전락"시키는 체계라고 비판했다. 남방에 대한 전쟁 선전의 일환으로 일제가 대량생산해서 배포했던 남방 종족지는 그 자체가 다시 아도르노의 표현을 빌리자면 "사건들이 물화되어 경직된 채 주조되어 쏟아지는 현상이 사건 자체를 대체하고 있는"

파시즘의 재현의 스펙터클을 전형적으로 보여준다. 이 전쟁에서 아도르노는 "적군이 환자와 시체로" 변형되고 "파시즘하의 유대인처럼 적군들은 기술적, 행정적 조처의 대상 역할을 담당했고, 만약 적군이 저항할 경우 그 대응 조처도 똑같은 성격을 지녔다"는 것을 발견한다. 조선의 담론 공간에 등장하는 남방의 주민들은 바로 이러한 "기술적, 행정적 조처의 대상"으로 변형된 적군, 통상적인 적군이라기보다 환자나 시체에 가까운 전쟁 작전의 대상물이었다. 남방의 주민들을 게으르고 머리 나쁜, 열대 야자수 그늘 아래에서 나른하게 아무것도 하지 않는 존재로 그려내는 남방 종족지는 이들 야만적 원주민에 대한 "기술적, 행정적 조처"의 시급함을 촉구하고 정당화하는 역할을 수행했다. 그런 점에서 남방 종족지에서 순진무구한, 무해하고 나른한 남방 원주민의 모습은 그 자체로 일본 제국(그리고 이를 뒤따르는 조선)의 기술적, 행정적 조처가 시급하다는 점을 정당화하는 근거로 작동한다. 조선의 협력 집단에게 남방이 전쟁터이지만 동시에 무진장한 자원의 고장이며, 조선이 진출할 기회의 땅으로 인지되기도 했다는 점은 그런 점에서 파시즘 전쟁이 증오 정치에서 시작하여 증오 없는 전쟁(유태인에 대한 최종 해결과 같은)로 나아가는 어떤 전환점을 보여주는 것이기도 하다. 조선의 협력 집단이 남방에서 벌어지는 점령, 전쟁, 학살을 '기회'나 조선의 지위 문제로 감각하고 인지했다는 것은 이렇게 전쟁이 전쟁으로서 인지되지 않고, 단지 기술적이고 행정적인 조치로 감각되고 인지되었다는 의미이기도 하다. 또한 조선의 협력 집단에게 남방에서 벌어지는 전쟁이 전쟁으로 인지되지 않고, 경제적 기회, '일확천금의 기회' 같은 것으로 여겨졌다는 것은 이렇게 최종 해결로 나아가는 파시즘의 국면이 조선에서는 남방의 원주민의 '운명'과 조선의 불안한 미래와 같은 모습으로 진행되고 있었다는 의미이기도 하다.

5부
중국적인 것의 정동화와 조선적인 것의 인종화
전시 동원 체제 연구와 전파매개적 신체 연구

1장 중국 정동과 전파매개적 신체 연구

2장 조선적인 것의 중국 지향성과 중국의 정동화 — 매일적 태도와 폐품의 통제

3장 조선의 기운과 공기론에의 중독 — 분발심 없는 중족집단과 중국적인 것의 전파매개성

4장 역사적 파시즘 체제와 젠더·어펙트 연구의 과제들 — 정동 연구를 통한 정보 이론, 인종 과학 연구를 위하여

1장

중국 정동과 전파매개적 신체 연구

1. 중국적인 것과 정동

이 책의 마지막 5부에서는 중일전쟁, 태평양 전쟁을 경유하면서 일본의 제국주의 정책과 전시 동원 정책을 통해 중국적인 것이 어떻게 변화하는지 살펴보고자 한다. 앞서도 살펴보았듯이 전시 동원 체제 일본 제국에서 중국적인 것은 도처에 편재하는 공포의 대상이자, 제국을 안으로부터 오염시키는 미지의 병균과 같았다. 이는 단지 비유는 아니다. 전시 동원 체제에서 일본 제국에게 중국적인 것은 외부의 적이지만 온전히 외부가 아닌, 내부에 잠재된 것이다. 중국적인 것은 외부와 내부의 경계를 혼란스럽게 하고 파괴하는 것으로 인지된다는 점에서 역설적이지만 외부와 내부를 가르는 모든 경계를 구성하는 인자가 되었다. 이때 외부와 내부를 가르는 경계는 '국체'와 같은 추상적인 영토에서, 실질적이고 물질적인 영토, 사회와 무질서한 자연을 가르는 경계가 되며, 온전한 신체와 제거되어야 할 악성 세포의 경계를 만든다. 이 경계 구축 행위에 작동하는 젠더화되고 인종화된 생명 정치는 국가, 사회, 영토, 자연, 건강, 질병, 세균, 병균을 규명하고 진단하는 모든 영역에 걸쳐 만들어지고 또 재구성되었다. 이 과정에는 국가관, 사회 안전, 영토 점령과 관련된 지식과 정책뿐 아니라, 건강, 질병, 세균에 대한 과학과 의학과 사회적 예방 조치와 같은 영역들이 총동원되었다. 무엇보다 이는 국가와 사회, 국체라는 추상적 영역과 실질적 영토라는 물질적 영역, 생명체의 물질적 몸과 사회라는 추상적 몸 사이를 끝없이 유동하는 무언가로서 '중국적인 것'을 색출하는 과정이었다. 이때 이 이질적인 신체의 경계를 뚫고 흐르고 침입하는 무언가는 오늘날의 개념으로 정동(어펙트)이라 할 수 있고, 이 어펙트는 역사적으로 이른바 '정보 통제'와 정보 전쟁의 기술을 발전시키는 과정에서 정보와 정보로 환원되지 않는 교란적이고 모호한 무언가로 감지되기도 했다.

2. 전시 동원 체제와 중국적인 것의 변화

따라서 전시 동원 체제에서의 중국적인 것에 대한 연구는 한편으로는 역사적 파시즘 체제가 구축한 인종주의와 성차별이 증오 정치를 강화하는 과정을 규명하는 것이며, 동시에 당대 중국적인 것으로 명명된 (그러나 결코 명확하게 규정할 수 없었던) 어펙트와 이를 장악하고 통제하는 기술로서의 정보 기술의 형성 과정을 역사적으로 규명하고 검토하는 일이기도 하다. 필자는 어펙트 연구와 비판적인 인종주의 연구, 젠더 연구의 관계 및 이를 통한 역사 연구에 대해서는 여러 후속 연구를 통해 일정한 윤곽을 제시하기도 했다. 여기서는 특히 어펙트 연구와 정보 기술 연구를 위한 여러 전제와 역사적 파시즘 연구의 여러 과제를 제시하면서 책의 마지막 5부를 마무리하고자 한다.

중일전쟁 이후 일본 제국의 중국에 대한 적대는 극단에 이르고, 특히 조선에서 중국의 영향을 박멸하고자 하는 의지가 극대화된다. 따라서 전시 동원 정책을 위해 일본 제국은 중국적인 것뿐 아니라, 조선에 영향을 주는 중국적인 것에 대한 조사, 연구, 통제를 광범위하게 진행한다. 그 범위는 조선에 대한 중국의 영향과 조선의 중국을 향한 지향성이라는 두 방향으로 구성된다. 이 과정에서 조선적인 것과 중국적인 것은 영향과 지향성을 통해 서로를 변형시킨다. 전시 동원 체제에서 중국적인 것은 '일본 국체'를 위협하는 대상, 증오의 대상이라는 점에서 가장 강렬한 정동 정치의 목표물이 된다. 중국, 중국인, 중국적인 것은 전시 동원 체제의 증오 정치로 대표되는 정동 정치의 목표target 집단, 인구, 장소가 된다.

한편 중국적인 것은 조선이 일본 제국의 일원으로서 동등한 '황민'이 되기에 가장 문제가 되는 자질, 속성, 기운을 불어넣고, 퍼트리고, 감염시키고, 생성하는 온상이 된다. 중국적인 것은 조선적인 것에 병균처럼 들러붙어 있고, 일본 제국에 대한 반감을 독처럼 퍼트리고, 일본 제국이라는 성스러운 신체를 병들게 하는 암세포로 비유된다. 중국적인 것은 박멸하려 해도 다시 살아나는 병균이고 숨만 쉬어도 감염되는 바이러스이며, 공기 그 자체이기도 하다. 즉 중국적인 것은 강력한 전파성을 지니며, 병균과 바이러스, 부정적 영향과 사상, 관습, 습속, 자질, 근성을 조선에 실어 나르는 매개체이다. 중국적인 것은 이렇게 전파성이 강한 매개체로 간주되고, 기존에 전파성이 강한 매개체들을 통제하던 풍속 통제의 새로운 대상으로 설정된다. 이러한 전파매개적 신체성이야말로 우리가 오늘날 정동1이라고 부르는 개념과 가장 가까운 특성을 보인다. 전파매개적 신체성을 이런 식으로 규정하고 박멸할 대상으로 보는 방식은 현재까지도 법적 개념으로 한국 사회에 현존하고 강력하게 작동한다.

일본 제국은 조선을 중국의 영향에서 떼어놓으려고 온갖 수단을 동원했다. 식민주의 통치 정책은 특정 집단을 사회에 부정적 영향을 미치는 전파매개적 신체로, 그 신체들과 연결된 지역을 전파매개의 온상으로 분류하여 배제했다. 전파매개적 신체로 분류된 신체들은 사상을 생산하는 근대적 개인과 달리 개체로서의 특징을 지니지 못했다. 이들은 개체를 특징짓는 윤곽선을 갖지 못한다. 이들의 윤곽선은 외부와 독립적인 신체성을 형성하

---

1. 여기서는 affect의 번역어로 정동과 어펙트 두 가지를 사용한다. 특히 소수자 기반 어펙트 연구에 대해 필자는 젠더·어펙트 연구라는 규정을 사용해 왔기에 이런 맥락에서 가급적 어펙트로 번역해서 표기하고자 한다. 다만 그간 한국에서 정동 용어가 사용된 맥락을 존중하면서 필요한 경우 정동이라는 번역어를 병기해서 사용하고자 한다(예를 들어 정동적 전환, 정동 지리, 정동 정치 등).

지 못하여 외부에 침투되기 쉽고, 반대로 이들 신체 자체가 윤곽선이 흐릿해서 바깥으로 퍼져 나간다. 이런 식의 분류 체제는 특정 집단을 보호, 분리, 경계해야 할 개체로 명명하고 할당했다. 풍속 통제는 이를 담당하는 대표적 통치 시스템이다. 여성, 하층 노동자, 미성년, 신체의 윤곽선이 정상적이지 않은 이들, 신체의 경계가 침투된 이들(이른바 혼혈)은 풍속 통제의 대표적인 대상이 되었다.2

한편, 검열이 정보 통제의 한 방식이고 전시 동원 체제는 정보 전쟁(스파이로 상징되는) 체제였다는 점을 다시 환기할 필요가 있다. 이런 점에서 볼 때 검열이란 정보의 생산, 유통, 흐름, 정보 생산의 행위자성을 조사하고 통제하는 지식, 통제 수단과 과학을 생성하는 체제이기도 하다. 정보 이론과 정동 이론의 결합을 시도한 이토 마모루는 기존의 정보 이론에서 "정보 과정은 명료한 인식이나 지각의 수준에서 파악되었다"는 점을 지적한 바 있다. 정보가 명확하게 인식되고 지각되는 수준으로 규정되었다면 명확한 모습을 갖지 않는 무언가, 형태를 갖지 않는 것은 정보가 아닌 것으로 대타적으로 규정된다. 즉 근대적 인식론의 역사에서 정보 이론은 "명확한 모습을 갖지 않는 무언가가 마음에 새겨지는 것", "말과 관념같이 명료한 '형태'를 갖지 않는 것"을 배제함으로써 정보 개념을 구성했다.3

정보와 정보 아닌 것의 구별은 명료한 인식과 지각, 이와 반대로 형태를 갖지 않는 것, 무언가가 마음에 새겨지는 것의 차이를 근간으로 한다. 정보의 범위는 인식과 지각의 명료성을 중심으로 구성되며, 이 과정은 감정과 정동을 정보에서 배제함으로써 형성된다. 이토 마모루는 정보 형성의 역사를 고찰하면서 인지 중심의 정보 이론을 정동적으로 전환해야 한다고 주장한다. 이토 마모루의 논의에서 정보와 정보 아닌 것의 구별은 흥미롭게도 사상 통제와 풍속 통제의 경계와 겹친다. 물론 이는 사상 통제가 주로

---

2. 풍속통제의 형성과 변천의 역사에 대해서는 권명아, 『음란과 혁명』 참고.
3. 이토 마모루, 『정동의 힘 — 미디어와 공진하는 신체』, 김미정 옮김 (갈무리, 2016), 60.

근대 출판물과 지식 생산자를 대상으로 하고 풍속 통제가 비근대적 유통과 비엘리트의 향유물과 습속을 대상으로 하기 때문이기도 하다.

물론 사상 통제와 풍속 통제를 전적으로 구별하는 일반적이거나 공식화된 기준은 없다. 다만 두 통제 방식은 통제 대상이 되는 개체, 자연물, 사물, 행위, 장소 등을 특정한 방식으로 분류한다. 사상 통제가 주로 지식인, 학생 등을 대상으로 했다면 풍속 통제는 이를 제외한 모든 집단을 대상으로 했다. 사상 통제가 사상의 생산 주체인 근대적 개인과 그 매체인 인쇄물의 유통 경로를 따라 구축된다면 풍속 통제는 신체적이거나 장소를 매개로 한 접촉과 커뮤니케이션을 통제 대상으로 한다. 그런 점에서 이 분류는 공중과 군중을 구별하는 접촉과 결속 양태의 차이와도 관련된다. 즉 사상 통제가 겨냥하는 대상 집단의 속성은 근대적 개인이나 이들의 연결체로서의 공중la public의 규정과 거의 일치한다. 반면 풍속 통제 대상은 공중이나 근대적 개인을 구성하기 위한 대타항인 군중, 즉 "본질적으로 육체의 접촉을 통한 심리적 전염의 무리"[4]라는 분류에 가깝다.

이토 마모루는 타르드의 논의를 재검토하면서 군중에 대한 재고찰을 통해 정보 이론을 정동 이론으로 전환시켰다. 즉 정보 범위에서 배제된 "명확한 모습을 갖지 않는 무언가가 마음에 새겨지는 것", "말과 관념같이 명료한 '형태'를 갖지 않는 것"을 정보 가치가 없는 것으로 분류해온 정보 이론을 다시 검토해야 하는 것이다. 또 여기서 군중의 속성을 설명하는 "명확한 모습을 갖지 않는 무언가", "모든 물질, 생명체, 타자, 그 모든 것들과 접촉하면서 발생하는"[5], "명료한 윤곽을 갖지 않는 생각들"[6]은 현대의 정동

---

4. 타르드는 공중(le public)이 "순수하게 정신적인 공동체이고, 육체적으로는 분리되어 있으며 심리적으로만 결합된 개인들이 분산된" 것으로 정의한다. 반면 군중은 "본질적으로 육체의 접촉을 통합 심리적 전염의 무리"이다. 구스타브 르봉의 『군중심리』는 현재까지도 자율적 개인의 이성적이고 합리적 판단을 중심에 두고 "도시공간에서 우발적으로 육체적인 접촉을 하게 되면서 감정적인 동조나 충동적 행동을 하는 군중심리"를 비판하는 근거로 활용되고 있다. 타르드는 신문을 읽는 독서 주체가 자유롭고 이성적이고 합리적인 반면 공중은 충동적이라고 본 이런 관점을 비판하면서 공중이 군중에 비교해서 더욱 등질적일 수 있다고 비판한다. 이토 마모루, 『정동의 힘』, 75~77.

이론에서 논하는 정동과 상통한다고 논한다. 이토 마모루는 정보 이론이 형성된 역사를 비판적으로 고찰하고 정보 이론을 정동 이론의 맥락에서 다시 구축할 것을 제안하였다. 이토 마모루의 논의를 일제 강점기 검열에 대응해서 다시 쓰자면, 사상 통제와 풍속 통제를 정보 이론의 형성사로 고찰해야 하며, 이때 정보 이론은 정동적으로 패러다임을 전환할 수밖에 없다. 나아가 검열 통제를 정보 이론 형성사로 고찰하기 위해서는 정동 이론을 거치는 동시에 소수자 이론, 젠더 이론과 비판적 인종주의를 경유하지 않으면 안 된다.7

사상 통제 대상 집단은 가치 있고 의미 있는 정보를 생산하는 개별자(개인)이다. 반면 풍속 통제 대상 집단은 그 자체로 의미 있는 정보를 생산하지 못한다. 따라서 이 집단은 개별자와는 달리 무리, 자연, 자연물, 사물에 가깝다. 근대적 개인은 개별자로서 다른 개체와 구별되고 독립적인 윤곽선(피부)을 지닌다. 반면 풍속 통제 대상 집단은 개인으로서의 윤곽선(피부)을 갖지 않으며 의미를 생산하지 않는, 무의미하고 무가치한 존재이다. 그렇다면 이들은 왜 통제되어야 할까? 이들은 스스로 정보나 의미를 생산하지 않지만, 무언가를 실어 나르는, 전파매개체나 전파매개물이기 때문이다. 경향적으로 여성, 비엘리트 남성, 부랑자, 미성년 등이 풍속 통제 대상으로 분류되는 점도 개체에 대한 이러한 이해의 산물이다. 즉 이 개체들은 그 자체로는 의미를 갖지 않지만, 무언가를 실어 나르는 전파매개체이기에 해롭거나 위험하다. 풍속 통제 대상들은 무의미한데 해로운 개체들, 전파매개체로 간주된다. 이 개체들은 그 자체로 의미나 정보 가치가 없다. 무가치하지만 전파매개성이 높은 위험한 개체로서 이들은 전향이나 의식

---

5. 같은 책, 58.
6. 같은 책, 59.
7. 필자는 어펙트 이론을 '군중'이나 '대중'에 대한 새로운 해석으로 전환해야 하며, 이를 위해서 젠더 연구, 퀴어 연구, 비판적 인종주의와 같은 소수자 연구 방법을 경유해야 한다는 점을 강조해 왔다. 이에 대해서는 권명아, 『여자떼 공포, 젠더어펙트』 참고.

화의 대상이라기보다 박멸과 정화의 대상이 된다.

일본 제국의 사상전 강도가 강해질수록 풍속 통제 메커니즘이 비국민 색출의 방법이 되는 것도 이러한 특성과 관련이 깊다. 이 과정에서 중국, 중국인, 중국과 관련한 장소, 문화, 습성은 사상 통제의 대상에서 풍속 통제의 대상으로 전이되고 변용된다. 사상 통제의 대상일 때 중국적인 것은 조선의 사상적 원천으로서의 의미로 감각되었다면, 풍속 통제의 대상으로서 중국적인 것은 무의미하고 해로운 개체들의 온상으로 변형된다. 일본 제국의 전시 통제 정책에서 이러한 이행을 보이는 대상 집단은 희귀하다. 물론 이 전이와 변용 과정에서 일본 제국의 전시 통제, 조선의 반제국주의적 정치성의 지향, 조선 다중multitude의 구체적 행위성들 사이에는 복잡하고 이질적인 불일치와 어긋남이 존재했다. 이런 복잡성은 중국을 둘러싼 표상, 담론, 정동 구조에서도 특이한 형태로 발현된다.

중국적인 것은 사상 통제 대상으로 분류되었다가 풍속 통제 대상으로 급격하게 변용되는 흥미로운 사례이기도 하다. 관동대지진 당시 학살의 대상이 된 중국인이 주로 하층 노동자라는 점, 그리고 학살이 요코하마라는 중국인 하층 노동자 집결지에서 이루어졌던 점도 전파매개적 신체와 그 온상으로 지목되는 신체-장소의 연결 방식을 잘 보여준다. 또 중국과의 전쟁 범위가 넓어지면서 중국의 물질적 공간성도 점차 전파매개적 특성으로 변화되고 이행하게 된다. 특히 상해가 "중국의 암종"으로 지목되고 상해에서 조선으로 오는 모든 것이 국체를 오염시키는 전파매개체(스파이)로 변형된다. 여러 차례의 전쟁을 통해 중국적인 것은 윤곽선이 흐릿하고, 오염력이 높으며, 원본 신체를 상실하고 가짜 신체로 이행 중인 것으로 선전되었다.

이런 점에서 전시 동원 체제에서 중국적인 것과 조선적인 것에 대한 통제는 커뮤니케이션 기술사 연구자인 브렌튼 J. 말린의 개념을 빌리자면 "한 신체가 다른 신체와 어떻게 연결되는지에 대한 우려"의 특정한 역사적 형태다. "한 신체가 다른 신체와 어떻게 연결되는지에 대한 우려"는 그 역사가 깊다. 말린은 그 역사를 글쓰기 테크놀로지가 출현한 것에 대한 소크라테스의 근심으로까지 거슬러 올라간다. 소크라테스는 그가 선호하는 구두 형태의 의사소통을 글쓰기가 대체할 때 무지한 사람들이 "격앙된 열정"에 사로잡힐 것이라고 근심했다. 마찬가지로 플라톤이 글쓰기가 마약과 같은 기능을 하여 합리적인 참여와는 별개로 사람들의 몸 깊숙한 곳을 자극한다고 논하는 것에서도 이러한 우려의 역사적 계보를 확인할 수 있다. 말린은 소크라테스가 논한 "격앙된 열정"이나 플라톤이 글쓰기를 "마약과 같다"고 표현한 특정한 감각을 오늘날 마수미나 퍼트리샤 클러프가 논하는 정동의 하위지각적subperceptual 효과로 다시 해석할 수 있다고 논하기도 한다.[8]

3. 전파매개적 신체와 중국적인 것

브렌튼 J. 말린에 따르면 "한 신체가 다른 신체와 어떻게 연결되는지에 대한 우려", "하위지각적" 반응은 역사적으로 모든 커뮤니케이션 기술을 둘러싸고 있을 수 있지만, 근대의 전파 커뮤니케이션 기술의 변화와 함께 더욱 복잡해진다. 특히 "전기가 커뮤니케이션을 변화시키는 방식에 대한 서구의 매혹을 감안할 때, 이러한 복잡성은 전신, 라디오, 텔레비전 및 인터넷과 같은 전기적 형태의 커뮤니케이션의 발전과 관련하여 특히 두드러진다."[9] 말린은 "젠더와 어펙트의 문제와 관련하여 기술적 숭고함의 수사학에 대해 생각하는 것은 이펙트의 "무의식적" 또는 하위지각적 요소가 종종 누구의 신체가 누구에 의해 다루어지고 있는지에 따라 달라질 수 있음을 보여준다는 점"을 강조한다. 또 젠더와 어펙트를 기술사(미디어와 커뮤니케이션 기술사)와 결합한다는 것은 "한 신체가 다른 신체와 어떻게 연결되는지", 즉 상호연결성에 대한 역사적 관심의 변화를 밝히는 것이 연구자들에게 젠더와 어펙트 연구를 교육하는 것과 마찬가지라고 강조한다.[10]

---

8. Brenton J. Malin, "Mediating Gender and Affect through History," in *Routledge Companion to Gender and Affect*, ed. Todd Reeser (Routledge, 2023), 258.
9. 같은 곳.

"한 신체가 다른 신체와 어떻게 연결되는지에 대한 우려"처럼 특정한 신체와 장소를 전파매개적 속성을 지닌 것으로 분류하고, 다른 신체들에 대한 접촉과 감염의 우려가 반복되고 변용되는 역사에 대한 연구에서 젠더·어펙트 이론은 새로운 방향의 논점을 제안하고 있다. 말린은 젠더와 어펙트 연구 방법을 통해 "미디어와 기술 역사가들이 기술적 숭고함에 대한 수사학rhetoric of the technological sublime 연구"를 구체화할 수 있다고 제안한다. 즉 말린은 "기술의 힘에 대한 매혹과 공포"를 연구하는 것은 젠더화된 기술 개념에 관한 논의를 풍성하게 만든다. 즉 새로운 기술은 사람들에게 종종 경외심과 공포의 복잡한 감정을 불러일으키는데, 이러한 경외심과 공포는 바로 마주침과 변형의 문제로 "한 신체가 다른 신체와 어떻게 연결되는지에 대한 우려"로 해석할 수 있다.[11]

5부에서는 "한 신체가 다른 신체와 어떻게 연결되는지에 대한 우려"의 역사를 젠더·어펙트 방법론에 근거하여 고찰할 것이다. 특히 일본 제국의 전시 동원 정책에서 중국의 정동화 과정을 연구 대상으로 하며, 그 역사적 변용 과정을 인간과 비인간 존재를 전파매개적인 것과 앎의 주체로 배치하는 분류학의 역사와 변화로 해석하고자 한다. 중국적인 것을 주요 연구 대상으로 삼은 것은 한국의 근현대사에서 중국적인 것이 가장 고도의 "앎의 주체"의 자리에서 가장 문란하고 병적인 전파매개적 신체의 자리로 단적으로 변형되었기 때문이다. 즉 이 연구에서 중국적인 것의 변용 과정과 역사를 살피는 것은 이러한 전파매개적 신체와 자율적이고 독립적인 신체에 대한 분류와 연결성에 대한 반응의 역사를 해석하는 이론화 작업의 하나이다.

전파매개적 신체성에 대한 연구는 광범위한 주제의 역사 및 이론과 결부된다. 테크놀로지의 역사와 이론, 정보사와 정보 이론, 어펙트에 대한 관념의 역사와 이론, 신체적 접촉과 관련한 젠더사와 이론이 대표적이다. 어

---

10. 같은 글, 259.
11. 같은 곳.

펙트 연구가 활발해지고 여러 분야에서 어펙트와 젠더 연구를 통해 해당 학문 분야의 이론 패러다임을 갱신하면서 전파매개적 신체성에 대한 연구는 새롭게 주목되고 있다. 예를 들어『젠더와 어펙트 연구에 대한 라우트리지 총서』[12]에는 영어권 학계의 성과들이 집대성되어 있기도 하다. 또 디지털 테크놀로지, 미디어 기술사, 신체성에 대한 퀴어 이론과 비판적 인종 이론을 결합한 새로운 연구도 다양하게 진행되고 있다. 예를 들어 미디어 기술사와 전파매개적 신체성을 에이즈AIDS 공포의 역사를 통해 고찰하는 맥키니와 멀빈의 일련의 연구가 대표적이다.[13] 또 1990년대 에이즈 담론이 당시 급부상한 컴퓨팅 기술, 네트워크 산업과 정보 기술에 따른 글로벌 노스 Global North의 사회적 생산 구조에 대한 위기감과 밀접하게 관련된다는 점을 규명한「버그들 — 컴퓨팅과 커뮤니케이션의 역사에 대한 재고」는 여러 시사점을 준다. 이 연구에서 맥키니와 멀빈은 에이즈 공포와 바이럴 담론의 역사를 통해서 컴퓨팅과 커뮤니케이션의 역사를 다시 쓰는 방법을 제시하고, 과학기술과 미디어 이론을 전파매개적 신체성과 어펙트 연구의 맥락에서 재정립한다.[14] 그러나 한국에서 전파매개적 신체성은 연구의 대상으로도 간주되지 않고, 여전히 경찰력과 법의 단속 대상으로 치부된다. 전파매개적 신체성은 한국에서는 법적 단속을 위한 개념일 뿐이다.[15]

---

12. T. Reeser et al., eds. *Routledge Companion to Gender and Affect* (Routledge, 2023).
13. Cait McKinney and Dylan Mulvin, "High-Touch Media : Caring Practices at the Deaf AIDS Information Center," *Feminist Media Histories* 9, no. 1 (2023) [카잇 맥킨니·딜런 멀빈,「하이터치 미디어 — 농인 에이즈 정보 센터에서의 돌봄 실천」, 김보영 옮김,『젠더스피어의 정동지리』, 이지행 엮음 (산지니, 2024)].
14. Cait McKinney and Dylan Mulvin, "Bugs : Rethinking the History of Computing, Communication," *Culture and Critique* 12, no. 4 (December 2019).
15. 전파매개 행위를 법으로 처벌하는 것이 위헌이라는 비판이 지속되고 있으나 법 제도는 변화되지 않고 있다. 김찬,「후천성면역결핍증 예방법상 전파매개행위 처벌의 문제」,『공익과 인권』19 (2019). 한국에서 1990년대 이후의 법 개정 운동과 전파매개 행위 처벌 조항의 문제점에 대해서는 다음의 토론 자료에 경과가 자세하게 정리되어 있다. 정욜(KNP+) 외 토론,「[활동스케치 #2] 담론팀 기획토론 #2 : 동성애인권운동과 HIV/AIDS」, 터울 정리, 웹진『친구사이 소식지』, 2015년 4월 1일, https://shorturl.at/JjZ8M.

2장

조선적인 것의 중국 지향성과 중국의 정동화

배일적 태도와 폐풍의 통제

1. 감정과 정서의 체계로서의 조선적인 것과 중국 지향성

일본 제국은 식민 지배를 통해 조선에서 중국의 영향력을 제거하고 그 자리를 일본으로 대체하기 위해 치밀한 정책을 펼쳤다. 중일전쟁 이후 이런 정책은 더욱 강화된다. 일본의 인종주의적 식민 통치와 전시 동원 체제의 통제, 그리고 이에 대한 조선인 피식민자들의 반응은 그야말로 정동하고^{affect} 정동되는$^{be\ affected}$ 복잡하고 치열한 장을 보여준다. 4부에서도 자세하게 살펴보았지만 대동아공영권 정책이 남진을 기조로 한 '남방공영권'(1941년) 정책으로 변화하면서 전쟁을 통한 인종주의 전선戰線은 더욱 급변한다. 스스로 일본 제국의 북방 전진 기지로 설정했던 조선총독부와 조선의 제국주의 협력 집단은 남진 정책으로 타이완이 부상하면서 제국 내 지위에 대한 불안에 휩싸인다. 새로이 부상한 남방 지역은 이런 불안을 가속하면서 동시에 후발 식민 영토에 대해 우위를 점할 수 있다는 복합적인 열망을 조선 내부에 촉발하기도 했다.

사상전의 선봉에 섰던 출판 경찰이 중일전쟁 직후 조선 상황을 정리한 아래 자료는 당시 조선에서 중국적인 것의 의미가 무엇이었는지를 역설적인 방식으로 잘 보여준다.

이상은 조선 내에서 보통 출판물의 개황인데 앞서 조선인 출판의 일반 경향에 대해 살펴보았듯이 지나사변 직전 경에는 그 원고 등의 다수가 **민족주의적인 것**民族主義的のもの이 많아서 그중 많은 것이 고려의 명장名將 을지문덕乙支文德 이조의 명장 이순신李舜臣 등에 대한 무훈武勳을 **칭양하는**賞揚した 이야기나 혹은 조선 고유의 문화나 그 광휘가 빛났던 역사를 내세우고 **상찬하는**賞讚し 소위 복고주의를 담은 것들, 또는 올림픽 대회에서 손孫 남南 1 양 선수가 우승한 것을 기회로 삼아 모든 기회를 동원하고 모든 수단 방법에 의해 조선 민족의 우수성을 논하는 등의 경향 또는 족보族譜 문집文集 등에는 **숭명사상**崇明思想을 **고취하거나**鼓吹し 또는 임진壬辰의 침략 또는 일한병합日韓併合의 전후에 있어서 내선內鮮관계의 사실史實을 호도하여 **비분강개**悲憤慷慨를 담아 표현하여 **일본을 배척하는 태도의 자질과 천성을 기르는데 이바지하는**排日の資に供せんごし 등의 소설들도 다수 드러났으며, 그 내용의 상당 부분이 지나의 지리, 역사, 인정, 풍속을 주제로 하면서 지나를 **예찬하고 동경하도록 만드는**禮讚憧憬せる 것들이 대단히 많아 무수한 무지한 대중에게 우리 제국을 **배척하고**排して 지나 **숭배**崇拜의 사상을 담고 있으므로 당국은 그러한 원고에 대한 검열을 할 때 **가차 없이**假借なく 적발하여 통제하여 지도에 임하고 힘쓰고 있다.[2]

1937년 이후 조선출판물의 개황을 보고하는 이 출판 경찰 보고서에는 감정과 정서에 대한 서술이 지나칠 정도로 많다. "칭양하는"賞揚した, "상찬하는"賞讚し, "숭상하는(숭명사상崇明思想)", "고취하거나"鼓吹し, "비분강개"悲憤慷慨,

---

1. 손기정과 남승룡을 뜻한다.
2. 『朝鮮出版警察槪要』 (警務局 圖書課, 昭和 12年[1937]), 535 (원문은 일어, 번역은 인용자) ; 민족문제연구소, 『일제하 전시체제기 정책사료총서』 38권 (한국학술정보, 2000)에서 재인용. 강조는 인용자.

"일본을 배척하는 태도의 자질과 천성을 기르는데 이바지하는"排日の資に供せんごし, "예찬하고 동경하도록 만드는"禮讚憧憬せる, "배척하고"排して, "숭배"崇拜, "가차 없이"假借なく 와 같이 특정한 감정 상태나 정서를 표현하는 서술어를 확인할 수 있다. 그런데 이 서술어는 조선의 "민족적인 것"의 특성과 연결된다. 즉 이 출판 경찰 보고서에서 1937년 전후 조선의 민족적인 것은 감정과 정서의 문제와 밀접한 관련을 맺는 것으로 보고된다. 즉 조선의 민족적인 것은 특정한 감정과 정서의 체계로 조사·보고되고 있다. 경찰 보고서라는 자료의 특성을 고려할 때 여기서 감정 상태와 정서를 표현하는 서술어는 단지 비유나 강조를 위해 사용된다고 볼 수 없다. 즉 여기서 감정 상태와 정서를 표현하는 서술어는 조선의 민족적인 것에 대한 동태를 파악하기 위한 경찰 조사 행위 결과에 대한 술어로 사용된다. 출판 경찰의 업무인 동향動向 파악이라는 용어가 잘 보여주듯이, 출판 경찰 업무는 특정한 사람과 사물의 낱낱의 움직임이나 형세 따위가 움직이는 방향을 추적하는 일이라는 점에서 감정과 정서의 형세와 움직임을 추적하고 조사하고 통제하는 일이다. 나아가 이 감정과 정서의 형세와 움직임은 특정한 지향성을 갖는 것으로 조사·보고되었다.

즉 여기서 감정과 정서의 형세와 움직임은 특정 대상을 향한 지향성을 갖고 있다. 이 지향성은 중국과 일본이라는 서로 다른 방향으로 설정된다. 여기서 조선의 민족적인 것의 감정 혹은 정서는 특정한 지향성을 보인다. 먼저 조선의 역사와 민족에 대한 지향성이다. 조선에 대한 지향성은 중국에 대한 지향성과 거의 분리되지 않는다. 즉 조선의 민족적인 것은 중국에 대한 지향성과 밀접한 관련이 있다. 마지막으로 이 두 대상(조선의 역사와 민족, 그리고 중국)에 대한 지향성은 일본에 대한 특정한 지향성, 즉 배타적 지향성으로 귀결된다.

1937년 상황에서 조선의 민족적인 것은, 특정한 감정과 정서의 체계로 보고된다. 즉 조선적인 것은 민족 감정과 민족 정서와 동일시된다. 또 이 민족 감정과 정서는 과거로 지향되어 있다. 조선적인 것은 민족 감정과 정서의 특정한 체계이며, 이 체계는 과거로 향하는 지향성을 보인다. 즉 "이조", 옛 역사와 이야기, "복고주의", "임진년", "일한병합 시기"라는 과거에 고착되어 있다. 감정이나 정서의 체계로 조선의 민족적인 것을 동일화함으로써 조선적인 것은 주권sovereignty의 규정이 아닌 특정한 지향성을 지닌 집단성의 감정 구조로 할당된다. 여기서 조선인은 일차적으로 특정한 지향성을 공유하는 인구 집단으로 규정된다. 즉 조선인은 주권성을 지녔으나 이제는 일본의 식민 지배 대상이 된 피식민자가 아니라, 특정한 지향성을 공유한 인구 집단이며 그런 점에서 하나의 인종으로 명확하게 규정된다. 조선적인 것은 특정한 시간성(과거에 고착된 지향성)에 소속된 종족 집단, 감정과 정서 양태에 지배되는 인구적 특성이라는 점에서 인종화된다. 그리고 이런 인종적 특성은 중국에 귀속되려는 지향성과 혼종되어서 조선적인 것의 고유성은 사실상 흐릿하며 중국에 종속된 특질로 환원된다.

앞에서 살펴본 감정과 정서를 표현하는 술어 중 "숭상하는(숭명 사상崇明思想)", "고취하거나"鼓吹し, "예찬하고 동경하도록 만드는"禮讚憧憬せる, "배척하고"排して, "숭배"崇拜하는 양태는 모두 중국을 대상으로 한 지향을 강하게 드러낸다. 즉 조선적인 것은 감정과 정서 양태에 지배되며, 이는 이른바 비이성적이고, 독립적인 주권성에 반하는 양태를 표시한다. 즉 조선적인 것은 감정과 정서의 양태로 이성에 미달하며 그런 점에서 근대적 주권성에 미달하는 양태로 규정된다. 또 이런 규정에서 조선적인 것은 감정과 정서에 지배되며, 과거에 고착된 지향성은 중국을 향한 강렬한 정서의 상태와 밀접한 관련을 맺는다. 숭배와 예찬과 동경이라는 술어는 조선적인 것이 중국을 향해 강하게 달라붙는 예속적 상태임을 강하게 드러낸다. 즉 1937년 출판 경찰의 조사 보고에 따르면 조선의 민족적인 것에 대한 지향은 중국을 숭배하고 중국에 사대주의적으로 종속된 것으로 나타난다. 이런 민족적인 것에 대한 지향성과 중국에 대한 종속성이라는 특정한 감정과 정서 상태가 바로 조선의 민족 감정이다. 이 조선의 민족 감정은 또 다른 대타항에 의해서도 정의된다. 바로 배일적 태도이다. 조선의 과거에 대한 상찬과

칭양은 일본을 배척하는 자질과 천성을 기르는 데 이바지한다. 또 중국에 대한 예찬과 동경은 일본 제국을 배척하는 자질과 천성을 키운다. 즉 여기서 조선의 민족적인 것은 특정한 종족 집단의 감정 구조로 재규정된다. 이른바 조선의 민족 감정은 배일 감정의 다른 뜻이자 중국 숭상 그 자체이다.

2. 배일적 태도와 중국적인 것

배일적 태도라는 규정은 전시 동원 체제 정책 보고서에서 항일이라는 별도의 규정이 쓰이고 있다는 점에서 구별된다. 1940년 검열 표준에서도 "반만 항일 또는 배일을 보여주는 폭동을 칭양하는 賞揚した" 사항이 중요 표준으로 등장한다.3 예를 들어 1941년 79회 제국 의회 설명 자료의 1940년 말 현재 조선 내의 해외 이입 신문 잡지 통제 현황에서는 "항일"抗日과 관련해서 "소화 15년 10월에서 동 16년 9월 말까지 외국 간행물의 행정 처분 건수는 1490건"이라고 보고된다.4

일찍이 검열 표준에 대해 논의한 정근식은 1926년 검열 기준에서 "배일 사상을 선전하거나 배일 운동을 선동할 우려가 있는 기사"가 검열 표준에 등장하는 사례를 규명하였고 그 예시로 세 가지 유형을 들고 있다. 일본의 조선 통치 정책을 비난하는 기사, 배일적 직접 행동을 선동하는 기사, 일본을 저주하는 기사이다.5 이 연구에서는 또 1936년 검열 표준을 대만과 비교하면서 "반만 항일 또는 배일"을 동일한 표준으로 분류하고 있다.6 한편, 대만과 조선의 금지 표준이 거의 동일하지만 차이를 보이는 지점은 대만에는 없는 규정들이 조선에는 상당히 많이 존재한다는 점이라고 해석한다.

---

3. 『朝鮮出版警察槪要』(朝鮮總督府 圖書課, 1940), 248.
4. 『昭和16年 帝國議會 說明 資料』(朝鮮總督府, 1941), 112.
5. 정근식, 「식민지검열과 '검열표준' ─ 일본 및 대만과의 비교를 통하여」, 『대동문화연구』 79 (2012) : 17.
6. 같은 글, 31.

이는 "국체 문제, 만주의 항일 운동, 납세 문제, 반군 사상, 사법 관련 문제"이다.7 여기서도 항일은 만주와 밀접한 관련을 갖고 등장한다. 그러나 정근식의 연구에서는 배일 운동과 항일 운동이라는 규정이 검열 표준에서 어떤 차이를 지니고 등장하는지는 논의되지 않는다. 또 연구 대상이 1936년까지로 한정되어 있어 전시 동원 체제의 변화와 중국과의 전쟁으로 인한 변화에 대해서는 논의되지 못한다. 검열 연구가 상당히 축적되어 있고 선행 연구 성과 역시 매우 중요하다. 다만 검열 연구가 상당히 축적되었다는 통상적 감각에 비해 연구 시기가 편중되어 있다. 시기적으로 주로 1920년대에서 1930년대 전반에 한정되어서 전시 동원 체제를 포괄하지 못한다. 또 사상 통제 중심 연구가 여전히 지배적이며 연구 또한 통계와 정량 분석에 집중되어 있다. 따라서 일제 강점기의 중요한 분기점인 전시 동원 체제에 대한 연구는 희소하고 풍속 통제 연구는 아주 소수이며, 검열을 연구하는 방법 또한 확대되지 못하고 있다. 이는 기존 연구의 한계라기보다 후속 연구가 필요한 지점일 뿐이다.8

 전시 동원 체제 검열 기준으로 제시되는 배일적 태도란 주로 조선의 민족 감정을 겨냥한 것이며, 이는 전시 동원 체제의 고유한 통제 맥락에서 비롯되었다. 이는 전시 동원 체제에서 중국적인 것의 특유한 변용과도 관련이 깊다. 1937년 이후 조선의 출판물 상황에 대한 통제에서 두드러지는 점은 '조선의 옛것'에 대한 통제이다. 중국은 반일 투쟁의 서점이었기에 중국 관련 동향을 담은 정보물은 모두 사상 통제 대상이었다. 이와 달리 풍속 통제에서는 사상으로 환원되지 않는 거의 모든 영역, 특히 심성 구조, 취향, 감수성을 비롯한 영향을 줄 수 있는 모든 것이 풍속 통제 대상으로 포획되

---

7. 같은 글, 32.
8. 문한별은 『경무휘보』를 사례로 전시 동원 체제 검열 표준의 차이를 고찰했다. 다만 자의성을 강조하다 보니 전시 동원 체제의 변화에 대해서는 구체적으로 논의되지 못했다. 문한별, 「일제 강점기 식민지 조선에서의 영화 검열 표준과 특수성」, 『한국근대문학연구』 24, no. 1 (2023).

었다.

  전시 동원 체제로 접어들면서 족보나 문집은 풍속 통제 단속에서 양적으로 상당한 비중을 차지하게 된다. 족보를 '숭명 사상'의 원천으로, 풍속 통제 대상으로 간주하는 방식은 풍속 통제가 사상 통제와 어떻게 다른 원리를 지니는지 잘 보여준다. 최근 연구에서는 족보와 문집에 대한 통제를 "총독부 출판 정책이 지닌 의도성, 즉 검열 체계화 초기에는 출판 시장에 대한 유화책으로 지방 유학자들이나 전근대적인 대중 소설류를 출판 허가해준 것이며, 이후에는 그마저도 명분을 앞세워 출판을 불허가라는 강력한 행정처분을 내렸기 때문"이고 해석하기도 했다.9 문한별과 김정화의 연구

---

9. 김정화·문한별,「『조선출판경찰월보』 출판검열 통계표에 드러난 출판 시장의 변동과 통제 양상」,『우리어문연구』 68 (2020) : 60~61.
  『조선출판경찰월보』에 대한 통계적 연구는 다음과 같다. 박헌호·손성준,「한국 근대문학 검열연구의 통계적 접근을 위한 시론 ─ 『조선출판경찰월보』와 식민지 조선의 구텐베르크 은하계」,『외국문학연구』 38 (2010). 이혜령,「식민지 검열과 "식민지-제국" 표상 ─ 『조선출판경찰월보』의 다섯 가지 통계표가 말해주는 것」,『대동문화연구』 72 (2010).
  『조선출판경찰월보』에 대한 통계 기반 검열 연구의 경향을 이어받으면서 '지나' 범주가 도입되는 과정을 연구한 논문으로는 류진희,「식민지 검열장의 형성과 그 안의 밖 ─ 『조선출판경찰월보』에 있어 '支那'라는 메타 범주」,『대동문화연구』 72 (2010). 류진희의 연구는 지나의 범주를 "식민지 조선인의 역능"과 관련해 분석하고 있다. 문한별과 마찬가지로 출판물 관련 통계 중심 연구이며, 시기 역시 1928년에서 1938년까지로 국한되어서 전시 동원 체제가 본격화한 1939년 이후는 포함하지 않고 있다.
  이 외에도『조선출판경찰월보』를 대상으로 중국 작가 장광자의 소설「압록강에서」의 검열 사례를 연구한 논의로는 엄진주,「1930년대 식민지 조선에서의 중국 소설 검열 연구 ─ 장광자 소설〈압록강에서〉를 중심으로」,『한중인문학연구』 61 (2018).
  엄진주는『조선출판경찰월보』를 통해 1930년대 중국 소설 검열에 대해 살펴본바〈압록강에서〉와 같은 강한 반일 사상을 띤 해외 소설을 들여와 독자에서 선보이고자 했던 당시 문단의 의도가 무엇이었는지" 확인할 수 있다고 결론 내린다. 이 연구 역시 1930년대 중반까지를 다루고 있고, 사회주의 문학 수용과 반일 사상에 대한 사상 통제에 초점을 두고 있다. 앞서 살펴보았듯이 1938년 이후 반일 사상에 대한 사상 통제와 함께 이른바 "배일(排日)적 태도와 정서"가 풍속 통제의 주요 대상으로 등장한다.『조선출판경찰월보』를 사례로 여러 해에 걸쳐 진행 중인 통계 중심의 검열에 관한 집단 연구의 성과와 중요성은 아무리 강조해도 지나치지 않다. 그러나『조선출판경찰월보』를 중심으로 한 집단 연구는 전시 동원 체제 통제의 차이를 규명하는 데 한계가 있으며, 주로 사상 통제에 집중하여 풍속 통제 연구를 배제하는 경향을 보인다. 물론 일제 강점기 검열 연구에 이러한 집단 연구는 연구사적으로 큰 의미를 지닌다. 이 연구 또한 그러한 선행 연구를 이어받으면서 전시 동원 체제에서 통제 방식과 증오 정치의 변화, 풍속 통제의 특성에 좀 더 초점을 맞추고자 한다.

는 『조선출판경찰월보』만을 대상으로 삼아 통계를 통한 정량적 연구를 선행 연구로 참고하면서, 연구 결과 역시 정량적 통계 연구에 집중되어 있다. 또한 연구 대상 시기가 1928년에서 1938년까지로 국한되어서 전시 동원 체제가 본격화한 1939년 이후는 포함하지 않고 있다.

 족보 발간은 그 자체로 반식민주의적인 정치성을 갖고 있다고 보기 어렵다. 당시 조선의 반식민주의 운동이 족보를 거점으로 삼지도 않았다. 그렇지만 일본 제국의 전시 동원 통제 정책에서는 족보 발간 자체를 배일적 태도로 간주했다. 전시 동원 체제 들어 출판 경찰은 근대 출판물에 대한 검열과 통제가 완성되었다고 판단했다. 따라서 근대적 출판 형식이 아닌 형태로 유통되는 서적들에 주목하기 시작했다. 족보와 문집, 조선의 옛이야기가 대표적이다.[10] 족보가 그 자체로 배일적인 정치적 지향의 결과물이 아니었듯이, 삼국지나 옛이야기(조웅전, 심청전, 춘향전 등)을 읽고 돌려보는 일도 그 자체로는 일본 제국주의에 대한 비판과 같은 정치적 지향성을 함축한 행위가 아니었다. 또한 당대 조선 지식인들은 이런 옛이야기가 제국주의를 비판하고 극복하기 위한 근대성을 구축하는 데 오히려 부정적 영향을 미친다고 보았다. 그렇지만 일본 제국의 전시 동원 통제기에는 옛이야기를 읽고 돌려보는 행위를 배일적 태도로 간주하였다. 중국을 흠모하고 선망하는 것이 반제국주의 정치성을 지니는 것은 아니지만, 일본 제국의 전시 동세하에서는 중국을 선망하는 모든 행위를 배일적 태도로 간주하였다.

---

10. 이에 대해서는 선행 연구에서 자세하게 규명한 바 있다. 권명아, 『음란과 혁명』 참조.

3장

조선의 기운과 공기로서의 중국

분발심 없는 종족집단과 중국적인 것의 전파매개성

1. 전시 동원 체제의 인종주의와 조선의 소중화 의식

1943년 조선총독부 학무국장 오오노 켄이치는 경성제국대학 강당에서 학도지원병을 대상으로 강연을 진행했다. 강연의 제목은 『교육으로 본 조선의 장래』이다. 강연은 몇 가지 소주제로 나뉘어 진행되었는데, 그중 하나가 「소중화 사상을 버리고 자주 창조의 기풍을 배양하고, 크게 욕망의 한도를 높이자」이다. 이 강연은 같은 제목의 책자로 발간되었다.[1]

오오노 켄이치1897-1968는 1897년생으로 1921년 고등고시에 합격, 이듬해 6월에 조선총독부 소속이 되어 같은 해 9월에 강원도 학무과장으로 발령받는다. 1923년 11월에는 강원도지방과장, 1924년에는 평안남도 지방과장, 1926년 조선총독부 식산국 수리과장, 1927년 황해도 재무과장, 1929년 충청북도 경찰부장을, 같은 해 11월에는 경상북도 경찰부장을 역임했다. 1933년 1월부터는 조선총독부 사무관으로 부임, 조선총독부 학무국 학무

---

1. 大野謙一, 『教育より見たる朝鮮の將來』(朝鮮總督府 學務局長, 1943) (이 자료는 "경성제국대학 강당에서 학도지원병에 대해 진행한 강연 필기"이다) ; 민족문제연구소, 『일제하 전시체제기 정책사료 총서』 39권 (한국학술정보, 2000), 21~30에서 재인용.

440　5부 중국적인 것의 정동화와 조선적인 것의 인종화

과장에 취임했다. 이후 경상남도 내무부장, 조선총독부 북경출장소장, 조선총독부 관방외무부장을 거쳐서 1940년 3월에는 함경북도 지사를 거쳐서 1942년 11월에는 조선총독부 학무국장에 취임해서 1944년 퇴임했다.[2]

오오노 켄이치는 강연에서 조선의 제도 등 모든 면이 고대古代에 고착되어 있고 그 원인은 조선인들의 몸과 마음에 각인된 소중화 의식 때문이라고 논한다.

> 조선에는 오래전부터 소중화라는 말이 있다. 이 말은 내지에서는 고슈 사람들甲州人이 고후甲府를 소에도小江戸라고 부르는 것과 일맥상통한다. 그러나 진짜 의미는 이와 큰 차이가 있다. 조선에서 소중화사상이라는 것은 모든 것이 지나가 진짜라고 생각하고 스스로를 작은 중국이라고 여기는 것을 최고의 이상으로 여겨 지나의 축도판이 되는 것을 최대로 여기는 등등 자주성을 결여하고 만사 사대 추종과 보수 퇴영적인 방식이다. …
> 조선의 유교儒家가 각 시대에서 사회질서를 비교적 평온하게 유지했다는 공적도 물론 인정해야 하지만 다른 면으로는 항상 시대의 공기를 침잠시키는 폐쇄의 기운에 빠트린 죄 역시 인정할 수밖에 없다.[3]

오오노 켄이치는 조선의 소중화 의식이 중국을 진짜로, 조선을 작은 중국으로 여긴다는 점에서 "자주성을 결여하고 만사 사대 추종과 보수 퇴영적인 방식"이라고 비판한다. 앞 장에서도 살펴본 바와 같이 유교 문화나 유교적 풍토는 조선의 폐풍, 즉 "숭명 사상"의 대표적 사례로 반복되어 논의된다. 반면 "유교나 불교는 물론 처음에는 조선에서 내지로 전해졌으나 일본 내지에서는 점차 발전하여 국민도덕 향상을 이끄는 무사도로 발전했다"라

---

2. 오오노 켄이치의 경력은 인터넷 아카이브 「植民地官僚経歴図」, 『公文書に見る「外地」と「内地」—旧植民地・占領地をめぐる人的還流』, 2024년 3월 15일, https://www.jacar.go.jp/glossary/gaichitonaichi/career/career.html?data=247 참조.
3. 大野謙一, 『教育より見たる朝鮮の將來』, 20.

고 조선과 중국의 유교와 불교문화와 일본의 유교와 불교문화를 분리해서 설명한다.4

오오노 켄이치의 논의에서도 중국과 조선의 연결은 "기운"이나 "공기"로 설명된다. 즉 중국과 조선은 서로에게 스며들어 있고, 의식할 수 없을 정도로 삶의 모든 곳에 스며들어 있다. 이는 하위지각적인 것으로서의 정동의 개념과도 상통한다. 또한 중국과 조선의 관계를 우려하고 염려하는 이런 방식은 브랜튼 J. 말린이 논한 "한 신체가 다른 신체와 어떻게 연결되는지에 대한 우려"5의 역사적 사례로도 논할 만하다. "한 신체가 다른 신체와 어떻게 연결되는지에 대한 우려"는 서로 다른 신체들 사이의 연결과 연결 기술에 대한 숭고와 공포로 반복된다. 이는 한편으로는 신체들 사이의 연결성, 매개성, 전파성의 문제로 특히나 근대의 커뮤니케이션 기술의 발달에서 더욱 두드러지게 드러난다. 말린은 기존에 미디어 역사와 커뮤니케이션 기술사, 정보 이론 등에서 이 문제가 주로 다뤄졌으나 이러한 우려의 숭배 구조를 더욱 구체적으로 연구하기 위해서는 어펙트 이론의 도입이 필요하다고 제안하고 있기도 하다. 말린이 커뮤니케이션 기술사와 미디어 역사 연구의 문제 설정을 어펙트 이론을 통해 다시 쓰듯이, 이 연구는 조선과 중국의 영향 관계에 관한 연구의 문제 설정을 어펙트 이론을 통해 다시 쓰고자 한다.

오오노 켄이치는 소중화 의식의 문제를 지적한 선행 논의로 후쿠다 도쿠조의 조사 연구를 사례로 길게 설명한다. 후쿠다 도쿠조[福田德三, 1874-1930]는 '조선 정체성론'을 주장한 대표적 학자이다. 한국의 대표적인 맑스주의 경제사학자인 백남운의 스승이기도 하다. 한국에서는 백남운 연구를 통해서 후쿠다 도쿠조의 조선 정체성론과 당대 맑스주의의 아시아적 정체성론에 대한 비판이 이루어져 왔다. 후쿠다 도쿠조에 관한 대표적 연구자인 우

---

4. 같은 책, 21.
5. Malin, "Mediating Gender and Affect through History," 259.

대형에 따르면 "백남운의 동경상대 유학 시절 스승이었던 후쿠다는 러일전쟁 직전 조선을 방문한 후 「한국의 경제조직과 경제단위」를 발표한 사람으로 잘 알려져 있다. 한국 경제사를 다룬 최초의 학술 논문으로 기록되는 이 논문의 내용은 잘 알려진 대로, 20세기 초 한국의 수준은 일본의 9~10세기에 해당될 정도로 정체되어 있어 이를 벗어나는 길은 문명국 일본에 동화되는 수밖에 없다고 주장한 글이다. 후쿠다는 한국이 이처럼 정체된 이유를 봉건제의 경험이 결여되었기 때문이라는 그럴듯한 이유를 덧붙였다."[6]

> 후쿠다 도쿠조福田德三 박사는 메이지 34년경 조선을 시찰했다. 그 결과 당시 조선의 사회 기구가 내지의 왕조 시대 즉 나라, 헤이안 시대의 사회 기구와 비슷한 정도의 경제 발달 정도로 우리의 왕조시대가 조선에서 새삼 회상할 정도라는 걸 발견했다. … 나는 학생 시대에 후쿠다 도쿠조의 연설을 들은 후 조선에 와서 강원도에 부임하여 여러 빈궁 부락을 보고, 야마우에노 오쿠라山上憶良의 걸작 「빈궁문답」貧窮問答의 노래를 읽고 이 후쿠다 도쿠조 박사의 관찰과 사상을 아울러 생각하니 감개가 깊어졌던 것을 지금도 생생하게 기억한다.[7]

오오노 켄이치가 조선의 소중화 의식과 아시아적 정체성을 논하기 위해 제시하는 사례는 흥미롭다. 후쿠다 도쿠조의 연구와 연설을 들었던 경험과 조선에 부임하여 강원도의 빈궁 부락을 직접 관찰한 경험, 그리고 그 과정에서 야마우에노 오쿠라의 작품 「빈궁문답」을 읽고 조선과 중국의 빈궁함을 다시 한탄하고 후쿠다 도쿠조의 사상에 새삼 감동했다고 이야기한다.

---

6. 우대형, 「일제하 사회경제사학과 白南雲」, 『사회와역사(구 한국사회사학회논문집)』 110 (2016): 43~44. 이 글에서는 조선 정체성론이 중국과의 전쟁 국면에서 중국에 의존하는 조선의 "폐풍"으로 재구성되는 측면에 주목하고자 한다.
7. 大野謙一, 『敎育より見たる朝鮮の將來』, 23.

야마우에노 오쿠라는 701년 중국에 견당사로 파견된 인물이다. 특히 「빈궁문답」이 한중일 고대 사회의 일반적인 빈궁 양상을 노래한 것인지, 중국의 빈궁함을 노래한 것인가와 관련해서도 해석이 분분하다. 그러나 대체로 「빈궁문답」은 작품 자체도 중국의 영향이 강하고 일본보다는 고대 중국의 빈궁함을 노래한 것이라는 해석이 주를 이룬다.8 김성봉에 따르면 선행 연구에서는 여러 해석이 있지만 "가혹한 세금과 노역에 시달리는 백성을 위해 「빈궁문답가」(貧窮問答歌)를 창작하였다고 해도 묘사된 풍토는 일본이 아니라고 본다."9 오오노 켄이치는 고대 중국을 노래한 「빈궁문답가」를 1930년대 조선의 강원도의 현실에 대입시켜 조선과 중국을 고대에 고착된 사회로 논하며 후쿠다 도쿠조의 논의를 생생하게 만든다.

이어서 중국과 조선이 고대라는 시간성에 고착되었다는 점을 19세기 중국을 여행한 이사벨라 버드 비숍의 여행기를 들어서 자세하게 설명한다. 1942년이 영국과 전쟁 중이라는 상황을 생각할 때 학도지원병을 대상으로 한 강연에서 적국인 영국의 선교사의 여행기를 사례로 드는 것은 흥미롭다. 중국의 시대착오적인 야만성과 낙후성을 비판하는 것이라면 적대국인 영국의 시선을 차용하는 것도 마다하지 않는 태도는 흥미롭다. 동시에 이런 차용을 통해 살펴볼 수 있는 흥미로운 지점은 조선에서 중국의 영향(소중화 의식)을 바라보는 일본 제국의 식민주의적 시선이 19세기 유럽 백인들의 인종화된 제국주의적 시선과 모순 없이 동일화되고 있다는 점이다. 한편으로는 대동아를 꿈꾸고 다른 한편으로는 서구 백인의 시선에서 아시아의 낙후성을 논하는 방식에서 전혀 모순을 감지하지 못한다고 하겠다.

---

8. 김성봉에 따르면 "야마우에노 오쿠라는 701년 제 7차 견당사(遣唐使)로 임명되었다." "702년 제 7차 견당사로 배를 타고 당나라에 간 후, 임무를 마치고 일본으로 돌아올 때 어디를 경유해서 언제 귀국했는지 확실하지 않다. 726년 67세에 축전국수(筑前国守)로 부임한 후 대재부(大宰府)의 장관인 대반려인(大伴旅人)과 함께 많은 노래를 만들고, 732년 축전국수(筑前国守)를 퇴임하고 나서 귀경한 후에 그해 겨울에 제작한 노래가 「빈궁문답가」(貧窮問答歌)이다." 김성봉, 「야마우에노 오쿠라의 빈궁문답가론」, 『일본어문학』 72 (2016) : 207~208. 이 노래는 특히 중국 작품의 영향이 강한 것으로 평가되었다.

9. 같은 글, 207.

특히 후쿠다 도쿠조가 조선 시찰 전에 구주에서 돌아오면서 시베리아를 경유해서 시베리아의 조선인의 상태도 시찰했다고 소개하면서 조선과 중국의 고대적인 퇴보와 고착 상태는 "일청 전쟁 전후 시베리아에 이주한 조선인의 발전 향상을 보면 더 구체적으로 실증이 된다"고도 논한다. 또 조선인의 낙후성과 빈궁함은 "메이지 30년경 연해주를 여행했던 비숍 부인 Isabella Bird Bishop이 써서 『더 코리안 레포지토리』10에 게재한 여행기에 잘 드러난다"고 이어서 논한다.11

오오노 켄이치는 학도지원병 격려 연설을 듣고 있는 조선의 청년을 직접 호명하면서, 후쿠다 도쿠조와 이사벨라 버드 비숍의 시찰 기록을 사례로 들면서 공통으로 "근대에서 조선의 궁핍 특히 주택의 왜소함, 산업이 위축되고 침체한 점을 보여주는 생산의 전무함에 의해 산하가 황폐해져 버린 점 등 그 원인을 이조 오백 년의 잘못된 정치批政에서 찾고 있는 점"이 연설을 듣는 청년들에게 큰 깨달음을 줄 것이라고 논한다. 또 "거기서 나 스스로는 제군과 함께 일한 병합 후에 우리들이 조선에서 걸어왔던 길을 조용하게 되돌아볼 수 있었다"라고 논한다.12

학도지원병 동원의 책임을 맡고 있는 조선총독부 학무국장으로서 오오노 켄이치는 연설에서 시종일관 일찍이 문명개화한 일본의 선도적 지위,

---

10. 1892년 1월 미국 북감리교 한국선교부는 배재학당에서 영문 잡지 『코리안 리포지터리』(The Korean Repository)를 창간하였다. 관련해서는 이영미, 「영문 잡지 『코리안 리포지터리(The Korean Repository)』(1892~1898)의 성격과 의미」, 『한국학연구』 60 (2021).
11. 이 시기 이사벨라 버드 비숍은 조선과 중국을 방문한 후 여행기를 남겼다. 『한국과 그 이웃 나라들』(이인화 옮김, 살림, 1996)과 『양자강을 가로질러 중국을 보다』(이사벨라 버드 비숍 지음, 김태성·박종숙 옮김, 효형출판사, 2005)가 번역되었다. 비숍의 여행기는 전형적인 제국주의적 글쓰기로 해석되기도 하며, 서구 백인의 시각과 여성으로서의 시각의 차이에 초점을 둔 연구도 있다. 그러나 여성으로서 비숍이 중국 여성과 조선 여성을 바라보는 시각은 전형적인 백인 제국주의의 시선을 드러낸다. 조선에 대해서는 상대적으로 동정심을 표명했다면 특히 중국에 대해서는 극도의 혐오감과 반감을 적나라하게 드러냈다. 비숍의 중국 여행기에 대해서는 이용재, 「이사벨라 버드 비숍(Isabella Bird Bishop)의 중국여행기와 제국주의적 글쓰기」, 『중국어문논역총간』 30 (2012).
12. 大野謙一, 『敎育より見たる朝鮮の將來』, 24.

서구 제국주의와 대등한 관계를 지니는 일본 제국의 위상을 강조한다. 또 서구 제국주의와 대등한 위치에 있는 일본 제국의 위치는 고대 시대에 고착된 중국과 대비되고, 조선은 작은 중국일 뿐이므로 중국보다도 더 하위의 위계에 할당된다. 그러나 조선인도 일본의 영도하에 일찍이 시베리아로 이주한 이들이 고대적 정체에서 벗어나 문명개화하였던 사례처럼 조선의 학도 역시 지금 도태된 조선의 종족 집단에서 벗어나 다른 위계로 상승할 수 있는 '기회'를 갖게 된 것이라는 논리를 제시한다.

물론 이는 전시 강제 동원을 신분 상승을 위한 기회로 전도하는 논리의 전형이기도 하다. 이는 학도지원병 대상이 된 청년 청중과 노무 동원의 대상이 "반도 대중"을 위계화해서 비판하는 논지에서도 드러난다. 또 이때 "반도 대중"은 가장 '지나적인' 생활 방식을 체현한 존재로 그려진다. 즉 오오노 켄이치는 학도지원병 청중을 대상으로 소중화 의식에 빠진 조선의 도태된 현실을 한탄한다. 이런 한탄은 후쿠다 도쿠조와 이사벨라 버드 비숍, 일본의 고대 시인 야마우에노 오쿠라 등의 학문적 논거를 들면서 하나의 특유의 논리를 만든다. 또 이들의 공통된 조사 연구의 결과는 중국과 조선이 고대 사회 체제에 고착되어 있다는 점이며 이런 고착으로 인해 중국인과 조선인은 모두 "욕망의 한도가 극도로 최저한도 수준에 고착되어 있고" 이런 연유로 "분발심을 품는 것조차 억압된다." 그리고 이런 작은 중국으로서의 조선의 문제를 가장 잘 체현한 집단은 조선의 노동자 대중이다.

> 함경북도에서 유연탄 탄광 노동자에 관해 조사할 기회가 있었는데 실로 의외의 사실을 발견했다. 광산에서 성적 우수한 노무자에게 특별히 임시로 급여를 올려주었는데 그랬더니 오히려 일하는 날이 감소했더라는 아연한 결과가 나왔다. 즉 예를 들어 급여를 올려주기 전에는 하루당 3원이면 월에 이십오일을 근무했던 자가 삼 원 오십 전으로 급여를 올렸더니 한 달에 22일만 일하더라는 것이다. …
> 반도 대중의 근로관이 이러해서는 군무軍務나 노무勞務에서나 금일과 같은

전시 동원과 같은 동원의 시대에도 의연하게 놀고먹는遊衣徒食 무리들輩이 도시에도 농촌에도 있어 농업생산뿐 아니라, 공장, 광산 등에서는 노무의 공급의 부족을 염려하고 있다. 제군은 이러한 사태가 어디서 비롯되었다고 생각하는가. 나는 후쿠다 박사의 의견을 전폭적으로 공명하는 바이다. 즉 반도 대중의 욕망의 한도가 극도로 낮은 수준에 고착되어서 그 환경이 분발심奮發心을 품는 것마저 억압하고 있는 터라고 굳게 믿고 있다. 이에 대한 대책은 무엇일까.13

분발심을 품는 것조차 억압당하는, 욕망의 한도가 극도로 낮은 수준에 고착된 조선의 노동자 대중은 전시 동원 체제의 노무 동원을 통해 욕망의 한도를 높이고 분발심을 품을 기회를 갖게 된다. 조선은 작은 중국이라는 점에서 고대에 고착되어, 경제적으로 발달을 이루지 못하고, 중국의 고대적 침체의 상징인 유교 문화의 잔재에 허덕인다. 여기서 중국과 소중화인 조선은 위계를 지니면서도 분리되지 않는 연결된 신체로서 표상된다. 조선은 중국에 달라붙어 그 애착과 고착에서 도저히 분리되지 않는 존재라는 점에서 조선에게 중국은 정동적 대상이며, 일본의 전시 동원 체제에서 가장 시급한 사안은 이 정동적 들러붙음을 어떤 식으로든 제거하는 일이다. 이 과정에서 중국은 조선의 정동적 대상이며 일본의 전시 동원 체제는 이 정동적 지향성을 탈정동화하는 것에 온통 매달려 있다. 그런 점에서 중국은 전시 동원 체제 일본에게 가장 거대한 정동적 대상이자 탈정동의 대상이라는 모순적 지위를 얻는다. 이런 모순적 과정을 통해서 전시 동원 체제에서 중국은 조선의 모든 곳에 스며든 공기이자, 모든 폐풍을 만들어내는 오염된 기운이며 조선의 정체의 원천으로 정동적으로 변용된다. 동시에 조선에서 중국은 전시 동원 체제의 모든 것이 매달려 있는 정동적 대상이라는 점에서 조선에서 전시 동원 체제 일본의 모든 것은 중국이라는 대상을 향한 정

---

13. 같은 책, 29~30.

동으로 휘말려 들어가고 있다고도 할 수 있다.

2. 실체성을 상실한 전파매개물로서의 중국과 그 파생물로서의 조선

전시 동원 체제에 이르면 조선을 중국의 파생물이나 혼종물로 보는 담론이 늘어난다. 소중화로서 조선을 보는 시선이나 아시아적 정체성론뿐 아니라, 조선 자체를 "지나적인 조선 문화"로 지나의 파생물이나 혼종물로 보는 역사관은 흥미롭다. 예를 들어 〈녹기연맹〉 일본 문화연구소원 모리타 요시오森田芳夫는 "이씨 조선"을 "지나적 조선 문화의 확립"시기로 규정한다.14 또 "이씨 조선"이 "민족 내에서 무수한 여진족을 동화시켜서 그 결과, 지나 문화를 민족 생명의 골수骨髓로 체득하게 되었다."15 따라서 "이씨 조선의 정치정책의 기조는 지나 중심이었다. 신라가 반도를 통일했던 때 지나 민족의 힘을 빌고, 지나 문화의 힘을 빌려 그 사업을 완성했었다. 이후 고려는 출발점에서는 이러한 지나 중심을 명확하게 신라보다 더욱 적극적으로 갱신했다."16 나아가 "이씨 조선"은 "지나 민족국가에 명확한 지향성

---

14. 기유정은 모리타 요시오(森田芳夫)를 사례로 재조 일본인의 제국적 주체 위치를 연구한 바 있다. 기유정에 따르면 모리타 요시오는 "1910년 전라북도 군산에서 '약종업'을 했던 부모 사이에서 출생해서, 어린 시절의 대부분을 군산에서 보낸 인물이다. 군산 공립 소학교와 경성 공립 중학교 졸업 후 1927년 4월 경성제대 예과에 입학했던 모리타는 이후 "경성제대 법문학부 사학과"에 진학해서 "조선사"를 전공하게 된다. 다나카 아키라(仲中明)에 따르면 당시 조선사 전공은 부친의 권유에 의한 것이었다고 한다." 〈녹기연맹〉에 가입한 후 조선사에 관한 저술을 남겼고 『국사와 조선』(國史と朝鮮)도 그중 하나이다. 기유정의 논문에서는 『국사와 조선』이 1940년 출간된 것으로 되어 있지만, 〈녹기연맹〉에서 『今日の朝鮮問題 講座 第六卷 — 國史と朝鮮』으로 발간된 것은 소화 14년, 즉 1939년이다. 여기서는 이 텍스트를 참고한다. 森田芳夫, 『今日の朝鮮問題 講座 第六卷 — 國史と朝鮮』; 민족문제연구소, 『일제하 전시체제기 정책사료 총서』 54권 (한국학술정보, 2000)에서 재인용.
기유정의 연구는 모리타 요시오의 조선사 연구에서 재조 일본인으로서의 자기 인식에 초점을 맞추고 조선과 일본의 관계를 주로 규명하고 있다. 기유정, 「일본 제국과 제국적 주체의 정체성—『綠旗』(『錄人』) 속 모리타 요시오(森田芳夫)의 국체론과 정체성 분석을 중심으로」, 『일본학』 35 (2012) : 124.
15. 森田芳夫, 『今日の朝鮮問題 講座 第六卷』, 495.
16. 같은 책, 496.

을 뚜렷하게 했다."[17]

모리타 요시오의 국체관과 내선일체관을 연구한 기유정에 따르면 내선일체 시기 모리타 요시오는 세계문화로서 제국 문화론을 주장했고 이는 당시 내선일체론을 둘러싼 순혈론과 혼혈론의 긴장과는 또 다른 계열을 구성한다. 이는 특히 재조 일본인으로서 모리타 요시오의 자기 인식과 밀접한 관련이 있다. 중국 정동의 측면에서 볼 때 모리타 요시오가 조선의 역사를 "지나 민족국가에 대한 지향성"의 역사로 설명하는 지점은 흥미롭다. "지나적 조선 문화"라는 규정은 그런 점에서 조선을 중국적인 것에 대한 지향성으로 재구성한 전시 동원 체제의 중국의 정동화 과정의 또 다른 사례라 할 만하다. 지나적 조선 문화라는 규정에서 조선적인 것은 역사적으로 고유성을 상실해 왔으며 중국적인 것에 대한 지향성의 운동(정동성)과 구별할 수 없는 무엇이 된다.

3. 하위지각적 힘 혹은 잠재성으로서의 중국적인 것

조선적인 것은 중국적인 것을 향한 지향성의 운동으로 고유성이나 원본성을 찾을 수 없다. 중국적인 것은 이와는 다른 방식으로 원본의 아우라를 상실한 채 가짜 중국으로 변용되었다. 이처럼 중국의 영향, 중국에 대한 지향성 등 조선에서의 중국의 영향성을 강조하는 전시 동원 체제 정책 담론에서 중국적인 것이 기운, 공기와 같이 지각조차 할 수 없이 조선에 스며들어 있는 하위지각적인 것으로 변용된다. 즉 중국적인 것이 정동적인 것으로 되어 가는 과정이라 할 수 있다. 이러한 정동화 과정은 한편으로는 중국이 실체성을 상실한 채 전파매개물(온상, 폐풍 등)이라는 병리적 의미로 변용되는 과정이기도 하다. 그러나 역설적으로 이러한 병리적 연결성에 대한 강조는 중국이, 조선적인 것에 있어서 인식, 언어, 표상과 감각될 수 있

---

17. 같은 책, 497.

는 것 저 너머에서 여전히 그 힘을 발휘하고 있다는 점을 잘 보여준다. 또 이는 중국에 대한 지향성으로 서술되는 조선적인 것, 조선의 민족적인 것 역시 원본성과 고유성을 부정하는 온갖 담론 선전에도 불구하고 그 담론의 이면에서 여전히 말살되지 않는, 감각의 저편에서, 혹은 지각 아래에서 끈질기게 흐르고 있었다는 의미이기도 하다. 이는 중국적인 것에 관한 당대 조선인의 감상에서도 확인된다.

일본은 조선을 중국의 영향에서 떼어내고 아시아에서 중국이 지녔던 영도적 지위를 일본이 차지하기 위해 다양한 선전 정책을 펼쳤다. 예를 들어 중국이 맡았던 아시아의 지도적 지위를 이제는 일본이 맡게 되었다는 논의는 전형적이다. 김경재는 전시하戰時下의 상해에 대한 글에서 이렇게 논한다.

> 지나 문제는 무엇으로 수습할 것이요 그 장래는 어떻게 되고 일본이 지고 있는 아세아의 지도적 지위란 어떤 점일까. 이런 문제들에 대한 새로운 고찰이 필요했습니다.[18]

아시아의 미래를 중국이 견지할 수 없다는 일본 제국의 선전 서사에서는 아편전쟁을 기점으로 서구에 의한 중국의 몰락과 중국의 타락을 반복해서 강조한다. 특히 열강이 점령한 상해와 상해 조계의 존재는 외부로는 열강에 의해, 내부로는 타락에 의해 분열되어 갈기갈기 찢긴 중국적인 것의 신체를 선명하게 보여주는 표상으로 자주 사용된다. 실제로도 상해는, 사상 통제에서는 불순의 표지, 풍속 통제에서는 문란의 표지를 담지하는 공간이 되었다. 중일 전쟁을 지나면서 일본의 통제 정책을 통해 중국은 과거의 중국(명·청), 몰락을 자초한 중국(아편전쟁), 분열된 중국(장개석의 중국·공산당의 중국·대동아공영권의 포섭대상으로서의 중국), 열강에 점

---

18. 김경재, 「전시하의 상해」, 『삼천리』, 1940년 3월 1일, 56.

령되어 갈기갈기 찢겨진 중국(상해·조계의 신체로 표상되는 중국의 국체) 등으로 표상된다. 이러한 분열된 중국적인 것의 신체는 중국을 진짜와 가짜가 한 몸에 분열적으로 공존하는 몸으로 인식·표상하도록 했다. 이런 표상 구조는 상해의 조계로 집중되고 조계로 표상되는 분열된 중국의 국체는 스파이라고 하는 개별 존재의 신체로 육화된다.

> 장개석蔣介石이라 중경重慶에 앉아서 영英, 미米, 불佛의 약간의 도움이 있다기로니 재정적 파탄을 막는 길이 없을 것이요 그 우에 중국中國 공산당이란 것이 있어 상해上海 일대에 장개석蔣介石 지반을 빼앗을려고 불조계佛租界(프랑스 조계)를 비롯하야 공동조계共同租界에도 다수한 사람이 잠입해서 지반 획득에 분주하다고 합니다. 국공합작國共合作이라고하나 그는 표면적 사실에 끈치고 이면에서는 일층 대립이 격화하고 있으니 지금의 정세로 보아서 공산당이 활약하기에는 여러 가지로 조건이 좋습니다. 조계租界란 금후 신생中國에 있어 용인하지 못할 암종이외다. 현재의 정세로만 보아도 상해上海에서 그 좁다란 소주하蘇州河 하나를 경계로 하고 저편에 가면 배일排日의 언동이 잇슴니다. …
> 옛날의 중국中國으로서는 능히 참았다 하드라도 오날의 신생의 중국中國으로써는 나의 **몸을 파서 먹는 좀**을 그대로 언제까지나 둘 수는 없을 것이외다. 조계租界 문제의 요점은 이것일 것이요 이러니 저러니 계단적 문제가 있다드라도 그는 사건의 진행의 순서이요 요컨댄 문제는 조계租界의 전면적 회수일 것입니다. 상해上海는 동양東洋에 있어 가장 큰 국제 도시입니다. 그래서 서양인이 많으니 여기에 오면 언제나 이국의 정취가 농후함니다. 그만큼 이 땅에는 **국제 스파이의 활약**이 대단히 성황임니다.[19]

김경재의 글은 중일전쟁과 2차 세계대전을 지나고 있던 조선의 지식인

---

19. 같은 글, 56~57.

에게 중국이 어떤 분열적인 상으로 변형되고 있는지를 잘 보여준다. 1940년대 획일적인 선전 담론들 사이에서 가까스로 목소리를 확인할 수 있었던 조선인들의 글이 대부분 그렇듯이 이 글은 동아 신질서에 동의하는 논의를 구구절절 이어간다. 분열된 중국에 "암종과 같은 상해 조계", 암종 속에서 암약하는 스파이를 경계하는 논의는 전형적이다. 그러나 다른 한편 이 글에서 중국은 도저한 역사를 지닌 거대한 장소성을 잃지 않고 있다.

> 양자강揚子江을 가라처 장강長江이라 하기도 하고 대강大江이라고도 합니다. 중경重慶, 이창宜昌에서 비롯하야 한구漢口, 무창武昌, 구강九江, 남경南京 등지를 거처 상해上海에 이르러서 황해黃海에 연결하니 그 장長이 삼천이백리이요 하구의 하폭이 사십리라니 분명히 장강長江이요 대강大江이외다.20

김경재는 상해의 스파이를 염려하면서 동시에 삼국지 등 중국의 고사故事를 인용하며 길게 글을 이어가는데 이런 방식은 전형적으로 중국의 전통을 따르는 것이다. 즉 중국의 몰락을 한탄하고 일본의 동아 신질서를 추종하는 글에서조차도 중국은 고사故事의 원천이며 지식과 글쓰기, 말하기의 원천으로 강력하게 작동한다. 김경재 스스로도 이를 "양자강揚子江은 중국의 오천년간의 성쇠를 모조리 보고 모조리 드른 증거가 될 것이외다. 양자강揚子江은 천년전에도 흘넛고 어제도 흘느고 오날도 흘느고 있으며 그 강 안에는 벌서 2년간이나 직업을 찻는 노동자의 무리가 정신없이 흘넣가는 물을 드려다 보고 있읍니다"21라고 표현하고 있다.

상해는 무엇보다 항일 투쟁의 거점이기에 언제나 상해에 관한 이야기에는 말해지지 않는 정치성이 작동한다. 또한 상해는 세계 경제의 중심이며 정치적 역학의 상징이다. 동시에 상해는 중국의 암종이고 위장한 스파

---

20. 같은 글, 59.
21. 같은 글, 60.

이들의 온상이다. 그럼에도 중국은 거대한 강 양자강처럼 과거에도 미래에도 도도하게 흐른다. 여기서 강은 한편으로는 모든 생명의 원천이자 인간의 변덕스러운 역사에도 멈출 수 없는 흐름·힘이다. 전쟁(열강들의 각축)과 이를 뛰어넘는 자연의 힘의 대비가 1940년대 조선에서 중국을 둘러싼 정동 정치(힘들의 각축장)라 하겠다. 이로부터 10년이 조금 지난 한국에서 중국은 상당히 다른 자연/물로 환원되는데, 바로 비/인간 바다, 인해전술의 표상이다.

4장

역사적 파시즘 체제와 젠더·어펙트 연구의 과제들

정동 연구를 통한 정보 이론, 인종 과학 연구를 위하여

1. 중국 정동과 '반중 정서'

5부에서는 일본의 전시 동원 정책에서 중국적인 것이 사상의 원천에서 전파매개적 신체성으로 변용되는 역사적 과정을 살펴보았다. 전시 동원 정책의 변화가 당대 조선인의 인식, 감정, 정서 구조와 정동 정치에 미친 영향을 구체적으로 살피는 것은 자료의 한계로 어렵지만, 전시 동원 정책에 동조한 행위자들의 저작에서도 일본 제국의 정책적 기조가 온전하게 관철되지 못했음을 확인할 수 있었다. 일본 제국주의가 만든 중국을 겨냥한 강력한 정동 정치가 이후 어떻게 지속되고 변형되는지 고찰하기는 쉽지 않다. 중국 정동과 관련한 식민성의 유산은 한국전쟁을 거치면서 전혀 이질적인 방향으로 변형된다고 보인다. 한국전쟁과 냉전 미국화를 거치면서 한국에서 중국 정동은 미국의 영향에 강하게 휩싸인다.

한국에서 이른바 '반중 정서'가 형성된 요인에 대해서는 다양한 논의가 진행 중이다. 최근에는 중국에 대한 부정적 감정이 어디서 비롯되었는지에 대해서 여러 논점이 구축되었다. 이와 관련해 여러 연구를 진행한 정문상은 한국에서 중국 인식에 관한 연구 경향은 근대 초기와 일제 강점기, 냉전

기라는 세 국면을 중심으로 구축되었다고 정리한 바 있다. 정문상에 따르면 "한말/대한제국기에 초점을 맞춘 연구에서는 한국인의 근대적 중국 인식이 표출된 계기와 내용이 탐색되었고" "일제 강점기를 다룬 연구에서는 주로 독립운동가의 중국 인식이 다루어졌으며" "냉전기를 다룬 연구에서는 냉전의 논리에 압도된 중국 인식의 양상이 분석되었다."[1]

한편, 정문상은 한국에서 중국적인 것에 대한 "인식"이 냉전 체제하에서 비로소 시작되었다고 판단한다. 이는 중국에 대한 체계적 지식을 형성하는 중국학 형성이 냉전 체제 이후 시작되었기 때문이기도 하다. 또한 중국에 대한 지식 체계가 미국 주도의 냉전 체제에서 형성되면서 중국 인식은 미국의 지배적 영향 아래 놓였다고 평가한다.

> 한국인의 체계적인 중국 인식의 형성은 냉전과 불가분한 관계에 있다. 이는 일제 강점기와 해방 직후 중국에 대한 한국인의 관심은 대부분 동시대적 또는 시사적 차원에 머물렀지만, 한국전쟁 이후 각 대학이 복구되고 각종 연구기관과 학회가 조직되면서 그 관심과 연구가 본격화된 사정과 관련이 깊다. 중국 사학계에 한정해 보더라도, 해방 이후 1950년대 중반까지 근대적 동양사학의 정초기定礎期였다면 1960년대는 그 성장기成長期였고 1970년대는 발전기였다는 평가도 있듯이, 본격적인 중국에 대한 관심과 연구, 그리고 인식은 냉전이라는 시대와 밀접히 연관되었던 것이다.[2]

정문상은 1992년 한중수교 이후 중국에 대한 부정적 인식이 강화되었다고도 평가한다. 특히 중국 여행이 급증한 것도 한 원인으로 해석된다. 이에 더하여 "중국에 대한 부정적 인식은 비단 여행이라는 개인적 체험을 통해서만 표출되고 형성되는 것은 아니다. 중국의 급속한 경제 성장을 보면

---

1. 정문상, 「근현대 한국인의 중국 인식의 궤적」, 『한국 근대문학연구』 25 (2012) : 204.
2. 정문상, 「'中共'과 '中國' 사이에서—1950~1970년대 대중 매체상의 중국 관계 논설을 통해 보는 한국인의 중국 인식」, 『동북아역사논총』 33 (2011) : 57~58.

서 그것이 한국 경제에 미칠 파장을 우려하는 목소리가 나오기도 하고, 강대국 중국을 경계해야 할 대상으로 보아야 한다는 시각도 일각에서는 제기되고 있는 것이다. 특히 최근 이른바 '동북공정'東北工程 문제가 불거지면서 한국인들의 중국에 대한 기존의 호의적 태도는 급속하게 냉각되었고, 중국 '중화주의'에 팽창주의적 혐의까지 물으면서 중국에 대한 경계심과 아울러 부정적 인식이 확산되기도 했던 것이다"라고 논한다.3 정문상에 따르면 한국에서 중국에 대한 인식은 냉전 시기 체계적인 지식의 형태로 확립되었고 이 인식이 부정적 방향으로 변화된 시기가 1990년대라 할 수 있다.

정문상의 연구가 근현대를 가로지르는 중국에 대한 인식과 그 변화에 초점을 맞추었다면 최근에는 중국에 대한 인식과는 또 다른 '감정'의 문제에 주목한 연구도 활발하다. 반중 정서의 심화에 따른 결과다. 반중 정서 형성의 역사와 역사적 원천을 규명하는 연구들도 축적되었다.4 또 일본 제

---

3. 정문상,「냉전시기 한국인의 중국 인식」,『아시아문화연구』 13 (2007) : 47~48.
4. 예를 들면 히구치 나오토(樋口直人)는 일본에서 혐한과 혐중 정서의 관계를 고찰하였다. 주로 냉전기 이후, 특히 1990년대 이후에 초점을 두었다. 히구치 나오토는 일본에서 배외주의를 "국민화 국가(Nationalizing state) vs. 소수민족(National minority) vs. 소수민족의 고국(National homeland)"이라는 3항으로 규명한다. 즉 일본의 혐중 정서는 중국에 대한 반감과 재일 중국인에 대한 반감에 어떤 영향을 미친다. 혐한 정서 또한 한국에 대한 반감, 재일 조선인에 대한 반감에 영향을 미친다. 히구치 나오토는 일본에서 혐중과 혐한이 하나로 연결된 시기를 2010년대로 본다. 중국에 대해서는 국가 체제에 대한 반감이 크게 작용한 데 비해, 한국에 대해서는 한류의 영향으로 인한 호감도 상승이 동시에 일어났다는 점에서 혐중과 혐한은 차이가 있다. 즉 시민적 교류의 유무가 크며 무엇보다 한국에 대한 정서적 반응에서는 젠더가 중요하게 작용하는데 중국에 대해서는 그렇지 않다. 히구치 나오토,「일본의 배외주의와 혐한 및 혐중 정서」,『성균차이나브리프』 10, no. 1 (2022) : 108.
그러나 지난 10년간 혐중과 혐한의 차이는 뚜렷해져서 혐중 정서가 재일 중국인에 직접 영향을 미치는 강도는 줄었지만 혐한 정서는 재일 조선인에게 더욱 강하게 영향을 미치게 되었다. "재일 중국인에 대해서는 역사 문제와 관련한 배척의 움직임은 한정적이고, 그 이외의 중일 대립의 요소를 포함한 배척의 움직임도 약하다. 반면, 재일 코리안은 일본의 식민 지배에 의해 존재가 규정되어 있는 만큼 포스트콜로니얼 상황에서 생겨난 역사수정주의의 영향을 직접 받는다. 현재로서는 대항 운동이 효과를 발휘하여 배외주의 운동 자체는 수그러들고 있지만, 일본 시민사회는 재일 한국인에 대한 헤이트스피치를 용인하는 경향마저 있다. 즉 재일 중국인은 중일 관계의 영향을 받기 어려운 데 비해 재일 한국인은 한일 관계 중 특히 역사 문제에 의해 배척의 잠재성이 높아지고 있다. 그런 의미에서 국가 간 관계와는 반대로 재일 코리안에 대한 배척이 다시 강화될 가능성은 재일 중국인을 표적으로 하는 것보다 훨씬 높다

국주의 통치 이념과 증오 정치의 영향, 일본 제국주의 특유의 반중 정서와 관련한 선행 연구도 진행 중이다.5 또 최근에는 이른바 신자유주의, 인터넷과 소셜 네트워크 서비스 등 플랫폼을 매개로 한 커뮤니케이션 기술 변화와 반중 정서 확대의 연관을 규명하는 방향으로 초점이 이동되고 있기도 하다.6

이 책 전체를 통해 살펴보았듯이 전시 동원 체제에 이르러 일제는 중국과 중국적인 것을 절멸하기 위해 다종다양한 통제 정책과 선전을 수행했다. 또 그 범위는 중국 본토, 타이완, 조선뿐 아니라, 남방의 화교에까지 이르렀다. 이 과정에서 조선은 일제를 통해 중국, 타이완, 남방에 대한 파시즘적인 인종주의 정책의 영향에 강력하게 휘말리게 된다.

한국 사회는 일본의 식민 지배를 통해 중국과의 전쟁 상태를 경험하고 한국전쟁을 거치면서 식민성과 냉전이 교차하는 한국 특유의 인종주의 감각이 형성된다. 또 이 과정에서 중국을 비롯한 인접 지역에 대한 연결성을 상실하고 미국 중심의 반공 블록의 원격 통제 범위에 포섭되는 냉전의 정동 지리가 구성된다. 일본의 전시 동원 통제 속에서도 완전히 절멸할 수 없었던 중국적인 것의 의미, 특히 조선의 지적·문화적 원천으로서의 중국의

고 볼 수 있다"(같은 글, 114).

5. 관동대지진 당시 중국인 학살에 대한 연구 지형도는 정려징, 「관동대지진 중국인 학살에 대한 진상조사와 추모활동」, 『한국독립운동사연구』 82 (2023) 참고.

6. 「텍스트 마이닝을 활용한 「샤이닝니키」 한복 논란 및 반중 정서 연구」에서는 샤이닝니키 게임 발매로 촉발된 한복 논란, 특히 유튜브 채널이 생산하고 언론이 유통한 반중 정서를 동북공정 패러디의 연쇄로 보고 있다. 유튜브가 명명한 "겜북 공정"이라는 언표가 급속하게 확산하면서 반중 정서와 한복 논란이 연결되었다. 이 연구는 유튜브 같은 플랫폼의 1인 미디어뿐 아니라, 언론, 연구자들이 이러한 반중 정서 확산의 주체로 참여하고 있다고 비판하기도 했다. "언론들과 연구자들은 전통문화, 드라마, 게임, 스포츠 등 각종 문화 분야에서 발생하는 한중 양국의 갈등 양상에 대해 '한복 공정', '한글 공정', '김치 공정', '문화 공정', '신동북 공정' 등의 용어를 사용하여 중국이 한국의 문화를 침탈하고 역사를 왜곡한다고 목소리를 높인다. 여기서 신문과 방송이 사실 여부를 정확하게 확인하지 않은 채 기사를 작성하여 반중 및 혐중 정서를 조성하고, 나아가 '온라인 민족주의'를 확산시키고 있음에 주목할 필요가 있다"고 강조한다. 정진선·김원·박성혜, 「텍스트 마이닝을 활용한 「샤이닝니키」 한복 논란 및 반중 정서 연구」, 『중국현대문학』 103 (2022) : 239.

의미는 한국전쟁을 통해서 거의 소멸한다. 즉 한국전쟁을 통해서 원천이자 근원으로서의 중국은 적어도 한국 사회의 의미, 감각, 표상 체계에서 사라졌다. 한국전쟁에 대한 여러 서사 특히 '인해전술' 담론과 표상은 냉전기 한국 특유의 중국을 둘러싼 정동 정치를 구축했다. 1·4 후퇴 서사를 비롯한 한국전쟁 서사와 냉전 서사에서 중국군의 이미지는 '인해전술'로 상징되는 "수를 헤아릴 수 없이 떼를 지어 다니는 무시무시한 무리", "인간 기계"의 이미지로 점철되었다. 한국전쟁 이전까지 중국이 문화와 지식의 원천이었던 것과 달리, 이런 서사는 중국을 가짜 중국, 반지성적·반인간적 떼거리, 자율적 이성을 지니지 않은 기계의 의미로 변용했다.

이런 변용 과정은 흥미롭게도 19세기 이래 미국과 유럽에서 중국 이민 노동자(쿨리)를 표상하던 인종차별주의와도 맞닿아 있고 이러한 서구의 인종주의적인 중국 표상은 냉전기 미국화를 통해 한국에도 유입되었다. 전시 동원 체제 막바지인 1943년 노무 동원을 위한 조사 과정에서 쿨리에 대한 조사 연구가 집대성되는 과정도 흥미롭다.[7]

한국전쟁 이후 한국은 그간 지역적, 문화적으로 인접한 연결성을 지녔던 중국과 거의 완전하게 연결성을 상실하는 대신 시간적으로나 공간적으로 동떨어진 19세기 서구와의 원격적인 연결 상태를 냉전기 내내 이어간다. 이렇게 지역적으로 인접함에도 연결 감각을 갖지 못하고 연결성을 상실한 경우는 중국만이 아니다. 동남아시아 대부분 국가와도 이러한 지역적 연결 감각은 냉전 시기를 거치며 모두 상실되었다. 즉 한국은 냉전기를 거치면서 인접한 지역에 대한 지리적, 문화적 연결감을 상실한 채 시간적으로도 멀리 떨어지고 공간적으로도 분리된 미국 및 유럽과의 연결성을 강화해 왔다. 냉전 섬으로서의 한국의 현실과 감각은 이러한 정동 정치의 산물이다.

---

7. 全田一,「苦力」,『特 勞務者の勞務管理』後編 (山海堂, 1943) ; 민족문제연구소,『일제하 전시체제기 정책사료 총서』54권, 88에서 재인용.

2. 소수자 연구의 국가 감상주의 프로젝트 비판과 중국 정동 연구

이런 식민성과 냉전의 역학의 맥락에서 보자면 일본의 전시 동원 정책에 의해 구체화된 중국 정동과 인종화된 '조선적인 것'의 함의가 최근 영어권 연구에서 그 역사적 맥락을 상실하고 한국 고유의 "종족적 민족주의"로 해석되는 방식에 특별한 주의를 기울일 필요가 있다. 동아시아의 반일 감정을 감상주의 연구 맥락에서 규명한 흥미로운 연구인 리오 T.S. 칭의 『안티-재팬 — 탈식민 동아시아의 감정의 정치학』[8]의 경우도 그중 하나이다. 『안티-재팬』은 동아시아의 감정의 정치를 미국, 중국, 타이완, 한국이라는 대륙 간 관계와 변동의 역학에서 고찰한 중요한 연구이다. 특히 이는 어펙트 연구와 관련해서도 중요한 논점을 제공한다. 한국어판은 부제에 "감정의 정치학"이라는 표현을 쓰고 있지만, 영어판 부제의 "The Politics of Sentiment"는 '감상주의의 정치'이다. 최근 소수자 연구 기반 어펙트 연구(젠더·어펙트 연구)에서는 근대 초기 감상주의에 대한 새로운 논의가 다양하게 진행 중이다.[9] 이는 자유주의와 신자유주의를 정동적 시간성의 맥락에서 재구성하는 연구이기도 하다. 또 리사 로우의 저작 『4대륙의 친밀성』이 잘 보여주듯이 이런 연구들은 개별 신체에서 발생한다고 여겨진 감정, 정서를 대륙들 사이의 권력관계로 규명하는 새로운 관점을 제공한다.[10] 이러한 연구는 식민주의의 역사를 현재에 생생하게 작동하는 정동 정치로 규명한다.

리오 T. S. 칭은 주로 타이완을 사례로 중국, 미국, 일본 대륙과 섬을 가로지르는 감상주의와 식민성을 규명하고 타이완에서 이른바 '친일 감정'의 복합성을 정교하게 고찰한다. 이 책에서 한국은 타이완의 복잡성과 대비되

---

8. 리오 T. S. 칭, 『안티 재팬 — 탈식민 동아시아의 감정의 정치학』, 유정완 옮김 (소명출판, 2023).
9. 관련한 연구 동향과 연구사는 다음 책을 참조. Xine Yao, *Disaffected*.
10. Lisa Lowe, *The Intimacies of Four Continents* (Duke University Press, 2015).

는 견고한 반일 감정의 형성사로 일종의 거울 역할을 하고 있다. 이런 이유로 한국의 이른바 감상주의의 정동 정치와 반일 감정의 역사성은 단순하게 다뤄진다. 이런 여러 전제를 염두에 둔다고 해도 칭의 논의는 감상주의와 감정의 정치학, 반일 감정 등을 대륙 간 역학 관계에서 규명하는 과정, 특히 한국의 반일 감정을 탈역사화하거나 과도하게 단순화한다. 예를 들어 칭의 연구의 가장 중요한 전제 중 하나인 항일resist Japan과 반일anti-Japan의 구별은 문제적이다. 칭은 "항일은 일본 제국주의에 맞선 중국의 투쟁 노력과 그것의 성공, 특히 8년의 항일 전쟁 시기를 나타내기 위해 중국 본토와 중국어 사용권에서 광범하게 사용된다. 반일 감정은 전후 직후 시기에 등장한 명백한 전후 현상이다. 반일 감정은 새롭게 '해방된' 과거 식민지들, 예컨대 한국과 타이완에서 '민족/네이션' 통합을 위한 정치권력의 구성을 위해 동원되었다"[11]고 정의한다.

그러나 본고에서도 살펴보았듯이 칭이 정의하는 항일resist Japan과 반일anti-Japan 개념은 일본 제국의 통제 정책이 정치적 저항인 반일 행위와 이와 구별되는 배일 행위를 규정하면서 사상과 풍속 통제를 상이하게 작동시키는 방식에서 이미 확인할 수 있다. 그리고 정치적 저항으로서의 반일, 그리고 일본을 배척하는 태도 혹은 정서로서의 배일의 구별은 일본 제국과 조선의 지식인들 사이에서도 서로 다른 입장으로 나뉘어져서 단일한 해석으로 환원되지 않았다. 항일과 배일이라는 서로 다른 규정을 통해 일본의 전시 동원 정책은 중국적인 것을 정동화하고 조선적인 것을 인종화하면서 조선의 민족적인 것을 종족적 민족주의의 범주로 환원한다. 칭이 한국 민족주의의 종족적 민족주의 특성이라고 해석하는 많은 요소(유교적 잔재와 이와 연결되는 가부장성 등)는 실은 일본 제국이 만들어낸 종족적 민족주의로서의 조선 문화에 관한 규정을 반복한다. 또 칭의 논의에서는 타이완과 달리 한국의 반일 감정에 대해서는 중국적인 것과의 관계성 변화가 거

---

11. 칭, 『안티 재팬』, 31.

의 고려되지 않는다. 그런 점에서 이 장에서 살펴본 중국 정동의 역사에 대한 논의는 이른바 역사수정주의의 전 지구적 확산을 통해서 다시 귀환하는 한국적인 것에 대한 식민화된 논의 방식과 탈역사적 논의에 대한 비판적 개입을 목표로 하고 있기도 하다.

무엇보다 이 연구는 풍속 통제와 검열 연구를 정보 이론의 역사와 잠재성에 관한 인종학 형성사, 젠더화된 기술사 연구로 재정립하는 기초 연구다. 이 장에서는 중국이 정동적인 것으로 변용되는 역사적 과정을 연구 대상으로 삼아서 중국 정동이 중국에 대한 앎을 구성하고 동시에 조선적인 것, 조선의 민족 문화, 조선의 구습, 조선의 종족적 특성 등에 대한 앎을 구성한다는 점도 살펴보았다. 이를 통해 중국 정동이 특정한 지식을 생성하는 방식을 살펴보기도 했다. 후속 연구를 통해서는 검열, 특히 풍속 통제를 억압의 기제나 체제로만이 아니라 특정한 형태의 앎을 생성하고 재생산하는 지식 생성 기제로 규명해 보고자 한다. 특히 전파 및 매개와 관련한 행위자, 장소, 기술, 조사 연구 방법과 그 집적체로서의 특정한 앎의 형성 과정에 주목하고자 한다. 특히 검열, 풍속 통제의 기본 원리가 되는 "침해할 염려가 있는 행위"害スル虞アル에 대한 분류와 선별 색출, 통제[12]는 오늘날 젠더·어펙트 연구에서 논하는 잠재성에 대한 앎의 패러다임과 생명정치적 위계 형성의 역사라는 차원에서 다시 검토되고 연구할 필요가 있다.

즉 검열 연구와 풍속 통제를 정보 이론의 역사로 살피며, 이 정보 이론의 역사가 잠재성에 대한 특유의 과학사이기도 하다는 점을 후속 연구를 통해 구체적으로 살펴보고자 한다. 검열 연구를, 잠재성에 대한 불안을 사

---

12. 풍속 경찰의 작용 범위와 대상은 1. 흥행 2. 풍속을 해할 염려가 있는(害スル虞アル) 영업 3. 기타 풍속을 침해할 염려가 있는(害スル虞アル) 행위 4. 사행 행위이다. 이 외에도 풍속 경찰 작용과는 업무 범위가 다른 외국인 관련 범위에서는 "염려가 있는 행위"라는 규정은 "기타 공안을 해칠 염려가 있는 자(者)"라는 규정으로, 보안경찰 업무 관련 규정에서는 "집회결사 및 대중(多衆) 운동, 기부금품 모집, 노동자 모집, 사냥(狩獵) 그리고 기타 공안을 침해할 염려가 있는 행위(害スル虞アル)"라는 형태로 등장한다. 朝鮮總督府 警察官 講習所 編纂, 『朝鮮警察法 大意』(谷岡商店印刷部, 1926), 1~5.

회 전체를 구성하고 이해하는 총체적 앎의 형태로 생성한 한국 특유의 인종 과학 형성사로 다시 정립할 필요가 있다. 또 이러한 인종 과학 형성사는 생명정치적 위계 형성의 역사에 관한 연구이자, 특정 공간에 대한 인종화되고 젠더화된 지리적 배치를 규명하는 연구이기도 하다. 특정 장소와 지역을 전파매개적인 특성으로 규정하는 이런 방식은 정동 지리와 역사 연구, 질병 연구와 소수자 연구가 만나는 지점이다. 또한 전파 및 매개와 관련한 기술을 이러한 인종 과학 형성사와 정동 지리 즉 젠더·어펙트 연구의 방법으로 탐구할 수 있는 중요한 연구의 출발점이기도 하다.

:: 참고문헌

1차 자료

한국어 자료

「3층에서 비강 자살 '스파이' 혐의 '로이텔' 통신원」, 『조선일보』, 1940년 7월 30일.
「9.10월 창작평 — 소설과 희곡에 한함 — 정당한 스파이」, 『조선일보』, 1931년 11월 1일.
「가공할 스파이의 귀」, 『매일신보』, 1943년 7월 11일.
「가두소견」, 『신세기』, 1939년 9월.
「가정부인좌담회」, 『조광』, 1944년 3월.
가톨릭 청년사 편집부. 「소위 "신의주 국제 스파이 문제"의 진상」, 『가톨릭 청년』, 1935년 12월.
강구웅. 『육군특별지원병독본』, 제국지방행정학회조선본부, 1939.
「강릉 방공 방첩일」, 『조선일보』, 1939년 8월 20일.
강본일평. 「인조」, 『야희생활』, 1941년 9/10월.
강소운. 「현대적 미인은 어떤것인가?」, 『신세기』, 1939년 4월.
강하성. 『이십세기청년독본』, 태화서관, 1916.
建部哲也. 「총후는 우리 손으로 — 우리도 총후 전사 : 학교와 정동특집」, 『총동원』, 1940년 5월.
「경기, 함북 양도에 외사과 신설. 기타 전조선 각도외사계 충비. 국제 스파이 취재 목적」, 『조선일보』, 1936년 9월 13일.
「경보 단속 전시 긴장. 스파이 암약도 1층 활발한듯」, 『조선일보』, 1939년 9월 8일.
경성덕화여숙교장 영하인덕(박인덕). 「동아려명과 반도녀성」, 『삼천리』, 1942년 3월.
「경성보도연맹결성/농기납성과」, 『보노월보』, 1933년 칭긴호.
堺誠一郎. 「마래 전선의 일일」, 『춘추』, 1942년 4월.
계정식. 「우문현답 — 눈에 거슬리는 여자의 태도」, 『신세기』, 1940년 3월.
高橋濱吉. 「가정과 국민 정신 총동원 운동」, 『총동원』, 1939년 6월.
高嶋米峰. 「총친화의 정신 — 특히 근로하는 청소년에게」, 『신시대』, 1941년 1월.
고봉경. 「현대여성의 결혼설계도 — 좌담회」, 『신세기』, 1940년 1월.
古城珠江. 「가정방호운동 — 시가단」, 『총동원』, 1939년 12월.
고승제. 「대동아 건설의 윤리」, 『매일신보』, 1942년 10월 13일.
_____. 「대동아문화의 창조」, 『국민문학』, 1943년 3월.
_____. 「문화 정책의 이상」, 『국민문학』, 1942년 1월.
_____. 「신문화와 인간 형성」, 『국민문학』, 1943년 9월.
고온선. 「연애에는 피부가 제일 — 피부는 여자의 에스푸리」, 『신세기』, 1939년 1월.

고황경.「봉사의 기쁨, '부인교양독본. 제2회'」,『총동원』, 1939년 12월.
_____.「봉사의 기쁨, '부인교양독본. 제3회'」,『총동원』, 1940년 1월.
_____.「부인교양독본 2」,『총동원』, 1939년 12월.
_____.「부인교양독본 3」,『총동원』, 1940년 1월.
_____.「아동보호시설 확충의 제창」,『춘추』, 1941년 3월.
_____.「여성과 신생활 ― 질서있는 생활을 위하여」,『삼천리』, 1942년 1월.
_____.「주택에 대한 하나의 고찰」. 부인교양독본. 제2호,『총동원』, 1939년 12월.
「공영권편지」,『동양지광』, 1943년 6월.
곽종원,「해양 남아의 요람」,『국민문학』, 1944년 9월.
관본팔중.「숯 그 밖의 절약 방법 ― 합리적 가정생활의 제1보」,『총동원』, 1940년 8월.
「광석천에 모여 돌격대조직. 대원중의「스파이」청산코자 1주후에 해소단행」,『조선일보』, 1933년 12월 31일.
괴벨스, 요세프.「지식인에 소함」,『춘추』, 1941년 5월.
「교묘한 스파이 방법」,『매일신보』, 1941년 5월 16일.
「구주 대전을 싸고 도는 스파이 전선. 적십자 병원에 숨은 백의의 천사 스파이『에디스 카벨』양의 순정 일대기(2)」,『조선일보』, 1939년 9월 8일.
「구주 대전을 싸고도는 스파이 전선. 국경선을 돌파하는 서부 전선의『지하철』백의 천사『카벨』의 활약」,『조선일보』, 1939년 9월 9일.
「구주 전란의 뒷골목『스파이』는『스파이』와 싸운다」,『조선일보』, 1940년 5월 24일.
「구주대전을 싸고 도는 스파이 전선」,『조선일보』, 1939년 9월 7일.
「구주대전의 싸고도는 스파이 전선『스파이는 총살이다』냉혹『군법회의』의 심판」,『조선일보』, 1939년 9월 10일.
國木田獨步.「소년 제군에게 바라던 일」,『아희생활』, 1941년 9/10월.
「국민 방첩 전람회. 금일 개막 · 남총독도 참관」,『조선일보』, 1939년 12월 13일.
「국민 방첩 전람회」,『조선일보』, 1940년 5월 17일.
「국민 진군가 ― 가곡」,『아희생활』, 1942년 8월.
「국민방첩 이야기」,『조광』, 1942년 8월.
「국민총력의 노래」,『아희생활』, 1941년 5월.
국민총력조선연맹,『국민총력독본』, 1941.
「국방보안법 10일 실시」,『매일신보』, 1941년 5월 3일.
「국방보안법 개관」,『매일신보』, 1941년 3월 16일 · 18일 · 20일.
「국방보안법 내용」,『매일신보』, 1941년 1월 31일.
「국방보안법 시행 전 국민의 협력 갈망」,『매일신보』, 1941년 5월 10일.
「국방보안법 실시 하등의 불안 전무」,『매일신보』, 1941년 2월 8일.
「국방보안법 해설」,『매일신보』, 1941년 2월 5일.
국본종성,「군가가 울리는 거리」,『아희생활』, 1943년 11월.
「국제 '스파이' 발호 격심 군기법 배천 강화 위진, 통계등에 제한을 확대 숙련공 계수도 군기로」,『조선일보』, 1936년 2월 14일.

「국제 '스파이' 취체망 7월말부터 실시. 11도에는 외사계를 특설하고 외사과는 경기 경남만 신설」,『조선일보』, 1936년 6월 26일.
「국제 '스파이' 혐의로 인도지사를 검거. 동경 헌병대 검거사건 더욱 확대」,『조선일보』, 1936년 3월 18일.
「국제 스파이 혐의로 나병계의 권위자 체포」,『조선중앙일보』, 1935년 1월 17일.
「국제 정국 급박. 스파이 전선 긴장. 가공할 군사상 기밀의 누설들. 각국 방지에 극노력」,『조선일보』, 1937년 9월 30일.
「국제법도 허용하는 참절 '스파이' 혈사(1). 그의 적임자는 미모의 여성」,『조선일보』, 1939년 9월 7일.
「국제스파이 양명 신의주에서 잠입설로 헌병분대서 맹활동」,『조선일보』, 1937년 4월 23일.
「국제스파이 염마보에 의외인물도 다수 묘관청중임주타도 지목되어 경비중에 경찰은 내사」,『조선일보』, 1935년 5월 23일.
「군국의 어머니 열전」,『매일신보』, 1942년 6월 29일.
「군국의 어머니 지표」,『매일신보』, 1942년 5월 26일.
「군국의 어머니」,『매일신보』, 1940년 10월 28일.
「군국의 어머니에게」,『매일신보』, 1944년 12월 17일.
「군기 내용을 명시「스파이」전에 대응. 개정 군기 보호법은 어떤 것(1)」,『조선일보』, 1937년 10월 19일.
「군기. 비밀보지에 급급한 미국의 방첩전술. 해군성, 현상금걸고 강구중」,『조선일보』, 1939년 8월 8일.
「군인의말」,『아희생활』, 1942년 1월.
굴영태랑.「가정 소지적을 이용한 식용 식물의 재배에 종사」,『총동원』, 1940년 7월.
宮村正興(조선총독부 학무국 학무과 촉탁).「각 가정 어머니들에게 ─ 국민학교의 교육내용과 가정」.『조광』, 1941년 4월.
금촌용제.『조광』, 1942년 3월.
금파영.「거리의 메카폰 ─ 사회뉴-쓰」,『신세기』, 1939년 1월.
「기차, 전차, 술자리 바닷가에서 조심할 일」,『매일신보』, 1940년 1월 5일.
길진섭.「낭만형의 육체미 ─ 내가 취급하기 좋아하는 여주인공의 타잎」,『조광』, 1940년 1월.
김강문.「란인과 일미영 관계」(세계의 분화구 남양 특집).『조광』, 1941년 2월.
김경순.「전시하의 여성의 각오 ─ 우리도 총후의 전사 : 학교와 성동특집」.『총동원』, 1940년 5월.
김경재.「전시하의 상해」,『삼천리』, 1940년 3월 1일.
김광섭.「해적과 영국문화」,『조광』, 1939년 10월.
김광정.「영국의 인도 침략사」,『조광』, 1939년 10월.
金光正雄(경성 안산 청년대 행촌 제1분대장).「징병령과 반도 청년」,『조광』, 1942년 10월.
김기림.「조선문학에의 반성」,『인문평론』, 1940년 1월.
김기진.『대동아』 전송가」(시).『조광』, 1942년 2월.
_____.「나도 가겠습니다」(시).『매일신보』, 1943년 11월 5일.
_____.「님의 부르심을 받들고」.『매일신보』, 1943년 8월 1일.
_____.「마니자점령」.『조광』, 1942년 2월.
_____.「신세계의 첫 장」(시).『매일신보』, 1942년 2월 20일.
_____.「탄환과 충언」.『매일신보』, 1944년 1월 5일.

김도태.「태평양의 제민족과 그 풍습」(일미회담특집).『조광』, 1941년 11월.
김동인.「감격과 긴장」.『매일신보』, 1942년 1월 23일.
_____.「분토의 주인」.『조광』, 1944년 7월.
_____.「아부용」(남방정복 특집기획).『조광』, 1942년 2월.
김동환.「남국에서 오는 배」(시).『매일신보』, 1942년 1월 14일.
_____.「남방 만리 새동무」(시).『매일신보』, 1942년 1월 15일.
_____.「내외동포에 호소함」.『대동아』, 1942년 3월.
_____.「미영장송곡」.『매일신보』, 1942년 1월 13일.
_____.「비율빈 하늘위에 일장기」.『매일신보』, 1942년 1월 10일.
_____.「오호 태평양 상의 군신」(시).『매일신보』, 1942년 3월 9일.
_____.「이십오만의 대진군」(시).『매일신보』, 1942년 2월 6일~7일.
김명식.「조선경제의 독자성」.『조광』, 1940년 1월.
_____.「씨제도창설과 선만일여」.『삼천리』, 1940년 3월.
金森茂原(舊名 金昌集).「남방 자원기 — 비도 자원편」.『대동아』, 1942년 3월.
김봉점.「임산부보건시설의 급무」.『춘추』, 1942년 6월.
김삼무원.「동경의 상하낙토 남방여행기」.『대동아』, 1942년 3월.
김상수.「교전국총후의 여성군」.『조광』, 1943년 11월.
김석원(육군 보병 중좌).「선전담과 비상 시국하의 각오」.『조광』, 1939년 10월.
김순남.「우리도 총후 전사 — 우리도 총후 전사 : 학교와 정동 특집」.『총동원』, 1940년 5월.
김승범(식산은행 조사과).「대동아 전쟁과 조선 경제의 진로」.『조광』, 1942년 3월.
_____.「대동아 전쟁과 화교의 동향」.『춘추』, 1942년 3월.
_____.「북방 건설과 조선 공업」.『조광』, 1942년 4월.
_____.「태평양의 주요도 서지」.『춘추』, 1942년 3월.
김영건.「경제적으로 본 남양의 영식민지」.『조광』, 1942년 2월.
김영수.「여자와 범죄 — 범죄있는 도시풍경」.『조광』, 1939년 8월.
김영화.「(조선예흥사작품) 안해의 윤리 — 제작중의 조선영화」.『조광』, 1940년 11월.
김오성.「개척 정신과 신문화」.『매일신보』, 1941년 4월 3일~8일.
_____.「서양과 동양」.『매일신보』, 1942년 4월 25일~5월 5일.
_____.「시대적 관심의 필요」.『매일신보』, 1940년 3월 1일~3일.
_____.「아메리카의 문화」.『매일신보』, 1941년 2월 28일~3월 5일.
_____.「원리의 전환」.『인문평론』, 1941년 2월.
_____.「조선의 개척문학」.『국민문학』, 1942년 3월.
김용제.「12월 8일」(시).『동양지광』, 1942년 11월.
_____.「나는 울었다」(시).『매일신보』, 1943년 11월 9일.
_____.「바다에서」(시).『경성일보』. 1943년 7월 20일.
_____.「불문의 도」(시).『국민문학』, 1943년 11월.
_____.『아세아시집』. 대동문화사, 1943.
_____.「여성에게 보내는 공개장」.『신세기』, 1939년 9월.

_____.「위대한 전사」(시).『경성일보』. 1943년 7월 20일.
_____.「정열의 처녀도 — 소남도는 신생하라」.『조광』, 1942년 3월.
_____.「해신」(시).『조광』, 1942년 2월.
김자신.「비상시와 내선가정생활의 반성」.『총동원』, 1940년 8월.
金子鷹之助.「대남양의 자원과 경영」.『동양지광』, 1942년 3월.
김정혁.「(영화) 사춘조에 대하야 — 분노의 정서와 즐거운 청춘의 지도」.『조광』, 1940년 2월.
김종한.「해양과 조선문학」.『매일신보』, 1943년 5월 26일.
김진섭.「정당한 연애와 결혼좌담회」.『조광』, 1939년 2월.
김찬용.「난영 인도의 자원과 제국」.『조광』, 1940년 7월.
_____.「란인의 현황」.『조광』, 1940년 7월.
_____.「불의 식민지 개관」(수제 지도).『조광』, 1940년 9월.
_____.「태평양 탐험사」(일미회담특집).『조광』, 1941년 11월.
_____.「태평양 탐험사」.『조광』, 1941년 12월.
김창집.「건강한 여성 — 내가 현하의 주부를 구한다면」.『춘추』, 1944년 10월.
김창훈.「부탁하는 말 — 우리는 모다 한집식구입니다」.『아희생활』, 1944년 1월.
_____.「소국민 훈화집 독후감」.『아희생활』, 1943년 7/8월.
_____.「이기 아래에서 — 독일총후이야기」.『아희생활』, 1942년 6월.
_____.「최초의 것과 최후의 것 — 유신 비밀. 2」.『아희생활』, 1942년 11월.
김철수.「영국의 마래 침략사」(부-마래의 인구종족의 동태).『대동아』, 1942년 3월.
김추엽.「전쟁과 간첩의 활약」.『조광』, 1937년 10월.
김탁운.「천추의 한 — 백제의 군국모성」.『조광』, 1942년 7월.
김태오.「동양평화의 문이 열리다」.『매일신보』, 1942년 2월 25일.
_____.「야자수」(시).『춘추』, 1942년 9월.
김택윤.「두개의 여행가방 — 제2차 세계대전 비화 2」.『아희생활』, 1942년 8월.
김한주.「불인, 란인의 정치적 지위」(세계의 분화구 남양 특집).『조광』, 1941년 2월.
김해강.「아름다운 태양」(시).『조광』, 1942년 6월.
_____.「호주여」.『매일신보』, 1942년 3월 27일~28일
김호기.「포스트맑스주의와 신사회 운동」.『경제와 사회』, 1992년 여름.
김화준.「가족주의의 확립」.『동양지광』, 1939년 2월.
김활란.「생활개선의 이론과 실제 — 신년벽두여류명사의 고견」.『조광』, 1939년 1월.
_____.「시국과 도회여성」.『총동원』, 1939년 6월.
_____.「여성의 무장」.『조광』, 1942년 2월.
_____.「전조선전문중등학교장의 학생문제좌담회」.『조광』, 1939년 4월.
「나병요양원 맥 씨 스파이 혐의 체포」.『조선중앙일보』, 1935년 1월 18일.
「나인가 체험으로 얻은 인생훈 — 혹은 처세의 지침으로 되어 있는 금언명구」.『아희생활』, 1941년 9/10월.
「나진 채석장에 소련 "스파이" 잠복. 위춘 일본 영사분관의 수배로. 2일 나진서에 피체」.『조선일보』, 1936년 5월 6일.

낙양객.「귀순한 여당원과 김일성」.『삼천리』, 1938년 11월.
남가구자.「조선부인에게 전하는 서」.『삼천리』, 1941년 4월.
남궁화.「남방공영권의 역사」.『조광』, 1942년 3월.
_____.「알류상 야화」.『조광』, 1942년 4월.
「남방 개발과 조선」.『전진하는 조선』, 조선총독부 정보과, 1942.
「남방 진출의 제문제」.『춘추』, 1942년 3월.
「남방광산자원」(도표).『대동아』, 1942년 5월.
남부웅.「비행기」.『아희생활』, 1943년 7/8월.
「남양군도소관」.『동양지광』, 1944년 5월.
남정성.「소년 제군에게 바라던 일」.『아희생활』, 1942년 6월.
南次郞.「천지의 은혜, 부모의 은혜 — 군신구주의 공표를 읽고서」.『아희생활』, 1942년 6월.
「내목장군과 영식의 전사」.『아희생활』, 1942년 11월.
「내선일체미담 — 병든 총후의 아내에게 반도청년 귀한 수혈」.『총동원』, 1940년 4월.
「노래하자 — 가곡」.『아희생활』, 1942년 11월.
노자영.「세계 각국의 청년 운동」.『조광』, 1937년 7월.
노중근.「시국뉴-쓰」.『아희생활』, 1940년 12월.
노천명.「노래하자 이날을」(시).『춘추』, 1942년 3월.
_____.「싱가폴 함락」(시).『매일신보』, 1942년 2월 19일.
_____.「싸움하는 여성」.『조광』, 1944년 10월.
_____.「전승의 날」(시).『조광』, 1942년 3월.
_____.「진혼가」(시).『매일신보』, 1942년 2월 28일.
_____.「흰 비둘기를 날려라」(시).『매일신보』, 1942년 12월 8일.
高橋濱吉.「가정과 국민정신 총동원」.『총동원』, 1939년 6월.
「대도회 스파이물의 흥미」.『매일신보』, 1941년 6월 17일.
대산성자(총력연맹부인지도위원) · 감촌하백(숙명고녀 교유) · 김전부기자(덕성여실 교유) · 표경조(배연현 씨 부인) 좌담.「전시 가정 생활의 합리화」.『신시대』, 1943년 7월.
「대일본청소년단가」.『아희생활』, 1943년 3월.
「대전의 꿈 공습의 위협과 정치적 경제적 곤란『스파이』전의 연출」.『조선일보』, 1935년 1월 1일.
大坂圭吉.「가면의 친일 — 방첩 탐정소설」, 대도책방, 1943년 8월.
대하동근.「옵바가 출정하신뒤 — 대동아선전 제2년을 축하며 : 아동극」.『아희생활』, 1943년 3월.
「도원경」.『조광』, 1941년 2월.
「독일 미인을 싸고도는 스파이」.『조선중앙일보』, 1935년 3월 2일.
「독일 벨기에 국경 교통 제한. 지선 연장의 방첩 처치?」.『조선일보』, 1940년 3월 2일.
「독일 탐험가 하 박사. 스파이 혐의로 체포」.『조선일보』, 1935년 4월 25일.
「동경사건계기 국제 스파이 검거. 공산당 재조직도 정로」.『조선일보』, 1936년 3월 13일.
「동부국경서 소련군 스파이 6명 체포」.『조선일보』, 1936년 2월 9일.
「동서에서도 방첩 좌담회」.『조선일보』, 1938년 8월 6일.
東條英機.「도죠 총리가 보내는 말」.『아희생활』, 1942년 1월.

藤田實彦(陸軍省 情報部 步兵中佐).「그대의 겨테 스파이가 있다 ─ 부인의 지위가 향상하면 국가기밀을 접하기 쉬워」.『여성』, 1940년 10월.

「란인의 풍물시」(화보).『조광』, 1940년 11월.

류행염.「군사 기관의 스파이군」.『조광』, 1937년 10월.

「마래어 풀이」.『조광』, 1942년 3월.

「마래의 쩡글」(전쟁수첩).『조광』, 1942년 3월.

마미산인.「태평양의 전망」.『신시대』, 1941년 1월.

「말을 사랑하자! ─ 시국독본」.『아희생활』, 1941년 4월.

「명치천황을 받들어모시다 ─ 시국독본」.『아희생활』, 1941년 7/8월.

모윤숙.『나혜석 연애관 비판』.『삼천리』, 1938년 5월.

_____.「남편의 성을 따르면 ─ 여류제씨」.『조광』, 1940년 1월.

_____.「동방의 여인들」.『신시대』, 1942년 1월.

_____.「동창」.『매일신보』, 1942년 1월 6일.

_____.「여성도 전사다」.『대동아』, 1942년 5월.

_____.「해란강의 추억」.『조광』, 1936년 6월.

_____.「호산나소남도」(시).『매일신보』, 1942년 2월 21일.

「무긔 안 가진 적은 무서운 스파이」.『매일신보』, 1941년 12월 14일.

「무서운 외국 스파이」.『매일신보』, 1939년 5월 18일.

武者鍊三(京城電氣株式會社).「전기와 가스소비절약 ─ 특별집」.『총동원』, 1939년 12월.

武田誓藏.「국가 총역전과 부인의 책무」.『총동원』, 1940년 8월.

문동호.「란인의 자원과 제국」(란영인도특집).『조광』, 1940년 7월.

문장욱.「조선인의 섬라 진출론」.『조광』, 1939년 10월.

尾高朝雄.「총후 입장」.『총동원』, 1939년 12월.

「미래의 대학 총장의 대학 창설 응도 대담·좌담」.『삼천리』, 1940년 3월 특집 기사.

박계주.「오리온 성좌」.『조광』, 1943년 3월.

_____.「이런 여자는 싫소 ─ 내가 현하의 주부를 구한다면」.『춘추』, 1944년 10월.

박샤만,「밀수업자의 일기 ─ 실화」.『신세기』, 1940년 4월.

박순천.「국방가정」.『대동아』, 1942년 5월.

박승극.「새로운 역사의 출발」.『매일신보』, 1942년 2월 23일.

박승두.「훈련적 교육을」.『아희생활』, 1940년 2월.

박영희.「이천오백만의 기대」.『춘추』, 1943년 2월.

박옥희.「모, 매는 보시라, 맹교련중의 지원병」.『삼천리』, 1942년 7월.

박종화.「동양은 동양 사람의 것」.『매일신보』, 1944년 8월 27일~9월 2일.

박준표.『현대 청년 수양 독본』. 영창서관·한흥서림·대동서림 공동발행, 1923.

박치우.「세대 비판의 완성으로」.『조광』, 1937년 1월.

박태원.『군국의 어머니』. 조광사, 1942.

「발기일 노래 ─ 가곡」.『아희생활』, 1942년 8월.

「방공 방첩 망 완성 이제부터 활발한 활동」.『조선일보』, 1938년 9월 7일.

「방공 방첩 사상선전」,『조선일보』, 1939년 4월 24일.
「방공 방첩 표어 모집 심의」,『조선일보』, 1938년 11월 28일.
「방공, 방첩 전람회 초일 6천5백명」,『조선일보』, 1940년 7월 4일.
「방독, 방첩 피난훈련」,『조선일보』, 1939년 9월 6일.
방응모.「조선청년에게」,『조광』, 1937년 1월.
「방첩 방공 연예회. 개성부내 12교 학동이 총등장」,『조선일보』, 1940년 5월 15일.
「방첩 방범 강연. 성병대책 좌담」,『조선일보』, 1939년 4월 12일.
「방첩 비라 살포튼 김영수기 불시착」,『조선일보』, 1940년 3월 11일.
「방첩 연극순회. 본사 이천지국 후원」,『조선일보』, 1939년 2월 22일.
「방첩 용의 전무 검사국에 일임」,『조선일보』, 1940년 3월 5일.
「방첩 좌담회 양주서 개최」,『조선일보』, 1938년 8월 25일.
「방첩강화 긴요. 무등군무국장 답변」,『조선일보』, 1940년 3월 20일.
「방첩사상 보급. 기생들에게도 교육」,『조선일보』, 1938년 8월 15일.
「방첩사상을 선전. 원산서에서 2주간에 걸쳐」,『조선일보』, 1940년 5월 4일.
「'방첩의 석' 성황」,『조선일보』, 1940년 5월 13일.
「방첩전람회 성황. 사리원에서 2일간 개최」,『조선일보』, 1940년 5월 3일.
「방첩전람회」,『조선일보』, 1939년 12월 6일.
「방첩특대호—총 2면 단독 특집」,『매일신보』, 1940년 1월 5일.
「방화. 방법. 방첩 공장과 음식점에 강조 용산서에서 700여명을 소집」,『조선일보』, 1940년 4월 25일.
백동연.「인도의 자원」(남방자원기),『대동아』, 1942년 3월·5월·7월.
백림.「미국의 대일북방진격로」,『조광』, 1942년 4월.
백산.「오분간만담—실없는 친구」,『조광』, 1941년 2월.
「백화만발의 기미여인군」,『삼천리』, 1931년 6월.
「범죄의 핵심충격 검거 범위축자 확대 전멸상태의 중앙무진. 전형사 사원 스파이라고 고발」,『조선일보』, 1938년 9월 16일.
「병사의 성경—신앙실화」,『아희생활』, 1941년 4월.
「북방을 수호하자—권두언」,『조광』, 1942년 4월.
北原民治.「공영권과 선인의 활약」,『조광』, 1942년 3월.
「북지경제개발에 왕위원장 일본원조요망. 서촌소좌등 스파이 혐의로 취조」,『조선일보』, 1938년 3월 24일.
「북지사변과 우리의 태도」,『조광』, 1937년 9월.
「북철 열차 전복을 여자 스파이 조종? 5명은 이미 체포되어」,『조선일보』, 1934년 8월 12일.
「불인공동방위의 의미」(권두언),『조광』, 1941년 9월.
「비상시국하에 말조심을 하여라. 개성서도 순회 방첩좌담회」,『조선일보』, 1938년 8월 24일.
「비행선 조난 기록」,『아희생활』, 1942년 1월.
「뻗는 일본—오늘의 지식」,『아희생활』, 1942년 6월.
사공환.「동요되는 영 식민지」,『조광』, 1940년 9월.
_____.「백인의 태평양 침략사」(일미회담특집),『조광』, 1941년 11월.

_____.「불인 란인의 경제적 지위」(세계의 분화구 남양 특집).『조광』, 1941년 2월.
寺本喜一.「우리의 시국열의 ― 학교와 정동특집」.『총동원』, 1940년 5월.
「사십삼개국 인혼입한 국제도시 상해 완연 스파이가화. 전서구에 의한 적군에의 신호는 신예무기도 무력화!」.『조선일보』, 1937년 8월 26일.
「산도 들도 하늘도 ― 가곡」.『아희생활』, 1942년 8월.
산본희.「란인의실상」.『동양지광』, 1942년 5월.
산하초원자.「한 부인 애국반원의 감상 ― 서로 들면 서로 돕는다」.『총동원』, 1940년 8월.
「살롱드 가시네」.『신세기』, 1940년 4월 · 11월.
森谷克己.「대동아공영권의 경제적 자립」.『춘추』, 1942년 4월.
삼천리 기자. 조병상(국민정신총동원연맹 조선연맹 참사) 대담.「국민정신총동원 조선연맹 본부 방문기」.『삼천리』, 1938년 10월 1일.
白川義雄(연전교수).「군인의 어머니를 ― 내가 현하의 주부를 구한다면」.『춘추』, 1944년 10월.
上田展代.「吉田松蔭 선생의 어머니 ― 어머니독본」.『조광』, 1943년 5월.
_____.「내지인 가정에서 배우다」.『총동원』, 1940년 8월.
「상해서 목포에 온 미인 스파이」.『매일신보』, 1936년 5월 31일.
생전태삼랑.「출정 병사를 보내는 노래」.『아희생활』, 1942년 1월.
「생활개선문제 특집」.『총동원』, 1939년 8월.
「샤베트서 잠입한 괴청년 2명 검거. 국제 스파이 혐의로」.『조선일보』, 1936년 5월 21일.
西岡照枝.「비상시의 여성의 복식에 대하여」.『총동원』, 1940년 8월.
서모아.「남방의 의식주」.『조광』, 1942년 4월.
서정주.「스무살 된 벗에게」.『조광』, 1943년 10월.
서춘.「국가와 선전」.『조광』, 1937년 10월.
_____.「반도 청년이여 분기하라」.『총동원』, 1939년 10월.
鮮于幸男.「생산청소년과 생산전」.『조광』, 1943년 3월.
성뢰행차.「나라를 잃은 원상은 지금 어떻게 하고 있는가?」.『아희생활』, 1941년 9/10월.
성야상부.「국민애국가 ― 문부성검사제」.『아희생활』, 1943년 3월.
성인기.「태, 불인의 국경 풍운」(세계의 분화구 남양 특집).『조광』, 1941년 2월.
「세마환억부사건에 소련당국을 반박. 스파이 행위가 아니라고」.『조선일보』, 1934년 3월 19일.
「소국민신문」.『아희생활』, 1943년 3월.
「소년 제군에게 바라던 일」.『아희생활』, 1941년 7/8월.
「소년 형안에 스파이 영상」.『매일신보』, 1940년 12월 5일.
「소련 '스파이' 160명 조선에 잠입비약. '소형무전'을 갖고 리레식으로 정보 수집. 특히 공장지대 함남에서 긴장」.『조선일보』, 1936년 5월 18일.
「소련 기관지 푸라우다 일본 소련 악화를 선전 · 북철 종업원 체포 준비중. 만주국 둔입자 실은 소련 스파이」.『조선일보』, 1934년 6월 13일.
「소련 밀정사건 양보. 근로자로 분장하여 군사기밀 수립 보고. 스파이 교양기관도 조직 지도. 공대출신의 군사밀정」.『조선일보』, 1937년 4월 11일.
소양.「국문의 창시」.『아희생활』, 1942년 1월.

「소연방 여자 스파이 북중국에서 활약」, 『조선중앙일보』, 1934년 11월 2일.
소완규, 「부덕과 이지와 미―내가 현하의 주부를 구한다면」, 『춘추』, 1944년 10월.
「소형신문」, 『신세기』, 1939년 1월·9월·10월·11월.
「소형신문」, 『신세기』, 1940년 1월·3월·4월.
손정규, 「가사편―주거에 대하여, 부인교양독본. 제1회」, 『총동원』, 1939년 11월.
_____, 「부인교양독본 1」, 『총동원』, 1939년 11월.
_____, 「비상 시국과 반도 여성」, 『총동원』, 1939년 7월.
송금선, 「(시대도 새로운 이날) 여인으로 알아둘 예절―여성페이지」, 『신시대』, 1941년 1월.
松本德明, 「나치 독일의 지도원리와 일본정신」, 『경무휘보』, 1939년 2월.
松本治彦, 「공영권 경제건설의 의의」, 『동양지광』, 1942년 10월.
松山呂湜(舊名 李呂湜), 「비율빈의 인상」, 『대동아』, 1942년 3월.
송욱, 「남방 자원기―란인 자원편」, 『대동아』, 1942년 3월.
松月秀雄, 「농촌 청년에 흥부―땅의 철학」, 『총동원』, 1939년 6월.
송창일, 「소국민훈화집. 3」, 『아희생활』, 1942년 8월.
_____, 「소국민훈화집. 5」, 『아희생활』, 1942년 11월.
_____, 「현대모성독서. 3」, 『아희생활』, 1943년 3월.
_____, 「현대모성독서. 5／2」, 『아희생활』, 1943년 11월.
「쇼와국민독본 올림」, 『총동원』, 1939년 11월.
水野靖子, 「총후여성 독본―여성과 방공」, 『신시대』, 1943년 7월.
_____, 「총후여성 독본―여성과 예법」, 『신시대』, 1943년 7월.
須田靜夫, 「남방권과영화」(문화선진), 『동양지광』, 1942년 6월.
「스테이플 파이버란 무엇인가」, 『사해공론』, 1938.
「스파 양복은 간수하는 데 따라 오래가」, 『매일신보』, 1940년 10월 29일.
「스파 인견의 이입 통제조합을 설치」, 『매일신보』, 1940년 10월 20일.
「스파 직물개정가」, 『매일신보』, 1940년 2월 9일.
「스파양복 손질하는법」, 『매일신보』, 1939년 4월 5일.
「스파이 방지로 난인행 전보 곤란」, 『조선일보』, 1940년 5월 25일.
「스파이 부대의 스릴! 자동차로 단독 네델란드 국경선 돌파」, 『조선일보』, 1940년 5월 26일.
「스파이 취체법 미국 상원 통과」, 『조선일보』, 1938년 1월 8일.
「스파이 혐의 있는 중국인을 검거」, 『조선중앙일보』, 1935년 1월 13일.
「스파이 혐의로 만주인 2명 피체」, 『조선일보』, 1934년 12월 27일.
「스파이 혐의로 투옥된 이방인」, 『조선일보』, 1938년 9월 2일.
「스파이 혐의의 소련기선 2척 청삼현에서 억류취조」, 『조선일보』, 1936년 3월 28일.
「스파이 혐의있는 중국인을 검거」, 『조선중앙일보』, 1935년 1월 13일.
「스파이는 도량한다!」, 『매일신보』, 1942년 7월 7일.
「스파이는 두려운 것」, 『매일신보』, 1940년 8월 4일.
「스파이는 호언한다」, 『매일신보』, 1940년 1월 5일.
「스파이란 무엇」, 『매일신보』, 1941년 5월 12일.

「스파이란 어떤 것」, 『매일신보』, 1941년 5월 15일.
「스파이를 격멸하자」, 『매일신보』, 1943년 8월 6일.
「스파이에 주의하자」, 『매일신보』, 1942년 7월 7일.
「스파이혐의의 양방인 수석방」, 『조선일보』, 1939년 5월 17일.
「스파인견상조합 연합회설치안」, 『만선일보』, 1940년 3월 12일.
「스파제품전폐방침」, 『매일신보』, 1940년 2월 21일.
승산아부, 「(반도건아의 정신도장) 육군병 지원자 훈련소 참고 ― 세기의 감격」, 『신시대』 1집, 1941년 1월.
乘杉嘉壽, 「국기 게양가」, 『아희생활』, 1941년 7/8월.
「시국뉴-쓰」, 『아희생활』, 1940년 9/10월.
「시국뉴-쓰」, 『아희생활』, 1941년 4월·5월.
「식수기념일에 나무를 심읍시다 ― 시국 독본」, 『아희생활』, 1941년 4월.
식전웅첩, 「『대동아』전과 대륙문제」, 『동양지광』, 1942년 10월.
신광영, 「포스트맑스주의와 계급 분석 ― 비판적 논의」, 『사회비평』, 1992년 12월.
신도양, 「소년 제군에게 바라던 일」, 『아희생활』, 1942년 1월.
신도효, 「대동아 전쟁과 문화문제」, 『동양지광』, 1942년 3월.
신동욱, 「씨란 무엇인가 ― 소년지식」, 『아희생활』, 1940년 2월.
신봉조, 「중요해진 신체검사」, 『아희생활』, 1940년 2월.
『신시대』 편집부 편, 「일본가정교육훈」, 『신시대』, 1943년 7월.
_____, 「일본가정교육훈」, 『신시대』, 1944년 8월.
_____, 『애국반 가정용 언문방공독본』, 신시대사, 1941.
「신의 자녀 ― 가곡」, 『아희생활』, 1942년 11월.
「신의주 서원 계속 활동. 청년 2명 또 검거. 국제 스파이 혐의 농후」, 『조선일보』, 1936년 7월 30일.
신재돈, 「성대에 살아온 몸의 감격 ― 우리도 총후의 전사 : 학교와 정동 특집」, 『총동원』, 1940년 5월.
신정언, 「이씨부인의 엄훈 ― 고려의 군국모성」, 『조광』, 1942년 7월.
「신체제란 어떤 것인가」, 『아희생활』, 1941년 7/8월.
신흥우, 「신가파와 공영권」, 『대동아』, 1942년 3월.
십동중, 「흥아의 부인에게 주다」, 『총동원』, 1940년 1월.
「아들은 모다 국가에 바치리라 ― 장하다! 국군옹의 의기 : 총후미담」, 『신세기』, 1940년 1월.
「아시아의민족」, 『동양지광』, 1944년 2월.
安倍季雄, 「일등졸 순사 ― 감격 실화」, 『아희생활』, 1943년 7/8월.
안일, 「세계적 여 스파이군」, 『조광』, 1937년 7월·8월.
안종원, 「발육완전을 힘쓰라」, 『아희생활』, 1940년 2월.
안호상, 「세계적 인물 회견기 ― 히틀러, 아인스타인, 오이켄 제씨의 인상」, 『조광』, 1938년 11월.
「앞으로 앞으로 조선의 청소년」, 『아희생활』, 1940년 12월.
「애국반 ― 시국독본」, 『아희생활』, 1941년 9/10월.
「애국부인회의 총후 활동」, 『춘추』, 1941년 5월.
「애국소신문」, 『아희생활』, 1940년 1월~3월·9/10월·12월.

「애국소신문」,『아희생활』, 1941년 4월 · 5월 · 7/8월 · 9/10월.
「애국일이란 나라를 위해서 움직여야 할—시국독본」,『아희생활』, 1941년 4월.
「애국저금—시국독본」,『아희생활』, 1941년 7/8월.
野村盛之助,「시국하의 부인에게 의지하다」,『총동원』, 1940년 1월.
養士洞人,「가정경제의 신방향—여성란」,『춘추』, 1941년 6월.
양훈,「전쟁과 음악—군국 가요 이야기」,『조광』, 1942년 11월.
「어린이날의 노래」,『아희생활』, 1942년 6월.
「엄벌주의 단행에 공황시대 출현! 살인, 절도, 스파이 등 각 목하에 이탈리아 통치하의 에국수도」,『조선일보』, 1936년 5월 19일.
「업자의 '스파이' 암약. 운전수 비행감시. 메터제 실시후 새로운 대책」,『조선일보』, 1936년 5월 7일.
「여 스파이로 사교명성총살」,『조선중앙일보』, 1935년 3월 8일.
「여성문답」,『신세기』, 1940년 11월.
「여자의 핸드빽속에 숨은 비밀」,『신세기』, 1940년 3월.
「여학생도 무장. 만주국군의 정예」(화보),『춘추』, 1944년 3월.
鹽原時三郎,「신체제와 조선청년」,『신시대』, 1941년 1월.
_____,「재만반도인 제군에게 고함」,『총동원』, 1940년 4월.
「영 장교 스파이 사건」,『매일신보』, 1939년 6월 14일.
「영구의 평화를—인도인다리다무」,『대동아』, 1942년 7월.
「영국 '스파이'정책 대전 전6배의 기밀비」,『조선일보』, 1939년 7월 26일.
「영국 '총동원'법과 방첩법도 통과」,『조선일보』, 1940년 5월 25일.
「영국 방첩 강화법안」,『조선일보』, 1940년 5월 11일.
「영국부인에게 "스파이" 훈련」,『조선일보』, 1940년 7월 16일.
오금선,「청년의사에게」,『조광』, 1937년 1월.
오기선,「청년종교가에게」,『조광』, 1937년 1월.
娛山仙三,「학교와 청년단은 이렇게 정동을 추진한다—학교와 정동특집」,『총동원』, 1940년 5월.
「오용사자폭—전선미담」,『아희생활』, 1940년 2월.
오천석,「남양행」(본지특양기행—세계의 분화구 남양 특집),『조광』, 1941년 2월.
「완승 총후로 매진하는 가정부인좌담회」,『조광』, 1944년 2월.
「외사경찰을 확충. 각도에 외사계 신설. 외국인 취체는 물론. 국제 스파이도 엄중단속. 부산사무관 도동. 예산안 절충중」,『조선일보』, 1936년 5월 6일.
「용산서서도 방첩 좌담회」,『조선일보』, 1938년 8월 5일.
우원일성,「전쟁과 녀성」,『삼천리』, 1940년 9월.
유광렬,「북방수호와 조선의 지위」,『조광』, 1942년 4월.
유억겸 외,「학생과 시국」,『조광』, 1941년 10월.
유영윤,「수집음, 부끄러움—내가 현하의 주부를 구한다면」,『춘추』, 1944년 10월.
유완희,「남국의 강상일야」,『조광』, 1937년 6월.
유종기,「호주 대륙의 발견」,『조광』, 1942년 4월.
유진오,「젊은안해」,『춘추』, 1941년 2월.

유치진. 「개척과 희망」. 『매일신보』, 1942년 7월 30일~8월 5일.
_____. 「싸우는 국민의 자세」. 『대동아』, 1943년 6월.
유치환. 「북두성」. 『조광』, 1944년 3월.
「유행어 해석」. 『실생활』, 1932년 10월.
유행엽. 「군사기관의 스파이군」. 『조광』, 1937년 10월.
「육군 제학교 학생 모집」. 『아희생활』, 1943년 3월.
「육군기념일 ― 일로전후의 성업을 다시 추모」. 『아희생활』, 1943년 3월.
육정수. 「사십년전 옛시대의 남방 진출 비사 ― 남방 개발회사진출사」. 『대동아』, 1942년 3월.
「육탄, 적진을 점령하고 만세를 브르짖는 지원병 ― 허일병의 씩씩한 무훈 : 전선미담」. 『아희생활』, 1940년 1월.
윤규섭. 「현대 여성의 위치」. 『여성』, 1940년 10월.
윤치호. 「도회청년에게」. 『조광』, 1937년 1월.
윤홍기. 「남녀전문졸업생좌담회」. 『조광』, 1939년 3월.
웅산준남. 「신체제, 소화 유신 ― 세상은 새로바뀌었습니다, 이날에 굳게 할 국민의 각오」. 『신시대』, 1941년 1월.
이각종. 『시국독본』. 경성신문사, 1937.
이각종 편. 『국민정신총동원독본』. 경성신문사, 1938.
이갑수. 「생식과 수명의 관계 ― 취미의 과학」. 『신세기』, 1939년 3월.
이겸성. 「전시하혼상의례좌담회」. 『춘추』, 1941년 9월.
이광수. 「사상 함께 영미를 격멸하라」. 『신시대』, 1942년 1월.
_____. 「싱가폴 함락하다」. 『신시대』, 1942년 3월.
_____. 「전망」. 『녹기』, 1943년 1월.
_____. 「조선 문화의 장래」. 『총동원』, 1940년 1월.
_____. 「청년과 오늘」. 『신시대』, 1943년 7월.
_____. 「태평양이여」. 『매일신보』, 1942년 1월 3일.
이규화. 「전력 증강과 모성 보호」. 『신시대』, 1945년 1월.
이달수. 「초등학생의 시국 인식」. 『총동원』, 1939년 6월.
이상돈. 「국책선에 등장한 증식」. 『춘추』, 1941년 4월.
이상호. 「북지와 조선인」. 『조광』, 1939년 9월.
이서구. 「감격과 축하」. 『매일신보』, 1942년 2월 20일.
_____. 「축 싱가폴 함락」. 『매일신보』, 1942년 2월 19일.
이선희. 「남성 폭격 좌담회」. 『신세기』, 1939년 9월.
이성열. 「남방 자원기 ― 마래 자원편」. 『대동아』, 1942년 3월.
이성용. 「니이체와 여성」. 『신세기』, 1940년 11월.
이숙종. 「반도 부인과 근로 봉사 ― 비상시 국민생활개선문제 특집」. 『총동원』, 1939년 8월.
_____. 「시국과 가정」. 『총동원』, 1940년 1월.
_____. 「식량 문제와 가정」. 『총동원』, 1940년 3월.
이여식. 「마니자 유학 시대와 비도의 풍물기」. 『대동아』, 1942년 3월.

이용순. 「어떠게 하면 미인이 될가 — 이건 재미있고나」. 『신세기』, 1939년 3월.
이용악. 「눈 나리는 거리에서」. 『조광』, 1942년 3월.
_____. 「불」. 『매일신보』, 1942년 4월 5일.
_____. 「지도를 펴놓고」. 『대동아』, 1942년 5월.
이용택. 「일가정신총동원」. 『조광』, 1938년 12월.
이인희. 「위인의 어머니 — 외국편」. 『신시대』, 1943년 7월.
이일. 「동아해방의 광영」. 『매일신보』, 1942년 2월 19일.
이종욱. 「그 어머니에 그 아들 — 지소부인과 원술」. 『춘추』, 1941년 12월.
이종혁. 「백인의 남양 침략 전초전」(세계의 분화구 남양 특집). 『조광』, 1941년 2월.
이찬. 「어서 너의 키타를 들어」. 『조광』, 1942년 6월.
이창수. 「소련의 극동경영」. 『조광』, 1942년 4월.
이창호. 「결전하의 애육 — 총후모성에게 들이는 말씀」. 『신시대』, 1943년 7월.
_____. 「결전하의 애육 — 총후모성에게 들이는 말씀」. 『신시대』, 1944년 8월.
伊村壽重. 「법률상식 강좌 — 무능력자 제도」. 『신시대』, 1943년 7월.
_____. 「총후여성 독본 — 여성과 방공」. 『신시대』, 1943년 7월.
「이탈리아공사 및 공사관원의 국외 퇴거를 요구. 스파이 행도과 음모사실 지적. 에국공사연맹에 통고」. 『조선일보』, 1935년 10월 10일.
「이태리는 끝끝내 일본을 도움는다고 — 시국해설」. 『아희생활』, 1940년 1월.
이혜정. 「각방면여성의 남성매력방담회」. 『신세기』, 1939년 3월.
이효석. 「〈풍년가〉 보든날 밤」. 『대동아』, 1942년 5월.
이훈구. 「내가 만나본 외국여성」. 『신세기』, 1940년 3월.
「인도의 국민회의파」. 『대동아』, 1942년 7월.
인정식. 「내선일체와 언어」. 『삼천리』, 1940년 3월.
_____. 「사항 함락과 남방 경제의 재편」. 『동양지광』, 1942년 3월.
_____. 「황금색의 비운 — 미국의 농업공황」. 『조광』, 1942년 2월.
「일본 대사관사 용인 소련방돌연 검거 동경소견대사관 스파이검거 사건보복? 해참 위영사관서도 검거. 일본, 소련관계 험악화!」. 『조선일보』, 1936년 8월 13일.
「일본어가 된 외국어」. 『아희생활』, 1943년 3월.
「일소 조약 성립 — 시국독본」. 『아희생활』, 1941년 5월.
「일인의 우수한 스파이는 수만의 예병보다 낫다」. 『매일신보』, 1942년 7월 14일.
임경호. 「비율의 이민사」. 『조광』, 1942년 3월.
임숙재. 「가정 생활을 근본적으로 재건하다」. 『총동원』, 1940년 8월.
임이좌서. 「세기의 젊은이 — 대일본 청소년단 제정가」. 『아희생활』, 1942년 6월.
임인수. 「아동의 명심보감 — 송창일저 소국민훈화집 독후감」. 『아희생활』, 1943년 7/8월.
임화. 「우리들의 독물 — 국제 스파이 이야기」. 『신계단』, 1932년 11월.
_____. 「학생론」. 『조광』, 1941년 10월.
임효정. 「미몽에서 깨자」. 조선임전보국단 주최 '반도지도부인층의 결전보국의 대 사자후'(1942년 2월 8일). 『대동아』, 1942년 5월.

「자살한 스파이에 당국의 온정」.『만선일보』, 1940년 8월 1일.
「잘 느러나는「스파」「메리야스」」.『매일신보』, 1940년 11월 5일.
장기현.「하와이島 馬來近海 양대해전」.『조광』, 1942년 2월.
장덕수.「북방수호의 의의」.『동양지광』, 1942년 11월.
_____.「장기건설의 길로—흥아청년의 의미를 묻다」.『총동원』, 1939년 12월.
장문경.「신녀성과 임신」.『삼천리』, 1939년 6월.
_____.「육아와 부인위생」.『춘추』, 1941년 10월.
_____.「처녀독본」.『신세기』, 1939년 6월.
_____.「"처녀독본. [3], 가을과 처녀와 결혼"」.『신세기』, 1939년 9월.
_____.「"처녀독본. [4], 가을과 처녀위생—특히 월경에 대하야"」.『신세기』, 1939년 10월.
_____.「"처녀독본. 5, 여성미와 모발"」.『신세기』, 1939년 11월.
_____.「"처녀독본. 7, 조선여성의 스타일"」.『신세기』, 1940년 1월.
_____.「"처녀독본. 8, 조선여성과 눈의 美容"」.『신세기』, 1940년 3월.
_____.「"처녀독본. 9, 조선여성과 하이킹"」.『신세기』, 1940년 4월.
장상홍.「모성과 아동의 영양—씩씩한 어린이를 키우자 : 여성란」.『춘추』, 1941년 6월.
장선희.「남양의 화교」.『조광』, 1942년 3월.
장윤하.「신가파의 역사」(남방소강좌).『조광』, 1942년 3월.
「장하다! 이인석군의 전사—이 남편에 이 안해 : 총후미담」.『신세기』, 1939년 9월.
장혁주.「안해」.『신세기』, 1940년 11월.
齋藤留吉.「군신을 배배하다」.『아희생활』, 1942년 6월.
「저녁 기도—가곡」.『아희생활』, 1942년 11월.
적두건.「무격장수—동화」.『신시대』1집, 1941년 1월.
「전시 국민생활 협조—시국독본」.『아희생활』, 1940년 9/10월.
「전시방첩 12훈」.『아희생활』, 1942년 6월.
「전시의 생활」.『아희생활』, 1941년 9/10월.
「전운속에 난무하는 요염, 여간첩 비화(마타 하리 및 세계 여간첩 비화)」.『매일신보』, 1940년 1월 5일.
「전율, 세계의 스파이망 장군 뒤에 숨은 장군」.『매일신보』, 1940년 1월 5일.
前川勘夫.「반도의 위치와 장래」.『동양지광』, 1943년 1월.
전촌계.「해병의 어머니가 되라—해의 기념일에의 누에게 보내는 편지」.『조광』, 1943년 7월.
전촌부 기자.「비상시가정방문기」.『총동원』, 1940년 8월.
「젊은이에게 권하고 싶은 전기」.『춘추』, 1943년 7월.
정갑.「란영 인도의 지리적 현세」(란영인도특집).『조광』, 1940년 7월.
정광현.「조선 여성의 법률상 지위」.『춘추』, 1941년 5월.
정내동.「지나신여성의 기질」.『신세기』, 1939년 6월.
정봉.「총후여성독본—여성과 방공」.『신시대』, 1943년 7월.
정상목.「장기 건설에의 길」.『총동원』, 1939년 12월.
정옥임.「인도녀성운동의 개관」.『삼천리』, 1942년 3월.
정우상.「미망인의 재혼」.『춘추』, 1942년 5월.

井原潤次郎(조선군참모 포병대좌).「전쟁터 실명의 마장 상병의 영광」.『총동원』, 1939년 8월.
정인섭.「『대동아』 전을 맞는 나의 결의」.『국민문학』, 1942년 12월.
_____.「꿈이 아니다」.『매일신보』, 1942년 2월 24일~3월 2일.
_____.「나의 보고서」.『신시대』, 1941년 2월.
_____.「서양문학에의 반성」.『국민문학』, 1942년 1월.
_____.「엄숙한 순간」.『매일신보』, 1942년 1월 29일.
_____.「영국문화의 위기」.『매일신보』, 1942년 2월 24일~3월 2일.
정인철.「남방 자원기 — 불인 자원편」.『대동아』, 1942년 3월.
정지용.「이토」.『동양지광』, 1942년 8월.
정칠성.「적연 비판」.『삼천리』, 1929년.
정태흠.「반도청년의 각오」.『총동원』, 1940년 2월.
정현숙.「후방여성독본 — 여성과 생활」.『신시대』, 1943년 7월.
조기자.「독일여성이 본 조선가정 — 조선인의 부인인 그들을 찾아서」.『춘추』, 1943년 3월.
조동식.「청년남녀학생에게」.『조광』, 1937년 1월.
조만식.「농촌청년의 임무」.『조광』, 1937년 1월.
조병상(국민정신총동원연맹, 조선연맹 참사).「반도 청년의 진로 — 항상 사회의 선두에 서서」.『총동원』, 1939년 7월.
「조선청년의 궐기」.『춘추』, 1943년 9월.
「조선총독부 중견청년수련소 제3기 수료생명단 — 연합휘보」.『총동원』, 1940년 5월.
조선총독부·내각정보부.「전시국민생활십계명 — 비상시국민생활개선문제특집」.『총동원』, 1939년 8월.
조선총독부·농림국·연료과.「가정 연료의 합리화 — 특집」.『총동원』, 1939년 12월.
조선총독부·학무국.「학교정동운동 협조 — 학교와정동특집」.『총동원』, 1940년 5월.
조풍연.「다방과 신체제」.『여성』, 1940년 11월.
_____.「삭발령과 학생 — 학생과 오락」.『조광』, 1938년 1월.
조필대.「해운대에서 — 르폴타-쥬」.『신세기』, 1939년 4월.
「종교의 미명하에 가공할 스파이 행위」.『만선일보』, 1940년 8월 5일.
「종로서에서 방첩 좌담회. 접객업자를 중심으로」.『조선일보』, 1938년 8월 3일.
좌등경.「비도의대학과학생기질」.『동양지광』, 1943년 6월.
좌등사랑.「선배들의 처세훈」.『아희생활』, 1942년 8월.
좌등총지조.「애국반의 노래」.『아희생활』, 1941년 4월.
「주 소련 일본 독일 영사관의 일부를 폐쇄 결정. 일본 독일 첩보기관이 스파이 사건에 관계 있다고 외무인민위원회서 강구」.『조선일보』, 1939년 6월 7일.
주영섭.「남방시」.『조광』, 1942년 3월.
주요한.「『대동아』 행진곡」(시).『춘추』, 1942년 2월.
_____.「『대동아』권과 문화의 문제」.『매일신보』, 1942년 3월 23일~27일.
_____.「12월 7일의 꿈」(시).『신시대』, 1942년 12월.
_____.「각오를 새로히 하야」.『신시대』, 1942년 12월.

_____.「동아의 새봄」(시).『매일신보』, 1942년 2월 23일.
_____.「동양해방」(시).『삼천리』, 1940년 12월.
_____.「루즈벨트여 답하라」.『삼천리』, 1942년 1월.
_____.「명기하라 12월 8일」(시).『신시대』, 1942년 1월.
_____.「미영의 동아침략」.『신시대』, 1942년 2월.
_____.「상해조계 진주일에 왕군에게 보냄」(시).『조광』, 1942년 2월.
_____.「새로운 각오」.『대동아』, 1942년 3월.
_____.「성전찬가」(시).『매일신보』, 1942년 12월 8일.
_____.「손에 손을」(시).『국민문학』, 1941년 11월.
_____.『손에손을』(시집), 박문서관, 1943.
_____.「승리의 태평양」(시).『춘추』, 1942년 4월.
_____.「싱가폴 함락가」(시).『매일신보』, 1942년 2월 18일.
_____.「이기지 않으면 안된다」.『국민문학』, 1943년 6월.
_____.「청,연,이제」.『춘추』, 1941년 2월.
_____.「타오르는 희망」.『신시대』, 1943년 9월.
_____.「태평양의 시대」.『매일신보』, 1942년 1월 7일.
_____.「하와이의 섬들아」(시).『삼천리』, 1942년 1월.
주초민.「일지친선작문―나는 흥아의 아들」.『아희생활』, 1940년 2월.
「중견청년수련소 소식」.『총동원』, 1940년 4월.
중광규.「소년 제군에게 바라던 일」.『아희생활』, 1941년 5월.
重光兌鉉.「전시하의 여성 계몽 문제」.『춘추』, 1942년 4월.
지명희.「여학생수첩」.『신세기』, 1939년 6월.
「직업별로 이동식의 방첩 좌담회 개최. 종로서 관내의 각종 영업자를 소집. 취지철저와 적극적 협력요 망」.『조선일보』, 1938년 8월 5일.
津田節子.「적극적 일본 여성과 배우다―비상시 국민생활개선문제 특집」.『총동원』, 1939년 8월.
「징병·의무교육·총동원 문제로 군부와 총독부 당국에 민간유지가 문의하는 회」.『삼천리』, 1939년 6월.
「징병제도―시국독본」.『아희생활』, 1942년 1월.
「징병제의 역사」.『아희생활』, 1942년 6월.
朝鮮軍司令部報道部長, 陸軍少將 倉茂周藏.「부인의 전력」.『조광』, 1943년 11월.
채연근.「연극월평―기획의 윤리성」.『조광』, 1943년 2월.
천성촌.「해군―신작 가요선. 1」.『아희생활』, 1944년 1월.
천원독.「해양발전과 대륙방위」.『동양지광』, 1942년 6월.
철완생.「란인의 군비」(세계의 분화구 남양 특집).『조광』, 1941년 2월.
「청년단 국민정신총동원보급부 설치 요항―연합휘보」.『총동원』, 1940년 5월.
「청년단의 강화병 보급에 관하다」.『조선』, 1937년 9월.
「청년없는 승리없다 출전하는 조선 학도에게 고함」.『춘추』, 1943년 12월.
「청년조선의 영예―자라가는 육군지원병제도」.『춘추』, 1941년 2월.

「청소년 군사 교육보전—육군편. 제3회」.『신시대』, 1943년 7월.
초사.「현대 여류 사상가들—붉은 연애의 주인공들」.『삼천리』, 1931년 6월.
초철.「남방공영권풍속점묘」.『조광』, 1942년 3월.
「총후미담」.『신세기』, 1940년 3월.
「총후의 보국과 방첩영화 대회」.『조선일보』, 1939년 11월 26일.
최규동.「청년교육자에게」.『조광』, 1937년 1월.
최남수.「미망인의 정체—국제 여간첩 로만스」.『신세기』, 1940년 4월.
_____.「암실의 영웅—전장 비화 스파이 소설」.『신세기』, 1938년 11월.
최일송.「여성 사치의 후일담」.『춘추』, 1941년 2월.
최정익·이여식·손광선자·오영섭·김창집,「남방의 풍속과 문화」(좌담).『조광』, 1942년 4월.
최정희.「2월 15일의 밤」.『신시대』, 1942년 4월.
_____.「군국의 어머니」.『대동아』, 1942년 5월.
_____.「꿈은 남녘으로」.『대동아』, 1942년 3월.
_____.「동아의 새아침」.『매일신보』, 1942년 2월 21일.
최행촌.「인도천일야화」.『조광』, 1941년 10월.
「춤추는 요마 국제『스파이』비화. 백계 러시아인들을 쫓는『께삐우』의 기민활동(6)」.『조선일보』, 1933년 7월 22일.
「춤추는 요마 국제『스파이』비화. 경신읍귀할 각색 기교 조화 탈공하는 공방술(4)」.『조선일보』, 1933년 7월 20일.
「춤추는 요마 국제『스파이』비화. 암중에 빛나는 공포안 세계 제1의 소련첩보. 여자에게 혹한 배교자의 무서운 말로 공포안을 피하여 10계에서 투신(4)」.『조선일보』, 1933년 7월 21일.
「춤추는 요마. 국제『스파이』비화 설위의 미소로 남성 뇌살하는 여첩군(1)」.『조선일보』, 1933년 7월 17일.
「춤추는 요마. 국제『스파이』비화. 견치에 보고장치서 1회 3천어를 비송(3)」.『조선일보』, 1933년 7월 19일.
「춤추는 요마. 국제『스파이』비화. 세계에 난무하는 궐녀들의 호담(2)」.『조선일보』, 1933년 7월 18일.
「친구를 맞이하는 노래—가곡」.『아희생활』, 1942년 8월.
「콤팩트」.『신세기』, 1939년 1월.
「태평양의 주요섬 서지」.『춘추』, 1942년 3월.
澤田豊.「흥아건설과 우리의 각오—학교와 정동특집」.『총동원』, 1940년 5월.
「파나마 운하 지대 스파이 망 일소」.『조선일보』, 1940년 8월 3일.
「파주서도 방첩강화」.『조선일보』, 1938년 8월 19일.
八木信雄.「간절히 학교직원의 분발을 바라다—학교와 정동특집」.『총동원』, 1940년 5월.
「편지, 전화 조심하라 그대들 앞뒤에는 '스파이'가 널려 있지 않은가」.『매일신보』, 1943년 6월 27일.
풍전병덕.「청년론」.『조광』, 1945년 2월.
豊川肇.「(보도연맹이 본) 중등학생과 경성」.『주광』, 1941년 4월.
「피난한 조선인 여자. 수류탄으로 방화. 대사하 점령한 공군의 전소는. 여자 스파이로 판명」.『조선일보』, 1934년 6월 2일.

하난공.「새로운 여성미는 어떻게 출발할 것인가」.『신세기』, 1940년 11월.
河東永煥.「불인에 있어서의 반도인의 노력」(재외조선인 현지보고).『삼천리』, 1941년 12월.
夏目漱石.「소년 제군에게 바라던 일」.『아희생활』, 1942년 8월.
하소.「스파이는 도량한다 — 세계 간첩 종횡담」.『신세기』, 1940년 11월.
賀田直治.「총후경제전과 국민정신총동원」.『총동원』, 1939년 6월.
「학교 직원과 정동」.『총동원』, 1940년 4월.
「학교직원과 국민정신총동원운동」.『총동원』, 1940년 4월.
「학량의 여 스파이 열차에서 체포」.『매일신보』, 1932년 10월 12일.
「학생 예술가 망라 방첩 방공 연예의 밤 개최. 13일 개성 철도 공원 광장에서」.『조선일보』, 1940년 5월 12일.
한민훈.「태국을 걸머진 파푼 원사의 약사」.『대동아』, 1942년 5월.
한영동.「군마의 혼」.『아희생활』, 1942년 1월.
_____.「전쟁과 학문 — 실화」.『아희생활』, 1941년 9/10월.
「함경북도의 경관 백명이상을 증원. 방첩과 기관총 완비」.『조선일보』, 1932년 12월 3일.
함대훈.「남방 문화 공작과 건설문제」.『매일신보』, 1942년 4월 6일~8일.
_____.「세계변혁의 날」.『매일신보』, 1942년 2월 18일.
함상훈.「제국의 남진 정책」(세계의 분화구 남양 특집).『조광』, 1941년 2월.
함인기.「란인과 제국의 태도」.『조광』, 1940년 6월.
「항일의 꿈도 깨어 — 전선통신」.『아희생활』, 1940년 3월.
해군군악대 작곡.「대동아결전의 노래」.『아희생활』, 1942년 1월.
해야공(경성죽첨청년대장).「징병령 기다리는 청년에게」.『조광』, 1942년 10월.
「해양소년단」.『아희생활』, 1941년 7/8월.
향촌훈.「바다야! 물새야! — 산본56대장영령앞에」.『아희생활』, 1943년 7/8월.
_____.「태양이 말하기를 — 대동아전쟁 필승」.『아희생활』, 1943년 3월.
허하백.「총후부인의 각오」.『대동아』, 1942년 5월.
_____.「총후여성의 힘」.『조광』, 1942년 2월.
「헌병대강 회의에 경무국에서도 참가. 군경합자로 협의를 하여. 스파이 근절책 강구」.『조선일보』, 1936년 6월 10일.
현기웅.「우리도 사후를 지키다 — 우리도 총후의 전사 : 학교와 정동 특집」.『총동원』, 1940년 5월.
「현대 녀성의 악취미」.『삼천리』, 1938년 8월.
현영섭.「내선일체와 총후청년의 임무」.『조광』, 1940년 5월.
현인규.「청년론의 성격과 과제」.『조광』, 1937년 1월.
「호주의 원주민과 동물」(화보).『조광』, 1942년 4월.
홍득순.「신여성은 아름다운가?」.『신세기』, 1940년 4월.
홍명희.「문학청년의 려정」.『조광』, 1937년 1월.
홍승기.「남방 화교 홍쇠사」.『춘추』, 1942년 3월.
홍이섭.「만소국경사천삼백리」.『조광』, 1942년 4월.
홍종인.「(집단연주론)청년훈육과 학교음악」.『조광』, 1935년 11월.

홍지진. 「내선일체—우리도 총후의 전사: 학교와 정동 특집」. 『총동원』, 1940년 5월.
홍효민. 「미영사상의 본질」. 『조광』, 1943년 9월.
花村方子. 「비상시 가정에 접근시키다」. 『총동원』, 1940년 8월.
_____. 「생활 쇄신은 가정에서—비상시 국민생활개선문제 특집」. 『총동원』, 1939년 8월.
「활약하는 '스파이'」. 『조선일보』, 1940년 8월 4일.
「황군의 노고에 감사」. 『아희생활』, 1943년 3월.
황신덕. 「여학생의 할일—하휴와 학생」. 『춘추』, 1941년 8월.
황영덕. 「비행기영돌이」. 『아희생활』, 1943년 3월.
「흥융아세아 창건에 빛나는 반도—[총후미담]」. 『신세기』, 1940년 11월.
東原一雄(평양애린원탁아소). 「탁아소의 필요와 실제 문제」. 『신시대』, 1944년 8월.

일본어 자료

岡久雄. 『陸軍特別志願兵 讀本』. 帝国地方行政学会朝鮮本部, 1939.
「京城保導聯盟結成 / 動機及經過」. 『保導月報』. 1933.
宮武辰夫. 『フイリピン 原住民の 土俗 と 藝術』. 羽田書店, 1943.
_____. 『東印度 原住民の土俗と藝術』. 春陽堂, 1943.
「南方開発と朝鮮」. 『前進する朝鮮』. 朝鮮總督府情報課, 1942.
南亞細亞文化硏究所. 『南アズア 政治 交通圖, 附 地名索引』. 南亞細亞文化硏究所, 1943.
_____. 『南洋 地名 歐華對照』. 臺灣總督官房外務部內 南支南洋 發行所, 1939년 8월.
內務省防諜協會募集. 情報局 日本放送協會選. 『防諜劇名作選』. 協榮出版社, 1943. 3.
司法省刑事局編纂. 『防諜関係法令集』. 清水書店, 1941.
三吉朋十. 『大南洋地名事典』. 比律賓 篇. 丸善株式會社, 1942.
_____. 『比律賓 蠻族の實生活』. 於南洋協會講演速記, 1935년 7월 10일.
_____. 『比律賓の土俗』. 丸善株式會社, 1942년 8월 25일.
『昭和十六年 帝國議會 說明 資料』. 朝鮮総督府, 1941.
『昭和十九年に於ける 半島思想 情勢』. 『朝鮮檢察要報』 13. 高等法院檢事局, 1945년 3월.
阪圭吉. 『假面の親日—防諜 探偵小說』. 大道書房, 昭和 18[1943], 1943년 8월.
財團法人日本拓殖協會編. 『南方文獻目錄』. 日本拓殖協會, 1942.
田中末廣. 『滿洲副業資源讀本』. 立命館出版部, 1934.
『朝鮮総督府官報』 4278, 1941년 5월 12일.
『朝鮮総督府禁止単行本目錄』. 警務局図書科, 1939.
『朝鮮出版警察概要』. 朝鮮總督府 図書課, 1940.
朝鮮總督府 警察官 講習所 編纂. 『朝鮮警察法 大意』. 谷岡商店印刷部, 1926.
『愛國婦人會 四十年史』(昭和16년7월). 『愛國·國防婦人運動 資料集』. 日本圖書センター, 1996년 6월.
愛國婦人會. 「支那事変と地方 本·地部」. 『愛國婦人會 四十年史』(昭和16년7월). 『愛國·國防婦人運動 資料集』. 日本圖書センター, 1996년 6월.
拓務省 拓務局 三浦悅郎 編. 『滿洲移住讀本』. 改造社, 1939.
「通信に関する事項」. 『昭和18年第84回帝国議会説明資料』. 逓信局.

下田次郞.『母性讀本』. 實業之日本社, 1938.

2차 자료

한국어 자료

가와 가오루.「총력전 아래의 조선 여성」. 김미란 옮김.『실천문학』, 2002년 가을.
가와모토 아야.「일본 양처 현모 사상과 '부인 개방론'」.『역사비평』, 2000년 가을.
강선미 · 야마시다 영애.「천황제 국가와 성폭력」.『한국여성학』, 한국여성학회 제9회 학술대회 발표문 (1993).
강정숙 · 서현주.「일제 말기 노동력 수탈 정책」.『한일간의 미 청산 과제』. 한국정신대연구회 엮음. 아세아문화사, 1996.
곽건홍.「일제하 조선의 전시 노동 정책 연구」, 고려대학교 대학원 사학과 박사학위 논문, 1999.
구자황.「'독본'을 통해 본 근대적 텍스트의 형성과 변화」.『상허학보』13 (2004년 8월) : 214~244.
권명아.『가족 이야기는 어떻게 만들어지는가』. 책세상, 2000.
_____.「마지노선의 이데올로기와 가족, 국가 — 전장의 스펙터클과 유족의 정체성」.『식민지 이후를 사유하다』. 책세상, 2009.
_____.「마지노선의 이데올로기와 가족, 국가」.『탈영자들의 기념비』. 생각의 나무, 2003.
_____.『맞장뜨는 여자들』. 소명출판사, 2001.
_____.「모성 신화의 기원, 그 파시즘적 형식에 관하여」.『현대문학연구』13 (1998) : 161~221.
_____.『무한히 정치적인 외로움 — 한국 사회의 정동을 묻다』. 갈무리, 2012.
_____.「변경과 제국의 전위와 오리엔탈리즘」.『당대비평』, 2004년 겨울.
_____.「보편적 어펙트 연구 비판과 젠더 · 어펙트 연구 — 방법론과 지적 원천에 대한 논쟁을 중심으로」.『사이』33 (2022) : 151~182.
_____.「불태워지는 건 여성만이 아니다」.〈옷을 갈아입은 성차별 — '젠더갈등' 프레임과 이대남 현상을 비판한다〉.『백래시대응을 위한 긴급토론 학술대회 발표집』. 젠더어펙트 연구소, 2021.
_____.「비교 역사적 연구를 통해 본 정동 연구의 사회정치적 의제 — '여자 떼' 공포와 다스려질 수 없는 자들의 힘」.『여성문학연구』39 (2016) : 7~38.
_____.「성폭력 부정주의의 정동적 힘과 대안적 정동 생성의 '쓰기'」.『여성문학연구』52 (2021) : 230~262.
_____.「수난사 이야기로 다시 만들어진 민족 이야기」. 김철 · 신형기 외,『문학 속의 파시즘』. 삼인, 2001.
_____.「수치스런 몸의 역사 — 보이지 않는 역사적 원천과 풍속」.『민족문학사연구』66 (2018) : 257~288.
_____.『식민지 이후를 사유하다 — 탈식민화와 재식민화의 경계』. 책세상, 2009.
_____.「신냉전 질서의 도래와 혐오발화/증오 정치 비교역사 연구」.『역사문제연구』20, no.1 (2016) : 11~45.
_____.「여성 수난사 이야기와 파시즘의 젠더 정치학」. 김철 · 신형기 외.『문학 속의 파시즘』. 삼인, 2001.

_____. 「여성 수난사 이야기의 역사적 층위」. 『상허학보』 10 (2003) : 149~177.

_____. 「『오징어 게임』 어펙트, 마주침의 윤리와 연결성의 에톨로지」. 『석당논총』 82 (2022) : 125~170.

_____. 『음란과 혁명 ― 풍기문란의 계보와 정념의 정치학』. 책세상, 2013.

_____. 「이준석이 82년생 김지영을 공격하는 이유 ― 이대남 현상은 실재하는가 ③」. 『프레시안』, 2021년 5월 31일. http://www.pressian.com/pages/articles/2021053114572955815.

_____. 「인국공 사태의 교훈이 반페미니즘인가 ― 이대남 현상은 실재하는가 ④」. 『프레시안』, 2021년 6월 3일. http://www.pressian.com/pages/articles/2021060313295937365.

_____. 「전시 동원 체제에서 중국적인 것의 정동화와 조선적인 것의 인종화 ― 차이나 어펙트 연구」. 『여성문학연구』 61 (2024년 4월) : 167~206.

_____. 「전시 총동원의 이데올로기 교육과 독본 해제」. 『일제 파시즘기 한국 사회 자료집 6』. 선인, 2005.

_____. 「젠더·어펙트 연구 방법론과 역사성 ― 역사적 파시즘 연구에서 원격통제 권력 비판까지」. 『코기토』 100 (2023년 6월) : 7~49.

_____. 「젠더·어펙트 연구에서 연결성의 문제 ― 데이터 제국의 도래와 '인문'의 미래」. 『석당논총』 77 (2020) : 5~38.

_____. 「증오정치와 정착민 식민주의에 맞서는 정치적 행위자성에 대하여」. 『황해문화』 127 (2025) : 85~103.

_____. 「한국 전쟁과 주체성의 서사 연구」. 연세대학교 대학원 국문학과 박사학위 논문, 2002.

_____. 「한국과 일본에서의 반헤이트 스피치 운동과 이론에 대한 비교 고찰 ― 차별의 역사적 구조와 표현의 자유에 대한 논의를 중심으로」. 『여성문학연구』 45 (2018) : 538~562.

_____. 「힐링 여행의 아포칼립스와 정착민 식민주의의 정동들」. 『대중서사연구』 30, no. 2 (2024) : 11~68.

_____. 「K적인 것의 기원과 K차별 ― 차별 대응 제도와 교육, 사회통념 개념의 변화를 중심으로」. 『석당논총』 80 (2021) : 129~160.

기유정. 「일본 제국과 제국적 주체의 정체성―『綠旗』(『綠人』) 속 모리타 요시오(森田芳夫)의 국체론과 정체성 분석을 중심으로」. 『일본학』 35 (2012) : 119~154.

김경미. 「식민지 교육 경험 세대의 기억 ― 경기공립중학교 졸업생의 일제 파시즘 교육 체제하의 경험과 기억을 중심으로」. 『한국교육사학』 27, no. 1 (2005) : 1~28.

김상태 편역. 『윤치호 일기 1916~1943 ― 한 지식인의 내면 세계를 통해 본 식민지 시기』. 역사비평사, 2001.

김원모·이경훈 편역. 『동포에 고함』. 철학과현실사, 1997.

김택현. 『서발턴과 역사학 비판』. 박종철출판사, 2003.

나이토 치즈코. 『암살이라는 스캔들』. 고영란·김경원·손지연 옮김. 역사비평사, 2011.

니시카와 나가오. 「한자 문화권에서의 문화연구 ― 문명, 문화, 민족, 국민의 개념을 둘러싸고」. 『국민이라는 괴물』. 윤대석 옮김. 소명출판사, 2002.

도미야마 이치로. 『전장의 기억』. 임상모 옮김. 이산, 2002.

라라, 알리 엮음. 『정동 연구 지도제작』. 권명아·이지행·권두현·윤조원·정다연 옮김. 해제. 갈무리, 2025.

뤼트케, 알프.「"붉은 열정"이 어디 있었던가? ― 노동자들의 경험과 독일 파시즘」. 알프 뤼트케 외 지음.『일상사란 무엇인가』. 이동기 외 옮김. 청년사, 2002.

류진희.「식민지 검열장의 형성과 그 안의 밖 ―『朝鮮出版警察月報』에 있어 '支那'라는 메타 범주」.『대동문화연구』 72 (2010) : 415~443.

리오 T. S. 칭.『안티 재팬 ― 탈식민 동아시아의 감정의 정치학』. 유정완 옮김. 소명출판, 2023.

문한별.「일제 강점기 식민지 조선에서의 영화 검열 표준과 특수성」.『한국근대문학연구』 24, no. 1 (2023) : 173~199

민족문제연구소.『일제하 전시체제기 정책사료 총서』 54권. 한국학술정보, 2000.

박태균.「'역사비평'의 임지현-조희연 논쟁에 부쳐 ― 대중독재와 외세의 관계 중요, 실증 없이 주장만 대립」.『교수신문』, 2005년 3월 22일.

박헌호·손성준.「한국 근대문학 검열연구의 통계적 접근을 위한 시론 ―『조선출판경찰월보』와 식민지 조선의 구텐베르크 은하계」.『외국문학연구』 38 (2010) : 193~224.

발리바르, 에티엔.『알튀세르와 마르크스주의의 전화』. 윤소영 옮김. 이론, 1993.

방기중.「1930년대 조선 농공 병진 정책과 경제 통제」.『동방학지』 120 (2003년 6월) : 75~123.

_____.「조선 지식인의 경제통제론과 '신체제'인식」.『일제하 지식인의 파시즘 체제 인식과 대응』. 방기중 엮음. 혜안, 2005.

벤야민, 발터.『기술적 복제시대의 예술작품』. 심철민 옮김. 도서출판b, 2017.

변은진.「일제 전시 파시즘기(1937~1945) 조선 민중의 현실 인식과 저항」. 고려대학교 대학원 사학과 박사학위 논문, 1998.

_____.「일제 침략 전쟁기 조선인 '강제동원' 노동자의 저항과 성격 ― 일본 내 '도주' 비밀 결사 운동을 중심으로」.『아세아연구』 108 (2002) : 33~65.

비숍, 이사벨라 버드.『양자강을 가로질러 중국을 보다』. 김태성·박종숙 옮김. 효형출판사, 2005.

_____.『한국과 그 이웃 나라들』. 이인화 옮김. 살림, 1996.

사카모토 신이치.「"명치 민법"의 성씨 제도와 "창씨개명(조선)"·"개성명(대만)"의 비교 분석」.『법사학연구』 22 (2000년 10월) : 155~190.

사카이 나오키.『사산되는 일본어, 일본인』. 이득재 옮김. 문화과학사, 2003.

손종업.「영화〈반도의 봄〉의 이중서사 구조와 심층에 담긴 상징투쟁의 의미」.『어문론집』 87 (2021) : 137~171.

송본무축.「1930년대 조선 촌락질서 재편과정」.『식민지 권력과 조선 농민』. 사회평론사, 1998.

송연옥.「대한 제국기의 '기생 단속령'과 '창기 단속령' ― 일제 식민지화와 공창제 도입의 준비 과정」.『한국사론』 (1992년 12월).

알뛰세르, 루이.『이데올로기와 이데올로기적 국가장치 ― 아미엥에서의 주장』. 김동수 옮김. 솔, 1991.

야마시다 영애.「식민지 지배와 공창 제도의 전개」.『사회와 역사』 51 (1997년 봄).

양동숙.「해방 후 공창제 폐지 과정」.『역사연구』 9 (2001년 6월) : 207~244.

양석원.「두보이스의 범아프리카주의와 아프리카 민족해방운동」.『비평과 이론』 9, no. 1 (2004) : 255~284.

_____.「아프리카의 "고통과 약속" ― 두보이스와 제1차 세계대전」.『탈유럽의 세계문학론 ― 제1차 세

계대전과 세계문학의 지각변동」, 김재용 엮음, 글누림, 2020.

엄진주.「1930년대 식민지 조선에서의 중국 소설 검열 연구 — 蔣光慈 소설 〈압록강에서(鴨綠江上)〉를 중심으로」.『한중인문학연구』 61 (2018) : 53~75.

옐롬, 매릴린.「전쟁, 예기치 못한 기회 — 아내, 전쟁, 그리고 일, 1940~1950」.『아내 — 순종, 혹은 반항의 역사』. 이근영 옮김. 시공사, 2003.

오성숙.「여학생의 '우정'을 둘러싼 제국 일본 담론과 대동아공영권 — 요시야 노부코(吉屋信子)의『여성의 우정』,『여교실』과 미디어 담론을 중심으로」.『일어일문학연구』 95, no. 2 (2015) : 205~226.

오질비, 베르트랑.「알뛰세르와 라깡」. 송기형 옮김.『이론』, 1994년 봄.

우대형.「일제하 사회경제사학과 白南雲」.『사회와역사 (구 한국사회사학회논문집)』110 (2016) : 43~44.

우에노 치즈코.『내셔널리즘과 젠더』. 이선이 옮김. 박종철출판사, 1999.

우치다 준.『제국의 브로커들 — 일제강점기의 일본 정착민 식민주의 1876~1945』. 한승동 옮김. 길, 2020.

윤해동.「식민지 인식의 회색지대 — 일제하 공공성과 규율 권력」.『식민지의 회색지대 — 한국의 근대성과 식민주의 비판』. 역사비평사, 2003.

_____.「일제의 면제 실시와 촌락 재편성책」. 서울대학교 대학원 역사학과 박사학위 논문, 2004.

이기훈.「청년, 근대의 표상」.『문화과학』, 2004년 3월.

이병천.「임지현 교수의 '대중독재론'을 비판한다 — 기억의 정치 결여, 대중은 무엇을 박탈당했는가」.『교수신문』, 2005년 3월 30일.

이상경.「일제 말기 여성 동원과 '군국의 어머니'」.『페미니즘 연구』 2 (2002).

이상의.「1930~40년대 일제의 조선인 노동력 동원 체제 연구」. 연세대학교 대학원 사학과 박사학위 논문, 2002.

_____.『일제하 조선의 노동정책 연구』. 혜안, 2006.

이석구.『저항과 포섭 사이 — 탈식민주의에 대한 논쟁적인 이해』. 소명출판, 2016.

이선옥.「평등에 대한 유혹 — 여성 지식인과 친일의 내적 논리」.『실천문학』, 2002년 가을.

이성시.「동아시아 문화권의 형성」.『만들어진 고대 — 근대 국민국가의 동아시아 이야기』. 박경희 옮김. 삼인, 2001.

이송순.「일제말(1937~1945) 조선의 농촌경제 변화」.『사업』 44 (1995) : 179~210.

이애숙.「일제 말기 반파시즘 인민전선론 — 경성콤그룹을 중심으로」.『한국사연구』 126 (2004) : 203~238.

이용재.「이사벨라 버드 비숍(Isabella Bird Bishop)의 중국여행기와 제국주의적 글쓰기」.『중국어문논역총간』 30 (2012) : 353~388.

이진모.「'과거 청산' 독일과 맞비교는 위험」.『한겨레신문』, 2002년 9월 14일.

이토 마모루.『정동의 힘 — 미디어와 공진하는 신체』. 김미정 옮김. 갈무리, 2016.

이혜령.「식민지 검열과 "식민지-제국" 표상 — 『조선출판경찰월보』가 다섯 기지 통계표가 말해주는 것」.『대동문화연구』 72 (2010) : 489~533.

이화진.「소리의 복제와 구연공간의 재편성 — 1930년대 중반 '변사'의 의미에 대하여」.『현대문학의연구』 25 (2005) : 165~197.

_____. 「식민지 영화의 내셔널리티와 '향토색' ─ 1930년대 후반 조선영화 담론 연구」. 『상허학보』 13 (2004년 8월) : 363~388.

임지현 · 김용우 엮음. 『대중독재 ─ 강제와 동의 사이에서』. 책세상, 2004.

임지현 · 이상록. 「대중독재와 '포스트파시즘'」. 『역사비평』 68 (2004) : 298~330.

임지현. 「대중독재와 기억의 정치학 ─ 조희연, 박태균, 이병천의 비판에 답한다」. 『교수신문』, 2005년 4월 26일.

_____. 『적대적 공범자들』. 휴머니스트, 2005.

장신. 「「조선검찰요보」를 통해 본 태평양 전쟁 말기(1943~1945)」. 『역사문제연구』 6 (2001) : 235~259.

정근식. 「시간 체제와 식민지적 근대성」. 『문화과학』, 2005년 봄.

_____. 「식민지검열과 '검열표준' ─ 일본 및 대만과의 비교를 통하여」. 『대동문화연구』 79 (2012) : 7~43.

정려징. 「관동대지진 중국인 학살에 대한 진상조사와 추모활동」. 『한국독립운동사연구』 82 (2023) : 7~76.

정문상. 「냉전시기 한국인의 중국 인식」. 『아시아문화연구』 13 (2007) : 47~70.

_____. 「'中共'과 '中國' 사이에서 ─ 1950~1970년대 대중 매체상의 중국 관계 논설을 통해 보는 한국인의 중국 인식」. 『동북아역사논총』 33 (2011) : 57~90.

정욜(KNP+) 외 토론. 「[활동스케치 #2] 담론팀 기획토론 #2 : 동성애인권운동과 HIV/AIDS」. 터울 정리. 웹진 『친구사이 소식지』, 2015년 4월 1일. https://chingusai.net/xe/index.php?mid=newsletter&category=589629&page=6&document_srl=431715.

정진성. 「억압된 여성의 주체 형성과 군위안부 동원」. 『사회와 역사』 54 (1998년 봄) : 77~95.

_____. 「일제 말 강제 동원기의 기업 위안부에 관한 연구」. 『사회와 역사』 63 (2003년 1월) : 196~227.

정창석. 「'대동아의식'과 한국인」. 『일본학보』 51 (2002년 6월).

정철희. 「포스트맑스주의와 한국 사회 연구 ─ 그 분석적 유용성을 찾아서」. 『사회비평』 17 (1997년 6월) : 89~97.

조희연. 「박정희 시대의 강압과 농의 ─ 시배, 전통, 깅압과 동의외 관계를 다시 생각한다」. 『역사비평』 67 (2004) : 135~190.

_____. 「탈구조적 비평으로는 복잡한 현실 해명 못해」. 『교수신문』, 2005년 5월 7일.

지수걸. 『일제하 농민조합운동 연구 ─ 1930년대 혁명적 농민조합운동』. 역사비평사, 1993.

_____. 「일제하 충남 서산군의 '관료-유지 지배 체제'」. 『역사문제연구』 3 (1999) : 13~75.

차승기. 『1930년대 후반 전통론 연구』, 연세대학교 대학원 국문학과 박사학위 논문, 2003.

최원영. 「일제말기(1937~1945) 청년동원정책 ─ 청년단과 청년훈련소를 중심으로」. 『한국민족운동사연구』 21 (1999).

_____. 「일제말기(1937~1945) 청년동원정책 ─ 청년단과 청년훈련소를 중심으로」, 서강대학교 대학원 사학과 석사학위 논문, 1998.

최유리. 『일제 말기 식민지 지배 정책 연구』. 국학자료원, 1997.

최일준. 「대동아공영권의 선전영화 ─ 〈그대와 나〉(1941) 시나리오와 영상의 표상」. 『인문사회과학연구』 30, no. 3 (2022) : 574~597.

페이트만, 캐럴. 『남과 여, 은폐된 성적 계약』. 이충훈·유영근 옮김. 이후, 2001.

포이케르트, 데틀레프. 『나치 시대의 일상사』. 김학이 옮김. 개마고원, 2003.

하영준. 「1960년대 아이티 혁명의 기억과 블랙인터내셔널리즘 — 에메 세제르와 C. L. R. 제임스의 비교 연구」. 『Homo Migrans』 20 (2019) : 143~183.

_____. 「68운동과 탈식민주의 — C. L. R. 제임스의 정치사상을 중심으로」. 『역사와 경계』 112 (2019) : 41~76.

_____. 『C. L. R. 제임스의 '크레올 맑스주의' 연구』. 한양대학교 사학과 박사학위논문, 2009.

_____. 「일본제국과 범아프리카주의의 '트랜스-퍼시픽' 커넥션 — W. E. B. 듀보이스와 C. L. R. 제임스의 동아시아 담론을 중심으로」. 『Homo Migrans』 18 (2018).

_____. 「크레올 민족주의와 서인도 문화정치 — C. L. R. 제임스의 초기 사상을 중심으로」. 『역사와 문화』 21 (2011) : 7~44.

_____. 「트리니다드 인도계 이주 노동자들의 (탈)크레올화, 1936~1966 — C. L. R. 제임스의 논의를 중심으로」. 『세계 역사와 문화 연구』 39 (2016) : 249~282.

_____. 「"호모 루덴스"의 탈식민주의 — 서인도 식민지의 크리켓과 카니발 문화」. 『Homo Migrans』 22 (2020) : 8~44.

하정일. 「황종연 교수의 '민주화 이후의 정치와 문학'을 비판한다」. 『교수신문』, 2004년 12월 12일.

헌트, 린. 『프랑스 혁명의 가족 로망스』. 조한욱 옮김. 새물결, 1999.

황종연. 「문학의 옹호 — 오늘의 비평에 거슬러서」. 『문학동네』, 2001년 봄.

_____. 「민족을 상상하는 문학」. 『문학동네』 창간호, 1994년 겨울.

_____. 「민주화 이후의 정치와 문학 — 고은 『만인보』의 민중·민족주의 비판」. 『문학동네』, 2004년 겨울.

_____. 「살아 있는 혼돈을 위하여 — 최원식 평론집 『문학의 귀환』을 읽고」. 『문학동네』, 2001년 겨울.

히구치 나오토. 「일본의 배외주의와 혐한 및 혐중 정서」. 『성균차이나브리프』 10, no. 1 (2022) : 108~114.

일본어 자료

川村湊. 「大衆オリエンタリズムとアジア認識」. 『岩波講座 近代日本と植民地 7 — 文化のなかの植民地』. 大江志乃夫·浅田喬二ほか編. 岩波書店, 1993.

後藤乾一. 『近代日本と東南アジア — 南進の '衝擊' と '遺産'』. 岩波書店, 1995.

内藤千珠子. 『愛国的無関心 — 「見えない他者」と物語の暴力』. 新曜社, 2015. [나이토 치즈코, 『애국적 무관심 — '보이지 않는 타자'와 이야기의 폭력』, 이지현·권두현 옮김, 갈무리, 근간.]

中野聡. 「南方 作戦, 占領における軍宣伝の基本的性格」. 『南方軍政關係史料13. 第 十四軍 軍宣伝班 宣伝工作史料集』 第一卷. 渡集団報道部編. 龍渓書舎, 1996.

丸川哲史. 『臺灣, ポストコロニアルの身體』. 青土社, 2000.

森谷裕美子. 「三吉朋十と土俗学」. 『九州産業大学国際文化学部紀要』 70 (2018年 9月).

森田芳夫. 「國史と朝鮮」. 『今日の朝鮮問題 講座 第六巻 — 國史と朝鮮』.

酒井直樹. 「あなた方アジア人 — 西洋 / アジアの二項対立の歴史的役割について」. 『總力戦体制から

グローバリゼーツョンへ』. 山之内靖・酒井直樹 編. 『総力戦体制からグローバリゼーションへ』. 生井英考 ほか 著. 平凡社, 2003.

佐谷眞木人. 『民俗学・台湾・国際連盟 — 柳田國男と新渡戸稲造』. 講談社, 2015.

佐藤卓己. 『キングの時代 — 國民大衆雜誌の公共性』. 岩波書店, 2002.

荒保宏. 『大東亞科學綺譚』. ちくま文庫, 1996.

米谷匡史. 「三木清の「世界史の哲學」— 日中戰爭と「世界」」. 『批評空間』 2期, no. 19 (1998-10).

木村直恵. 『「青年」の誕生 — 明治日本における政治的實踐の轉換』. 新曜社, 1998.

ハーイ, ピーターB. 『帝國の銀幕 — 15年 戰爭と日本映畫』. 名古屋大学出版会, 1995.

영어 자료

Arendt, Hannah. *The Origins of Totalitarianism* (Harvest/HBJ Book, 1973). [한나 아렌트, 『전체주의의 기원』 1·2, 박미애·이진우 옮김, 한길사, 2006.]

Armstrong, Charles K. "The Cultural Cold War in Korea, 1945~1950." *The Journal of Asian Studies* 62, no. 1 (February 2003) : 71~99.

Aughterson, Kate. "'Strange Things so Probably Told' : Gender, Sexual Difference and Knowledge in Bacon's New Atlantis." In *Francis Bacon's The New Atlantis*, edited by Bronwen Price. Manchester University Press, 2002.

Berlin, Isaiah. *The Roots of Romanticism*. Princeton University Press, 1999.

Carroll, David. *French Literary Fascism : Nationalism, Anti-semitism, and the Ideology of Culture*. Princeton University Press, 1994.

Ching, Leo T. S. *Becoming "Japanese" : Colonial Taiwan and the Politics of Identity Formation*. University of California Press, 2001.

Chow, Rey. ed., *Modern Chinese Literary and Cultural Studies in the Age of Theory : Reimagining a Field*. Duke University Press, 2000.

de Grazia, Victoria. *How Fascism Ruled Women : Italy, 1922-1945*. University of California Press, 1992.

Dower, J. W. *Empire and Aftermath : Yoshida Shigeru and the Japanese Experience, 1878-1954*. Harvard University Press, 1979.

Durham, Martin. *Women and Fascism*. Routledge, 1998.

Freeman, Ellis. *Conquering the Man in the Street : A Psychological Analysis of Propaganda in War, Fascism, and Politics*. The Vanguard Press, 1940.

Frost, Laura Catherine. *Fascism and Fantasy in Twentieth Century Literature*. Columbia University Press, 1998.

Goodman, David. "Anti-Semitism in Japan : It's History and Current Implication." In *The Construction of Racial Identities in China and Japan : Historical and Contemporary Perspectives*, edited by Frank Dikötter. University of California Press, 1998.

Goto, Kenichi. *Returning to ASIA : Japan-Indonesia Relation, 1930s-1942*. Ryukei Shyosha, 1997.

Griffin, Roger. *The Nature of Fascism*. Routledge, 1993.

Hardt, Michael and Antonio Negri. *Empire*. Harvard University. Press, 2000. [안토니오 네그리·마이클

하트, 『제국』, 윤수종 옮김, 이학사, 2001.]

Hewitt, Andrew. *Fascist Modernism : Aesthetics, Politics, and the Avant-Garde*. Stanford University Press, 1993.

Kaplan, Alice. *The Collaboration*. The University of Chicago Press, 2000.

Laqueuer, Walter, ed. *Fascism : A Reader's Guide*. University of California Press, 1976.

Liao, Ping-Hui. "Postcolonial Studies in Taiwan : Issues in Critical Debate." *Postcolonial Studies* 2, no. 2 (1999) : 199~211.

London, Jack. 『野性の呼聲』. 外国語国究社, 1941/초판은 1929.

Lowe, Lisa. *The Intimacies of Four Continents*. Duke University Press, 2015.

Malin, Brenton J. "Mediating Gender and Affect through History." In *Routledge Companion to Gender and Affect*, edited by Todd Reeser. Routledge, 2023.

Reeser, T. et al., eds. *Routledge Companion to Gender and Affect*. Routledge, 2023.

McKinney, Cait and Dylan Mulvin. "Bugs : Rethinking the History of Computing, Communication." *Culture and Critique* 12, no. 4 (December 2019) : 476~498.

_____. "High-Touch Media : Caring Practices at the Deaf AIDS Information Center," *Feminist Media Histories* 9, no. 1 (2023) : 98~122. [카잇 맥킨니 · 딜런 멀빈, 「하이터치 미디어 — 농인 에이즈 정보 센터에서의 돌봄 실천」, 김보영 옮김, 『젠더스피어의 정동지리』, 이지행 엮음, 산지니, 2024.]

Mosse, George L. *The Fascist Revolution : Toward A General Theory of Fascism*. Howard Fertig, 1999.

Nah, Alice M. "Negotiating Indigenous Identity in Postcolonial Malaysia : Beyond Being 'Not quite/Not Malay'." *Social Identities* 9, no. 4 (2002).

Najita, Tetsuo and H. D. Harootunian. "Japanese Revolt against the West : Political and Cultural Criticism in the Twentieth Century." In *The Cambridge History of Japan*, vol. 6, edited by Peter Duus. Cambridge University Press, 1988.

National Front News 109 (1988).

Sakamoto, Rumi. "Japan, Hybridity and the Creation of Colonialist Discourse." *Theory, Culture & Society* 13 (1996) : 113~128.

Sand, Jordan. "At Home in the Meiji Period : Inventing Japanese Domesticity." In *Mirror of Modernity : Invented Traditions of Modern Japan*, edited by Stephen Vlastor. University of California Press, 1998.

Sato, Kazuki. "Same Language, Same Race : The Dilemma of Kanbun in Modern Japan." In *The Construction of Racial Identities in China and Japan : Historical and Contemporary Perspectives*, edited by Frank Dikötter. University of California Press, 1998.

Scott, Joan W. "Experience." In *Feminists Theorize the Political*, eds. Judith Butler and Joan W. Scott. Routledge, 1992.

Segel, Harold B. *Body Ascendant : Modernism and the Physical Imperative*. The Johns Hopkins University Press, 1998.

Sprinker, Michael. *Imaginary Relations : Aesthetics and Ideology in the Theory of Historical Materialism*. Verso, 1987.

Steinberg, David Joel. *Philippine Collaboration in World War II*. The University of Michigan Press, 1967.

Sternhell, Zeev. "Fascist Ideology." In *Fascism, A Reader's Guide : Analyses, Interpretation, Bibliography*, edited by Walter Laqueuer. University of California Press, 1976.

Theweleit, Klaus. *Male Fantasies*. University Of Minnesota Press, 1987.

Wang, Xiaoming. "Hong Kong, China, and the Question of Postcoloniality." In *Postmodernism and China*, edited by Arif Dirlik. Duke University Press, 2000.

Weiner, Michael. "The Invention of Identity : Race and Nation in Pre-war Japan." In *The Construction of Racial Identities in China and Japan : Historical and Contemporary Perspectives*, edited by Frank Dikötter. University of California Press, 1998.

Yao, Xine. *Disaffected : The Cultural Politics of Unfeeling in Nineteenth-century America*. Duke University Press, 2021.

Yockey, Francis Parker. *Spearhead* 205. BUF, November 1985.

Yoshichika, Tokugawa. *Journeys to Java*. Translated by M.Iguchi. ITB Press, 2004.

Young, Louise. "Rethinking Race for Manchokuo : Self and Other in the Colonial Context." In *The Construction of Racial Identities in China and Japan : Historical and Contemporary Perspectives*, edited by Frank Dikötter. University of California Press, 1998.

:: 찾아보기

ㄱ

가족국가주의 127, 129, 130, 133, 141~145, 324, 338, 340~343, 354, 359, 367, 371
가족주의 143
감정 15, 17, 18, 42, 47, 52, 80, 84, 197, 198, 200, 216, 257~259, 282, 307, 321, 358, 394, 409, 425, 432~435, 437, 454, 456, 459, 460
감정 양태 15
강제 15, 123, 216, 243, 263, 264, 266, 268, 328, 331, 389, 446
강제된 자발성 15
강제적인 정체성 수행 14
개인주의 34, 42, 146, 149, 176, 191, 238, 242
경향으로서의 파시즘 12
계급 14, 30, 34~36, 43~45, 48, 50, 74, 114, 116, 126, 154, 155, 189, 202, 209, 213, 222, 227, 230, 239, 242, 245, 248, 256, 265, 267, 268, 270, 271, 278, 356
고립 12
고립감 9, 12, 246
골칫덩어리 69, 71, 75, 76, 78, 79, 98
공론장 11, 120, 214
공산주의 36, 39, 40, 97, 166, 173, 176, 230, 238
국민방첩 74, 163~167, 171~174, 176, 177
군국의 어머니 129, 134~141, 193, 215, 216, 298
군중 35, 190, 426, 427
군중심리 11, 426

ㄴ

나치스 26, 149, 190, 245
나치즘 9, 26, 60, 85, 133, 190, 246, 320
난센스 70, 71, 75, 76, 83~86, 89, 97, 98

남방 9, 26, 50, 56, 72~74, 129, 165, 191, 212, 261, 304, 307~318, 320~324, 326~335, 338, 347, 351~359, 361, 365, 366, 368, 369, 371~377, 379~382, 384~387, 389~395, 397~409, 411, 412, 414, 417~419, 432, 457
남방 종족지 327, 328, 364, 367, 373, 408~411, 417~419
남성성 28~30, 38, 39, 41, 44, 161~163, 362
남성적 판타지 27~31, 35, 36, 44
내셔널리즘 14, 25, 54, 103, 111, 113, 273, 344

ㄷ

다문화주의 115~119
다중 10, 12, 39, 48, 49, 64, 66, 68, 72, 99, 120, 141, 228, 287, 288, 290, 293, 298, 300, 301, 428
대동아 50, 51, 124, 125, 143, 157, 161, 162, 193, 198, 204, 205, 226, 245, 312, 314, 321, 323, 324, 328~330, 334, 335, 338~340, 343, 344, 346, 357, 361~363, 368, 369, 393, 402, 406, 407, 412, 444
대동아공영 67, 144, 224, 233, 257, 262, 335, 337, 338, 354, 361, 369, 384~386, 399, 412
대동아공영권 26, 50, 53, 124, 143, 144, 162, 191, 213, 225, 307, 314, 324, 330, 334, 335, 338, 339, 341~345, 351~354, 356, 362, 369, 371, 382, 384, 385, 390, 412, 417, 432, 450
대동아공영론 34
대역본 304~307
대중독재 100, 101, 181, 189
대중주의 10, 98
데카당스 35
독본 16, 206, 208, 272, 275, 287~298
동의 14, 45, 57~59, 61~66, 68, 69, 74, 98, 99, 246,

264, 300, 301

ㄹ

레드 우먼 35, 36, 159, 161, 214
레뷔 걸 170

ㅁ

매혹 15, 28, 39, 44, 59, 240, 246, 247, 314, 429, 430
모던걸 77, 172, 225
모던보이 77, 226, 234, 241, 251, 252
모성 이데올로기 28, 123, 127, 129, 134, 137~141
무감정 261
무관심 17, 18, 79, 80, 199, 252, 253, 308
무능력 17, 18, 112, 114, 115, 252, 253, 261
무주체성 17, 18, 252
무질서 34, 38, 39, 177

ㅂ

부인회 126, 145, 146, 194, 195, 205, 287, 288
불행 의식 12, 13
비판적 인종 이론 431
비판적 인종주의 이론 15

ㅅ

사회적 적대 13, 65, 67, 68, 71, 102, 179~182, 189, 228
사회주의 11, 27, 64, 192, 193, 216, 229, 276, 304, 438
사회체 128, 134, 140, 141, 146, 148, 149, 151, 159~162, 177, 212, 237, 342
서발턴 13, 62, 64, 99, 102~104, 106, 111, 117
성애화 27
성차별주의 9, 15
섹슈얼리티 27, 35, 36, 45, 53

소국민 50, 54~56, 124, 129, 130, 136, 154, 189, 190, 193, 206, 207, 238, 274, 291, 294, 370
소중화 9, 440~444, 446~448
스파이 9, 74, 82~84, 87, 89, 122, 132~134, 144, 146~148, 151, 154, 156~161, 163~167, 169~174, 176~182, 193, 212, 348, 425, 428, 451, 452
식민주의 8, 9, 17, 54, 56, 61, 62, 73, 132, 154, 155, 186, 187, 189, 223, 224, 227, 307~309, 314, 330, 338, 340, 346, 352, 354, 356, 363, 365, 367, 372, 377, 382, 385, 399, 406, 408, 417, 424, 444, 459
식민지 8, 9, 14, 16, 22, 23, 26, 47, 50, 52~54, 57~59, 64, 65, 67, 71, 74, 75, 93, 94, 98, 113, 124~130, 138, 144, 154, 182, 184, 187, 189, 192, 209, 222~224, 226~228, 230, 231, 233, 243~246, 249, 250, 256, 263, 264, 267, 274, 277, 283, 286, 291, 299, 301, 304, 306, 308, 318, 319, 326~328, 331, 334, 338, 339, 341, 342, 346, 351~356, 359, 361, 363, 366, 367, 369~371, 374, 377, 380~382, 384~387, 394, 395, 399~403, 405, 413, 414, 417, 418, 460
식민지 토인 226, 230, 233, 244, 245, 250, 359, 366, 405
신생 식민지 50, 124, 346, 356, 366, 367, 369, 370, 387
신여성 122, 132, 133, 147, 149~153, 155, 159~161, 172, 181, 191~193, 202, 209, 213~216, 225, 238, 258, 300
신체제 83, 92, 132, 146, 149, 150, 152, 225, 226, 228, 229, 235, 238, 241~244, 249, 258~262, 276, 296, 322, 344, 345, 385

ㅇ

아시아주의 34, 307, 309, 330
어트랙슌 164, 170
어펙트 15, 16, 19, 217, 239, 253~255, 257, 258, 423, 427, 429~431, 442, 459
여성 동원 28, 134, 138, 215

찾아보기 **493**

여성에 대한 공포 36, 159, 160
여성적인 것 30, 37~41
여성 정체성 집단 122, 181, 183, 192, 201, 204, 216, 221, 224
여자 스파이단 154, 156, 157, 160, 163, 177, 179, 193
역사상 22, 32, 62, 66, 99, 100, 105, 152, 398
역사수정주의 8, 15
역사적 파시즘 체제 8, 12, 13, 16, 22, 25, 26, 57, 60, 64, 98, 166, 179, 232, 253, 254, 423, 454
용해 35, 36
운동으로서의 파시즘 12, 34, 189
울트라 내셔널리즘 54
원주민 65, 307, 308, 311, 313, 314, 318, 320, 322, 325~330, 333, 334, 336, 385, 387, 394, 398, 401, 402, 404~409, 411, 414, 416~419
유물론 34
유한부인 9, 181, 204
이에 142~144, 343, 344
인보협화 343, 344
인종공포 229
인종적 공포 339, 371
인종주의 8, 9, 14~16, 18, 19, 41, 50, 56, 73, 74, 154, 191, 311, 313, 318, 326, 328, 332, 341, 342, 347, 365, 385, 394, 401, 406, 414, 423, 427, 432, 440, 457, 458
인종차별주의 22, 408, 458
인종화 51, 75, 125, 130, 159, 194, 260, 262, 271, 314, 317, 323, 339~342, 351, 352, 354, 359, 365, 366, 369, 371, 372, 409, 422, 435, 444, 459, 460, 462
일본인 되기 154, 156, 157, 162, 167, 170, 177~180, 220, 222
일본 정신 25, 26, 131, 136, 175, 190, 200, 201, 205, 296
일상 13, 22, 57~61, 64, 65, 68~70, 75~77, 85, 86, 89, 92, 93, 97~99, 172, 176, 177, 179, 246, 260, 288, 298, 376
일상사 58, 59, 68
일상화 14, 73, 74, 141, 189

입신출세 220, 222, 223, 250, 275, 289, 290

ㅈ

자발성 11, 15, 23, 63, 64, 68, 72, 216, 223, 230, 261, 264, 265, 301
자발적 집단화 10
자유군단 35~39
자유주의 11, 30, 34, 41, 42, 52, 114, 117, 146, 149, 160, 161, 173, 176, 193, 214, 225, 228~230, 236, 238, 242, 255, 345, 459
적대 9, 12~14, 65, 67, 68, 71, 73~75, 77, 102, 130, 132, 148, 151, 153, 155, 156, 158, 179~182, 189, 193, 213, 216, 224, 226, 228, 231, 238, 249, 250, 315, 316, 335, 340, 344, 346, 348, 423
전시 동원 체제 13~17, 19, 46, 47, 51~54, 63, 67, 68, 71~78, 80, 84, 85, 89, 93, 94, 96~98, 125~132, 134~140, 142, 143, 145~147, 158, 206, 212, 213, 216, 222, 224~226, 228, 230, 235, 237~240, 248, 249, 253, 259, 263~271, 274, 275, 277, 283, 286~289, 291~293, 296, 298~301, 307, 312, 317, 321, 344~346, 349, 371, 422, 423, 425, 428, 432, 436~440, 447~449, 457, 458
전유 39, 71, 268, 341, 405
전파매개성 427, 440
전파매개적 신체 271, 422, 424, 428~431, 454
정동 15, 18, 59, 72, 74, 75, 79, 84, 163, 216, 253, 257, 261, 262, 386, 394, 398, 414, 422~429, 442, 447, 449, 453, 454, 457~462
정동화 136, 233, 271, 430, 432, 449, 460
정보 16, 46, 148, 174, 239, 266~273, 275, 283, 285~287, 289~292, 294~296, 298, 301, 309, 310, 312, 313, 315, 320, 328, 350~353, 385, 387, 389, 394, 397, 400, 401, 405, 409, 411, 418, 423, 425~427, 430, 431, 442, 454, 461
정보사 16, 430
정보 이론 16, 46, 239, 271, 425~427, 430, 442, 454, 461

정체성 수행 14
정체성 정치 9, 14, 50, 127, 181, 189, 221, 227, 228, 230, 265
정체성 투쟁 29, 139, 155~157, 177, 191, 192, 194, 202, 209, 213, 214, 216, 221, 222, 224~226, 228, 230~233, 250, 346
정치 체제로서의 파시즘 12, 189
제국의 판타지 224, 309, 313, 332~335, 373, 384, 386, 409, 414, 418
젠더 8, 13~16, 18, 19, 22, 26~28, 30, 31, 35, 37~41, 44, 45, 50, 52~54, 56, 62~64, 74, 79, 99, 102~106, 111, 119, 122, 124~126, 130, 131, 134, 141, 142, 151, 154, 155, 170, 188, 189, 209, 228, 230, 239, 253, 254, 258, 265, 267, 335, 338, 342, 363, 366, 371, 372, 423, 427, 429, 431, 456
젠더사 16, 19, 22, 45, 49, 50, 52~54, 188, 189, 257, 346, 430
젠더·어펙트 18, 20, 253, 430, 454, 459, 461, 462
젠더 연구 15, 16, 30, 31, 35, 44, 53, 63, 79, 99, 111, 119, 239, 258, 423, 427, 431
젠더 정치 8, 13, 16, 18, 19, 22, 26, 28, 30, 31, 35, 37~39, 41, 42, 45, 50, 52, 54, 56, 74, 122, 125, 126, 131, 141, 142, 151, 188, 189, 342, 363, 372
젠더화 27, 29, 30, 35, 37~39, 46, 49, 51, 63, 71, 75, 125, 130, 132, 135, 159, 188, 193, 194, 259, 260, 262, 341~343, 354, 359, 362, 363, 365, 366, 369, 371, 372, 422, 430, 461, 462
조선적인 것 54, 223, 233, 260, 271, 335, 423, 424, 428, 432, 434, 435, 449, 450, 459~461
종족지 309, 311, 313, 327, 328, 364, 367, 373, 376, 377, 394, 398, 401, 404~411, 417~419
준내전 체제 14, 65, 71
중국 9, 34, 50, 73, 74, 79, 87, 116, 118, 131, 158, 159, 166, 170, 181, 185, 186, 191, 206, 244, 256, 304, 307, 315, 317~319, 330~332, 338, 339, 346~351, 354, 371, 385, 389, 408, 416, 422~424, 428, 430, 432, 434, 435, 437~452, 454~461

중국적인 것 233, 271, 422~424, 428~430, 432, 436, 437, 440, 449~451, 454, 455, 457, 460
중국 정동 422, 449, 454, 459~461
증오 11, 12, 15, 18, 19, 33~36, 40, 62, 65, 153, 215, 216, 224, 229, 238, 244, 246, 247, 249, 250, 301, 335, 344, 373, 374, 417, 419, 423, 424, 439, 457
증오정치 11, 12, 15, 18, 19, 34, 62, 215, 216, 229, 244, 250, 344, 419, 423, 424, 439, 457
지원병 17, 134, 136, 140, 146, 195, 199~201, 203, 225, 226, 241, 243, 251, 252, 293, 296, 297
직분론 40
집단주의 10, 12

ㅊ

청년 17, 26, 50~52, 54, 56, 70, 74, 79, 93, 94, 124, 125, 129, 130, 144, 147, 154, 155, 160, 161, 189, 190, 193, 197, 199~201, 205, 209, 220~222, 224~231, 233~246, 249~253, 274, 291, 297, 319, 445, 446
청년단 76, 92, 171, 190, 193~195, 198, 199, 208, 222, 226, 227, 239~241, 287, 291
청년 담론 26, 129, 144, 160, 190, 193, 200, 220~222, 225~230, 233~235, 237, 238, 241~244, 249~251, 253
총동원 16, 52, 93, 96, 125, 130, 132, 134, 139, 141~143, 154, 204, 208, 222, 223, 225, 230, 235, 240, 246, 284, 289, 293, 295, 296, 376, 387, 422
총동원 체제 52, 93, 125, 134, 141, 142, 154, 204, 222, 223, 225, 230, 240, 246, 295, 387
총력전 13, 26, 50, 52, 53, 65, 124, 126~131, 134, 138~142, 154, 162, 171, 373, 386
총체적 파괴 13
총후부인 26, 50, 51, 54, 56, 122, 124, 125, 129~134, 140, 143, 144, 146, 148, 150, 151, 154, 155, 161, 181, 189, 191, 193~195, 200~203, 209, 213, 215, 224, 225, 231, 238, 274, 291

찾아보기 495

ㅋ

카테이 133, 142~144, 343
퀴어 16, 19, 427, 431
퀴어 연구 16, 19, 427
퀴어 이론 431

ㅌ

탈식민화 336, 337
탈신화화 50, 100, 103, 107, 108, 119, 120, 188, 307
탈정동 18, 79, 447

ㅍ

파국 33, 299
파시스트 34, 37, 39, 41, 46
파시스트 모더니즘』 23, 33
파시즘 8~16, 18, 19, 22~35, 39~46, 52~54, 56~65, 68~80, 83~86, 92, 94, 96~100, 102, 106~111, 119, 125, 127, 129, 132~134, 138, 139, 143, 147, 148, 151, 153, 158, 159, 161, 162, 166, 177, 179~183, 187~190, 192~194, 199, 200, 209, 215, 216, 220~222, 225, 227~232, 235, 237~240, 243, 245~247, 250, 253, 258, 265, 270, 274, 275, 300, 320, 340, 341, 348, 359, 373, 374, 379, 380, 385, 417~419, 423, 454, 457
파시즘 유산 10, 61
파시즘 이론 22, 23, 43~45, 102, 105, 106, 110, 111, 119, 188
파시즘 정치 15, 23, 26, 29, 35, 67, 71, 75, 134, 153, 158, 162, 163, 177, 181, 189, 235, 250, 270, 300, 373, 379
파시즘 정치학 26, 30, 31, 35, 40, 41, 43, 53, 85, 133, 134, 162, 189, 246
페미니즘 11, 15, 49, 64, 109, 110, 229, 362
폐소공포증 33

ㅎ

헤이트 스피치 11
혁명적 노동자 계급 36
혁신 17, 25, 26, 31~34, 225, 228, 234, 235, 252, 276, 280, 283, 295, 345
혐오 11, 39, 133, 146, 148, 149, 151, 192, 229, 233, 244, 245, 372
협력 9, 17, 18, 23, 45, 64, 73, 74, 130, 145, 181, 183, 223~226, 229, 230, 233, 244, 245, 258~262, 275~277, 300, 321, 327, 328, 330, 334, 349, 357, 366, 381, 414, 418, 419, 432
황민화 29, 50~52, 54, 56, 65, 67, 74, 75, 122, 125, 130, 154~157, 161, 177, 183, 188~191, 194, 199, 201, 209, 213, 215, 216, 223~225, 228, 230~233, 250, 260, 261, 264, 265, 267, 268, 275, 277, 282, 286, 301, 334, 335, 337, 346, 381, 382, 384